中华谚语研究成果提要

李树新　付建荣　著

商务印书馆
创于1897
The Commercial Press

国家社科基金重大项目"中华多民族谚语整理与研究"
（批准号：16ZDA178）结项成果

内蒙古自治区一流学科中国语言文学学科建设经费资助出版

序

这里所说的"中华谚语",是指中华民族的谚语,包括中国境内古今各民族的谚语。自 1921 年著名文学批评史家和语言学家郭绍虞发表《谚语的研究》(《小说月报》1921 年第 2—4 期)一文以来,中华谚语理论研究已走过百年历程,取得了大量可喜的研究成果,内容涉及谚语的"界定""性质""语义""语法""艺术""认知""历史""文化""教化""翻译""辞典""语料""述评"等多个方面。正如李耀宗先生所言,"我国广大谚语学者的多年辛劳,业已初步构筑起'中国谚学'的理论框架。这一框架,在谚语自身研究方面,尤显成熟;在谚语的文化属性研究方面,也正以浓厚的中国特色和优势,跻身世界谚学之林"[①]。这些研究成果主要是用汉语写成的,也有不少成果是用少数民族语言和外语写成的,这些成果不仅深刻地改变并进一步深化了我们对中华谚语的认识,也为中国谚学的发展奠定了坚实的基础。

一、中华谚语的研究历程

从中国谚学发展的历史来看,对中华谚语研究的认识曾有三次重大的突破:20 世纪上半叶,中华谚语被视为"平民文学",纳入了民间文学的研究范畴,郭绍虞《谚语的研究》开创了这方面研究的先河;新中国成立之后,《中国语文》(1960 年第 11 期)刊登了马国凡《谚语的特点》一文,标志着谚语不仅是民间文学的研究对象,也是语言学的研究对象,从此谚语又被纳入了词汇学的研究范畴;21 世纪以来,温端政在《论语词分立》(《辞书研究》2002 年第 6 期)、《汉语语汇学》(商务印书馆,2005 年)、《再论语词分立》(《辞书研究》2010 年第 3 期)等系列论著里,提出了"语词分立"的理论学说,主张将成语、谚语、惯用语、歇后语纳入语汇学的研究范畴,建

[①] 李耀宗:《中国谚学若干问题谭要》,《海南大学学报》(人文社会科学版),2001 年第 1 期。

立与词汇学相平行的语汇学。

纵观中华谚语研究的历程，可以划分为四个阶段，即 20 世纪初到新中国成立前的谚语研究（1949 年前）、新中国成立到改革开放前的谚语研究（1949—1978 年）、新时期的谚语研究（1979—1999 年）和 21 世纪以来的谚语研究（2000 年至今）。

（一）20 世纪初到新中国成立前的谚语研究

20 世纪初到新中国成立前，中华谚语的研究整体还处于萌芽阶段，研究成果数量较少，尚未把谚语研究纳入语言学的研究范畴。这一时期的谚语研究有两个关注点：其一，集中于谚语同其他容易混淆的语言形式，特别是格言、歇后语、歌谣等的比较，指出其间的异同。如 1921 年郭绍虞《谚语的研究》一文最先开启了有关谚语界定的研究，他认为广义谚语太宽泛，主张把狭义谚语作为探讨对象，剖析了谚语的性质与功能。该研究使得具有现代民俗学学科意识的谚语研究在肇始之初就立意高远，且影响深远。1936 年，在郭绍虞等人的指导下，薛诚之在燕京大学完成了其硕士学位论文《谚语研究》。这篇体大虑周的论文拓展、夯实了郭绍虞开创的谚语形态学，不仅将内容和形式打通，析变出了谚语的意识、简短、均衡、和谐、机灵之五要素，创设出了缜密、实用而开放的谚语分类体系，还拓荒性地进行了谚话写作的尝试，建构出了几乎被后人遗忘的薛诚之的“谚语学”。其二，提倡到人民群众中收集第一手资料，注重谚语的语料调查。如 1934 年李寿彭编撰的地区性小型谚语辞典《华北谚语集要》，主要收录了农事、治家、处事、交际、职业等 20 类诞生于华北地区的谚语，包罗万象，是一本较为完备的地区性谚语集锦。

（二）新中国成立到改革开放前的谚语研究

新中国成立到改革开放前，谚语研究迅速发展，出现了一批代表性论文，如马国凡《谚语的特点》（1960 年）、杨欣安《成语与谚语的区别》（1961 年）、王毅《略论中国谚语》（1961 年）等。该阶段对中华谚语的研究在已关注谚语语料搜集的基础上，还侧重于谚语的艺术特点、谚语的分类和谚语的文化阐述，在研究方法上也自觉运用语言学的观点和方法进行研究。

此阶段关于谚语语料的研究成果，内容大多为对农谚和渔谚的语料集成。这一时期谚语研究侧重于谚语文化方面，研究谚语中科技文化、政法文化以及谚语中的思想观念。由于当时中央政府对农业及农业科技的重视与发展，此阶段农谚成为谚语研究的主要对象，旨在通过对农谚的分析来了解其所反映的农业科技文化。同时，此阶段对谚语文化的研究具有明显的地域性，如对山西、浙江、福建、陕北、吉林、湖南、新疆等地农谚科学性的分析，已经充分考虑到了农业生产的地域特征。

在研究方法上，众多研究者关注到如何运用谚语来达到理想的修辞效果这个问题。何钟杰 1953 年在《语文学习》上发表的《怎样用谚语》中指出了借用谚语进行明喻、隐喻、借喻时应注意的问题，并强调在谚语的运用上要注意引用时句法的变化，在复句中安排是否妥当，能否真实自然地表达情感，语言使用是否契合人物身份等问题。

此外，该时期谚语研究开创了谚语教化功能研究的先河。1958 年首次提出将谚语融入课堂教学，主张将农谚融入基本生产技术教育和思想政治教育，这在新中国成立初期的教学方法创新上无疑是一重要突破，但是由于研究刚刚起步，所以研究数量较少，研究面较窄。

（三）新时期的谚语研究

在 1979 年至 1999 年的新时期，中华谚语的研究进入了迅速发展的轨道，不仅拓宽了谚语研究的新渠道，而且丰富了谚语研究的角度和内容。例如关于义类分析研究成果的出现、谚语修辞研究的发展、认知理论解读的热潮等，出现了一批对谚语进行全面系统研究的经典理论著作，如武占坤、马国凡《谚语》（1980 年），王勤《谚语歇后语概论》（1980 年），孙维张《汉语熟语学》（1989 年），温端政《谚语》（2000 年）等。可以说，新时期的谚语研究展示出鲜明的研究范围扩大化、研究对象多元化、研究内容具体化、研究视角深度化四个特点，站在前人的肩膀上全面而生动地勾勒出谚语研究的新面貌。

在广度上，注重谚语的语用研究，包括谚语的社会功能、语用作用、修辞作用以及规范化等方面的研究，展现了谚语研究的广阔领域，特别是20 世纪 80 年代谚语语言风格研究占主导地位，主要体现为探究谚语艺术效果、价值以及少数民族谚语的语言风格。90 年代，主要就谚语多种修辞手段的修辞特征进行研究。另外，谚语语义研究开始受到学者们的重视，不只是将谚语进行简单抄录、归类和释义，而是在释义基础上提出自己的观点，并将谚语运用于日常生活之中，如赵阿平《满汉谚语语义辨析》（1992 年）一文对满汉谚语的语义进行了对比辨析，我们可以初步了解到满汉谚语的共同点与各自的特点，并了解到满汉民族文化内涵的差异。

在深度上，关于谚语的性质，由一开始的只对谚语的产生方式、艺术特点、思想内涵等文学角度内容进行研究，发展为从各个角度进行谚语研究，除了多方面探讨其内容形式上的特点外，还注意探讨更有概括力的本质特点，包括社会角度、科学角度等，拓宽了谚语研究的渠道。此阶段对谚语语言学的分析也开始关注其语法形式，但数量较少。语法的研究主要包括对少数民族谚语语法和古谚语法的研究两方面，这部分成果丰富了中华谚语的研究对象，并且有利于少数民族谚语的正确使用，为以后的研究奠定了基础。

（四）21 世纪以来的谚语研究

进入 21 世纪，中华谚语研究在研究视角和语料上都有所拓宽，学术成果数量增多，涉及内容多样，范围广泛，研究细致深入，包括谚语的专书、断代、专类、探源和发展演变等各方面内容，可谓进入了鼎盛繁荣时期。在这二十年里，谚语研究加入了符合社会发展大趋势的关于谚语时代性的内容，开辟了新的研究思路，具体表现为以下几个方面。

第一，不断地深化和扩展谚语的本体研究，广泛地运用对比语言学、认知语言学、心理语言学、社会语言学等现代语言学的理论和方法来研究谚语，这些方法并不是孤立的，而是交叉运用，相互起作用的，比如沈怀兴《汉语谚语中意合法的应用》（2004 年）对几部谚语集和谚语辞典进行考察，发现汉语复句谚语中 95% 以上是用意合法创造的，并从汉语社会的文化特质、历史变化、汉民族语言习惯、汉语特点等角度分析了其原因。

第二，从史书中收集整理了大量的民谣、谚语、谣谚作为研究对象，加大了对明清俗文学等古代文学俗谚和民间谚语的搜集、发掘和深入研究，并对少数民族文学谚语进行了系统性的描写和理论性的说明，如陈宗振《〈突厥语词典〉中的谚语》、古·肉孜《试论〈突厥语词典〉中的谚语》、王兴先

《〈格萨尔〉谚语试评》等专书研究成果，杨富学《敦煌出土回鹘语谚语》、黄建宁《笔记小说俗谚研究》、范春媛《禅籍谚语研究》等专类研究成果。至于专题研究成果就更多了，如孟肇咏《试论古谚语非共时性的结构变化》和《古谚语的谐音变体》、廖泽余《维吾尔谚语源流浅说》等，这些研究成果虽然显得单一分散，但能为中华谚语史研究提供借鉴和依据，是中华谚语史研究的基础工作。

第三，注重谚语的对比研究，运用对比手法挖掘不同民族谚语的语义特点、形式特征和文化内涵。代表性的著论有赵阿平《满汉谚语语义辨析》、高娃《满蒙汉谚语语义比较》、王鸿雁和阿不都外力《维汉谚语形式对比分析》和《维汉谚语语义文化比较分析》、成世勋《哈汉谚语文化内涵对比研究》和《汉语与哈萨克谚语句式结构对比研究》等论文，分别从语义、形式、文化、结构等角度进行了多样化的比较研究，对于认识中华谚语同一性和多样性的特征具有重要的意义。

第四，逐渐缩小和细化了研究视角，集中于某一类谚语的研究之上，细致分析了谚语的民族特色、地域特色、功能及文化内涵等内容，如李树新《人生如戏　戏如人生——戏谚与戏曲文化》一书以戏谚为研究对象，从共时和历时相结合的角度，采用语义、语用、形式、功能、认知、文化等多角度论证的方法，考察戏谚产生的路径、类别和原因，探讨戏谚与戏曲文化的关系，同时对相关语言文化现象进行梳理和阐释，挖掘具有通用表义作用戏谚的认知价值、文化传承价值和审美价值。

二、中华谚语研究的主要方向

在中华谚语研究的百年进程中，研究的对象不断扩展，研究的方法和理论视角不断更新，研究的内容不断丰富，取得了大量可喜的研究成果，包括论著、辞典、资料集等形式，主要内容涉及谚语的"界定""性质""语义""语法""艺术""认知""历史""文化""教化""翻译""辞典""语料""述评"等多个方面。目前，学界对谚语的研究呈现出多角度、多层次的特征，既有对谚语的名称、概念、特征等内容的理论阐释，也有对各民族谚语的搜集整理、语言特征分析和文化价值探讨等，具体的研究内容概述如下。

（一）谚语综合理论

谚语综合理论研究是中华谚语研究的主脉，代表了中华谚语百年理论研究的主要进展。中华谚语理论的发展经历了漫长而艰难的历程，到如今在研究对象、理论方法和理论体系方面的不断创新，都体现了学者们的不懈努力。自1921年郭绍虞发表《谚语的研究》一文以来，中华谚语理论研究已历经百年，这一历程可以分作"新中国成立前的谚语理论研究""20世纪80年代以来的谚语理论研究""21世纪以来的谚语理论研究"三个时期。

新中国成立前，谚语研究取得了一些成果，在理论研究方面也产生了很大变化。由于五四运动爆发，人们的思想得到了解放，冲破了封建思想强加在学术上的枷锁。再到1920年北大歌谣会的成立使谚语方面的研究更为深入，为后来谚语研究发展奠定了坚实的基础。这一时期重要的文章有郭绍虞《谚语的研究》、杜同力《关于谚语的报告和说明》、任访秋《谚语之研究》、陈以德《从谚语的搜集谈到口头语的语汇》、王顺《北夏农谚的研究》，代表了中华谚语草创期的理论探索成就。新中国成立前的谚语研究呈现出角度广、理论深的特点。尤其注意谚语同歌谣、格言等俗语的区分，对谚语的性质做出了清晰的界定；重视口语的调查，将资料调查的方向投射到人民群众身上。

20世纪80年代以来，中国社会开始朝着价值多元的经济社会转型，面临更加开放的意识形态，这一时期也成为谚语研究的繁荣时期。突出特点是理论研究著作增多，研究内容更加全面。其中，武占坤、马国凡合著的《谚语》颇具代表性，作为新中国成立以来第一部谚语理论研究专著，对我国种类繁多的谚语进行了描写，并且对谚语的性质进行了界定。再从谚语体现出的思想内容、形式风格、民族特色以及发展变化方面进行了系统的归纳、阐述。该书内容丰富、体例庞大、论证充分，推动了谚语研究的发展进程。温端政的《谚语》材料翔实、分析细致，丰富了谚语的理论研究，弥补了之前谚语研究方面的不足。孙维张的《汉语熟语学》是20世纪80年代末期颇具影响力的代表作，也是汉语熟语研究中意义重大的一部著作。它对谚语的社会功能、语法功能都有所研究；深度上，对谚语内在规律的研究更为深入，多为学者对谚语的发展演变提出观点并且重视谚语语义方向的研究，为日后谚语辞书的编纂提供了理论依据。

21世纪以来，谚语理论研究在"熟语""语汇"为题的综合性著作中得到了更进一步的发展，不仅理论成果丰硕，基本构建起汉语熟语学体系，汉语语汇学体系也初步创立，少数民族谚语研究也得到了长足发展。武占坤的《中华谚谣研究》对谚语的本质以及汉语谚语数量、内容、形式、分类、源流、语用功能等进行了研究，是一部谚语理论研究的力作。温端政的《汉语语汇学》《汉语语汇学教程》初步实现了汉语语汇学理论体系的构建。王勤的《汉语熟语论》则是以现代语言学的观点对汉语熟语进行全面深入的分析后构建汉语术语体系。武占坤的《汉语熟语通论》为汉语俗语的研究发展奠定了坚实基础。在民族语言研究方面，王德怀的《维吾尔谚语翻译研究》一书对维吾尔谚语的翻译提出了多项原则，丰富了维吾尔谚语翻译的理论和实践。华锦木、刘宏宇的《维吾尔语谚语与文化研究》对维吾尔谚语与文化进行了较为系统的研究。成世勋的《汉哈谚语对比研究》用对比语言学、跨文化交际和语言类型学的理论方法，对汉哈谚语的共性和差异进行了较为全面的阐述和研究。

（二）谚语界定与性质

关于谚语界定的研究主要通过阐述谚语的特点和比较不同语类来确定何为谚语。关于谚语界定方面的研究，绝大多数的研究是从比较不同语类来确定何为谚语，只有极少数的研究文章是通过阐述谚语的特点对谚语进行界定的。研究内容从最初的适用场合和稳固性的简单分析到谚语的内容、风格、来源的研究，再到谚语的变异类型、成因、形式的总结，以及由最初小范围谚语的研究逐渐扩展到多民族甚至是多个国家谚语的研究。

关于中华谚语性质的研究，在内容上主要分为四个方面，即民族性、地域性、社会性和时代性。在研究中呈现出以下特点：一是研究更加偏向谚语的民族性和地域性，关于社会性和时代性的研究相对偏少。进入21世纪，同时出现了5部关于谚语民族性以及地域性研究的著作，系统地论述各民族谚语的民族特色、地域特色、功能及文化内涵等内容，代表着学术界对于少数民族谚语民族性和地域性的关注，丰富了中华谚语在性质领域的研究。二是研究方式不断创新。在原本的研究方法基础上进行了创新，例如通过中外谚语、汉少谚语二者之间的对比，揭示了由于地理环境、风俗习惯、宗教信仰等方面的不同，各个国家或民族的谚语具有鲜明的民族性和地域性的特点。三是研究的语料有所变化。以民族著作中所运用的谚语作为研究对象，从中分析了各民族民间谚语的文化特征及其鲜明的民族特色和地域特色，体现出谚语应有的研究价值。

（三）谚语语义

关于谚语语义方面的研究是一个必不可少的重要内容，其研究内容包括很多，如谚语的语义分类、语义特点、语义关系、语义平衡、语义结构、语义产生的因素等，主要分为谚语语义释义、义类建构和语义特点三个方面的相关成果。20 世纪 60—80 年代为中华谚语语义研究的重要发展时期，最早兴起的是语义释义研究，在 20 世纪 60 年代已经出现相关的研究成果，语义特点及义类分析相继在 70 年代和 80 年代出现。语义研究在这一时期主要集中于三个方面：一是对少数民族谚语进行释义和分类；二是对某一类谚语进行释义，例如农谚、林谚等；三是关于谚语整体特点的分析。到了 21 世纪，对谚语义类的研究更为细致和深入，关于语义分类以及语义特点研究的理论性增加，采用的理论呈现出多元化的趋势，例如以动态语用学、社会语言学、现代语义学、隐喻理论、认知语言学理论为基础进行的谚语研究，并且在研究中采用了新的语料，发掘了新语料的巨大价值。同时，学者们将研究视角逐渐转移到中西语义的对比之上，如陈金诗的《英汉谚语的语义特点》（2007 年）、曹传锋的《浅谈英汉谚语的语义特点及语法功能》（2008 年）等，运用对比手法挖掘不同国家、民族谚语的语义特点。对中华谚语语义的研究，探析谚语的语义类型及理解模式，不仅揭示出一个独特的谚语语义系统，而且将使我们更加全面、深入地认识中华谚语文化，挖掘出谚语义背后深藏的道德观、世界观和价值观，为人们认识各种不同的语言提供一个新的视角。

（四）谚语语法

谚语形式简练却内蕴丰富，并且与人们日常交际所使用的口语结构有所不同，为了更加深入地了解其简练的形式，明白谚语本体的结构，其语法应是研究的一个重要方面。学术界关于谚语语法的论文始于20世纪80年代，主要涉及三个方面的内容：一是藏族、哈萨克族、白族等少数民族谚语结构形式的研究分析，兼及少数民族谚语与汉语谚语的语法对比，如《谈谈藏族谚语的语法结构》（1983年）、《汉语与哈萨克谚语句式结构对比研究》（2013年），这部分成果丰富了中华谚语的研究对象，并且利于少数民族谚语的正确使用；二是以古谚语的结构变体和谐音变体两种现象为代表的古谚语特殊语法现象研究，如《〈古谣谚〉谚语研究》（2011年）、《〈龙图耳录〉谚语研究》（2016年）等，此类研究角度新颖，丰富了当时古谚研究的方向，并且可以从中考察出古谚结构的独特之处；三是汉语谚语及地域性谚语的语法研究，如《谚语的语法形式、语义关系和认知理解》（2011年）、《浙江谚语中的特殊语法现象》（2017年），特别是对复句形式汉谚创造方法的探讨，不再局限于谚语本身结构，而是究其缘由，力图揭示谚语结构创造的手法。从整体来看，关于中华谚语语法的研究起步晚，研究成果有待加强，但仍具有较大的研究空间，特别是近年来结构对比这一研究视角得到重视，这些研究能够更鲜明、直观地发现谚语的民族特色，对跨民族文化交流有指导意义。

（五）谚语艺术特色

谚语作为我国民间艺术宝库中的瑰宝，千百年来，在人民群众中世代传承、经久不衰。这是因为它不仅凝聚了中华民族的智慧和思想精华，也体现了民族语言和群众语言的艺术特色。谚语的艺术特色从广义上来讲也就是谚语在行文措辞和表达思想感情时所使用的特殊的语句组织方式。谚语的普遍性艺术特色可以概括为：短小精悍，寓意深刻；通俗易懂，具有鲜明的口语性；讲究声律，富有音乐美。关于谚语艺术特色研究，主要有修辞、韵律、风格特点三方面。修辞方面的研究文章最多，主要以分析谚语多种修辞手段的修辞特征为主，兼有对比研究英汉谚语修辞特色异同且以同为主，也涉及少量汉维、汉哈、英汉谚语修辞对比研究；风格特点方面的研究探究谚语艺术效果、价值以及少数民族谚语的语言风格，具体涉及对比研究英汉谚语的语言特色、不同地域谚语的艺术特色、研究谚语的审美特征、禅籍谚语的结构形式、结构成分及其口语化的语言等方面；韵律方面的研究文章最少，有的研究谚语用韵特点，研究方言谚语声调艺术，有的对比汉语与少数民族谚语的韵律特点，有的对比英汉谚语的韵律等。从整体来看，关于中华谚语艺术特色研究，最早从修辞这一角度开始，研究风格特点占主导地位，近年来修辞研究占据了主导地位，研究趋势为多样化、精细化、地域化、民族化，以及更加注重对比研究。

（六）谚语认知

谚语的认知功能主要是就其内容而言的，产生于个体主客观的经验，人与物质世界交互形成体验，并且将体验组织成结构化的认知规律。谚语所包含的知识能够使人们认识世界，甚至宇宙万物，谚语所讲的道理能够让人思考人生、感受世界，所以，谚语具有让人充分认识世界、认真思考哲理的认知功能。关于谚语认知的研究起步较晚，到 21 世纪才初露锋芒。此方面的研究主要基于我国当代认知理论，包括框架理论、概念隐喻理论和整合空间理论三方面内容，其中关注最多的是概念隐喻理论和整合空间理论视域下的研究。

从认知语言学角度分析汉语谚语中的概念隐喻，能够发现汉语谚语的形成和传承规律，增进人们对汉语谚语的了解和认知。这方面的研究一方面侧重分析汉语谚语的隐喻特点和谚语隐喻同概念隐喻之间的关系，如《汉语谚语中概念隐喻的认知语言学探析》（2016 年）对汉语谚语中的概念隐喻进行了界定和分析，汉语谚语中的结构隐喻折射出传统的道德伦理观念，方位隐喻体现了中国传统的阶级观念，而实体隐喻则映射出中国传统的社会评价观念和佛教在人们心中的地位；另一方面分析谚语隐喻的认知功能及其对社会功能的影响，借此揭示汉语谚语的隐喻结构和内容特点及其与概念隐喻的密切关联，如《概念隐喻理论视角下英汉时间谚语的对比分析》（2011 年）用概念隐喻作为理论框架对英汉时间谚语进行对比分析，进而探讨英汉文化之间的异同。

运用概念整合理论从认知的角度对中华谚语的意义构建进行分析，旨在说明人们在理解谚语时，会经历组合、完善、扩展等认知活动，将谚语所蕴含的概念意义进行重新整合，形成新的意义。此类研究具有较强的认知解释力，能细致地阐释汉语谚语的认知机制和意义建构过程，为汉语谚语的研究提供了一个新的视域。具体的研究既有从整体上观照谚语概念整合理论的文章，如《概念整合理论视阈下汉语谚语的认知阐释》（2013 年），又有从微观上解读谚语认知发生机制及文化理据的文章，如《基于概念整合理论对维吾尔谚语中"馕"的认知阐释》（2017 年）。鉴于每个认知理论在各民族谚语研究中的适用度不一，其研究贡献多寡有所差别。

（七）谚语文化

谚语作为民族语言的重要组成部分，承载着一定的地域文化和民族文化。新中国成立至今，谚语文化研究无疑是最为丰硕的，取得的研究成果最多。有关谚语文化方面的研究主要呈现以下特点。首先，研究内容多样，关于中华曲艺文化、饮食文化、家庭婚恋文化、宗教文化、性别文化、生态文化、政法文化、医学养生文化等方面的研究论文数量众多，角度多样，研究也更加深入。其次，谚语文化的对比研究类型多样，主要分为三类，第一类是中外谚语的对比，其中中英谚语对比数量最多，内容也较为丰富全面；第二类是汉谚与少数民族谚语的对比，主要有汉蒙、汉哈、汉藏、汉傣和汉维谚语几类，其中以汉蒙谚语和汉维谚语的对比居多；第三类是我国少数民族谚语与外国谚语的对比，包括壮泰谚语、日蒙谚语的对比等。再次，用概念隐喻的理论分析文化差异的研究居多。从总体上看，关于中华谚语文化的研究重在揭示文化的差异性，研究对象在不断扩充，研究内容在不断丰富，研究的角度也从对文化差异的宏观把握变成了以某一类谚语作为切入点进行研究。

（八）谚语翻译

文化差异往往是谚语难译甚至"不可译"的关键点，针对中华谚语翻译进行阐释，保持异域文化特色兼顾目的语读者的需求是文化等值的意义所在，也是文化输出的重要路径。中华谚语翻译的研究成果主要有以下几个方面：第一，谚语翻译的理论探讨，旨在探讨如何做到让译文读者最大限度地理解原文的内容与风格，使其阅读效果更加贴近原文读者，特别是功能对等理论、关联理论、目的论以及动态论等翻译理论的研究成果为中华谚语翻译的研究提供全新视角，开辟新的研究角度，同时为翻译工作提供方法论指导，如《谚语翻译的实证分析：基于言语行为理论的视角》（2009 年）、《从关联翻译理论的视角看谚语的直接与间接翻译》（2013 年）等；第二，谚语翻译原则与翻译策略的研究，主张在翻译中采用正确的研究方法，译文中既保持原文的内容又保持原文的形式，特别是保持原文的比喻、形象和民族地方色彩等，并提出异化和归化这两种翻译策略的概念，强调它们在谚语翻译中的运用，如《谚语翻译中的归化与异化》（2014 年）、《文化语境顺应论视角下的英汉谚语翻译策略》（2010 年）等；第三，文化与认知的研究角度将认知语言学与跨文化层面相结合，从文化角度对汉语谚语与其他国家的谚语或者是少数民族谚语进行对比，通过运用文化认知理论，阐释谚语的可译性问题，其研究的方向涵盖地理环境、宗教信仰、风俗习惯、思想观念。在这种文化差异的作用下，进行谚语互译时要采用合适的翻译策略来保证谚语翻译的准确性，如《英汉谚语的文化差异及翻译》（2010 年）、《从文化视角探究谚语翻译》（2013 年）等；第四，从语用功能视角出发，根据不同语言的特点，或是从口译的角度讨论如何翻译中华谚语，或是运用一般会话含义与特殊会话含义理论单方向分析某种谚语汉译的各个环节与过程，或是研究现代商务交际中的英汉谚语的应用情况，或是讨论谚语翻译对教学工作的影响，突出谚语翻译的实用性与社会性，如《英语谚语教学中的文化渗透》（2012 年）、《谚语翻译中的语义法和交际法对比研究》（2014 年）等。

（九）谚语资料和辞典编纂

自 20 世纪 30 年代以来，谚语资料和辞典的编纂逐渐受到广大学者的关注与重视，特别是 20 世纪 80 年代"中国民间文学三套集成"工程开展以来，中华谚语资料的收集与编纂取得了辉煌的成就，出现了收录中华谚语的集大成著作——《中国谚语集成》，谚语条目共 60 多万条。从性质来说，谚语辞典有综合性、地域性、民族性、专科性和普及性等类别，谚语集也有综合性、地域性、民族性、专科性等类别。这些种类齐全的谚语资料集和辞典，不仅对于研究中华谚语、保护谚语资源、丰富中华谚语资料具有重要意义，而且对于研究中华灿烂的文化历史和富有特色的中国社会也具有重要的语料价值，在人们日常生产生活中起到重要的指导作用。

三、中华谚语研究展望

中华谚语既是中华民族宝贵的语言资源，也是珍贵的文化遗产。新时期以来，中华谚语随着谚语研究体系的整体推进而被学界重视。汉民族谚语与少数民族谚语在中华民族共同体视域下，构成一个庞大的语汇系统。全面系统地整理与研究中华谚语研究的得失，有助于探索中华谚语研究的新模式，构建中国谚学新理论，开创中华谚语研究理论创新、成果创新的新局面，为保护和抢救我国谚语资源、见证多民族文化交流历程贡献新的学科力量。

第一，回归传统，突出历史上中华谚语的公理性。中华谚语研究针对的是中华各民族，而不是孤立的某个民族。把众多民族谚语放在同一语义系统中，有一个共同的文化属性，即公理性，体现了中华民族共同的文化价值取向。我们要充分重视谚语语义表达的社会文化价值，注重中华各民族共同的政治理想、审美情趣、道德信仰、伦理观念及文化认同等精神文化方面的阐释，结合语境和时代去探究其文化内涵。

第二，拓展深化谚语史和其他学科的综合研究与比较研究。拓展中华谚语的研究视野，如国内外谚语的起源与发展的比较研究，汉民族与少数民族谚语形成发展的比较研究。研究谚语在形成发展过程中与其他社会科学之间的关系，包括文学、艺术（如音乐、书法、绘画、雕刻）、哲学、历史、政治、经济、社会、宗教等；研究谚语与自然科学的关系，包括地理、植物、动物、天文、建筑、中医、农学、林学、畜牧等。文学类、语言类学科的传统研究，以及如今的跨学科研究，必将成为当下谚语研究的一个重要领域，将赋予其新的生命力和时代气息。

第三，利用互联网和人工智能，开展语言资源观视域下的谚语资源保护。谚语不仅是语言事象，也是文化单元或民俗事象，将生活经验和观察凝缩成智慧，构筑起中华民族璀璨多姿、充满活力的文化生存和发展的基础。

利用互联网和人工智能使多语种、多数量的中华谚语的保护与整理走向数字化、标准化，能够推进传统文化的研究进程，构建相对全面、实用、科学、可持续增长的多语种常用谚语数据库，能实现谚语的高效利用和共享，全面提升我国语言资源保护和利用的水平，为传承中华优秀传统文化提供基础资源平台。

第四，探讨中华谚语与中华文化认同之间的互动关系，构筑中华民族共同体意识。人类命运共同体的概念作为全人类应当追求和树立的目标与意识，不论是从历时角度还是共时角度看，都与中华谚语在很多层面存在相似的特征。和合共生、义利合一以及天下一家思想既是中华传统文化的重要组成部分，亦是人类命运共同体思想的基本内涵，而大量反映和谐、义利以及包容思想的中华谚语恰与人类命运共同体思想的基本内涵实现耦合。同时，中华谚语又以其独有的诠释力、延伸力以及传播力，为人类命运共同体思想外延的扩大以及人类命运共同体思想的传播广度和影响深度发挥着重要作用，因而通过中华谚语对构建人类命运共同体观念进行深入解读和弘扬，有其不可或缺的必要性和价值。今后研究中可重点围绕"中华谚语构建的中华民族精神内核""中华谚语彰显出的中国智慧"等核心问题展开，深入挖掘潜沉在中华各民族谚语中的中华民族精神特质，从中华谚语文化的民族性、系统性、科学性、完整性视角探讨中华谚语与中华文化认同之间的互动关系，全面阐释中华谚语构筑的精神价值生态和折射的中国精神和中国智慧。

凡 例

一、本提要收录了百年（1921—2021）来中华多民族谚语研究的成果
1900余种，涵盖了用汉文、蒙古文、维吾尔文、哈萨克文、藏文、朝鲜文、
彝文和英文、日文、韩文、俄文等国内外多种语言文字撰写的研究成果。

二、本提要写作的目标是撰写一部收集全面、内容准确、体例规范、方
便实用的提要目录，性质是一部专题目录学著作。收录的范围以中华谚语的
专门研究成果为主，也酌情收录一些熟语、俗语、语汇等重要的综合性研究
成果，侧重介绍有关谚语研究的内容。

三、按成果的研究内容，分作谚语的"综合""性质""语义""语
法""艺术""认知""历史""文化""教化""翻译""辞典""语料""述评"
等13个一级类目，一级类目下又分"综合理论""语类辨析""民族性""地
域性""社会性""语义考释""义类建构""语义特点""语法结构""语法特
点""语法比较""修辞艺术""韵律特色""风格特点""概念隐喻""整合空
间""专书研究""断代研究""探源研究""发展演变""科技文化""思想观
念""性别文化""曲艺文化""政法文化""家庭婚恋""民俗文化""商业文
化""饮食文化""动物文化""养生文化""宗教文化""武术文化""生态文
化""文化异同""教化功能""教学应用""生活运用""翻译问题""翻译技
法""翻译策略""翻译理论""综合类""地域类""民族类""普及类""专
科类""综合类""地域类""民族类""专科类""综述类""书评类"等53
个二级类目。

四、主要内容由单篇的成果提要和总结性的大小序组成。每种成果都撰
写1篇简明扼要的提要，每类成果前面都撰写1篇小序，在此基础上形成了
1篇大序，这样便形成了既有微观的成果提要又有宏观的大小序组成的提要
目录学成果，以宏观梳理中华谚语研究的百年学术史，清晰呈现中华谚语研
究史的历程和概貌。

五、微观的成果提要由文献信息和内容评介组成。文献信息著录方面，
著作和辞典按书名、作者、出版社、出版年份著录；期刊论文按篇名、作

者、刊物名称、发表年份和期数著录，硕博士论文按篇名、作者、授予单位名称和年份著录，论文集按论文篇名、作者、论文集名称、出版社、出版年份著录；作者后标注撰作方式，专著用"著"，辞典和论文集用"主编"或"编"，论文用"撰"。民族文字和外文撰写的研究成果，注明使用文字的版本。

六、内容评介方面，论著内容先指出成果研究的问题，然后重点介绍主要内容和学术观点，对有研究特色或创新之处的成果给予客观中肯的学术评价；辞典的内容侧重辞典的性质、规模、语条范围、体例（立目、编排、释义、例证与出处）、特色、功用等方面的介绍和评价。著作、辞典、论文集另著录"前言""序""凡例""后记""索引"等非正文内容，但内容和观点不再介绍。

七、大小序是对中华谚语研究成果的学术梳理和总结，以发挥"辨章学术，考镜源流"的目录学功用。小序重在总结各类研究在不同阶段的研究重点、研究特色和取得的新进展、重要成果；大序则更加宏观地总结中华谚语研究的百年历程和取得的学术成就。

八、本成果用提要的形式分门别类地梳理呈现中华谚语研究的学术历程和概貌，总结中华谚语研究的百年学术史，为进一步提升中华谚语研究提供资料依据和经验借鉴，发挥提要目录对治谚指示门径的作用。

目　录

一、综合研究之属

本章的中华谚语综合研究包括"综合理论""语类辨析"两类。其中，"综合理论"研究是中华谚语理论研究的主脉，代表了中华谚语百年谚语理论研究的主要进展。在谚语理论研究百年历史进程中，从作品样式上看，呈现出理论著作从无到有、从少到多的趋势，背后所反映的是理论体系建设之艰难；从研究对象上看，方言及少数民族谚语研究逐渐增多，此间所照应的是方言学、民族学研究之崛起；从理论方法上看，文章和著作所包含的理论观点逐渐丰厚，层层创新，其中所蕴含的是学者不懈之求索。

一是"综合理论"研究。谚语研究视角和方法的创新离不开理论成果的支撑。以1921年郭绍虞的《谚语的研究》为起点，中华谚语理论研究已走过百年历程。这一历程可以分为"新中国成立前的谚语理论研究""20世纪80年代以来的谚语理论研究""21世纪以来的谚语理论研究"三个时期。

20世纪20年代到新中国成立这段时期谚语的研究取得了丰硕的成果，在理论研究方面也产生了很大变化。郭绍虞发表在《小说月报》上的《谚语的研究》对谚语的含义做出了界定，将谚语和其他俗语进行了区别划分，为后来学者的研究提供了理论依据。杜同力撰写的《关于谚语的报告和说明》虽然没有深刻地指出当下谚语研究存在的问题，但是依然推动了当时谚语的收集整理工作。30年代的研究成果较为丰硕，而且发现了很多研究谚语的新角度，其中任访秋的《谚语之研究》探讨了谚语与歌谣的区别，指出了谚语的性质，为谚语研究提供了新的角度。陈以德《从谚语的搜集谈到口头语的语汇》提出了搜集口头语的重要性。新中国成立前的谚语研究呈现出角度广、理论深的特点。尤其注意谚语同歌谣、格言等俗语的区分，对谚语的性质做出了清晰的界定；重视口语的调查，将资料调查的方向投射到人民群众身上。此外，重视农谚的整理与研究也是这一时期的重要特点。

20世纪80年代是我国谚语研究的鼎盛时期。突出特点是研究著作增多，研究成果丰硕。其中，武占坤、马国凡合著的《谚语》颇具代表性，作为新中国成立以来第一部谚语理论研究专著，对我国种类繁多的谚语进行了描写，并且对谚语的性质进行了界定。再从谚语体现出的思想内容、形式风格、民族特色以及发展变化等方面，进行了系统的归纳、阐述。该书内容丰富，体例庞大，论证充分，推动了谚语研究的发展进程。温端政的《谚语》材料翔实、分析细致，丰富了谚语的理论研究，弥补了之前谚语研究方面的不足。孙维张的《汉语熟语学》是 20 世纪 80 年代末期颇具影响力的代表作，也是汉语熟语研究中意义重大的一部著作。作者在写作过程中参考了先前学者的论著，并提出自己的研究观点，整本书论述全面详细，多角度、全方位地展示了汉语熟语的发展变化。80 年代以来的谚语研究在广度和深度方向都有新的突破。在广度上，更加注重对谚语道德性质进行界定，明确提出了"什么是谚语"，除此之外，对谚语的社会功能、语法功能都有所研究；在深度上，对谚语内在规律的研究更为深入，多位学者对谚语的发展演变提出观点，并且重视谚语语义方向的研究，为日后谚语辞书的编纂提供了理论依据。

21 世纪以来，基本构建起汉语熟语研究体系，少数民族谚语研究方面也有长足发展。武占坤的《中华谚谣研究》对谚语的本质、汉语谚语数量、内容、形式及分类、源流、语用功能等进行研究，是一部谚语理论研究的力作。温端政的《汉语语汇学》《汉语语汇学教程》初步实现了汉语语汇学理论体系的构建。王勤的《汉语熟语论》则是以现代语言学的观点对汉语熟语进行全面深入的分析之作。武占坤的另一理论力作《汉语熟语通论》为汉语熟语研究发展奠定了坚实基础。在少数民族谚语研究方面，张勇的《维吾尔谚语研究》从语言和文化两个方面对维吾尔族谚语进行了深入探索。

二是语类辨析。谚语界定的研究主要是在综合性的论文或著作中讨论的，专门研究谚语界定的文章较少。纵观整个谚语界定研究历程，主要围绕两方面展开：一是阐述谚语的特征来确定何为谚语；二是辨析不同语类的特点来确定何为谚语。其中，多数文章是从比较不同语类的特点来确定何为谚语的。

郭绍虞《谚语的研究》最先开启了有关谚语界定的研究，认为"谚是人的实际经验之结果，而用美的言词以表现者，于日常谈话可以公然使用，而规定人的行为之言语"。此后，杜同力的《关于谚语的报告和说明》认为，"谚语是民间流行的格言，或由经验得来的结论，可以互相告诫的话"。任访秋的《谚语之研究》认为，"谚语是一般人相传的话，其中含有训教的意味"。薛诚之的《谚语的探讨》认为，"谚语是人类于各时代所积累下来的实际观察以及日常经验的成果"。这些研究成果代表了早期谚语界说的理论观点，对谚语的理论研究具有开创性意义。新中国成立初期，杨欣安的《成语和谚语的区别》比较了成语和谚语在语体、内容等方面的不同。

改革开放以来，出现了专门研究谚语界定的文章。大型谚语资料型工具书《中国谚语集成》做了这样的界定："谚语是民间集体创造、广为口传、言简意赅并较为定型的艺术语句，是民众丰富智慧和普遍经验的规律性总结。"钟敬文主编的《民间文学概论》认为："谚语是劳动人民用精练的语句，总结生产斗争、阶级斗争以及各种社会生活经验的语言艺术结晶。它是一种有教育意义、有认识作用或含有哲理的民间传言。"武占坤、马国凡的《谚语》将谚语定义为"通俗简练、生动活泼的韵语或短句，它经常以口语的形式，在人民中间广泛地沿用和流传，是人民群众表现生活经验和感受的一种'现成话'"。温端政的《谚语》将狭义的谚语定义为"以传授知识为目的的俗语"。

孙维张的《汉语熟语学》比较了"谚语"和"格言"的异同，认为"知识性是谚语和格言的本质特点所在"。二者明显的不同表现在三个方面，即"谚语有鲜明的口语风格""谚语的内容或为自然现象规律的揭示，或是人们动作行为经验的总结""谚语在口语中产生"。此外，王书贵的《谚语·成语·格言》一文从适用场合和稳固性两方面简要分析了谚语、成语、格言的区别，对谚语进行了界定。沈慧云的《歇后语应该"归入成语和谚语之中"吗？》对歇后语进行分类归并，指明歇后语与谚语是并列关系。张如芳的《浅论谚语和格言之异同》一文从内容、来源、风格及形式等方面谈谚语和格言的异同。

21 世纪以来，谚语界定的观点以武占坤和温端政为代表，主要研究方式仍然是通过比较不同语类来确定谚语。武占坤的《中华谚谣研究》将谚语界说为，"谚语是民间语用艺术开出的山花，是民族各种实践经验凝聚的智慧结晶。它通常以口碑的形式在民间广泛地流传，持久地沿用，以说知识讲道理为主旨。它是风格通俗、结构凝练、语感生动、语貌定型的韵语或短句"。温端政的《汉语语汇学》对谚语的界定具有操作性，温先生根据汉语语汇的"叙述性"语义特征和是否为"二二相承"的结构特征，对四类语汇成员（成语、谚语、习用语、歇后语）进行了两次分类，认为谚语是"非二二相承的表述语"，"表述语的特点，是具有知识性。内容十分广泛，既有对客观事物的认识，也有在社会实践中形成的经验。表述语都是通过判断或推理体现某种思想认识。谚语属于表述语，如'百闻不如一见''巧妇难为无米之炊'等"。

此外，武占坤、高兵的《试论谚语、俗语之分》提倡从科学研究、结构、性质、事物现象的褒贬等角度区分俗谚，桑悦的《现代汉语谚语和惯用语的异同》从形式、内容、情感色彩、语法功能四方面对谚语与惯用语进行对比区分，等等。另有胡格吉夫的《论蒙古谚语研究中存在的两个问题》一文讨论蒙古族谚语的命名和分类，对谚语的命名和分类有很好的借鉴作用。

（一）综合理论

谚语的综合理论研究作为中华谚语理论研究的主脉，展现出了中华谚语百年来对谚语理论研究的主要进展。20 世纪 20 年代到新中国成立这段时期，理论研究颇为丰富，并且发生了很大的变化，为以后的谚语理论研究奠定了基础。这段时期的研究成果以期刊论文为主。20 世纪 80 年代，由于中国经济发展，意识形态更为开放，理论研究范围逐渐变得广泛。作为谚语理论研究的鼎盛时期，研究成果中专著研究增多。21 世纪以来，谚语理论研究逐渐构建起相对稳定的理论体系，汉语熟语体系也基本构建起来，少数民族谚语研究也逐渐发展、壮大。谚语的综合理论研究不但成果丰硕，更为日后谚语理论研究指出了主要方向。

《谚语的研究》

郭绍虞撰，《小说月报》，1921 年第 2、3、4 期。

本文共分为五个部分，对谚语的性质、形式和内容进行了深入的研究，并且提出了一系列重要的观点。第一部分论述了谚语的性质，作者认为谚语可以从狭义和广义两个方面理解。同时，提出了谚语的四要素，并对谚语做出界定。第二部分把谚语与歌谣、格言、寓言进行了区别。总结出"谚语可以被认为是'无作者的格言'"，但是这里的无作者是指作者不明。第三部分主要谈论了谚语的形式，认为谚语大的形式以"美"为主，具有"句主简短""调主整齐""音主谐和""词主灵巧"四个要素。第四部分介绍了谚语的内容重在"真""善",其中"真"表现在以世态人情为材料和以经验知识为依据,"善"表现在以训诫讽喻为宗旨,具有道德上的意味。第五部分认为谚语是一定时代的产物,具有时代性。谚语还表现出强烈的地方色彩,具有地方性。本文切入点清晰、研究深入、观点深刻,为后续学者的研究提供了理论依据,可以称为运用现代语言学的理论和方法研究汉语谚语的奠基之作。

《关于谚语的报告和说明》

杜同力撰,《国语周刊》,1925 年第 9 期。

该文阐述的内容较为分散,主要有三个方面较为重要。首先,作者对谚语的定义进行了说明,认为"谚语是民间流行的格言,或由经验得来的定论,借以互相告诫的话";其次,作者认为谚语与歌谣、谜语、绕口令的区别是显而易见的,谚语和歇后语最容易发生混淆;最后,作者提出了谚语与熟语、经语、俗语以及不完全的歇后语的区别,根据文中所举的例子,"熟语"是指成语,"经语"实际上也指谚语,"俗语"是现在所说的惯用语,"不完全的歇后语"是指歇后语在运用中的省略现象。虽然本文总体讨论的问题不够集中、不够深刻,但是对于推动当时谚语的调查和收集整理工作具有一定的积极作用。

《谚语之研究》

任访秋撰,《礼俗》(半月刊),1931 年第 6、7 期。

本文主体部分讲了五个方面的问题。第一部分是谚语的含义,作者首先论述了"谚"和"语"的意义,认为在古代"谚""语"之间没有关系。"谚"是指世俗所说的常言,有的是"诂训",带有劝诫的意味;"语"是指"世人的话,而含有真理的"。第二部分是谚语的起源,作者提出谚语有两个来源:一是经典诂训,也就是说原本是经典中的话,因为引用得多了逐渐普遍化;二是"合于情理的话",是指原本出于明达者的嘴里而后广为流传。第三部分是谚语的"势力",作者认为谚语是民族精神的反映、平民思想的表现,是刻于人们脑海中的道德教条,无形中等于约束人的法律。第四部分是追溯过去的谚语。作者认为"经传子史"里的谚语文辞古奥,说明已经过著作家之手把它文雅化了。第五部分介绍了故乡的谚语,作者把收集到的故乡谚语分为个人、家庭、社会三类。本文是继郭绍虞《谚语的研究》之后研究谚语的一篇重要论文，通过诠释"谚"和"语"的含义，对谚语的性质做了进一步探讨。文章开头所探讨的谚语与歌谣的区别也是其独特之处，并且具有一定的实际意义，为谚语研究拓宽了新的角度。

《谈谚语》

伯韩撰，《太白》，1935 年第 8 期。

本文主要讨论了谚语的记录、谚语读本和谚语词典、谚语的应用等三个问题。关于谚语的记录部分，涉及搜集谚语时古谚是否同今谚一样受到重视的问题；对那些骂詈或思想内容过时的谚语，是否兼收并蓄的问题；所记录的谚语用字的问题。关于谚语读本和谚语词典，作者认为不应该把不合时代的话编进谚语读本，但应选入谚语辞典中，还认为谚语辞典要有注解，注明读音和意义，还要有关于语源的注释。各地方谚语要注明地方，古、今谚合编的要注明时代。关于谚语的应用，作者认为谚语"可以作笔头的词藻"，还认为谚语是"谣俗学"的研究资料，有些可以起教育作用，选编入儿童或成人读物。本文对谚语方面的研究更加深入，为后来的谚语研究奠定了基础。

《从谚语的搜集谈到口头语的语汇》

陈以德撰，《太白》，1935 年第 2 期。

本文讨论了为什么要搜集谚语及如何扩大收集范围的问题。作者认为，"谚语是活的口语里面顶生动而且顶富有表现性的语言"，把它运用到书面语中使其生动灵活，更加接近口语表达，从而提高书面的表现力。关于如何扩大收集范围的问题，作者认为应该把搜集范围扩大到一切口头语的语汇上面去，把那些语汇尽量收集起来供书面语使用。还对口头语语汇的内容做了具体的说明，有些口头语有着独立的完全的意义，和谚语几乎分不开，其余的大多数只是惯用语。作者指出，书面语和口头语统一的最大障碍就是写出来的书面语总脱不了书本气，要想打破这一障碍，就得从搜集口头语的语汇做起。

《谚语的搜集和整理》

王国栋撰，《师大月刊》，1935 年第 22 期。

本文分为四个部分。第一部分是谚语的多边评价。作者引用了若干条有影响力的人物对谚语做出的评价，并对这些评价表示认可。作者认为，支配下层民众心理的应当是谚语，主张用谚语来作为教育民众的教材。第二部分对谚语容易被人征引的原因进行探讨，并给出例证。作者认为原因有二：一是"言志作用"；二是"修辞作用"。第三部分介绍了搜集和整理谚语的方法。作者总结出了三种搜集谚语的方法，并对搜集到的谚语进行分类整理，把谚语分为13类。此外文章还有三个附录，即谚语类辑例言、谚语探索、从谚语中透视妇女的婚姻问题。本文强调谚语和社会生活的联系，并结合搜集整理谚语的实际经验，提出了搜集和整理谚语的方法，具有一定的参考价值。

《北夏农谚的研究》

王顺撰，《教育与民众》，1935 年第 1 期。

这是一篇研究北夏地区农谚的论文。分为八个部分，第一部分是绪论，第二至三部分分别讲农谚的"意义"、性质和功用，第四至八部分分别辑录气象、节令、农业农村社会、农村经济等方面的谚语。在绪论中，作者说明了自己研究北夏农谚的动机、目的和方法。第二至三部分，作者认真搜集了北夏农谚，并对北夏农谚从理论上做了比较全面深刻的分析，认为农谚是"农民经验之结晶"，具有时代性和地方性，对农业生产、农学等的学术研究、农村生活和教育都有很大作用。第四至八部分，共辑录了农谚 562 条，其中有 209 条加了注释。本文是 20 世纪的前半世纪里一篇有代表性的研究农谚的论文，颇有学术价值。

《谚语的探讨》

薛诚之撰，《文学年报》，1936 年第 2 期。

全文分为"谚语性质的探讨""谚语的要素""对于中国古谚的几点考察"三部分。在"谚语性质的探讨"中，作者引用了郭绍虞在《谚语的研究》里给谚语所下的定义，还就"谚语本身的字义"进行考察，认为谚语本质上是"一种语言"。作者还分析了谚语与歌谣、成语、格言、歇后语之间的不同。在"谚语的要素"部分，把谚语的要素归纳为"意识""简短""均衡""和谐""机灵"五项。在最后一部分中，作者对近世流行的谚语做了一番历史的考察，分析了古谚与今谚的演变过程。

《论"谚语"》

霍旭东撰,《山东大学学生科学论文集刊》,1956 年第 1 期。

本文对于谚语进行了全面的分析,首先将谚语与俗语、成语、俚语等进行对比分析,并且综合了前人对于谚语定义及特征的研究,归纳总结出了谚语的特征如下:第一,是一定时代及阶级社会人们的斗争生活、思想、感情、经验和智慧的结晶;第二,有简短精确、对比鲜明、音韵铿锵的表现形式;第三,广泛地活跃在人民群众口头上,在日常谈话中完成它的作用;第四,反映社会和生产状态,传授道理和经验。其次将谚语分为两大类,即群众的社会科学和群众的自然科学。然后集中将谚语的艺术形式,即简短精确、对比鲜明、音韵铿锵这三个主要方面进行了论述。另外还指出谚语具有现实性、人民性、阶级性和流行性这几大性质。最后作者认为谚语是人民群众生活的百科全书,也是科学的基石,对于谚语的研究要保持正确的态度和方法,为今后的研究指明了一个正确的方向。

《略论中国谚语》

王毅撰,《民间文学》,1961 年第 10 期。

本文主要讨论谚语的性质和分类,以及各类谚语的特点,共分为七个部分,第一部分说明采集、研究的意义,第二部分说明谚语的性质,第三部分讨论谚语的分类,第四至七部分分别对四类谚语进行论述。通过与格言和歌谣的对比,文章指出谚语的本质特点是其群众性、集体性以及普适性。本文坚持"以内容分类"的原则,将谚语分为"风土谚语""讽劝谚语(或称褒贬谚语)""训诫谚语(或称修身谚语)"和"农谚"四类,并说明了这四类谚语的性质,风土谚语的特点是内容多涉及某一地方的山川景物、风俗习惯、传说、特产等,常常是封建社会交通闭塞情况下的产物;讽劝谚语则是一种品评人物、抨击恶习、讽刺坏人坏事、歌颂好人好事的谚语;训诫谚语是一种谈人生哲学的谚语,有着鲜明的阶级性,且可能含有错误的经验总结;农谚数量最多,富有现实意义。本文在谚语性质的论述上与以往大同小异,在特点的总结归纳处有亮点存在,特别是在农谚特点的探讨中,对一部分含有较为落后观点的谚语给予特别说明,具有警示作用。

《谚语浅探》

肖庚远撰,《齐齐哈尔师院学报》,1978 年第 2 期。

　　本文对谚语的定义、特点、形式、来源等方面进行探析。谚语的特点有阶级性、哲理性和稳定性，谚语始终保持着以双句式对偶句居多的显著特点，一般以三、四、五、六、七言对偶诗句的形式出现，并具有简洁、明了、通俗、易懂的特点。谚语在形式上可分为独句式、双句式和多句式，在语言形式上要求谚语的字数要精练，句式要简短，字音要和谐，富有韵律美和节奏感。其主要来源是劳动人民活生生的口头语言，和劳动人民的斗争生活是息息相关的。有些谚语则是某些历史故事或民间故事的缩写。还有些谚语来自古代书面语，由文言文改成口语。文章对于谚语的内容包含面也许不够全面，但是其分类皆有支撑，对于谚语本身的研究具有一定的参考价值。

《谚语概论》

　　朱安群撰，《江西师院学报》，1979 年第 1 期。

　　作者提出谚语是值得学习和研究的，历代著名作家、语言大师都曾注意学习俗谚，谚语是一般生活经验的总结，富有哲理性和智慧性，且广泛使用修辞格使得谚语更加鲜明生动和简练。接着通过比较谚语和成语的异同来分析谚语的特征。谚语在政论文字、哲理文字和文学作品中都有广泛运用。作者还分析了谚语的用法，认为主要有引用和活用两种情况，正确理解和使用谚语是十分重要的。

《谚语》

　　武占坤、马国凡著，内蒙古人民出版社，1980 年版。

　　本书是新中国成立以来第一部谚语理论研究专著，通过对我国浩如烟海的谚语描写，从谚语性质、思想内容、形式风格、民族特色以及它的发展变化、分类和作用等方面进行了系统的阐释和归纳。全书分为九章，另附谚语附录，精选常用谚语 3500 多条，不避某些重复，用以补充本书谚语资料之不足，后加编者言。

　　第一章为谚语的界说，主要界定了谚语的概念、性质，通过对比举例分析，细致地区分了谚语与成语、谚语与歇后语、谚语与格言警句，确定了谚语作为独立的文体样式，并且与其他内容有着根本性的区别，有自己独立的发展形式和内容价值。第二章介绍谚语的思想内容，从丰富性、思想性、科学性三个特征点论述了谚语的主要思想内容。第三章为谚语的形式与风格，从谚语的创造手法、语法结构、用词、节奏、风格五方面论述，提出谚语的创作手法与各种修辞手段紧密相联，例如从比喻、起兴、借代、拟人、幽默、双关、对比、对偶、回环、白描共 10 种修辞手法中举例论证。从语法角度来看，谚语具有多样性，以单句、复句为主要形式，单句式谚语多继承我国古典诗歌四言、五言或七言成句的特点，长话短说，高度浓缩。复句式谚语则形式多变，多与修辞连用，内容体量较单句式谚语更为复杂和广大。谚语用词主要表现为生活化，历史传统词语的浸染，同义、反义词语的推敲和叠音词的应用等方面。谚语的节奏是音韵铿锵、节奏明快、朗朗上口、易于记忆。谚语的风格主要论述了谚语有自身的语言基调，即清新平易、晓畅自然，还提出"谚语的诗化"形式进行探讨，指出谚语诗化只是少数谚语的风格，并不是谚语风格的本质。第四章为谚语的民族特色，指出谚语具有民族共同点，也有民族差异性。第五章为谚语的分类，以谚语语义性质和作用为纲，分讽诵谚、规诫谚、事理谚、生产谚、天气谚、风土谚、常识谚、修辞谚八类。第六章为谚语的发展变化，从谚语的继承和创新两个途径出发，探索了谚语发展变化的原因，并从谚语数量上的新陈代谢、语言形式的变化、语义色彩的变化或者谚语转化为其他语言形式等方面进一步阐释，较为全面地展示和描述了谚语的整体发展变化情况。第七章为谚语的语法作用，主要介绍谚语在句子中的语法作用，可分为谚语独立成句和谚语充当句子成分两大类。第八章为谚语的运用，从谚语的社会功能、谚语的修辞作用、谚语的地方性与专业性等方面进行论述分析，探索了谚语多方面、多领域的作用与意义。第九章主要谈论了对消极谚语的认识，主张对待"毒草"般的消极性谚语，首先要认识其消极本质，在此基础上再在批判暴露的意义上加以运用。最后，谚语选录，选录谚语以音序排列，音节的声韵相同，以阴平、阳平、上声、去声为序、声韵调全相同的，以汉字笔画多少为序。第一个音节的音形全部相同，以第二个音节为先后的依据。其中只收录个别少数通用的消极性的旧谚语，其余不予收录。

当代谚语不仅承继吸收了大批的优秀古谚遗产，而且随着历史的丰富和创造而不断有新的发展。本书以谚语为描写对象，通过对谚语的界定、分类等方面形成了对谚语的精细研究和总体概括。内容丰富、体量庞大、举例充实、论证详细，从多角度、全方位地界定了谚语和描述研究了谚语的整体情况，达到了多层次、多元化、多方面和共时历史的综合认识，翔实得当，理论与谚语实例相结合，形成了中国谚语理论研究的高峰。同时，广泛传播了谚语的文化特色，推进了谚语研究的深入发展，在学界影响深远。

《谚语歇后语概论》

王勤著，湖南人民出版社，1980年版。

该书内容分为"谚语"和"歇后语"两部分。谚语部分论述了谚语的性质、民族性、思想性、科学性、艺术性，谚语的构造、类型，谚语的产生、发展、演变及谚语的作用和运用。

"谚语的性质"部分，作者对比了谚语与成语、格言、歌谣的异同，从比较中归纳出谚语的特性："它是人民群众生活斗争的经验总结，是具有传授经验和教训劝诫功能，流传于人民群众口语中的现成话。"谚语说明的事理、总结的规律，是以本民族为立足点的。它依存于本民族的社会生活，与本民族特定的历史、语言、生活习惯、物产风貌、自然环境等密切相关，所以带有鲜明的民族性。关于"谚语的思想性"，作者指出"谚语以洗练、形象、生动的语言，概括了生活斗争中的种种经验规律，表达了人民群众朴素健康的思想感情和智慧"；"谚语是人民群众自我教育的武器，也是思想修养的好教材"。作者指出"谚语所总结的经验，所说明的事理，是人民群众在长期的生产和生活斗争的实践中提炼出来的。它揭示了客观事物的一定规律，具有科学性"。关于"谚语的艺术性"，主要从"精美的语言"和"巧妙的修辞手法"两个方面进行论述。关于"谚语的构造"，从选材用词和造句两个方面说明。作者指出，谚语传诵于人民群众的口头，所以采用了大量的口语词，部分谚语选用书面语词，所以包含少量文言词；在造句方面，多数谚语是双段式，分前后两部分，大都是复句。"谚语的类型"部分，作者根据谚语的内容分为两大类：一类"属于自然生产斗争方面"（包括农谚和气象谚）；一类"属于社会斗争方面"（包括风土谚、讽诫谚和生活知识谚）。关于"谚语的产生、发展和演变"，谚语在生产劳动中产生，谚语的发展变化总是与社会发展密切联系，谚语的发展变化表现在谚语数量的增减和谚语的意义方面，有的谚语的意义在长期运用中进一步深化了，有的在人们相传运用中引申扩大了，有的褒贬义发生了转移。关于谚语的作用和运用，作者认为谚语不仅能提高人们的认识、启发人们的实践，还有积极的修辞作用；运用谚语，要注意分析谚语的思想性与科学性，注意谚语产生的时代和运用的条件，全面准确地理解谚语，注意谚语同作品的结合等。

总的来看，本书谚语部分叙述比较简明，提供了一些新的谚语材料和用例。在谚语的运用方面，作者提出了许多新的意见，如运用谚语"要与作品的题材、内容结合起来""要与作品中的人物配合起来""要与作品的语句配合起来"等，都值得注意。

《谈谚语》

王书贵撰，《武汉师范学院学报》（哲学社会科学版），1980年第1期。

本文是在王书贵的上一篇文章《谚语·成语·格言》基础上的进一步扩充，第一部分从五个方面简单说明了谚语的概念；第二、三部分"谚语和成语的区别""谚语和格言的区别"与上一篇文章无大差别；第四部分谚语的作用是扩充的部分，举例简单论述了谚语的修辞作用、教育作用；第五部分也是新增的内容，主要论述了学习和运用谚语时需要注意的三个方面的问题，包括谚语的思想性、科学性和地方性。

《谚语》

温端政著，商务印书馆，1985年版。

全书分为七个部分：谚语的名称和性质；谚语的产生和发展；谚语的思想内容；谚语的语义；谚语的结构；谚语的语法功能；谚语的修辞作用。

作者认为，谚语可以从广义和狭义两个方面来理解："广义的谚语，包括流传在人民群众口头上的一切俚谚俗语"，具有以下三个基本特点：一是为人民群众所创造、所使用，具有广泛的群众性；二是语句简单凝练，在结构上具有相对的固定性；三是流传在群众的口头上，具有鲜明的口语性。狭义谚语，作者认为"知识性"是它"在内容上的根本特征"。作者强调："如果广义的谚语相当于俗语，那么，从根本上说，狭义的谚语便可以看成是以传授知识为目的的俗语"。本书所讨论的是狭义的谚语。

关于"谚语的产生和发展"，作者指出，早在文字产生之前就有了谚语。在没有文字的条件下，人们采用谚语这种形式，把在生产劳动过程中获得的知识，传播给社会，传给后代；"谚语作为人们传授知识的工具，也必然是发展的。它的发展，首先受到社会发展的制约，受到人们对自然界和社会的认识发展水平的制约"，"还受到语言系统自身发展规律的制约"。关于"谚语的思想内容"，作者指出它"具有广泛性、科学性、地方性和民族性等特点。在肯定谚语内容科学性的同时，指出了它的局限性，包括社会历史的局限性""认识的局限性""谚语的语言形式所带来的局限性"。关于"谚语的语义"，着重讨论三个问题：谚语的字面意义和实际意义、谚语的单义性和偏义性、同义谚语和反义谚语。关于"谚语的结构"，作者把它的特点概括为"紧缩性和对称性""单一性和多样性""固定性和灵活性"。关于"谚语的语法功能"，作者指出，"谚语在运用时可以单独成句，充当句组的组成部分；也可以相当于一个分句，充当复句的组成部分；还可以相当于一个结构，充当句子的某种成分"。关于"谚语的修辞特色和作用"，作者认为，语音上讲究声律、用词上注意精选、句式上重视变化、表达上力求形象，是谚语在语言运用上的"独到之处"；"用于说理，提高语言的说服力""用于记叙，增强语言的概括力""用于刻画人物形象，增强语言的感染力"，是谚语修辞上的主要作用。

本书材料丰富详赡，分析细致缜密，对某些问题又从新的角度做了论述，丰富了谚语的理论研究。其中比较突出的是对谚语的性质和语义的研究。作者认为，"总结以便传授经验，是谚语的一个主要性能，但并不是它唯一的性能。谚语还有一个性能，就是传授人们对客观事物的某种认识"；"不论是经验也好，还是认识也好，都属于知识的范畴"。基于此，把（狭义）谚语定义为"以传授知识为目的的俗语"，可谓既简练又精当。本书对谚语语义的研究一定程度上弥补了此前谚语研究的不足。

《汉语熟语学》

孙维张著，吉林教育出版社，1989 年版。

该书是汉语熟语研究中具有影响力的一部著作。由孙常叙先生作序，全书分为八章。第一章"熟语和熟语学"主要讨论了"熟语学"与"熟语"概念的区别，认为"熟语"一词是从俄国译借过来的，汉语的熟语有时是系统概念，有时是类的概念，作者分别从熟语概念的使用、性质、范围以及在词汇系统中的地位几个方面展开论述。而"熟语学"是指专门研究熟语的一门语言学科，在研究对象、性质、任务、意义等方面更是与熟语有明显不同。第二章"熟语的特点"认为熟语是词汇系统中的固定结构体，且熟语具有三种类型的变体：历史变体、方言变体、个人言语变体，并分别进行了举例论证。第三章将熟语进行了系统化的分类，分为常用标准类、表达类，不同的分类标准应用于不同层次的分类，做到层次分明、全面细致，以此适应不同方面的需求。第四至七章分别对熟语的四大部分即成语、惯用语、歇后语、谚语和格言进行了详细论述，作者严格按照语言学的标准，从语音、语法、语义等角度做了细致分析，书中出现的例证成百上千，具有十分宏大的论述体系。在第八章"熟语的形成和发展"中，首先，作者认为熟语的形成是民族语言长期发展的必然结果，也是熟语单位汇集的结果，并对熟语单位形成角度、条件、研究方法、性质进行了论述。其次，作者认为熟语的发展变化是通过系统中各个要素的变化体现出来的，我们观察和研究熟语的发展变化要从两个角度进行探索和分析，一种是熟语单位自身的变化，另一种是熟语单位整体系统的发展变化。最后，作者倡导将宏观角度与微观角度相结合，就可以对熟语的发展变化面貌有一个全方位的清晰的认知和了解。

该书在写作过程中参考了 20 世纪 80 年代以前出版的多种词汇学方面的著作和多种成语、熟语、谚语、歇后语辞典，论述具体详细，较为系统化、全面化，并且将古今汉语发展和现代汉语研究相结合，特别是在熟语研究逐渐深入的基础上，从大量的语言实例中，透过外部表现形式，揭示出熟语及其下属的成语、惯用语、谚语、格言乃至歇后语等的本质及其规律，从而澄清了许多模糊认识，形成了自成一家的现代汉语熟语学的科学体系，对汉语熟语学研究来说影响重大，值得研究者们参考借鉴。

《熟语浅说》

刘广和著，中国物资出版社，1989 年版。

全书共五章：一、惯用语，二、成语，三、谚语，四、歇后语，五、熟语的运用。书中"引言"认为："熟语，照着群众的话说，是'现成话'；拿术语说，是固定短语。""熟语有两个基本特点。一是形式定型，一个熟语不能任意更换成分、改变组合关系；二是精练，每个熟语都是千锤百炼的产品，用尽可能少的语素表达丰富的内容。"作者把熟语分为惯用语、成语、谚语、歇后语四类。在论述每一类时，都在分析性质范围的基础上，提出划界标准，下一个定义，然后论述其特性、来源、演变等。

作者把惯用语定义为"一种固定短语，它的组成成分和组合关系一般是固定的，在一定范围内又有灵活性。形式不拘于字数，三字格的比较多"，认为惯用语有以下"特性"：有不少是俏皮话，用形容、比喻、假设的手段，含蓄、幽默地表达语义；用具体的事情、物件、现象，通过比喻、假设、形容等手段表达语义，具有形象性和生动性；非汉语独有，别的语言也有；各地都有本地流行的惯用语，具有地方性。

作者把成语定义为"一种固定短语，它的组成成分、组合关系固定性最强，基本形式是四字格"，认为成语有以下"特性"：跟一般的惯用语比起来，成语更具有历史性；具有民族性，形式上采用四字格，结构方式有鲜明的民族特点，内容上跟一定的历史背景相关，跟民族文化传统相关，跟民族生存的自然环境相关；充当语素的数词，少数表示实际的数目意义，多数表示抽象意义。

作者把谚语定义为"一种固定短语，它的组成成分和组合关系比较固定，多数包含两个语言片段；它能传授知识，往往有训诫作用"，认为谚语有以下"特性"：跟成语、惯用语一样也有民族性；也有地方性；包含的经验经受住了实践的反复检验，能广泛流传；是生活的小百科全书，包含的内容范围极广。

作者把歇后语定义为"一种固定短语，它的组成成分和组合关系有固定性，在一定范围内又有比较大的灵活性。基本形式分前后两截，后半截在一定条件下往往可以省去"，认为歇后语有以下"特性"：表意所用的材料显得特别，看起来、听起来让人觉着诙谐、逗乐；有民族性；绝大多数是群众的创作结晶，跟成语、惯用语、谚语比较起来，地方性最强；绝大多数来自群众口语，一般由口头常用的词语构成。

关于"熟语的运用"，作者讨论了熟语的语法功能、修辞功能、熟语的选用和连用，以及学习、运用成语要注意的几个问题。本书通俗易懂，兼具学术性，在熟语研究领域具有一定的参考价值。

《论谚语》

朱千波撰，《内蒙古民族师院学报》，1989 年第 3 期。

本文从宏观上对谚语进行整理和研究，分为五部分。第一部分认为谚语是在群众中广泛流传的通俗而含义深刻的固定语句，具有群众性、通俗性、哲理性和稳固性的特点，并简要分析了谚语与惯用语、成语和格言的区别；第二部分分析谚语是如何产生的，认为绝大多数来自民间，有的来自历史故事和诗文语句，有的是以讹传讹产生；第三部分探讨谚语内容上的特性，认为谚语具有广泛性、教育性、民族区域性；第四部分阐释了谚语其他方面的特点，分别是言简意赅、形象生动、朗朗上口；第五部分指出谚语的引用形式为引用和活用。最后，作者还就谚语采集的源头及其发展做了详细的论述，并指出近50年的谚语编纂具有入书量大、涉猎面广、理论性强三大突出特点。

《成语和谚语》

李新健、罗新芳、樊凤珍著，大象出版社，1997年版。

这是一部以普及成语和谚语知识、弘扬中华民族传统文化为目的的著作。成语部分共三章，谚语部分共六章。每一部分在讲述理论时都引用了大量典型的成语和谚语。谚语部分，第一章"谚语的性质"，概括出谚语具有"总结了人民生活、斗争经验，反映出深刻的道理，并能规定人的行动；通俗简练、生动活泼，是一种美的言辞；谚语是熟语，是现成语句，是较为定型的直语常言"的特性，并区分了谚语与成语、歇后语、格言的不同。第二章讲述了"谚语的产生、发展与演变"，都与特定的社会历史相关。第三章"谚语的内容"，将谚语分为讽诫谚、生产谚、天气谚、风土谚、常识谚等五类，概括出谚语中存在的辩证唯物主义思想、实践思想，农业谚语、气象谚语中具有科学性，可以指导生产实践。第四章"谚语的民族特色"，强调每个民族的谚语都是本民族特定文化的结晶。第五章"谚语的形式和风格"，形式上有单段式、双段式和多段式，而且口语和书面语并行。风格分为通俗晓畅、幽默风趣、端庄凝重、清新明丽、委婉含蓄、金刚怒目等六种。第六章"谚语的作用"，谚语既能单独成句又能充当句子的语法成分，使句子准确精练、形象生动，而且谚语中凝结的知识和经验对人们的工作、学习、生活都有指导作用。本书系统地介绍了成语和谚语的相关知识，语言深入浅出，对于成语和谚语的普及起到了促进作用。

《中华谚谣研究》

武占坤著，河北大学出版社，2000年版。

全书分为七章。在第一章"谚语的本质"中，作者首先指出"熟语性是谚语本质属性的一大方面，而谚语特有的'个性'又是在与其他熟语的比较联系中显示出来的"。由此研究谚语不能不从熟语说起，作者认为"熟语的特性就在于一个'熟'字，在于人们熟知、熟用，在使用中定型定义，向

'成熟'之语方面过渡，从而获得词的等价物的性质。作者在书中给谚语下定义说："谚语是民间语用艺术开出的山花，是民族各种实践经验凝聚的智慧结晶。它通常以口碑的形式在民间广泛的流传，持久地沿用，以说知识讲道理为主旨，它是风格通俗、结构凝练、语感生动与语貌定型韵语或短句。"并论述了体现谚语本质属性的"五大特征"：流传的口碑性、功能上的内向性、语用上的相沿习用性、语形上的相对定型性、表意的完整性。

第二章"谚语的鉴别"，通过谚语和"俗语""歇后语""格言""警句""歌谣"等的相互比较，进一步揭示了谚语的本质。作者还提出要鉴别"真谚"和"伪谚"，指出"'不为人们熟知'，是伪谚的致命伤"。

第三章"汉语谚语的数量、内容和形式"，论述了"汉语谚语的三大特点"，即数量的极大丰富；思想内容的智慧闪光；语言形式的异彩纷呈。

第四章"谚语的分类"，把谚语分为事理谚、修养谚、社交谚、时政谚、生活谚、风土谚、自然谚、农副谚、工商谚、文教谚等十类。

第五章"谚语的民族素质"，作者指出，谚语是语言民族素质的结晶，接着叙述了汉语谚语民族素质的表现。

第六章"谚语的源流"，论述了谚语的起源和流变。作者指出，"谚语，是语言后天的产物，是社会文明发展到一定阶段，即发展到人们认知主客观世界的知识经验，丰富成熟到需要固定下来并流传开去，发展到人们在语用生活上，能自觉地通过语言片断的'习用化'和'现成化'，在一定程度上突破时间空间对口语的双重限制的历史条件下的产物"。接着论述了谚语发展变化的原因和概况。

第七章"谚语的功能"，在思想内容方面，谚语具有"认知功能""思辨的功能""规诫的功能""观政的功能"；在语言艺术方面，具有"画龙点睛的修辞功能""峰回路转的修辞功能""波澜起伏的修辞功能"。

本书语料丰富，观点具有创新性，是作者研究汉语谚语20余载的总结性著作。

《中国谚学若干问题谭要》

李耀宗撰，《海南大学学报》（人文社会科学版），2000年第4期、2001年第1期。

文章对谚语的界说、性质、基本特征、概念分野、创作技巧、美学价值、谚语采集、谚书编纂以及中国谚学的发展等各个方面都做了详细的论述。作者对谚语界说修正为"谚语是民众集体创作、广为口传、言简意赅并较为定型的艺术化语句，是民众丰富智慧和普遍经验的规律性总结。其特质，兼具语言、文学、语俗及百科文化载体等四性。"进一步指出谚语在内容上具有经验性、哲理性、蕴情性、阶级性和时代性的特征；在形式上具有口语性、异变性、精练性、艺术性和民族性的特征；在使用上具有实践性、俗传性、训诫性、讽劝性的特征。关于谚语和它近邻的概念分野问题，作者提出，要从种属关系，明了谚语的地位；要通过对比研究，抓住谚语的个性；要从发展观点，确认"中间现象"；要从源流传承，分析谚海的消长。此外，谚语还具有浓缩诗化的句式、锤炼极度的字词、攻错自然的韵律和活用立体的修辞四方面的创作技巧，以及"赅博美""乡俗美""浅近美""雄辩美""极言美""歧异美"六方面的美学价值。

《汉语语汇学》

温端政著，商务印书馆，2005 年版。

这是一部建立与词汇学平行的语汇学的理论著作。全书分为 10 章，分别是"语 语汇 语汇学""语的分类""语的构成和结构""语义""谚语""惯用语""成语""歇后语"。本书采用理论与实例相结合的方法，首先对"语"这一概念进行了历时追溯，并指出其与"词"的一致性与非一致性。其次根据分类原则和基本要求，提出以叙述方式为标准，把"语"分为"表述语""描述语""引述语"三类，同时也提出了"二二相承"的方法，对成语、谚语、惯用语进行了明确的区分。接着作者提出了语素、语步、语节等术语并给予定义，指出语的结构的特性，即固定性和变异性。再次论述了语义的特点，语义分析的方法，语义描写的要求、基本原则和一般做法。最后四章分别叙述了谚语、惯用语、成语、歇后语的性质和范围、结构、语义和分类、语法功能和修辞作用。本书立足于语词分立的基础，提出了一系列汉语语汇学的方法、原则、术语等内容，把对汉语语汇的认识由感性上升为理性，为汉语语汇学的研究奠定了基础，初步实现了汉语语汇学理论体系的建构，丰富了我国语言学的发展。

《维吾尔谚语研究》

张勇撰，新疆大学博士学位论文，2005 年。

　　本文分上、下两编，对维吾尔谚语进行了分析研究。上编探讨了维吾尔谚语的语言修辞特征，共分五章。第一章界定了维吾尔谚语的概念；第二章从语义内容特性和表现形式两个方面对谚语的语义内容进行了阐释和分析；第三章分析了谚语的语法结构，分别对谓语的词性、表达语气的角度、谚语中的无主句和省略句的语法意义与结构形式、谚语中的复句形式进行了分析；第四章从语流节拍和押韵两方面考察了维吾尔谚语语音的音乐性特点；第五章对比喻、借代、比拟等维吾尔谚语中常见的修辞方式进行了解析。下编探究了维吾尔谚语中反映出的民族传统精神文化，共分四章。第六章探讨了谚语中有关生命与死亡、勇敢与勤奋、利益与德行、戒贪与知足、知识与幸福等观念；第七章对谚语中信仰与行善、和谐与美满的家庭观念，以及乐群与利他的社会观念进行了解析；第八章对谚语中反映的维吾尔族对人生与世界的看法进行剖析；第九章对谚语反映出的妇女观进行分析。本文帮助人们从语言与文化两个方面深入了解维吾尔谚语的语言学特征和文化内涵。

《汉语语汇学教程》

　　温端政主编，商务印书馆，2006 年版。

　　这是一部在《汉语语汇学》的基础上，根据教学需要编写而成的高等学校教学用书。全书共分为 10 章，前八章与《汉语语汇学》大致相同，但做了一定程度的修改，后两章分别是新增的"方言语汇"和"语典"。每章增加了思考题与练习题，更有助于学生学习，突出了教材的特点。书中的前八章除了进行内容调整外，也增加了更多的补充说明，例如对"语"的定义的精简、对"语的感情色彩"的分类等，使得对问题的说明更加全面，也更为准确。"方言语汇"一章论述了方言语汇的性质和调查研究的意义，方言语汇的调查方法，以及对方言语汇调查研究的回顾、现状和前瞻，"方言语汇"指的是汉语方言中"语"的总汇。"语典"一章说明了语典的性质和功能、类型和结构，以及语汇研究对语典编纂的指导作用。作者指出"语典"是指收集语汇加以解释，按一定次序排列，供人检查参考或阅读的语文性工具书。本书指出，"语"不仅品种多、范围广、数量大，而且深深植根于中华民族博大精深的传统文化的沃土之中，具有强大的生命力。本书的出版使得汉语语汇学走进课堂，将会引起更多的学者关注或从事汉语语汇研究，促进汉语语汇学的繁荣发展，而且对语汇的运用、语汇的教学和语汇类辞书的编纂，都能起到实际的指导作用。

《汉语熟语论》

王勤著，山东教育出版社，2006年版。

该书用现代语言学的观点对汉语词汇体系中的熟语进行了全面、深入的探索，建立了汉语熟语体系。对汉语熟语既着重共时分析，又进行了历时探寻；静态与动态结合，广度与深度相互阐述，这种写作手法给了后续学者新的启迪型认识。

作为理论性著作，本书面对大量熟语材料做了切实的分析研究。书中对汉语熟语下位成员的划分和定性，对汉语熟语同汉族文化之间关系的分析，都有作者个人的观点和新见。全书共分为九章，第一章"汉语熟语"，作者论述熟语的范围和名称，认为"熟语是词汇体系中大于词的固定词组的类聚体"，含有成语、谚语、歇后语、惯用语和俗语等五个成员。第二章"汉语熟语的属性"，作者把"熟语赖以生存的特殊属性"归纳为：构成的定型性、意义的融合性、功能的整体性、语用的现成性、风格的民族性、品种的多样性。第三章"熟语与非熟语"，主要对熟语和词、自由词组、专有名称、科技术语、歌谣进行了区分对比。第四章"汉语熟语的诞生"，论述了汉语熟语产生的外因和内因，以及产生的根据和标志，指出从汉语熟语的产生来看，可以得出结论——熟语在2700多年前的西周就产生了。随着社会的不断发展、更迭，熟语也在不断更新、扩充。在第五章"汉语熟语研究简史"中，将熟语的发展分为四个阶段：萌芽期（两汉至东晋）、发展期（南北朝至宋明）、兴盛期（清至中华民国）、繁荣期（中华人民共和国成立至今）。此外，作者还总结了汉语熟语"发展轨迹"的特点。第六章"汉语熟语的文化底蕴"是本书的重要组成部分，论述了汉语熟语与文化的关系，认为熟语所反映的人类文化有物质文化和精神文化两个方面。第七章"汉语熟语成员的类型"是该书的核心部分，对成语、谚语、歇后语、惯用语等进行了论述并对其定义进行了阐释。第八章"汉语熟语的作用"，作者认为"熟语作为词汇材料中的重要组成部分，和词一样，最主要的职能就是作为造句的材料来表达思想感情"，把熟语的具体作用归纳为信息作用、教育作用、论证作用、谋篇作用和修辞作用五个方面。第九章"汉语熟语的运用"，探讨了"运用应具备的条件""运用的要求""运用的技巧"三个方面。本书所提出的观点新颖，论证翔实，为以后的汉语熟语研究奠定了基础。

《汉语熟语通论》

武占坤编，河北大学出版社，2007 年版。

该书是我国系统研究汉语熟语的典范之作。全书共分七章。在"总论篇"，作者主要论述了熟语的定义和名称的由来，给熟语界定了"微观属性"和"宏观属性"，并且认为熟语的特质主要在"熟"字，"熟"是其本质属性。"鉴别篇"探讨了熟语与寒暄语、专名语、行业语、民谣、顺口溜的区别，并加以辨别区分。"研究历史鸟瞰篇"以宏观的研究视角把汉语熟语的研究史分为萌芽期（东汉—北魏）、发展期（唐、宋、元）、壮盛期（明、清）、初荣期（民国—新中国诞生）、繁荣期（新中国成立—现在）五个时期。"类型篇"作为本书的重要内容之一，作者主张把"格言"合并在谚语里，把由古典诗词以及今人拟古诗词中的名言警句转化来的熟语从成语中划出来，称为"锦句"。这样熟语就分为了谚语、成语、惯用语、歇后语和锦句五种。"文化底蕴篇"在书中所占比重很大，分为四节，即什么是文化，文化对熟语的影响，不同类型熟语和不同性质文化的对应关系，汉语语用文化的发展变化对熟语形成的影响。"发展演变篇"主要讲了熟语发展演变的原因、情况和规律，提出熟语发展的演变规律分别是相对稳定性中变和不平衡性。在"功能作用篇"，提到了熟语的认知功能、思辨作用和修辞功能，认为熟语的认知功能和思辨功能是谚语独具的功能，修辞作用是任何熟语都具备的作用。本书是作者长期从事熟语研究的总结，具有较高的学术价值，也提出了一些新颖的概念，为汉语熟语的研究发展奠定了坚实的基础。

《建设中国特色的谚语学》

安德明撰，《民间文化论坛》，2020 年第 5 期。

谚语是民族集体智慧的结晶，在世界上许多民族都有着广泛流传。谚语的深层部分与民族的根本精神具有一致性。谚语是突出体现着上下层文化激烈交汇及传统与创造性密切互动的文体，因此围绕谚语作品的形成传播与接受过程来探讨上下层文化之间的互动以及民间文化传统中传统与创造性的关系问题是具有可行性的。各民族谚语的具体表达形式有较大差别，但其基本的艺术手段又有着高度一致性。因此，谚语也是考察不同民族的思维结构、价值取向等方面异同，进而促进民族间交融发展的重要对象。虽然谚语很早就受到了文人的关注，但是相比于其他民间文学文体，我国谚语的搜集和研究相对滞后，在新时代背景下，推动谚语研究、建设有中国特色的谚语学是一个迫切的任务。

《开拓中国谚语研究的新局面》

安德明撰，《民间文化论坛》，2020 年第 5 期。

文章从五个方面对谚语研究进行探讨。第一部分作者参照了已有的多种观点，对谚语进行了明确的界定。从共时性的角度对谚语进行了静态划分，大的方面可以分为自然生产类谚语和社会谚语两类，进一步划分的话可以分为八小类。第二部分阐述了谚语与俗短语、歌谣、格言和歇后语的区别与联系，这样的对比研究有利于进一步梳理谚语的结构与特征。第三部分是中国谚语的发展及其搜集研究，在这一部分作者梳理了从先秦到如今谚语研究的成就，它是民族精神的总结和体现，也是中国社会发展的语言展现。第四部分论述了语境在谚语研究的重要地位，作者认为语境是理解和研究谚语必不可少的因素，谚语作为综合的生活文化实践，语境起到了至关重要的作用。最后是《中国民间文学大系·谚语卷》的编纂及其意义，它是整篇文章的总结，概括了该书在谚语研究建设中的重要意义。

（二）语类辨析

谚语研究的语类辨析是对谚语进行界定，这部分的研究主要集中在综合性的论文或者著作。谚语的界定分为两个方面，一是根据谚语的特征来进行界定；二是通过对不同语类特点的辨析对谚语进行界定。谚语的语类研究发展分为三个时期，分别是 1921 年郭绍虞的《谚语的研究》最先开启了谚语界定的研究；改革开放以后，出现了专门界定谚语的文章；21 世纪以来，以武占坤（2000 年）和温端政（2005 年）的观点为代表，虽然主要研究方式依旧是通过比较不同语类来界定谚语，但是研究得更为细致、深入。谚语语类辨析的研究发展，使中华谚语研究更具有理论性和针对性，这一部分的研究成果主要集中在期刊论文。

《成语和谚语的区别》

杨欣安撰，《中国语文》，1961 年第 3 期。

这是一篇全面系统论述谚语与成语异同的重要文章。作者认为谚语与成语既有共同点也有区别，共同点表现在：谚语和成语的语句都非常精练而生动，都有很强的表达能力；实现这种表达能力的修辞手段也常常相同。区别表现在：口头用语与书面用语的不同、表示内容不同、使用的方式不同、就字面能不能解释来看也有区别。又以唐松波在《熟语和成语的种属关系》（《中国语文》1960 年第 11 期）一文为主，将谚语和成语的区别做了进一步的论述，而杨文在唐文基础上，特别指出谚语与成语的最大不同在于前者是口头用语，后者是书面用语，这是对唐文的重要补充。但是，成语并不完全用于书面语，相当一部分成语，即所谓"俗成语"，也流传在群众口头上。谚语与成语的区别是一个比较复杂的问题，尚需进一步探讨。

《谚语·成语·格言》

王书贵撰，《语文学习》，1979 年第 4 期。

本文简要分析了谚语、成语、格言的区别。成语与谚语的区别主要是固定词组与句子的区别，成语是现成的固定词组，一般用作句子成分。格言与谚语的区别主要是：格言的来源是书面语，谚语的来源是人民群众的口语；又从适用场合和稳固性方面简要论述了格言和谚语的不同，以上观点为早期谚语的区分界定提供了参考借鉴价值。

《歇后语应该归入成语和谚语之中吗？》

沈慧云撰，《语文研究》，1981 年第 2 期。

文章从"歇后语应该归入成语和谚语之中吗"这一问题出发，提出对于歇后语的分类归并问题。作者通过大量举例论证，说明歇后语不论是形式上还是内容上都有着不同于成语和谚语的特征，它作为熟语的一种，与成语、谚语的关系是并列的，因此，作者反驳了史式先生提出的把歇后语"归入成语和谚语之中"的主张。

《浅论谚语和格言之异同》

张如芳撰，《辽宁师大学报》，1984 年第 2 期。

本文从内容、来源、风格及形式等方面讨论了谚语和格言的异同。主要以探讨不同点为主进行分析：在内容方面，谚语有丰富性、多样化，且重经验的总结等特点；而格言则表现出集中性、单一性以及意在阐发事理性的特点。在来源方面，谚语根植于口语；格言则来自书面语。在风格方面，谚语保留着群众口语活泼、新鲜、清新朴实的特点；格言具有庄重、典雅、含蓄的风格特点。在形式方面，谚语以单句形式为多，字数比较均匀整齐；格言多复句形式，字数多少不均。本文对于分辨谚语和格言有一定的参考意义。

《谚语研究应该跳出词汇学的框框——也谈谚语和成语的区别》

何学威撰，《湘潭大学学报》，1987 年第 2 期。

本文从三个新的认知角度和领域谈及了谚语和成语的区别，同时指出了谚语研究应该进入的层次。从文化发展史的角度看，谚语作为一种民俗现象源于劳动，是原始社会的口语语言艺术；成语则形成于书面的习语。从语言思维的关系看，谚语和成语有不同的逻辑表现形式，谚语是人的形象思维和抽象思维结合的结果，以二项的复句为主用来表达一定的经验和教训；成语则是概念的词组形式，是区别于一般词组的定型词组。在哲学观点上，二者属于不同的归属范畴。谚语属文学范畴，是上层建筑；成语是语言词汇的一种形式，不属于上层建筑。

《论维吾尔语谚语和俗语的异同点》（维吾尔文版）

艾则孜·阿塔吾拉撰，《语言与翻译》（维吾尔文版），2000 年第 1 期。

本文对谚语中"maqal"和"tɛmsil"进行了对比分析，具体分析了两者的相同点与不同点。相同之处在于：一是都是用简明扼要的词句反映比较深刻的内容；二是都具有高度的形象性；三是韵律方面富有诗意，押韵形式包含首韵、腹韵、尾韵和杂韵等；四是构成形式上都是一个给出条件，另一个得出结论；五是发展过程都是在漫长的历史长河中造就的文化产物，其内容是根据社会的发展进行更变；六是在成句方面都能灵活地运用各种修辞手法，显示出很强的趣味性；七是二者结构往往都是通过两部分表达一个完整的思想；八是语言色彩都具有鲜明的特点，用词通俗准确，灵活生动。不同之处为：一是"maqal"是以浅显易懂、直截了当的方式，简洁地反映劳动人民的宝贵知识和社会经历的格言，而"tɛmsil"是通过运用比喻手段将所讲述的道理暗含其中；二是"maqal"是将社会生活中的各种事件和经验用动物和事物的性质直接表现出来的格言，"tɛmsil"的内容不像"maqal"那样直接体现出来，而是通过自然界的各种事物的样貌、性质等间接体现出来；三是"maqal"所采用的喻体主体大多都是与科学知识相关，而"tɛmsil"的喻体主要是与社会生活知识相关；四是"maqal"前后对称，一般是前面所表达的含义与后面所表达的相反，呈对立的状态，而"tɛmsil"

前后两句所表达的内容含义是对等的。这是首篇对"maqal"和"tɛmsil"异同点进行归类分析的论文，对准确全面理解"maqal"和"tɛmsil"的异同和谚语内涵具有指导意义。

《试论谚语、俗语之分》

武占坤、高兵撰，《汉字文化》，2005 年第 3 期。

本文详细论述了谚语和俗语之分，并从古代名著古籍中探究其原因。从语用的角度看问题，区分谚和俗的意义不大，但从科学研究的角度看问题，这里就有粗、细，以及科学与不科学之分别。作者从《谚语》一书开始意识到俗、谚的不同，用"修辞谚"指俗语。主张谚语是说明性的而俗语是描写性的，反过来也指出谚语也有抒情性而俗语也有知识性的情况。谚语与俗语有几处共同点，但仔细推敲的话，在风格上还是有区别的。因此，对事物现象贬斥戏谑意味之有无是谚、俗之分的重要区别点。总之，在结构上的完整度、性质的不同、事物现象的褒贬上都能区别出谚语和俗语的不同。本文在论述谚语和俗语时充分翻阅古籍，指出例证，使其观点具有说服性，对俗谚研究有指导作用。

《论蒙古谚语研究中存在的两个问题》

胡格吉夫撰，《内蒙古社会科学》，2007 年第 4 期。

本文讨论了蒙古族谚语的命名和分类。就如何命名蒙古谚语，作者在提出自己的想法基础上总结了其他学者的观点，除了谚语这个名称外，还有格言、成语、熟语等。也有学者称，可用"谚语""熟语"来概括所有的谚语名称，就语法词汇和语言习惯用"熟语"命名谚语的建议也很普遍，还有把"谚语"和"熟语"包括在"成语"中的建议。蒙古谚语的分类有根据概括描绘创作的方法特征与根据意义进行分类的情况。作者认为"谚语"作为总称下的分类有"格言""箴言""俏皮话"等几种类型。本文对于谚语的命名和分类问题有很好的借鉴作用。

《谚语是固定词组吗？》

古丽仙·依明尼亚孜撰，《和田师范专科学校学报》，2008 年第 5 期。

本文指出谚语不属于固定词组类，而属于固定句子或固定句组类。固定词组主要包括：成语、专有名称和惯用语。固定词组的特点是：在构成上，组织结构和成分基本固定。在使用上，一般充当句子成分，不能单独成句。

在意义上，或以其形象性而呈现自然风趣性特点；或以其深刻的意蕴显示出极强的思辨性特点；蕴含有丰富的历史文化及民俗文化信息。在来源上，多来源于经传典籍和社会生活。从语言学角度看，固定词组是词汇学研究的对象，谚语是句法学研究对象；从逻辑学角度看，固定词组大体上是一个词，谚语不是把词的概念缩小一级而是把句子的概念缩小一级形成的；从对人生的作用上看，固定词组起到现成的结构材料的作用，而谚语是构成民间口头文学的宝库、传承丰富经验、具有诗歌色彩，对研究汉民族历史有重要意义。因此得出结论：谚语不是固定词组。

《谣谚异同略论》

张耀元撰，《大众文艺》，2010 年第 9 期。

本文以梳理谣谚的词源义为起点，考察了谣与谚在产生原因、内容功用、形式结构和名词代称上的异同。谣指民间歌谣，是劳动人民集体的口头诗歌创作，属于民间文学中可以歌唱和吟咏的韵文部分，节奏韵律特殊，篇幅短小。古代歌谣并举，谣是人们用以宣泄情绪的媒介。歌谣联名最早见于《淮南子·主术训》，含蕴范围与音乐紧密相关。自先秦汉魏以来的谣、歌之辩渐趋消弭，呈现出概念一体化的态势。文章认为，"谚"即谚语，也是一种可传诵的口头韵语，是早期民间文学的重要组成部分。先秦文化的典籍中对谚的记载，强调的是谚语的民间性、地域性和通俗性。历代诸家从不同视角关照谚语形式与内涵，对谚语的定说各有贡献，但无论是哪一家，都还不曾给谚语一个完满的界定。20 世纪 20 年代初，学界对谚语研究又有了若干界定，进行梳理后，人们发现谚语是起于民间，蕴含深远，体制短小，饱含音乐性、形象性，是一种生动的语言。对于谣谚异同的梳理，文章认为从产生时间看，谣、谚都是人类早期口传文学的一部分，是先于文字产生的语言文学形式，是民众在生产生活中有感而发的民间美言，是民间文学的一部分。从内容上看，谣、谚的视域几乎覆盖了人类社会与自然世界的各个方面。从形式上看，谣、谚均体现出体制短小、句式灵活、口语特色鲜明、易于传播等特点。它们代表了早期韵语的主要形态，是诗的前身。从名称上看，当代划分简单明晰的谣和谚，在古代存在多种义相近、名不同的现象。总的来说，谣与谚是中国韵语的早期形式，也是民间文学的重要代表，是中国历代史志典籍记录的重要素材。厘清谣谚关系，对于当代阅读接受的明确化和学术研究的精深化都有着不可小视的推动意义。

《现代汉语谚语和惯用语的异同》

桑悦撰，《宿州学院学报》，2015 年第 6 期。

谚语和惯用语都是语汇中的重要成员，二者在概念和使用上有时难于厘清。本文采用对比分析的方法，从四个方面解析二者的异同：形式上，谚语和惯用语都具有长短不一的字数形式，但三字格形式是惯用语独有的；内容上，谚语和惯用语都可能具有意义上的双层性，但谚语的双层性在使用上更为复杂；情感色彩上，谚语和惯用语都出自民间，但是惯用语比谚语更"俗"；语法功能上，谚语和惯用语都可以充当句法成分，但是谚语不能用作状语和补语。

二、谚语性质之属

谚语是人民口头创作的具有高度概括性的语言形式，包含着丰富的知识和经验，是民族智慧的结晶。谚语反映出的乡土风俗、自然风貌等都具有鲜明的地域性和民族性的特点。中华谚语体现出民族性和地域性是必然的，因此关于中华谚语性质的研究也是整体研究中重要的组成部分。中华谚语性质的研究从内容上大抵分为三个方面，即民族性、地域性和社会性。研究历程分为三个阶段，即 20 世纪 60—80 年代、20 世纪 90 年代和 21 世纪以来。

20 世纪 60—80 年代为谚语民族性研究和地域性研究的开始阶段。此时期谚语性质研究主要是对各民族谚语的民族性及各地区谚语的地域性进行详细阐释。在研究中呈现出以下几个特点：一是研究成果数量不多，研究刚刚起步。二是研究面较窄，一方面，对于少数民族谚语研究从谚语产生的方式、谚语的艺术特色、谚语的思想特色等方面来揭示谚语的民族性特质；另一方面，基于各民族谚语蕴含的哲理性和思想性，对于各民族文化的影响做了一定探讨，有助于了解民族的文化特性。三是地域性的研究比民族性研究起始点晚，成果少，主要涉及的是兰州、湖广及安岳三个地区的谚语，从谚语内容和义类等方面入手，重在体现不同地区对谚语的影响性。

20 世纪 90 年代，中华谚语的研究进入了迅速发展的时期。这一时期谚语性质研究主要集中于以下四个角度：一是对于少数民族谚语民族性及特色的阐述；二是对于谚语中体现的民族性与文化性相一致的阐述；三是集中于各地区谚语的地域性分析；四是站在社会学角度对谚语进行探究。相较于前一时期的研究，此时的研究特点主要有以下几个方面：一是研究角度增加，这一时期增加了对于谚语社会性的研究，从社会学角度研究谚语格言，拓宽了谚语研究的新渠道，丰富了谚语研究的角度和内容；二是对谚语民族性的分析更为深入，涉及的少数民族更多，新增的民族包括塔吉克族、锡伯族、哈萨克族和满族等，对于谚语民族性的研究来说是一个重要补充；三是对于谚语的研究，重在阐述和分析各民族语言与各民族文化之间的共性特征，并从中体现其价值内涵；四是对于地域性的研究较上一时期有所发展，涉及的区域增加，例如通过香港、湖州及越地谚语的研究，来体现民间谚语对各地区的精神文明建设产生的积极作用和现实意义。

21 世纪以来，中华谚语在研究视角和谚语语料上都有所拓宽，研究进入鼎盛繁荣时期。这一时期的研究主要集中在以下几个方面：一是分析某一少数民族谚语的民族性或某一地区谚语的地域性；二是分析某一类谚语的民族性或地域性；三是探讨著作中所使用的谚语的民族性或地域性；四是通过民族间谚语的对比体现民族性或地域性；五是运用相关理论进行谚语的社会性研究；六是关于谚语的时代性研究。与 21 世纪以前的研究相比，这一时期的研究主要有以下特点：一是中华谚语的研究进入鼎盛时期，研究成果剧增，研究角度更加广阔，同时出现了 5 部对于谚语民族性和地域性研究的著作，系统地论述各民族谚语的民族特色、地域特色、功能及文化内涵等内容，代表着学术界对于少数民族谚语民族性和地域性的关注，丰富了中华谚语在性质研究方面的领域；二是 21 世纪谚语研究增强了谚语时代性的研究，符合社会发展的大趋势，揭示了武汉谣谚与近代武汉城市生活之间的联系，开辟了新的研究思路；三是对于谚语民族性和地域性的研究，一部分继承了前一时期的研究方式，但是仍然出现了较为新颖的研究方式，即通过中外谚语、汉少谚语二者之间的比较研究，揭示了由于地理环境、风俗习惯、宗教信仰等方面的不同，各个国家或民族的谚语具有鲜明的民族性和地域性的特点；四是研究的语料有所变化，开始以民族著作中所运用的谚语为研究对象，从中分析了各民族民间谚语的文化特征及鲜明的民族特色和地域特色，体现出巨大的研究价值；五是研究视角逐渐缩小和细化，集中于某一类谚语的研究之上，这一特点在谚语地域性的研究中表现得尤为明显，从中体现谚语的价值性；六是谚语的社会性研究取得巨大发展，从社会文化学等角度出发，并且在研究中运用了巴赫金符号学等理论，进一步提升了谚语社会性研究的理论高度。

（一）民族性

谚语是民族的生产生活经验和民族智慧的结晶，也是民族语言词汇材料中的重要组成部分。谚语从产生到发展都与民族特性紧密相联，反映了民族的历史事迹、自然风貌、文化传统、心理状态、乡土习俗、宗教信仰等。自

20 世纪 60 年代以来，少数民族谚语持续受到关注，出现了一批关于谚语民族性的研究成果。研究成果包含了对少数民族谚语的面貌、特点、修辞、思维方式、文化内涵等内容的分析考察，成果形式以期刊论文和学位论文为主。认识谚语的民族性对于了解、研究民族的历史、社会、文学、心理、民俗、语言都有实际意义，同时也为中华谚语研究积累了重要的资料和依据。

《谚语的特点》

马国凡撰，《中国语文》，1960 年第 11 期。

本文分析了谚语的特点，认为谚语具有"通俗性""民族性""阶级性"三个特点。谚语产生于口语并在口语中流传，普遍使用的群众基础是谚语通俗性的表现，谚语不必分"雅谚"和"俗谚"。谚语的内容不仅反映了生产斗争，也反映了阶级斗争，阶级的思想观点就不可避免地在谚语中有所表现。谚语在所反映的事物内容上具有鲜明的民族性，各个民族的谚语都代表着本民族的特点。本文是《中国语文》创刊后发表的第一篇研究谚语的文章，标志着谚语不仅是民间文学的研究对象，而且是语言学的研究对象。

《谈谈对藏族谚语的一些认识》

吴民撰，《青海民族学院》，1975 年第 3 期。

文章认为分析谚语时不可忽视其阶级性，并据此提出了对待藏族谚语应采取的态度：一是对正确反映生产斗争的谚语，要加以搜集和整理，给予科学的阐明，让它为当前的牧业生产服务；二是对于那些出自劳动人民之口、内容健康的谚语，要继续用来作为教育人民、打击敌人的有力武器；三是要提倡革命新谚语；四是对于藏族谚语中的糟粕，我们要揭露批判，铲除毒草。并在最后强调了谚语在阶级斗争中的作用。

《谈丰富多彩的彝族谚语》

李明撰，《西南民族学院学报》（哲学社会科学版），1980 年第 1 期。

谚语在彝语中称为"尔比尔吉"，是彝族民间口头文学中最精致、小巧的形式，是彝族劳动群众在实践中获得的体验和认识的高度概括。"尔比尔吉"内容纷繁，题旨广泛，几乎涉及人类社会生活的各个方面，尽管有部分谚语在漫长的奴隶制度下曾被统治者和奴隶主使用过，但绝大多数是劳动人民创作的，因而始终具有强烈的人民性和民主性。除了思想上的特点，"尔比尔吉"在艺术上也有形象性、精练性和音乐性的特征，极具民族特色。

《漫谈蒙古民谚》

苏赫巴鲁撰，《内蒙古社会科学》，1981 年第 2 期。

本文以蒙古古谚的出现、蒙古民谚的内容及特点为主要话题，分别进行了举例论述。文章认为《蒙古秘史》是蒙古古谚的源头，蒙古文产生时蒙古谚语已达到繁荣期。蒙古族文学作品中的大量引谚对谚语的发展产生了积极作用。蒙古谚语的内容纷繁广泛，比《古谣谚》对谚语的分类更为细致，以内容论，可分为教育类、修养类、智慧类、道德类、团结类、警示类等，是自然和社会的百科全书。蒙古谚语的特点是短小精悍，可分为谚语和谣谚。谚语用于各类文体中，多为两句，谣谚则是由谚语组成的歌谣，多为四句。民谚受句式和表现手法的影响，风格各不相同。

《凉山彝语的格言谚语》

李秀清撰，《民族语文》，1985 年第 1 期。

本文探讨了凉山彝语的格言谚语——"卢比"的特色。"卢比"或称"卢比卢吉"，是凉山彝语中"谚语"或"格言"的意思。卢比在形式、表达技巧和内容三个方面都反映了凉山的民族特色：从形式上看，凉山格言谚语句式，以五、七言为主，多数句组由两句或三句组成，押韵少，对仗多，使用的"譬喻"丰富而贴切；从表达技巧上看，卢比为了满足说理言志和铺陈辞藻两方面的特点，需要兼用消极修辞和积极修辞两种手段加以修饰；从内容上看，"卢比"不仅反映奴隶主阶级的文化和道德观念，也反映了凉山奴隶群众的觉醒，作者提倡对于"卢比"应取其精华、去其糟粕，吸收其中积极的因素，为社会主义文化事业发展做出应有贡献。

《彝族谚语浅析》

沙马拉毅撰，《西南民族学院学报》（哲学社会科学版），1985 年第 2 期。

本文从三个方面分析了彝族谚语的特点。其一是彝族谚语的产生和民族特色，作者指出彝族谚语集中了千百年来彝族人民的集体智慧，和彝族人民生活的历史背景、经济生活、地理环境、风俗习惯、文化传统以及心理素质等有着密切的联系，因而有极强的民族特色。其二是彝族谚语的思想性，彝族谚语反映了劳动人民对于地主阶级的憎恶、对于祖国的热爱，也反映了彝族人对于团结、劳动和知识重要性的认识，是人们处理问题的依据、辨别是非的准绳，也是人们扶持正义、谴责邪恶、反剥削反压迫斗争的有力武器。其三是彝族谚语的格律和修辞特色，彝族谚语大部分是格律体，并采用了排比、比喻、对偶、夸张、比拟等修辞格。彝族谚语作为民间口头创作的一种重要形式有其独特的艺术价值，在文学创作上，特别是在反映彝族题材的文学创作中，有许多是可供作家们参考和借鉴的。

《土族谚语浅谈》

席元麟撰，《青海民族学院学报》（社会科学版），1985 年第 1 期。

本文以土族的民间文学"居尔吾果"即土族的民间谚语为研究对象，探讨了土族谚语的艺术特色。首先，从土族谚语所包含的内容来说，主要有以下方面：第一是歌颂党；第二是劝导人们勤奋学习；第三是相信人的力量定能胜天；第四是反映劳动人民的悲惨命运；第五是揭露反动统治者残害人民的罪恶本质；第六是规劝人们要善于待人接物；第七是劝告人们不要投机取巧，而要诚实做人；第八是反映土族人民独特的民族习俗；第九是反映农业生产和气象变化；第十是反映植树造林、修路架桥的重要性。从这些内容中可以概括出土族谚语有强烈的时代气息，并且包含着自然斗争和社会斗争两个方面的内容，带有一定的阶级性。其次，土族谚语在艺术上具有形象生动、比喻贴切、寓理深刻、简洁明快、朗朗上口、余味无穷等特点。且在表现方法上都运用了比兴、以物喻理和对比的方式。结构大多是对偶句式，也有一定数量的对仗句式。最后，在韵律方面，土族谚语多数是对偶句，具有押韵的特点。在与汉民族共同生活的过程中，还借用了大量的汉族谚语，丰富了土族语言。通过对土族谚语的研究，可以了解土族的语言特点和文化内涵，对于今后的土族谚语研究具有借鉴作用。

《少数民族谚语的特色》

但国干撰，《中央民族学院学报》，1985 年第 4 期。

本文初步探讨汉译少数民族谚语的艺术特色，兼对《少数民族谚语选》略作评介，少数民族谚语的艺术特色包括内容的时代性、鲜明的民族性、深刻的说理性、语言的生动性。并具体分析了大量少数民族谚语，借以说明其艺术特色，也表明谚语是各族人民相互交际中不可缺少的工具，今后对于少数民族谚语研究工具要做的还有很多，期待相关领域更好更多的成果问世。

《布依族谚语浅谈》

伍文义撰,《贵州民族研究》,1986 年第 2 期。

一个民族的谚语可以反映出本民族的民族文化和认识观。本文通过举例分析布依族谚语的特点,进而深入分析布依族的民族文化,谚语中体现的文化特点主要表现为阶级意识的强烈性、赞颂勤劳为美德、"尊老爱幼"的家庭观、"教而后知"的认识观。本文是较早研究布依族谚语的文章,为后来的研究提供借鉴,对于传播和弘扬布依族文化有一定的积极作用。

《撒拉族谚语》

马成俊撰,《青海民族学院学报》,1986 年第 2 期。

本文从撒拉族谚语的既得资料出发,对撒拉族谚语的思想内容和艺术特点进行了分析。在思想内容上,鼓励人们精诚团结,工成大事,鞭挞不良行为,包括讽刺、嘲笑、对人严而对己宽;教育人们择师学善者等。从艺术特点看,撒拉族谚语具有不拘一格、广泛运用比兴等手法,末尾大都是合韵的,读来和谐自然,对偶工整,往往给人以哲理的启示。

《论彝族谚语》

沙马拉毅撰,《贵州民族研究》,1987 年第 4 期。

本文主要以彝族谚语为研究对象,分析了五个方面的问题。一是彝族谚语的产生和发展变化。大多彝族谚语来自民间,大部分是从生活和斗争中创造出来的,还有一部分谚语是从寓言、故事中提炼加工而成的。彝族谚语是随着社会的发展不断"吐故纳新""推陈出新"而产生的。二是彝族谚语具有丰富性和鲜明的民族特色。彝族谚语涉及生活的各个方面,并运用民族化的喻体,极具民族特色。三是彝族谚语具有思想性和科学性。彝族谚语中涉及了有关矛盾、发展、实践和联系等观点,并能以此来指导生产实践,改造自然。四是彝族谚语的诗化特点。彝族谚语有诗的特征,因而更具抒情性和表现力。五是彝族谚语的修辞法。常用的修辞手法有比喻、夸张、排比、比拟、对偶、借代、回环幽默等,以上特点让彝族谚语更富艺术魅力。

《满族谚语概谈》

贺灵撰,《满族研究》,1988 年第 4 期。

本文简述了满族由于历史变迁失去了本民族的文字而改用汉语的过程,在满族文化艺术领域里本民族的艺术特色日益模糊,但是满族谚语是满族民间文学的一个重要组成部分，是满族人民共同创造的精神财富。满族的谚语蕴藏在他们所遗留的满文古籍文献中，它们不仅数量众多，而且内容丰富多彩，既反映生活习俗，又表现出政治经济等方面的内容，只是没有挖掘出来而得以流行。也有些谚语吸收汉民族文化并译成满文，在满族民间广泛流传。

《杜尔伯特蒙古谚语简述》

李成贵撰，《黑龙江民族丛刊》，1988 年第 4 期。

本文主要讨论了杜尔伯特蒙古谚语及其特点，从内容上主要分为社会斗争类和生产斗争类，其中社会斗争类包括警惕、奸邪；学习、智慧；修养、品德；教育、劝勉；团结、互助；憎恨、讥讽六类。生产斗争类主要为自然、农牧和气象三类，以科学、哲理为灵魂，用精练、艺术的语言总结正反两方面的经验，劝诫和教育人民群众，揭露统治阶级的残忍和丑恶，并具有哲理性、思想性和艺术性的特征，并在文章结尾提到，随着历史的前进，蒙古谚语这颗明珠将在杜尔伯特草原上进一步发扬光大。

《藏族谚语略谈》

张家秀撰，《西藏民族学院学报》（社会科学版），1989 年第 1 期。

本文简要介绍了藏族谚语的起源并论述了藏族谚语的民族性和科学性，从内容上将谚语分为农牧生产谚、社会讽颂谚、生活知识谚、风土习俗谚四类，同时举例分析了藏谚精练、形象、和谐、口语化和修辞手法等艺术特色。语言是人们进行思想交流和从事文化学习、科学研究的基础工具，研究藏谚，对于我们继承和发扬藏族人民优秀传统文化具有重要意义。

《苗族谚语试论》

杨世章撰，《贵州民族研究》，1989 年第 3 期。

本文指出苗族谚语作为苗族语言的精华广泛存在于苗族的诗歌和理词之中，其内容和艺术手法都颇具研究价值。苗族谚语的内容极为丰富，可归纳为社会斗争、生产斗争、伦理道德三个方面。其中反映社会斗争的谚语及理论主要体现出阶级斗争的主题；反映生产斗争的谚语主要体现为赞颂勤劳、总结生产知识经验、发现事物的发展规律的主题，还有谚语表现为对医学的探索和总结；反映伦理道德的谚语表现为反映家庭的伦理和侧重社会的道德两个方面，苗族谚语就其手法而言与其他民族谚语并无本质上的差别，文中从结构、格律、修辞方面分别进行了简要说明。

《藏族谚语散论》

宁世群撰，《西藏研究》，1990 年第 2 期。

文章以藏族谚语的历史引入，以具体作品表现出藏族谚语对作家文学的影响。还将藏族谚语分为教诲谚语、训诫谚语和风土谚语三大类。教诲谚语具体包括揭露阶级剥削的残酷和罪恶的行为；歌颂被压迫阶级的反抗精神和民族气节；表现热爱祖国、热爱家乡的思想感情；揭示劳动创造财富的真理；讽喻贪婪、奉承、空谈、伪善等恶习。训诫谚语包括反映朴素的唯物主义思想和辩证法观点，宣传廉洁守法，弃恶扬善，团结友谊；赞美勤俭节约，提倡坚忍不拔，讲求同甘共苦，说明实践出真知；反映世态人情，批评骄傲自大。风土谚语包括以高原风光、景物为内容的；以骏马或者与马有关的事物为喻体的；与宗教有关的；包含藏族民间传说、民间故事和典故的；表现藏族生活特点的。并在文章最后指出藏族谚语的特点是精练性、形象性、哲理性、知识性、幽默性和民族性。

《满族谚语》

佟玉泉撰，《满族研究》，1991 年第 2 期。

本文尽可能地搜集满族谚语，内容涵盖歌颂祖国、人民、家乡的；有实践、认识、真理方面的；有人情事理、知识思维方面的；有教人诚实信用、谦虚谨慎、团结友爱、礼行修德的；有警告贪婪之徒、提醒骄傲者、讥笑懒惰、褒贬好恶的；有勤劳勇敢、荣誉名声的；有卫生健康、疾病防病等方面，并具有本民族特点，反映了满族人民的社会生活、生产劳动和风俗习惯等，使用本民族语言，表现了满族人民的民族精神和民族心理。

《维吾尔族谚语浅谈》

丁文楼撰，《中央民族学院学报》，1991 年第 5 期。

本文以维吾尔族谚语为研究对象，探讨了谚语所体现的维吾尔族的思想内容和民族特色。首先在思想内容方面，体现出了维吾尔族人民热爱祖国、反对分裂的历史内容，并且也反映了阶级矛盾，总结了斗争经验，以及生产和生活的经验，体现出对劳动的赞美与歌颂，总结在学习及生活中积极进取的好经验，以及反映有关为人处事、社交、结友生活哲理等内容。其次谚语还具有民族特色，维吾尔族谚语体现了其民族特有的社会生活特色，并且在语言上巧妙运用修辞，语言生动且形象。维吾尔族谚语作为民族文化的凝结，是维吾尔族民间文化中的一笔宝贵财富。

《朴实的哲理之光——土家族地区民间谚语初析》

李文君撰，《吉首大学学报》（社会科学版），1991 年第 4 期。

土家族民间谚语不仅体现了土家族独特的民族特色，还体现着哲学的思维。本文以土家族民间谚语为研究对象，通过对谚语所体现出来的鬼神观、农业观、处世哲学、教育观、婚姻观以及土家人民对官僚地主的看法这六个具体方面进行阐述，可以对土家族谚语所反映的内容有一定的了解，同时对土家族人民的思维方式进行了一定的探究和揭示。

《湘西苗族谚语特色试析》

龙炳文、石邦明撰，《民族论坛》，1991 年第 3 期。

苗族谚语由于民族独特的心理素质和生活习惯，对汉语称谓的谚语有自己独特的称谓。本文指出了将苗族谚语与其他民族谚语相区别的三类标准，分别是苗族语言、苗族特点和苗族思维。还介绍了苗族谚语的四种独特的表现手法，苗族谚语中富有哲理的句子对本民族的文明传承起到了积极作用，但是许多谚语由于翻译水平有限，仍有待开发。

《塔吉克族谚语与塔吉克族文化》

段石羽撰，《民族文学研究》，1992 年第 4 期。

本文介绍了塔吉克族谚语及其所体现的塔吉克族文化特征，根据其表现特征将塔吉克族谚语分为七大类，分别是反映古老观念类、体现民族特色类、反映传统习俗类、反映经济生活类、反映伊斯兰文化特点的谚语、中亚兄弟民族共有的谚语、反映塔吉克族受多种文化影响的谚语。文中根据上述分类分别举例论证了各类谚语与塔吉克族文化的关系。

《满族谚语纵横谈》

谭阔撰，《满族研究》，1992 年第 3 期。

本文从纵横两个方面对满族谚语进行论述。满族谚语内容丰富、题材广泛，概括起来可以分为"社会谚语"和"自然谚语"两大类并具有本民族特点，反映了满族人民的社会生活、生产劳动和风俗习惯等，使用本民族语言，表现了满族人民的民族精神和民族心理，语言精练、形象鲜明。满族谚语产生于人民生产、生活实践，随着社会的发展，人们思想认识的提高和语言的发展而不断地发展、变化。满族谚语先是在人民群众中以口头语流传，后经文人搜集和运用，才进入书面语中，有的经过文人的加工、润色。满族谚语不但与汉族谚语相互学习、融合，同时也与北方其他少数民族，例如蒙古、锡伯、达斡尔、鄂伦春、鄂温克、赫哲等族相互影响和吸收，但也表现出族属难分之势。所以对满族谚语还需要做深入的辨析、剥离和研究。

《西域民族民间谚语谜语概说——西域民族民间文学研究之七》

李竟成撰，《西部学坛》，1994 年第 2 期。

文章涉及西域民族民间谚语以及西域民族民间谜语。首先概述了西域民族民间谚语，并将其内容分为两类，一是有关自然和生产的谚语；二是有关社会现象和生活斗争经验的谚语。之后简要论述了西域民族民间谜语，并根据谜底，将其分为物谜和事谜两类，分别进行举例论述。

《锡伯族谚语与锡伯族文化》

段石羽撰，《民族文学研究》，1995 年第 1 期。

本文通过对锡伯族文化的认识，对锡伯族谚语进行分类，来探究其文化与谚语的关系。作者主要将锡伯族的谚语分为宗教类、生产方式类、山林文化色彩的谚语、有关传统习俗和传统观念的谚语及其他类的谚语，并结合具体的谚语例句，对每一类谚语进行解读，来探索锡伯族谚语与锡伯族文化间的深层次关系。

《谚语——民族文化与智慧的结晶》

王冬云撰，《贵州文史丛刊》，1995 年第 2 期。

本文主要从八个方面分析谚语的价值内涵。第一是事理型谚语所蕴含的深刻哲理内涵；第二是特定历史环境下产生的具有寄托人生理想内涵的谚语；第三是表现古代劳动人民坚韧的处事态度的谚语；第四是关于气象、生产劳动、家庭管理、自身修养、人际关系、防嫌免祸、保健等生活经验的谚语；第五是法谚的道德约束作用；第六是抨击社会丑恶的价值；第七是劝谏世人的价值；第八是古代劳动人民重压之下宣泄感情的工具。文章例证翔实地论述了谚语的价值。

《撒拉语谚语简析》

克里木撰，《语言与翻译》，1996 年第 4 期。

本文对撒拉族谚语的思想内容及艺术特点进行简析，以便从中透视撒拉族语言的艺术性。文章从撒拉族谚语的内容和结构修辞两个方面介绍了撒拉族谚语，从内容上分为时政类、事理类、修养类、社交类、生产生活类、家庭婚姻类、宗教迷信类七大类。从结构上讲有单双句之分，从修辞方法上看则有夸张、比喻、对比、谐音等。由于撒拉语无文字记载，蕴藏在民间的谚语有待我们深入群众中继续探索、整理并进行科学研究。

《浅析维吾尔谚语的文化属性》

曹春梅撰，《新疆职工大学学报》，1998 年第 2 期。

维吾尔族谚语是作为一种维吾尔族文化的载体而存在，本文通过对于维吾尔谚语的研究，探讨了谚语中包含的维吾尔族文化内涵。首先，作者认为维吾尔谚语作为一种文化载体必须具备以下四个条件，即广泛的群众性、悠久的历史性、浓郁的民族性和极大的丰富性。其次，作者将谚语分为三大类做具体的论述。第一类是教诲类谚语，包括了爱祖国、爱人民、爱和平、爱故土，反映阶级斗争，歌颂劳动创造这三个内容；第二类是训诫类谚语，包括了反映客观规律、崇尚知识、表现道德情操、体现世态人情这四个内容；第三类是风土习俗类谚语，包括了骏马英雄赞、风俗习尚、宗教意识、蕴含民间传说故事这四个内容。通过对维吾尔族谚语的分类研究，对于维吾尔族谚语的深刻内涵即文化属性有了一定的探讨和展现。

《藏族谚语的文化透视》

姜小英撰，《西南民族学院学报》（哲学社会科学版），1999 年增刊。

作者举例说明了游牧文化和农耕文化在谚语中的体现方式，说明藏族谚语的文化内涵。通过藏族谚语的整理分析，探究其语言背后的文化内涵，本文的研究对于藏族谚语研究和藏族文化探析具有一定的指导意义。

《哈萨克谚语及其畜牧文化的特征》

黄中祥撰，《中央民族大学学报》（哲学社会科学版），1999 年第 6 期。

语言作为社会领域不可分离的交际工具，自古至今凝聚着使用语言的文化特色，文章论述了哈萨克谚语与畜牧放养、草场、棚圈和牲畜习性四个方面内容所蕴含的文化特征，展示了勤劳、勇敢、淳厚、善良的哈萨克族别具一格的草原文化。

《撒拉族谚语研究》

韩中义撰，《青海民族研究》（社会科学版），2000 年第 3 期。

　　本文主要通过对撒拉族谚语的检索，进而考察其所反映的文化价值。撒拉族谚语涉及内容广泛，包括政治、生活、农时、生产、交际、教育等多方面，文中对各方面内容都进行了分类举例说明。撒拉族谚语的形成背景主要是受其特殊的地理历史条件影响而形成的，撒拉族谚语吸收了汉语的词汇和表达方式，不过在运用的过程中也进行了调整变化。撒拉族谚语在分类上与其他民族谚语的分类没有很大差别，但是撒拉族谚语充分反映了该民族人民的文化价值观，主要反映在惩恶扬善、高扬纯美、弘扬正义这三个主要方面。

《傣族谚语与傣族文化》

　　曾毅平撰，《暨南学报》（哲学社会科学版），2000 年第 4 期。

　　文章论述了傣族谚语表述的生态观，包括傣族人与自然和谐相处的观念、傣族人与社会和谐相处的观念两个方面。文中还揭示了隐含的文化信息，从运思特征来看，比喻的高频使用蕴含了自然与社会相观照的特点，从喻体的选用看，傣族人与环境的密切关系和某些特有文化现象，以傣族习俗和"文化特征词"为修辞手段而形成谚语。

《谚语的民族性》

　　王勤撰，《湘潭大学学报》（哲学社会科学版），2001 年第 4 期。

　　本文分析了谚语外在语言形态的个性与谚语的民族性。从地理环境和经济生产条件、历史传说、故事、文化观念、意识形态、心理状态和观念、宗教信仰几个方面具体分析了谚语的民族性。汉语谚语外在语言形态上区别于印欧语系的个性特征有：汉语是单音节语素语言，所以汉语的谚语与印欧语系的谚语在声音语感上有明显区别；汉语谚语特别强调上下句句尾的押韵、讲究平仄变化、汉语谚语中语序是运用最多的语法手段。地理环境和经济生产条件不同的民族总结出来的经验规律也不同；每个民族独特的历史和传说也是该民族谚语的素材来源；不同民族的不同文化观念和意识形态创造出的谚语也是不同的；不同民族不同的心理状态和观念对同一事物所赋予的感情色彩或意义也不同；最后分析了以各民族不同的宗教信仰作为谚语的素材形成的各个民族不同的民族色彩。本文从多方面分析了谚语的民族性，详细而全面。

《简析谚语中的民族个性与共性》

崔传江撰，《孝感学院学报》，2002 年第 1 期。

本文以汉俄两种语言中谚语的比较形式为研究对象，对其中包含的民族特色部分进行了分析和研究。首先是对谚语的民族文化特点的分析：人们对真理、正义、德行的认识、审美观及对待事物的态度、抒发情感的异同。其次从谚语的载体功能上进行阐释：比拟对象的异同、兴衰交替的记录、语言文字的发展及变迁、地域概念的求证等。

《谚语的民族风格》

许钟宁撰，《修辞学习》，2003 年第 3 期。

本文主要探讨谚语的民族风格。言语风格由一系列的言语特征组合而成，这些言语特征称之为"风格要素"和"风格手段"，有学者把二者合称为"格素"。谚语的民族风格，就是由诸多与民族特征相关联的"格素"体现出来的。本文通过文化差异的比较来论述谚语的民族风格。主要有汉谚的农业文化气息、英谚的海洋文化景观、哈谚的牧业文化色彩等。各个民族的谚语都是人类文化多样性的美丽符号，都以独特的语言魅力体现着各自的语言文化价值。

《试论蒙汉语谚语的民族性》（蒙古文版）

道尔吉撰，《内蒙古大学学报》，2003 年第 6 期。

本文主要进行蒙汉谚语的比较研究，蒙汉民族谚语丰富的内容及详细的形式具有其鲜明的生活气息和明显的民族特征。作者从谚语民族共性、谚语内容上的民族性和形式上的民族性展开论述。蒙汉谚语的内容形式有其共性，也有其特性，汉谚内容涵盖全面和多种形式突出，而蒙谚表达形式多样且色彩鲜明。并认为民族谚语除了独立性，还吸纳其他民族的精华，逐渐成熟发展是必然的。

《维吾尔谚（俗）语管窥》

陈潮华撰，《石河子大学学报》（哲学社会科学版），2003 年第 4 期。

本文以《维汉词典》中所列举出来的维吾尔族谚（俗）语词条为研究对象，通过引用一些维吾尔族谚（俗）语的实例体现出了维吾尔族语言的特色。第一是有关动物类属的维吾尔谚（俗）语，这类谚语体现出了维吾尔族的民族特色以及蕴含的深刻哲理，同时也反映出维吾尔族人民对大自然中动物的感情，揭示了一些规律；第二是有关植物类属的维吾尔谚（俗）语，这类谚语反映出了维吾尔族人民对于大自然的热爱和理解之情；第三是有关日常生活用品方面的维吾尔谚（俗）语，这类谚语富有哲理、耐人寻味，且表现出了维吾尔族的民族心理；第四是有关人体组成类属的维吾尔谚（俗）语；第五是有关宗教方面的维吾尔谚（俗）语，从这些谚语中可以看出维吾尔族人民笃信伊斯兰教，因为从事宗教活动的不同，所以形成了不同褒贬色彩的谚（俗）语；第六是有关数词在维吾尔谚（俗）语中的运用，维吾尔族人民对于数字"7"和"40"有独特的感情，在数字的运用中体现出了自己民族的独特情感。通过对《维汉词典》维吾尔族谚（俗）语的研究，人们可以从中领略到维吾尔族特有的民族风情。

《浅谈维吾尔族谚语》

窦建丽撰，《乌鲁木齐成人教育学院学报》，2005 年第 4 期。

本文以维吾尔族谚语为研究对象，探究了维吾尔族谚语中所包含的生产知识和生活经验。作者从生产和社会内容两个方面来进行论述。在生产方面，维吾尔族谚语主要是以农业谚语为主，这些农业谚语教育人们认识土地的重要性，农业谚语具有科学性，传授了人们生产的知识和经验，对于维吾尔族人们的农业生产有重要的作用；在社会内容方面，维吾尔族谚语所反映的内容十分丰富，包括阶级对立、爱国之情、团结友谊以及道德、学识与修养等方面的谚语。维吾尔族谚语是其民族文化的载体，是我们了解维吾尔族人民的重要途径，因此具有很高的研究价值。

《土家族谚语的文化透视》

雷艳撰，《河北理工大学学报》（社会科学版），2005 年第 3 期。

本文以土家族谚语为研究对象，分别从物质生活文化和社会生活文化两个层面透视了土家族的民族文化。其中，物质生活文化又从农耕、渔猎、服饰、饮食、居住五个方面来论述，社会生活文化又从宗教信仰、伦理道德、婚恋习俗、生死习俗四个方面来论述，展示了土家族特有的民族风情，以及土家人优良的民族特性和伦理道德传统。

《傣语谚语的文化透视》

保明所撰，《内蒙古民族大学学报》（社会科学版），2005 年第 3 期。

本文剖析了傣族谚语的文化内涵。将傣语谚语中所反映的文化内涵分为地理环境、社会形态、宗教信仰、生活习俗四部分，并结合傣族谚语深入剖析了其文化特点。本文可以帮助人们通过傣族谚语深入了解傣族独特的文化现象。

《浅论〈格萨尔王〉谚语的民族特质》

陈强撰，《青海民族研究》，2005 年第 3 期。

谚语，藏语称"丹辉"，藏族人民在日常生活中善于用谚语来比喻事物。《格萨尔王》大量精确地选用了藏族谚语，具有鲜明的民族特色。本文从三个方面进行了分析。首先，谚语选用藏民族所熟悉的事物做比喻。从谚语所选择的材料上看，史诗谚语所选用的比喻都是藏族人民所熟悉和经常耳闻目睹的事物，山川江河、飞禽走兽、雪山、草原、酥油茶、牛羊等常常进入谚语中；其次，《格萨尔王》中的谚语反映了古代的藏族文化、宗教以及风俗习惯、衣食住行，其内容和形式同别的民族的谚语有明显的区别；最后，谚语反映了藏民族特有的高原生活和心理特征。史诗《格萨尔王》的谚语是藏族文学语言的重要组成部分，体现了藏族人民的无穷智慧，具有鲜明的藏族特色。

《从回族谚语中透视回族心理特质》

张玉成、马东平撰，《兰州交通大学学报》，2005 年第 2 期。

文章通过大量的回族谚语阐释了蕴含着民族认知、民族情感、民族性格、民族气质等因素上的和表现在民族的风俗、习惯、语言、文学及宗教信仰等因素上的回族心理特质。

《英汉谚语的民族性对比与研究》

张颖撰，《济宁师范专科学校学报》，2006 年第 3 期。

文章比较研究了英汉谚语的民族性。从自然和地理环境；宗教特点；人民群众的生活经历和体验；文化素养；部分谚语表达了劳动人民对剥削阶级和剥削制度无情的揭露、仇恨和批判，具有鲜明的阶级性；各种各样的动物形象在谚语中经常出现，给谚语增添了本民族独特的色彩情趣这六个角度，对比了英汉谚语的民族性，作者认为理解谚语要注意民族性。

《蒙古族谚语所反映的民族文化特征》（蒙古文版）

包荣撰，《内蒙古师范大学学报》（哲学社会科学蒙古文版），2007 年第 1 期。

本文探析蒙古族谚语中反映的民族文化特征。主要有涉畜牧业的谚语、蒙古族人的禁忌谚语、蒙古族人的祭祀谚语等内容。畜牧谚语中除了有关五畜的谚语分析，还有家养动物狗的谚语，即蒙古族人爱护狗和狗与官员的对比描述。禁忌谚语除了人民日常生活种种的禁忌以外，还有关于火的祭祀和禁忌。祭祀谚语中有天的祭祀、火的祭祀和颜色祭祀等。蒙古族谚语在长期的生产经验中积累发展，以其隐含意义、特别的用语丰富了蒙古语词汇，是传承优秀传统文化和推动蒙古民族习俗文明研究不可或缺的珍贵材料。

《白龙江流域藏族谚语特点研究》

高慧芳撰，《西藏大学学报》（社会科学版），2007 年第 4 期。

本文研究了白龙江流域藏族谚语在思想和艺术方面的特点。广泛使用谚语是白龙江流域藏族语言表达的习惯，受其特殊地理环境的影响，白龙江流域藏族谚语涉及伦理道德、社会现象、生产劳动以及自然现象等方面的较多，与藏族中心地带的谚语有所区别。在内容上大致分为以下三类：有关自然和生产方面的谚语、有关道德和学识修养方面的谚语以及反映社会现实和友谊方面的谚语。在艺术方面，白龙江流域藏族谚语具有高度凝练性，并运用了排比、对比、比喻、层递和比拟等修辞手法，因而具有精练、准确、形象、生动的特点。

《满、蒙谚语的民族文化内涵初探》

高娃撰，《黑龙江民族丛刊》，2008 年第 1 期。

本文从民族语言文学的角度出发，对满、蒙两个民族语言中的精华——谚语进行比较研究，可以看到由于所处自然环境和社会环境的不同，满族谚语和蒙古族谚语反映的不同民族文化内涵。满族谚语早期狩猎内容较多，并早期在民间得到广泛流传，然而随着满族社会文化的变迁逐渐失去交际与传承功能，濒于消亡；蒙古族谚语多反映游牧文化，涉及社会的方方面面，至今活跃于广大蒙古族群众之中。

《从英汉谚语论其民族特色之异同》

曾怀琳撰，《当代教育论坛》，2008 年第 12 期。

本文以对英汉谚语的论述看其民族特色之异同，指出研究英汉谚语的特点及其民族特色，对于英语学习和跨文化交际有着重要的意义。作者认为英汉谚语同中有异，其相似之处为从形式上几乎看不出任何文化差异，在谚语的起源上，有些甚至可能是相互的借鉴或翻译；其不同之处由地理位置、生活习俗、历史和文化、宗教、心理、语言形式六个方面的差异而形成。

《回谚民族风格的语言文化释读》

许钟宁撰，《宁夏大学学报》，2008 年第 5 期。

文章是对回谚民族风格的语言文化释读，指出谚语的趋同现象，这种趋同除了各民族在历史的发展进程中必然出现的相互间的语言接触、影响、借鉴和文化交流、渗透等因素外，主要还是体现了人类探寻真理的人性普遍特征的同一和思维规律、认知路径的趋同。回谚则以其具有中国特色的伊斯兰文化意蕴，在谚林中独树一帜，体现着它特有的语言文化内涵。回谚虽然是用汉语创作的，但充溢其间的阿拉伯、波斯语汇和浓郁的伊斯兰文化意蕴，使其有别于汉谚而具有鲜明的回族文化风格。回谚的主题包括爱国、激发民族情感、增强民族凝聚力、表现回族传统文化习俗。

《试论黎族谚语》

陈兰撰，《琼州学院学报》，2012 年第 4 期。

本文结合黎族等民族的谚语，从黎族的历史文化、生产方式、生活习惯、物产风貌和自然环境的角度，对谚语的记录与传承应用、谚语的民族性，以及黎族谚语内涵与艺术特征等问题加以论述，体现出黎族人民对本民族传统习俗的继承与发展，以及对自然生态的认识和理解。

《彝族尼苏谚语类型、思想内涵及艺术特色浅析》

普梅笑、普梅丽撰，《保山学院学报》，2012 年第 1 期。

本文对彝族尼苏谚语类型、思想内涵及艺术特色进行了总结分析。作者将彝族尼苏谚语分为常识类、启蒙类、家教类、德育类和交际类五类。在思想内涵上，彝族尼苏谚语不仅反映了彝族尼苏人的生产生活方式，而且表现了彝族人以农为本、热爱劳动的思想和重情重义、公正平等观念，以及疾恶如仇、知恩图报、热情友善、诙谐幽默、自强不息、不卑不亢的民族性格。在艺术特色上，彝族尼苏谚语主要采用五言和七言诗体，一般都以两句、四句等偶数句为一谚，句式工整；同时采用比喻、夸张、对仗等修辞手法来增强形象感和感染力，使深奥的道理变得浅显易懂，便于人们接受和传承，增强了彝族尼苏谚语的语言感染力。

《客家谚语文化透视》

张玉婷撰，赣南师范学院硕士学位论文，2012 年。

本文分析了客家谚语的文化特色。论文一共分为四章。第一章是绪论部分，作者就选题的目的与意义、研究现状和研究的主要内容、创新之处和方法进行了说明。第二章具体阐释了谚语和客家谚语的定义与特色。作者首先对谚语的定义、性质进行了说明，并将其与成语、歇后语、俗语和歌谣区分开来；其次阐释了客家谚语的一般特点，指出客家谚语运用了比喻与比拟、对偶与对照、夸张与摹状、反复与顶真等修辞手段。第三章则介绍了客家谚语中的物质文化内涵。客家谚语反映了客家人包括农耕业、渔牧业、林业、手工业在内的生产方式，以及包括服饰、饮食、居住和旅行在内的生活方式。第四章分析了客家谚语的精神文化内涵。客家谚语反映了客家人热爱家乡、思念故土、勇敢顽强、勤奋进取、崇文重教、团结友爱等传统道德观念，也反映了客家人命由天定、事在人为的价值观和朴素的唯物辩证思想，同样反映了包括祖先崇拜、鬼神崇拜和佛教崇拜的民间信仰以及传宗接代、男尊女卑的婚姻爱情观。总的而言，客家谚语具有极高的文化价值，对实践有很强的指导意义。

《论彝族谚语中的民族性》

杨彦宝撰，《兰台世界》，2013 年第 34 期。

谚语在彝语中叫"尔比""尔比尔吉"，是彝族人民非常喜爱的一种口头文学形式，具有丰富的文化内涵，反映了彝族独特的物质、制度和心理文化。本文以相关的彝族谚语为例，指出彝族谚语反映了彝族人重视头部装饰的特征；在饮食方面，彝族人重视荞，以酒为贵，喜好吸烟，同时对火也有特殊的感情；彝族人有极强的血缘意识，同时对于死亡也有自己独特的理解。总之，彝族谚语是彝族民族文化的集中体现，对于加深对彝族独特的民族文化的认识、加强对彝族文化的保护和发掘都有重要的意义。

《藏族民间谚语及其文化特征——以 50—70 年代藏族小说为例》

高亚斌撰，《长江论坛》，2013 年第 5 期。

本文以 20 世纪 50—70 年代藏族小说为例，分析了藏族民间谚语的文化特征。藏族民间谚语作为富有民族特征和地域色彩的文化符号，是藏族作家营造小说氛围、塑造人物形象的重要手段。藏族民间谚语包罗万象，从中还可以看到多民族文化交互影响的痕迹。这些民间谚语在书面文学中有重要的文化意蕴和文学功能：展示了藏族地域文化色彩、农牧文化特色和道德训诫意识。藏族民间谚语在小说中的应用，丰富了小说的历史、文化内涵，凸显了人物性格，并且增加了小说的哲理意味。藏族民间谚语作为一种文化遗产与精神财富，作为一种文学资源，始终是藏族小说中重要的客观存在，并且散发着长久的艺术魅力。

《谚语与汉民族传统文化心态简说》

程菲菲撰，《蚌埠学院学报》，2013 年第 6 期。

本文从谚语的概念、谚语的民族特色、语言与文化角度对谚语反映的汉民族传统文化心态进行了简要分析，并得出结论：汉语的谚语同其他民族的谚语相比较，无论内容还是形式都有自己独特的地方；同样，其他民族的谚语同汉谚相比较，或它们之间相互比较，除了共同点外，总有自己的特色。这种特色是密切联系本民族的历史、地理、风俗习惯及心理状态的。研究谚语的民族特色，总是离不开该民族的形成、发展的各个方面。

《谚语：土家族民俗文化的一面镜子》

雷艳撰，《语文天地》，2013 年第 2 期。

本文以土家族民间谚语为研究对象，探究土家族独特的民族特色和文化内涵。从服饰文化、饮食文化、建筑文化、婚俗文化、丧葬文化、节俗文化这六个具体内容进行论述。第一是服饰文化，土家族在服饰方面具有"尚简朴"的总体特征。第二是饮食文化，土家族人民喜食苞谷和黄豆，菜肴则讲究酸、辣、香，他们还喜欢饮酒和饮茶，这是土家族人民的一大嗜好，并且喜好使用火来烧食物。第三是建筑文化，土家族人民喜爱纯实木结构的房屋，且喜爱依山傍水、背风向阳之处。第四是婚俗文化，土家族的婚恋自清代为界分为前、后两个时期，前期恋爱自由，后期则是父母之命、媒妁之言。并且在婚恋中还以歌舞和娱乐活动为媒介。第五是丧葬文化，土家人对于生死观有独特的想法，他们认为家中长者去世，是要去天堂"享福"，因而称为"白喜事"，且要选择良辰吉日来埋葬逝者。第六是节俗文化，土家族节日众多，有腊月二十四过小年、正月十五元宵节、三月初三扎蛇眼、清明节、佛诞日、牛王节、端午节、"覃垕晒皮"、月半节、中秋节、重阳节等。通过对于土家族谚语的研究，对土家族民俗文化有了进一步的了解，但还有待学者们进行更深入、更全面的研究。

《少数民族谚语的民族性及社会功能初探》

鲍丽丽撰，《内蒙古艺术》，2013 年第 2 期。

文章包含了少数民族谚语的民族性和少数民族谚语的社会功能两个部分，分析了少数民族谚语民族性的来源或者说成因，一是来自谚语所反映的社会生活；二是独特的经济生活方式；三是自然环境的影响；四是宗教信仰和民族习俗的反映。另外，概括了少数民族谚语的社会功能：一是作为指导实践的行动指南；二是规范人们的言行；三是调整社会关系。

《蒙古谚语中体现的蒙古民族性格特征》（蒙古文版）

牛雅琴撰，《内蒙古社会科学》，2013 年第 2 期。

文章分析蒙古族谚语中反映的名誉比生命还重要的民族性格特征。作者认为，蒙古族人民形成比生命重要的名誉、比具体重要的抽象及追求事物的永恒性、努力争取美好事物等三个相对的系统观点，以此作为标准指导实践。民族性格是一个民族人民普遍的现象且在某一程度上指向本民族人民特有的特征。以上内容、观点、理论被反映在蒙古族谚语中，并且多年来在蒙古族教科书中发挥着教育或建议劝诫的作用。

《论蒙古族谚语的民族特色》

李书撰，《内蒙古民族大学学报》，2014 年第 2 期。

本文主要从馥郁的草原气息、浓厚的牧民情结和特有的崇马精神三方面论述蒙古族谚语的民族特色，以期从这一角度对蒙古族的民族心理、风俗习惯、价值取向、生存环境等有更深入的了解，从而得出蒙古族谚语具有鲜明的民族特色，它从产生到发展都与蒙古族的民族特色紧密相联，反映了蒙古族的民族心理、风俗习惯、价值取向、生存环境、宗教信仰等。因此，透过蒙古族谚语，我们可以对蒙古族有更深入的了解。

《民间谚语及其文化内涵——以维吾尔族民间谚语为例》

阿布力米提·买买提撰，《西北民族研究》，2014 年第 4 期。

维吾尔族民间谚语是维吾尔族文化的精粹，反映维吾尔族人民的思想内涵。本文以维吾尔族民间谚语为例，从民俗的角度进行研究，意在探索维吾尔族民间谚语中所反映的哲理内涵和文化现象。作者从维吾尔族民间谚语所反映的内容来做具体阐释。第一部分是反映勤奋好学、尊师崇知思想的谚语，体现了维吾尔族人民尊师崇知的传统美德，其中以求知为内容的谚语突出地出现在劝学、尊师、勤奋学习等方面，同时也表现出了维吾尔族人民在学习中有着勤奋求实的态度，并且重视文明，不断接受新生事物和新鲜文化，擅长创造自己民族的独特文化。第二部分是反映修身养性、诚实守信思想的谚语，维吾尔族人民一直以来都坚持着以修身养性、自律改过为道德修养的基本态度，并且以诚实守信、谦恭礼让为道德修养的基本要求，这种思想在维吾尔族民间谚语中主要体现在慎言、改过、节欲、谦虚、戒骄、诚实、守信等方面。这种观念对于人民情操的陶冶有一定的作用。第三部分是反映敬业勤俭、积极务实思想的谚语，体现出了维吾尔族人民在创造自己民族文化的过程中所秉持的一种态度，同时也是其民族发展繁荣的一个原因所在。第四部分是反映以德交友、行善报恩思想的谚语，维吾尔族人民认为真正的友谊与日月同存，与天地长久，以引导人们走上友谊、团结、和谐的道路，并且在与人交往中，也要心存行善报恩的思想，引导人们向善。第五部分是反映人和中庸、宽容忍让思想的谚语，在维吾尔族受"中庸"思想的影响下，人民的心中也具有"贵和"的美德，人的言谈举止也必须"中和"，并且在面对困境时，首先要能忍耐，其次要宽容。第六部分是反映廉洁持正、坚守气节思想的谚语，这些谚语体现了维吾尔族民族文化中的一种道德风尚，这种道德风尚反映在人民社会生活的方方面面，体现了维吾尔族人民特有的价值取向。第七部分是反映环境意识与生态观念的谚语，这些谚语主要有以下四个方面的内容：一是植物生态观；二是土地和土壤生态观；三是有关水利的观念；四是对日常生活习惯的劝诫所表现的环境意识和生态观念。对于维吾尔民间谚语中反映的民族精神文化的研究，对我们当今社会重视精神文明，提倡构建和谐社会和人与自然和谐的目标具有思想意义和现实意义。

《云龙山地白族的谚语研究》

李新宝撰，云南师范大学硕士学位论文，2014 年。

本文通过对云龙山地白族谚语的类别归类和特征分析，归纳了谚语的修辞特征并深入挖掘了谚语中的文化内涵。将山地白族谚语分为时政类、修养类、社交类、生活类、自然类、生产类、事理类七大类并分别列举了语料。时政类反映了白族人民观察时政、认识社会的情况；修养类包括品德、胆识、学习、才智等方面；社交类包括人生哲理、社会知识、人际交往、买卖交易、家庭和谐等方面；生活类主要包括衣食住行、家庭、婚姻等方面；自然类包括时令节气和天文气象方面的谚语；生产类包括农业生产、林业、牧业、副业的谚语；事理类是说理、是非、事态、贫富等方面的谚语。山地白族谚语在内容上具有丰富性、知识性、科学性、地域性和民族性的特点；在语句的类型上，主要有单句、复句和紧缩句三种形式，白族谚语大多数是由两个或两个以上的单句组成而且复句式谚语没有明显的关联词，靠意合法组合而成；在韵律上，比其他同语族语言更具韵律感和节奏感，更抑扬顿挫、优美动听，富于音乐性，通过语流节拍和押韵来表现。在修辞特征方面，白族人民在运用谚语时使用了比喻、比拟、夸张、借代、对偶、对比、顶真等各种修辞方式，善于把与他们生活息息相关的马、牛、羊、狗、鸡、鸭等牲畜融入谚语修辞中。云龙山地白族谚语在文化内涵上突出表现为重视文化教育和伦理道德教育，重视农业生产和商贾买卖，重视家庭和睦，提倡孝亲和尊老爱幼，充满朴素唯物主义思想，拥有浓厚的宗教信仰，充满规劝告诫思想。

《怒族谚语的文化内涵》

陈海宏、陈业强、谭丽亚撰，《四川民族学院学报》，2014 年第 1 期。

本文旨在从怒族谚语入手进而研究怒族文化内蕴，文中论述了怒族谚语与怒族生存环境的关系，怒族传统的织耕文化和狩猎文化对怒族谚语的影响也是深刻的。怒族谚语体现了怒族的传统文化和伦理道德规范。

《维吾尔语谚语与文化研究》

华锦木、刘宏宇著，北京大学出版社，2014 年版。

全书分上、下两编，上编主要对维吾尔语谚语的结构、韵律、修辞和语义特征进行了分析阐述；下编主要对维吾尔语谚语的游牧文化、渔猎文化、绿洲农耕文化、园林文化、手工业文化、商业文化和宗教文化进行了挖掘。

《藏语谚语的语言特色及文化内涵》

益西拉姆撰，《西藏研究》，2015 年第 3 期。

本文运用文化语言学、文化人类学的相关知识对具有藏区文化特色的藏谚进行分析，进而从中挖掘深层次的文化内容。文章认为藏语中的谚语是语言和话语的意思，是通过比喻来表达道理的经典语言，是藏族传统文化的载体。藏族的经典文献及文学作品中引用了大量的藏族谚语，《松巴谚语》是古老年代收集藏族谚语的古籍文献。藏族谚语的语言特点主要表现在：格式比较固定，以二句、四句为主；具有藏语口语语言特点；修饰丰富，寓意深刻。关于这些特点，文章从藏语谚语的语言结构、修饰方法、内容三个方面进行了详细论述。藏语中语言与文化也有着密切的联系，藏语语言的发展实际上是文化发展的结果，文化的发展在语言中得以体现，反之文化所导致的现实概念对藏族生活的各方面也有影响，二者的关系是相互的。藏族谚语承载的文化内涵主要有物质文化、制度文化和心理文化，物质文化主要体现在由于藏区特殊的生存环境而形成的饮食服饰文化、地域文化及习俗文化。制度文化则是人们由于环境影响而形成的共同的价值目标或认同。心理文化是人们实现自我完善的认知手段，包含情感系统、思维系统和交织系统。谚语是藏语中的语言精髓，根植于藏区人们的现实生活当中，既体现了藏语语言的特点又体现了深层的文化内涵。在具体的文学阅读和语言交流中需要认真分析。

《壮泰谚语中的中国形象》

刘俊彤撰，《广西民族师范学院学报》，2015 年第 5 期。

本文通过分析壮泰谚语，进而挖掘两种语言背后所体现的中国形象以及所蕴含的文化内涵。文章认为壮族作为百越后裔，与中原地区一直保持着密切的联系，壮族在与汉族的融合中形成了文化认同，壮族谚语中的中国形象是祖国母亲形象。

《浅谈谚语中反映的维吾尔族民族特征与民族文化》

邓璐莲撰，《喀什师范学院学报》，2015 年第 2 期。

本文从自然环境、生产活动、生活习俗、宗教信仰、文化情感等方面分析维吾尔族谚语反映出的维吾尔族民族特征和民族文化。在自然环境方面，反映了维吾尔族生活环境中特有的地貌、山川、交通、气候等背景特色；在社会生产活动方面，反映了维吾尔族农业、畜牧业、狩猎业、园艺业的生产状况；在生活习惯与宗教信仰方面，反映了维吾尔族特有的饮食文化、服饰文化和生活习俗以及维吾尔族特色的伊斯兰教用语；在文化情感色彩与审美观念方面，体现出维吾尔族喜爱马、注重眉毛和胡须的美。

《中国和俄罗斯民族性格在谚语和俗语中的体现》

王帅撰，《俄语学习》，2016 年第 6 期。

本文阐述了研究民族性格的不同方面，并通过语言文化学研究方式揭示中国和俄罗斯的典型民族性格及其在谚语和俗语中的体现。文章首先对民族性格进行了论述，中俄具有共同的心理特点，在文化中形成的特点，表现在该民族的特定文化中。研究民族性格的定义是为了揭示其与语言文化的关系，从而论证谚语和俗语能体现民族性格。文章总结出俄罗斯民族的成语和谚语中俄罗斯民族性格具有预见性、极端性、宗教性、集中性、善良、慷慨、朴实、宽容、好客、胸怀宽广、勇敢、有幽默感、懒惰等，鲜明的特征是极端和不可预见性。而中国民族性格在谚语和俗语中体现在勤劳性、尊重知识、节俭性、谦虚性、慎重性以及中庸性。中俄两个民族成语与谚语的形成和发展的主要原因包括：自然地理条件、社会政治和经济结构以及文化因素。作为语言单位，谚语和俗语在语言体系中起到重要的作用，是民族文化经验的结晶，世代相传，反映出任意一个民族的性格，是探究一个民族性格特点最可靠、最科学、最有效的源泉。

《俄汉农谚体现出的民族文化特点研究》

李哲撰，吉林大学硕士学位论文，2016 年。

本文以中俄两国的农谚为研究对象，对比探究出两国的民族文化的特点。分三章内容，第一章讲明俄汉谚语的概念与特点并进行分类，明确了俄汉谚语的研究范围。第二章对指导农业生产、反映农业生产状况与农民劳动思想的俄汉农谚进行对比，探析其蕴含的俄汉民族文化特点。其中，指导农业生产的俄汉农谚中的植物形象、动物形象以及典型自然现象在种类与表现形式上有着各自的民族特点；俄汉农谚中体现出的种植与养殖情况的差异反映了中俄不同的农业发展状况；中俄农民对待劳动以及社会阶级关系的态度在俄汉农谚中有所反映，并有着各自的民族特点。第三章揭示了俄汉民族文化差异产生的原因，包括自然环境、社会背景与宗教信仰。其中自然环境包括地理位置、气候条件与土地资源；社会背景重点介绍了曾在俄罗斯与中国存在的两个典型阶段的农业政策。

《从嘉绒谚语看嘉绒藏族多元文化元素——以米亚罗四土话为例》

叶南、斯琦撰，《民族学刊》，2017 年第 2 期。

本文从嘉绒谚语这一特定的文化元素的角度探究了嘉绒藏族的文化认同以及多元文化元素。文章分析了嘉绒谚语的语言艺术，研究了嘉绒谚语中的藏族文化元素、藏羌文化元素、藏汉农耕文化元素等。通过对嘉绒谚语的研究，也反映出了嘉绒地区多民族聚居下所产生的文化特色。

《达斡尔族、鄂温克族、鄂伦春族谚语文化研究》

李树新著，商务印书馆，2019 年版。

达斡尔族、鄂温克族、鄂伦春族主要分布在我国东北边疆地区，主要聚居在内蒙古呼伦贝尔市，亦分布于黑龙江齐齐哈尔市郊、嫩江流域、新疆塔城地区、黑龙江黑河等地。这三个民族是我国人口较少的民族，俗称"三少民族"。本书以达斡尔族、鄂温克族、鄂伦春族谚语为载体，探寻它们与民族起源、社会发展、环境资源、宗教文化和生产生活之间的关系问题，揭示三个民族的历史变迁状况、社会发展信息、宗教信仰印记和具有民族特色的生产生活方式、文化风俗体系，寻找和挖掘谚语中所蕴含的民族精神、民族文化价值观、伦理道德观。从语言学角度，对谚语表义和修辞特征进行分析研究，较为详尽清晰地呈现达斡尔族、鄂温克族、鄂伦春族谚语的美学魅力。本研究成果第一次全面系统地搜集整理了"三少民族"谚语，共搜集谚语 4000 余条，其中达斡尔族谚语 2680 条，鄂温克族谚语 860 条，鄂伦春族谚语 800 条，并进行了语义分类和国际音标标注，具有较大的难度。国际音标的标注不仅为本民族提供了谚语样本，也为其他民族提供了认知了解"三少民族"的语言信息和文化资源。本书对于全面了解和认识鄂伦春、鄂温克、达斡尔族，了解认识它们的民族文化，具有较高的认知价值。

（二）地域性

谚语是各地人们长期生产生活实践的产物，地域特性是其重要性质之一，对谚语的地域性的探讨是谚语研究的重要工作。自 20 世纪 80 年代起，我国各地的民间谚语的研究工作已逐步形成规模，并掀起了一股风潮，取得了丰硕的成果。这些学术论文从地理环境、地方文化、性格特征、独特的生产生活方式等方面揭示出谚语鲜明的地域性特征，涉及地区包括汉民族生活区和少数民族聚集区。谚语地域性的研究不仅有助于地方文化的保存和传播，也是中华谚语体系的重要组成部分。

《兰州方言中的谚语——兰州熟语简介（一）》

张文轩撰，《兰州大学学报》（社会科学版），1984 年第 1 期。

本文介绍了兰州方言中的谚语。首先对其按语义进行分类，包括天时节令认识与农事活动经验谚语，家庭生活经验谚语，为人处事的态度和方法谚语，对社会上各种客观现实认识的谚语，揭露旧社会的黑暗现实、表现劳动人民的痛苦生活和不满情绪的谚语等五类；其次论述了这些谚语与兰州地区的民俗文化、社会环境等方面的密切关系；再次从表述语气的角度，将兰州谚语分为三种形式：确认式、建议式、讽喻式；最后论述了兰州方言谚语的语言修辞特点。本文对于研究保存兰州地方谚语有一定的意义，既丰富了方言谚语研究，也增加了谚语研究的多样性。

《安岳谣谚风貌》

田荣贵撰，《内江师范学院学报》，1988 年第 1 期。

文章将作者所搜集的在安岳流传的谣谚进行分类整理，并分析研究其所蕴含的现实意义，以便从中窥探安岳谣谚的风貌。并将这些谣谚进一步分为历史上留下的时政谣谚、事理谣谚、修养谣谚、社会交往谣谚、生活谣谚、生产谣谚以及自然谣谚和乡土风物、名胜古迹谣谚等大类，并对每类谣谚进行较为详细的解释说明。

《湖州谚语琐议》

郑邦楠撰，《湖州师专学报》，1992 年第 2 期。

本文分析了湖州的部分地方谚语。如"冬雪是个宝，春雪是把刀""金窝银窝，勿如自家的草窝"等，以及它们的语音、语言、结构等特点，并且探究了部分谚语的语义流变。本文对于研究保存湖州地方谚语有一定的意义，对于其广泛运用和健康发展有一定的促进作用。

《宁夏民间谚语和宁夏的精神文明建设》

朱琪、刘鑫民撰，《宁夏社会科学》，1997 年第 6 期。

本文通过宁夏民间谚语阐释其对于宁夏精神文明建设的作用。主要从家庭伦理道德规范和个人品德道德规范两大方面详细论述，其中家庭伦理道德规范主要包括父慈子孝、兄宽弟忍、妻贤夫忠、恩爱白头、晚婚晚育；个人品德道德规范主要包括诚实守信、以礼相待、虚心谦让、团结互助、崇尚知识、勤劳节俭。此外，文章还讨论了富有特色的回族谚语。文章最后表明，充分发挥传统道德谚语对于宁夏的精神文明建设具有积极作用和现实意义。

《福建民间谚语探论》

绵山撰,《福建广播电视大学学报》,2001 年第 3 期。

本文对福建民间谚语进行了探讨研究,主要从它的五个特点展开论述,分别为:一是各种不同文化性格的表现;二是具有鲜明的地域特色;三是各类民俗的沉淀;四是与当地的民间故事、传承的典故等关系密切;五是多由方言组成。作者在文章中较为细致地分析了福建民间谚语的特点,并对当地一些难以理解的谚语进行了解释,为地域谚语的研究和发展提供了一定的语料。

《巴里坤谚语初论》

李志忠撰,《语言与翻译》,2002 年第 2 期。

本文以巴里坤谚语为研究对象,巴里坤谚语是指新疆巴里坤县境内汉语方言中的谚语,巴里坤地区汉话在兰银官话北疆片诸方言中独具特色,尤其是巴里坤方言谚语,受独特的历史和地理环境背景的影响,在新疆方言中更显得独具一格。文章对这些"土产"谚语的表现形式和语言特色做了初步探讨,所以叫"初论"。它概括地阐述了巴里坤谚语几个比较鲜明的特点,即"直陈其事,不事雕琢""大量用譬,以喻明理""鲜明的口语化倾向""大胆新奇的夸张"。

《盐亭蚕桑民谚》

廖伦旭撰,《四川蚕业》,2002 年第 1 期。

文章以川北盐亭的蚕桑民谚为研究对象,具体说明了盐亭地区的地理位置、自然环境及历史文化,着重总结归纳了蚕桑民谚的特点:从语法上看,民谚语言通俗,简洁有力,明白如话。从句法上看,民谚一般只有上下两句(个别民谚也有复句),句法自由灵活,有长有短,节奏鲜明,读起来朗朗上口,易于民间流传。从流传范围来看,民谚是盐亭人民在长期蚕桑生产中经验的积累,流传甚广。从作用上来看,民谚对推广栽桑、养蚕、制丝、织绸技术,起着普及、宣传和教科书的作用。

《乌鲁木齐谚语的通俗性与地域性》

李志忠撰,《语言与翻译》,2004 年第 2 期。

本文从乌鲁木齐谚语入手,分析其主要特点,即突出的通俗性和鲜明的地域性。突出的通俗性主要源自农业、小商业移民构成的乌鲁木齐汉回居民特定的文化背景以及自身的口语身份。"俗"既包含了一般的通俗，也有格调不高的庸俗，甚至是粗俗。通俗的独特表现形式为将旧有谚语形式拉长寓意夯实，进而显示出另外独特的"风味"，之所以庸俗甚至粗俗，归结于谚语对于妙趣和噱头的追求往往以牺牲高雅为代价。鲜明的地域性表现为按照当地方言的语音系统押韵及大量的方言词语和借词进入谚语，主要是由于乌鲁木齐作为新疆维吾尔自治区的首府，各民族杂居，各民族在语言、文化上互相影响、渗透、融合，丰富了乌鲁木齐谚语，相较于其他谚语语言更加文雅，因此有更多的机会进入文学作品，但是在一定程度上失去了"俗"的特点，削弱了它们在人们口头语上的生命力，不大为人所知。

《四川谚语的地域特色》

候光撰，《文史杂志》，2004 年第 1 期。

本文从五个方面介绍了四川谚语的地域特色：一是封闭自群，兼容广纳；二是多元深邃，繁盛皆博；三是以农为本，崇尚农耕；四是重文尚礼、张扬民性；五是平实犀利，通俗藏雅。五个方面涉及了地域、生产生活、民族、民俗民风等四川特色，阐释详尽，内容丰富，例证典型。

《维吾尔语谚语中的地域文化探析》

华锦木撰，《和田师范专科学校学报》（汉文综合版），2005 年第 3 期。

本文以维吾尔语谚语为研究对象，研究了谚语中所折射出的维吾尔族地域文化。作者具体阐述了维吾尔语谚语所体现出的五个文化信息：一是沙漠戈壁文化信息，体现出人们对于自然环境的改造和战胜；二是绿洲文化信息，体现出绿洲的自然环境对其自然风俗及思想意识的影响；三是地名文化信息，从部分地域名词中反映了西域各国的风土人情以及维吾尔族人民战天斗地的精神；四是巴扎文化信息，从中体现了维吾尔族商贸发展的繁荣；五是伊斯兰文化信息，体现出维吾尔族人民的宗教文化信仰。本文对维吾尔语谚语的研究，能够让读者深入全面了解维吾尔族的风土人情、价值观念等文化信息。

《三峡茶谚及其特征》

龚永新、蔡世文撰，《三峡大学学报》（人文社会科学版），2005 年第 6 期。

本文分析说明了三峡茶谚的文化内涵及特点。三峡茶谚的文化现象包括茶与环境（光照、气候、土壤、海拔）、茶与技术（品种、栽培、采摘、加工）、茶与生活（地位、保健、礼仪、明理）三类，并结合谚语分别进行解析。三峡茶谚的特征表现为综合性、群众性、传承性和教育性。

《青海汉语方言谚语的文化特征探究》

谷晓恒撰，《青海社会科学》，2006 年第 3 期。

文章以青海汉语方言谚语为材料，分析了别具特色的青海农业文化、牧业文化和饮食文化。青海有着独特的高原农业文化，因此农业谚语流传相当广泛，文中举例并分析了农作物种植谚语、农作物种植技巧谚语、农业收获谚语。畜牧业是青海重要的传统生产方式之一，因此反映畜牧业重要性的谚语、反映放牧技巧的谚语、反映爱惜牛羊的谚语和反映棚圈建设的谚语在青海汉语方言谚语中都得到了充分的展示。各民族因其信仰和饮食习惯的不同而形成了自己独特的饮食文化，在谚语中体现为独具特色的食品的谚语和反映节约用粮观念的谚语。本文在占有丰富语料的基础上分类研究并指出其特点，探求了青海文化之一隅。

《昌吉汉语方言谚语研究》

白如银撰，新疆师范大学硕士学位论文，2007 年。

本文从形式、意义和内容三方面对昌吉汉语方言中的谚语进行分析。第一章介绍了昌吉回族自治州的历史概况和人口来源。第二章介绍谚语的形式特点，分为单句、紧缩句和复句三部分。语料多为昌吉州各县、市志，作者通过对所收集的谚语进行统计分析，计算出各种句式所占的比例，可以发现谚语大多是以复句形式出现的。意合法是形成这种复句的主要方法。第三章是从谚语的意义方面分析的，对同义谚语和反义谚语的分析可以体现谚语的口语性和内容的丰富性，对谚语的字面意义和实际意义的分析可以体现出谚语的地域性特点。第四章是谚语内容的特点和分类。谚语内容有丰富性、知识性、科学性、地域性和民族性特点。谚语可以分为气象谚、农业谚、林谚、牧谚、生活谚等，每一类又分为若干小类。通过对昌吉州谚语的研究，可以反映出北疆乃至全新疆的谚语特点，从一个新的视角来看语汇的发展，不断丰富和完善方言文化知识。

《闽南文化与台湾闽南谚语》

蔡武璋撰，载《论闽南文化：第三届闽南文化学术研讨会论文集》（下），鹭江出版社，2008 年版。

本文通过台湾闽南谚语观照闽南文化。台湾居民中大部分都是闽南后裔，台湾的方言就是闽南话，所以也使用闽南谚语。第一部分为引言；第二部分论述了闽南和闽南人的概念；第三部分主要阐述了台湾闽南俗谚语的概念和特点，作者将其分为家庭家族、婚姻、食衣住行、工作四类进行文化内涵分析；最后进行小结。本文通过台湾闽南谚语论述了闽南文化、闽南语在台湾地区的影响，对于人们深入了解台湾闽南谚语及其所反映的文化有一定帮助。

《上党谚语的文化透视》

贾晓峰撰，《长治学院学报》，2008 年第 6 期。

本文从文化语言学的视角，以地域文化为研究对象，透视了上党这一地区谚语中所蕴含的文化内涵，从而使人们能深入地了解上党地区曾存在过或现已存在的文化。作者从独特的地理环境、社会发展、丰富的生活习俗、生产经验的总结、物产风貌这五个方面具体分析了上党谚语反映的文化内涵。

《科尔沁民间谚语的地方性特点》（蒙古文版）

梅花撰，《赤峰学院学报》（蒙古文哲学社会科学版），2009 年第 4 期。

本文就科尔沁谚语的题意、形式、用语方面探析地方特征。科尔沁谚语题意有关于科尔沁历史、生活现状、其他文化影响等产生的谚语。科尔沁谚语形式上有设问、反问。科尔沁谚语用语方面比较了普遍蒙古和科尔沁蒙古的特点，从而凸显科尔沁地方特征。作者认为此现状不仅是语法和修辞上的问题，也是把当地人的思维和生活状况融入谚语当中的表现，更是科尔沁谚语地方特征的表现。

《〈越谚〉民俗语汇的绍兴地方特色研究》

刘佳慧撰，《文化学刊》，2009 年第 4 期。

这是一篇对《越谚》民俗语汇的绍兴地方特色研究的文章。《越谚》作为一部反映中国清代越地方言词语和谚语的著作，它以记录口头俗语为目的，收录大量的方言词语、成语、歇后语、谚语、惯用语等，为民俗语汇和俗语词的研究提供了丰富的语料。从《越谚》所收录的民俗语汇中可以看出绍兴地方特色的丰富，所辑释的民俗语汇和俗语词主要包括兴岁习俗、饮食习俗、信仰习俗即迷信、俗信、禁忌等、人生礼仪习俗与服饰习俗。《越谚》所辑释的绍兴民俗语汇也在发生着变化，主要表现在词义的扩大、词义的缩小以及词义的转移。总之，本文对于我们研究方言及民俗语言具有一定的参考价值。

《青藏地区谚语的特征与功能探析》

蒲生华撰，《青海师范大学学报》，2010 年第 5 期。

文章认为青藏地区的谚语具有浓厚的地方特色和独特的社会功能，青藏地区谚语的主要特征表现为浓郁的民族性、鲜明的地域性、深邃的哲理性和语言描述上的形象性，其主要有警示功能、教化功能、知识传播功能和文化载体功能。

《青藏地区谚语内容的普泛性》

蒲华生撰，《青海师范大学民族师范学院学报》，2010 年第 2 期。

文章研究了青藏地区谚语的普泛性特征。青藏地区谚语的普泛性可从谚语涉猎的广泛领域中得以确证，特别是在时政、自然、生活、道德、风土等领域中尤显突出。

《桐城谚语研究》

江亚丽撰，安徽大学硕士学位论文，2010 年。

本文从语用类型、句型、修辞特色和文化内涵四个方面分析了桐城谚语的特色。共分为六章，第一章是引言部分，介绍了桐城的自然地理和人文历史，梳理了桐城方言和桐城谚语的基本面貌和研究现状，并就选题的目的与意义、语料来源、研究方法和预期目标进行了说明。第二章介绍了桐城谚语的语用类型，共有五类：气象谚、农事谚、风土谚、社会谚和生活谚，其中社会谚、生活谚、农事谚比较丰富，表明桐城社会是典型的道德社会和农业社会。第三章、第四章分别分析了桐城谚语单句形式和复句形式。桐城谚语有单句、复句两种句法形式，其中以复句式占绝对优势。单句式谚语以主谓式结构为主，非主谓式结构很少。复句式谚语，除了少数用关联法连接外，绝大多数依靠意合法组合而成，体现了桐城谚语鲜明的口语化特点。第五章分析了桐城谚语的修辞特色，桐城谚语在音节上趋于整齐对称，注意词语锤炼，讲求结构变化，重视辞格运用，如运用比喻、拟人、借代、夸张、对偶、对照、排比、顶真、回环等多种修辞格式。第六章探讨了桐城谚语的文化内涵，指出桐城重视文化教育和伦理教育、重视农业生产和商贾买卖、重视人情往来和人际和谐、注重岁时节日和人生礼仪等特点。桐城谚语折射出多姿多彩的桐城文化，总体上反映了儒家文化和农耕文化对桐城的影响。在传承桐城谚语时，应弃其糟粕，取其精华，充分发挥桐城谚语在树立民众正确的道德观和价值观、重塑现代人的精神品格、构建和谐社会等方面的积极作用。

《湘乡方言谚语的文化特征探析》

李丽颖、罗小军撰，《艺海》，2010 年第 1 期。

本文以湘乡方言为例，对湘乡方言谚语中的农耕、饮食、处事等方面的文化特征进行分析阐述。湘乡市具有得天独厚的发展农业的条件，几千年来，人们积累了丰富的农耕生产经验，通过谚语的形式，世代口耳相传。气象谚语总结了一系列反映湘乡气候节令规律的谚语，用于预测天气，指导生产生活；农耕生产谚语总结了人们的生产经验；劳动心态谚语体现了湘乡人民盼丰收、惜耕牛、善于苦中作乐的劳动心态。湘乡方言谚语也记录了独具特色的饮食文化，出现了一批反映旧时湘乡人饮食生活、饮食习惯和风味特色的谚语。不仅如此，文章还指出湘乡方言谚语所反映出的处世文化：重邻里、讲人情，有血性、有闯劲、敢于拼搏，体现了当地人民的价值取向和思想观念。

《甘肃皋兰方言谚语文化特征分析》

魏红梅等撰，《安徽文学》，2011 年第 8 期。

本文以甘肃皋兰谚语为主要研究对象，就其方言谚语的文化特征展开探讨，分析出当地因地制宜的农耕文化、崇尚礼仪的人情礼俗、勤劳纯朴的处世哲理、重亲向内的利己心态和庸俗落后的迷信思想等。皋兰方言谚语是皋兰人民群众创造出来的语言财富和思想财富，是皋兰地域文化的真实写照和重要载体，也是该地区文化精神的精髓所在。

《山西长治方言谚语的类型及其审美文化特征》

王利撰，《长治学院学报》，2011 年第 4 期。

文章通过实地调查，共收集到 150 余条长治方言中的谚语，主要从其类型和审美文化特征的角度进行了分析。从类型上看，主要有事理谚、生活谚、社交谚、气象谚等四种类型；从审美文化角度看，主要有韵律美、对称美、联系美等特征。

《语言的精华——谚语》

马俊民撰，《民间文化论坛》，2011 年第 4 期。

新疆各民族传统文化主要展现了绿洲农耕、草原畜牧、移民屯垦三种文化背景。与此相适应，谚语也表现出不同的个性特征。各民族的谚语不仅在内容上丰富多彩，形象生动，而且在形式上具有浓郁的地方特色和民族特色。新疆的特点，为各民族间长期的共同生产生活和文化的交流创造了条件，通过交流使民族文化更加丰富和完善。新疆谚语是新疆各民族人民社会生活经验的全面总结，蕴藏量大。它所反映的内容多集中在以下方面：对哲理的阐述；对社会交际的总结；对爱和憎的抒发；对生活经验的总结；对生活常识的概括。本文对新疆各民族的谚语进行了研究，为我们研究少数民族谚语提供了帮助。

《定襄方言谚语与当地物质文化》

刘艳平撰，《洛阳师范学院学报》，2011 年第 9 期。

本文以定襄方言谚语为语料基础进行研究，从衣、食、住、行、生产劳作等五个方面进行具体而详细的论述。其中对生产劳作方面的论述尤为详细，包括农作物种植、农作物管理、农作物收获以及畜牧业四个方面。

《襄垣方言谚语的文化内涵》

梁永红、吕佳佳撰，《长治学院学报》，2011 年第 1 期。

本文以襄垣方言谚语为研究对象，从方言谚语中揭示其蕴含的独特地域文化，包括反映当地自然环境及农业生产、生活习俗等方面。作者还对襄垣方言谚语反映出的当地人民的人生经验做了比较详细的论述。值得一提的是，在文章结尾，作者指出了有些谚语体现出消极落后的观念和认识上的局限性。

《屯堡谚语及其文化内涵》

李文军撰，《铜仁学院学报》，2013 年第 1 期。

本文以安顺屯堡谚语为研究对象，从谚语中蕴含的地域性、艺术性、文化内涵等方面进行探讨，帮助人们更加全面地了解安顺屯堡方言及其文化背景以及更深层次的思维观念。有关屯堡谚语的艺术性，作者认为其具有形象生动、语义鲜明、通俗易懂、音韵和谐、富有节奏感等特点。

《鸠鸣天雨　雀噪天晴——渝西方言谚语中的渝西物候文化精华探析》

夏明宇、吴朝平撰，《教育文化论坛》，2013 年第 3 期。

本文按照种类研究探析了渝西方言谚语中的渝西物候文化精华。第一类是有关物候与天气的渝西方言谚语，渝西百姓勤于观察和善于思考，积累了丰富的物候经验；第二类是有关灾害性天气将至的渝西方言谚语，反映野生动物用它们的周期性现象预报特殊天气变化；第三类是有关植物周期性现象与天气的关系的渝西方言谚语，反映出不少植物的周期性现象与季节、气候紧密相关的道理。渝西方言谚语所承载的渝西物候文化之精华性思想，就是将物候为我所用，看物候以预测天气，看物候以预防灾害，以更加有利于生活与农耕。

《闲谈客家地方谚语》

张学远撰，《源流》，2013 年第 8 期。

本文对客家谚语进行了归纳论述。客家谚语体现着客家人独特的文化特征，它分为三类：一是总结日常生活各方面的经验、教训和反映客家人的世界观、人生观、价值观及生活态度和道德观念的生活谚语；二是反映社会风土人情、社会风气和世态炎凉等的社会谚语；三是以总结生产经验为主的生产谚语。本文对于搜集传承地方谚语有一定意义。

《闽台民间谚语探析》

陈婕撰，《赤峰学院学报》（哲学社会科学版），2014 年第 3 期。

本文以闽台谚语为依托，并把它们分为人生箴言类以及气象、环境和生活习俗两大类，认为这些谚语集成了两地人民的智慧与见识，成为民间文学的精髓构成。除此之外，作者认为闽台谚语还具有高度概括性的内容表达和短小精练的构成形式两大特点。

《金寨县莲花山民间谚语调查与研究》

马启俊撰，《皖西学院学报》，2014 年第 4 期。

本文是在作者搜集记录了大量的民间谚语第一手资料的基础上，对金寨县莲花山民间谚语进行调查和研究。文章分为三部分论述：首先，对莲花山民间谚语的内容进行分类；其次，从语句的长短、节奏、押韵、异文上，以及句式、修辞手法、语言的表达效果上分析了莲花山民间谚语的语言特征；最后，从莲花山民间谚语的文化内涵进行了分析。莲花山的民间谚语数量众多，内涵丰富，地域特征鲜明，是莲花山语言与民俗文化的重要组成部分。

《汉代谣谚文化的地域考察》

孙立涛撰，《民族艺林》，2014 年第 2 期。

本文按地域划分对谣谚文化分别进行考察，把典籍中所载流传区域大致相同的作品进行归类，另分出京畿地区独立考察。典籍中没有明确标识流传地域的作品，在考察范围之内。把谣谚分为京兆地区、豫州地区、荆州地区、凉州地区、兖州地区、青州地区、幽州地区、扬州地区、益州地区、交州地区、冀州地区 11 类。作者认为谣谚在全国各地发展不平衡，京兆地区的谣谚文化最为发达，流传的作品最多，且标榜性、品评性的谣谚（一般称为"语"）几乎全部集中在这里。因此，应该把汉代谣谚的创作群体分为京师和地方两大类。各地产生的谣谚作品具有鲜明特色，传播范围或大或小，灵活多样。

《〈中华谚语志〉的地域性特征》

王枫、孟宪超撰，《内蒙古大学学报》（哲学社会科学版），2014 年第 4 期。

本文分析了《中华谚语志》的几个地域性特色。文章主要根据《中华谚语志》谚语地域性特色的形成原因，将其地域性特征分为四类进行论述。第一类是由地理风物如地方土特产、地方的名胜古迹、地方的自然风貌、地形特征形成的地域性特征；第二类是由地方的风俗如婚丧嫁娶、重大节日等特征形成的地域性特征；第三类是由地方人文社会背景形成的地域性特征；第四类是由方言环境形成的地域性特征。文章为《中华谚语志》这一专书总结的谚语的地域性特征，也为广泛的地域文化特征的研究提供了语料与研究价值。

《衡阳方言谚语与当地地域文化》

李亚娜撰，《时代文学》，2014 年第 1 期。

本文通过对衡阳谚语的收集和整理，力图还原衡阳谚语的真实面貌和人们的生活思想，帮助人们研究地域文化。衡阳谚语在衡阳方言区群众中间广泛流传，以衡阳方言为根基，是结构相对固定、通俗易懂、精练形象的表述性语言单位。文章从当地生产文化、饮食文化等方面对衡阳谚语进行归纳和阐述，体现了衡阳劳动人民的全部生活经验和社会历史经验，对研究地域文化起到重要作用。

《桐城谚语的文化透视》

江亚丽撰，《怀化学院学报》，2014 年第 3 期。

本文研究了桐城谚语的文化特征。作者通过田野调查和文献查阅，搜集到 1600 多条桐城谚语，并从物质文化、制度文化和精神文化等三个层面来探讨桐城谚语中所体现的文化内涵，涉及了生活环境、衣食住行、风俗习惯、价值观念各个方面。作者指出，桐城谚语反映了桐城人的农耕文化精神。桐城人以农为主，注重农业生产，在衣食住行方面颇有讲究。重读书，讲礼仪；重礼让，讲和谐；重伦常，讲仁义；重勤俭，讲自强。同时，有极强的家庭伦理观念，受儒家价值道德观念影响较深，具有鲜明的地域文化特色，彰显了桐城地域文化个性。

《桐城谚语的地域文化解读》

江亚丽撰，《安徽理工大学学报》（社会科学版），2014 年第 3 期。

本文以桐城谚语为研究对象，分析了其所承载的丰富的地域文化。作者从文化语言学角度研究桐城谚语所反映的生活状况、民风民俗和思想观念。从有关生产生活方面的谚语分析出桐城水产丰富的特点，并指出相关谚语的变化也反映了桐城经济状况好转的历史现实；通过对有关读书、宴请、嫁娶、丧葬、祭祖的谚语的分析中得出桐城人重文尚读、敬祖尊亲的特征；在思想方面，桐城人在为人处世中有讲求尚礼贵和、珍视名誉、提倡自强的特点，地域特征十分明显。作者不仅从共时性向度分析了桐城谚语反映的地域文化，而且从历时性向度研究了桐城谚语的变化所折射出的时代变迁，对于研究桐城文化乃至安徽文化都有积极的意义。

《客家俗谚——开启客家文化宝库的金钥匙》

陈跃华撰，《南方论刊》，2014 年第 1 期。

本文是一篇阐述客家谚语对客家文化影响的文章，作者从四个方面来评价客家俗谚在客家文化中的作用。首先，客家俗谚真实地反映了过去客家人生产生活方式，其素材源于当地的山水景物与人物事件。其次，客家俗谚哲理丰富，质朴明快，用简单的事物场景向人们宣传道理，传播经验，包含着丰富而深刻的客家文化内涵。此外，客家俗谚是客家文化宝库中少有的具有强大生命力的部分，它不断地随着时代的进步而进步，跟着社会的发展而发展。在文章最后一部分中，作者建议学者要研究客家文化需要先从客家谚语入手，重视客家谚语在客家文化中的重要推动作用。

《富春江渔谚的文化意蕴》

方仁英撰，《绍兴文理学院学报》（哲学社会科学版），2015 年第 3 期。

本文对富春江渔谚的文化意蕴进行深入的分析与研究。富春江渔谚内容丰富，主要有传递渔民的生存状态、捕捞经验；记录鱼汛、潮汛以及各种鱼类生活习性；展示人生哲理，借物喻人，予以风趣的揶揄与戏谑；赞美富春江江鲜的营养与价值；预知气候变化等。这些渔谚对于渔民而言，是重要的生产生活经验；对于大众而言，是一种难以忘却的乡村记忆。从文化角度看，富春江渔谚反映了这一地区以渔业为生的水上族群独特的生活方式、生存方式、精神价值以及智慧创造，是一种弥足珍贵的非物质文化遗产。

《蒙城方言谚语的文化内涵研究》

陆侠撰，《韶关学院学报》，2015 年第 5 期。

本文研究了蒙城方言谚语的文化内涵。作者认为蒙城方言谚语反映了蒙城人民生活经验的积累、风俗习惯的记录、迷信禁忌、对传统价值观的认同、对人性弱点的批判和对社会事理的概括。对了解蒙城方言谚语所折射出的文化内涵特点有一定帮助。

《晋东南方言谚语文化信息解读》

李金梅撰，《文化学刊》，2015 年第 4 期。

本文分析研究了晋东南方言谚语所蕴含的文化内涵。作者搜集了晋东南方言谚语共 1589 条，并讨论了谚语所反映出的农耕文化、民间传说文化和地方特产文化等，对了解晋东南方言谚语所折射出的文化内涵有一定帮助。

《江西民间风土谚语研究》

杨晶撰，中南民族大学硕士学位论文，2015 年。

本文研究了江西民间风土谚语，共分为六个部分。第一部分是绪论，交代了选题缘由和研究意义，并对之前风土谚语的研究进行了总结，说明了风土谚语的定义和性质。第二部分介绍了江西民间风土谚语生成的自然生境和社会生境。第三部分中，作者参照《中国谚语集成·江西卷》《中华风土谚志》《民间文学教程》的分类对江西民间风土谚语进行了分类，分为风景名胜谚语、地貌气候谚语、珍产富物谚语和人文风情谚语四类。第四部分分析了江西民间风土谚语的特色，在口头语言上，具有方言性、生动性和多样性的特征；在语用修辞上，韵脚和谐，巧用数词，活用了比喻、拟人、对偶、排比等修辞手法。江西民间风土谚语也反映了江西特色民俗。第五部分中，作者阐述了江西民间风土谚语的文化传播功能、文化认同功能和文化教育功能，以及其科学价值、艺术价值和社会价值。第六部分是余论，再次阐明了选题意义，并说明了论文的不足之处。

《陕南民谚所折射出的文化心理特征》

杨帆撰，《明日风尚》，2016 年第 21 期。

这是一篇通过研究具有陕北特色的民间谚语探索其蕴含的文化心理特征的文章。以和陕北农业生产有关的内容为研究对象，通过家庭劳动、自然环境、庄稼、牲畜、房子、人等要素，我们可以借助陕北农耕文化和文明、劳作、人际等一系列日常生活节点，勾勒出民谚中所反映的农业社会的一些群众文化的心理特征，表现在以农为本的思想、和谐处事的观念、勤俭节约的品格三个方面，它们记录着人们的生产和生活方式，而且真实地反映了人们的心理意识层面，可以管窥到整个农业社会真实的群众文化心理，这是农业社会农人精神花园的一朵奇葩，是人们集体智慧的结晶。

《襄阳民间谚语的多重社会价值》

尚炜、邓耀华撰，《湖北文理学院学报》，2016 年第 4 期。

本文以非物质文化遗产的重要组成部分的襄阳民间谚语为研究对象，着重探讨襄阳乃至荆楚文明的溯源和传承背后所具有的多重社会价值。文章从影响深广的实用价值、弥足珍贵的科学价值、不可低估的艺术价值三个方面论述了襄阳民间谚语的多重社会价值。

《晋东南方言谚语定量分析》

李金梅撰，《绥化学院学报》，2016 年第 3 期。

文章主要探讨晋东南方言谚语的音节组合形式特征、语法结构形式特征、谓词性组合形式特征以及语义类型特征，立体呈现了晋东南地区方言谚语的面貌。文章在田野调查的基础上，采用分析、归纳、计量等研究方法，数据显示，谚语的音节组合形式以八音节、十音节和十四音节为主；在 1589 条谚语中，主要是八音节、十音节和十四音节组合。八音节组合和十音节组合并驾齐驱，而十四音节语法结构形式以复句型为主。复句中以联合关系、因果关系、条件关系为主。1589 条谚语中，复句型有 1319 条，单句型有 191 条，紧缩型有 79 条，可见，谚语的语法结构形式以复句型为主，复句型占 83%。复句的类型丰富复杂，因果、条件、联合、选择、假设、递进、顺承、目的等关系都有，其中因果和联合关系的复句最多，二者并驾齐驱；其次是条件、选择和假设关系的复句。最少的是递进、顺承，解说、目的复句，只有几条。谓词性组合形式以两个谓词性组合和一个谓词性组合为主。谚语中以两个谓词性组合形式为主，少见的是三个谓词性组合形式、四个谓词性组合形式和一个谓词性组合形式。在 1589 条谚语中，两个谓词性组合形式构成的谚语有 1283 条，占 80.7%。语义类型以社会谚最多，社会谚中社会知识谚语最多，它们是历代各行各业群众实践经验的总结，具有传授经验和训诫的功能。

（三）社会性

谚语是社会俗文化的典型载体，具有鲜明的社会性。谚语以其深刻的感染力、鲜活的生命力、强大的倡导力影响着人们的生活，对社会成员性格的塑造、心态观念的培养、为人处世之道的形成都有着深刻的影响。从 20 世纪 80 年代开始，陆续有学者站在社会学角度对谚语进行研究，拓宽了谚语研究的视角。相关成果以学术论文为主，主要探讨了人民社会心理在谚语中的反映、谚语的社会价值和时代特征等内容。还有文章以巴赫金符号学为理论支撑，研究谚语的文化符号意义，进一步提升了谚语社会性研究的理论高度。谚语的社会性研究不仅丰富了谚语研究的视角和内容，还有助于进一步发挥谚语在铸牢中华民族共同体意识方面的重要作用。

《浅谈藏族谚语的情操美》

诺日仁青撰，《柴达木开发研究》，1987 年第 2 期。

文章以举例说明的方式从四个方面探讨藏族谚语的情操美。一是生动地反映了藏族人民健康的生活态度、崇高的道德品质和美好的处世哲学；二是充分体现了藏族人民崇高的民族群体观念和高尚的团结友爱精神；三是表现了藏族人民勤劳节俭、艰苦奋斗的崇高民族精神；四是反映了藏族人民勇敢坚强、勇于进取的民族性格。由此可见，藏族谚语具有情操美的典型特点。

《谚语格言的社会学透视》

李丽芳撰,《中国社会科学院研究生院学报》,1993 年第 4 期。

本文从社会学角度对谚语格言进行了透视,指出谚语格言作为我国语言文化符号系统中的一种特殊符号形式,具有极其重要的文化价值,表现在谚语格言对中国人人格精神的塑造、对中国人心态的培养、教会人处世之道、对中国人性格的塑造、对中国人婚姻恋爱观的塑造等五个方面,展现了谚语格言丰富的知识性和教育性,也体现了传统语言形式对于社会、民族心理的折射及文化氛围的熏陶。本文从社会学角度研究谚语格言,拓宽了谚语格言研究的新渠道,丰富了谚语格言研究的角度和内容。

《略论道德谚语的社会价值》

黎浩邦撰,《广西梧州师范高等专科学校学报》,2004 年第 2 期。

谚语是人民群众口头集体创作、口头传承的民间文学形式。按照以内容为类界的谚语冠名习例,以劝诫人们树立道德观念、遵守道德规范为内容的谚语,称为道德谚语。道德谚语具有比较突出的普遍性、思想性和多元性。道德谚语的功用侧重在对人类道德建设进程的促进,其价值就在于能以其深刻的思想内涵和简短精练的语言特点,在道德建设中起到宣传教育和潜移默化的作用;同时,它还使道德观念、道德规范不断得到巩固和完善,形成种种道德风俗、道德力量,调节着人们之间的关系。对道德谚语给予足够的关注,共同努力促进道德谚语乃至各类谚语研究成果的转化,就会使道德谚语在道德建设中充分发挥其应有的功用。

《中国谣谚文化的社会性与时代特征》

李阳撰,《辽宁省社会主义学院学报》,2012 年第 4 期。

文章分析了中国谣谚文化的社会性与时代性特征。中国谣谚文化的社会性特征,主要表现在谣谚创作主体是人民大众,且其反映的内容是社会生活,以及谣谚具有很强的社会舆论导向作用。中国谣谚文化的时代性特征,即它随着社会的发展而发展,不同的时代,谣谚的主题也不尽相同。

《谣谚与近代武汉城市生活》

陈瑞雯撰,华中师范大学硕士论文,2012 年。

本文分析了武汉谣谚与近代武汉城市生活的联系。论文共分为四个部分。第一个部分是绪论,作者说明了论文选题的缘由和意义、研究方法、难点和创新点，并梳理了相关学术史，阐释了"谣""谚"以及"城市生活"的概念。第二部分是论文的第一章，分析了谣谚和近代武汉政治生活的联系，说明了近代武汉政治谣谚的特点，即与京师谣谚相比，近代武汉缺乏舆论监督性时政谣谚，且这类谣谚多是包含人在政治环境下的情感诉求。第三部分中，作者探讨了谣谚和近代武汉经济生活的联系。谣谚反映了武汉商业的格局、发展，也反映了武汉的码头和商业行会的传统商业文化。第四部分中，作者分析了谣谚和近代武汉市民生活的关系。谣谚记载了近代武汉市民日常生活及休闲娱乐生活，是民风开发的市井文化的反映，也体现了武汉的市民意识的觉醒。武汉谣谚与近代武汉城市生活息息相关，对研究武汉近代市民生活具有很高的价值。

《从意识形态符号学角度看社会谚语》

罗志祥撰，《怀化学院学报》，2013 年第 12 期。

本文以巴赫金符号学理论作为意识形态符号的典范，研究社会谚语的文化符号意义、功能以及影响。首先对谚语的定义、类型等理论进行回顾，然后深入分析了社会谚语产生的理论基础——巴赫金符号学理论，以及文化深层结构对世界观、文化信念、价值体系的影响，最后作者着重解析了社会谚语的文化符号意义、功能和影响，社会谚语通过世界观、信念和价值体系影响甚至塑造着观念，抽象的文化观念就变成了具体的感知和行为，这样文化能够长久。

《论中国古代谣谚中的民人社会心理》

王凯旋、李阳撰，《辽宁大学学报》（哲学社会科学版），2013 年第 3 期。

本文探究了中国古代谣谚中的民人社会心理。从民俗学的角度对中国古代谣谚进行整理和分析，探究社会心理特征对后世产生了巨大影响，反映在统治阶级内部表现为桀骜不驯，反映于民间则表现为尚武任侠，表现了"正心、修身、齐家、治国平天下"的中华民族所共有的社会心理特征，记载了知足、隐善这种为人处世的标准，展现了尊贤礼士和团结互助的中国古代民人的重要心理特征。这些留存在谣谚中的民人社会心理特征是普通百姓长期积累下来的一种生存智慧，指导和约束着民人为人处世的行为模式，而且成为中华民族认同感和凝聚力的重要组成部分，是民族性格的核心所在。

《从中日谚语看传统社会》（日文版）

王娟撰，山东师范大学硕士学位论文，2014 年。

本文从社会文化学的角度对中日语言中有关传统社会的谚语进行初步归纳整理，挖掘深藏于其中的不同于现代社会的传统社会现象和人物形象。按照表达意思的不同，大致分为中日传统女性观和传统经济观两大类。第一部分阐述了论文的研究意义、目的；第二部分介绍了中日谚语的定义及本质、传统社会的定义及特征，并对谚语与传统社会的关系进行了阐述；第三部分从中日传统女性的婚姻家庭观、贞节观、教育观，以及中日谚语中对于女性的反面形象入手，论证中日传统社会中的男尊女卑思想，对于家父长制世代间的支配这一特征也做了论证；第四部分分析了中日传统经济观。作者认为，中日两国的传统社会普遍存在男尊女卑的思想，但是儒学所推崇的"孝"与"长幼有序"思想在某种程度上冲淡甚至排除了男尊女卑原则的适用；中日两国由于受到传统重农抑商及小农本主义思想的影响，容易产生自私自利及拜金主义等狭隘的个人主义价值观。

三、谚语语义之属

谚语作为一种民间文学的重要形式，其智慧性和哲理性都通过谚语的内容和特点来表现。在中华谚语的研究中，关于谚语语义方面的研究是必不可少的一个重要内容，谚语语义方面的研究共涉及语义释义、义类分析和语义特点三大方面的内容。研究历程大致可以分为 20 世纪 60—80 年代、20 世纪 90 年代和 21 世纪以来三个阶段。

20 世纪 60—80 年代为中华谚语语义研究的发展时期，最早兴起的是语义释义研究，在 20 世纪 60 年代已经出现相关的研究成果，语义特点和义类分析相继在 70 年代和 80 年代出现。语义研究在这一时期主要集中于三个方面：一是对少数民族谚语进行释义和分类；二是对某一类谚语进行释义，例如农谚、林谚等；三是关于谚语整体特点的分析。纵观这一时期的研究成果大致有以下特点：一是语义释义和语义特点均集中于维吾尔谚语、藏谚和傣谚，研究面较窄；二是此时期的成果只是将谚语进行简单抄录、归类和释义，并没有进行深刻的挖掘，研究较浅显。

20 世纪 90 年代，学者们研究的关注点有所变化，且研究的范围有所扩大，研究热度有所增加。此时期语义研究主要分为以下三个方面：一是对地区性农谚及著作谚语的释义；二是对于多民族谚语的对比阐释；三是关于谚语义类的研究。纵观此时期的研究，总体上有以下特点：一是谚语语义的研究不再局限于对某一民族的谚语语义进行释义，而是将关注点放在了著作、地区性谚语以及具体的谚语条目之上，研究范围逐渐变宽，研究成果逐渐增加；二是对谚语不仅仅是简单的释义，而且在释义上提出自己的观点，并将谚语运用于日常生活之中；三是出现了义类分析的研究成果，代表着这一研究领域的兴起，但研究成果较少，重点探究维吾尔谚语的分类及翻译问题；四是语义方面的研究发展不均衡，语义释义发展较为迅速，而语义特点在此阶段中发生了发展断层的现象，继 20 世纪 80 年代兴起后，并没有继续发展，相应的研究成果较少。

21 世纪以来，谚语的研究进入一个迅速发展的时期，不仅成果大幅度增加，研究视角也发生了转变。这一时期的语义研究主要有以下几个角度：一是研究具体民族谚语的释义、义类及特点；二是研究某一类具体谚语或著作中谚语的释义、义类及特点；三是对某一条具体谚语语义的更正和考释；四是关于谚语翻译过后如何进行正确的释义；五是关于谚语分类标准问题的探讨。相较于 21 世纪前的研究，本时期的研究有以下几个特点：一是谚语的题材大为拓宽，不仅仅局限于少数民族谚语、农谚以及著作中谚语的释义问题，而且增加了民间谚语、时令气象谚、方言谚语、俗谚等方面的释义研究，相比较 20 世纪研究领域变宽，研究题材增加；二是将研究视角逐渐转移到中西语义的对比之上，运用对比手法挖掘不同国家、民族谚语的语义特点；三是出现了站在语言学语素的角度上分析谚语中关键性语素的类型对谚语解释的重要性，对于正确分析谚语语义有一定的意义；四是对于语义分类以及语义特点来说研究的理论性增强，采用的理论呈现出多元化的趋势，例如以动态语用学、社会语言学、现代语义学、隐喻理论、认知语言学理论为基础进行的谚语研究，并且在研究中采用了新的语料，发掘了新语料的巨大价值；五是研究对象更加具体化，具体到某一种类谚语的特点研究之上，例如出现了以偏义谚语为主要研究对象的文章，研究更为细致和深入。

（一）语义考释

谚语的本体研究是中华谚语研究不可或缺的方面。我国早期谚语研究的主要任务聚焦于各地语料集的收集和整理，20 世纪 90 年代起，在丰富语言资料的基础上出现了一批关于谚语语义考释的研究成果。文章内容涵盖某一民族的谚语语义考释、专书中的谚语语义考释、某一地区的谚语语义考释、某一条或几条谚语的考释、某一类型的谚语考释以及谚语中关键性语素的类型研究，体现出研究角度的多样性、研究理论的丰富性和研究内容的深刻性。

《满汉谚语语义辨析》

赵阿平撰，《满语研究》，1992 年第 1 期。

满汉谚语产生于每个民族形成与发展的过程中，来自人民群众的生活实际与生活实践，是生产经验的总结和哲理真知的阐述；满汉谚语由于满汉两个民族在历史、地理、宗教、风俗习惯、意识思维等方面的差别，而使各自的语言文化带有显著的民族色彩。对满汉谚语的语义进行对比辨析，我们可以初步了解到满汉谚语的共同点与各自的特点，并了解到满汉民族文化内涵的差异。

《〈齐民要术〉谚语三则释义管见》

张允中撰，《中国农史》，1993年第2期。

作者对《齐民要术》中的3则谚语——"耕而不劳，不如作暴""种瓜黄台头""回车倒马，掷衣不下，皆十石而收"的意义提出了自己不同的见解，认为前人对"作暴"的理解存在小异，也存在着大同；"种瓜黄台头"指种瓜大都要靠逐渐长起来的嫩黄的叶子把地皮顶开；"回车倒马，掷衣不下，皆十石而收"指庄稼种得稀一点，或者密一点，其收成大抵不差上下。

《德州常用谚语举要释义》

曹延杰、郑宪庆撰，《德州师专学报》，1994年第3期。

本文从选取的德州地区相沿习用广为流传并具地方特色的90条社会谚语入手，采取词目首字笔画数目来排序，词目后均加以释义，词面义在前，引申义、比喻义在后，逐条予以释义分析，以此来了解和分析德州社会生活的细微方面。

《于细微处见功夫——谚语释义一例》

立文撰，《语文研究》，1995年第3期。

文章以"将酒劝人，终无恶意"这条谚语为例，列举前人的四种解释并加以辨析，认为第四种解释——"请人饮酒，总不会有坏心。又比喻待客、送礼是出于好心"比较全面、准确，原因在于多引用了一个含比喻义的书证。

《唐代俗谚正误三则》

曾云撰，《敦煌学辑刊》，1997年第2期。

文章选取了"宁食三斗炭，不逢杨德干""回忌生病，约句准绳，如锦绣成文。学者宗之，号为'沈、宋'，语曰'苏李居前，沈宋比肩'，谓苏武、李陵也""皇帝嫁女，天子娶妇"3条唐代俗谚进行考证，并指出讹误，为从事古代民间文学研究工作提供参考。

《农谚浅释》

罗龙、张敏撰，《农业技术与装备》，2009年第21期。

本文作者简要列举了"麦怕春寒，棉怕秋涟"（栽培谚）、"秋耕早一天，囤里冒个尖"（耕作谚）、"麦子不怕草，就怕坷垃咬"（栽培谚）、"寸草铡三刀，无料也上膘"（牲畜喂养谚）、"上槽不饮水，下槽不打滚"（牲畜喂养谚）5 条广为流传的农谚，对农谚中的科学原理作简要注释，供读者欣赏、实践、体验。

《谚语中关键性语素的类型及解释》

付乔撰，《辞书研究》，2010 年第 3 期。

本文分析了谚语中关键性语素的类型，论述了对关键性语素进行解释的重要性。作者认为谚语是由语素组成的，而其中的一些语素是关键性语素，关键性语素分为以下几类：一是谚语语目中负载表意重点的语素；二是对语义分析有重大影响的疑难语素；三是方言色彩浓厚且直接影响到语义分析的语素；四是行业特点鲜明且与语义分析有密切关联的语素；五是有特指意义的语素；六是多义语素或易引起歧义的语素；七是用生僻义且对语义分析有关键性影响的语素；八是古今语义有变化且直接涉及语义分析的语素；九是涉及用典或有语源背景，不释语义不明的语素。本文从语素角度研究汉语谚语，对于正确分析谚语语义有一定的意义。

《维吾尔族"馕"谚语语义解读》

王苹撰，《喀什师范学院学报》，2012 年第 4 期。

文章主要对维吾尔族"馕"谚语的语义进行了分析。维吾尔族关于"馕"的谚语是维吾尔族人民智慧的结晶，蕴含着丰厚的民族文化和民族心理特征。馕是神圣的，是维吾尔族人民的生命之本，也是富足的标志。除此之外，维吾尔族的"馕"谚语还传承着民族性格、道德伦理观念等诸多的传统民族文化因素，在一定程度上有着进行社会教育、社会整合、强化信仰、象征身份等的社会功能。

《〈五灯会元〉俗谚例释》

黄冬丽撰，《天水师范学院学报》，2013 年第 1 期。

本文以《五灯会元》中的 10 条俗谚为例，从内容上将其俗谚分为四类：重视实践类、由物象而推知客观规律类、诚信励志类、处事道理及生活经验类。在每一类后面，例举了 2—3 条俗谚对其给予阐释和说明。如"千闻不如一见"，指"即使听过了很多遍，也不如亲眼看到一次真实可靠。指认识事物，亲自观察非常重要"。探源发现原作"百闻不如一见"，也作"传闻不如亲见"。

《禅谚"快马一鞭，快人一言"解》

付建荣撰，《辞书研究》，2018 年第 4 期。

文章考释了禅谚"快马一鞭，快人一言"的语义和源流演变问题，认为其语义是指"好马（灵悟之马）只需打一鞭便走，聪明人只需垂示一言便悟"。语出后秦鸠摩罗什所译的《大智度论》。进入世俗文献后，语义演变为"形容为人豪爽，做事干脆痛快"，属于误解误用产生的新义。本文征引的语料比较丰富，在穷尽占有资料的基础上做出解释，以确保研究结论的可靠性。在考证方法上，本文综合运用了求语源、考异文、排比文例等多种训诂方法多角度论证。研究成果解决了本条谚语的释义和源流演变问题，有助于大型辞书修订本条谚语的释义。

（二）义类建构

谚语的分类是中华谚语体系构建的重要工作之一。从 20 世纪 90 年代起，谚语的义类建构问题逐渐走进了研究者的视野，成为一个重要的研究角度。这些论文试图从宏观角度对某一民族谚语、某一专著中的谚语乃至中华谚语的义类体系构建的基本原则、具体方法等方面进行深入研究，以期获得科学系统的谚语义类构建范式，有助于从整体上把握谚语的本质特点，深化谚语学的研究，客观全面系统地构建中华谚语体系。

《浅谈维吾尔谚语的语义分类及其翻译》

李文新撰，《语言与翻译》，1997 年第 2 期。

本文从语义角度切入，从谚语的整体和各组成部分之间的语义关系出发，把维吾尔谚语分成"融合性谚语""综合性谚语""组合性谚语"三大类，力求解决长期以来人们在翻译维吾尔谚语时遇到的许多棘手问题，从而使谚语的翻译做到准确、生动、形象。

《〈格萨尔〉谚语分类小议》

里太吉撰，《西藏研究》，2005 年第 2 期。

本文从谚语的内容出发，将《格萨尔》中的谚语分为以下七类：一是伦理道德和思想观念方面的谚语；二是为人处世方面的谚语；三是战争方面的谚语；四是揭露上层恶性方面的谚语；五是宗教信仰方面的谚语；六是法律制度方面的谚语；七是与生产生活有关的谚语。这些谚语不但形式优美，富有音乐感，而且内容丰富，极具哲理性。谚语的使用对于向人民群众传播生产生活经验、指导人们分清善恶是非、鼓舞斗争意志、培养高尚的道德情操等具有重要的作用，而且对于我们今天了解和研究藏族古代社会具有重要的学术价值。

《论蒙古族谚语格言的分类》（蒙古文版）

L·达喜尼玛撰，《内蒙古民族大学学报》（社会科学蒙古文版），2006年第 1 期。

本文探析蒙古族谚语格言的分类文题。作者认为蒙古族谚语格言首先可以分为"谚语""格言"，跟这个领域其他语言涉及的词汇比较，可以继续分为名言、箴言、训词、熟语等。学者一直以来的主要目的是不断使所有分类有条理，其对认知的发展有积极意义。

《"谚语"内涵辨析及分类探讨》

李冰辉撰，《图书馆建设》，2012 年第 6 期。

本文分析了谚语的内涵，并就谚语的归类提出了自己的观点。作者认为，谚语属于语言而非民间文学，谚语属于熟语中的俗语，应在《中国分类主题词表》中把谚语从民间文学类改至语言类的俗语类。此外，总论世界各国谚语的著作宜入 H034 类目；专论某国谚语的著作宜入该国使用的官方语言的俗语类；专论某语种（包括中国少数民族）谚语的著作宜入相应语种的俗语类；专论某专题谚语的著作宜入该专题所属的相应类目。

《试析"谚语群"的分类及其意义——以蒙古族谚语为例》

李书撰，《赤峰学院学报》（哲学社会科学版），2015 年第 7 期。

本文以蒙古族谚语为例，在陶汇章先生对其研究的基础上，探讨谚语群的概念、分类及意义。谚语群是谚语之间等同物类似物的汇聚，可分为六类：内容关联而说法不同，内容关联而比喻不同，内容关联而衬句不同，比喻、内容相同而说法不同，比喻或衬句相同而内容不同，形式相同而内容不同。谚语群有助于从整体上把握谚语的本质特点，深化谚语学的研究，客观全面系统地把握事物的全貌，也有助于人们多方面多角度多层次地考察语言现象。

《汉语俗语辞书的义类编排对谚语义类体系构建的启示》

安志伟撰，《内蒙古大学学报》（哲学社会科学版），2018 年第 2 期。

本文以辞书的编排方法为主要研究对象，探讨了义类编排传统对构建谚语义类体系的启示。第一部分回顾了我国传统辞书以及俗语辞书的编排传统。第二部分探讨了汉语俗语辞书义类编排的特点。作者认为，汉语俗语辞书的义类编排有其独特的文化特色，其分类原则体现了当时人们的文化观念。由于"词"和"语"的性质不同，在语词兼收的辞书中，编纂者往往采取"词""语"区别对待的方式，是古人在检索问题过程中的一种创新。第三部分阐述了汉语俗语辞书义类编排对谚语义类体系构建的启示，构建谚语的义类体系要从谚语的意义出发而不是从谚语构成成分的意义出发，要构建层级鲜明的谚语义类体系，要突出谚语义类的文化性特征。

《中华多民族谚语义类体系构建研究》

王冲撰，《内蒙古社会科学》（汉文版），2018 年第 4 期。

本文主要阐述了中华多民族谚语义类体系构建的基本原则、具体方法和实践价值。中华多民族谚语义类体系的构建基于中华多民族谚语的特点，同时也顾及了谚语本身的特点、背后的文化内涵以及大众认知和社会习惯，因而义类体系构建的基本原则满足了包容性与周遍性、大众认知习惯与义类体系有机结合；在义类体系构建的具体方法上，既考虑了义类体系层级性的基础作用和逻辑性的内在要求，还关注到类名提取对体系科学性的直接作用。本文最后指出，构建中华多民族谚语义类体系具有很强的实践价值，不仅有助于保存民间文献，还有利于促进语言教学的发展，同时，在文化语言学、认知语言学甚至方言、少数民族语、古语的研究等方面，都有着重要的价值和意义。

《谚语义类词典的编纂理念与创新研究》

王冲撰，《内蒙古大学学报》（哲学社会科学版），2019 年第 5 期。

词典编纂实践开展的前提和理论依据是词典的编纂理念，中华多民族谚语凝结了各地区人民的生活经验和生活智慧，编纂谚语义类词典有利于进一步扩大其传播力和影响力。本文从三个角度阐释词典编纂的理念与创新研究。第一部分阐释了《中华多民族谚语义类词典》编纂的基本理念，分为谚语词典的功能性、方便性、知识性和稳定性；第二部分是谚语义类词典的编纂创新，《中华多民族谚语义类词典》是当前研究的新生事物，应注重民族性思维的构建，分类方法要精微细致，还应注重用户体验的人文性表达；第三部分是《中华多民族谚语义类词典》的编纂价值，分别体现在社会功能和文化功能两个方面。《中华多民族谚语义类词典》编纂理念的研究为今后的谚语词典成书提供了指导方向，本文意在突出谚语义类词典编纂理念的重要性，不仅对谚语义类词典的编纂工作有所帮助，对日后编排其他类型的词典来说也有重要的借鉴价值。

（三）语义特点

谚语是熟语的重要组成部分，具有明显区别于其他熟语的语义特点。谚语语义特点的研究起步于 20 世纪 80 年代，涉及藏族、怒族、苗族等少数民族谚语语义特点，地方性谚语的语义研究，汉语谚语语义研究以及满汉、汉泰、英汉语义对比。研究成果包含了对谚语的语义特点、语用意义、认知机制等内容的分析考察，为中华谚语研究补充了重要的资料和依据。

《谚语简论》

杜峻晓、王锡义撰，《山西师范学报》，1981 年第 2 期。

本文主要分析了谚语的特点，选取的大量谚语语料来源于经典文学作品。谚语无论在艺术表现上还是口头创作上都有很大的社会意义和文化价值。文中分析了谚语比较常用的表现手法，以经典文学作品《红楼梦》中的谚语为例。还对谚语在文章中出现的三种情况做了分析，句首用于引起下文，居中则起到承上启下，句尾用于总结概括，同时强调了两种运用谚语的情形，一是引用；二是活用。本文对我们认识学习运用谚语有着重要的意义，也让我们对很多文学作品有了新的认识。

《浅谈藏族谚语的意义》

车得驷撰，《西北民族大学学报》（哲学社会科学版），1983 年第 3 期。

本文着重分析了藏族谚语的意义。作者指出，有些藏谚的意义比较单一，但是有很多的藏族谚语不能仅仅通过字面来理解，主要分为以下几种情况。一是藏谚的转义，一则谚语现在的意义非原义，是由原义演化而来；二是藏谚的引申义，引申意义的藏谚，是由原来的意义引申出来的意义；三是藏谚的比喻义，比喻义是指在长期中做比喻逐渐固定下来的意义；四是藏谚的形容义，是对事物或人物的性质、特征方面的描写；五是同文藏谚，这一类藏谚的意思相同或相近，但在程度、使用对象和感情色彩上都有不同。藏谚能提高藏语的艺术感染力，丰富藏语的表达形式，深化藏语所表达的意境，是研究藏语的珍贵资源。

《略论隐喻性谚语的语义特征》

李涛贤、赵广升撰，《宜宾学院学报》，2003 年第 1 期。

本文在现代隐喻理论的指导下，对隐喻性谚语的性质、语义特点以及它的隐喻义和字面义做了比较深入的分析研究。文中指出"隐喻性谚语是人们在相似性基础上认识世界、改造世界的经验总结，实际上涉及了两个语义域"，这两个语义具有双重性，即包含两个所指，一个是外在的，一个是潜在的。作者还认为"隐喻性谚语其整个句子都是作为隐喻来运用，并不单单是某个结构成分"，"关于隐喻性谚语，最大的特点是意义的双重性，即字面义和隐喻义，后者的形成基于两个事物的相似性"。

《满蒙汉谚语语义比较》

高娃撰，《满语研究》，2005 年第 1 期。

本文通过丰富的例句探讨比较了满蒙汉谚语在内容与形式上的特点。文中认为满蒙汉谚语无论内容与形式都具有可比性，谚语所表现的民族共同性和民族个性，一方面体现了我国统一多民族大家族中各兄弟民族之间的语言、历史、文化之交流与融合、相互影响的关系；另一方面满蒙汉谚语又有各自显著的民族特色，这种特色是建立在本民族的历史、地理、风俗习惯及心理思维之上的。

《汉语谚语的语义特点》

白云撰，《山东省农业管理干部学院学报》，2006 年第 1 期。

本文从谚语中词的潜在意义、限制意义和谚语的语义关系等几个方面分析了汉语谚语的语义特点，认为形象的比喻是谚语的一个特点，比喻使得谚语中的词获得转义用法，谚语的形象比喻往往建立在词的潜在意义上，这种意义一离开谚语就不存在了。"限制意义"是指语言中绝大部分词都是多义的，一个词在表示某种意义时，与其他词搭配能力可能减弱，搭配的范围也会受到限制，而谚语中往往包括这些有限制意义的词。从语义的角度说，谚语是关于价值的判断、经验的总结，谚语推崇了一种价值观的同时，也就贬低了与之对立的另一种价值观，表现在谚语中为"对等关系""因果关系""比较选择关系""直接指导关系"四种基本语义关系以及"语义关系中反义词的使用"的特点。本文是一篇专门从语义的角度探讨谚语特点的文章，对于读者更好地理解谚语的具体、活泼、优美、简练而富于幽默感的特点具有重要意义。

《英汉谚语的语义特点》

陈金诗撰，《郑州航空工业管理学院学报》（社会科学版），2007年第1期。

文章对英汉谚语的语义特点进行论述，具体从民族文化性、内容丰富性、意义潜在性、本质教育性和关系多样性等方面分析了英汉谚语的语义特点，指出英汉谚语从不同角度呈现了各民族在地理环境、宗教信仰、风俗习惯及历史文化等方面的特色，体现了两个民族独特的表达思想和描绘事物的智巧，英汉谚语的语义特征还表现在其涉及面广、内容丰富上。

《浅谈英汉谚语的语义特点及语法功能》

曹传锋撰，《齐齐哈尔师范高等专科学校学报》，2008年第3期。

本文从跨文化的视角，以谚语自身的特点和功能为研究对象，探析了英汉谚语的语义特点及语法功能。文章首先简要介绍了谚语的概念及本质特征；其次详细分析了英汉谚语的语义特点：言语性、丰富性、知识性和教育性、民族性；再次简要介绍了谚语的语法形式；最后重点阐释了谚语的语法功能：单独成句（单独成句时的形式和位置）、充当句子成分（作主语、谓语、宾语，此外作者指出谚语基本上不能作状语和补语）。文末作者得出谚语的语义特征决定了谚语的语法形式和语法功能。

《论谚语的语义特征》

寇福明撰，《内蒙古民族大学学报》（哲学社会科学版），2009年第1期。

文章在说明传统谚语语义研究的基础上，从认知语言学的角度切入，阐释了谚语的结构特征和语言特点。以谚语的语义表现形式为依据，将谚语分为两种类型：一是本体和喻体同现的隐喻；二是整句式隐喻，即谚语是一种隐含了本体的喻体式隐喻。又从谚语的认知模式和理解模式分析了谚语的认知机制，指出谚语的意义是有理据的，而不是任意的；在谚语的理解和使用过程中，语言使用者通常使用谚语的比喻意义，然后再依据比喻意义推导出某个语境下的特殊含义。

《汉泰语谚语的词汇特点对比》

高鲜菊撰，《湖南科技学院学报》，2010 年第 7 期。

这是一篇通过汉泰语谚语的词汇特点对比展望汉泰词语的运用与功能的文章。文章选取汉语和泰语的谚语进行对比研究，从常见事物词、数词、口语词、文化词在汉语谚语和泰语谚语中的运用入手，进行对比分析，探讨了汉语谚语和泰语谚语的词汇特点。本文的探讨仅仅是个开始，而且在这次研究过程中，我们发现汉泰语谚语的对比研究领域里还有很多可以发掘的东西。

《中国谚语的语用意义探析》

谢雅乐撰，《牡丹江大学学报》，2012 年第 7 期。

本文主要探析了中国谚语的语用意义，其语用意义不仅涵盖言语本身的话语意义，还包含非命题性社会意义、情感意义、修辞意义等。在讨论语用意义研究现状时提出研究中国谚语的语用意义，并通过透析谚语在会话中的字面意义、会话含意以及说话人意义，有助于理解和促进语言的交际意义。中国谚语分类可有如下几方面：认识自然和总结自然的谚语；总结社会生活经验的谚语；歇后语和俗语；学习知识哲理性的谚语等。了解中国谚语的语用意义，有助于中国谚语更为广泛的传诵与运用，使谚语在交际中得到合理的运用与完善，使谚语独特的文化内涵得到发扬。本文对谚语的语用意义上的探析有助于理解谚语的多层意义，对于发挥中国谚语的内在魅力有一定影响。

《山西方言谚语语义研究》

李金梅撰，《语文建设》，2014 年第 3 期。

本文从语言学的角度，对带有极其浓厚地方特色的山西方言谚语语义构成方式和语义特点进行研究，得出贬义性与描述性属于山西方言谚语语义的最为显著的两个特点，并进一步指出"贬义性就是说绝大多数的谚语是对人或事物的消极面进行描写，描述性就是谚语主要是对于人的行为动作以及人或者事物的状态与形象进行描述"。而且立足于认知的角度，对其中所蕴含的人类共同思维方式进行探讨。

《怒族谚语的语义特征探析》

陈海宏、谭丽亚撰,《牡丹江大学学报》,2015 年第 11 期。

文章以怒族谚语为研究对象,进一步探讨怒族谚语的语义特点。怒族谚语根据语义表达方式的不同,可以分为隐喻性谚语(日常生活类谚语、道德伦理类谚语)和非隐喻性谚语(农事谚语、气候农谚、天象农谚)两大类。怒族谚语具有民族文化的独特性、表达意义的隐喻性、教育传承的本质性以及语义关系的多样性等方面的语义特点。就语义关系的多样性来说,文章又进一步分为对等关系、直接指导关系、同义关系、反义关系和因果关系,进行较为详细的论述。

《汉语谚语的语义研究》

鞠艳清撰,南京师范大学硕士学位论文,2015 年。

本文探究了汉语谚语的语义,共分为六章。第一章介绍了汉语谚语的基本情况,说明了谚语的范围和性质,分析了《规范》中收录的谚语。第二章解析了组合类谚语的语义,分为两大类:一类是源于身体经验的组合类谚语,包括与眼、耳、口、身、心以及视觉、听觉、味觉、触觉和感觉相关的组合类谚语;另一类是源于社会经验的组合类谚语,包括与日常生活经验、社会生活经验和生产劳动经验相关的组合类谚语。第三章重点探讨整体发生映射谚语的语义类型,并按照两种不同的标准对此进行了细致的分类。第一,按照隐喻映射模式划分大致分为九类:实体 + 关系映射模式、实体 + 特征映射模式、实体 + 关系 + 特征映射模式、实体 + 关系 + 逻辑映射模式、实体 + 特征 + 逻辑映射模式、实体 + 关系 + 处所映射模式、实体 + 特征 + 处所 + 逻辑映射模式、实体 + 关系 + 处所 + 逻辑映射模式和实体 + 关系 + 特征 + 逻辑映射模式。第二,按照整体语义关系划分可分为八类:转折关系类、条件关系类、并列关系类、选择关系类、让步关系类、因果关系类、假设关系类和顺承关系类。第四章主要对《规范》中的部分发生映射类谚语进行了细致的语义分析,部分映射谚语分为部分发生隐喻类谚语、部分发生转喻类谚语和半隐喻半转喻类谚语三大类。其中,部分发生隐喻类谚语分为数字隐喻类谚语和非数字隐喻类谚语;而部分发生转喻类谚语包含内容较为丰富,主要有六类:用具体的事物转喻一般的事物、用部分转喻整体、用特征转喻实体、用工具转喻某种动作或行为、用人物转喻某种性格。第五章主要分析了汉语谚语的语义特点和语义理据性。组合类谚语语义透明度和熟悉度较高，口语性较强；隐喻转喻类谚语的语义特点是具有隐喻性和具象性，语义透明度整体偏低。汉语谚语的类别不同，其对应的理据性也是不同的。第六章运用转喻隐喻理论、意象图式理论、符合场景模式和概念整合理论，对谚语语义的认知理解机制进行了全面的解读和说明。

《苗语中部方言谚语语义研究》

杨瑛羚撰，贵州民族大学硕士学位论文，2016 年。

苗语中部方言谚语是苗族人民在长期的生产生活实践中的智慧结晶、经验总结和认知反映，以传知识和讲道理为主要目的，通常以口语的形式，在人民中间广泛地沿用和流传，是节奏感强、短小精练的非二二相承表述语。本文以苗语中部方言谚语为研究语料，通过运用较新的语汇学和语义学等研究理论，采用田野调查法、文献搜集法、比较法等研究方法，对苗谚语义进行分析讨论。第一章主要是论述本研究的选题缘由、相关概念、研究现状、研究理论与方法、语料来源与应用。第二章着重对苗谚语义构成方式、结构、类聚、关系四个方面的内容进行释例解析。第三章是根据苗谚语义从宏观上将其分为哲理谚、修养谚、农业谚、医药谚、养生谚、气象谚、生态谚，在分类的基础上归纳出苗谚具有丰富性、知识性、教育性、意义的双重性、关系的多样性、表义的整体性、思想的深刻性等语义特征。第四章主要是挖掘苗谚语义背后蕴含的农业经验、生态理念、道德观念和价值取向等文化信息。第五章是本研究得出的结论及存在的问题。本研究在对相关概念和研究现状进行综述的基础上，从语义学的角度对苗谚进行摸索性研究，为丰富苗谚研究做了一些有益的尝试。

四、谚语语法之属

谚语语法研究主要是对谚语本体结构的探讨，包括语法结构、结构特点和结构比较等方面。学术界关于谚语语法的论文始于20世纪80年代，在早期著作谚语结构语法的研究基础上，将视野继续投向了少数民族语法、汉少民族谚语语法对比、汉英谚语语法对比以及特殊语法等领域。

20世纪的后20年里有几篇论文较为集中、深入地分析了谚语结构。其一，这一时期少数民族谚语结构的研究丰富了中华谚语研究对象。对藏族、哈萨克族和白族的谚语结构形式的研究，对于了解和分析少数民族谚语结构、正确使用少数民族谚语有着重要的借鉴作用。研究发现少数民族谚语结构与汉谚有同有异，且每个民族的谚语有自身鲜明的特点。其二，1987年有研究者对古谚语的结构变体和谐音变体两种现象进行描述并探讨二者的异同，重点对谐音变体的特点做了阐释，分析了谐音变体与语义是否发生变化的联系。对于古谚语特殊语法现象的研究角度新颖，拓宽了当时古谚研究的方向，从中可以考察出古谚结构的独特之处。

21世纪以来的研究在20世纪研究方向的基础上又开辟出了新的思路，既深化了研究内容又有创新。其体现在：一是挖掘了更多具有研究价值的特殊语法现象，包括句首词语的连续复现、并列式八言谚语结构、数词对举现象、维吾尔语 bol- 作为语法单位时的特点等。二是少数民族谚语特点研究涉及了蒙古族、维吾尔族等其他民族。三是在研究材料上，方言谚语和地域性谚语的特点受到更多关注，体现在对于青海汉语方言谚语、衡阳方言谚语、桐城谚语的3篇研究上，能够发掘三地谚语的地方特色。总体来说，这一角度仍有很大研究空间。四是谚语结构对比研究开始大量出现，包括维汉谚语形式对比、汉哈谚语句式结构对比、汉英谚语结构对比等。这些研究相比探讨某一民族谚语结构，能够更鲜明、直观地发现谚语的民族特色，对跨民族文化交流有指导意义。五是对复句形式汉谚创造方法的探讨，不再局限于谚语结构的本身，而是究其缘由，力图揭示谚语结构创造的手法。沈怀兴先后发表两篇文章指出汉语社会创造复句式谚语少用关联法而多用意会法。六是特定题材谚语语法的研究，有学者论述了武术拳谚特殊的语法现象。

（一）语法结构

谚语的语法结构表现出很强的逻辑性。从谚语的源流来看，它是以句子作为初始形态的，因此，针对谚语的语法结构研究，大多集中在句式结构上，研究范围涉及一些少数民族的民族谚语和地区方言谚语。比如研究少数民族谚语的句式结构，并将重点放在分析复合句式内部之间的关系，也有的将重点放在研究句子的语义特征上，还有些则聚焦于句子的韵律特征研究方面。这些研究在一定程度上使中华谚语的研究更加深入、专业，对于理解少数民族谚语结构具有重要作用。

《谈谈藏族谚语的语法结构》

车得驷撰，《西藏研究》，1983 年第 2 期。

本文主要分析了藏族谚语的语法结构。"gtam dep"是藏族"谚语"或"成语"的意思。藏族谚语涵盖的对象很丰富，在句式上，主要以多音节的为主。藏族谚语既可以做句子成分，也可以单独成句。其语法结构主要分为两类：一类是单一结构，这类谚语不能拆分；另一类就是复合结构，这是藏族谚语的主要构成部分。在复合结构中，又包含了并列关系、主谓关系、偏正关系、动宾关系、补充关系、转折关系等 17 类。了解藏族谚语结构，对于理解藏族谚语、正确使用藏族谚语都有积极的意义。

《试论哈萨克谚语结构形式》

赛乃西、迟文杰撰，《语言与翻译》，1989 年第 3 期。

文章论述了哈萨克谚语的句式多种多样，不拘一格。一般常见的有单行句式、双行句式、三行句式和四行句式；哈萨克谚语（双行以上谚语而言）有完美的节奏，具有押尾韵、押头尾韵、押头韵、隔行韵四大类韵律特征。

《并列式八言谚语的考察》

李广瑜撰，《黑龙江省语言学会 2004 年年会论文集》，2004 年。

本文从并列式的八言谚语即音节上四四对称、结构上关系对称入手，重点分析了其内部的结构关系和内部构成，并阐述了此类谚语的结构特点、语言特色和语用特点之间的关系。文章指出并列式八言谚语的内部结构主要分为单句型和复句型。在单句型并列式中又可分为：主谓＋主谓、述宾＋述宾、述补＋述补、定中＋定中、状中＋状中、连动＋连动等6个大类、13个小类。在复句型并列式中，根据分局内部的语义关系及其构成部分的音节数量又可分为：假设＋假设、转折＋转折、因果＋因果、并列＋并列等4个大类、8个小类。单句型并列式和复句型并列式在谚语中具有重要地位，在音乐性、韵律性上都秉承了我国古典四言诗的风格，了解此类谚语的结构关系和构成特点，能够加深我们对谚语的理性认识，从而使谚语在言语交际中发挥更好的作用。

《青海汉语方言谚语的句法结构及语义特征分析》

谷晓恒撰，《青海民族学院学报》，2007年第4期。

本文拟就青海汉语方言谚语的语法结构和语义特点进行探讨。青海汉语方言谚语从一个单独的句式到六个、八个、十二个不等，从句子内部的句法结构来看，有的是单句，而有的则是复句。单句型包括非主谓句谚语、主谓句谚语。主谓句谚语包括动词性谓语句型、名词性谓语句型和少量的形容词性谓语句型。复句型谚语既有基本复句型，也有多重复句型，还有紧缩复句型。在语义特点上，分为意合性谚语、深层语义谚语、偏义复合语义谚语和直接组合性语义谚语。本文从结构和语义方面对青海汉语方言谚语进行了较详细的举例、分析与论证，对于以后的研究具有指导意义。

《衡阳方言谚语的句法结构分析》

唐艳撰，《衡阳师范学院学报》，2009年第5期。

文章分析衡阳方言谚语的句法形式，有单句形式、复句形式。单句形式包括无主句和主谓句，复句形式包括单纯复句、多重复句和大量的紧缩形式。还分析了一些富有地方特色的习用格式。衡阳方言谚语反映了自然界和社会的一定规律，反映了人民群众的生活经验和思想情感，是民间文学百花丛中姹紫嫣红的奇葩。

《湖南湘乡方言谚语的句法结构分析》

李丽颖、曾芳撰，《兰州教育学院学报》，2011年第2期。

湖南湘乡方言谚语的句法结构纷繁复杂、多种多样，既有单句型谚语，也有复句型谚语。本文按照句子的结构成分和结构方式将单句型谚语分为主谓句和非主谓句两种，复句型分为一般复句、多重复句和紧缩复句三种情况。其中，根据分句与分句之间的逻辑语义关系分为并列复句型谚语、选择复句型谚语、假设复句型谚语、转折复句型谚语和因果复句型谚语。多重复句是指有两个或两个以上结构层次的复句，紧缩句由复句紧缩而成，一般指分句间没有语音停顿的特殊复句，其形式短小精练，表义准确深刻，湘乡方言谚语中具有大量此类谚语。总体来看，湘乡方言谚语呈现的句法结构特点是单句较少，复句较多；多重复句较少，一般复句和紧缩复句较多；复句的分句间一般都用意合法，很少用关联词语来表达语义关系。

（二）语法特点

谚语的语法特点包含多个方面，既有语体色彩这样的外部特点，也有句式结构、语音结构等句子内部的特点。谚语语法特点研究的范围较语法结构来说有所扩大，既有古谚语的研究，也有少数民族谚语的研究，更多的则将范围放到整个汉语谚语中研究，并且有很多学者关注到了在构造谚语复句时所使用的方法，如意合法、关联法，并针对这些方法展开了讨论。还有些研究关注到了谚语句子中特殊的现象，如句首词语连续复现、数字对举等现象，这些研究都为多角度研究中华谚语打下了基础，为后来的研究提供了不同的研究视角。

《古谚语的谐音变体》

孟肇泳撰，《语文研究》，1987 年第 4 期。

本文对古谚语的结构变体和谐音变体两种变体现象进行描述分析，并且解释了谐音变体的产生是一种自然的语言现象的原因。文章第三部分是为弄清谐音变体的特点，从语义上进行了考察分析，通过语义不变和语义发生了变化两部分进行细致分析，发现除少数语义基本不变外，大部分发生了较大的变化。这是和结构变体与其本体的语义总是保持一致的特点不相同的。

《白族谚语的语言形式特点》

何永福撰，《大理师专学报》，1998 年第 3 期。

本文研究白族谚语的语言形式特点。第一，在语体色彩上，白族谚语有突出的口语风格特色；第二，在句式结构上，白族谚语单句和双句数量最多，以三、五、七言句式为常见体例；第三，在语音结构上，白族谚语比其他语言谚语更富于节奏感、韵律感和音乐性，格律更灵活自由，用韵广泛，韵脚细密；第四，在语法结构上，白族谚语语言结构主要分为单句形式、复句形式和紧缩句形式。最后，作者希望以这次研究为线，打开白族谚语研究的局面，对今后白族谚语研究做出更科学、更系统、更全面的研究和把握。

《论谚语的形式美》

何学威、陈素萍撰，《中南大学学报》（社会科学版），2003 年第 2 期。

本文分析了谚语的形式美，认为谚语的形式美可分为精悍凝练美、均衡对称美、回环反复美、声律和谐美和多样统一美。谚语简洁的形式和丰富的内涵构成了精悍凝练美，双句的运用和两两相对的形式构成了均衡对称美，均衡对称美在英谚中的表现主要是结构上的紧凑均衡。汉语中的谚语通过词序的换位而达到回环反复美的效果，除此之外便是运用首尾相连的"蝉联"修辞。谚语口耳相传的流传方式要求其有像诗歌一样谐律可歌的声韵和谐美。谚语形式美不是割裂的美，而是在"乱中求整""异中求同"的多样统一的美。本文为谚语形式的研究提供了有利借鉴。

《论句首词语的连续复现及相关句式——"秀才秀才，错字布袋"类谚语的多角度考察》

李胜梅撰，《南昌大学学报》（人文社会科学版），2003 年第 5 期。

本文讨论"秀才秀才，错字布袋"类谚语中句首词语连续复现独特的结构和语义，并进而分析此类句式的语义结构和语用特点。文章认为句子前段是一个词的连续复现，不是重叠，也不同于一般所说的连续反复辞格，而是一种语用现象，具有指称性；句子后段是对前段所指称事物和现象的特点和规律做主观解释，多是对于社会经验和生活经验的概括和总结，前段和后段之间在形式上具有语音联系和语素联系。此类句式用于对客观现象的普遍规律进行主观概括，是表示判断、评论等的非叙事性句子，具有一定生成能力，反映了句首位置的重要性，体现了句首词连续复现的语义和语用价值。本文是一篇专门针对句首词语复现的文章，对于相关句式的研究具有指导性意义，拓宽了谚语研究的领域，丰富了谚语研究内容。

《汉语谚语中意合法的应用》

沈怀兴撰，《语言教学与研究》，2004 年第 3 期。

考察发现，汉语谚语大多是复句形式的，而且其中 95% 以上是用意合法创造的。文章从以下四个方面探讨其成因：（1）汉语社会文化特质的作用。以"天人合一"与"天人之分"之对立的宇宙观为例探讨大量意合谚产生的深层原因，也探讨了某些社会现象对意合谚产生的作用。（2）汉语社会历史变化的作用。认为汉语意合谚的产生和发展变化，归根结底有赖于汉语社会的历史变化，有赖于语言使用者认识的发展变化。（3）汉民族语言习惯的作用。从汉谚来源与汉民族谚语创造及使用风格两个方面探讨这一问题。（4）汉语诸特点的辅助作用。

《汉语谚语中关联法的应用》

沈怀兴撰，《语文研究》，2005 年第 4 期。

作者在文中提出汉语复句式谚语绝大多数都是用意合法创造的，用关联法创造的很少。同时探讨了汉语社会创造复句式谚语少用关联法的原因，并分析了汉语关联谚创造中关联法使用的特点，包括汉语中关联谚语少，关联词用得自然少；关联词使用的比较集中充分等。文中还大量举例分析了汉语中用关联法创造关联谚的特点，为汉语谚语研究方法提供了参考意义和价值。

《汉语谚语的句法形式特点分析》

王鸿雁撰，《广西社会科学》，2005 年第 8 期。

本文分析了谚语的句法结构形式及其句法形式的独特之处。统计了汉语谚语的三种形式：单句形式、紧缩句形式和复句形式。单句形式的谚语包括主谓形式和非主谓形式两种，其中主谓单句形式的谚语表现为名词性谓语句谚语、形容词性谓语句谚语、主谓谓语句谚语、一般动词性谓语句谚语。紧缩句形式的谚语包括意合式紧缩句和关联式紧缩句。复句形式的谚语包括多由两个分句组成的简单复句、两层结构关系组成的复杂复句以及一些特殊形式的复句。文中还分析了谚语中的一些省略现象以及语法手段如语序的运用和依据。

《谚语中的数词对举现象》

韩杰撰，《忻州师范学院学报》，2007 年第 3 期。

文章从谚语中大量存在的数词对举现象入手，对数词意义、结构和功能做出分类说明，并进一步分析数词在这类结构中意义发生分化的原因以及此类对举现象所形成的焦点作用。作者认为，形成对举的数词在句子中既有表示基数的意义，也有表示序数的意义，当对举中的数词做基数词时，表示数量、年龄和分数；做序数词时，则表示时间和顺序。而产生这一差异的主要原因，首先是受古代汉语的影响，其次则是本义到引申义的转变，最后是对举中数词相互作用的临时性影响，因此在数词对举的结构分析中，我们可以发现，对举出现的数词词性相同，在句子中充当的语法成分也相同，它们的语法位置也相同，这样在谚语的运用中可以很好地帮助我们识记并起到强调的作用。

《论维吾尔谚语句式结构特征》

华锦木撰，《语言与翻译》，2013 年第 4 期。

本文从语法学角度入手，依据数据统计，结合维吾尔谚语的句式结构、语义关系、语法标志和语音停顿等特征，将维吾尔谚语划分为单部句、双部句和多部句谚语，并从单句和复句形式分别对其句式结构进行具体的描述和分析。通过了解维吾尔谚语的结构特征，不仅有利于我们准确理解和翻译维吾尔谚语，而且有利于体会和欣赏维吾尔谚语的语言特色、韵律特征、文化蕴含等。

《桐城谚语的结构特点》

江亚丽撰，《湖南科技学院学报》，2013 年第 10 期。

本文分析了桐城谚语的外部结构特点和内部结构特点。作者认为桐城谚语的外部结构具有紧缩性和对称性的特点。紧缩运用的主要方法是将几句话凑为一句话，取消句子之间的停顿、省略某些可以省略的部分或者运用"意合法"，某类高度紧缩的谚语需要加以解释之后才能知晓其意；对称性则表现在宽对式的谚语和工对式的谚语上，后者要求相较前者更为严格，有对偶式、排比式、顶真式、回环式等四种格式，有积极的修辞效果。桐城谚语在内部结构的特征上则表现为多样性：有单、复句两种形式。单句形式中，主谓式结构居多，非主谓式结构很少。复句形式中，"意合式"谚语是主体，体现了鲜明的口语化特点。桐城谚语来源于口语，多用"意合法"而少用"联合法"，同时受语言的经济原则和汉语语法重于意而简于形的特点的制约，因而形成了桐城谚语独有的特点。

《简述蒙古语谚语语法特征及作用》(蒙古文版)

河木嘎撰，《内蒙古民族大学学报》(社会科学蒙古文版)，2014 年第 1 期。

本文主要谈论蒙古语谚语的语法特征和作用，同时简单叙述其概况。蒙古语谚语语法结构及特征主要分为两个内容。一是就谚语结构的语法方面，结构多样、选词和语法准确建构、简单的词表达深奥含义。语法结构主要分为词法结构和句法结构。二是谚语有四个特征，即内容具有民族性，形式具有稳定性，文化内涵具有历史性，修辞具有简洁、生动、鲜明、诗性。蒙古语谚语的作用有：反映蒙古人的形象思维特征、促进蒙古民族的历史文化发展、传承与保护社会生活习俗、表现其民族特征、成为家庭教育的真实材料。蒙古语谚语是民族的文化组成部分，并且成为表现传统文化发展变化的特殊文化成型。

《维语 bol- 的含义及其在谚语中的运用》

杨璐撰，《文化学刊》，2016 年第 11 期。

本文简要分析了维吾尔语 bol- 的主要含义及其在谚语中的具体运用情况。研究发现 bol- 的含义主要有三点。第一，bol- 是词，是一个多义词，可以做动词和助动词，也可以当连词用，表示"要不然，再不行，不论是谁，不管怎样"。第二，bol- 是一个构词语素（类语缀）。第三，bol- 是一个作为语法单位的语素，与它的构成部分一起组成一定的语法形式。当 bol- 在维吾尔语谚语中运用时，多与虚拟式结合，表示该动作可否行使，或表示应然意义，即表示说话人应该做的事情。

《汉语谚语的语用标记倾向及话语功能》

刘钦撰，《汉语学报》，2021 年第 2 期。

本文以定性和定量的方式，从谚语在更大语言单位中的句法分布情况来考察其句法功能。经过统计和分析，谚语的句法功能主要分为两种：一种是成句功能；一种是构句功能。谚语的句法功能及其话语功能呈现出互补分布状态。在动态语境下，汉语谚语具有多重话语功能。谚语的语篇功能主要通过话题推进、语篇内聚来表现。谚语的人际功能主要通过强化论证效力、提供证据来源、浮现主观立场来表现。谚语习语化体现在三个方面：结构形式相对固化、意义整体化和凝固化、使用频率提高。谚语是习语化的产物，习语化是一个过程，在习语化过程中，形式上的固定和语义上的整合成为谚语获得语用标记性的基础和前提，口语性特征决定其总是出现在言语交际的对话语体中，语用推理和交际策略成为助推谚语获得语用标记性的主导力量。

（三）语法比较

谚语的语法比较部分的研究成果相对较少。研究范围既有中外谚语的对比，也有与少数民族谚语的对比，通过对比可以得出汉族谚语和其他民族谚语有不同程度的相似性，但也存在一些差异，比如语序、句子结构、语气句式结构等方面。

《维汉谚语形式对比分析》

王鸿雁、阿不都外力撰，《中央民族大学学报》（哲学社会科学版），2005 年第 4 期。

谚语作为一种极具民族特色的语言形式，既是词汇学又是语法学的研究对象。维汉谚语在语法形式上既有相似之处，又有明显的差异。通过对单句式、紧缩句式和复句式维吾尔谚语和汉语谚语的统计对比分析，发现维汉谚语形式特点的共通之处在于句式自足完整，形式简洁自然，兼得书面语和口语之风，不同之处在于维吾尔谚语基本遵循 SOV 语序，汉语则遵循 SVO 语序。

《英汉谚语结构对比》

刘晓康撰，《福建省外国语文学会 2005 年年会暨学术研讨会论文集》，2005 年。

本文比较了英汉谚语的句子结构。首先界定了谚语概念的内涵。其次对比了英汉谚语的句子结构类型，英语与汉语都具有简单句和复合句谚语，英语以简单句为主，有简练、概括的特点；汉语以复合句为主，讲究格式和对称，英汉谚语的句型都趋向多样化。最后对比了英汉谚语的句子结构，汉语谚语的句子结构分为六种：三三式、四四式、五五式、六六式、七七式、三三七式；英语谚语的句子结构分为：定语从句紧紧跟随被修饰的名词或代词（紧密式）、定语从句与被修饰词分开（分离式）、关系代词引导的名词性定语从句。英汉谚语的音韵结构比较相似，英汉谚语按照韵脚的位置和押韵的形式可以分为：头韵、尾韵、重叠、对仗对偶。

《汉语与哈萨克谚语句式结构对比研究》

成世勋撰，《新疆教育学院学报》，2013 年第 2 期。

作者认为汉哈谚语在句式、结构上有相同之处，又有不同之处，文章从汉语谚语和哈萨克谚语句式形式、语气句式结构的对比中得出了汉哈句式结构谚语的六种差异。其中，句式形式有单句式谚语、二句式谚语、三句式谚语、四句式谚语和多句式谚语。语气句式结构谚语有陈述句式谚语、疑问句式谚语和祈使句式谚语三种。通过汉哈谚语的对比研究，进一步强化了谚语研究过程中对比比较思维。

五、谚语艺术之属

谚语艺术特色研究主要就修辞艺术、韵律特色、艺术风格特点三方面进行研究。谚语艺术特色的研究从 20 世纪 50 年代开始，何钟杰《怎样用谚语》是研究谚语修辞最早的文章。到 70 年代末至 90 年代，谚语风格特点、修辞研究相继开始。巴特尔《蒙古族谚语特点浅谈》首次从风格特点的角度对谚语进行研究，范瑞亭《谚语的韵辙美》开创了谚语韵律研究先河。80 年代谚语语言风格研究占主导地位，主要体现为探究谚语艺术效果、价值以及少数民族谚语的语言风格，如维吾尔族、侗族等。从美学角度对民间谚语做理论分析，切入点较新颖。谚语修辞研究文章主要研究谚语的修辞手法。90 年代，这一时期谚语修辞与风格特点研究相当。修辞研究文章主要就谚语多种修辞手段的修辞特征进行研究。风格特点研究文章主要就谚语的艺术特色、形式美、语言风格以及修辞格等角度进行研究。

进入 21 世纪，谚语修辞与风格特点研究大幅增加，较言之，修辞研究更甚。2000—2009 年修辞研究大多仍旧沿袭 20 世纪 90 年代的传统，以分析谚语多种修辞手段的修辞特征为主，兼有对比研究英汉谚语修辞特色异同且以同为主。韵律研究主要集中在英汉谚语韵律的对比上。风格特点研究角度可分为四个：一是对比研究英汉谚语的语言特色；二是不同地域谚语的艺术特色；三是研究谚语的审美特征；四是禅籍谚语的结构形式、结构成分及其口语化的语言。2010 年至今，修辞研究主要就我国各地谚语的修辞特征进行研究，带有明显的地域色彩，同时兼有少量汉维、汉哈、英汉谚语修辞对比研究。韵律研究角度相对较多，呈多样化的面貌。如从谚语本身和翻译两个角度研究维吾尔谚语韵律；对比研究谚语韵律；研究谚语用韵特点；研究方言谚语声调艺术等。风格特点研究文章主要从修辞、结构等方面研究少数民族谚语的艺术特色，兼有从修辞、结构、语体等角度研究禅籍谚语的语言特质。

综上所述，谚语艺术特色研究最早从修辞这一角度开始。总体来看，20 世纪的研究风格特点占主导地位，但各个时期的研究各有侧重。进入 21

世纪，风格特点研究虽有所扩大，但修辞研究仍占据了主导地位。

（一）修辞艺术

"修辞"自古已有，《易经》曾说："修辞立其诚"，放在这里合用的"修辞"应属修饰文辞之意，陈望道先生在《修辞学发凡》中说：修辞原是达意传情的手段。可以说，修辞艺术是言语行为中追求最佳表达效果并取得交际实效的能力和手段的一种艺术。谚语作为各民族语言智慧的凝结，自然少不了运用修辞艺术来表达，因而谚语的修辞艺术具有很高的研究价值。谚语的修辞艺术一方面研究怎样运用谚语来达到理想的修辞效果，涉及谚语的语用问题；另一方面主要研究谚语是如何运用修辞进行表达的，其中既包括谚语所运用修辞手法的研究，如比喻、夸张、拟人、顶真、回环等，也包括各民族修辞的特点使用的异同，语言风格各异，形式变化多样，从而显示出不同的语言形式美和谚语语言特色。

《怎样用谚语》

何钟杰撰，《语文学习》，1953 年第 12 期。

本文分析了如何使用谚语来达到理想的修辞效果的问题，指出了借用谚语进行明喻、隐喻、借喻时应注意的问题。在谚语的运用上，要注意引用时句法的变化、在复句中安排是否妥当、能否真实自然地表达情感、语言使用是否契合人物身份等问题。

《浅谈谚语的修辞手法》

焦启明撰，《当代修辞学》，1982 年第 4 期。

文章从修辞角度指出谚语的七个艺术特点，分别为：语言精练，概括性强；音韵和谐，悦耳动听；比喻灵活，生动形象；对比鲜明，印象深刻；夸张得体，使人难忘；比拟有方，活灵活现；综合运用，变化多端。并对七个艺术特点分别加以论述。

《略谈藏族谚语中特殊的修辞格——借用》

图嘎撰，《当代修辞学》，1982 年第 4 期。

本文主要以藏族民间史诗《格萨尔》中的谚语为例，分析了藏族谚语的特殊辞格"借用"的特点。文章除了就借用本身的一般特点分析《格萨尔》中的谚语，还对实际运用和理解这类谚语时需要注意的几点进行了分析，通过分析可以看出"借用"这一修辞格在藏族谚语中的使用所体现出的藏民族的印记。

《谚语中的比喻手法》

王道成撰，《运城高专学报》，1991 年第 2 期。

本文分析了谚语中常用的多种比喻手法，主要举例分析了五种比喻。首先是明喻；其次是暗喻，暗喻又分为直接用"是"连接本体和喻体的形式和隐喻的形式；接着分析运用了借喻、博喻、反喻的谚语；最后又简单分析了前喻和后喻。文章主要是通过举例阐明谚语中各种比喻手法的运用及其作用。

《试论当代民谚的修辞情趣》

王苹撰，《修辞学习》，1994 年第 2 期。

本文主要从三个方面挖掘了谚语中所蕴含的修辞情趣。文章分别从鲜明的表情色彩、诙谐的表意风格和犀利的表达效果三部分分析阐述。谚语的表情色彩主要表现在人民群众的是非观念、爱憎情感和对待事物的赞颂上。诙谐的表意风格主要蕴含在谚语的诙谐、幽默、形象化的语言中。犀利的表达效果主要体现在民谚中对不正之风、腐败现象的讽刺和抨击。

《从语法修辞角度看民间谚语的艺术特色》

潘杰撰，《西南民族学院学报》（哲学社会科学版），1997 年第 3 期。

本文主要从语言形式、修辞角度着手，对民间谚语的艺术特色进行了探讨研究。主要从以下方面进行例证列举和阐述分析：一是寓意深刻，表达形式简洁凝练；二是通俗易懂，具有鲜明的口语性；三是讲究声律，富有音乐美；四是辞格丰富，具有动人的艺术表现力，诸如比喻、对偶、夸张、借代、排比、衬托、顶真、谐音等。文章对谚语修辞格做了细致的分析和阐述，同时也提出谚语在语言方面存在的局限性。作者提出并且分析了谚语中的语言特色，对于了解中国文化具有一定的积极意义。

《维吾尔谚语修辞探微》

刘珉撰，《新疆教育学院学报》（社会科学版），1999 年第 1 期。

本文从维吾尔族谚语入手，在修辞手法及特点两方面进行分析探究。维吾尔语是同义词、反义词、同义语素、反义语素极其发达而又丰富多变的语言。文章具体介绍了维吾尔谚语中包含的对偶、排比、联珠、对比、比拟、映衬、设问、比喻、夸张、联想、借代、双关、警句、回环、摹拟、婉转、对照、注释性辞格 18 种修辞手法，且从形式结构和表意特点方面分析了维吾尔谚语的修辞特点：语言朴实，通俗易懂；句式紧凑，言简意赅；形式多样，音韵铿锵；边疆风情画面，民族心理特征。

《试析哈萨克谚语的修辞特点》

成世勋撰，《伊犁师范学院学报》，2000 年第 1 期。

文章论述了哈萨克族谚语具有语句紧凑明快、整齐自然、生动活泼、便于记诵，以及句式短小精悍的特点。其句式多样，多用复句、多用短句、大量使用警句，常用比喻、夸张、借代、对偶、排比、双关、反问等的辞格。并指出哈萨克族谚语具有深刻的哲理性。

《哈萨克谚语的修辞特征》

黄中祥撰，《民族文学研究》，2001 年第 2 期。

文章论述了运用 9 种修辞手法的谚语，包括明喻、隐喻的比喻手法的谚语，拟人、拟物的比拟手法的谚语，缩小夸张、扩大夸张的夸张手法的谚语，特征代本体、部分代整体和具体代抽象的借代手法的谚语，正对、反对和串对的对偶手法的谚语，两体对比、一体两面对比的对比手法的谚语，元辅音反复、音节反复和词反复的反复手法的谚语以及设问手法的谚语、反问手法的谚语。

《维吾尔谚语中比喻手法的运用》

张勇撰，《语言与翻译》（汉文版），2002 年第 4 期。

文章主要分析了维吾尔谚语中的比喻手法。维吾尔谚语中使用了大量的修辞手法，其中最值得称道的当数比喻。文章研究了维吾尔谚语中比喻的运用情况，结合具体的谚语实例，认为其比喻类型主要包括明喻、暗喻、引喻、借喻四类。本文有助于了解谚语的内部结构和构成规律。

《青海汉语方言谚语的修辞特点和表现手法》

谷晓恒撰，《青海师专学报》，2006 年第 3 期。

人民群众创造的谚语中广泛使用了修辞手法，具有独特的语言魅力，青海汉语方言谚语由于受青海地域、民族等因素的影响，更是别具一格。在修辞特点上，形成了独特的"风搅雪"现象，即大部分取材于汉语，也吸收其他民族语言，同时具有雅俗并存、生动传神、形式整齐、音韵和谐、精挑词语、巧用辞格的特点。青海汉语方言谚语常使用比喻、夸张、对偶等修辞格使其形象生动、活泼有趣。本文从修辞学角度研究青海汉语方言谚语，对其他民族谚语的修辞研究也有一定的参考价值。

《维吾尔谚语的修辞艺术》（维吾尔文版）

希来古丽·沙布尔撰，新疆大学硕士学位论文，2007 年。

本文采用语言学和修辞学理论对维吾尔谚语的修辞艺术进行了研究。文章认为谚语主要分语音、词汇、语法、修辞格修辞。其中，语音修辞指谐音、节律、韵脚、押韵、响声和反复；词汇修辞指运用近义词、反义词；语法修辞分为简单句和复句；修辞格修辞指反复、首韵、顶真、回环、呼号、反衬、讽喻等。第一章介绍了维吾尔谚语的定义和特点，指出谚语内容上富有民族性和地域性、智慧性和逻辑性、思想性和科学性三大特点，形式上具有口语化（好上口）、言语简练、艺术性高三大特点，运用上则具有实践性、通俗性、幽默性、劝诫性、引用性等五大特点。第二章论述了维吾尔谚语的语音修辞学。第三章对维吾尔谚语的词汇修辞进行了较详细的分析，概述了维吾尔谚语的词汇运用原理以及同义词、反义词、古词、俚语、对偶词、色彩词在维吾尔谚语中所表现的修辞功能。第四章以句子结构及其在谚语中的修饰功能为主，分析了维吾尔谚语的语法修辞学。最后对维吾尔谚语中所采用的修辞手法进行分类，并论述了这些手段的修辞功能以及运用方式。这是一篇从语音、词汇、语法三方面针对维吾尔谚语修辞而作的文章，对维吾尔谚语修辞研究具有一定参考价值。

《汉语谚语中修辞手段运用研究》

巩超撰，长春理工大学硕士学位论文，2009 年。

本文对汉语谚语的含义、特点、功能及所使用的修辞手段进行了穷尽式的总结与分析，举例分析了汉语谚语中多种修辞手段的运用，并指出了不同修辞类别的修辞手段的运用使谚语产生不同的修辞特性，重点论述了谚语的功能中谚语修辞的运用与语境的独特关系和谚语中修辞的运用对表达效果的影响。汉语谚语作为汉语中普遍存在的熟语的一种，是民族语言的精华，是人民大众长期生产、生活经验的概括和智慧的结晶，并具有精练性、民族性、地域性、丰富性、艺术性等特点。谚语中各种不同种类的修辞手段的运用能使谚语产生其他语言形式不可取代的特点及表现作用，主要有语义类、布置类、辞趣类、文学类几种类型，其中语义类修辞包括比喻、比拟、借代、夸张、拈连、警策等修辞手段；布置类修辞包括对偶、对照、排比、反复、层递、顶真、回环、互文、对比、反问等修辞手段；辞趣类修辞包括双关、双声叠韵等修辞手段；文学类修辞包括起兴、押韵、白描等修辞手段。另外，还包括一些多种修辞手段在谚语中的综合运用。谚语中修辞手段的运用能使语言简洁而意义丰富，能调节语言风格。

《汉维谚语修辞特色探析》

武玉洁、李芸撰，《赤峰学院学报》（哲学社会科学版），2010 年第9 期。

本文从谚语本身的修辞特点和谚语的修辞作用两方面分析了汉维谚语的修辞特点，重点探讨了谚语中设格的巧妙运用，从语言描绘手段辞格和语言表现手段辞格角度比较两种语言谚语的修辞特色。在具有汉语特色的修辞手段中，有许多是富有表现力和生命力的东西，为广大汉族人民所喜闻乐见。在具有维吾尔语特色的修辞手段中也是如此。

《闽南谚语数量词的修辞艺术》

李少丹撰，《闽台文化交流》，2010 年第 2 期。

本文分析了闽南谚语中数量词使用的修辞艺术，指出其除了表达事件数量等一般作用外，还常利用多种修辞手段使数字产生形象生动、具体突出、强化情感、含蓄委婉及风趣别致的效果，具有丰富的语言文化意义。具体表现为：巧用分数、化抽象为具体；数量比较、语言委婉；数词借代、语言游刃有余；量词移用、表达新颖；数量夸张、感情强化；数量换算、易于解读；数量排序、条理清晰；数量比拟、形象生动；数量比喻、通俗形象等。数量词的巧妙运用可以化繁为简，化深奥为浅显，易于理解接受和记忆流传，起到了寻常词语艺术化的效果。

《关于谚语的修辞手法》

王文琴撰，《和田师范专科学校学报》，2010 年第 3 期。

本文分析了谚语中常用的几种修辞手法。结合谚语实例分析了比喻、夸张、比拟、讽喻、对比和衬托、对偶对仗六种修辞手法。其中，比喻这一修辞手法又进一步细分为明喻和暗喻两类，并进行了举例分析。

《闽南谚语辞格运用探析》

李少丹撰，《闽台文化交流》，2010 年第 4 期。

本文从整体上对闽南谚语辞格的运用进行了探析，指出闽南谚语的辞格艺术魅力在于：一是辞格丰富，精彩纷叠。有的侧重精练简洁，有的侧重风趣幽默，有的侧重生动形象，有的侧重强化语意，有的侧重委婉含蓄，有的侧重形式节奏，不仅辞格类型多样而且不少辞格小类多样，系统成熟。二是综合配合，相得益彰。辞格综合运用较多，有连用、兼用、套用和融合运用等情况。三是匠心独运，精妙生动。形式上，简洁灵活，富有变化；表达上，达意深邃，言简义丰；感情上，用语畅快，传情直率；风格上，顺应语体，自然质朴。

《浅谈纳西族谚语中的几种常见的修辞》

李莉撰，《商业文化》（上半月），2011 年第 5 期。

本文就纳西族谚语中几种常用的修辞展开探讨。纳西族谚语作为艺术化、定型化的口头艺术形式，修辞发挥了不容小觑的作用。纳西族谚语中常见的修辞有夸张、比兴、双关、顶真、层递、反问、比喻、拟人、对比，文中对几种修辞方法的运用及作用分别进行了举例说明。

《论桐城谚语的修辞特色》

江亚丽撰，《安徽理工大学学报》（社会科学版），2011 年第 1 期。

本篇论文分析了桐城谚语的修辞艺术。作者从语音、用词、句式和修辞格式四个角度切入，结合生动鲜明的例子，研究得出桐城谚语在修辞方面有如下特点：首先，在语音方面追求音韵和谐，单句形式谚语以五、七言为主，节奏鲜明；复句形式谚语大多押韵，押韵形式灵活多样。其次，在用词上注重运用反义词与当地方言词，具有参差美，体现了自由活泼的民间口语特色，有极强的地域特征。再次，在句式上注重结构变化，修辞格式丰富多样，如比喻、拟人、借代、夸张、对偶、对照、排比、顶真等，使得谚语语言生动形象，饶有情趣。

《由陈望道〈修辞学发凡〉看藏语歌谣、谚语中的修辞文化》

巴桑撰，《咸宁学院学报》，2011 年第 4 期。

本文以陈望道《修辞学发凡》中的理论为基点，分析了藏语歌谣和谚语中的修辞文化。藏语民间歌谣和谚语主要是用"表现的境界"来突出体验的，并运用了比喻、对偶和象征的修辞手法。喻体通常是高原人民熟悉的事物，因而具有"高原特色"。除此之外，作者指出，在藏语歌谣和谚语中，"色机比机鸟"象征着爱情，"骨头"象征着地位，也具有浓郁的地域特色和民族风貌。

《湘乡方言谚语的修辞特色》

李丽颖撰，《新闻爱好者》，2011 年第 4 期。

本文以湘乡方言谚语为例，从修辞的角度分析其特色，认为湘乡方言谚语具有善用押韵、节奏鲜明、音韵和谐，通俗质朴、平易自然，巧用辞格、含蓄风趣等三个特点。湘乡方言谚语中丰富的辞格的运用，突出了谚语的表意重点，提高了谚语的表达效果，具有浓厚的乡土气息，散发出了独特的语言魅力。

《闽南谚语顶针回环的修辞艺术》

李少丹撰，《闽台文化交流》，2012 年第 2 期。

本文从闽南谚语入手，探究了其主要的修辞艺术——顶真和回环。顶真可分为上下句顶真、句内顶真、词的顶真和短语顶真，不但能够使语句结构紧凑，语气贯通，还能突出事物之间环环相扣的有机联系。回环按照结构的变异和词语的同异及位置状况，分为完全回环、宽式回环和部分回环三种情况，巧妙地反映了事物之间的内在有机联系，形式整齐匀称，读起来上口悦耳，富有情趣，便于记忆传诵。文章对于闽南谚语中独具特色的两种修辞艺术进行了较为详细的分析，表现了闽南谚语的形式美和音乐美。

《广州话农谚修辞初探》

何婉萍撰，《商丘职业技术学院学报》，2013 年第 6 期。

本文以《现代汉语修辞学》中的结构特征和表达功能的分类方式为依据，将修辞方式分为描绘、比较、词语、句式等四大类，分析了广州话农谚的修辞特征。在广州话农谚中，比喻、比拟、借代、夸张、摹状是常用的描述类的修辞方式；并列比较、对比、衬托是常用的比较类的修辞方式；婉曲、复叠是词语类修辞方式中常见的；对偶、排比、层递、设问、顶真、回环是句式类修辞中常使用的修辞方式。部分广州话农谚运用了不止一种的修辞方式。广州话农谚正因灵活运用了多种修辞方式，才表现出描绘之美、比较之美、词语之美、句式之美。

《客家农业气象类谚语中的修辞特点》

周美玲撰，《忻州师范学院学报》，2013年第5期。

客家谚语研究是客家方言和客家传统文化研究不可或缺的一项内容。通过大量的客家谚语，可探索其深层的文化底蕴及客家特色。文章选取了部分客家地区的农业气象类谚语，从修辞的角度来分析其特点。分析表明，客家地区农业气象类谚语讲究修辞格律，使用了多种修辞格形式，达到了良好的修辞表达效果。因此，客家农业气象类谚语得以融趣味性与实用性于一体，并得到广泛的应用和传播。

《汉维谚语中比喻修辞对比研究》

陈雪慧撰，新疆师范大学硕士学位论文，2013年。

这是一篇对汉维谚语比喻修辞喻体、类别、表达方式等方面做对比研究的文章。从家庭亲属、处世道理、品质品格、知识内涵、社会中某类人、与战争相关的事物和时间方面，对汉维语谚语中比喻修辞的本体分别进行对比，可以发现汉维两个民族的价值观是基本一致的；又从动物、宗教相关事物以及武器等方面对汉维谚语的比喻修辞的喻体进行了对比，可以发现不同的生活环境和生活区域使得汉维两个民族在文化上存在一定差异，文化的差异使两个民族在词语的产生、使用上表现出了各自不同的特色；随后作者不断深化，对汉维谚语比喻修辞的喻词类别、比喻方式和表达方式产生的影响进行对比研究，可以发现汉维谚语都较少出现喻词，汉语喻词的种类与维吾尔语相比要多，而且使用起来更加灵活、多变。所以，可以看出民族文化对汉维谚语中比喻修辞有一定影响，第二语言学习者在学习汉维语言的同时，要加强民族文化的了解与学习，同时维汉谚语中蕴含着深厚的文化内涵，需要我们不断地探索。

《汉哈谚语修辞对比之研究》

朱俊荣撰，《吉林广播电视大学学报》，2013年第6期。

本文通过对汉哈谚语修辞的对比，主要是从比喻手法谚语对比和汉哈借代手法谚语对比出发，探讨汉哈文化蕴含的独特而深厚的历史文化内涵，揭示出两个民族迥然不同的民族性格和观念特点。同时，对哈汉两个民族各取所长，为新疆哈汉两个民族之间的跨文化交流提供理论指导。

《安徽蒙城方言谚语的修辞特点》

杜红梅撰，《长春工程学院学报》（社会科学版），2013 年第 2 期。

本文主要分析了蒙城方言的谚语特点，发现蒙城方言的谚语非常注重语言表达的艺术性、有语音上的音乐美特点，从字的结构上，分别分析了三字到八字及八字以上的结构，同时在韵律上也做了较为详细的分析，其节奏鲜明，用韵和谐自然，传诵阅读时朗朗上口。在用词上朴实无华，平易自然，而且使用了大量的方言词语，使蒙城谚语呈现出很强的地域色彩。由于运用了对偶、拟人、夸张、排比、对比等比较丰富的修辞格式，不仅起到了含蓄幽默的效果，还让当地老百姓读起来倍感亲切。本文是一篇专门针对安徽蒙城方言的谚语修辞特点而作的文章，体现了浓郁的地方特色，对其他方言地区的谚语研究有一定的参考价值。

《武术谚语的修辞特点及对外教学策略》

张长念、陈兰撰，《军事体育学报》，2015 年第 2 期。

文章探究了武术谚语的修辞特点和对外汉语教学中的武术谚语的教学策略。作者认为武术谚语修辞有用字精练、善比喻、重仿生、多夸张、节奏强、重对偶等特点。在武术谚语的对外汉语教学中应使用先繁后简、化比喻为直陈、慎用夸张、不强求对偶、弱化口语性等教学策略。本文对于对外汉语教学也有一定帮助。

《禅籍俗谚语修辞运用探析》

任连明、孙祥愉撰，《贺州学院学报》，2015 年第 4 期。

文章从修辞的角度出发，对禅籍俗谚语在语音、语义、语法修辞上的特点进行较为详细的论述。从语音修辞的角度来看，禅籍俗谚中的单句俗谚、复句俗修以及多句俗谚，大多都讲求音节整齐。不仅如此，"在一个俗谚当中，有的反复使用一个或多个语素"。此外，禅籍俗谚有时会使用联绵词，以便读起来悦耳动听。从语义修辞的角度来看，禅籍俗谚具有简洁明了、言简意赅、同义手段、变幻多样的特点。所谓同义手段，顾名思义就是把同义的语言或言语形式作为一种修辞的预备手段。关于同义手段的变幻多样，作者分为同义或近义单音节词替换、双音节词替换、短语替换以及句子换用等内容进行较为详细的论述。从语法修辞的角度来看，分为语序的变化以及修辞格的使用，禅籍俗谚中涉及对偶、夸张、层递、回环、对比等修辞格。

《客家谚语的修辞特点》

钟舟海、陈芳撰，《江西理工大学学报》，2016 年第 6 期。

本文主要选取赣南客家的经典谚语，从修辞的角度分析客家谚语的语言特征及其所传达的文化内涵。文章总结了客家谚语音韵和谐、用词精当的语言特色，它们讲究押韵，并且大量使用方言词；描述了客家谚语辞格丰富、灵活生动的修辞特色，具有比喻生动、比拟有方、对仗工整、排比周密、夸张生动、摹状鲜活和综合运用、变化多端的特点；表现了客家谚语既华且实、影响深远的修辞效果，创作具有语言朴实、寓意深远，句式紧凑、简明扼要，节奏井然、韵律优美，展示客家风情、体现民族心理的特点。

《广西玉林方言谚语修辞现象分析》

周月撰，《柳州职业技术学院学报》，2016 年第 5 期。

本文就广西玉林方言谚语修辞现象分析，认为广西玉林方言谚语不仅在语音的修辞上体现出韵律协调、音响优美、叠音和谐、音节匀称等特征，而且在修辞方式的使用上丰富多彩、异彩纷呈。在语音修辞上的韵律协调、音响优美还体现为句末押韵，连绵回环，叠音和谐，复而不厌，音节配置，匀称错落。玉林方言谚语的修辞格主要有比喻、排比、比拟、借代、夸张、对比、对偶、层递、顶真和回环等 10 余种，在运用上都为体现谚语的美感而服务。玉林方言谚语，凝聚着岭南文化的精髓，传递着丰富多样、异彩纷呈的修辞审美特质，是不可多得的地域文化产物。

《汉语中谚语的修辞》

潘春晓撰，《铜陵职业技术学院学报》，2016 年第 3 期。

本文是一篇探讨汉语中谚语的修辞特点的文章。文章指出汉语谚语具有音韵优美和谐、用词精练通俗、辞格丰富多样三个主要特点。音韵优美和谐表现为节奏鲜明、韵脚和谐；用词精练通俗表现为运用反义词、近义词、不失口语化色彩；辞格丰富多样表现为多用对偶、比喻、比拟、夸张、回文、谐音及其他辞格的运用。文章指出正是因为谚语注重修辞艺术，使得它可以让说理变得生动、深刻、朴素和自然，让汉民族的口语文化更加生动、丰富。

《壮泰谚语修辞特点比较分析》

阳亚妮撰，《佳木斯职业学院学报》，2016 年第 6 期。

这是一篇比较壮泰谚语修辞特点的文章。文章运用例证法，结合壮泰民族的语言、文化背景，通过反义对比、重复、比喻、拟人四个方面比较分析了壮泰谚语的修辞特点。文末指出不少壮泰谚语使用了相同或相似的修辞手法，这是壮泰谚语得以广泛流传的原因之一，也是壮泰两个民族语言表达相似性的表现。

《邵阳农谚的修辞特色及其地域文化》

尹喜清撰，《邵阳学院学报》（社会科学版），2017 年第 1 期。

本文主要论述了邵阳农谚中运用的修辞手法及其蕴含的地域文化。邵阳农谚在修辞方面讲究韵律、注重锤炼词语以及使用一些常见的辞格。文章也举例分析了邵阳农谚中蕴含的农本思想、遵循自然规律、勤俭务实、集体意识以及乡土风情等富有地方特色的思想文化内涵。

《论中华谚语的美学追求》

华锦木撰，《语言与翻译》，2021 年第 4 期。

作者依据中华谚语的文学体裁、结构形式、修辞韵律、艺术形象等特征，借助典型语料，阐释了谚语的美学追求。本文共有四个部分，第一部分是谚语的形式美，谚语具有固定的结构，也就是指构成谚语的词语结构、句式结构和韵律节奏是固定的。谚语的形式美主要体现在篇幅短小、结构精悍，句式结构工整对称。第二部分讨论了谚语的修辞美，中华谚语的艺术表现手法多种多样，包括修辞手段丰富多样，前后分句对比鲜明。第三部分是谚语的韵律美，谚语虽然篇幅短小，但是具有抑扬顿挫的节奏和铿锵优美的旋律，谚语的韵律美分为节奏抑扬顿挫和音韵和谐交错。最后一部分是谚语的形象美，谚语用简洁的语句表达了丰富的形象，有的形象平易近人、淡中藏美，有的形象活泼生动、联想丰富。本文探讨了中华谚语的美学追求，并对其进行了归类与分析，进一步深入挖掘了中华谚语的美学价值。

（二）韵律特色

在语音上，谚语往往语音铿锵，朗朗上口，音调和谐，节奏鲜明，有一种音乐美。这一特点有利于谚语口耳相传，加深记忆。汉语谚语的语音结构一般由节奏、格律、押韵三部分组成，研究成果也多集中在这几方面。有的专门针对押韵展开研究，包括押韵的韵律美、押韵的类型以及部分地区方言谚语的用韵特点等，从谚语这一视角窥见整个语音系统的韵律特点；有的是关于声调艺术的研究，包括平仄、尾调特点的细致观察；还有的则从翻译对比的角度，将汉族谚语的音韵特点同其他各民族谚语的音韵特点进行对比，对于深入认识和了解不同民族的谚语具有积极作用，也促进了对外教学和翻译的发展。

《谚语的韵辙美》

范瑞婷撰，《运城高专学报》，1991 年第 2 期。

本文分析了谚语的押韵，包括同字、同音的节奏美，同声、同辙的动态美，轻声、缩格的朦胧美和错综、交叉的变化美。作者举的这些谚语的例句，或句头句尾、前后相押，或左右上下相押，或交叉相押，形成了韵辙无穷的变化。本文篇幅短小，主要以举例为主，理论观点少，有待学者们继续以此为研究方向再深入研究。

《蒙古族民谚的音律风格与特征》

格日勒撰，《西北民族大学学报》（哲学社会科学版），2006 年第 1 期。

本文是一篇通过蒙古族民谚的研究来表现它的音律风格与特征的文章。韵律方法主要有韵头法、韵脚法、对仗对偶法等。韵头法有对仗、交叉、套联、单联等。韵脚法有头脚并韵或韵脚不韵头两种方法。对仗对偶法主要以近义词的重复或反义词的对立形式表义。蒙古族民谚具有独特的地域特征、思想内涵和结构形式。作者认为蒙古族谚语大多数是通过诗体创作来反映蒙古族诗的独特性的，而且进一步反映蒙古族人是通过抽象思考、归并总结、举例描述等思维来总结人生智慧和历史发展的得失。

《论维吾尔谚语翻译中的音韵美》

邓璐莲撰，新疆师范大学硕士学位论文，2011 年。

本文就一些维汉谚语翻译的例子对谚语翻译中的音韵及修辞特点进行探讨，从而总结出一些关于维吾尔语谚语汉译时体现出音韵美的方法。文章认为通常的维吾尔族谚语有音节相似、押韵、节奏相同、善用修辞的特点，维吾尔族谚语翻译中的音韵美体现为音节匀称、韵律和谐和修辞格的运用，其中，音节匀称要求在用词上做到"单配单""双配双""多配多"。韵律和谐要做到句尾押韵、用双声叠韵词、用叠音词和重复用词。修辞格的运用主要是对比的修辞、对偶的修辞和借代的修辞。维吾尔族谚语翻译要体现音韵美是忠实谚语原句、语言和谐、便于诵读和记忆的要求。

《维吾尔谚语的韵律特征》

华锦木、张新春撰,《语言与翻译》,2012 年第 3 期。

本文作者基于典型的数据语料统计,从首韵、腹韵、尾韵、首尾韵、首腹韵、腹尾韵、首腹尾韵七个方面分类探究了维吾尔谚语的押韵类型,从音节、音步、音步结构(双音步结构、三音步结构)三个方面研究了维吾尔谚语的节律。深入了解和把握维吾尔谚语独特的韵律特征,不仅有助于人们的学习、记忆和表达,更有助于提高谚语翻译质量,实现真正意义上的"信达雅"或"音形意美"。

《汉英爱情婚姻谚语的语音对比》

顾文琴、尤超男、徐越撰,《现代语文》(语言研究版),2013 年第 10 期。

本文以 367 条中英爱情婚姻谚语为语料,收录汉语谚语 232 条,英语谚语 135 条,对其中关于爱情婚姻谚语的语音进行对比,深入考察其共同特点和个性差异。汉英爱情婚姻谚语语音的共同特点是押韵;汉英爱情婚姻谚语的语音个性差异分别表现在汉语中的双声和叠韵,而英语押韵的方式较为多样,可进一步细分为"头韵、腹韵和尾韵"三种。这样的语音对比结果不但能让我们更好地感受汉英谚语的音韵美,同时对于汉英谚语的教学与翻译也有很大的帮助。

《〈田家五行〉谚语的用韵特点》

李树新、王冲撰,《内蒙古大学学报》(哲学社会科学版),2014 年第 5 期。

本文从《田家五行》的时代层次及语音基础出发,讨论了其用韵特点,分析了《田家五行》的阴声韵特点、阳声韵特点及入声韵特点,认为《田家五行》的许多谚语具有淳朴的天然之美,同时又深入浅出,朗朗上口,蕴含丰富的人生经验和哲理。研究《田家五行》流传下来有韵的谚语,可以考察作者娄元礼所代表的吴语方言区的语音特点,进而清晰地勾勒出元末明初时期的语音面貌。这是一篇专门从专书谚语角度对用韵特点进行分析的文章,不论在语言学还是在语音学方面都具有较高的价值。

《论永兴赣方言谚语的声调艺术》

邓红华撰，《湘南学院学报》，2014 年第 1 期。

本文从永兴赣方言谚语的声调平仄相谐与尾调挑选两方面探讨了其声调艺术。永兴谚语的平仄变化比较灵活自由，大都是平仄交错或平仄相连，使其语音平衡稳定，声音起伏跌宕。作者也阐述了尾调选用的两种方式：同调法和换调法。其中，同调法又包括三种情况，即调同，字不同；调同，字相同；调同，字部分相同。本文从永兴谚语精心选择的尾调、巧妙搭配的平仄阐明了其独特的声调艺术，对赣方言的深入研究有一定的参考性。

《汉语谚语的韵律结构及其认知限制》

刘嵚撰，《北斗语言学刊》，2020 年第 2 期。

本文对汉语谚语的韵律及结构进行了较为深入的研究。针对谚语本体研究成果较薄弱的问题，文章采用统计的方法对现代汉语常用谚语语条字数及语节数进行统计分析，对汉语谚语韵律结构的表现形式进行研究，发现汉语谚语语条有以七字为分水岭的特殊现象，这与人类对信息的认知加工能力有关。还对谚语语节内部节律的韵律特点进行研究，发现单体结构的语节以奇数型谚语为主，其中占比最高的为五字组和七字组。谚语的单体结构，尤其是四字、五字和七字组单体结构以及八字和十字双体结构的节律格式，与中国古典诗歌的四言诗、五言诗和七言诗反映出来的韵律格式有所契合，这种契合的现象称为"谚语格言的格律化"，谚语虽然是口语体语句，但依旧表现出较为强烈的韵律音节组合的倾向。

（三）风格特点

明代杨慎认为："谚语有文理"，"先人皆以解经，不但诗词之资而已"。谚语的艺术特点就是善于在高度压缩的简短艺术形式中，采用精警的语句巧妙地表现深刻的思想，或实用的知识、经验，富有民族特色与地方色彩。关于谚语的风格特点研究内容更加广泛，既有对谚语语言特点、韵律特征、表现手法等谚语本体的研究，也有对修辞方法、语言风格、文化内涵等谚语特色的研究，这些研究都体现了谚语独特的语言风格、鲜明的时代风格和生动的艺术风格。总体来说，相关研究成果以期刊为主，方言谚语及少数民族谚语研究成果较多，也有针对某一专科谚语来研究其风格特点，均体现了谚语短小明快、生动形象、富有美感的总体特征。

《蒙古族谚语特点浅谈》

巴特尔撰，《内蒙古民族大学学报》（社会科学版），1979年第2期。

本文主要简述了蒙古族民间谚语不仅数量多，而且内容非常丰富。据不完全统计，现已收集到5000余条。这些谚语有的反映了阶级斗争和生产斗争的内容，有的表现了劳动人民战胜反动统治阶级的智慧和勇气，有的揭露了历史反动统治者的愚昧无知以及他们对人民欺诈掠夺的罪恶本质，给反动统治者以辛辣的讽刺。蒙古族谚语除了讲究韵脚外，还要求两首字声母相同，字数相同，形式整齐，节奏鲜明，常用比拟、夸张、比喻、拟人等修辞方法，把意思准确、鲜明、简短、生动地表达出来，通俗易懂，确实概括了人民语言的精华，并具有高度概括性，同时也指出在搜集谚语的过程中要取其精华，去其糟粕。

《谚语及其艺术特色》

段平撰，《兰州大学学报》（社会科学版），1980年第4期。

本文主要分析了谚语的艺术特色。首先，较为详细地阐述了什么是谚语，分别从历史文献中给出解释。其次，论述了谚语与歌谣的区分问题，两者在区分上还是有难度的。其实世界是运动的，历史是进化的，我们的语言也不是静止的，各种文学形式都是互相联系、互相促进、不断演变和相互转化的。本文最终归纳出谚语具有广泛性、思想性、艺术性等特点。在艺术上的突出特点就是短小精悍，且形象生动富有美感。还较为详细地分析了谚语的10种修辞方法，这为以后的谚语修辞方法研究奠定了基础。

《谚语、歇后语的艺术效果》

王朝闻撰，《文史知识》，1983年第10期。

文章第一、二部分对谚语"桃李不言"和歇后语"瞎子戴眼镜"进行分析，探讨它们所体现的艺术效果，相同点是它们都蕴含着一定的哲理性意义，与生活息息相关，都是对客观事物的描述，不同的是歇后语由上下两截组成。第三部分着重分析了《史记·滑稽列传》中"可以解纷"的历史背景、艺术创新等。

《论维吾尔谚语的语言美》

泽生撰，《语言与翻译》，1985 年第 1 期。

文章主要分析了维吾尔谚语的语言美。维吾尔族在创造谚语的过程中，充分地发挥了维吾尔语语音、词汇、语法等多方面的特点。最终做到维吾尔谚语的均衡美（押韵、节奏、对偶等修辞手法的运用）、联系美（比喻、借代等修辞手法，巧妙合理的联系）、变化美（节拍的变化、幽默、双关所形成的语义奇崛，省略所形成的语义含蓄）、侧重美（突出重点的美）四个方面。

《维吾尔族谚语风格探》

吴土艮撰，《语言与翻译》，1986 年第 4 期。

文中对维吾尔族谚语的风格进行探讨，以求说明维吾尔族谚语的本民族的风格特征。首先，维吾尔族谚语的取词具有民族风格，尤其是对于人称词、宗教词和民族特殊用品词及动物词的选取，最能彰显本民族特色。除内容之外，维吾尔族谚语在语句上还多用复句、短句、整句和口语句，生动活泼。最后，维吾尔族谚语还多用对比、比喻等手法，多警句，使其具有形象性和哲理性相统一的特点。

《侗族谚语的语言艺术》

周琦瑛撰，《贵州民族研究》，1988 年第 2 期。

文章介绍了侗族谚语的悠久历史及其源起，详细地阐释了侗族谚语语言结构匀称、韵律整齐和谐与修辞手法巧妙三个方面的艺术特点。在文章小结中指出，侗族谚语在语言结构、韵律、修辞诸方面都具有本民族的特色。对于侗族谚语的搜集整理，现在还处于开始阶段，掩藏在侗族诗歌、故事和传说中的许多谚语还没有被挖掘出来，希望继续对其进行搜集、整理、研究。

《谈谚语的通俗化风格》

刘殿才撰，《绥化师专学报》（社会科学版），1988 年第 2 期。

通俗化的风格是谚语在口头上广泛流传的重要条件，这种通俗化的风格使得谚语便于记忆、易于流传。文章结合具体例证，形象论述了这种通俗化风格在语汇组合成分、用具体事物来打比方、利用意义相反或相对的双语句组合以及其所蕴含的音乐美等的体现。

《民间谚语的美学思考》

段友文撰，《山西师大学报》（社会科学版），1989 年第 2 期。

本文以一个全新的角度作为切入点，在美学视角下对民间谚语做一个理论分析。因为近些年来研究者们往往着眼于民谚的思想内容或艺术形式，而未论及民谚的审美价值及文化学意义，所以逐渐形成了思维定式，限制了对民谚多种价值的发掘。本文认为民间谚语与其他民间文学样式一样，是历代劳动人民价值观念的载体，积淀着特定历史时期人民的心态，记载了人类文明发展的轨迹，同时也具有重要的美学意义，是一个多元的结合体。主要从美学的三个方面即自然美、社会美、诗意美，由表及里、由浅入深地与民谚结合，分析出民谚里凝聚着人类的聪明才智，同时也记载了劳动人民按照自然规律的要求所进行的合目的性的劳动，人们在创造美的对象的同时创作出了谚语，也获得了美的情趣。本文从一个全新的视角窥探出民谚的独特魅力，为民谚在民间文学的发展上增添了一道亮丽的风景线。

《湘西苗族谚语特色试析》

龙炳文、石邦明撰，《民族论坛》，1991 年第 3 期。

本文分析了湘西苗族谚语的表现形式与文化蕴含。苗语称谚语为"都菜都若"，谚谣称为"骚采骚惹"，直译为"话干净话聪明"，"歌干净歌聪明"，意译为"干净聪明话"，"干净聪明歌"。苗族的谚语分单头谚、双头谚、多头谚、谚谣四种，谚谣一般是四至八头。湘西苗族谚语反映了苗族居住地域、宗教信仰、风俗习惯、心理素质等民族特点以及思维方式，并提出苗族谚语中有许多富有哲理性，是苗族语言中的瑰宝，充分开发利用这些宝贵的语言财富，对于提高民族的素质、振奋民族精神、加强民族团结、促进社会主义精神文明和物质文明有着十分重要的作用。

《曲靖谚语的形式美》

徐泰明撰，《曲靖师专学报》，1992 年第 1 期。

本文运用马列主义美学原理，初步探索曲靖谚语的形式美。综观曲靖谚语的思想内容和结构形式可以看到，有的谚语符合美学的均衡、和谐等原理，有的谚语符合变化、参差等美学原则。曲靖谚语具有均衡美，善于运用对偶、对比、回环等修辞手法，使结构形式对仗工整、节奏分明。曲靖谚语的变化美，主要是通过错综和夸张的修辞手法来实现的。曲靖谚语的联系美是利用比喻、借代、比拟等修辞手法，巧妙合理地把两个事物或两种现象联系在一起。本文的理论依据是马列主义美学原理，因此对语言学和美学的交叉做到了凝练的程度，对地方谚语的形式研究也有一定的指导作用。

《谚语风格说》

许钟宁撰，《西北第二民族学院学报》（哲学社会科学版），1992年第2期。

本文从风格学的角度对谚语的修辞艺术进行分析和探究。从谚语的语体风格来看，谚语属于口头语体，其特点是口头创作，口耳相传，明白如话，浅显易懂。谚语口语语体又一个鲜明的特征是灵活多变。谚语的语言风格是通俗性、形象性、音乐性和简短性。谚语修辞格的运用如比喻、夸张、排比、对偶、拟人、拈连、对照、借代、反问等。修辞格也是谚语不同于别的语言形式的一个鲜明的风格特征。不同社会、不同民族、不同历史时期产生的谚语有着不同的时代风格和民族风格。本文的研究思路新颖，关于语言学和风格学的联系值得深入思考。

《浅谈维吾尔谚语的艺术特点》

葛勇撰，《西北民族大学学报》（哲学社会科学版），1993年第4期。

本文以维吾尔族谚语为研究对象，维吾尔族谚语具有概括性和形象性的统一、哲理性和抒情性的统一这两个主要的艺术特点。谚语的内容具有概括性，它在表达上采取泛指的形式，这种概括性是与在长期的生活实践中深刻的认识、细致的观察、亲身的经历分不开的。谚语的形象性是其具有的一大特点，这一特点是通过比喻、对比、夸张、拟人这四种手法体现出来的。维吾尔族谚语具有一定的哲理性，也有抒情性。其重在说理的特点主要有三个原因：一是维吾尔族劳动人民的褒贬爱憎符合事物本身的是非美丑，主客观统一；二是感性认识虽为理性认识的基础，理性认识反过来亦作用于感性认识；三是用什么态度来说理也是形成维吾尔谚语感情色彩的一个因素。因此维吾尔谚语通过其艺术特色比较鲜明地突出了其民族的地方色彩和民族风格，增强了人们对维吾尔族的整体了解。

《民族的瑰宝，艺术的奇葩——浅析蒙古族三句谚语的艺术特色》

高宏亮撰，《中央民族大学学报》（哲学社会科学版），1995年第5期。

本文主要探讨了蒙古族三句谚语，是久传于蒙古族民间的简练通俗而富有哲理的语句，也是蒙古族民间文学中的一种独特的艺术形式。它的语句虽然短小，却能以小见大，从各个侧面积聚和反映出蒙古族社会历史发展的精神文明、风俗习惯和聪明才智。首先，它体现在独特的三句并行方式再现了三足鼎立的和谐、对称的结构之美；其次，以其鲜明生动的色彩命题，把内容与形式完美地结合在一起，使人从中受到强烈的形象感染；最后，用三个结构相同、意义相关、语气一致的排比修辞手法来增强谚语的艺术效果。总之，蒙古族三句谚语以其鲜明独特的艺术特色和完整精巧的审美意识，使这朵民族艺术之花绚丽地开放在祖国民间文学艺术的百花园中。

《谚语艺术特色刍议》

潘杰撰，《重庆教育学院学报》，1995 年第 4 期。

本文主要从四个方面对民间谚语的艺术特色做研究分析，其一，寓意深刻，表达形式简洁凝练。其二，通俗易懂，具有鲜明的口语性；谚语的口语性特点，还体现在它善于巧妙地挖掘生活中的常例来进行描述，给人一种既熟悉又新颖的感觉。其三，讲究声律，富有音乐美。韵随意转，音节整齐对称，显得生动活泼，谐调悦耳。其四，辞格丰富，具有动人的艺术表现力。作者在文章结尾处提出，谚语在语言形式方面存在一些局限性。尽管有这些局限性，从主流来说，谚语仍以它强烈的生活气息、浓郁的地方风味、鲜明的民族特色独树于语言艺术的画廊之中。

《乌鲁木齐谚语风格散论》

李志忠撰，《新疆师范大学学报》，2004 年第 3 期。

本文探讨了乌鲁木齐谚语的整体风格，指出多种文化驱动力使得乌鲁木齐汉语方言形成许多特色，谚语作为方言主要的表现形式，主要呈现出诙谐幽默、含蓄内蕴的特点。诙谐幽默表现为轻松活泼、揶揄调侃、滑稽可笑、妙趣横生，形成要素包含语言形式上的要素、语言内容上的要素和各类修辞方法的要素。诙谐幽默的谚语反映了西部多民族文化交流后形成的特有的人群性格。含蓄内蕴的特点表现为用积极修辞方式，如借代、比喻，整句富含哲理，其他少数民族谚语进入乌鲁木齐方言也同样是含蓄内蕴的精品。

《浅谈谚语的审美特征》

胡文贵、岳海民撰，《昭乌达蒙族师专学报》（汉文哲学社会科学版），2004 年第 4 期。

本文从谚语的审美角度对谚语进行了论述，首先对谚语确立了一个明确的概念。作者指出，谚语是一种流传于民间的通俗简练、生动活泼、寓意深刻的语句，并且是劳动人民在长期的生产实践中通过加工、检验、提炼出来的，富有哲理性、形象性，并体现民族的时代特征。从审美角度看，谚语具有对称美、音乐美、风格美、修辞美等审美特征。对称美体现在谚语的字数和意义方面。音乐美就是指谚语具有韵律美。风格美指谚语在口语短句、文言句式、方言语句这三面体现出的语言特点。口语短句朴实简洁，文言句式典雅庄重，方言语句幽默诙谐，三种风格各有特点。修辞美就是指在谚语的创造中运用了多种修辞手法，使得谚语灵活多变，富有美感。这是一篇专门针对谚语的审美特征而作的文章，对于其他学者研究谚语的审美特征具有一定的参考价值。

《禅籍谚语活用现象探析》

刘爱玲撰，《佳木斯大学社会科学学报》，2005 年第 5 期。

本文以禅籍作为语料进行研究，从结构形式与结构成分两个方面探讨禅籍中谚语的动态运用。文章进一步详细指出谚语在禅籍中会有如此丰富的活用现象，有两个方面的因素：一是谚语口语性的特征，使谚语在不改变谚语整体意义的情况下，为了表达和修辞上的需要，会在结构上进行各种形式的活用；二是受禅宗"不立文字"语言观的影响。

《试论萍乡谚语的艺术特色》

陈敢、曾玉英撰，《萍乡高等专科学校学报》，2006 年第 2 期。

文章以萍乡谚语为研究对象，从中窥探其所蕴含的艺术特色。以谚语的创造手法、谚语的语法结构、谚语的用词以及谚语的节奏四大方面为切入点进行分析研究，指出萍乡谚语的创造手法涉及比喻、起兴、借代、拟人、夸张和对比等六大修辞手法；在语法结构方面分为单句句式和复合句式两大类；谚语用词上既有同义词也有反义词；谚语节奏上提到了平仄、节拍以及音韵。

《湘西土家族谚语的语言特色》

石雯丽撰，《湖北经济学院学报》（人文社会科学版），2008 年第 12 期。

本文主要以湘西土家族谚语的语言特色为研究对象，湘西土家族谚语被认为是湘西土家族文化的象征并且体现出湘西语言的特色。湘西土家族语言的特点主要表现在以下几个方面：一是多用土语，蛮气十足；二是语言精练，道理深刻；三是句式整齐，音韵和谐；四是巧用比喻、对比、夸张等辞格，形象生动。通过对于湘西土家族谚语的研究，可以对土家族语言的特点有整体的了解。

《禅籍谚语之妙用》

范春媛撰，《江西社会科学》，2009 年第 4 期。

本文主要从禅宗典籍来作为语料来源，用谚语口语化的特点来分析禅籍语言的口语化。主要有：以逻辑方式偷换概念，形成巧妙的对话方式；形成正问反答的接引方式；实现了禅宗"不说破"的原则；谚语生成了荒诞的修辞方法。从形式上看，谚语的使用可以用假借谐音、偷换概念、正问反答的方式，从修辞学角度可产生荒谬的修辞效果。从禅宗语言的宗旨来说，谚语的使用符合它"不说破"的原则。本文从禅宗典籍分析其谚语的特点和原则，对于研究禅宗典籍语言的谚语有一定的参考价值。

《浅析藏族民间谚语的艺术特征》

春燕撰，《甘肃高师学报》，2010 年第 4 期。

藏族民间谚语，藏语俗称"当白"，是藏族人民口头创作的文学形式。本文分析了藏族民间谚语的三个特点：一是藏族民间谚语善于细节描写，把抽象哲理物象化，并充分地运用了比喻、拟人、夸张、对仗、借代等艺术方法，寓深刻的哲理和丰富的知识于形象之中，再现生活，给人以启迪和教育。二是藏族谚语能用简朴的形式和精练的语言，反映出人民群众对自然和社会现象的深刻观察和认识，凝聚着深厚的思想内涵。三是在结构形式上，藏族谚语大多具有句式多样、形式整齐、音调和谐的特征，最常采用对偶、排比、对照、回环、类比等形式，使谚语极富音乐性和美感。藏族民间谚语是藏族民间语言的精华和智慧的结晶，不仅丰富了藏族谚语民间文学，也为我们研究语言事实中蕴含的文化内涵提供了丰富的素材。

《汉译版维吾尔族谚语的语言特征研究》

张鑫撰，《内蒙古大学学报》(哲学社会科学版)，2019 年第 5 期。

本文从汉译版维吾尔族谚语的韵律特点、用词特点、句式特点和表达手段四个方面介绍其语言特征。汉译版维吾尔族谚语的韵律特点主要是语音上仍保持和维吾尔语一致的声律和谐，讲究节奏和押韵，听起来铿锵有力，说起来朗朗上口，便于传诵和记忆。根据语言单位数量的差异，可以将其分为由一个语言单位组成的谚语和由两个语言单位组成的谚语这两种类型。汉译版维吾尔族谚语的用词特点具体表现在语句中多用本族人名、俗语口语词和动物词，彰显了浓郁的民族文化特色，反映了复杂的人际关系及做人做事的道理。汉译版维吾尔族谚语的句式特点主要是句式上重视变化，这既符合母语表达习惯，又不失谚语表意的生动性，主要包括常用复句表达多样的文化内涵，选用短句表意清晰，有时还使用整中有散的句式来表达多个层次的文化含义。汉译版维吾尔族谚语在表达中多采用比喻、比拟和夸张等修辞手法，力求形象性。这是一篇探究汉译版维吾尔族谚语的文章，揭示了汉译版维吾尔族谚语的语言特点，同时有助于保护维吾尔族的母语，保护和传承维吾尔族文化。

《中亚谚语与撒拉族谚语比较研究》

陕锦风撰，《青海民族大学学报》（社会科学版），2020 年第 3 期。

文章通过对撒拉族谚语和中亚谚语的思想内容与艺术特色等方面的比较和分析，展现了二者的相似之处及各自鲜明的特色和风格。在思想内容上，撒拉族谚语和中亚谚语的分类及其思想内容既有价值观上的相似性，又因文化背景不同体现出差异性；在谚语特点上，撒拉族谚语受到汉族、少数民族及宗教的影响，而中亚谚语更多体现出畜牧文化和游牧文化的特征；在艺术特色上，撒拉族谚语的句式和表达方式多样，运用了多种修辞手法，中亚谚语也注重运用修辞手法。

六、谚语认知之属

我国当代认知理论包括框架理论、概念隐喻理论和整合空间理论。认知语言学理论于 21 世纪才在我国开始被用于谚语的探究，基于认知理论解读谚语备受关注。横向观之，鉴于每个认知理论在谚语研究中的适用度不一，其研究贡献多寡有所差别，将谚语置于概念隐喻理论和整合空间理论视域下的研究最受关注。纵向观之，认知理论在谚语研究中的贡献可以分为两个时期：21 世纪第一个十年；21 世纪第二个十年。

21 世纪第一个十年关于谚语认知方面的研究成果主要表现如下：第一，依据当代认知理论整体上观照谚语认知观。第二，概念隐喻理论在谚语研究中的应用。应用此理论研究谚语的意义建构；分析隐喻性谚语的认知理据；阐析隐喻性谚语的认知过程及其复杂性；从概念隐喻的角度比较中英、英汉、英壮、俄汉谚语的异同及其差异根源。其中以英汉谚语对比研究数量为最多。第三，整合空间理论在谚语研究中的运用。基于此理论解读谚语及其意义建构；也有将此理论运用于教学实践中的文章。第四，框架理论在谚语研究中的适用。基于此理论探究谚语的认知情况。第五，从认知语用视角探究谚语研究。此类研究涉及了广告语中谚语之变异现象。

这一时期中华谚语研究的主要特征：第一，扩大化，即研究范围扩大化，主要指概念隐喻理论在多民族谚语研究过程中呈现出的特征。第二，多元化，即研究对象多元化，主要包括两个方面。一是研究对象主体多元化，即指从概念隐喻理论、整合空间理论、框架理论及认知语用等多个角度来谈认知对多民族谚语研究的影响。具言之，以概念隐喻理论为例，从时间谚语、爱情谚语、动物谚语等多个角度来谈其对多民族谚语研究的认知情况。二是研究对象客体多元化，即无论以哪类研究对象为主体，其研究客体都呈现出多元化特征。以概念隐喻理论在谚语研究中的应用为例，其研究客体主要有以下几个方面：基于概念隐喻理论对英壮、英汉、俄汉等多个语种进行对比研究，探究其差异，追溯其根源；基于此理论对谚语进行意义建构、认知过程解读研究、认知理据探析等多个角度的研究。第三，具体化，即研究对象具体化。既有从整体上观照谚语认知观的文章，又有从微观上解读谚语的意义、特征、差异根源的文章。第四，深度化，即研究认知深度化。这一时期，从认知角度探究多民族谚语不仅仅局限于依据当代认知理论进行多民族谚语研究，而是正在逐渐从理论层面向实践层面过渡，从认知语用角度谈广告中谚语的变异现象、基于概念整合理论进行谚语阐释与教学等研究，论证了认知语言学在谚语的研究中正在逐步深入化。

21世纪第二个十年谚语认知方面的研究成果主要表现如下：第二个十年，随着认知语言学的发展，认知理论在谚语研究中较第一个十年开拓的领域更广泛，尤其是语料更丰富，增加了多个少数民族谚语及地域方言谚语的语料。因隐喻是人们很常态的认知方式，故概念隐喻理论在这一时期较之第一个十年更大放光彩。具言之，这一时期认知理论在谚语研究中的主要成果表现在以下方面：

概念隐喻理论在谚语研究中的应用，依然较其他认知理论在谚语研究中占据着重要位置。具体包括以下几个方面：一是不同语种的对比研究。包括汉英谚语对比视域下的研究、中英谚语对比的研究、藏汉英谚语对比的研究、壮泰谚语对比的研究、汉法谚语对比的研究。二是少数民族谚语研究，包括维吾尔族谚语研究、壮语谚语的研究。三是地域方言谚语的研究在这一时期也开始备受关注。

这一时期谚语认知研究的主要特征：第一，民族性。第一个十年谚语认知方面的研究多是中外谚语对比研究，英汉、俄汉、中英等谚语认知研究。这一时期的谚语研究视角开始转向中华民族内部谚语的隐喻研究。以汉族、维吾尔族为主，藏族、壮族等越来越多的少数民族参与其中。第二，地域性。沧州武术谚语、闽南谚语、湘乡方言谚语、安徽蒙城谚语语料等，体现谚语认知研究的地域性特征。第三，创新性，即语料的创新性。较第一个十年而言，谚语研究语料愈加丰富，女性谚语、肢体谚语、地域方言谚语等多种谚语语料的加入，为谚语认知研究开拓了新的视角。第四，继承性与发展性。基于概念隐喻视角谈其对谚语研究的认知理解，是第二个十年较第一个十年的继承与发展。具体表现在以下几个方面：一是基于不同语种谚语视域下的动物谚语的隐喻研究，较第一个十年增加了中日、壮泰、藏汉、汉法等谚语语料。二是具体化，研究对象具体化包括两个方面。首先是研究对象主体具体化，其次是研究对象客体具体化。第五，深度化。较第一个十年而言，从隐喻角度进行谚语研究开始关注人们的思想意识，表现在从谚语看壮、泰民族的隐喻思维。

（一）概念隐喻

概念隐喻理论认为隐喻是从一个具体的概念域向一个抽象的概念域的系统映射，同时隐喻是思维问题，它可以反映在语言中，此外隐喻是一种思维方式和认知手段。运用概念隐喻理论了解、认知谚语，有利于增强谚语理论的构建。概念隐喻理论基于文化和经验，不同文化中的隐喻并不完全相同，所以这部分研究成果多以中外谚语对比研究、少数民族地区谚语研究和方言谚语研究为主。

《成语和谚语意义的认知理据》

张连超撰，《大学英语》（学术版），2006 年第 1 期。

本文以汉英谚语为语料讨论了成语和谚语意义的形成理据——隐喻。文章第一部分为引言；第二部分对概念隐喻理论做了简单介绍，首先介绍了隐喻理论的历史及发展，其次论述了概念隐喻理论的核心内容——我们通过一种事物去认识和理解另一种事物，最后介绍了概念隐喻理论的哲学基础——体验哲学；第三部分论述了成语和谚语意义的认知理据，作者认为成语和谚语的意义有非组合性的特点，但仍有其内在理据性，分别是容器隐喻、概念隐喻对成语、谚语意义形成的影响。

《英汉爱情谚语中隐喻的对比研究》

黄玉兰撰，《英语研究》，2006 年第 3 期。

本文通过对英汉爱情谚语中的隐喻进行对比分析，进而发现由于互动体验、概念化方式和社会文化观等方面的差异，两个民族在对爱情概念的具体认知上的不同之处。文章通过英汉谚语集收集到与爱情相关的英文谚语 65 个，中文谚语 33 个，结果发现其中包含隐喻的英文谚语 60 个，中文谚语 27 个，分别占其总数的 92.3% 和 81.81%，调查发现，并不是所有的谚语都是隐喻。在语料收集上，文章对所收集的隐喻性的爱情谚语进行隐喻概念的抽象和分类。关于语料的分类方法有以下几点：如果在谚语中爱情被喻说成"人""行为""感情""感觉"，那就被归纳为 Love is human 一类。如果在谚语中爱情被喻说成非人的"物质"或非人性的"物质特征"，就被归纳为 Love is substances 一类。如果在谚语中爱情被喻说成"非人非物"就被归纳成 Love is others 一类。在英汉谚语中都有 Love is human 和 Love is substances 这样的隐喻表达，这进一步证实了认知隐喻理论和认知语言学以下几个核心观点：心智原本就是基于身体的，人类通过感知体验来理解抽象概念，而在感知体验中，人和人的身体部位成为人类原始思维的出发点；意义基于感知，人类需要通过具体的可被身体感知的事物来理解抽象概念；抽象概念大部分都是隐喻性的，只有将抽象的概念隐喻化从而使之具体化，人类才能识别和理解它；思维的民族差异性主要体现在，其一是由于人类对某一个事物的众多特征进行概括时会用不同的方法，选择其中一个或几个特征进行概括，形成概念；其二是思维决定语言，语言是文化的载体，因此文化在任何语言社团中对于人们的思维和语言表达都有着不可低估的影响。此外，认知语言学的观点，隐喻是用一种概念域来表述或理解另一种概念域，隐喻意义的产生主要是缘于在看似不相容的两个概念即本体和喻体之间存在着一定的相似性，认知主体将两者并置后，通过思维推理认识到本体和喻体之间在某一点上的相似关系从而获得语句的隐喻意义。

《文化模型下汉英隐喻谚语认知对比研究》

叶卫华撰，《三峡大学学报》（人文社会科学版），2007 年第 S2 期。

本文以 Lakoff 提出的"理想化认知模型"为基础，通过一些汉英隐喻谚语的比较探讨文化模型在隐喻模型构建中的作用。文化模型是文化共同体共享的认知特征，认知模型指人类对关于客观世界知识的心理构建，隐喻模型是将源域的结构映射到目的域的相应结构上，认知模型受制于文化模型，文化模型又制约隐喻模型的形成。文化模型在隐喻模型的形成中的作用体现在源域向目的域的映射方式、目的域的源选择和目的域的意义诠释三个方面。第一个方面指汉语隐喻谚语中常用双源域来映射一个目的域，而英语隐喻谚语常用单源域来映射一个目的域；第二个方面指汉民族使用成双特点的源域的比例要多于西方，而且汉英民族对于有些源域的情感认知也不相同；第三个方面指汉英文化对同一认知客体例如时间观方面有时会形成不同概念。

《当代认知理论与谚语认知观》

寇福明撰，《福建论坛》（社科教育版），2008 年第 6 期。

本文着重借助这三种理论对汉英隐喻性谚语做动态的诠释，分别是框架理论与谚语认知观、概念隐喻理论与谚语认知观和整合空间理论与谚语认知观三方面。这三者之间的意义与内涵也是十分丰富和深刻的。框架理论与谚语认知观包括：框架理论和谚语是以句子为焦点、语境为框架的语用现象；概念隐喻理论与谚语认知观包含了概念隐喻理论、概念隐喻理论与谚语理解两部分；整合空间理论与谚语认知观则体现了整合空间理论、整合空间理论与谚语认知观两个重要观点。本文运用当代认知理论中的框架理论和概念隐喻理论，尝试性地解释了谚语的语用认知。

《谚语·架构·认知》

汪少华撰，《外语与外语教学》，2008 年第 6 期。

本文运用认知语言学理论对谚语进行分析，指出该理论在分析谚语时的复杂性及不足之处，运用 lakoff 的架构理论分析谚语中的跨文化特征及矛盾现象，揭示相互矛盾谚语的认知理据及架构功能。文中列举了相关人物及词典对谚语的定义，概念隐喻理论对谚语解释提出一般即特殊的隐喻和隐喻映射的三大原则即存在大链条、事物的本质及话语经济或量的原则。依据大链条理论可以推演出一般层次图式，即一事物为某一人的行为提供保障，假如该事物不存在则人类无法完成某一事件，因此保住该事物就为人类以后能够长期让某一事件的连续发生提供根本保障。一般即特殊的隐喻的不足之处表现为：首先，该理论强调隐喻是理解谚语的基础，但是隐喻也有转喻。其次，将谚语看作诗歌，强调对文本的解读，而没考虑到谚语的使用时代。另外，尽管大多数谚语都与人类活动有关，但有的谚语与人类活动无关。架构理论对谚语的阐释将谚语置于文化背景和百科知识的框架之中。表层架构和深层架构的一致性有助于理解谚语的复杂性，架构目标与谚语使用者的需求也密切相关。

《英汉谚语共性和个性渊源的认知探究》

寇福明撰，《山西大同大学学报》（社会科学版），2008 年第 5 期。

文章对英汉谚语共性和个性渊源的认知进行探究，发现英汉两个民族文化之间既存在共性，也存在个性。首先，文章对英汉隐喻性谚语的共性进行分析，具体论述了英汉隐喻性谚语共性的来源，英汉隐喻与文化的一致性；其次，对英汉隐喻个性进行分析，具体论述了英汉隐喻个性产生的原因、英汉隐喻形式的个性比较；最后，文章指出，对比英汉谚语，不仅可以窥见英汉文化特定的社会背景，以及谚语语义形成、引申、发展的文化轨迹，而且可以有效地揭示英汉民族思维方式、文化模式、认知心理和表现特征。

《英汉俗谚中的隐喻比较及其差异根源》

易永忠撰，《湖州师范学院学报》，2008 年第 5 期。

文章通过比较英汉俗谚中的隐喻探讨其差异根源，从人体词的隐喻、植物词的隐喻、动物词的隐喻三个方面展开论述，分析了英汉俗谚中常见的隐喻现象，并且论述了英汉隐喻异同之根源，相同或相似主要源于人类相同或相似的心理文化因素，即人类相同或相似的心理因素致使不同的语言隐喻存在某些一致性，而相异的原因是多方面的，其中文化的差异是最重要的，即文化差异常常导致英汉隐喻的趋同性中隐含着某些相异性。

《中英谚语中概念隐喻的认知特征分析》

冯宗祥、周燕、杨公建撰，《兰州大学学报》（社会科学版），2010 年第 6 期。

本文从认知的角度出发，解读了中英爱情谚语中所隐含的隐喻特征，并借此探讨了隐喻、语言、思维与文化的关系。文章指出概念隐喻不仅是一种语言现象，更是思维和认知的重要工具。谚语隐喻认知的核心是依赖我们之前积累的知识和经验，发挥想象力和创造力的过程。中英爱情谚语概念隐喻的共同点表现为：用具体事物隐喻爱情、用人来隐喻爱情以及用魔力隐喻爱情。中英爱情谚语概念隐喻的特色表达，文中从汉语爱情谚语的隐喻特色表达和英语爱情谚语的隐喻特色表达两个方面进行了论述。总的来说，中英两个民族在爱情概念隐喻的表达上有相同也有差异。相同在于，中英爱情谚语都是采用具体或有形之物来隐喻抽象的爱情概念；差异在于，由于中英两国民族文化及思维方式的不同，在对爱情概念隐喻的表达上又各具民族文化特色。

《隐喻性谚语的认知过程及其复杂性解读》

刘明艳撰，《太原城市职业技术学院学报》，2010 年第 9 期。

本文分析了隐喻性谚语的认知过程及谚语中的跨文化特征和矛盾现象，

文章认为谚语是人类实际生活经验的总结，通常可分为两类：一类是根据字面意义就能理解的谚语；另一类是隐喻性谚语。Lakoff 和 Turner 在将概念隐喻理论用于解释谚语时提出了一般即特殊（Generic is specific）的隐喻，一般即特殊的映射是隐喻性的，其映射方向是从源域映射到目标域，而不是从目标域映射到源域，实现映射的必要条件有生存大链条、事物的本质及其话语经济原则或量之原则。生存大链条维系着整个世界生存形式的规律性，它们存在的结构层次是：人属于最高层，其次是动物层、植物层，再次是无生命物层。一般即特殊的隐喻认知方法为解读谚语的隐含意义提供了一个有力的工具，但是它运用于不同文化或者同一种文化中意义内涵相互矛盾的谚语时，就显得解释力不足。文中认为在谚语的文化特征上，不同的民族在使用时均有不同的文化内涵，同时，不同的谚语对应着不同的价值取向，有助于理解谚语的复杂性，对人们的思维、感知和行为都有影响。

《俄汉成语、谚语中动物形象的定型隐喻》

李志勇撰，《海外英语》，2010 年 9 月。

这是一篇研究俄汉成语、谚语中动物形象的定型隐喻的文章。动物的定型隐喻，就是通过动物形象的隐喻化过程来形成对人或事物的概括性的认识，分别用动物名称表人、以动物名称来表示人的行为和活动、以动物名称表示星座，俄汉成语、谚语中都包含有大量的打上民族文化烙印的动物定型隐喻。在民族文化的制约下，由于地理环境、文学作品、审美情绪、宗教信仰、思维方式引起的定型差异。俄汉两民族对动物的定型隐喻既有同一性，又有差异性，根据动物与其定型隐喻的对应关系，可将俄汉动物定型隐喻分为重合型、包合型、交叉型、冲突型和空缺型五种，正确认识俄汉动物名称的定型隐喻，对于外语教学、翻译和跨文化交际有重要的指导作用，具有现实意义。

《沧州武术谚语隐喻特征初探》

范铮撰，《沧州师范专科学校学报》，2011 年第 2 期。

本文从认知语言学角度分析沧州武术谚语的隐喻特征。隐喻在沧州武术谚语中渗透并具有自己独有的特征，那就是具象性、局部性、多样性、经验性。通过隐喻，武术技能的抽象、不可预见的技术理念得以很好的显现。沧州武术谚语通过隐喻的源域和目标域，将习者自身的经验感受映射到武术领域，为沧州武术谚语增添生命力，将这两个看似不相关的领域完美融合，达到了一种理想的效果。作者这种中国文化和语言研究的创新点是值得我们学习借鉴的，也提供了必要的参考价值。

《概念隐喻理论视角下英汉时间谚语的对比分析》

王艳东撰，《沈阳大学学报》（社会科学版），2011 年第 4 期。

文章运用概念隐喻理论，来分析英汉时间谚语中两国人民对时间理解的异同。文中共选取了 40 个英语时间谚语和 35 个汉语时间谚语，通过分析发现它们都可以被划分为"时间是金钱""时间是人""时间是实体""时间是运动的物体"四种隐喻概念，且其表达都呈系统性。英汉时间谚语隐喻所选择的源域的侧重有所不同，这主要是由于英汉文化环境下人们对时间的感觉、时间取向、时间流逝的态度等的理解不同而形成的。

《基于 ICM 的英汉隐喻谚语认知对比》

陈玉秀撰，《湖北广播电视大学学报》，2011 年第 11 期。

文章通过认知语言学中的理想认知模式来分析英汉隐喻性谚语的异同及其成因。在英汉民族各自的认知模式下，其隐喻谚语也产生了异同。有些隐喻谚语具有共性，存在着一些喻体、本体、喻义完全相同的谚语。同时，英汉隐喻谚语又存在着差异，一些谚语虽然喻体不同，但是喻义相同或者相似，或者喻体同而喻义不同。

《概念隐喻视角下的汉英动物谚语对比》

李冰撰，黑龙江大学硕士学位论文，2011 年。

文章按照概念隐喻理论，对比分析了汉英动物谚语中所蕴含的隐喻意义的相似性与相异性。论文共四章。第一章为绪论，对概念隐喻及谚语的研究现状、研究目的与意义、研究方法进行说明。第二章介绍了概念隐喻的相关理论。隐喻研究包括传统把隐喻作为修辞方法理论研究、现代把隐喻作为认知隐喻的研究。隐喻又包括域、映射、系统性等基本概念。第三章为汉英动物谚语的概念隐喻对比。汉英谚语中有关狼、蜜蜂、狐狸谚语的概念隐喻完全对应；有关狗、鱼、猫谚语的概念隐喻部分对应；有关牛、羊、马、龙谚语的概念隐喻则无法对应。第四章为汉英动物谚语的共性与差异性分析。动物谚语所体现的相似性与差异性是由汉英两个民族各自的认知方式、文化价值观等形成的。

《英汉谚语的隐喻性特征研究》

寇福明、乔玲玲撰，《山西大同大学学报》（社会科学版），2012 年第 4 期。

文章主要对汉英谚语中的隐喻类型及隐喻性的语义特征进行分析。汉英谚语数量众多，体现着隐喻的各种类型。根据隐喻的表现形式、认知特点、功能和效果等划分，汉英谚语中的隐喻包括显性隐喻和隐性隐喻、根隐喻与派生隐喻、以相似性为基础的隐喻和创造相似性的隐喻三类。汉英谚语又具有矛盾性、临时性、程度性、回复性等隐喻性的语义特征。除了隐喻之外，英汉谚语中还有很多依赖于转喻机制而生成的谚语。

《汉语谚语的认知隐喻研究》

陈娜撰，《牡丹江大学学报》，2012 年第 9 期。

本文认为汉语谚语隐喻上的特点包括结构上始源域更具体，目标域更抽象；内容上既具有变化性，也具有约定俗成性。此外，还指出谚语整体上使用被固化，具有认知隐喻性，其实质是对逻辑关系的映射，方式是激活全景。最后，作者认为谚语作为一种认知方式拥有重要的认知功能，是认知中国传统文化和道德礼教的重要方式。

《闽南谚语隐喻的类型与认知探析》

李少丹撰，《漳州师范学院学报》，2013 年第 1 期。

本文分析了闽南谚语运用的主要修辞方式——隐喻，指出闽南谚语隐喻的类型有引喻、强喻、典喻、互喻、博喻、套用省略式隐喻，无论是叙事还是说理都具有一定的闽南地域风情，包括形象性描绘类和阐释性说理类，具有简洁明快、生动活泼的表达效果。

《汉英隐喻性谚语的概念隐喻认知类型分析》

赵文焕、全克林撰，《江苏师范大学学报》（哲学社会科学版），2013 年第 1 期。

文章主要从概念隐喻的角度对汉英隐喻性谚语进行分析。按照概念隐喻源域的不同和投射方式的差异，概念隐喻可分为结构隐喻、方位隐喻和本体隐喻。汉英谚语多数具有隐喻性，尽管汉语和英语各有其不同的文化特性和社会基础，但在概念隐喻和谚语认知方面，二者仍有很多共通之处。

《隐喻与谚语文化认知》

寇福明、王彦君撰，《山西大同大学学报》（社会科学版），2013 年第 6 期。

本文通过对汉英谚语的对比研究，揭示汉英两个民族的文化认知特征在不同民族的心理和价值观念的具体体现。谚语以概念隐喻为根基，隐喻是连接语言和文化的中介，隐喻与谚语文化认知，是语言中一种特殊的表达方式，隐喻作为语言现象和大脑认识世界的方式，是一种复杂的、产生于隐喻性思维过程的文化现象。隐喻的基础是人类的认知，谚语是语言的精华，语言与文化可以通过隐喻的方式相结合，作为语言组成部分的谚语与思维有着密切的关系，同样具有隐喻的特征，不仅承载着明确的民俗文化信息，更隐含着深层的民族文化内涵，打上文化烙印。因此隐喻、谚语与文化认知三者密不可分，彼此影响。

《湘乡方言谚语隐喻认知阐释》（英文版）

李丽撰，长沙理工大学硕士学位论文，2013 年。

本文以湘乡方言谚语为研究对象，作者着重从当今认知语言学框架下的隐喻认知理论的角度来对湘乡方言谚语进行新的解读。首先，对国内外著名学者对隐喻认知所做的理论研究、理论运用研究以及国内方言隐喻研究的总结，在这个基础上结合湘乡方言谚语的实例进行分析。其次，对湘乡方言谚语进行简述，包括语言特色下的句法结构和修辞特色分析，文化特征下的农耕文化、饮食文化和湘乡人的处世文化分析等。通过对湘乡方言谚语的隐喻认知阐释，分析隐喻认知在湘乡方言谚语中体现的作用和功能。隐喻认知在湘乡方言谚语中充当了经验组织的工具，并为湘乡方言谚语的阐释提供了新视角，提高了其表达的形象性和经济性。最后，得出结论：隐喻在湘乡方言谚语中体现出鲜明的时代特色和地域性特征。大部分湘乡方言谚语是可分解的，有理据性的。虽然湘乡方言谚语的理解同其他谚语的理解一样都依赖于相似性、范畴化、意象图示、完形心理等隐喻认知机制，但是对湘乡方言谚语的理解还要借助湘乡独特的自然、地理、人文和社会环境，尤其是独特的方言发音特点。

《概念隐喻视角下的英汉女性相关谚语的对比研究》

郭晋豫撰，湖北师范学院硕士学位论文，2014 年。

本文由四部分内容构成。第一章为绪论，包括研究内容以及研究目的和意义、研究方法、论文基本框架；第二章论述概念隐喻概述以及英汉谚语界定，包括概念隐喻历史发展和概念隐喻概述两个方面的内容；第三章论述概念隐喻视角下英汉女性相关谚语的对比，分为概念隐喻视角下体现女性社会地位的英汉女性相关谚语、概念隐喻视角下体现女性婚恋关系的英汉女性相关谚语、概念隐喻视角下体现女性性情的英汉女性相关谚语、概念隐喻视角下英汉女性相关谚语的异同四个方面；第四章论述英汉女性相关谚语概念隐喻异同的原因分析，包括英汉女性相关谚语概念隐喻共性原因分析和英汉女性相关谚语概念隐喻个性原因分析两个方面。最后，作者得出结论：英汉女性相关谚语中采用概念隐喻的情况较多；英汉谚语中有关女性的谚语，其概念隐喻有诸多相似性；英汉女性相关谚语的概念隐喻又有差异性，主要受其自身特有文化的影响，即不同的生存环境、不同的宗教信仰以及不同的人文风俗产生具有差异性的思维方式，使得各自在选择源域时会呈现出个性特征；对待女性否定态度远远多于肯定态度，充分表现对女性的偏见与歧视，认为女性代表的就是次要、懦弱。

《认知隐喻学视角下汉法谚语中动物隐喻的对比研究》（法文版）

李雪映撰，山西大学硕士学位论文，2014 年。

本文从认知语言学中概念隐喻理论出发，通过对比汉法谚语中动物意象的异同点分析形成语言差异的文化原因，介绍了概念隐喻理论的发展状况及概念隐喻理论在汉法谚语对比上的应用，以及隐喻与思维、语言和文化、隐喻与文化的相互作用，选取生活中常见的谚语中的动物形象，列举汉法谚语语料进行分析。

《壮泰谚语对比视界中动物意象的隐喻机理阐释》

石岩撰，《百色学院学报》，2015 年第 1 期。

文章参照壮泰谚语中的动物意象隐喻赋义和释义的生成机制，从认知隐喻学的视角揭示壮泰谚语中动物意象隐喻的异同及其背后深刻的认知理据。关于谚语中动物意象的隐喻属性，文章指出"谚语中的动物意象不能通过其字面意义去直接解读，而须通过概念隐喻在动物的某些习性特点与隐喻义之间建立映射关系，搭建桥梁"。文中关于壮泰谚语中的动物意象隐喻，是从动物意象相同、隐喻义相同，动物意象相同、隐喻义不同以及动物意象不同、隐喻义相同这三个方面结合具体实例进行对比解读的。最后，关于理据考证方面，作者指出"本文所概述的壮泰谚语中动物意象的隐喻异同源自壮泰两个民族共同的身体体验和不同的文化模型，即异同并存的地理环境和不同的宗教信仰"。

《认知视域下〈突厥语大词典〉中的隐喻性谚语（tɛmsil）研究》

武磊撰，《语言与翻译》，2015 年第 3 期。

本文从认知语言学角度探究了《突厥语大词典》中的谚语，基于概念隐喻理论运用概念整合理论，总结了这些谚语表征的认知隐喻特点，且解读了其隐喻义的整合过程，以此探寻喀喇汗王朝时期维吾尔族人民的认知隐喻思维特点及规律。文章具体分析了《突厥语大词典》中隐喻性谚语的源域空间、靶域空间分类及特点；阐释了其隐喻性谚语的投射机制及特点；概念隐喻下隐喻性谚语的解读等内容。本文通过对《突厥语大词典》中隐喻性谚语隐喻义的整合过程进行解读，为维吾尔语的认知研究提供了一些参考。

《概念隐喻学视角下汉法肢体谚语对比分析——以"心"（Coeur）为例》

贾秀英、侯百耕撰，《中北大学学报》（社会科学版），2015 年第 5 期。

文章以"心"（Coeur）为例从概念隐喻学的角度，即源域和目标域两者的隐射关系，对汉法谚语进行对比分析，探究这一形象所具有的隐喻意义的相似性与相异性，并探究其文化内涵的异同。对于汉法两国的异同，文章通过源域相同、目标域相同，源域相同、目标域不同以及源域不同、目标域相同这三方面进行详细论述。有关汉法肢体谚语所反映的文化内涵，文章指出，两国既有相同之处，又由于民族文化传统和价值观的影响，汉法具有不同的文化内涵。

《概念隐喻视角下中英教育谚语对比研究》

肖洋撰，重庆师范大学硕士学位论文，2015 年。

本文基于概念隐喻理论，以《汉语谚语词典》和《英语谚语词典》作为语料来源，对比分析了中英教育类谚语。文章根据概念隐喻的三类隐喻——结构隐喻、实体隐喻和方位隐喻，对中英教育类谚语进行举例归纳。经分析中英教育类谚语的相同之处，体现在以下两个方面：第一，在结构隐喻、方位隐喻和实体隐喻中的映射相同。第二，在每个概念映射和概念隐喻项之下教育谚语的意义相同。原因主要有：教育的广泛存在、概念隐喻普遍性、映射基本模式。不同之处体现在具体例子的选词上，其原因有四个方面：第一，在宗教信仰上的不同，中国的宗教信仰普遍是佛教，然而在英文中则是基督教。第二，中国受地理条件以及气候和历史因素的影响，农业长时间作为经济发展的主要来源。第三，中文谚语体现了儒家思想的影响。第四，谚语中选词的不同也体现了相关的文学方面的影响。最后得出结论，论证了概念隐喻理论的普遍性，进而发现隐喻在不同文化背景中既有相同点也有不同点，且受相关文化因素的影响。

《中英爱情谚语中的概念隐喻比较研究》（英文版）

李东霞撰，东北师范大学硕士学位论文，2016 年。

文章以中英爱情谚语中的隐喻作为研究对象，具体权威语料为中英谚语辞典中的 200 条有效的"爱情"隐喻语料，旨在从认知语言学中概念隐喻的观点对中英文中爱情隐喻进行比较分析，从而得出相似性与差异性以及两者的认知动机。相似性在于爱情是两个事物的统一体，其差别在于中文谚语中，爱情是两个不可分割的对象、是农业产品和农业生活、是缘分。相似性的认知动机是由于两个民族具有人类共有的自身体验，差异性的认知动机是基于文化、社会和生活环境的塑造。本文认为隐喻共享了相似的生理和行为过程，并证明不同语言之间的差异是受到文化多样性的影响。

《藏汉英谚语中的动物隐喻比较分析》

孟红莲撰，《四川省干部函授学院学报》，2016 年第 3 期。

本文通过定性、定量相结合的方式，从隐喻功能、隐喻结构及隐喻认知模式三方面比较分析藏汉英谚语中的动物隐喻。文章对藏汉英隐喻性谚语进行结构部分析，并对其隐喻认知模式进行比较，研究发现：（1）藏汉英谚语多数具有隐喻功能，但也有少数描述自然现象等内容的谚语不属于隐喻性谚语。（2）藏汉英隐喻性谚语主要分为整体隐喻、内部隐喻两大类。（3）藏汉英隐喻性谚语的认知方式既有相似性也有差异性，其中差异性较为突出。

《汉语谚语中概念隐喻的认知语言学探析》

赵海燕撰，《长春大学学报》，2016 年第 7 期。

本文将以认知语言学概念隐喻理论为出发点，对汉语谚语中的概念隐喻做出界定和阐释，分析了概念隐喻在汉语谚语中的具体体现形式，并试图分析概念隐喻与中华民族的思维方式和世界观的紧密关系。文章从结构隐喻、方位隐喻和本体隐喻三个角度对汉语谚语中的概念隐喻进行归纳整理，进一步窥探汉语谚语中的结构隐喻、方位隐喻和本体隐喻与中国传统文化之间的内在联系，最后深入分析了汉语谚语中概念隐喻所具有的辅助教育和增加修辞的多元化功能。对汉语谚语中概念隐喻的研究，可以帮助我们进一步认知和了解中国传统文化，以此拓展汉语谚语研究的领域，同时试图补充认知语言学研究的语言实例。

《汉语女性谚语认知研究》

郝明惠撰，大连外国语大学硕士学位论文，2016 年。

本文以认知语言学中的隐喻理论为基础，选取汉语谚语中的女性类谚语为研究对象，首先简单介绍了谚语及女性谚语，并从目标域的选取和源域的选取两方面对女性谚语进行分类，而且将目标域分为女性的外貌和年龄、女性美德、女性的社会地位、女性的家庭地位、女性缺点、女性婚恋几个方面。将源域分为以植物为源域、以动物为源域、以事物为源域、以观念为源域几方面。其次在第一部分的基础上对女性谚语进行认知解析，分析了女性谚语的认知基础与认知过程，并总结出女性谚语的认知特征：第一，各种隐喻方式重叠使用；第二，目标域与源域呈现交错的网状结构；第三，存在大量互相矛盾的认知；第四，女性本身作为源域出现，并且在作为源域时往往其目标域是负面的。最后结合隐喻理论与自然因素、社会文化对女性谚语的认知特征进行分析，认为女性谚语表现出的特征一方面源于谚语本身的语言学属性；另一方面则受自然因素和社会文化的影响，谚语中反映出了对女性的歧视。

（二）整合空间

所谓整合空间理论是认知语言学里隐喻研究中的新视点。在我国，整合空间理论的研究应用起步较晚，但在国外已经有近 20 年的发展历程。该理论中的"空间"不是指物理数学上的空间，而是指人们理解语义时产生的"心理空间"，也就是人们思考和谈话时为了更好地理解所构建起来的空间。整合空间理论要系统地阐述言语交际中各心理空间是如何相互映射并产生互动作用的，并且试图揭示背后的隐喻及认知过程。运用整合空间理论研究谚语，有利于为中华谚语研究提供新的视角、新的理论支撑及角度。这部分研究成果较少，但具有极强的理论性和针对性，更为深层地探究了谚语的隐喻认知。

《合成空间理论和谚语理解》（英文版）

马红芳撰，湖南师范大学硕士学位论文，2005 年。

本文以弗科尼亚建立的合成空间理论来论述谚语中的意义建构和推理机制，是一篇英文论文。合成空间是一种动态的创造性的认知活动，它的中心过程是概念合成。心理空间的映射错综复杂地建立起我们的概念网络，而这种映射在意义建构中扮演了主要角色。合成空间理论有五个主要特征，即跨空间映射、从输入空间来的部分投射、类属空间、事件的整合、层创结构。一般说来，合成空间包括四个心理空间，即类属空间、输入空间 I、输入空间 II、合成空间。合成过程是在两个输入心理空间的基础之上进行运演产生第三个空间，即合成空间。它从两个输入空间中提取部分结构，并形成层创结构。本文从认知语言观科学地研究谚语意义的建构机制，为谚语研究提供了新的理论支撑和角度。

《汉语谚语意义构建的概念整合分析》

蔡晓斌撰，西南大学硕士学位论文，2007 年。

本文以概念合成理论为视角，从认知层面分析汉语谚语的意义构建，并将其分为四类，且对每一类谚语意义构建的幕后操作进行了探索和分析，以揭示谚语在线理解过程中无意识的、动态的概念整合现象。文章通过运用概念整合理论分析汉语谚语的意义构建过程，一定程度上为汉语谚语的研究提供了新的视角和分析方法。

《概念整合理论对汉语谚语的解读》

付平平撰，《宁波教育学院学报》，2008 年第 5 期。

作者认为可以通过概念整合理论剖析人们在解读汉语谚语时的相关心理机制。概念整合网络模式包括四个心理空间：两个输入空间、一个类属空间和一个合成空间。四个心理空间之间相互映射，形成了一个概念整合网络。在我们理解谚语时，先是构建两个存在一定相似性联系的心理空间，再有选择性地将这两个心理空间中的部分因素投射到另外一个空间，即整合空间，最终将汉语谚语所要表达的深层含义构建出来。利用这个网络模式，通过分析其中的投射及映射，经过组合、完善和发展等一系列运行规则，可以将谚语中所蕴含的概念意义重新整合，从而构成新的意义。本文对于我们理解阐释汉语谚语的深层语义提供了一个新的视角，分析了人们在理解谚语时的动态认知过程，对汉语谚语的研究有一定意义。

《从合成空间理论看谚语的意义建构》

马红芳撰，《邵阳学院学报》，2009 年第 5 期。

目前，对谚语的研究大部分是从翻译或修辞的角度进行的，而从认知的角度对谚语进行分析却很少。对谚语中的隐喻进行认知分析，对了解和学习人类创造新的语言意义，提供看事物的新视角有着重要意义和可行性，对了解不同的文化思维方式和生活习俗也有重要意义。作者在第一部分阐述了关于谚语的研究观点；第二部分对于合成空间理论做了相关的简介；第三部分是关于谚语中的合成机制；第四部分结语，总结了本文是从"合成空间理论"角度对谚语理解的深层机制进行了分析，主要探讨了实时语言交际过程中运用谚语时多空间概念合成的认知过程。并且表明这一理论具有很强的可操作性，在具体的操作中还需要进一步的探讨。

《基于概念整合理论的谚语阐释与教学》

杨秋灵撰，《安徽工业大学学报》（社会科学版），2010 年第 5 期。

这是一篇基于概念整合理论对谚语进行阐述以及对教学具有指导意义的文章。它运用概念整合理论对英语谚语的意义构建进行动态分析，通过进行构建、完善和扩展等一系列认知活动，将谚语中所隐含的意义进行整合，概念整合理论对于谚语的理解具有较强的解释力。其基本运作需要四个心智空间：两个输入空间、一个类属空间和一个合成空间。然后将其映射到现实中，最终得出新的意义。同理，概念整合可以对口语、写作、语篇等进行解释，这对于大学英语教学具有重要的启示作用，从而有效提高学生的谚语理解水平。

《概念整合理论视阈下汉语谚语的认知阐释》

查清兰撰，《江西社会科学》，2013 年第 9 期。

本文立足于语言与思维的关系来揭示谚语语义的认知理解。基于福克聂提出的心理空间理论进行研究概念整合理论，进而探讨概念整合理论及相关概念、概念整合网络的运作方式、概念整合网络遵循的原则和概念整合网络的主要类型。作者认为，概念整合理论为我们拓展了一个崭新的视域来理解和揭示汉语谚语的认知动因及其推理机制，我们借助简单型、镜像型、单域型、双域型网络汉语谚语的意义构建的不同类型研究概念整合网络，对汉语谚语背后的认知机制进行揭示。

《基于概念整合理论对维吾尔谚语中"馕"的认知阐释》

甘露撰，新疆师范大学硕士学位论文，2016 年。

这是一篇关于基于概念整合理论对维吾尔谚语中"馕"的认知阐释的文章。绪论部分介绍了本文的选题依据、研究意义、研究对象及语料来源、研究方法；第二部分对谚语及其相关概念进行了鉴定；第三部分介绍了概念整合理论与谚语的认知框架搭建基础；第四部分介绍了"馕"一词溯源；第五部分介绍了维吾尔谚语中"馕"的概念整合分析；第六部分为维吾尔谚语中"馕"的认知发生机制；第七部分为维吾尔谚语中"馕"的文化认知理据。

七、谚语历史之属

　　中华谚语史是关于中华谚语形成与发展的历史。根据"中华民族多元一体"格局的形成过程，结合中华谚语历史语料的特点来看，中华谚语发展史可以分为四个时期：上古时期（夏商周秦）、中古时期（汉魏南北朝隋）、近代时期（唐宋元明清）和现代时期（辛亥革命至今）。

　　中华谚语史的上古时期，即夏商周秦时期。夏商周三代正是汉族前身华夏这个民族集团从多元形成一体的历史过程，后又经历了战国纷争到秦建立统一的中央集权制。上古时期谚语语料的主要特点是，不同民族的中华谚语依靠汉语文献记载了下来，《文心雕龙·书记》："牧誓曰：'古人有言，牝鸡无晨。'大雅云：'人亦有言，惟忧用老。'并上古遗谚，《诗》《书》所引者也。"从当时谚语的引用辞"古语""古者有语""古人有言""先人有言""昔人有语""先民有语""夏谚曰""周谚曰"等来看，这些谚语都是流传已久的上古遗谚。不同部族、不同地域的谚语也有记载，如《孟子·梁惠王下》："夏谚曰：'吾王不游，吾何以休？'"《左传·隐公十一年》："周谚有之曰：'山有木，工则度之；宾有礼，主则择之。'"《论语·子路》："南人有言曰：'人而无恒，不可以作巫医。'"

　　中华谚语史的中古时期，即魏晋南北朝隋时期。中华民族多元一体格局的核心从华夏民族演变为汉族，同时形成了长城内外北牧南耕两大统一体，后又经历了南北朝的分裂局面到隋的统一，中华大地上的民族碰撞交融得到了充分的加强，是中原地区民族大杂居、大融合比较明显的一个时期。中古时期谚语语料的主要特点是，中华谚语主要依靠汉语文献记载，而且记载谚语的文献数量较多，凡史书地志、笔记小说、文学作品、科技杂著等都散存着数量相当丰富的谚语。另外一个鲜明的特点是，随着佛教的传入，域外民族的谚语（即佛源谚语）大量地进入中华谚语语汇系统里。

　　中华谚语史的近代时期，即唐宋元明清时期。中国形成了大一统局面，元清两代由蒙古族、满族建立，民族的交融碰撞进一步加强。近代时期谚语语料的主要特点是，不仅用汉语记载的中华谚语浩如烟海，尤其是唐宋时期的语录、元代的戏曲、明清时期的小说是保存谚语的三大渊薮资料，而且用多民族语言记载的中华谚语也十分丰富，如《突厥语大词典》和《福乐智慧》记载的古谚近 500 条，《格萨尔》记载的古谚超过 2000 条，被誉为"谚语的海洋"。

中华谚语史的现代时期，即辛亥革命到现在。辛亥革命后中华民族在同西方列强的对抗中形成了自觉的民族实体，新中国成立后建立了统一的多民族国家，并在《宪法》中明确了"中国各族人民共同创造了光辉灿烂的文化"，民族的统一交融空前高涨。现代时期谚语语料的主要特点是，不仅书面语中记载的中华谚语浩如烟海，而且民间口语中保存的谚语资源极为丰富。进入 20 世纪，民间谚语的采集就掀起了高峰，据曹伯韩统计，民国时期我国出版的谚语书籍不下三四十种。新中国成立以来，中华各民族谚语的口语采集成果就更为丰硕了，这些成果为中华谚语研究提供了极其丰富鲜活的口语语料。

中华谚语史研究就是对中华谚语形成与发展历史的研究。著名民间文学家钟敬文先生在《民间文艺学的科学体系与研究方法》(《民族文学研究》1981 年第 3 期)就曾呼吁过开展"谚语史"研究，著名语言学家温端政先生在《也谈"语汇重要，语汇难"》(《语文研究》2006 年第 3 期)一文中也曾呼吁开展"语汇史"(含"谚语史")研究，认为"语是在历史上形成并不断发展变化的，研究语的形成和发展演变，无疑是语汇研究的重中之重，也是难中之难"。20 世纪 80 年代以来，我国的谚语史研究取得了一批可喜的研究成果。从研究类型来看，中华谚语史研究主要包括专书谚语研究、断代谚语研究、谚语探源研究和谚语发展演变研究，研究内容涉及谚语的形式、语法、词汇、特点、体例风格等多方面，为我们构建中华谚语史奠定了良好的学术基础。有关中华谚语史的研究历程，可分为 21 世纪之前和 21 世纪之后两个阶段。

21 世纪之前是中华谚语史研究的发展时期。专书研究成为这一时期的研究重点，主要阐述了两个方面的内容：一是对专书所收录的谚语条目作综合研究，如倪根金《〈齐民要术〉农谚研究》、陈宗振《〈突厥语词典〉中的谚语》、古·肉孜《试论〈突厥语词典〉中的谚语》、王兴先《〈格萨尔〉谚语试评》等专书研究成果；二是以文学作品中的谚语为研究对象，讨论了谚语的内容、形式、语法、词汇、特点、体例风格等内容，研究方法和视角也比较多样，为后世研究谚语在文学作品中的作用和方法提供了重要的借鉴作用，如高国藩《〈红楼梦〉中的民间谚语》、张文桂《民间叙事诗〈嘎达梅林〉中的蒙古谚语》、汇章《〈儿女英雄传〉中谚语的运用》等。关于谚语源流演变的专题研究也取得了一些成果，如孟肇咏的《试论古谚语非共时性的结构变化》和《古谚语的谐音变体》、廖泽余的《维吾尔谚语源流浅说》等，这些研究成果虽然显得单一分散，但能为中华谚语史研究提供借鉴和依据，是中华谚语史研究的基础工作。

21世纪以来是谚语研究的繁荣期。学术成果数量增多，研究内容更加多样，更为深入细致，专书、断代、专类、探源和发展演变各方面研究都得到了显著的发展与创新，谚语的发掘与整理工作也进入一个崭新的时代，拉开了谚语研究的新篇章、新序幕。这一时期中华谚语史研究的主要特点和进展，表现在以下几个方面：第一，加大了对明清俗文学中的俗谚和民间谚语的搜集、发掘和深入研究，对少数民族文学谚语进行了系统性的描写和理论性的说明，全面探讨了文化对民谚、俗谚的影响，对后世研究民间谚语和少数民族谚语的发展历程和价值意义具有重要作用。第二，从史书中收集整理了大量的民谣、谚语、谣谚作为研究对象，对它们的功能、艺术特色和语言特点进行全方位多层次的分析，与21世纪之前的谚语研究相比，创新之处在于从中探究了民谚、谣谚的社会历史价值，为研究同类专书的谚语研究提供了重要的史料价值和新的史学精神，打破了之前只为谚语而研究谚语的固有模式。第三，从方言学、语汇学和民俗学等视角揭示民谚、俗谚、谣谚等释文、内容、局限性与价值，结合语言学中的丰富语料和研究方法，对其做了全面的考辨，展现出谚语深厚的历史意蕴和浓重的地域风格，也为后世研究语言学文献提供了新的视角和选题。第四，对科技专著中的谚语进行探究，包括了地理谚、气象谚、农谚等，分析了谚语在科技中的作用及意义。从此开始，谚语研究方向就拓展出崭新的思路——科技文化谚语研究，推动了人们对这一领域的开拓研究，谚语研究类型更具多样化。第五，在探源和演变研究方面，多是对俗谚源流演变进行个案考察，如对"嫁鸡逐鸡，嫁狗逐狗""《文选》烂，秀才半"演变轨迹的探究，分析了这些谚语的发展流变。最后，出现了专门研究"谚语史"的研究成果，安德明的《谚语史》是一篇研究汉民族谚语简史的成果，收录在祁连休、程蔷、吕微主编的《中国民间文学史》（河北教育出版社，2008 年）中，开启了"谚语史"建构研究的先河。付建荣的《论"多元一体"民族观视域下的中华谚语史构建》（《内蒙古社会科学》，2018 年第 4 期）主张在"中华民族多元一体"格局理论学说指导下构建中华谚语史，文章讨论了构建中华谚语史的当代价值、学理依据、学术基础、内容方法等理论问题，标志着"中华谚语史"建构研究进入了理论自觉时期。

（一）专书研究

专书谚语研究是中华谚语史研究的一项基础工作。20 世纪 80 年代以来，立足富含中华谚语的专书谚语研究取得了较为丰硕的研究成果，成为中华谚语史研究的重点。涉及的专书既有《国语》《左传》《史记》《齐民要术》《红楼梦》《儿女英雄传》等汉语典籍，也有《突厥语词典》《格萨尔》《江格尔》《蒙古秘史》等其他典籍，还有汇集中华多民族谚语的《中华谚语志》。研究成果包含了对专书谚语的面貌、特点、流变、词汇、语法、修辞、文化内涵、运用等内容的分析考察，为中华谚语史构建研究积累了重要的资料和依据。成果形式以期刊论文和学位论文为主。

《〈突厥语词典〉中的谚语》

陈宗振撰，《民族语文》，1980 年第 4 期。

本文以《突厥语词典》中的谚语为研究对象，从三个方面来进行论述。第一方面是关于《突厥语词典》中谚语所反映的内容来阐述的，这些谚语有一部分是反映了当时社会的道德观念，另一部分是以客观事物为比喻，通过常见的现象，说明了深刻的哲理，并且具有哲学思想。许多谚语是劳动人民在日常生活、阶级斗争和生产斗争中所取得的经验的结晶，一些不同民族的谚语具有相同的地方，在《突厥语词典》中所收录的谚语与汉民族谚语形象不同却有相似的含义。第二方面是从《突厥语词典》中谚语的流传来说，一些词语仍保留在维吾尔族人民的口语中，还有一些维吾尔谚语同古代突厥谚语相比，有较大的差别，但依然可以看出古代谚语的痕迹。第三方面是从《突厥语词典》中谚语的语法和词汇来说，古代时的突厥语与现代维吾尔语相比，在语法上的差别很小，但是在词汇方面差别很大。《突厥语词典》中的谚语分为单句式和双行式两类，单句式的谚语带条件式的动词多，双行式的谚语多头尾押韵。对《突厥语词典》中谚语的研究，启示我们在研究现代谚语时，也应该学习和研究古代的谚语，从中获取有益的知识。

《民间叙事诗〈嘎达梅林〉中的蒙古谚语》

张文桂撰，《内蒙古社会科学》，1981 年第 2 期。

本文着重阐释了蒙古族谚语在蒙古族现代文学作品中的重要作用，蒙古族民间叙事诗《嘎达梅林》对蒙古族谚语的应用极为出色，将谚语和叙事诗完美地结合起来。蒙古族民谚用词准确、押韵等特点都得到了有力的展现。蒙古族谚语的艺术特色也运用得得心应手。但总体上讲，作品取胜的关键还是在于故事本身的正义性，谚语的哲理性将这种正义性更充分地展现出来。谚语的阶级性将矛盾展现得更为深刻。谚语作为蒙古族的语言财富，在日常闲谈中也能起到画龙点睛的作用。

《〈红楼梦〉中的民间谚语》

高国藩撰，《红楼梦学刊》，1981 年第 3 期。

本文研究了《红楼梦》中的民间谚语。作者按谚语的字数将其分为了十大类，并分析了谚语艺术性、思想性及其在运用中的特点。《红楼梦》中的谚语内容丰富、形式多样，既刻画了人物性格，也形成了独特的语言风格。本文能让我们更深入理解《红楼梦》的语言特点，对了解当时的谚语使用情况也具有一定意义。

《〈左传〉〈国语〉引谚之变例》

胡从曾撰，《浙江师范学院学报》，1983 年第 2 期。

这是一篇探讨《左传》《国语》两书中引谚变例情况的文章。文章指出两部书中引谚丰富且手法灵活巧妙，不能以是否明说为引谚定取舍，必须把"正例"和"变例"结合起来研究。由于行文的需要和语言环境的不同，以及古人对谚语的认识等，作者会借托"古人有言曰""君子曰""人有言曰""语曰"等方式引谚，另一方面古人对谚语的认识，往往侧重于其特征的某一方面，在引称时也仅从某个方面着眼，因此作者认为在采撷古谚或研究《左传》《国语》等书引谚的概况，就有必要参照各书做一番归纳、甄别的工作。作者列举了实为引谚而不称谚的例子，并从四个方面分析了其具备谚语的基本特征。

《试谈〈水浒传〉中民间谚语在刻画人物上的作用》

何红一撰，《中南民族学院学报》（哲学社会科学版），1984 年第 4 期。

本文以四大名著之一的《水浒传》为例来探讨民间谚语在人物刻画上的作用。《水浒传》是我国第一部大规模反映封建社会农民起义的长篇小说。小说的主角是一百零八名叱咤风云的英雄豪杰，作者运用了大量的民间谚语来刻画这些英雄，使之出语不凡，掷地有声。这些谚语不仅为我们鲜明地概括出这些英雄的共性，还表现出不同英雄的个性，使人物形象生动鲜明。此外，作者在刻画市井人物时，也将大量民间谚语用于这些人当中，使整个小说通俗易懂，生动有趣，为后人提供了宝贵的经验，证明活生生的语言来自民间。

《〈格萨尔〉谚语试评》

王兴先撰，《西北民族学院学报》（哲学社会科学版），1984 年第 2 期。

文章把《格萨尔王传》中的谚语按形式进行广义分类，分为二十大类，并提出了谚语在结构上的另外两个特点，即往往"借用"别的谚语构成排比式的句子；在二段体以上的谚语之后加上字数、行数同样的一段，纳入谚语，予以新意。文中指出，《格萨尔》谚语具有高度的人民性，是通过《格萨尔》谚语的民族性、战争特性、斗争性、哲理性等方面表现出来的。最后，文章从语言整齐、音律和谐、形式多变、形象丰富四个方面说明了《格萨尔》谚语的艺术性。

《〈齐民要术〉征引农谚注释并序》

马宗申撰，《中国农史》，1985 年第 3 期。

本文主要对《齐民要术》中引用过的农谚一一摘录，在前人的研究基础上进行探讨，并且初步地做了注释。文章对《齐民要术》中的征引农谚进行注释，共 34 条谚语，分为六类：一是关于农时及播种期；二是关于耕作整地；三是关于种植及田间技术；四是关于家畜饲养管理；五是关于合理利用土地及多种经营；六是其他。文章希望通过注释能引起农史界同志们的注意，共同努力将农谚中蕴藏的丰富内容发掘出来，为"四化"建设服务。

《〈齐民要术〉谚语的解释问题》

缪启愉撰，《中国农史》，1985 年第 4 期。

本文主要对《中国农史》1985 年第 3 期载马宗申先生关于《齐民要术》

农谚解释一文的几个问题提出商榷。文章对马宗申先生"种瓜黄台头"的解释提出疑问；对"匆车甸马，掷衣不下，皆十石而收"有不同意见；作者认为"耕而不劳，不如作暴"中的"作暴"的解释是有分歧的，并提出自己的见解，以求共同商榷。

《〈儿女英雄传〉中谚语的运用》

汇章撰，《语文研究》，1985 年第 4 期。

本文主要以《儿女英雄传》为例，剖析小说中谚语的运用方法。《儿女英雄传》中所引用谚语的方式主要有连用、复用、拆用、变用、曼衍这五种方式。其中，连用又分为聚合、并列、连续、因果四种。复用具体有回想、传承、添码、证明、照应、变化六种方式。曼衍包括的内容最多，具体有以谚析事、以事证谚、就谚论道、顺谚开拓、借谚发挥、正谚反衬、支谚曲解七种方式。本文为后来学者研究谚语在文学作品中的运用方法提供了重要借鉴。

《蒙古族民间谚语中的奇葩——〈世界三宝〉》

赛音德力格撰，《内蒙古民族师院学报》（哲学社会科学版），1985 年第 2 期。

本文对蒙古族的三句谚语——《世界三宝》进行了简要的介绍，蒙古族三句谚语包含的内容广泛，从自然规律到日常生活都有所涉及。其中表现人生规律、自然规律的经验性、哲理性、定律性的谚语占三句谚语中的较大篇幅。三句谚语既体现人们对善恶的态度，又表现了人们的生活习性及生产经验。

《〈齐民要术〉农谚辨疑——答缪启愉先生》

马宗申撰，《中国农史》，1986 年第 2 期。

本文是马宗申先生就缪启愉先生在《〈齐民要术〉谚语的解释问题》一文中所提出的疑问进行解释答疑的文章，作者对缪先生在文章中所提到的关于"回车倒马，掷衣不下，皆十石而收""种瓜黄台头""耕而不劳，不如作暴""惜草茅者耗禾穗，惠盗贼者伤良民"等疑惑给出了例证解释以及自己的看法。最后，作者还就"整理古籍者"应不应该"自己创新"的问题、求证问题以及是否实事求是的问题提出了自己的见解。

《再说〈齐民要术〉谚语》

缪启愉撰，《中国农史》，1986 年第 4 期。

本文是对马宗申先生在《中国农史》1986 年第 2 期写长文的答复再提几点意见进行磋商。作者对于"黄豆台"的解释有不同见解，并且提出和论证了自己的观点。关于《盐铁论》"惜草茅者耗禾穗，惠盗贼者伤良民"中"草茅"的解释意见不一致，希望马先生举出例证。

《〈史记〉中的俗谚和民谣》

鲁金波撰，《贵州文史丛刊》，1987 年第 3 期。

文章通过对《史记》中的俗谚与民谣进行分析研究，进一步归纳总结出其中涉及的丰富内容以及蕴含的深刻思想。这些俗谚与民谣既包括统治阶级的斗争、渴望贤能、对历史人物的评价，也包括反映社会生活以及实践等大量的内容。此外，作者指出司马迁引用大量的俗谚与民谣进入《史记》，极大地丰富了它的艺术性和思想性。

《试论〈史记〉引用谣谚的艺术》

鲍广丽撰，《江淮论坛》，1988 年第 4 期。

本文从人物、论赞、语言三方面论述《史记》引用谣谚的艺术，认为谣谚充分抒发了作品中不同人物的思想感情，刻画了不同人物的性格特征以及同一人物复杂的性格，能够营造凄婉迷离的抒情气氛，用以烘托人物的心理。在论赞方面表现为引用歌谣、俚谚，给议论以滋养，将哲理寄于形象的表达之中，表现出形象美和睿智美，起到画龙点睛的作用，语言上幽默诙谐、通俗生动，增强了语言的生动性和感染力。本文是一篇较为具体、详尽、切实地对《史记》谣谚使用进行分析的文章，对于理解《史记》的艺术特征，阐明司马迁做史立文、记人立传的政治、思想观点具有重要作用，对于研究其他文本的艺术特征也具有重要的指导作用。

《〈五灯会元〉中的谚语》

周启付撰，《读书》，1988 年第 3 期。

本文选取禅宗语录集《五灯会元》中的部分谚语进行分析研究。文章指出，从《五灯会元》中可以找到许多目前仍在使用的谚语的出处，从其异同可见其发展情况。作者分析指出《五灯会元》中的谚语极富叛逆独创精神，并呼吁学者们加大对《五灯会元》等宋元佛家语录的研究力度。

《〈老学庵笔记〉与谚语》

汇章撰，《学术论坛》，1989 年第 5 期。

本文以宋代陆游所撰《老学庵笔记》为研究对象，从谚语的角度对书中的内容进行了研读，同时还涉及一些诗句向谚语转化的问题。论述了在宋代诗话中就已经出现了诗句向谚语转化这一问题，陆游认为诗句向谚语转化的原因主要有三点，其一是诗句本身具有跳出书面转向谚语的条件；其二是在士大夫间流传；其三是长期口传的结果。诗句转化为谚语可以体现出谚语的一个特点，即须在民间口头流传。并且在谚语中还出现了文学谚语这个种类，陆游也对其中一些谚语进行了考察和研究。由此看来，从古籍中钩取谚语资料并进行研究，对于促进谚语学以至整个语言学、民间文学的研究都是一项非常有意义的工作。

《〈格萨尔〉谚语与一般藏族谚语的比较研究》

谈士杰撰，《青海民族学院学报》（社会科学版），1993 年第 4 期。

《格萨尔》谚语和一般藏族谚语之间，既有联系又有区别。两者的联系表现在《格萨尔》中引用了不可胜数的藏族谚语，较全面地保持了一般藏族谚语的格式，并且在形式和内容上发展了藏族谚语。两者的区别表现在《格萨尔》谚语的特殊性即多样性、音乐性、形象性。

《论〈金瓶梅〉中的谚语运用》

孟昭泉撰，《河南社会科学》，1995 年第 5 期。

本文论述《金瓶梅》中谚语的运用情况。文章就《金瓶梅》中的用谚规律，从单句、双句、多句、主题思想、变异规律、谚语冠词运用规律以及论据性语言角度几个方面阐述，一定程度上反映了明清小说用谚的一般性特征以及其本身的特殊性。

《〈突厥语大词典〉中的诗歌谚语及其文化透视》

邓浩撰，《西北民族研究》，1995 年第 1 期。

本文以《突厥语大词典》（以下简称《词典》）为研究对象，意在探究古代维吾尔族社会生活的各个方面。主要从三个部分进行具体阐述，第一部分是对《词典》中所收录的诗歌及谚语的艺术特征进行了阐述。《词典》中的诗歌分为四行诗和双行诗两大类，四行诗是《词典》诗歌的主要形式。四行诗的押韵形式为 AAAB 式，即前三行诗句押韵，尾句不押韵。它有两个具体的特征，一是韵脚一般都由词的语法形式构成；二是每行诗句的音节数目彼此要求相同。从节奏的角度来看，《词典》四行诗的节奏情况基本是七音节诗多为 4+3 形式，八音节诗多为 4+4 的形式。双行诗虽不是《词典》中的主要形式，却是另一个重要类型，《词典》中的双行诗也讲求行与行的音节对称。谚语是《词典》收录的另一重要的民间文学形式，分为单行式谚语和双行式谚语，双行式谚语又分为韵文型和散文型两种形式。其中单行式的谚语是《词典》谚语的主要类型。双行式谚语大多讲求押韵，彼此在形式上也讲求对称，故形成了一种和谐的韵律。从艺术手段上来看，《词典》中收录的诗歌和谚语运用了比喻、拟人、夸张等艺术表现手法，极具艺术性。第二部分是对《词典》中诗歌谚语所反映出的文化风貌进行阐述。首先，《词典》中记录了维吾尔族人民喜爱并擅长的狩猎活动，这项活动使古代维吾尔族人民增强了认识客观事物内在规律的能力。其次，《词典》中所记录的畜牧文化是古代维吾尔人不可缺少的一种极具特色、极为重要的文化生活形式。再次，《词典》中收录的诗歌谚语集中体现了古代维吾尔族人民对于马这种动物的态度，他们认为牲畜中的马具有头等重要的意义，是他们不可缺少的生产、生活和交通工具。然后，《词典》反映了在西迁之后的古代维吾尔族人民的生产生活状态、宗教信仰、家庭生活、家庭关系趋于复杂化、服饰构成以及节日生活等。最后，《词典》记录了当时社会的黑暗丑陋。第三部分是对《词典》中所收录的诗歌和谚语所表现出的维吾尔族人民内在思想观念与意识的阐述。在个人修养方面，古代维吾尔族人民认为吉善美好的谈吐是一个人美德的集中表现。美好的品德乃是用美善之言表现出来的，而知识、智慧则是获得美善之言能力，进而获得美好品德的重要手段、方式。古代维吾尔人还认为人的品德与知识、智慧互相依存、相辅相成。古代维吾尔族还提倡要用"善""仁"之心去看待人生、面对人世，并且还要注重自己的名声，名声的好坏体现在个人的慷慨和吝啬之上。在英雄观上，古代维吾尔族人民崇敬英雄、崇尚勇敢，鼓励人们去勇敢地同敌人搏斗，不提倡单纯的个人英雄主义，而是认为英雄也离不开集体的帮助。研究《词典》中的诗歌谚语，对维吾尔文学史以及文化史的研究乃至整个突厥学、阿尔泰学的研究都具有十分重要的意义。

《〈史记〉中的格言、民谣与谚语》

张乃鉴撰，《天津职业技术师范学院学报》，1996 年第 2 期。

司马迁在《史记》中大量使用格言及民间谣谚，本文主要分析了太史公钟爱格言谣谚的原因、格言谣谚在《史记》中的用法，以及格言谣谚在著作中起到的作用。《史记》引用格言、民谣、谚语，使传记作品在保持其历史真实性的同时，又增强了生动形象性，从而在揭示传记人物命运的发展趋势、显现人物性格、反映时代性上起着重要作用，在如何驾驭语言、形成新颖之风方面值得后人借鉴。

《对〈突厥语词典〉中谚语的感想》（维吾尔文版）

古丽扎旦·肉孜撰，《语言与翻译》（维吾尔文版），1997 年第 4 期。

本文从谚语的主题内容、押韵方式和修辞特征三方面对《突厥语词典》中的谚语进行了分析与总结。主题内容上，主要以动物、劳动、奋斗为主题，涉及爱国主义思想、人道主义思想、道德品质教育、经济商业贸易、青年老年群体等方面的内容。押韵方式上，主要分析了首韵、尾韵和首尾韵三种押韵方式。修辞形式上，主要对比喻、拟人、类比等修辞形式进行了归类分析。这是一篇专门讨论《突厥语词典》中谚语的文章，展现了《突厥语词典》中搜集的谚语的内容、韵律和修辞概貌，对深入研究《突厥语词典》具有参考价值。

《〈聊斋〉俚曲中民间谚语、歌谣、故事辑录》

汪玢玲撰，《蒲松龄研究》，1997 年第 4 期。

文章主要摘录了《聊斋》俚曲中的部分资料，第一部分摘录了谚语、俗语和歇后语；第二部分摘录了四季歌、五更调和十二月小唱。本文全篇都是对民间资料的辑录。

《〈齐民要术〉农谚研究》

倪根金撰，《中国农史》，1998 年第 4 期。

本文着重对《齐民要术》中的农谚进行分析探讨。文章分为三部分，首先对农谚概念界定后，在《齐民要术》中摘出 45 条农谚进行列举分析。其次，重点探讨了《齐民要术》中农谚的来源、特征和价值。以数据统计的方式，将《齐民要术》中农谚的特色与其他农书进行比较，主要从三方面进行了论述分析：第一，《齐民要术》中的农谚比较古朴，句式多样，体现了我国农谚的早期发展形式；第二，《齐民要术》农谚分布不均衡；第三，《齐民要术》不仅征引农谚数目相对较多，而且这些农谚在书中的运用非常自然和贴切。最后在全面考虑诸说的前提下，对"耕而不劳，不如作暴""回车倒马，掷衣不下，皆十石而收"这两则具有争议的农谚提出自己的看法。本文对研究《齐民要术》农谚具有一定的参考意义。

《"三言二拍"中的俗谚语》

王心欢撰，《明清小说研究》，1999 年第 3 期。

本文作者通过对"三言二拍"的"检阅"共得出俗谚语 384 条，其中"三言"中 249 条，"二拍"中 65 条，两者均有 70 条。作者将这些俗谚语按笔画顺序依次进行了一个简单的归类及整理，得出两者差异较大，一些"三言"中用之甚多的俚俗语，"二拍"中却少用或干脆不用；而有些"二拍"中反复出现，"三言"里却难觅踪影，这里的原因除了二人的喜恶不同，他们各自的历史文化背景也有所不同，冯梦龙在整理编写"三言"时，保留了不少宋元时的俚俗语，而这些俚俗语中的一部分到了凌濛初创作"二拍"的17 世纪前半叶已不再流行，反为一批新兴的俗谚所取代。

《略论〈水浒传〉中的谚语群》

周晓痴撰，《水浒争鸣》，2000 年第 6 期。

作者归纳了《水浒传》中的四类谚语群，从引用形式和活用形式上对其艺术运用特点进行了分析。第一类是表现传奇英雄险恶的生存环境的；第二类是揭示梁山聚义的必然性，显示聚义威力，歌颂英雄义气的；第三类是勾勒市井风俗人情的；第四类是总结经验教训，抒发人生感喟的。作者认为这些谚语群表现了水浒故事发生的历史背景，体现了《水浒传》的价值取向与审美意趣。谚语群从引用形式看分为两种：一是在谚语前加入引用语，起到了画龙点睛的作用；二是为了刻画人物形象和烘托环境气氛，由人物对话、自语、自思自想引出谚语。从活用形式看分为三类：一是谚语重复使用；二是同一谚语用于不同的人物形象；三是颠倒原谚语的语序和改动字词。同时指出《水浒传》谚语群从雅文学中继承较少，从俗文学中继承较多，为从俗文学角度研究《水浒传》提供了思路。谚语的叙写方式反映了中国小说演变的轨迹，也为全书灌注了浓浓的中国风味和中国气派。

《〈诗经·大雅〉中谚语的引用及其认识价值》

朱大银撰，《社科纵横》，2001 年第 4 期。

《诗经》中对谚语的直接引用只出现在《大雅》中，为我们更好地解读《大雅》乃至整部《诗经》提供了又一途径。本文将谚语列举出来并分析这种谚语的引用所具有的认识价值。谚语的引用不仅可以更好地体验其中不同的情感类型，还可以帮助我们更好地认识这些政治批评诗作者的"譬喻、谲谏"和"忧民、本民"的创作心态。

《上古农谚范本：〈诗经·豳风·七月〉研究之一》

王涧泓撰，《伊犁师范学院学报》，2001 年第 1 期。

本文从历法体例特征、因果关系特征、引用艺术特征三个方面对《诗经·豳风·七月》诗中的农事谚语进行论证，作者以诗中以夏历记月为时间信息符号指事的诗句为上古（周以前）的农事谚语，确立《七月》为"上古农谚范本"的论点，从理论上分析佐证《中国文学史》"上古歌谣少实例"的谬误。

《上古农谚范本：〈诗经·豳风·七月〉研究之二》

王涧泓撰，《伊犁师范学院学报》，2001 年第 4 期。

本文从引文特征入手，对《诗经》中的某些诗句和《七月》一诗中析出的上古农谚进行对比、判断，作者还结合谚语自身特征，从内容与形式、功能与作用、语言与风格上进一步加以辨析、论证，确立引文十四则为上古农谚。

《试论〈左传〉中的民谣、民谚》

王宁宁撰，《衡水师专学报》，2002 年第 3 期。

本文对《左传》中的民谣、谚语的功能与艺术特色进行了分析，认为民谣、谚语在国家的政治生活中具有舆论价值、影响民心向背；而且对政治具有美刺功能，是大臣向君主进谏时经常使用的语句。民谣、民谚的使用也反映了统治阶级的重民思想。在艺术特色方面，《左传》中的谣谚有着自然成文、深入浅出的艺术色彩。

《"胸中自有炉锤"——略论〈红楼梦〉中的民间俗语、谚语、歇后语的运用》

那贞婷撰，《中国古代小说戏剧研究丛刊》，2003 年第 1 期。

本文比较细致地对《红楼梦》中的俗语、谚语、歇后语的艺术技巧和手法进行了研究探讨。艺术技巧主要从以下几个方面阐述：有使用鸟兽做比的；有使用事物做比的；有的前后使用近义词做对照；有的使用具有哲理意味的话来表达某种思想或规则；有的使用自然变化表达既定事实或既成规律；有的使用对偶；有的同一成分在同一句俗语中同时出现两次。其次，文章还探讨了《红楼梦》中民间俗语、谚语、歇后语的表达功能：《红楼梦》中有许多谚语、俗语、歇后语都是为塑造典型环境和典型人物服务的，发挥并增强了这些词语的文学性，使这些词语做到了人物语言的性格化。从人物的性格来分，有的温婉娴雅，不落俗套；有的泼辣粗俗；有的刚烈豪爽；有的温文尔雅；有的下流无耻，俗不可耐。《红楼梦》中，作者利用谚语、俗语、歇后语表达深广的社会意义或深厚的情感，使读者回味无穷。

《〈金瓶梅俚语俗谚〉疑义浅析》

翟建波撰，《广西师范学院学报》（哲学社会科学版），2003年第4期。

本文对李布青先生编著的《金瓶梅俚语俗谚》中的部分俗语提出了疑义。作者分别对书中涉及的24条俗语的意义、11条俗语的断句提出异议，并对李布青先生关于俗语的界定也提出了不同意见。

《论〈易经〉卦爻辞中格言和谚语的文学价值》

刘凤泉撰，《太原师范学院学报》（社会科学版），2003年第2期。

本文以《易经》卦卜辞中的格言和谚语作为研究载体，分析了其作为中国早期的重要文学样式，在中国文学发展史上的重要地位，进一步论述了在反映宗教、政治军事、生产活动以及道德修养方面的丰富内容和深刻思想，并说明了其韵律和谐、采用多种手法的语言艺术特征。最后，文章对《易经》卦卜辞中格言和谚语作为中国文学史上最早的议论文学体裁，对箴铭、先秦哲理以及寓言等多种文学体裁的影响做了论述。

《〈左传〉引用谣谚现象略说》

周玉波撰，《淮阴师范学院学报》（哲学社会科学版），2003年第4期。

本文从《左传》中收集整理了大量的谣谚作为研究对象，分析挖掘这些谣谚中史学、社会学和文学等诸多学科独特的研究价值。第一部分重点分析谣谚与诗的区别，诗是"著于文字"，而谣谚只是"发于语言"。作者阐述了《左传》引用谣谚的用意和作用各不相同，一是陈述客观事实；二是增强说服力。第二部分着重分析了《左传》引用谣谚的意义，首先因为《左传》的主题之一是重人、重民，这也成为儒家思想的重要内容之一，所以引用谣谚充分体现了作史者的民间意识，这种民间意识有力地提升了《左传》作为正统史书的价值；其次是为史学辟一新途径，《左传》引用谣谚，应该说于史书的体例创新而言，也是一种极有意义的举动。第三部分中，《左传》引用谣谚对后世史学精神和史学实践的影响不是单一的，除了史学影响，它也在《诗经》之外，间接地以另外一种方式肯定了这些来自民间自由自在地表达民众真情实感的谣谚类作品。第四部分分析了旧史中有价值的谣谚，一是可以从中看出政治真相；二是可以从中觇知世风民情。最后作者分析《左传》引用的谣谚虽然多，但基本上没有谶纬的色彩，《左传》中对谣谚的引用有着导夫先路的功劳。

《〈蒙古真阿爸〉的谚语艺术》

哈斯高娃撰，《中国蒙古学》，2005 年第 5 期。

《蒙古真阿爸》是科尔沁文学经典作品之一，其语言艺术突出表现了科尔沁乡土特点。作品共收入了 60 多条谚语，主要运用科尔沁鲜活的、短小的、简单易懂的谚语，深入表现科尔沁地区的半农半牧生活画面，并塑造蒙古真阿爸勤劳朴素的形象。作者从工业类谚语、阶级社会类谚语、生活类谚语分析，深入展现草原文化特色和科尔沁人民朴素的性格特征。

《〈越谚〉与范寅的方言学思想》

王敏红撰，《江西社会科学》，2005 年第 11 期。

本文通过讨论《越谚》的优点及不足来了解作者范寅的方言学思想。《越谚》是清代范寅记录越中语言的作品，也是以语言为主的综合性地方文献，专收越地谚语，分为上中下三卷，上卷"语言"，中卷"名物"，下卷"音义"。文章第一部分介绍了范寅生平和《越谚》的成书过程；第二部分介绍了《越谚》的内容和体例；第三部分讨论了《越谚》的价值和不足；第四部分分析了范寅的方言学思想，范寅认为语言是因时而变的，语言与地域之间有明显的关系，雅语与方言之间有流变关系。本文既分析了《越谚》这部清代地方谚语语言学著作的价值和不足，又探讨了《越谚》作者范寅的方言学观点，对了解古代方言谚语的状况有一定意义。

《寓深刻思想，于生动谚语之中——〈格萨尔〉谚语论析》

里太姐撰，西北民族大学硕士学位论文，2006 年。

这篇论文对藏族长篇英雄史诗《格萨尔》中的谚语进行了分析，并总结出谚语所蕴含的朴素辩证思想和藏民族所特有的人生观、价值观以及伦理道德观。论文语料来自《格萨尔谚语选》（藏文）、《格萨尔文库》第一卷（藏汉）以及《格萨尔王传·卡切玉宗之部》（藏汉）。文章第一部分将谚语蕴含的朴素辩证思想分成普遍联系的思想、对立统一的思想、量变与质变的思想、实践的重要性思想四类进行论述。第二部分将藏民族所特有的人生观、价值观以及伦理道德分为朴素的自然观、为人处世的观念、伦理道德观念、人生经验理论四类进行讨论，增强了人们对《格萨尔》中谚语使用情况的了解，并深入地理解其所蕴含的哲学思想以及藏民族特有的价值观、伦理道德观。

《乡土民情的真实反映——浅析〈青林寺谚语歇后语选〉》

李崇琛撰，《三峡文化研究》，2007 年第 1 期。

《青林寺谚语歇后语选》共收录谚语和歇后语 6 万余条，主要采录、整理和编写了青林寺村落的谚语和歇后语。其中谚语和歇后语所具备的三个十分明显的自身特点，地域特色与乡土气息的有机融合、历史传承与当代创作相映生辉、通俗简明的形式与内容的完美结合三大特征。本书选录的谚语和歇后语地域特色鲜明，乡土气息浓厚，两者有机融合，反映了青林寺谚语和歇后语的主要特点、语言习惯和地域特色，高度浓缩了村情民情和风俗习惯，也是青林寺文化现象的一个重要特征。青林寺的谚语和歇后语是历代先民传承下来的，体现了民间文化发展的脉络，打上了时代的烙印。

《〈左传〉谣谚的语言特点》

胡萍撰，《黄山学院学报》，2007 年第 1 期。

这是一篇讨论《左传》谣谚的语言特点的文章，论述了《左传》中的两段"童谣"，指出基本是四字一句，而且都押韵，读来顺口、听来顺耳，故都能在大范围内长时间传播。文章指出《左传》中的"谚"语句子较短，句式灵活多样，有明引也有暗引，引用者身份有君也有臣，性别有男也有女，北方诸侯国的君臣引用得较多，中原诸侯君臣对谚语可谓耳熟能详。

《〈释谚〉平议兼其民俗语汇探析》

雷俊霞撰，《文化学刊》，2008 年第 1 期。

这是一篇平议《释谚》并探析其民俗语汇的文章。第一部分介绍《释谚》作者平步青其人；第二部分从《释谚》产生的时代大环境、地域小环境和《释谚》与"大书"《霞外捃屑》三个方面介绍《释谚》的成书背景；第三部分指出《释谚》以乡俗土语为主要对象，内容涉及清末绍兴民间衣食住行、婚丧嫁娶、民间信仰、市井交往、集市交易等诸多方面，这些民俗词汇反映了绍兴民间习俗惯制的主要特征；第四部分讨论《释谚》的体例和训释特点；第五部分介绍《释谚》的价值和意义。

《试论〈国语〉中歌谣谚语的政治功能》

陈鹏程撰，《山西大同大学学报》（社会科学版），2008 年第 4 期。

本文以《国语》歌谣谚语为例，指出谚语中表现政治功能的有以下方面：臣下引谚语以劝谏君主，在外交场合中被作为公认的社会政治伦理准则来为自己的行为或主张、观政知人作用。从《国语》中歌谣表现的抒发讽刺与赞美情绪的议政功能、游说功能以及童谣的预言功能三方面，具体阐述了歌谣谚语的政治功能。本文从歌谣谚语中窥探出鲜明的政治功能，对于后世的政治文化方面的研究有一定的影响。

《谣谚考辨》

吴静撰，《南阳师范学院学报》，2008 年第 5 期。

本文对"谣"和"谚"进行考辨，从其时间和文体上的变化得出两者之间的交叉关系。作者从谣的流变探讨谣的本义，作为文体形式的谣的原始含义，谣的形式，谣的演变，谣与诗、歌等发掘其原始内涵。从谚的流变探讨谚的原始含义、形式、演变并比较了谚和谣、诵，得出谣和谚有别又难以截然分开的结论。先秦谣和谚是两种不同的文体，谣谚的交叉形成了谣和谚以及歌之间错综复杂的关系，导致了后世对于谣、谚认识的模糊。本文依据《古谣谚》一书对谣谚做了全面的考察，其考辨有理有据，对谣谚的研究有一定的参考价值。

《关于〈荀子〉篇对民谣民谚的引用价值》

罗玉华撰，《名作欣赏》，2008 年第 18 期。

文章通过对《荀子》一书引用民谣民谚的材料例句分析，对其《成相》

篇对民间文学形式运用价值的阐释，印证了荀子为先秦通俗文化的流传做出了积极的贡献。《荀子》对民谣民谚的引用价值说明荀子对通俗文化的重视和学习，以深入浅出的说理方法，阐明事例，表明观点，这对先秦通俗文化资料的保存和流传无疑有着重大作用。荀子《成相》的价值，从内容观之，《成相》一文意在表达荀子自己的政治思想，宣扬所谓明君贤臣政治模式，主张总结三代以来的历史教训，以礼法治国。从形式观之，有如后世的连珠、大鼓、弹词的文艺形式，在先秦时代诚属独创之体，而且这种句式对杂言体、七言诗的形成有一定影响，尤其是对故事赋有着直接的影响。

《〈元史〉中所见蒙古族古代谚语和格言》

彭博撰，《中央民族大学学报》（哲学社会科学版），2008 年第 6 期。

本文着眼于《元史》中所见的蒙古族古代谚语和格言，将其作为蒙古族谚语研究的重要材料。文中以元史中的具体格言为例，又从蒙古秘史中选取具体语句进行比较，进一步解释其中含义。蒙古族的口头文学创作极为丰富，有的在 13 世纪便以文字的形式固定下来，元史中保留的谚语、格言为蒙古史及蒙古文学研究提供了素材。

《〈谚原〉刍议》

周丹、董丽娟撰，《文化学刊》，2009 年第 5 期。

这是一篇对《谚原》进行简单介绍的文章。《谚原》以方言俗语为研究对象，主要采用因声求义的方法探求方言俗语的语源，对方言俗语的研究提供了珍贵的资料和独特的方法。全文分为六个部分，作者对《谚原》的作者、成书时间以及现存版本做了简要介绍，并重点对《谚原》释文、内容、局限性与价值进行阐述。释文包括收词格式多样，历经一定的历史；注音方式多样并采用因声求义的训释手段，在训释中体现地域性的特点。内容涵盖岁时风俗与婚俗。《谚原》的价值体现在其保存的大量方言俗语的资料，为我们深入研究民俗语汇提供了宝贵且丰富的语料；其收录的方言俗语有助于人们阅读古代文献，研究古代文字演变。此外，从《谚原》中可以看出明代声训方法的娴熟运用。但是《谚原》也存在局限性，具体体现在以下几个方面：第一，征引古籍与诗作时未标明卷次篇目，不便查阅与核对；第二，引文过简，不利于理解引文和语词。总体来说，本文有助于我们了解民俗词汇与民俗事项，为民俗语言学的研究提供了宝贵的资料，具有一定的研究价值。

《〈左传〉谚语研究》

李宏伟、何荣昌撰，《天水师范学院学报》，2009 年第 4 期。

本文对《左传》里的谚语进行了专门研究。文章从谚语性质的界定说起，列举了《左传》中所引用的谚语，指出《左传》谚语的社会认识价值、功能和艺术特色。社会认识价值和功能表现在：谣谚具有社会舆论价值；士大夫引用谚语对一些人进行评价，个别带有预言的性质；重民思想；涉及人的道德心理问题；基于对日常生活经验的总结；反映出当时在君臣关系上并不从一而终，带有良臣可选择贤君的思想；透视出当时大国和小国之间力量对比的冲突，以其凸显劝诫或告诫的目的。在造语方面，《左传》谚语具有简短精练，雅俗共赏、口语和书面语的结合，声律美，修辞性以及谣、谚有区别的艺术特色。这是一篇针对专书进行谚语研究的文章，对同类专书的谚语研究具有重要的指导意义。

《〈齐民要术〉中的谚语研究》

田冲撰，《潍坊教育学院学报》，2009 年第 2 期。

文章从作品中的谚语这一独特视角出发，对其从分类和艺术特色两个方面做出了自己的理解和系统的阐释，由此揭示出中国农民以农为本、勤俭独立以及重视、顺应自然规律的农业文化心理。

《试论〈魏书〉时语谣谚在汉语词汇史中的研究价值》

李丽撰，《语文知识》，2009 年第 4 期。

本文从专书的视角，探究《魏书》的时语、歌谣、谚语在汉语词汇史中的研究价值。《魏书》的口语程度确实不高，但其记录的谣谚时语充分反映了当时的口语面貌，以及汉语词汇在中古时期的发展变化。

《色·宝彦尼默乎论谚语》

牛雅琴撰，《中国蒙古学》，2009 年第 2 期。

本文阐述了色·宝彦尼默乎在过去三十年中论述谚语的成果，即《论联诗的规律》《文学之门》中对谚语的认识。其主要内容有谚语的定义、谚语的起源、谚语的创作和色·宝彦尼默乎创作的新的谚语。蒙古近代文学奠基者之一、蒙古国新文学理论批评的优秀代表人物色·宝彦尼默乎有关谚语的论述是 20 世纪初蒙古民间文学研究的重要学术成果，尤其是他创作的新的谚语例子是基于蒙古人传统的形式惯例，反映人民的哲学思维、生活观念、艺术传统、语言丰富的优秀作品，并对未来的研究工作提供了重要的借鉴作用。

《天籁自鸣直抒己志——简析〈水经注〉质朴简约之歌谣谚语》

张鹏飞撰，《许昌学院学报》，2010 年第 1 期。

本文以《水经注》为例，对其歌谣民谚从叙事歌谣、比兴歌谣、讽喻歌谣三类分而析之。文章提出《水经注》的一些歌谣谚语具有高度的思想性和艺术性，并体现了郦道元的思想倾向，从哀民生之疾苦、彰善惩恶、乐山颂水三方面阐述观点。本文在体现《水经注》的文学性、趣味性、艺术性上具有一定的意义。

《〈官场现形记〉中的谚语特色》

孟昭泉撰，《中州大学学报》，2010 年第 6 期。

本文从明清四大谴责小说之一《官场现形记》着手，分析其中运用的谚语，并且从别具一格的选词、结合语境改变谚语原有的语义色彩、活用谚语、截取谚语中塑造人物有用的核心部分几方面，分析《官场现形记》中的谚语特色。本文除了谈到小说中谚语的创造性运用以外，还通过《官场现形记》谚语反复运用这一现象，从艺术角度分析出了谚语在小说中的作用及意义。

《从〈史记〉中的引“语”引“谚”看“语”及“谚”》

金久红撰，《郑州大学学报》（哲学社会科学版），2010 年第 4 期。

文章对司马迁《史记》中采录的以“谚曰”“语曰”引领的材料进行分析，认为《史记》中的“谚”大多是对于某人某事的抒情或议论之作。注重其中所表达的情感，而不注重“辞巧”；相对于表达浅近的“谚”，“语”则更加注重教化的作用，也注重辞句上的工整、雅洁，体现出独具一格的性质。

《陆游农技、农谚诗研究》

姜春霞撰，《济宁学院学报》，2010 年第 2 期。

文章主要分析了陆游《剑南诗稿》中的 60 余首关于农技、农谚诗。陆游农技、农谚诗一方面反映出人民生产的劳动经验，如气候变化对于农业的影响、养殖经验、“禽言诗”中的农业现象等；另一方面说明这些诗歌中包含了诗人对于农村生产生活的热爱。文中还指出陆游的这些诗歌对研究我国农业发展史有很大的贡献。

《"三言二拍"中的俗谚语研究》

司新艳撰，山西师范大学硕士学位论文，2010 年。

本文以市民文学的代表作"三言二拍"为研究对象，从三个部分对"三言二拍"中的俗谚语进行研究。第一部分对作品中的俗谚语进行梳理，分析其中俗谚语出现的原因，从俗谚语的概念入手，给出摘录俗谚语的标准，按标准对俗谚语进行逐章摘录。第二部分分析俗谚语所承载的文化意蕴。从女性婚嫁、商人买卖、世情冷暖、伦理道德和人们对天命的普遍认识等方面进行分析。第三部分研究俗谚语在文本中的文学作用。对出现在人物语言中的俗谚语和叙述人语言中的俗谚语的作用进行分析。文章认为俗谚语包含两个概念：俗语和谚语，同属于民间文学的范畴，二者之间既有相通之处又有区别，由于谚语完全符合俗语的特征，因此也将谚语视为俗语的一种。在古代的记录中，俗语谚语是一体的，并没有严格的界限。在《尚书·无逸》和《礼记·大学》中都将"谚"和"俗语"看作一个语类，如此看来，将俗语与谚语完全等同是不对的。从俗谚语在"三言二拍"中的存在数量看，"三言"中俗谚语的数量远远多于"二拍"中俗谚语的数量，且"三言"中以独立形式存在的谚语数量较多。从内容上看，"三言二拍"中的俗谚语大多是社会生活谚，其中个别是有关地理方面的谚语，且多是在提及人物活动的场所时出现的。生活谚语涉及社会生活的方方面面。"三言""二拍"中的俗谚语的差别多是由词语的更新代替形成的。文章认为，俗谚语的来源主要是从旧的宋元话本中继承以及作者在改编过程中的评论和添加。"三言二拍"中出现大量俗谚语的原因可以分为三点，首先和作者的重视有关；其次是拟话本的需要；最后就是期待读者的需要。关于"三言二拍"所承载的文化意蕴，俗谚语有着一定的政治教化功用，是民众心声的直接表达。其语言浅显易懂，较之高雅的诗文更容易被普通民众接受。其中俗谚语和文本一起为我们展现了一幅幅市井风俗画。"三言二拍"中俗谚语的文学作用大致可分为两种：一是出现在小说人物的语言中，对人物形象的塑造起着一定的作用；一是以叙述者的语言出现，位置灵活，其作用多样，或刻画人物心理，或提示听众注意或警戒教育听众。俗谚语作为市民文学最通俗易懂、最喜闻乐见、最受民众欢迎的语言，不仅仅是语言学的研究对象，更应该作为文学和文化的研究对象，这对研究晚明文学与文化不无裨益。从文学的层面上来说，俗谚语不仅参与了故事的叙述和人物形象的塑造，展现了人物形象和心理，评论了故事中人物行为和事件，而且作者的劝世讽喻思想在俗谚语方面得到了直接的显现。

《〈左传〉〈国语〉所引谣谚研究》

谢小刚撰，西北师范大学硕士学位论文，2011 年。

本文主要对《左传》《国语》中所引用的谣谚进行了研究，认为前人对《左传》《国语》中谣谚的研究主要集中在谣谚的辑录方法、谣谚的价值与功能、谣谚的语言特点及《左传》中童谣发生机制的研究上。文章首先对《左传》《国语》中的谣谚进行了界定，认为所说的谣即歌谣，包括歌、谣、诵、讴、赋等，这些称呼是歌谣的异称，因而将它们纳入歌谣的范畴。谚即谚语，包括谚、语和以"言曰""闻之"称引的言语。并对谣谚别为一体的说法进行了具体的阐述，认为文体是指文学的体裁、体制或样式，在古代的文学理论中，由魏晋至唐，谣和谚实际上是被视为一种文体的。在古代文体分类学上，自明代以来谣谚被独列为一体。第二部分介绍了《左传》《国语》中谣谚的内容形式，认为谣谚的常见类型有时政谣谚、事理谣谚、谶纬谣谚。谣谚的思想倾向主要是惩恶扬善与善恶报应，其中事理谣谚则寓有善恶观念；其次是民本思想。谣谚的句式特点体现在句式和字数丰富多变，句式上以单句和双句多见，字数上有两言、三言、四言、五言、七言、杂言，不一而足。谣谚的文学特色体现在雅俗结合、叙事缘情、反映现实上。第三部分阐释了《左传》《国语》中谣谚的称引功能，主要体现在显志达情、占卜预言、针砭时弊三个方面。第四部分介绍了《左传》《国语》中谣谚的传播，其中传播要素包括传播主体、传播受体、传播载体、传播方式、传播效果五个方面。传播模式主要为单项模式和互动模式，传播作用则是打开了本属于封闭系统的上层传播，使民间信息进入了官方渠道，从而获得了为文字记录的可能。谣谚因具有口耳相传的特点，在传播过程中极易产生变异，主要有在时间上的纵向传播变异和在时间上的横向传播变异。

《〈古谣谚〉谚语研究》

易南佳撰，湘潭大学硕士学位论文，2011 年。

本文尝试性地运用较新的汉语语汇学理论，对其中谚语定义、语义、语法结构、来源使用情况以及谚语释义、谚语辞典义商榷等方面做了比较系统的探讨。第一章绪论，对《古谣谚》中的谚语进行界定，将谚语与谣、惯用语、俗成语、歇后语、时语进行比较。并将谚语定义为"内容上以传递经验知识为主，形式上为非二二相承的俗语"。另外，还对《古谣谚》的作者及其研究现状进行了考证。第二章对《古谣谚》谚语语义从语义结构、语义类聚和内容分类三方面进行研究。将谚语语义结构分成组合型和融合型两类，从语义类聚上将谚语分为同义谚语和反义谚语。文章按照谚语内容将谚语分为农业类、气象类、地理类、风土类、生活知识类、事理类、修身类7种。第三章按谚语内部逻辑关系，将谚语分作单句型、复句型、紧缩型，并对这些类型的谚语作更加具体的描述说明。第四章探讨谚语来源与使用，认为谚语来源于口语、书面语，其中书面语谚语又多出自诗句、格言及典故。在谚语的使用上，主要体现为诗词和成语两方面。第五章则针对《古谣谚》谚语误例及谚俗语辞典中值得商榷的谚语义进行正误、探讨，通过对字词意义、文献及版本进行考证，列举出《古谣谚》三处谚语引录错误及三例值得做释义商榷的谚语例。

《试论〈左传〉的引"谚"》

张赟赟撰，《郑州航空工业管理学院学报》（社会科学版），2011年第5期。

本文论述了《左传》中所引用的谚语情况。文章第一部分对谚语的概念进行了界定；第二部分分别对谚语、俗语、俚语和"谚"与"谣"的概念进行了辨析；第三部分对《左传》引谚的情况进行了统计和例举。该文对于厘清谚语、俗语、俚语和谣谚的区别，知晓《左传》成书时的谚语使用情况，促进谚语的专书研究方面有一定的意义。

《论史诗〈江格尔〉的谚语审美特性》（蒙古文版）

额尔敦高娃撰，《内蒙古师范大学学报》（哲学社会科学蒙古文版），2011年第1期。

本文探析史诗《江格尔》中谚语的审美性质。作者从具有禁忌训诫意义、具有少年力量、表达对智慧的景仰、表现动作的迅捷、涉及和谐精神的谚语讨论并反映其哲学性、教育性和审美性。《江格尔》中的谚语很好地表现其内容与思想，即反映部落氏族间的战争，因为人们具备力量、智慧、勇气，才能实现最向往的和平生活和自由社会。这些谚语反映了自然、社会、理想的美丽，丰富史诗的内容思想和语言及深化文化内涵，成为人们永恒的"教科书"。

《论〈格萨尔王全传〉中谚语的民族文化特质》

袁兰撰，中南民族大学硕士学位论文，2011 年。

文章主要论述了《格萨尔王全传》中谚语所蕴含的独特的藏族文化特质。第一章为《格萨尔王全传》及其研究情况。《格萨尔王全传》是依据藏族英雄史诗《格萨尔》的概貌和基本内容编写而成的，是我国乃至世界上最长的一部史诗著作，具有极高的学术价值。第二章为谚语的研究情况。包括谚语研究现状、民族文学作品中对谚语研究的不足以及研究《格萨尔王全传》谚语的意义。第三章为《格萨尔王全传》谚语的分类运用。其谚语句式多样，包括单句类、复句类、句群类，还有大量的音节对称、形式整齐的短句与押韵句。在内容上又涉及讽谏、事理、生产、宗教、战争和动物等藏族社会生活的各个方面。第四章为《格萨尔王全传》中谚语运用的特点。其中的谚语有比喻、夸张、比拟、反问、排比等多种修辞手法，并在韵律上音节和谐押韵。《格萨尔王全传》中谚语的选材彰显出了藏民族社会生活的全貌，同时又反映了独特的佛教文化、白色崇拜心理、独特的荣辱观。对《格萨尔王全传》谚语的研究，对于传承和保护藏民族文化瑰宝具有积极意义。

《蒙古文历史文献中的谚语研究》

特木尔高勒图撰，内蒙古大学硕士学位论文，2012 年。

本文是以《蒙古秘史》《罗·黄金史》等蒙古文历史文献中的谚语为研究对象，以揭示蒙古族传统谚语反映的蒙古族传统文化特点。第一章通过对蒙古族谚语例句的解析，探讨了蒙古族审视现实的独特视角以及所看到的现实；第二章探讨了蒙古族对待现实事物的独特的思维特点及方式方法；第三章探讨了蒙古族传统谚语所折射的游牧文化特点和蒙古族审美理想特征。作者认为基于游牧文化的深层原因，蒙古族有着独特的面对现实的文化特点，蒙古族谚语也充分体现了蒙古族游牧文化的特点和独特的审美兴趣。

《〈宋诗纪事〉时政谣谚论略》

方燕撰，《四川师范大学学报》（社会科学版），2012 年第 5 期。

文章主要对《宋诗纪事》中 56 首时政谣谚进行分析。时政谣谚作为一种特殊的语言形式,具有揭露统治腐败、抨击朝廷弊政、评议政治人物、凸显官制特点、反映政治变迁、预测国家命运、昭示个人结局的特点。《宋诗纪事》卷 100 录有宋代谣谚杂语 145 首,其中时政谣谚 56 首。这些时政谣言兼采各地,雅俗兼备,无固定章法,形式多样。且大量地运用谐音、双关、拆分、隐喻、夸张、排比、拟人、借代、选择等表现手法,带有鲜明的主观色彩,流传甚广,深刻地反映着宋代复杂的政治现象,在宋代的政治生活中起到了褒贬美刺、舆论监督、政治讽喻的重要作用。

《〈左传〉〈国语〉中"歌""谣""谚"研究》

冀敏撰,南京师范大学硕士学位论文,2012 年。

本文研究了《左传》和《国语》中的谣、谚,共分为五章。第一章梳理了"歌""谣""谚"的定义,并总结了《左传》和《国语》中"歌""谣""谚"的特点。首先,这些谣谚的记载一定是与历史事件结合出现的;其次,这些歌谣与谚从整体内容方面来看有其共同性,它们多记载有关政治、生活经验方面的歌、谣和谚,却很少直接出现有关爱情的歌谣和农业生产方面的谚语;最后,《左传》和《国语》中记载的歌谣,在引入典籍时的具体记载形式也有不同,用带入的形式来充分体现谣谚具有的民间性特征。第二章分析了《左传》和《国语》中"歌""谣""谚"所反映的春秋时代精神生活和社会生活。它们反映了春秋时代的类比思维、隐喻思维和崇古思想,也反映了春秋时代社会的言论开放、自由、诗歌观,更重要的是反映了"崇德贵民"的进步思想。第三章分析了《国语》中"歌""谣""谚"的社会文化功能,即情感宣泄与疏导功能、教化认知功能、舆论传播功能、上下层沟通功能和社交功能。第四章分析了《国语》中"歌""谣""谚"的文学价值和影响。在句式上,此时的歌谣在字数上以四句为主,兼有二言、三言、五言和七言,而在句型上则以单句、双句为主要形式,三句以上的形式多见于谣中,多言便于谣进行情感和内容的表达。在艺术手法上,"歌""谣""谚"善用比、兴和对比等表现手法,以及对偶、排比等修辞手法。第五章分析了《左传》和《国语》中"歌""谣""谚"的史学价值以及影响,即《左传》和《国语》引"谣""谚"入史,并对后世史传性作品产生了深刻的影响。记载于《左传》和《国语》中的春秋时期的歌谣与谚是研究春秋时期最直接最生动的材料，是后人了解当时社会历史和发展的窗口。

《〈史记〉谣谚研究》

齐向宇撰，辽宁大学硕士学位论文，2013 年。

本文对《史记》中的谣谚进行整理、分类、引证、归纳、总结和分析，阐述了《史记》谣谚的来源、分类、思想、功能、艺术特色、思想文化意蕴以及对后世的影响。首先对《史记》中谣谚的来源和界定进行概说，又把《史记》中的谣谚分为时政、谶纬、事理三类，从中探索出深刻的思想文化意蕴，包括表现了劳动人民对统治阶级的深恶痛绝、对当政者恶行的深刻揭露和无情鞭挞、劳动人民智慧的体现和对生活的总结。作者分析了谣谚的文学功用和艺术特色。我们可以看出，谣谚在司马迁笔下散发出耀眼的光芒，再现了《史记》真实生动的风姿。

《〈中华谚语志〉中的类比性谚语》

王琼、王枫撰，《广播电视大学学报》，2013 年第 3 期。

本文是以谚语论集《中华谚语志》中丰富多彩的谚语为研究对象，着重对其中类比性谚语进行分析，主要分为两大部分内容，首先在形式上可分为句内具备类比关系的谚语和同义谚语的类比性谚语群；其次在内容上凸显的民族性和地域性特点。作者指出，类比性谚语在具体的直观领悟中传授事理，不仅独具特色，还是我国传统的类比思维的生动例证。《中华谚语志》一书也为我们提供了更为丰富的谚语资料和观察谚语的许多崭新思路，对于谚语研究具有极其重要的意义和价值。

《宋代文人与民间文化——以谣谚的传播为中心》

赵瑶丹撰，《民俗研究》，2014 年第 1 期。

本文试图通过谣谚传播方式的探讨揭示宋代文人传播谣谚现象，揭示容易被忽视但又切实存在的文人在民间文化创作、传播中的重要作用。文章开头指出口耳相传的谣谚是民众意见表达的典型形式，其社会影响力的扩大与提升，与文人参与休戚相关。另外，口头传播的谣谚立于文字无疑更需要文人的参与，人们盛传的谣谚进入文人视野，经由他们记录、传述、整理，这是谣谚实现二次传播和再创作的必要条件。口传风谣也起到了推波助澜的作用。

《〈左传〉引谣谚研究》

李佳撰，曲阜师范大学硕士学位论文，2014 年。

文章共分为七个部分。第一部分为绪论，介绍了选题源起、研究现状、选题意义、谣谚界定四个方面。第二部分概述了《左传》引谣谚，包括内容分类、特点及原因。第三部分论述《左传》引谣谚与春秋政治，包括反映了春秋时期激烈的政治斗争、执政者的晴雨表、鉴古思想影响下谣谚是谏言的重要方法、政治谣谚是重要的民间舆论力量、反映出原始民主制的遗存等五个方面。第四部分介绍《左传》引谣谚与春秋社会生活，详细论述了反映人民的生活状况、反映晋国的地域文化特色、反映地区之间的文化交流状况、是当时下层人民受教育的重要途径等四个方面的内容。第五部分介绍《左传》引谣谚与春秋思想文化，包括重民思想、伦理观念、崇古思想、勇于开拓的精神风貌、历史观念。第六部分为《左传》引谣谚的历史价值及意义。第七部分得出两点结论：一是谣谚虽然篇幅较短，包含的内容却极其丰富，与春秋时期的政治、社会生活、思想文化有着千丝万缕的联系，因此可以将《左传》引谣谚作为可靠的历史材料进行研究；二是《左传》引谣谚作为史料被分析研究，对中国史学和现实都具有重要的意义。

《试论〈战国策〉中歌谣谚语的运用》

陈鹏程、刘生良撰，《浙江外国语学院学报》，2014 年第 2 期。

本文以《战国策》为例，对歌谣谚语的运用做了细致的研究，列举了《战国策》中反映集体情感和以个体吟唱、抒发个体情感为主的歌谣。《战国策》中的歌谣具有重要的艺术功能，从歌谣是展现人物冲突的重要手段、是展示人物个性的重要手段、以其丰富的内蕴扩展了作品表现力而使作品呈现出丰厚的艺术韵味三方面进行了阐述。文章将《战国策》引谚数据与《左传》《国语》相比较，得出两个结论：一是战国时人在其言语中，称引谚语频次是较高的；二是战国时人称引谚语是春秋时人文化传统的继续。《战国策》所载战国时人称引谚语和《左传》《国语》所载春秋时人称引谚语表现出相同的文化目的，即阐释并增强己说的说服力。和《左传》《国语》相比，《战国策》引谚呈现出鲜明的俚俗化倾向。和《左传》《国语》等相较，《战国策》中谚语的说理效能更为明显。结语部分得出结论：从《战国策》所载战国时代的歌谣、谚语情况来看，战国的文化和春秋相比呈现出明显的变化，那就是个体意志的增长与世俗化倾向的增强，而这两者是和谐统一的，表征了战国歌谣和谚语发展的内在一致性。

《〈越谚〉中的越地方言语汇研究》

杜晓文撰，浙江财经大学硕士学位论文，2015年。

论文研究了《越谚》中的越地方言语汇。共分为四章，第一章绪论介绍了越地的地理、历史和人口概况，越语（东头埭话）的声韵调系统，《越谚》的内容、版本和作者，以及语汇和《越谚》研究的概况；明确本论文的研究内容、研究方法、研究意义，并对相关问题进行说明。第二章对《越谚》越地方言语汇和普通话语汇进行了分类比较，可分为与普通话相同的越地方言语汇和与普通话完全不相同的越地方言语汇，以及具有吴语特色的越地方言语汇。第三章分为三节。第一节指出使用频率高且韵律和谐是《越谚》越地方言语汇衍生的方式；第二节分析了《越谚》越地方言语汇产生条件和机制，即组块心理和整合思维；第三节比较了语汇化和词汇化。第四章提出了《越谚》越地方言语汇与语典编纂中的语录未收、书证偏晚的问题。

《杨慎所辑歌谣谚研究》

邓琳琳撰，四川师范大学硕士学位论文，2015年。

本文对杨慎编纂的《古今谚》的版本、编纂缘由、体例和影响做了分析，归纳了《古今谚》各版本在卷数、刊刻时间、版本介绍、馆藏地等信息。作者认为杨慎编选《古今谚》是因为谣谚可观民风，挞伐时政，充满文采和道理，而且可以解释经书。《古今谚》缺乏严格的编纂体例，既不是按照谚语出现的先后顺序进行编排，也不是按照谚语出现的地域进行编排，大量农谚、天气谚没有标明出处，因此材料来源不详，理解起来比较困难。《古今谚》的影响主要体现在杨慎将谣谚的创作方法运用在诗词创作中，以及对《古谣谚》编纂的影响，《古谣谚》收录了《古今谚》除吴谚楚谚蜀谚滇谚以外的50多首谚。

《〈元朝秘史〉中两则谚语与相关史料的可靠性问题》

刘迎胜撰，《民族研究》，2015年第5期。

本文以《元朝秘史》中的两条谚语为分析对象，证实了钦察王族沦落与成吉思汗家族兴起的过程，与孟速思与刘哈剌八都鲁家传资料中对成吉思汗家族的记载相吻合。同时结合不同学者对蒙古秘史的研究判断史料的可靠性。有关蒙古族谚语流传的史料研究最早见于余大钧对《元朝秘史》的分析中，他通过对比《秘史》及《史集》的形容"子孙后代不中用"的蒙古族谚语，比较两种记述的不同，认为《史集》中的记载更接近现实。蒙古族谚语在波斯学者的笔下有不同于《秘史》的记载，是与各自政治立场相关的，近年来云南大学也对元代流传的蒙古族谚语进行了研究，文章列举了"雀鹰"和"目中有火"两条蒙古族谚语，从蒙古族对答回话及家传资料中找到相关资料证据。蒙古族谚语的研究应充分考虑史料文本的原始性和文字的正确性，本文通过分析《秘史》中记载的出现多次的蒙古族谚语，证实了阎复《句容郡王纪绩碑》所记内容的可靠性。

《〈左传〉谚语研究》

李世萍、屠伊君撰，《廊坊师范学院学报》（社会科学版），2016年第4期。

本文从谚语分类、主要特点、思想观念、功能和价值四方面对《左传》中谚语进行研究和解读。《左传》谚语分类十分丰富，从形式上看，可分为"谚曰""古人有言"等六类；从内容上看，可分为时政谚、预言谚和生产生活谚三类，具有雅俗共赏、重时人言、分布不均、反复出现等特点，反映出时人崇古、崇德、贵民、勇于开拓等思想，具有劝谏教化、社会舆论、预言推测等社会文化功能及重要的史料价值和新的史学精神等史学价值。《左传》谚语具有重要的研究意义，也为研究其他历史文献提供了新的视角。

《〈全蜀艺文志〉中"风谣"的文化解读》

杨钊撰，《古籍整理研究学刊》，2016年第4期。

本文对杨慎《全蜀艺文志》卷3收录的40首"风谣"的研究，对这些"风谣"展开了文化解读。对此"风谣"的文化解读，从三个方面展开。一是文献学的解读，杨慎收录的风谣，征引反映巴蜀文化的文献极为富瞻，表明文献出处，与风谣正文相互印证，表现出严谨的学术态度；二是诗歌内容的解读，选录风谣彰显巴蜀文化的灿烂，记载历史，宣德达教，博化笃俗，表成著败，以明惩劝；三是诗学解读，此书选录目的是"君子多识前言往行，以蓄其德"，亦有辨析"诗流"之用。

《〈史记〉歌谣、谚语研究》

张佳玉撰，广西民族大学硕士学位论文，2016年。

本文从文学与史学角度对《史记》中的歌谣、谚语进行了综合研究。文章对歌谣、谚语的内涵、范围进行了界定，介绍了《史记》所引歌谣、谚语的来源及分布特点，并将其分为政治、经济、社会和其他四种类型，认为其在艺术特点上具有传承的变异性、深刻的哲理性、比喻的形象性和语言的通俗性，分析了《史记》引用歌谣、谚语在文学、文学史和历史学方面的意义及影响。

《〈龙图耳录〉谚语研究》

冯娜撰，广西师范学院硕士学位论文，2016 年。

本文对《龙图耳录》中的谚语进行了研究。文章分析了《龙图耳录》中谚语的语法结构、语义内容、修辞手段及语篇功能，并运用了模因论探讨谚语产生、发展演变的规律。通过对《龙图耳录》中谚语的溯源，比对大量相关辞书，发现 7 条谚语可以提前到《龙图耳录》时代，并补充了辞典失收的条目，这有利于谚语的收集和辞典的编撰。

《五大农书谚语研究》

陈浩撰，闽南师范大学硕士学位论文，2016 年。

本文对《齐民要术》《农桑辑要》《王祯农书》《农政全书》《授时通考》5 部农书中谚语的音形义、演变及其对汉语研究的意义进行分析探讨，对谚语专业化方向的精细研究做出尝试。绪论中主要探讨"五大农书"的界定与谚语的性质，通过界定分析，确定论文研究的范围与对象，并对论文研究所使用的理论方法和论文本身的价值意义进行了说明。第一章主要集中于"五大农书"谚语的形、音、义。将农书中的谚语按照结构划分为单段式谚语、双段式谚语、多段式谚语；将谚语的语音特点概括为"节奏划分明显""力求押韵""少顾平仄"；按谚语表示的不同语义分为农业、气象、蚕桑、林业、畜牧、人生道理、讽刺，同时也对谚语的语义现象进行了总结，即"字面义与题外义并存"和"同义谚与反义谚兼有"。第二章研究"五大农书"谚语的演变，包括谚语形式的演变和谚语语义的演变。农书中谚语形式的演变有三个方向，它们是逐渐消失、改变形式、保持不变。农书中谚语语义改变的方向有谚语语义范围的扩大和语义范围的缩小。第三章论述"五大农书"的谚语研究对汉语研究的意义，主要包括"词语训诂，释疑解惑""研究语法，解构成分""丰富语料，发展学科"。结语将论文的不足和创新之处进行了总结，同时也对论文选题的研究前景进行了展望。

《〈古谣谚〉文本探究——中国古代歌谣搜集整理侧论》

吴昊撰，山东大学硕士学位论文，2016 年。

本文通过对《古谣谚》文本进行探究，来探讨中国古代歌谣搜集整理。文章分为五个部分，首先是绪论，包括选题意义、立论依据、研究内容与方法；第一部分为《古谣谚》简况，介绍了《古谣谚》的作者、版本情况和《古谣谚》的体例与宗旨；第二部分为《古谣谚》的"是"与"非"；第三部分为《古谣谚》中的歌谣文本及类型；第四部分为中国古代歌谣搜集整理之我见。

《论古谣谚在文学发展中的作用》

刘旭青撰，《中国韵文学刊》，2017 年第 1 期。

作者从文学创作、批评、现象、理论、成就几方面论述了古谣谚在文学发展中的重要作用及其对雅文学的影响，主要从以下六个方面阐述其重要性和影响，包括采谣谚入诗文、引谣谚释诗文、引谣谚总结文学理论、引谣谚评论文学现象、引谣谚评论诗文创作、引谣谚论文学成就。

《〈古谣谚〉二十四节气谚语研究》

王建莉撰，《中国典籍与文化》，2018 年第 3 期。

本文提取清代杜文澜《古谣谚》所收的二十四节气谚语，共计 34 条，从语言学和文化学角度进行了分析。分为四个部分：气候与天象、农业生产、民俗活动、社会状况。气候与天象类谚语反映了天气冷暖、昼夜长短、降水等内容；农业生产类谚语反映了节气与种植、节气占雨与农业生产等内容；民俗活动类谚语体现了清明节、冬至节的民俗现象；社会状况类谚语体现了歌颂盛世、荒年卖子、物价起伏等情况。从语言学角度看，这些谚语流传有多种版本，文章考证其语义，比对核查其异文，并匡正杜氏的考证疏误。从文化分析角度看，这些谚语表述的内容具有很强的科学性，反映了古人的历法知识、气象知识和农事知识，同时又具有时代性和民族性，反映了社会世情和民众价值观，蕴含了丰富的历史文化知识。本文系统深入地分析了古代二十四节气谚语，弥补了这一方面研究的不足。

（二）断代研究

断代谚语研究是中华谚语史研究的另一项基础工作。20 世纪 80 年代以来，立足富含中华谚语的断代语料研究谚语的面貌、特点、流变、词汇、语法、修辞、文化内涵、运用等内容，取得了一些研究成果，为中华谚语史构建研究积累了有益的资料和依据。成果形式以期刊论文和学位论文为主，另有一些专著。

《试论谚语在几部明清长篇小说中的运用》

孟昭泉撰，《中州大学学报》，1984 年第 1 期。

本文主要对《三国演义》《水浒全传》《西游记》《金瓶梅》《儒林外史》《红楼梦》等几部明清优秀长篇小说中的谚语运用情况，做了一些分析研究。第一部分，把谚语纳入人物语言表现人物性格，作者发现在人物语言中运用谚语对揭示人物性格特征起了十分重要的作用。第二部分，谚语运用与作品题材的相关性及其与表现主题的一致性。由于文学作品反映的生活题材不同，用谚方面也带有一定的倾向性，谚语在帮助表现主题方面起了重要的作用。谚语运用与作品题材的相关性及其与表现主题的一致性，二者相辅相成，给作品增添了光彩。第三部分，谚语运用的灵活性，主要表现在：不同的作品中，用了同一谚语；同一作品中，不同的环境条件下用同一谚语；谚语可以出现在一句的句首、句中或者句尾。第四部分，谚语运用和作家风格的关系。作家使用语言的风格、格调的不同，与谚语的具体引用有密切关系。第五部分，对几部小说中谚语本身的剖析，并且提出谚语是社会的产物，但是也具有一定的局限性。

《元明戏曲、小说俗谚用例互证》

胡竹安撰，《语文研究》，1986 年第 1 期。

文章以《思想战线》1983 年第 3 期上的方龄贵所撰《元明戏曲用语与〈水浒传〉用语互证释例》一文为依据，进一步补充完善了 19 个用例，并对所列用例进行互证分析。在文章最后，作者还对这 19 个用例的出处、反映社会风尚和时代面貌的价值以及艺术手法做了简要的说明。

《秦汉民间谣谚略说》

王子今撰，《人文杂志》，1987 年第 4 期。

　　文章通过对秦汉民间谣谚内容的分析探讨，揭示了它的历史价值以及对后世文化发展的影响。文章指出民间谣谚是秦汉社会政治生活的真实写照，从中我们可以窥探出一个阶层的真实历史观；民间谣谚也是秦汉社会经济状况的珍贵史料，有助于我们了解那一时期社会经济发展的状况以及变化；民间谣谚是秦汉社会风习与民俗的生动画卷，是后人了解当时风俗民情的重要途径。此外，秦汉民间谣谚以其丰富的内容、富有哲思的语言等，对中国古代文化具有积极的促进作用。

《试谈汉谚》

　　严恩萱撰，《赣南师范学院学报》，1988 年第 2 期。

　　文章从民间文学角度对汉谚的出处以及定义提出了自己的理解与看法，指出"把出自文人之手的诗文中的语句当作谚语是不科学的"，又根据谚语是人民群众的口头创作的这一特性，指出"诗句成谚""格言、警句成谚"的说法不能成立。此外，就谚语变异性较大这一事实，作者指出"学习人民的语言，不能照搬照抄，而要灵活运用"。

《汉代谣谚与世风》

　　王凯旋撰，《聊城大学学报》（社会科学版），2004 年第 6 期。

　　文章通过对汉代谣谚进行分析研究，从中窥探出与当时社会风气、风俗习惯的紧密联系。汉代谣谚不仅涉及治政方面，也有关于教子育人、社会风情、尊老尚贤、民人生活、自然万物、婚丧嫁娶等，汉代的民谣民谚是丰富多彩的。此外，对两汉时期的选士用人制度、战争、农耕水利、服饰、建筑等方面的内容也有记录。

《明清章回小说在民间的影响——以谚语和歇后语为中心》

　　刘勇强撰，《江西社会科学》，2004 年第 1 期。

　　本文探讨了有关章回小说的谚语和歇后语的形成过程，指出"有关章回小说的谚语和在相应作品问世后就已陆续产生，但除了章回小说外，可能还有更原始的出处"，而且"小说常与戏曲相互借鉴、共同发展，这也在一定程度上影响了熟语源头的判断"，并分析了它们在小说名著中的分布情况，指出"歇后语大量集中在《三国演义》《水浒传》《西游记》等名著上"，论述了它们对小说情节与人物内涵的体认，从侧面反映了小说在民间的具体影响。文章还说明了章回小说与谚语和歇后语艺术性的关系，认为这种关系具体表现在形象鲜明、幽默诙谐和寓意深刻三个方面。

《唐前诙谐谣谚概述》

张影洁撰，《广西大学学报》（哲学社会科学版），2007 年 S1 期。

本文对唐前诙谐谣谚在内容上的分类做了介绍，指出诙谐谣谚往往没有过于辛辣的讽刺，更多的是在嘲弄和玩笑中表达爱憎，在矛盾和荒谬中产生谐趣。唐代以前的诙谐的谣谚从内容上看大致可以分为三个方面：其一是嘲讽社会政治生活中呈现的一些乖谬可笑的丑恶现象；其二是嘲弄生活中的一些可笑的人物或者荒唐反常的现象；其三是表现日常生活中的一些现实状况。

《传统社会中的民间谣谚与社会政治生活——以清代谣谚为例的讨论》

潘洪钢撰，《学习与实践》，2008 年第 6 期。

本文仅以清代谣谚为例，对其中所反映的官场和政治生活等方面的情况，做了初步的讨论。作者认为，在缺乏信息传播途径的传统社会中，歌谣、谚语是人们文化传承、表达心声、传播信息的重要方式，通过对清代谣谚的研究，有助于我们了解清代的政治社会生活。清代谣谚中有相当部分涉及社会政治生活，对官场形态、官司职守及官员们的生活状态，进行了生动的记录；谣谚多产生于民间，也有由下层士子创作或由记载它的文人修改而流传下来的；谣谚是下层人民心声的表达，在缺少表达与宣泄途径的时代，人们不平则鸣，以谣谚的形式形成一种社会舆论。

《从时政谚谣看唐代民众的政治参与》

刘兴云撰，《黑龙江史志》，2009 年第 16 期。

文章以史籍中记载的唐代时政谣谚为依据，探讨唐代民众的政治参与意识。唐代民众不仅用谣谚的形式来关注社会，且政治参与意识逐渐加强。唐代时政谣谚在内容上主要有以下几类：反映政治高层的谣谚、反映军事的谣谚、反映官员政绩优劣的谣谚。唐代时政谚谣体现了唐代民众的政治参与意识，这种政治参与有时是直接的，即民众言论直接影响了统治者的行动，有时也表现为间接地参与政治活动。

《三晋古谣谚的文学价值和历史意义——以北齐为例》

卢有泉撰，《三晋文化研讨会论文集》，2010 年。

本文以北齐谣谚为典范，从古谣谚的形式、内容、思想三方面分析三晋古谣谚的文学价值和历史意义。在形式上，音节调谐，易于诵读，具有音乐的美感；在内容上，表现民众对王朝政治的关注和感受，具有浓厚的政治色彩；在思想上，既具有儒家的"民本思想"又秉承神授"皇权"的上层统治思想。三晋古谣谚全方位记录了社会生活本相、时代风云际会，并以其鲜活的形式，借以教喻后人，包含丰富的人生经验和哲思，有助于我们得到前人有益的教诲和知识启迪，提高我们的认识，具有深刻的教化意义。

《笔记小说俗谚研究》

黄建宁著，人民出版社，2011年版。

本书是在作者博士学位论文的基础上写成的，以笔记小说中的俗谚为研究对象，通过对汉魏六朝至元明的笔记小说俗谚收集整理，在前人研究的基础上，对其进行更深层次的挖掘，并进行了系统性的描写和理论性的说明。共分六部分内容，第一部分为绪论，阐述了笔记小说的界定问题并对其分类，还通过列举大量文献论述了什么是俗谚，简要地追述了前人研究的概况。第二部分着重分析了笔记小说俗谚的结构，主要体现在三个方面：节奏、平仄、押韵。俗谚的语法结构有单句型、复句型、多重复句型和紧缩复句型等。第三部分是笔记小说俗谚的语义，具有浅层义和深层义两种，因其是传授具体知识，所以浅层义是它的常态，而深层义往往通过比喻、引申等方式来完成。由于人们对事物认识的角度不同和感受不同，所以又形成了同义俗谚与反义俗谚两种形式。第四部分为笔记小说俗谚的语法功能，俗谚可以充当句群成分、复句成分、单句成分，还可作主语、谓语、宾语、定语。第五部分为笔记小说俗谚的来源与发展，通过对大量文献考察，笔记小说来源于儒家经典、先秦诸子、史传文学、文人诗文、宗教文献等。作者还总结出俗谚发展演变主要有语词的替换、结构的变化、语义的演变、形式的套用等几种方式，结合有力材料对10余条俗谚进行详细的个案研究。第六部分为笔记小说俗谚与文化，俗谚的产生和发展与社会文化的变化有紧密的联系，文章从政治制度、哲学、宗教、礼俗、医学、饮食等方面，简要地探讨了文化对俗谚的影响。

《唐前谣谚史论》

时娜撰，山东大学硕士学位论文，2011年。

本文对唐前谣谚在内容、形式等方面的发展流变进行梳理与分析。绪论讨论了谣谚的概念、论文谣谚的选材说明、研究现状及研究意义四个部分。唐前谣谚分为先秦、秦汉、魏晋南北朝谣谚三个部分。第一章为先秦谣谚。先秦时期又分为远古时期、夏商周三代和春秋战国时期三个阶段。远古时期的谣谚以日常生活和颂扬领袖为主要内容，夏商周以及春秋战国时期的谣谚则以时政为主。第二章为秦汉谣谚。秦朝谣谚数量较少且内容大多为描写暴虐的帝王。两汉时期谣谚数量增多，内容上多反映广阔的社会生活，包括社会政治、人物品鉴等方面。第三章为魏晋南北朝谣谚。此时的谣谚在内容上一方面沿袭两汉的时政与人物品鉴两大部分；另一方面扩充了时政部分的内容，如战乱、军功等，在人物品鉴部分也体现出了玄学与佛学的影响。以上各个时期的谣谚都具有各自鲜明的艺术特色。第四章为唐前谣谚发展流变概况。对唐前谣谚内容与艺术特色方面的流变进行概述。

《唐宋谣谚与科举选官制度管窥》

王凯旋、李阳撰，《兰台世界》，2012 年第 21 期。

本文从直接反映百姓心声的谣谚入手，自下而上地考察了唐宋时期科举制度在社会中的影响以及在科举选官制度下民人的社会心理变化。文章列举了涉及考试内容、形式、政策、应试技巧、考试作用的谣谚，描绘了古代的科举选官制度概貌。民人认为科举制度可以改变其命运，因此神化了科举制度，科举制度的影响也涉及了方方面面。

《先唐兄弟谣谚探析》

王林飞撰，广西大学硕士学位论文，2012 年。

本文对先唐兄弟谣谚进行了分析。共分为三章，第一章是对先唐兄弟类谣谚的概述。作者明确了歌谣俗谚的定义，对先唐兄弟关系进行了溯源，并统计了先唐兄弟类谣谚的数目。第二章分析了先唐兄弟谣谚的思想内容，涉及预言、时政和品藻三类。第三章分析了先唐兄弟谣谚的艺术特色。先唐兄弟谣谚叙事抒情，饱含哲理；善用修辞，生动形象；体裁灵活，句式多样；语言简洁，含义隽永。先唐兄弟谚语反映了先秦至隋代思想的流变以及人们审美情趣的移位，承载着政治关怀和道德使命，具有重要的价值。

《明代的谣谚》

王立娜撰，东北师范大学硕士学位论文，2013 年。

本文通过对明代谣谚整理分类，进而从中透视民众视角下的明代社会。

引言中对基本概念、研究背景和所发现的问题进行阐释。第一部分分类汇集、整理明代谣谚存世之概况，并对在典籍中收录频次较多的谣谚进行关注，以此透视明代百姓关注的最重要的政治现象。第二部分以谣谚展示明代庙堂政治，通过帝王谣、士大夫谣以及宦官谣，来解读民众看待庙堂政治的方式。第三部分主要探讨谣谚所折射的地方政治与军事问题。在此部分尝试对谣谚的地域分布特点进行整理和解读。第四部分关注谣谚中反映的明代制度。明代制度繁杂多类，但就谣谚关注程度来看主要有两类：一类是与民众关联程度最大的科举制度，此类谣谚展现的多是民众对科举入仕的向往和对科举结果的占验；另一类单指弊政，民众因弊政而受苦楚无处发泄，常以谣谚抨击表达愤懑之情，此类谣谚有时成为统治者纠正时弊的依据。

《汉代谣谚研究》

安牧阳撰，广西大学硕士学位论文，2013 年。

本文主要分为四个部分，第一部分是绪论，主要描述谣谚研究的现状以及对汉代谣谚进行研究的意义所在。第二部分是关于汉代谣谚的简况，主要包括谣谚的定义、本文汉代谣谚的选材、汉代谣谚分类统计等信息。第三部分是汉代谣谚的主要思想内容。主要对汉代谣谚的分类与整理，共分为谶纬类、政治类、战争类、人物类和其他类五大类，其中政治类谣谚又细分为近幸类、官员类、选举类三方面。第四部分主要从句子特色、结构关系、修辞手法、叙述特色四大方面对汉代谣谚的艺术特色进行阐释。作者认为汉代谣谚的创作者使用了很多不同的艺术手法，展现出丰富的多面性，使得作品精练又活泼，充满了生命力。

《两汉谣谚文化兴盛之原因考论》

孙立涛撰，《东方论坛》，2013 年第 4 期。

本文通过史料文献考证研究两汉谣谚文化兴盛的原因，认为谣谚文化在民众间的自发传承、官方相关政策对谣谚文化的影响、社会各阶层对谣谚文化的精神需求三个方面共同造就了两汉谣谚文化的兴盛。从谣谚艺术本身的发展、完善与传承角度看，作者认为汉代各界人士都能从谣谚文化中得到精神的需要，这才是汉代谣谚文化比较兴盛的根本原因。一是具体作品的传承，直接丰富着汉代的谣谚文化内容；二是艺术形式的传承，为汉人的继续创作提供了便利；三是社会心理的传承，谣谚作品在社会流传过程中，直接影响着人们的思想、情感，形成了人们共同的社会心理，这些为谣谚文化在汉代的继续发展打下了坚实的基础，为谣谚文化盛世的到来做好了充分的准备。

《论宋代谣谚中的社会史内涵》

赵瑶丹撰，《东岳论丛》，2013 年第 5 期。

本文以两宋谣谚中的民众观念为切入点，探讨谣谚蕴含的社会史内涵和研究价值。民谣民谚作为文化的一种类型，作为记录一个特定社会或民族所特有的行为、观念和态度的文化载体，必然带上特定时代特定区域的烙印，透视出不同社会群体的价值评判，呈现社会生活的方方面面，主要表现在谣谚中民众的参与及忧患意识、民众的谐趣和情感、民智与教化三方面。

《两汉谣谚理论考论》

王轶撰，《安徽广播电视大学学报》，2014 年第 2 期。

本文研究了汉代的谣谚理论成果。作者认为汉代谣谚数量众多，研究理论成果颇丰，后世历代学者的研究成果均未能超越。两汉谣谚理论的重要议题主要有两汉谣谚起源学说和文体观。起源学说包括劳动起源说、"怨谤"说、"诗妖"说、"荧惑化童"说等谣谚发生学说，在文体观上两汉学者已经有了明确的文体辨别意识，在论述谣的文体特征时主要采用训诂的方式，通过比较歌、谣与音乐关系的异同，阐明谣的文体特征。对于谚的界定，汉代学者主要从文学风格的角度展开。

《从工艺的文章到自然的文章——关于宋代两则谚语的另类解读》

周裕锴撰，《文学遗产》，2014 年第 1 期。

《文选》和苏氏文作为中国古代两种不同性质的文章经典，分别体现了六朝人和宋人的文章本体观念和审美趣味。以《文心雕龙》为代表的六朝人关于"天文"的工艺形式因素、"人文"模仿"天文"的工艺制作态度以及华丽形式为文章本质的观念，随着时代逐渐发生了变化，以苏氏为代表的宋人关于"风行水上"的文章"元气"本体论、"无意于文"的写作态度以及"随物赋形"的文章实用性的观念渐次兴起。北宋中叶以来以"水"为隐喻系统的文章学，是对六朝贵族工艺审美观的绮丽华美和雕琢装饰的颠覆，体现了更为平民化的趣味。

《试析汉代谣谚运用的场合与方式》

孙立涛撰，《中华文化论坛》，2014 年第 5 期。

本文从运用场合与方式上分析了汉代不同群体间谣谚艺术的运用情况。谣谚是传达民众爱憎与经验的重要途径，农谚可将农业生产经验用于指导人民生产劳作，哲理性谚语常被引用来说理，有的谣谚反映着汉代的风俗风情和社会风貌。汉代文人常引用谣谚进行应对或说理，谣谚艺术的应用主要有三种场合：一是用于日常交往活动中；二是用于著述中；三是用于上书言事中。谣谚也是信息传递的载体，一些文人官吏、政治活动将谣谚艺术作为政治活动中的舆论工具，主要表现在用谣谚相互标榜、结成党派，或将谣谚作为政治活动中结盟的口号或宣传某个政治目的。

《魏晋南北朝谣谚研究》

林淑兰撰，西南大学硕士学位论文，2014 年。

这是一篇对魏晋南北朝谣谚进行研究的文章。绪论部分回顾魏晋南北朝谣谚的研究现状，搜集整理出有关这一历史时期谣谚研究的专著、文献资料和研究成果、相关观点，并提出本文选题的意义和对其进行研究的角度和思路。文章主体部分分为四章，第一章讨论了谣谚释名、范围界定、魏晋南北朝谣谚及其编纂收录情况；第二章讨论了魏晋南北朝谣谚的内容与作者；第三章讨论了魏晋南北朝谣谚的文学特点和文人创作；第四章讨论了谣谚的政治、社会及史学价值。

《魏晋南北朝谣谚研究》

岳洋峰撰，西北师范大学硕士学位论文，2015 年。

本文对魏晋南北朝谣谚进行了搜集和分析探讨。文章搜集了 343 则魏晋南北朝时期谣谚，首先，对其进行分类并分析了魏晋南北朝谣谚的主要内容及思想特点。共分为五类，包括歌行类、谶纬类、人物品鉴类、谚语类及其他类。其次，分析了魏晋南北朝谣谚的文学性。对该时期的语言特色、句式结构、表现手法进行了分析。最后，探讨了魏晋南北朝谣谚的传播与接受情况，使人们更加深入地了解魏晋南北朝谣谚及其在后世作品中的传播情况。

《先秦谣谚研究》

麻秋红撰，西北大学硕士学位论文，2015 年。

本文对先秦的谣谚进行了搜集整理，并对其进行分析研究。文章首先对历代的谣谚辑录和研究情况进行了分析和总结；其次对上古、夏商、春秋时期的谣谚进行搜集和整理；最后分析了这些先秦谣谚的艺术特点。本文理清了先秦谣谚发展演变的历史脉络，使人们能更加深入地了解先秦谣谚。

《隋唐五代谚语研究》

张午晴撰，南京师范大学硕士学位论文，2015 年。

本文对隋唐五代现存的谚语实例进行了阐释考析。文章理清了隋唐五代谚语的文献来源，探究了隋唐五代谚语的内涵和价值，将隋唐五代谚语分为反映生产经验与自然规律类、反映政治社会生活类和反映一般社会生活类，其中共涉及 8 个小类，以部分谚语为代表，阐述了其中蕴含的内涵和价值。文章认为隋唐五代谚语源于诗句，诗句化用谚语，二者相互渗透的关系，展现着谚语这一民间文学与传统文人文学之间的相互影响。

《社会政治生态视阈下的明代谣谚研究》

王运涛撰，《中州大学学报》，2015 年第 5 期。

本文在社会政治生态视域下对明代谣谚进行了研究，将明代谣谚从内容上分为四类：国政大事类、吏治类、基层统治类、农民起义类，认为明代谣谚以广阔的社会生活为题材，以谐音、双关、借代、比兴、排比和对偶等为创作手法，针砭时弊，涉及明代社会政治生态的各个层面，反映了当时的民众对国政大事的关注、对吏治的褒贬、对社会变化的预测。

《论两宋时期的人物品评谣谚》

赵瑶丹、赵芬芬撰，《江西社会科学》，2015 年第 7 期。

本文对两宋时期的人物品评谣谚进行了专题探讨，分析其概况的同时揭示了其传播的影响力，探讨了其兴盛的时代原因。文章将两宋时期的人物品评谣谚主要分为褒扬清官能吏、鞭挞权臣酷吏、中允评述人物三类，结合人物分析指出品评谣谚传播产生的影响。文章认为谣谚表达的特点是人物品评谣谚得以盛传的一般原因，社会秩序的变动、社会危机的刺激成为触发中国古代人物品评谣谚兴盛的重要原因。

《两宋谣谚与社会研究》

赵瑶丹著，中国社会科学出版社，2015 年版。

本书以两宋谣谚为研究对象，从内容和传播两个层面，对两宋谣谚与社会展开研究。本书除序、绪言、余论外共有六章，分内容篇和传播篇。绪言部分主要介绍了本书的研究对象与核心概念、选题缘起与意义、学术史的回顾、材料与理论方法和本书的研究思路。第一章研究了两宋谣谚的形式，作者认为形式是表达内容的方式，也是决定谣谚传播的重要因素，谣谚与诗歌等文学形式亦有交叉关系，谣谶具有谶的属性而以谣的形式表达，也被纳入考查范围。第二章写了两宋谣谚的社会背景，包括两宋谣谚的生发、传播、接受环境以及两宋谣谚产生和传播的原因。作者认为，谣谚舆论作为舆论的一类，又具有自身的独特性，其产生、传播、繁荣离不开其赖以存在的社会环境、时代背景。第三章写了两宋谣谚中的社会内容，包括政治生活、社会生活和文化风貌。作者指出，广泛传播的民谣，不仅抨击各种不良社会倾向，而且常能勾画出时代的脚步，为民众发声。由此我们可以看到一幅谣谚所展示出的丰富的历史画卷。第四章主要研究了两宋谣谚的传播情况。作者考察了两宋谣谚的传播形式、传播载体，分析不同社会身份的人在谣谚传播中的作用和表现，进而着重探讨宋代文人阶层对谣谚创作、传播的影响。第五章写了两宋谣谚在空间上的传播与分布，主要有都城传播、乡村传播与城乡互动、区域传播。作者指出，空间既有地域空间又有场景空间，这是谣谚空间中不可回避的问题。场景空间的勾勒与辅助是考察宋代谣谚对宋代社会产生的影响中必不可少的一环。第六章写了两宋谣谚在国家事务中的接受与控制，包括两宋谣谚的传播效果和宋廷对谣谚的控制——以禁谶为中心。作者认为，主要以口耳相传的方式传播的谣谚，经过横向传播，会产生出许多"异文"，传播于大江南北，与此同时，从纵向上观察，也能以大同小异的形式，在社会各阶层中传播从而发生社会效力。余论部分又写了两宋谣谚的社会史内涵、特点以及其与社会的互动。本书在研究谣谚时开拓性地将其置于社会史视域加以探讨，是一部主要以社会史为视角的谣谚研究力作。作者在研究角度和研究方法上都做了许多新的探索。因而这一研究成果是有高度、有理论、有史实的，同时论述严谨，笔触细腻，全方位地向我们展示了宋代谣谚的方方面面。

《北朝谣谚与北朝政治》

孟琳达撰，《北方文学》，2016 年第 20 期。

本文探讨了北朝谣谚与北朝政治的关系，对谣谚与政治间的关系进行梳理，将两者关系分为"预告""反映""参与"三个层面，并在三个层面之下进行分析讨论，以期对北朝谣谚与政治之间的关系问题做出较清晰的论述。

北朝谣谚与北朝政治之间关系密切，不仅能预告政治变动，反映当时的政治面貌，还能在一定的条件下参与政治、影响政治的走向。

（三）探源研究

语源对了解谚语的形成和发展演变具有重要作用，因而探索谚语的源头是谚语史研究的重要内容。20 世纪 80 年代以来，中华谚语的探源研究以个案为主，出现了多篇讨论维吾尔谚语、蒙古谚语、汉谚源流的专门研究成果。

《维吾尔谚语源流浅说》

廖泽余撰，《新疆师范大学学报》，1986 年第 2 期。

本文以马赫穆德·喀什噶里的《突厥语词典》为参照，指出现在的维吾尔谚语与古代突厥谚语也是一脉相承的，举例分析了维吾尔谚语对古突厥谚语的继承及其变化与创新。

《维吾尔语谚语 dʒinninq′ɛst′.iʃap′t′ulda 文化渊源探析》

李树辉撰，《喀什师范学院学报》，1997 年第 1 期。

本文基于"维吾尔谚语"的汉语意译，从汉文化角度探析维吾尔谚语蕴含的丰富的文化底蕴。首先，从语言学和历史文化交往两个方面考证 d³in 是汉语词"精"的音译；其次，援引史料，基于桃木具有镇鬼驱邪、避害免灾的作用这一观念，考证维吾尔语谚语 dʒinninq′ɛst′.iʃap′t′ulda 的文化渊源；再次，记录关于维吾尔谚语形成时间、地点、原因的推测；最后，探究维吾尔谚语的意义及其演变。

《"上有天堂，下有苏杭"谚语的来龙去脉》

陶汇章撰，《民间文学论坛》，1998 年第 4 期。

文章对"上有天堂，下有苏杭"这一谚语的形成原因和产生年代、中外比较及由这一谚语延伸出的其他谚语等，做了详细的分析和论述。

《对"俗谚解说两题"一文的补正——"七十三，八十四，阎王叫你商量事"语义源流考》

王志尧撰，《信阳师范学院学报》（哲学社会科学版），2005 年第 1 期。

本文是对《中国语文》刊发的"俗谚解说两题"文章的补正，主要针对文章里"七十三，八十四，阎王叫你商量事"这条谚语的补正。作者认为那篇文章里未将"年忌谚语"的来龙去脉表达清楚，纠正了不周延的毛病，导致后面的推论是无意义的数字游戏，之后作者又列举大量文献实例从来源典故等方面对这条谚语加以佐证。

《"一朝权在手，便把令来行"的出处》

吴宗海撰，《汉字文化》，2007 年第 3 期。

文章指出了"一朝权在手，便把令来行"这一谚语的出处。作者认为朱湾《奉使设宴戏掷笼筹》中"一朝权入手，看取令行时"是此谚语的原始形态，该诗为此谚语最早出处。

《史传文学援引谣谚之考察——以反映先秦两汉历史的史传著作为中心》

张耀元撰，陕西师范大学硕士学位论文，2008 年。

本文以先秦两汉历史的史传著作作为研究对象，采用宏观与微观相结合的方法，考察和分析史传文学援引谣谚的现象，反观谣谚在先秦两汉历史、文学、文化以及社会民俗等方面的地位和影响。文中首先介绍了谣谚入史——史传引谣谚概说，其次介绍了谣谚中的历史，再次具体阐释了史传引谣谚的文学史意义，最后概述了多维视域下的谣谚入史。

《试论蒙古谚语与格言的起源》（蒙古文版）

胡格吉夫撰，《中国蒙古学》，2008 年第 5 期。

本文就蒙古谚语的起源问题展开论述。从学者的见解、有关社会部分特定人士、贫穷孤儿、老人家长还有学者文章作品及翻译作品等五方面，阐述谁创作谚语和谚语产生的原因。总的来说，这些特定人群贡献了谚语的智慧，人们的生活、斗争、实践构成了谚语，社会发展和文化交流直接影响了谚语的起源，广大人民是创造谚语的源泉。探究谚语的起源，对于民间文学研究以及对深入挖掘谚语有着重要的意义。

《十三行的谣谚与小说》

谭元亨撰，《华南农业大学学报》（社会科学版），2009 年第 2 期。

本文探讨了十三行的谣言与歌谣之间的关系。从民间流行的俗谚和小说中可以管窥到广州十三行当年的辉煌，而从谣谚的演变更可以看到传统文化的深远影响。全文共分为四个部分。第一部分从历史角度来阐述十三行的兴起与产生；第二部分列举出一些民间流行的俗谚来体现十三行当年的辉煌；第三部分分析十三行衰落的原因以及随着时间的流转，民谚由夸赞十三行转变为讽喻官商勾结，突出了历史的曲折变化；第四部分简述了由民间谣谚到小说的历史转变，体现出十三行的历史命运。

《"天上掉馅饼"谚语形成考》

孙险峰撰，《衡水学院学报》，2016 年第 2 期。

文章以"天上掉馅饼"这句谚语为对象，论述了它的深层含义及谚语运用出处和当时的历史时代背景，文章用诙谐幽默的笔调探讨了"天上掉馅饼"之"天"和从"红绫饼"到"馅饼"之间的密切联系。该文灵活恰当地运用了大量文献资料，不仅提供了充实的佐证，还为"天上掉馅饼"这句谚语的形成奠定了坚实的语言文化基础。

《中国古代谚语的源起与定型》

陶汇章撰，《民间文化论坛》，2018 年第 2 期。

本文就中国古代谚语的源起与定型问题展开论述，认为先有语言而后有谚语；先有谚语之形实而后定谚语之名称；先有谚语之广泛流传、应用，而后有搜辑、整理和研究；最后才出现谚文、谚章和谚学。文章通过考据杨慎《古今谚》和杜文澜《古谣谚》，根据谚语的界定、性质等，得出"牝鸡无晨"是最古老又可确信之谚语的结论。文章进一步指出《左传》和《国语》两部典籍最早将谚语从口头引进书面，由此开始引谚且称"谚"，对于谚学有开创性的建树和贡献。本文立足于历史文献典籍，追根溯源，对探究谚语史的起源提供了方向和思路。

（四）发展演变

谚语在流传过程中语义和结构形式会发生一些变化，因而探索谚语的发展演变也是谚语史研究的重要内容。20 世纪 80 年代以来，中华谚语的发展演变研究以专题为主，讨论了谚语的结构变化、形式变化、语义变化、语类转化和中华谚语史构建等问题。

《俗谚转化为成语的途径》

黄佩文撰，《辞书研究》，1983 年第 3 期。

本文探讨了俗谚转化为成语的途径，指出谚语、俗语、歇后语、惯用语和成语最大最明显的区别表现为文字形式的不同，它们要成为成语需符合成语的形式简短、主要是四字格的特点。具体途径是：本来是四字格的，转化为成语后，形式不变；字数超过四字的，有三种简化方式，分别为省略、节缩和分化。文末阐释了谚语等几种习语长形式的要经过简化转化为成语，是美学因素起作用及修辞上讲究结构简练和思想鲜明的要求。

《试论古谚语非共时性的结构变化》

孟肇咏撰，《语文研究》，1985年第4期。

本文主要从古谚语与非共时性的结构变化展开论述的，谚语的定型性比较弱，往往在本体之外有很多变体。从历史平面考察，则为非共时性变化。古谚语非共时性变化的特点及一般规律有六个方面：一是随着谚语流传的当代群众口语的变化而变化；二是新谚代替旧谚；三是语义的转移——由特殊转向一般；四是后人出于语言环境或修辞的需要，将本体截短或增长。有的用同义词替代，经过约定俗成，形成变体；五是不同地区根据本地区情况做了修改和补足，形成了变体；六是求对。作者对于古谚语的非共时性结构变化进行相对细致的描述，并且得出其特点及规律。

《试论谚语的变异与规范》

王海静撰，载温端政主编《俗语研究与探索》，上海辞书出版社，2005年版。

本文分析了谚语的变异类型、成因，并提出了规范谚语的建议。第一部分指出谚语的变异主要分为三种类型：一是纵向变异，也就是古今变异，是随着社会历史变迁而引起的变异；二是横向变异，也就是地域变异，是随着人们所处自然地理环境的不同而引起的谚语的变异；三是语体变异，是随着时代的变迁，谚语的语体逐渐从文言文中加入了口语色彩的变异。第二部分提出了对规范谚语的三点建议，即对于谚语变异的划分要具体问题具体分析；在规范新的谚语的过程中要注意结合社会的发展变化；要在辞书编纂的质量上逐步提高。文章对谚语的变异类型和规范建议都做了清晰的梳理，对于研究谚语的变异和辞书的编纂有学术价值。

《"〈文选〉烂，秀才半"谚语产生和流行的时代考论》

侯艳、李栋撰，《许昌学院学报》，2011年第4期。

本文以"《文选》烂，秀才半"的谚语为例，论述了"秀才"在科举中内涵的变化及《文选》在科举中地位的变迁，从而考释了这句科举谚语产生、流行和发展的年代。文中指出此科举谚语产生于隋唐之际，流行于唐宋时期，发展至南宋。具体从三个方面来阐释：《文选》的编纂及"选学"兴起的年代和原因、"秀才"科举考试与"秀才"含义的变迁、唐宋时期《文选》在科举考试中地位的变化。

《从谚语入诗看唐宋文学向世俗化转型的一个细节轨迹——以"嫁鸡逐鸡，嫁狗逐狗"为例》

莫道才撰，《中国典籍与文化》，2013 年第 3 期。

本文从"嫁鸡随鸡，嫁狗随狗"在诗歌中的使用，来观察这种起始于唐而完成于宋的世俗化转型的一个案例。宋代诗歌大量运用这一谚语，说明以谚语入诗是这一时代的风尚。宋人尚俗在各种文学艺术形式里都有体现。从此这一谚语渐渐从诗歌里进入俗文学中戏曲小说之中。元明戏曲中、明清小说中也有很多用例，本文主要通过谚语入诗的细节考察了到唐宋时期这一文学向世俗转型的轨迹。

《谈谚语的变异问题》

史素芬撰，《长治学院学报》，2015 年第 3 期。

文章讨论的是谚语的变异问题。首先，作者对谚语的变异进行了界定，认为谚语变异分为语境变异和语汇变异两类。其次，通过大量的例证，对谚语的变异现象进行了概括和归纳，分析了谚语变异产生的原因。同时，从语言规范的角度，阐明了编纂谚语辞书应注意的问题。最后提出，在研究过程中要深入探讨如何把谚语辞书的编纂和实现谚语规范化的任务结合起来，真正把握谚语发展变化的规律。

《论"多元一体"民族观视域下的中华谚语史构建》

付建荣撰，《内蒙古社会科学》（汉文版），2018 年第 4 期。

文章提出了构建中华谚语史的理论主张，并就构建中华谚语史的当代价值、学理依据、学术基础、内容方法等相关理论问题做了讨论。文章认为，中华谚语史研究是对中华谚语形成与发展历史的整体性研究，是中国谚学发展在当前提出的新要求，也是当代谚学研究的新课题，具有重要的学术价值和社会意义。"中华民族多元一体"学说决定了我们要在"多元一体"民族观的指导下，树立中华多民族谚语史观，这是构建中华谚语史的学理依据和逻辑起点；有关中华谚语史研究的成果和学科观念的逐渐转变为构建中华谚语史奠定了学术基础。中华谚语史的构建研究应在分期的基础上，从纵横两个角度确定的坐标轴展开研究，即横向描写不同历史分期内中华谚语形成的系统面貌和纵向比较不同历史分期内中华谚语系统面貌的总体发展变化。本文首次提出构建中华谚语史的学术主张，并详细论述了构建中华谚语史的学术意义、学理依据、学术基础、研究内容和研究方法，具有开创中华谚学分支学科的创新价值。

《中华多民族谚语史研究的回顾与前瞻》

王建莉撰，《内蒙古大学学报》（哲学社会科学版），2020 年第 4 期。

本文以中华多民族谚语史为讨论对象，回顾了新中国成立以来多民族谚语史的研究历程，分析总结了研究的成就与不足，并展望了研究前景。中华多民族谚语史不仅是一个语汇系统，更是一个庞大的文化系统，它有广阔的研究领域。中华多民族谚语史研究分为三个时期：铺垫时期（1949—1977年）、初步发展时期（1978—2000 年）和快速发展时期（2001—2019 年），每一阶段均取得了一定的成绩。但目前还存在不足：对谚语史的了解不清晰、不全面，在继承与发展方面的研究不够深入，学科在谚语史中的交叉与渗透不足。在未来的研究中应突出历史上中华多民族谚语的公理性，对谚语史的研究应从基础做起，对谚语的演变应展开多角度的研究，拓展并深化谚语史和其他学科的综合研究与比较研究，大力加强谚语史研究的资料整理与数据库建设工作。本文对中华多民族谚语研究具有较强的指导意义。

八、谚语文化之属

谚语作为一种特殊的语言现象，是劳动人民在长期的实践经验中浓缩的精华。谚语内涵丰富，包罗万象，记录着文化的各个方面，反映着各民族、各地区独特的文化内涵，对谚语中文化的研究不仅能够丰富谚语研究的成果，也能扩大文化研究的方向，所以关于谚语文化的探讨也逐渐受到了研究者的重视，成为谚语研究的一个重点内容。

新中国成立至今，关于谚语文化的论文研究成果较多，包含了15个方面的内容。其中，涉及谚语中科技文化、思想观念、性别文化、曲艺文化、政法文化、家庭婚恋、民俗文化、商业文化、饮食文化、动物文化、医学养生文化、宗教文化、武术文化、生态文化、文化异同。谚语文化研究是整个谚语研究中成果最为丰厚的一个领域。

从新中国成立到1977年，我国各项事业均处于一个起步的阶段，对谚语文化的研究也逐渐拉开了序幕。这一时期谚语文化的研究成果较多。但研究视角较为单一，由于当时中央政府对农业及农业科技的重视与发展，此阶段农谚成为谚语研究的主要对象，旨在通过对农谚的分析来看其所反映的农业科技文化。对农林牧渔等农谚的研究注重通过分类整理的方法，来阐释其对农业生产的科学指导作用。而对气象农谚的研究则更注重利用数据统计、公式计算及图表等方法来挖掘其中的科学价值。同时，此阶段对谚语文化的研究具有明显的地域性。如对山西、浙江、福建、陕北、吉林、湖南、新疆等地农谚科学性的分析，已经充分考虑到了农业生产的地域特征。

1978年实行改革开放之后，良好的内外部环境为我国的经济、政治、文化等各个领域都带来了巨大的改变。1978—2000年是我国思想逐渐开放活跃的时期，思想的活跃之态也逐渐促就了学术研究的活跃之势。该时期谚语文化的研究主要有以下特点。

第一，关于谚语文化的研究成果明显增多，研究视角明显扩大，但研究不够深入具体。进入20世纪80年代，关于文化与语言关系的探讨成为这一时期语言研究的一个热点内容，在此背景下，关于谚语文化的研究成果迅速增多。在前一阶段的研究基础上，本时期又出现了关于谚语中曲艺文化、民俗文化、文化异同、饮食文化、家庭婚恋、法律文化、商业文化、宗教文化、性别文化等方面的探讨分析，表明谚语文化的研究朝着多样化、丰富化的趋势迈进。但这些方面的研究成果较少，如对谚语与宗教、性别文化的分析仅有一篇成果，表明这些研究仅仅处于起步阶段。

第二，对谚语文化的研究开始注重我国多民族的这一特征。谚语语料的选取由前一阶段的只关注汉族扩展到维吾尔族、藏族、哈萨克族、蒙古族、回族、土家族、撒拉族等多个民族。旨在通过对各民族谚语的分析，来挖掘其中的思想观念、饮食文化、婚恋观念，或通过对不同民族谚语的对比分析来揭示其文化背后的共通性与差异性。

第三，注重文化的传统性与时代性成为这一时期谚语文化研究的新特点。这一时期的研究者开始注重对谚语中传统文化的思考与挖掘，如从谚语来看中国传统曲艺文化的特点与价值、茶酒文化等，这都表明传统文化在谚语这一语言研究之中开始受到重视。其次，注重传统文化的同时，研究者也注重将谚语与时代特征相结合，如对谚语中商业道德、商业经营之道的研究，与20世纪80年代末商业文化的建设和繁荣有着密切的联系。

2000年以后，研究文化的论文呈现出新的特点。首先是对前人研究内容的扩展。自新中国成立起就已有研究科技文化方面的谚语，在这一时段除了大量研究农谚外，还有反映对养猪等养殖业影响的研究，出现了研究畜牧业谚语以及花谚的文章。除此之外，还有从概率角度，研究谚语中体现的概率问题的论文，这也是一个新的研究方向。研究气象谚和农谚对气象工作的指导作用的文章依旧很多，在2000年还出现了专门研究气象谚语的专著《气象谚语和气象病》，从科学的角度解释了天气现象成因，反映了先人总结天气的经验。另外还有《谚语中的科学》一书，详细阐明了谚语的科学性，使人们对谚语的科学性有了更直观、深入的认识。思想观念方面的研究也有所拓展，论文数量大幅度增加，除了对不同民族、地域伦理观念、道德观念以及哲学思想研究的增加，也有不少文章解析了传统文化中蕴含的儒家思想、经济伦理等思想观念。随着思想越来越开放，人们对思想观念的研究不仅仅停留在价值观、伦理观等方面，更是出现了审美观、处世观、生命观、男权意识等新的研究角度。对价值观的研究角度也有所拓宽，出现了《百姓谚语说核心价值观》一书，书中提到的谚语内容涉猎极广，对于大力培育和践行社会主义核心价值观有很好的启示作用。在商业文化方面的研究同样有所拓展，开始重视商业文化的价值，有探析商谚中包含的市场经济因素的文章，还出现了一篇研究理财的文章。2015 年出版的《中日商业谚语对比研究》为我们了解中日两国的商业文化、商业思维模式等提供了一个语言学的视角。

其次是对前人研究内容的深化。在 2000 年以前，对曲艺文化、民俗文化、饮食文化、家庭婚恋文化，特别是宗教文化、性别文化、生态文化、政法文化等方面的研究少之又少，角度也显得比较单一。2000 年以后，研究这些方面的论文数量增多，角度多样，内容也更加深入。在曲艺文化研究方面，有从整体上研究曲艺文化的特点、价值和美学意蕴的，还有对具体地方戏的特点和价值进行研究的文章，同时还对戏谚、艺谚的教学、指导实践的作用进行了研究。在饮食文化方面，除通过研究茶谚、酒谚反映出中华民族的饮食特点外，还把饮食文化与民俗文化相结合进行研究，有通过饮食反映地方风俗的，也有结合地方风俗表现饮食文化特点的文章。在家庭婚恋方面，研究在 2000 年以后进一步加深，内容涉及家庭观、婚姻观、恋爱观、择偶观等多个方面，对比研究中华多民族同其他国家各民族之间在家庭、婚姻方面的异同。还有从隐喻角度研究爱情谚语的文章，将爱情婚姻谚语以不同角度呈现在我们面前。宗教谚语的研究较之前有所增加，但从数量上来看，研究谚语宗教文化的文章仍然很少。2000 年以后，所搜集到的文章主要是反映我国少数民族如维吾尔族、藏族等民族的宗教观以及比较汉谚和日谚、英谚中包含的不同的宗教思想。与之前相比，2000 年以后研究性别文化的论文大幅增长，研究的内容主要是女性形象和妇女观，特别关注性别歧视问题。除此之外，还有部分零散的研究，如谚语中的性别差异、男性谚语、维吾尔族性别观以及从隐喻角度研究性别文化。有关谚语中的政法文化的研究也进入了一个新的发展期，分为政治文化和法律文化两个方面。其中，政治文化的研究又分为两个方面。其一，探讨谚语反映的历史内容，这些研究主要侧重于对古代谣谚的分析，来描述某一特定历史时期的政治生活；其二，分析时政类谚语的舆论特性及其作用，易于传播、富有号召力是时政类谚语最突出的特征。时政类谚语不仅具有一定的文学价值，同时还有一定的政治影响力，对于传播政治思想有着积极的作用。有关法律文化的研究，都以与法律相关的谚语为材料，或是探讨法律的本质与特征，或是分析民族地区的民间习惯法或某一类法律的内涵。

除了对前人已有研究继续深入探索外，有关谚语文化方面的研究出现了新的研究方向和研究对象，表现出以下两大显著的变化。

第一，有关谚语反映的文化异同的研究在 21 世纪进入了一个繁荣期。此类研究最大的特色在于，在肯定文化共性的基础上分析文化之异，其特点如下：

从研究对象看，主要分为三类。第一类是中外谚语的对比，包括汉谚与英国、德国、俄罗斯、韩国、日本、希腊谚语的对比。其中，中英谚语对比数量最多，内容也较为丰富全面。此外还有汉谚与印尼、泰国谚语的对比，这些研究都是以某一类谚语作为切入点的。第二类是汉谚与少数民族谚语的对比，主要有汉蒙、汉哈、汉藏、汉傣和汉维谚语，其中以汉蒙谚语和汉维谚语的对比居多。第三类是我国少数民族谚语与外国谚语的对比，包括壮泰谚语的对比等。

从研究内容看，可以分为以下几类。其一，分析不同文化背景下谚语的语言特征，包括语言、句法和修辞的特点。其二，对比分析不同谚语反映的文化内容，包括不同民族的历史地理环境、生产生活经验、人文特色与风俗习惯、宗教信仰和价值观念。

从研究角度看，内容也是非常丰富的。既有不同民族谚语的总体对比，也有以某一类谚语作为切入点进行研究的。其中，不同谚语中动植物意象的对比是研究的热点。此外，数字谚语、颜色谚语、气象谚语和时间谚语等也是分析文化差异的切入口。

从研究方法看，用概念隐喻的理论分析文化差异的研究居多。

第二，从总体上看，2000 年之后，人们对于文化差异的关注度大大提升，研究对象不断扩充，研究内容也不断丰富，研究的角度也从对于文化差异的宏观把握变成了以某一类谚语作为切入点进行研究。除了对谚语反映的文化差异的探索不断增多，2000 年之后人们对于环境的关注度也大大提升。日趋紧张的自然资源和不断加剧的环境问题让人们开始关注生态，关注动物，也开始关注自身。谚语的研究也受此影响，在谚语文化研究方面出现了以下几个新的研究方向。

其一，研究谚语中的动物文化。此类研究是以动物谚语作为切入点，来分析动物谚语中蕴含的社会风俗文化。跨文化对比是此类研究的主要方法。研究或是对比分析动物在中西文化中的不同特质，或是分析诸如牛、马等动物在汉族和其他少数民族文化中的不同形象。除此之外，还有对某一特定民族或地区的动物进行分析。如通过对蒙古族的马、牛、毛驴和狗以及维吾尔族文化中的马进行分析，来研究该少数民族独特的生产生活特点，进而揭示整个民族的审美观和价值观。或是对某一地区的动物谚语进行分析，来描绘当地的风俗情趣和文化底蕴。

其二，研究医学养生类谚语。医学养生谚语是人们对医学和养生经验的总结，反映了人们对于健康的重视。医药类谚语对于传播医学思想有着非常重要的作用，有其科学性。养生类谚语则是民众在生活中积累的经验。在不同的地区，养生谚语也有所差别。这些养生类谚语不仅内容丰富，而且具有很高的价值，对于维护人们身体健康、提高人们健康意识有非常积极的作用。

其三，研究谚语反映的生态文化。此类研究以林业谚语和农业谚语为材料，来揭示谚语中包含的生态观。陈建诚、苏祖荣主编的《林业谚语浅释——一份值得传承的森林文件遗产》是分析林业谚语的一部佳作。这本书是林农长期从事生产实践的经验总结，地域性和时间性极强，对于普及林业科学技术知识具有指导意义。其他研究则是将视野集中于诸如黎族、傣族、蒙古族等少数民族的生态谚语，分析不同民族独特的生态思想和生态观念。

其四，研究武术类谚语。有关武术谚语的研究较为全面。从内容上看，研究主要分为以下几个方面：一是探寻中华武术谚语整体的发展面貌，包括其产生、流变以及传播方式；二是分析中华武术谚语的类型及特点，尤其侧重分析其语言、修辞和结构方面的特色及文化特性；三是指出中华武术谚语的作用与局限等；四是分析武术谚语反映的散打技术或拳法。从方法上看有所创新。李丽《语言人类学下的武术谚语研究》用人类学的方法解构了武术谚语，安汝杰等《中原武术谚语的隐喻特征阐释》则运用了隐喻的方法分析了中原武术谚语的特色。

（一）科技文化

谚语所传授的知识，大部分是以人民群众的实践经验为基础的，因而在不同程度上概括了客观事物的普遍联系性和运动的规律性，具有一定的科学依据。谚语科技文化的相关研究成果较多，研究领域都在农业生产方面，涉及作物耕种、气象节气、林牧副渔、灾害应对等内容，这些内容贯穿着农业生活的方方面面，对人们的生产生活具有十分积极的指导作用。谚语中关于农作物种植技术的研究成果最多，介绍了小麦、水稻、棉花、西瓜等农作物各自的种植特点，内容涉及播种方法及时机、田间管理、土壤改良、轮作制度等农事生产活动。农作物耕种有很强的季节性，在长期的生产实践中，广大农民群众总结出了许多的节气和气象农谚。其中有对霞、云、雨、虹、晕、华等自然现象的解读和对农事活动的影响，也有以这些气象谚语为基础，运用科学的方法进一步研究如何把握"天时"的研究，不仅体现了农谚的时间性特征，还反映了不同地区的气象差异，显现出地区差异性。林牧副渔等相关研究中，大部分集中在畜牧养殖方面，如对猪、牛、羊等牲畜的饲养和护理，还有一些林木、花朵的种植经验，这些研究不仅为科学生产农副产品提供了经验，也给严谨的科学知识增添了谚语生动有趣的特点。另外，还有一些针对灾害防治方面的成果，体现了人们尊重自然规律、顺应自然以及积极规避风险的意识。

总体来说，这些研究成果或阐释解读，或总结特征，都展现了农谚中蕴含的科技性，同时也体现出地域性、时间性、共同性等特征，反映了我国农业科技中精耕细作、因时制宜、因地制宜的辩证思想。

《中国农谚中的小麦栽培经验》

矍翁撰，《农业科学通讯》，1953 年第 8 期。

本文以中国农谚为例，介绍了依据各地具体情况和环境总结出的小麦栽培经验。文章总结出的小麦栽培经验包括深耕保墒、适时种时、密植经验、适期灌溉、晚期经验、做好轮作、选择土壤和施肥经验、耙麦等八个方面的内容。

《山西农谚》

卜慕华撰，《中国农业科学》，1953 年第 9 期。

　　这是对作者及山西工作组各点同志搜集的农谚进行整理和说明的一篇文章。文章将搜集到的农谚分为耕耙、锄地、施肥、改良土壤、耕作、播种期、播种技术、收获、灾害等九个方面，并且一一做了说明，同时标注出了地区。此类谚语是适合当地耕作的经验总结，对于当地农业生产具有指导性作用。

《浙江蚕桑农谚》

　　杭县农林局全体蚕桑干部、胡介泓撰，《蚕丝通报》，1957 年第 4 期。

　　这是一篇总结浙江蚕桑方面农谚的文章。根据桑、蚕生产内容，分为九个部分：一是发展蚕桑生产，增加农民的收入；二是培育桑园；三是防治蝗虫；四是气候对桑树发展和增产的影响；五是气候与蚕茧生产的关系；六是催青方面；七是养蚕方面；八是蚕病方面；九是簇中保护。

《役畜生产农谚》

　　傅祖陵撰，《中国畜牧学杂志》，1959 年第 11 期。

　　本文选取了部分役畜生产农谚进行整理，并结合作者在农村锻炼的实际体会，加以分析说明。文章结合农业谚语分析说明了秦川牛的外貌鉴定方法；在发情征候、配种时间、妊娠象征、预产日期等方面阐释了役畜生产的繁殖能力；在饲料加工、饲喂方法、饲料和水的功用方面阐释了役畜生产的饲养方法；并在日常管理、分工使役方面阐释了管理与使役的方式。

《陕北农谚分析》

　　田菁华、王致远撰，《西北农林科技大学学报》（自然科学版），1959 年第 3 期。

　　这是一篇选取陕北地区部分农谚进行归纳分析的文章。文章对陕北农谚的分析体现在土壤耕作、施肥、播种、田间管理、收获、水土保持、耕作法、自然灾害等八大方面，并对谚语中个别词语、谚语意义进行注解说明，阐释了陕北农谚对农业生产的指导意义。

《论农谚》

　　游修龄撰，《浙江农业科学》，1961 年第 4 期。

　　本文成文较早，围绕农谚进行论述。农谚是农民自己"口写、口传"的"农书"，它们指导历代农民从事生产。全文共分为五个部分：第一部分为农谚的起源；第二部分为农谚在生产上的作用；第三部分为农谚内容的特点，分为六点：地域性和普遍性、概括性和科学性、群众性和通俗性；第四部分为农谚结构的分析，从统计学层面上对农谚结构进行了分析，并且对农谚常用的修辞进行了叙述；第五部分为怎样正确理解农谚。本文以中国全部的农谚为研究对象，从统计学的角度对农谚进行了系统、全面、科学的分析，并围绕农谚对农业、农民的影响，农业、农民对农谚的影响以及农业现代化对农谚的影响，进行了比较全面深刻的阐述，对于谚语研究具有较大的意义。

《晋南农谚》

祁占魁撰，《山西农业科学》，1964 年第 1 期。

本文对晋南各地区农谚加以比较，总结出晋南农谚的四个特点，即农谚的地域性、时间性、科学性、共同性。农谚是总结某一地区的生产经验，实际上是反映了农业生产的地域性。所以适合于甲地的农谚，就未必适合于乙地。随着生产关系、生产方式和生产技术的变革，有些农谚在今天看来已经不适应时代了，甚至是错误的。农谚最重要的特点就是科学性，表达的内容要合乎农业科学原理。尽管地区不同，气候不同，栽培方式不同，但许多农谚都有相同的或类似的说法，这些农谚都反映了各种作物的特征特性。这些特征特性所要求的外界环境条件、栽培原理往往是有共同性的。

《新疆农谚浅释（一）—（十一）》

新疆维吾尔自治区气象局科研所农业气象研究室撰，《新疆农业科学》，1965 年第 2—12 期。

本系列文章选取了 190 条新疆各地农谚，按季节时令进行分类注释，阐释了新疆农谚对于新疆农业生产的指导意义。文章主要从运肥、施肥、耙地、灌水、播种、农作物田间管理、收获、农业生产与节气、气象关系等多方面详细阐释，对新疆农业生产有一定的参考价值。

《用农谚"日晕长（涨）江水"做大雨、暴雨的中期预报》

支德先、金士英撰，《气象学报》，1966 年第 1 期。

这是一篇用农谚"日晕长（涨）江水"做大雨、暴雨中期预报的文章。文章根据 1959—1965 年 4—6 月资料统计得出日晕与未来降水的关系：凡有日晕出现后，未来 12 小时有降水的概率最小，其次是 24 小时有降水的概率也只占 64% 多，第二天到第六天降水概率最大，在 80% 以上，其中以第三天概率最大，占 92%。从日晕与云的关系预测未来系统及其天气得出，凡伴有较多的密卷云、卷层云或卷积云的晕在 4—6 月往往超前指示着未来 3—6 天内有一次锋面和高空槽入侵的降雨天气过程，并伴有大雨以上降雨。除了根据日晕预测未来 3—6 天大雨趋势外，通过分析点聚图还可以预报雨究竟下在哪一天，是否有大雨、暴雨。文章通过 1965 年 4 月 18 日实例验证了以上预报的科学性，并指出通过图、资、群结合的途径，经过综合的分析研究后，不但可以报准短期大雨、暴雨预报，而且可以报准中期预报。本文通过一条农谚挖掘出其蕴含的科学思想，对于降雨的中期预报具有一定的科学价值。

《农谚初探》

王劲草撰，《安徽农业科学》，1966 年第 2 期。

这是一篇探析农谚特点的文章。作者将农谚的主要特点归纳为科学性、系统性、群众性、通俗性、艺术性和局限性。其中群众性表现在三个方面：人人动手，集体制作；相互传授，边学边改；生产检验，群众鉴定。通俗性表现为口语化、形象化和比喻的使用。作者认为农谚的艺术性很高，表现为语言精练、音调自然、鲜明准确和风趣活泼。尽管农谚具有以上特点，但并不是十全十美，也有很大的局限性，表现在科学理论上、地区上、时间上、经验上，农谚的糟粕并不是劳动人民的过错，而是剥削阶级强掺进来的毒素。我们应当重视农谚的整理工作，进一步发掘它，研究它，分析它，取其精华去其糟粕，加以继承和发展。

《从农谚谈铲耥》

志民撰，《新农业》，1972 年第 10 期。

本文结合农业谚语讲述了铲耥的作用以及科学使用方法。铲耥的作用包括：锄掉杂草，消灭草荒；改善土壤环境以及促使庄稼多发根。此外，铲耥也需要根据不同植物的不同特性来进行科学操作，细铲细耥，充分发挥“收在锄上”的作用。

《“七挖金，八挖银”农谚简介》

唐再松撰，《中国茶叶》，1973 年第 3 期。

本文对茶区谚语“七挖金，八挖银”进行分析，阐释了茶农在农历七、八月份进行深挖效果好的原因，指出要“抓好时机”“不违农时”地搞好茶园管理工作。

《用农谚预报降水趋势》

新安江水电厂气象组撰，《气象》，1974 年第 1 期。

这是一篇用农谚预报降水趋势的文章。文章按照谚语"冬水多，要干秋""黄梅大水秋里旱，黄梅无雨秋不旱""有冬雷，要干秋""阴历十月是雨娘""烂秧满仓""白露下雨麦难种"的原来含义，结合当地资料综合分析进行验证，将预报对象定为 8、9 月份降水总量，6 条谚语作为预报因子，将预报因子相加得出的指标，按照降水总量大小分为一型（完全不干旱型）、二型（轻微干旱型）、三型（干旱型）、四型（严重干旱型），并对 1972 年和 1973 年进行了实践检验，发现有一定效果。本文对于预报 8、9 月份降水趋势具有一定的参考价值。

《农谚浅释》

李志超撰，《气象》，1975 年第 12 期。

本文以 3 句有关虹的谚语为例，从物理学角度分析了彩虹形成的原因、虹是环状的原因，进而阐释了看虹能预测晴雨的道理。文末指出我国地处北半球，因为地理位置，出现的虹也不一样，所以对于我国来说，谚语中所提的东虹、西虹、北虹是降雨雪的征兆，南虹则是毫无意义的。

《农谚浅释》

李志超撰，《气象》，1975 年第 8 期。

本文以 3 句有关晕的谚语为例，分析了晕和华形成的原因、表现形式，进而阐释了晕和华能够预测天气的原理。文末指出，晕和华的出现一般是天气变坏的预兆，但若水汽条件不充分或系统很弱，也可能不会出现风雨。在运用过程中，要结合其他现象做综合分析判断。

《农谚的科学》

柯扑撰，《农业科学实验》，1976 年第 4 期。

本文对 4 句农谚进行阐释。"秋耕早一天，仓里冒个尖"指作物收获后要及早耕翻土地；"麦种三年，不选要变"指收获季节要抓紧种子的挑选工作，要年年选，产量才能提高；"圈里无猪，地里无谷"指要做好养猪积肥工作；"底肥三年壮"指要重视用有机肥做底肥施用，特别是秋压底肥。文章对于农业生产具有一定的指导作用。

《种谷农谚浅释》

董心澄撰,《农业科学实验》, 1976 年第 6 期。

本文对种谷农谚进行浅释, 阐释了谷子播种后要进行镇压, 谷苗拔节前要干旱, 要勤锄地, 早锄地, 定苗时要注意合理密植、幼穗分化, 到孕穗期要加强水肥管理、抽穗期要勤浇水、谷子开花期浇水要浅浇轻灌等多方面内容。

《农谚浅释》

李志超撰,《气象》, 1977 年第 1 期。

本文以 3 句有关霞的谚语为例, 分析了霞形成的原因, 进而阐释了朝霞、晚霞能够预测天气的原理。文末指出, 大气中的绮丽现象, 都是大气运动和太阳光线形成的结果, 观测此类现象, 能够比较科学地预测天气。

《农谚浅释》

李志超撰,《气象》, 1978 年第 6 期。

本文对 3 条有关云的农谚进行详尽阐释, 分析了不同云预示不同天气的原理, 指出运用云谚语预测天气必须看清楚云的样子。

《植棉农谚辑录》(一)

夏良松撰,《江西棉花科技通讯》, 1980 年第 1 期。

本文整理分析了具有启示性和实用性的植棉农谚。文章主要从备耕、深耕、改土、轮作、播种、间苗、密植八个方面, 分类列举了共 50 条植棉农谚, 对于种植棉花的农业生产具有一定的参考意义。

《验证农谚要作地域性检验》

徐家恩撰,《气象》, 1980 年第 11 期。

文章讨论了农谚与地域的关系, 指出验证农谚要作地域性检验。结合谚语"农历十月廿五有雨, 来年雨水好; 无雨, 来年雨水不好", 分析了历年资料, 验证了农谚与地域有一定关系。

《渔谚》

李文渭撰,《海洋渔业》, 1981 年第 1 期。

本文共选取 11 条渔谚, 探索气象、鱼虾习性以及渔业生产等规律。文章分别从潮流流向、鱼虾活动规律、渔业生产的季节性等方面分析阐述, 对于渔业生产具有一定的参考价值。

《内蒙古农谚选注（一）—（十二）》

华夫撰，《农业科学实验》，1981 年第 12 期—1982 年第 11 期。

本系列文章选取了 128 条对内蒙古农事活动具有启示性的农谚，按季节时令进行分类注释，阐释了内蒙古农谚对农业生产的指导意义。文章主要从保墒、积肥、留种、轮作、换茬、农时、节气、水道、测天、选种、收割、植树造林的益处、防旱防涝防止病害、耕深范围时间以及农业生产特点等方面详细阐释。文章选注的农谚反映了内蒙古农业生产的连续性、季节性和多样性的特点，在一定程度上也反映了农业生产规律，对于农业生产具有一定的参考价值。

《林谚与科学》

孙兼环撰，《内蒙古林业》，1983 年第 1 期。

文章选取林业生产方面的谚语，介绍了一些植树造林需要注意时间性和地区性的谚语以及说明栽植技术的谚语。通过研究这些谚语，作者认为对于林谚，要保持着去其糟粕、存其精华的态度，为发展林业生产服务。

《为什么说"定期打药，有虫治虫，无虫防虫"的农谚是不科学的？》

繁兴撰，《新疆农垦科技》，1983 年第 1 期。

这是一篇以农谚"定期打药，有虫治虫，无虫防虫"为基础验证该条规律不科学的文章。文章认为害虫无法治绝，无虫防虫的做法是错误的，喷药会污染环境，且浪费资财，滥用化学农药也会危害人类健康。文末肯定了我国以"生态平衡"为指导思想的"预防为主，综合防治"的植保方针的正确性。

《试论农谚》

征夫撰，《农业科学实验》，1983 年第 6 期。

本文论述了农谚的特点及局限性，对《内蒙古农谚选》（上）进行了简单介绍。文章指出农谚来源于劳动人民生产实践的经验，世代相传，反复检验，绝大部分是正确的；内容上有着地域性；概括力很强。农谚不是十全十美的，历史上的农谚是过去时代的产物，可能会产生错误内容或认识片面、经验偶然，因此要取其精华、去其糟粕。文末肯定了《内蒙古农谚选》（上）的科学价值。

《"夏播无早，越早越好"》

农丰撰，《新疆农垦科技》，1984 年第 3 期。

本文阐释了"春争日，夏争时"和"夏播无早，越早越好"两句农谚对于农业生产的作用，指出了夏播工作要争分夺秒地抢农时，解释了具体原因，提出夏播抢早的具体措施。

《施肥不浇水　苗木噘着嘴》

孙秉环撰，《内蒙古林业》，1985 年第 6 期。

本文用"施肥不浇水，苗木噘着嘴"这条谚语阐释了浇水与施肥的关系以及相应的技术方法。文章指出，在育苗过程中，浇水有助于发挥肥效作用，相反的，浇水的同时也必须多施肥。此外，关于施肥与浇水的有效措施，文章分为在幼苗刚出土不久的时期、待苗木生长发育进入旺盛期以后、立秋之后几个阶段，分别进行了介绍。

《"瓜茬瓜　不结瓜"》

罗农撰，《新疆农垦科技》，1986 年第 1 期。

本文运用一定的农业科学知识分析了"瓜茬瓜，不结瓜"这句谚语的合理性，指出这种现象的原因主要是一种作物在同一块地里连续种植，它最需要的某种营养元素会消耗过度；其次，土壤中病菌累积量不断增加；再次，土壤中有机酸等有害物质会加大。此外，作者指出，保证瓜质量的方法除了做好轮作，还需要在品种、肥料以及田间管理等方面多下功夫。

《农谚——宝贵的农业遗产》

林仲凡撰，《农业考古》，1986 年第 2 期。

本文分为六章，从多个方面对农谚进行阐释，说明农谚作为农业遗产的宝贵作用。第一章对农谚进行了简要介绍；第二章从古籍记载出发阐述了我国农谚的发展概况；第三章指出我国农谚涉及预测气候变化、物候学记述、农作物的生物学特性和浅培技术、土壤肥料、畜牧兽医、植树造林、栽桑养蚕以及捕鱼打猎等方面主要内容，并指出农谚具有地区性的特点，以及农谚格式比较多样，一般分为单句式、双句式和多句式几种。第四章就农谚和诗歌的异与同两方面阐述了农谚和诗歌的关系。第五章指出农谚是我国历史上传播农业知识的主要形式，并在指导我国世代农民的农业实践方面起着重要作用。第六章对农谚的搜集、整理与注释方面做了简单的阐述。

《由顺应天时的农谚组成的稻麦二熟耕作制度栽培模式》

邱威廉撰，《农业考古》，1986 年第 2 期。

本文以水稻为例，讲述了由顺应天时的农谚组成的稻麦二熟耕作制度栽培模式，并阐释了这些农谚中蕴含的科学道理。文章重点分析了"头莳不抢，二莳不让；小暑发棵，大暑长粗，立秋长穗，处暑根生谷，白露自迷迷，秋分稻莠齐；寒露无青稻，霜降一齐倒"等有关水稻的农业谚语，分析阐释了其中"顺应天时"的思想。

《谈谈"榆钱发，种棉花"的农谚》

肖晶荣撰，《新疆农垦科技》，1986 年第 2 期。

本文以"榆钱发，种棉花"的农谚不适宜新疆石河子地区，来说明棉花的播期在参考物候期的同时还需要依据温度、霜期、土壤等条件。文章列举了棉花籽发芽与出苗的最佳温度，以及温度变化对出苗时间的影响，来说明温度对选择播种期的重要性。涉及霜期对播种期的影响，文章根据 1954—1983 年 30 年终霜期统计来说明在新疆石河子地区的播种期以 4 月下旬到 5 月初较好。此外，据乌兰乌苏气象站郑维等同志试验证明，以 4 月 14—24 日播种地膜棉最适宜。最后，土壤对播种期的影响主要体现在不同的土壤导致土壤温度也大不相同，因此要具体考虑。

《植棉农谚辑释》

刘纯业撰，《农业考古》，1986 年第 2 期。

本文收集整理了部分植棉农谚，并按照棉田备耕（轮作换茬、积肥、施肥）、播种（播种量、播种深度）、保苗（田间定苗）、中耕（中耕时间、中耕深度）、棉花整枝、棉花选种、棉花吐絮、收花、两熟棉田经验、灌溉排水等方面，结合具体农谚实例进行分析研究，以便对棉花的农业生产起到一定的指导作用。

《"鱼儿离不开水　鸡儿离不开砂"》

山泉撰，《新疆农垦科技》，1986 年第 5 期。

本文通过谚语"鱼儿离不开水，鸡儿离不开砂"中的"鸡儿离不开砂"来阐释"鸡"吃"砂"的原因，以及"砂"对"鸡"的重要作用。文章指出，"鸡"吃"砂"是因为鸡啄到的食物被直接吞咽到嗉囊里，等待消化液的软化处理。食物经软化处理后被送入前胃，前胃分泌的一种酸性液对其进行浸泡。此后，食物便来到了肌胃（即砂囊），被肌胃自身节律性的收缩作用所形成的机械内压而"磨碎"。此外，"砂"对"鸡"有促进食物消化、增加重量和增大体积、补充矿物质与微量元素、减少热能的消耗四个方面的作用。文章最后指出，在喂砂的过程中要因鸡、因砂、因饲料的不同而异。

《锄头底下三分水》

杨威撰，《新疆农垦科技》，1986 年第 5 期。

本文依据作者在棉花灌二水前下基层采访，通过两块相邻棉田的对比研究，验证了"锄头底下三分水"这句农谚蕴含着一定的科学道理。文章指出，锄地的作用包括以下四个方面：其一，切断土壤表层毛细管，减少土壤深层水蒸发。其二，疏松土壤，扩大空隙度，增强吸热量，提高地温，促使农作物根系深扎，协调农作物根系周围土壤为水、肥、气、热的比例。其三，消灭田间杂草，避免了杂草与作物争水、争肥。其四，减少地面径流，接纳雨水；盐碱地上勤锄地，还可以抑制返盐碱。此外，对于疯长的作物，锄地可以截断它的根须，抑制疯长。

《宋代"苏湖熟，天下足"谚语的形成》

朱瑞熙撰，《农业考古》，1987 年第 2 期。

文章以宋代"苏湖熟，天下足"这句谚语为研究对象，结合当时的农业发展现状，进一步考察它的形成过程。文章指出这句谚语的首现在范成大的作品中，并考察了之后文献资料中的发展脉络，但它的出现和定型完全是苏州和湖州农业发展的产物。

《"茬口倒顺　强似上粪"》

柯耘撰，《新疆农垦科技》，1987 年第 6 期。

文章用轮作在农业生产中所起的作用来说明"茬口倒顺，强似上粪"这句谚语所蕴含的科学性，以及在轮作过程中需要注意的问题。轮作在农业生产中所起到的作用，包括可以均衡地利用土壤养分，增进地力；改善土壤理化性状，调节土壤肥力；有利于防治农作物病虫害；可以防除或减轻田间杂草的危害。在轮作过程中，应该注意连茬和换茬问题以及前、后作的关系（冷茬和热茬、硬茬和软茬、油茬和自茬）。

《"霜麦"农谚的由来及终霜冻麦对策浅谈》

赵世金撰，《山东气象》，1988 年第 1 期。

文章就"霜麦"农谚的由来以及终霜冻麦的应对措施进行了简单的论述。从"霜麦"农谚的由来来看，历史上的几次比较严重的终霜冻害使冬小麦受到不同程度的危害，从而引起人们的重视，甚至在早年的碑文中也可以看见较为详细的记录，为了避免类似情况的发生，作者提出我们应积极防治。

《"草木无声却有情　庄稼也有亲和朋"》

柯耘撰，《新疆农垦科技》，1988 年第 2 期。

本文运用科学知识分析了"草木无声却有情，庄稼也有亲和朋"这句谚语的原因，以及在具体的农业布局时应该注意的问题。这些问题包括在选择作物间作、套种组合时，除应考虑它们之间的阳光、水分、营养元素的利用等特殊性外，还必须注意间套作之间分泌物的相互影响，前后茬的合理倒换，以及要注意作物的分泌物对一些昆虫和病原菌的影响。

《对天气谚语的科学考察》

邓新亨撰，《济南大学学报》（综合版），1994 年第 3 期。

本文从天气谚语的分类、科学价值、局限性、使用过程中应该注意的事项、天气谚语与物理科学几个方面，做了较为系统的考察。天气谚语按照预报时效、预报结果、天气谚语涉及的现象分为三大类。其中天气谚语涉及的现象，又包括与气象要素变化引起的天气现象有关的天气谚语、与天空景象有关的天气谚语、与物象有关的天气谚语。在科学价值方面，作者提出天气谚语中包含着朴素的哲学思想、深刻的科学道理，并且具有世界性。这是一篇专门针对天气类谚语而作的文章，对天气类谚语的分类尤其科学合理。

《透过农谚看民意》

谷文晓撰，《经济工作导刊》，1994 年第 3 期。

文章主要在实行农村家庭联产承包责任制初期透过农谚侧面看出人民群众的意愿。农谚中也反映了农村存在的一些不可忽视的问题：一是农村财务混乱，农民反映强烈。二是农村干部存在不同程度的腐败现象，农民恨之入骨。三是农村干群关系仍较紧张。四是农民负担问题还需下大力解决。五是乡县及以上机关一些干部的主观主义、官僚主义、形式主义和不廉洁行为，严重损害了党的形象，农民非常反感。六是社会治安问题令人担忧。在特定的环境和时代下，通过农谚反映人民群众的意愿，对于政治建设具有一定的启示意义。

《实用植棉农谚》

肖望舒撰,《江西棉花》,1995 年第 1 期。

文章主要整理分析了 111 条具有启示性的植棉农谚,从 11 个角度着手,分别是按天气因素,棉花的生长发育、长势长相,选地、耕地、间作套种,种子处理、播种、间定苗,合理密植,中耕、除草、培土,施肥,排水、灌水,整枝,防治病虫害,选种、留种、收花等,对植棉农谚进行分类列举。本文对种植棉花有一定的参考作用。

《群众测天谚语的理性阐释》

王亚宁撰,《潍坊教育学院学报》,1995 年第 Z2 期。

文章从气象学角度针对部分群众测天谚语的理论成因进行理性阐释。文中主要从日、月、星等天气景象,虹、晕等大气光学现象,云、雾、露、霜等水汽凝结现象,风和冷暖的变化,动、植物和非生物征兆预测天气五个方面,看群众测天的部分谚语。文章最后提出要找谚语的科学依据,了解谚语的地方性和季节性,才能利用农谚正确地观测天气。

《近古代农谚探微》

柯继承撰,《农业考古》,1995 年第 3 期。

本文就《乡言解颐》《吴下谚联》中的部分农谚、民谣,并联系其他有关资料对近古代农谚做探微。文章关于《乡言解颐》,主要从预测天气与农业丰歉的关系、迷信的由来、农谚注重副业生产和各种经营几个角度阐述;关于《吴下谚联》,则是从农业生产、田间管理、多种经营、气象预测等方面列举分析。除此之外,作者在探微过程中,通过实地考察收集到一些两书未收的谚语,并附有一条谚语以增补《吴下谚联》,具有一定的语料价值。

《农谚与播种期》

张家炎撰,《农业考古》,1995 年第 3 期。

文章选取部分与播种期有关的农谚,主要从节气、物候、天象、水相、节日、时令六个方面阐述农谚中播种期适宜与否的指标。并从土壤、前作、地力、气候四部分探讨农谚中播种适期与环境条件的关系,从东西差异、南北差异、高下差异论述农谚中不同地区同一作物播种期的差异,除此之外,还有过早和过迟播种的结果在农谚中的反映。最后文章总结了农谚的语言特征和存在的问题，取其精华，剔除糟粕。

《有趣的林业谚语》

王森、霍俊清撰，《内蒙古林业》，1997 年第 10 期。

文章主要从古籍中摘选与林业相关的谚语，给人以启示。从林木生态习性、造林经验以及林谚中蕴含的生活哲理着手，反映了劳动人民的智慧和生活经验的科学总结，对林业生产具有一定的启示作用。

《漫话气象谚语》

于丽萍撰，《湖北气象》，1998 年第 1 期。

作者把气象谚语分为展示短时间和长时间气象变化两类，分别举例进行解读，并认为气象谚语对于预知未来天气变化有一定的科学道理，了解和熟知气象谚语对于生产、生活大有裨益。

《俗谚所论的吴中传统稻作技艺》

潘国英撰，《中国农史》，1999 年第 1 期。

本文主要从农谚着手，对苏州地区的传统稻作技艺按照生产的前期准备、禾苗莳插阶段、稻田管理三部分进行归纳总结，并从现代生态农业发展的长远利益出发，对这一农业文化遗产做了进一步的思考。

《山西蚕桑农谚》

徐允信撰，《北方蚕业》，2002 年第 2 期。

本文以山西运城、晋城、长治等地桑蚕农谚为研究对象，主要从四个方面即栽桑养蚕好处多、育苗栽桑有讲究、出扞管理有特色、肥培管理的“招数”进行分类整理，作者还做了一些浅释。夏县西阴村有传说古代嫘祖发明养蚕的文化遗址，沁水县端氏镇被誉为闻名全国的北方栽桑样板地，这里气候暖和、雨量适中、无霜期较长，适宜栽桑养蚕。

《酱谚寓趣》

陈苍林撰，《中国酿造》，2002 年第 1 期。

本文角度新颖，以生动、富有表现力的酱谚为研究对象，从酱谚出发，主要阐述了酱谚所反映出的酿造过程及酿造的经验，并对 10 句酱谚进行了分析注释，以启发后人，帮助学徒记忆和领会操作要领。

《花谚与盆土酸碱度的调节》

张廓玉、胥志平撰，《园林》，2002 年第 5 期。

文章主要侧重于讲花卉生长的酸碱度土壤，主要列举了一些对盆土酸碱度调节的花谚，不同的花卉所需要的土壤酸碱度有所不同，这就需要花谚来指导种植，而且很多种植经验都是通过花谚来反映的。

《从农谚看牛只的饲养管理》

王惠生、辛亚平、赵兆平、杨志峰撰，《黄牛杂志》，2003年第4期。

本文以民间20条养牛农谚为研究对象，并对这些蕴含深刻哲理及丰富经验的农谚进行解释说明，这些农谚不仅对于耕牛的饲养管理具有重要的指导作用，而且对于肉牛的科学养殖具有一定的指导性意义。

《农谚中的生物气象》（上、下）

胡启山撰，《湖南农业》，2003年第2、3期。

本文立足于农谚，探讨农谚里所反映出来的生物气象，不同的气候变化对各种生物的影响也是不同的，在《农谚中的生物气象》（上）中主要分析了雨季来临前后燕子、青蛙、蟾蜍、泥鳅、鳝鱼等生物在谚语中的反映，这些谚语里生物表现的状况都是有科学依据的，它与大气运动、热量、水分、湿度等因素有着密切联系。在《农谚中的生物气象》（下）中着重分析了蛇类与海鸟在一些急剧变化气候中所表现的生物现象，指明蛇可以起到预报地震的作用，海鸟"迁居"就是台风到来的警报。

《农谚中的天气预报》

王桂娟、李冬霞撰，《西南园艺》，2003年第4期。

本文主要从农谚的角度出发，探讨农谚背后所反映出的有关气象天气的信息，文章从短期预报和中长期预报两方面进行了分析整理，对这些农谚中的天气预报进行研究，从而发挥农谚对农业生产更好更科学的指导性作用。

《浅谈气象谚语在观测工作中的运用》

邓昕撰，《四川气象》，2004年第1期。

本文根据机场观测员在实际观测工作中的情况，阐释了气象谚语的定义、分类以及观测员在实际观测工作中对谚语的作用和应用。首先将气象谚语分为云雾、风、雷电、雨雪露霜、物象及天空景象等几类；其次论述了气象谚语在观测工作中的作用，包括提高观测员的工作兴趣、观测员要不断积累观测经验、促进气象服务工作上台阶；最后分别结合实际气象现象论述了云、风、雷雨、雾四类气象谚语。本文使机场观测员进一步明白气象谚语对其实际观测工作所发挥的作用，具有一定的参考价值。

《农谚·气象与农事》(5月)

肖德文撰，《长江蔬菜》，2004年第5期。

本文以少量典型的交口相传天气谚语为研究对象，强调要根据季节、地区、实际情况等灵活运用进行综合分析，并指导农业生产。文章还提出农业生产活动的10条具有指导性意义的建议。

《农谚与有机肥》

侯广太撰，《宝鸡日报》，2005年12月20日。

本文分析了3条与有机肥有关的农谚，分别是"肥沤不到，不如不要""雪上浇尿，不如不要""冬上金，腊上银，正、二月上粪是哄人"。每条谚语都结合实际农事生产时的有机肥使用经验进行了解读。

《天气谚语和天气预报》

格央撰，《西藏科技》，2006年第10期。

文章主要研究天气谚语和天气预报的关系。文中从引言，气候的差异导致天气谚语的地方性，天气谚语的验证、分析和收集，天气谚语里的气候规律四部分进行了论述。从天气谚语中指出的规律和提供的线索对预报天气具有一定的参考价值。

《渔谚两条》

赵海鹏撰，《科学养鱼》，2006年第12期。

文章就"打混鱼""鱼过千层网，难过一条线"2条渔谚进行了简单阐述，发现其中蕴含的趣味。"打混鱼"是从释义、捕捉方法上具体分析，"鱼过千层网，难过一条线"从渔具选择、捕捞方式上也做了具体阐述。

《读农谚　学养羊》

万惠恩撰，《科学种养》，2006年第5期。

本文列举了4条与养羊有关的谚语，并联系实际养羊的情况进行解析，可以帮助人们深入了解养羊谚语，并且挖掘了该类谚语所反映的科学养羊的实际情况。

《有趣的农谚》

万惠恩撰，《科学种养》，2006年第5期。

本文解释了与农作物灌溉有关的几条谚语。文章主要结合实际农事生产活动，分析了"旱榜田，浇涝园"这条谚语背后的科学道理。

《饮食民谚注解》

万惠恩撰，《科学种养》，2006年第8期。

这是一篇对食物类谚语进行解释说明的文章，以萝卜、荠菜、大豆和姜为主要对象，通过谚语来阐述这类食物在人们生活中的作用和对人们身心健康的重要影响。文章首先对食物类的谚语进行解释说明，其次介绍了这些食物在饮食和医学中的功效，是一篇具有科普性质的文章。

《从养猪农谚谈养猪之道》

赵贤武撰，《今日养猪业》，2007年第3期。

本文结合民间谚语简单介绍了养猪的方法。在环境方面，猪场管理要以猪为本，给猪提供合适的温度、湿度、密度、通风的条件和设施。另外，作者列举了一些谚语对种猪引进、淘汰更新、配种、产子管理等方面进行总结，最后对猪的产后护理以及健康做了简要的阐述。

《"农谚"与施肥——冬小麦有机肥的科学施用》

侯广太撰，《农村实用科技信息》，2007年第1期。

文章通过"庄稼一枝花，全靠肥当家；有机无机肥，有机肥当家""肥沤不到，不如不要""雪上浇尿，不如不要""冬上金，腊上银，正、二月上粪是哄人"4条农谚，来探讨冬小麦有机肥的科学施用。

《河湟地区岁时农谚趣谈》

林中厚撰，《中国土族》，2008年第4期。

文章以河湟地区岁时农谚趣谈为话题，论述了河湟地区岁时农谚给民众的生活启示。作者通过例举分析河湟地区春夏秋冬四时农谚，论述了其对于当地民众的生产、生活具有重要的指导意义。

《浅谈气象谚语在民航气象服务工作中的运用》

黄丽娟、庞双双撰，《中国高新技术企业》，2008年第4期。

本文详细介绍了气象谚语的定义和分类，把气象谚语分为云雾的谚语、风的谚语、雷电的谚语、雨雪露霜的谚语、物象及天空景象的谚语等，具体论述了有关云、风、雷雨、雾的气象谚语，并结合十几年的航空气象观测实践，总结了气象谚语在气象观测工作中的作用，积累了气象谚语的一些实际应用经验，为其他观测员提供一些借鉴。

《农谚浅释》

罗龙撰，《农业技术与装备》，2009 年第 9 期。

文章简要分析了 3 条农谚对于农业生产的指导意义。这些谚语主要涉及的内容是气象与农作物生产、土地土质与农作物产量、冬小麦不同生育期最不利于其生长发育的环境因素，对于农业的生产发展具有指导意义。

《农谚浅释》

罗龙撰，《农业技术与装备》，2009 年第 17 期。

本文阐释了 4 条关于农业生产的农谚。"麦收八十三场（月）雨"描述了冬小麦特别是旱地冬小麦的产量与降雨之间的关系，意思是冬小麦的产量高低取决于农历八月、十二月和来年三月是否降雨和降雨量的多少。"麦在种，秋在管"反映了华北地区的栽培制度，对小麦和秋庄稼的最关键生产环节做了简要总结，即小麦必须抓好播种关，如播种质量差，出苗必然不好（不齐、不全、不壮），即使在以后的生育过程中再加强管理也难以弥补。"白露（处暑）不出头，割倒喂了牛"是反映山西地区栽培制度的谚语，意思是在山西中部地区，玉米、高粱、谷子等秋作物抽穗时间最迟不能超过"白露"。"秋耕深一寸，顶上一遍粪"说的是在北方的耕作制度中，秋耕不仅要耕得深一些，还要结合秋深耕再施入有机肥和磷钾肥，更可使土壤得以培肥，提高土地的生产能力。

《三峡林业谚语中的人树关系及林木栽培探微》

黄权生、黄勇撰，《三峡大学学报》（人文社会科学版），2009 年第 2 期。

本文以大三峡（巴蜀、鄂西、黔北等地区，以注入川江的嘉陵江、乌江、清江、大宁河等河流流域为大三峡区域）林业谚语为探讨对象，讨论大三峡林业谚语所蕴含的人与森林的关系，及其林业谚语所总结的三峡人民在林业生产中林木栽培和管理的经验。文章第一部分主要探讨三峡林业谚语所蕴含的人与森林的最基本的关系，强调了树不仅对于人们的日常生活有着重要影响，还对生态保护起到重要的作用。第二部分通过列举三峡林业谚语中树木栽种的季节、树木习性、栽培方法以及如何护理树木等，进行了具体分析，体现人与森林树木共生、共栖的森林保护及实践的生态环境保护意识。在今天退耕还林、宣传植树造林、传授林业技术方面都有着重要的意义。

《渝西方言中的农耕谚语》

夏明宇撰，《重庆广播电视大学学报》，2009 年第 4 期。

本文简单分析了渝西方言中的农耕谚语。农耕谚语是渝西地区劳动人民千百年来农业耕作经验的生动总结。坚信"天道酬勤"是朴素的唯物主义思想，强调不误农时是科学耕种的思想，兼顾"水肥土种"是培本务实思想，重视田间管理是精耕细作思想等，集中反映了渝西地区农耕文化的精华。本文考察渝西方言中的农耕谚语，很好地挖掘了语言与传统文化的内在深层联系，因此对于探析谚语的文化内涵研究有一定的影响。

《三峡春夏节气气象谚语与农业气候适应关系的探讨》

黄权生撰，《三峡文化研究·第十辑》，2010 年第 18 期。

本文就大三峡区域（巴蜀、湘西、鄂西等周边地区）的春夏节气气象谚语与农业气候的适应关系进行了探讨。由于气象谚语具有多变性，三峡气象谚语具有地域性，作为亚热带季风气候的三峡地区的气象谚语，对于节气有补充作用，气象谚语可以从节气晴雨占卜季节雨水的多寡，节气要求适应多变气候，未雨绸缪。文中列举了三峡区域春夏两季的节气及相对应的谚语，说明了三峡春夏节气气象谚语与农业气候适应关系，认为三峡节气气象谚语具有准确性、对称性、指导性的特点。

《农谚浅释》

罗龙撰，《农业技术与装备》，2010 年第 21 期。

本文通过一系列农业谚语来阐述山西等北方地区的栽培、耕作、种植、施肥、畜牧、园艺等农事活动。用与农业相关的农谚来介绍农业耕作和牲畜饲养的技巧。其中关于栽培的农谚主要有"麦怕春寒，棉怕秋涝""夏至棉田草，胜似毒蛇咬""麦收八十三场（月）雨""白露（处暑）不出头，割倒喂了牛"等；关于耕作的农谚有"秋耕早一天，囤里冒个尖""种地不用问，精耕多上粪""过了惊蛰节，春耕不停歇""秋耕深一寸，顶上一遍粪""地无唇（埂），饿死人"等；关于牲畜喂养的农谚有"寸草铡三刀，无料也上膘""上槽不饮水，下槽不打滚""牛圈不透风，耕牛好过冬"等；关于施肥的农谚有"麦田能浇三遍尿，搂着馒头睡大觉""大雪冬至雪花飞，搞好副业多积肥""有钱难买安窝肥"等；关于种植的农谚有"枣发芽，种棉花""沙土花生黏土谷""芝麻头上两瓣叶，只怕深来不怕浅"等。此外，文中还提到了关于园艺和有综合性的农谚，这些农谚对于农业发展提供了一定的参照作用。

《农谚浅释》

罗龙撰，《农业技术与装备》，2011 年第 17 期。

这是一篇以农谚为基础指导我们社会生活的文章。农谚是我国劳动人民在长期生产实践中积累起来的经验结晶，源远流长。它短小精练，简洁明快，通过口口相传的方式流传和继承下来。有些农谚有一定的地域性，但又没有明确界限。一句农谚说明一个问题，本文以农谚"冬麦有两怕，一怕胎里旱，二怕三月寒""腊月三场挂，来年收棉花""垆地铺上砂，不长不由它"为例，表现了其中所蕴藏着的深厚的文化底蕴和科学原理，即使在现代，对于指导我们的农牧业生产仍有重要的意义。

《品花谚，养牡丹》

邓运川撰，《花木盆景》（花卉园艺），2011 年第 11 期。

文章总结了几条有关培植牡丹的经验的花谚，介绍了养牡丹的方法。如"老梅花，少牡丹"说的是 5 至 10 年的牡丹开花最好，因此牡丹要注意更新。"牡丹长八尺，退一寸"说的是牡丹只有下部分有芽眼处才能木质化，上半部分往往会枯死。"牡丹不冻花不开"说的是牡丹要经冬 40 天以上才会发芽、开花。牡丹的种植应该使用充足的肥料，牡丹怕积水，另外牡丹的收种不宜过晚，播种也不宜过深。

《谈天说农谚》

李晓光、贺敬撰，《农民致富之友》，2011 年第 13 期。

本文简要阐释了农谚与天象的关系，文章认为农业气象谚语按内容分为农时方面的谚语和农业措施的气象效应方面的谚语。农业气象谚语有较强的地方性和时代性，在引用时要注意在当地生产中加以检验，因地制宜地运用，主要包括看云测天谚语、观风测天谚语、雷电声光测天谚语和观物象测天谚语。

《常见气象谚语中的气象知识》

黄秀艳撰，《现代农业科技》，2011 年第 21 期。

本文对一些常用且具有一定科学指导性的气象谚语做了简单的关于气象方面知识的解释，通过看天识天象、看风识天气、看物识天象等来分析其中所蕴含的气象知识。看天识天象主要可以通过云来观测第二天的天气情况，人们还通过太阳、月亮、星星等的外形变化来预测晴雨天气。此外，雷声也常被人们作为预测天气的依据。风在一定程度上反映天气变化趋势，也就是说风对于天气变化有明显的预兆，因此人们也常常通过看风来辨识天气。另外，民间群众还常根据动植物的一些特定变化来预测天气。因为在气象条件发生变化时，它们的活动规律和习性会发生一些明显的变化，可以在一定程度上反映天气变化。气象谚语不仅是一种知识，还是民间群众日常生活中不可或缺的一种工具，在看天种地的时代发挥着举足轻重的引导作用，它是以通俗易懂、言简意赅、贴近生活的方式在群众中广泛流传下来的宝贵文化财富，人们应该充分理解气象谚语的含义并恰到好处地运用到生活当中。

《历史上关于养猪的农谚与民谣》

徐旺生撰，《猪业科学》，2011 年第 5 期。

本文主要阐释了历史上有关养猪的农谚与民谣，介绍了人们为什么养猪的农谚和民谣，有关养猪饲料的农谚和民谣，有关饲养方式的农谚和民谣，有关猪的繁殖的农谚和民谣，以及有关猪的选择上的农谚和民谣。文章认为中国是以农耕为主的农业社会，养猪只是生产出更多的粮食的手段，猪由于其食物的特殊性和猪肉的可盈利性，被视为财富的代表。关于猪的饲料的农谚，主要涉及如何开辟更多的猪饲料来源问题、饲料的发酵及加热问题。关于饲养的方式，农谚中认为不同的饲养方式将会产生不同的结果，猪栏舍卫生、有关猪在饲养过程中的放养问题，都需要特别注意。在猪的繁殖方面，主要提到猪的交配及去势问题。关于猪的选择，主要是通过猪的外形特征来进行选择。

《油菜文化杂谈之二：油菜农谚》

官云春撰，《作物研究》，2011 年第 6 期。

本文从种油菜好处多、良种与播种、育苗移栽、施肥与管理、收获五个维度，梳理了最典型、最常用、适用面较广的 54 条油菜农谚，并对部分谚语的含义加以解读。油菜农谚的特点主要表现在三个方面：一是主要内容围绕油菜的各个栽培技术措施，针对性很强；二是有一定地域性；三是农谚文字精练，内容突出。种油菜好处多，主要是由于油菜既是油料作物，又是蛋白质作物、工业原料作物和能源作物，种油菜还能改良土壤，我国传统农业十分重视"种"，都有"好种出好苗，好苗产量高"的农谚。关于油菜播种期的农谚较多，这反映农民对于播种期十分重视，"不能违背农时"。油菜育苗移栽为我国农民所创造，它是在我国多熟栽培的情况下形成的，有很长历史。其好处是既可解决前后作的季节矛盾，又可培育壮苗、促进油菜增产。油菜是需肥较多的作物，农谚强调了要多施肥，特别要注重年前施肥，同时油菜的生产与水也密切相关，油菜收获也很有学问，因为油菜是无限花序作物，收获过早或过迟都不能达到丰产丰收的目的。

《关中地区农事气象谚语初识——由"自古长安西风雨"所想到的》

范延臣撰，《商品与质量》，2011 年第 S6 期。

本文简要介绍了有关关中地区农事气象谚语的相关知识，文中介绍了《辞海》《诗经》《吕氏春秋》《相雨书》等文献资料对气象谚语的记载，认为关中民间谚语主要通过观察天象、对气象规律进行总结、关注物候的变化来预测天气的变化。文章指出，农事气象谚语是研究气象文化很值得关注的部分。气象谚语近年来变得不准确，提示人们生态环境保护的重要性。

《陇东时令节气农谚与农耕生产探微》

吉顺平撰，《山西农业大学学报》（社会科学版），2011 年第 9 期。

本文阐述了陇东时令节气农谚所反映的当地人们的耕作习惯和农耕文化。文中介绍了陇东地区农谚的搜集整理过程，关于农谚搜集整理的农谚集，主要有 1958 年 8 月编印的两册《新农谚》、1959 年 3 月编印的《农谚汇集》、1960 年 4 月编印的《肥多粮满仓——甘肃农谚集》。时令节气谚语体现了当地农耕习俗内涵，人们在根据传统的二十四节气安排农事活动的同时，根据自己的生活实际，运用自己的小节气对其进行一定的调整。文章认为时令节气作为传统农业的"农时"指针，在传统农学体系中占有很重要的地位。中国历代都有一些农谚来指导农事活动，人们借助这些口承下来的生产经验，指导完成一年的农事劳作。另外，作为农谚的一个重要内容，时令节气农谚在传统农学、民间文学、语言学等方面也具有重要的作用。在现代科学技术发达的现状下，农谚也应被视为非物质文化遗产来传承。

《黑龙江地区蒙古族畜牧业谚语浅析》

姚远撰，《经济研究导刊》，2012 年第 10 期。

本文选取了一部分黑龙江地区蒙古族畜牧业生产谚语进行了分析。"逐水草而居，靠天养畜"等游牧业谚语反映了蒙古族对于游牧业的一些经验总结。"用料追牛才肥，用鞭打马才飞""毡包要立在阳处，西伯要安在高处"等放牧业谚语则反映了蒙古族的游牧特色。而涉及马的如"滩上万畜，马为瑰宝"等谚语，形象地体现了蒙古族视马如宝的民族特色。

《自然天气密码——天气谚语的妙用》

李贵珍撰，《气象研究与应用》，2012 年第 S2 期。

文章对天气谚语进行分类及简要分析。人们通过观察自然界的各种事物来总结经验，探究天气的变化规律。天气谚语大致可以分为看云识天气、看雾识天气、看风识天气、看天象识天气、听雷电识天气、看动物识天气等类别。在每一类别中，又通过对相关气象谚语的分析来补充说明。

《浅谈湘中民间气象谚语的产生及其在气象业务工作中的应用》

杨富强、刘云华撰，《办公室业务》，2012 年 21 期。

文章介绍了湘中民间谚语的历史和气候背景及其在气象业务工作中的应用。气象谚语正是民间气象文化的一部分。湘中民间谚语的产生有着其特殊的历史及气候原因。湘中地区原为少数民族杂居之地，由于多样的民族性，产生了富有民族特色的谚语。同时，湘中具有丰富的地形地貌及气候特点，这也是湘中民间气象谚语形成的关键因素。湘中民间气象谚语对于农耕活动有很好的指导作用，在气象业务中也有很好的运用。气象业务工作者在运用民间气象谚语时，需要注意条文的季节性，并要结合当时的天气形势实况及本地气候的概况进行分析。湘中民间气象谚语在地面观测中也起到了很大的辅助作用，能够帮助工作者观云测天，观物象知天。

《气象谚语准不准？》

孙楠撰，《中国气象报》，2012 年 7 月 27 日。

本文主要探讨了气象谚语的准确性问题。文章通过对多人的采访来说明三个问题，即气象谚语的科学性问题、气象谚语是否能用于天气预报，以及气候变化是否会改变气象谚语的适用性。气象谚语是人民世代的经验总结，其中既有精华，也有不具有科学性的谚语。同时，气象谚语对于天气预报会起到一定的辅助性作用，而气候的变化也会对天气谚和农谚的适用性产生影响。

《中国农业谚语的继承与应用》

张天柱、郝天民、冯志高、李睿、宋懿撰，《农学学报》，2012年第3期。

本文系统地介绍了中国农业谚语。费洁心的《中国农谚》是中国历史上收录中国农业谚语最早、最多、最全的一部专著。此后中国农业出版社出版的《中国农谚》和游修龄的《论农谚》也是影响比较大的关于中国农谚的书籍。中国农谚在文字产生之前就早已存在，是在有文字后才被记录下来，内容非常丰富。科学性、通俗性、地域性是中国农谚的特点，但它也存在着一些认识上的片面性和经验上的偶然性等局限。随着农村改革开放的不断深入，符合生产规律的科学的农谚被保留了下来，那些不合时宜的则被舍弃。中国农谚的内容是随着时代的发展而变化的，有关科技性的农业谚语会随时产生，这就要求人们善于发现、善于总结、善于积累，使中国农业谚语不断发展。

《减防灾视野中的彝族谚语》

叶宏、王俊撰，《毕节学院学报》，2013年第1期。

本文选取了灾害文化这一特殊视角，分析了减防灾视野中的彝族谚语。受特殊地理环境的影响，彝族形成了独特的灾害文化，其中一个突出表现就是存在于乡土知识中富含减防灾常识的谚语。就文化内涵而言，这些谚语表现了一种敬畏自然、尊重规律、天人和谐的自然伦理观，对于发展生计的经验性指导，对于以血统为基础的自助与互助传统的遵从，构成彝族灾害文化体系中重要的组成部分；从作用机理来看，这些谚语是彝人对于自然灾害发生的认知，对于所处生存环境的动态观察，对于天气变化规律的总结，对于自然灾害发生的预测，对于灾害影响的禳解与消减。以谚语为代表的彝族灾害文化既是民族传统文化中的瑰宝，也是全人类的共同精神财富。

《民间谚语与气象知识》

王继春撰，《寻根》，2013年第1期。

本文分析了气象谚语中体现的生产生活经验。文章举例论述了通过对风向的不同，云的形状、高低、移动方向，天的颜色，雨雪的早晚、强度与方位，雷声与打雷的方向，雾，日、月、星、辰的多种色彩，以及动植物的活动规律等的观察，来预测天气的变化。文中通过例证分析了谚语中蕴含的气象知识，材料丰富。

《从蒙古族民谚看自然灾害对游牧经济的影响》

马晶撰，《鸡西大学学报》，2013 年第 5 期。

本文从当地牧区所流行的民谚中来看自然灾害对游牧经济的影响，以及民谚对农业生产生活的指导作用。如民谚"家有万贯，带毛的不算"表现了游牧民族本身所固有的单一性和脆弱性，"寺院的喇嘛听鼓声，草原的牧人看天时""清明节后落透雨，夏秋草茂牛羊肥""牛蹄窝里水汪汪，天旱日子不会长"等表现了自然灾害对生产生活的影响，"瘦马怕泥滑，孕畜怕霜草"表现了对自然条件依赖极强以及对牲畜的畜养条件有诸多限制的游牧经济。"伏天雹打一扫光，人和牲畜都遭殃"与"麦在地里你别笑，收到仓里才牢靠"表示一种蓄存方式，人们可以根据这些民谚所传达的信息，从游牧经济的生存环境、畜养方式、畜存能力三方面来探究自然灾害对游牧经济的影响。

《民间气象谚语：人类早期的天气预报》

黄柏权撰，《中国民族报》，2013 年 5 月 3 日。

本文总结了具有一定知识性、哲理性、科学预见性的民间气象谚语，研究其对人类早期天气预报的作用。我国民间气象谚语具有丰富性、特殊性、地域性、民族性、科学性、实用性等特征，是天气预报的重要参考。作者认为气象谚语都是以当地地形、气候类型、物候等为依据而总结提炼出来的具有规律性的俗语，具有明显的地域性特征；各个民族都有自己的语言和历史文化背景、风俗习惯，因此民间气象谚语也具有鲜明的民族性；民间气象谚语来源于民众的社会实践，又指导着人们的生产生活，是实用性很强的地方性知识。发掘民间气象谚语对于研究气候和环境的变化、了解人类的气象知识都有着重要的意义。

《融入农村不妨从学农谚开始》

葛龙撰，《农民日报》，2013 年 10 月 17 日。

这是一篇深入农村实践而习得的研究涉农谚语的文章。作者以大学生村官的视角，融入农村、服务百姓，从熟悉农谚、学习农谚入手，习得的农谚内容包罗万象，涵盖农耕时代人们日常生产生活的方方面面，通俗易懂、朗朗上口，它们传递了自然现象与规律，记载了生产与生活智慧，是千百年来指导农业生产和乡村生活的实用宝典，是农民自己的"百科全书"。比如"麦要浇芽，菜要浇花""一分耕耘一分收获""一日赤膊，三日头缩""竹从叶上枯，人从脚上老"等农谚，给没有农事生活经验的大学生村官带来启示，应该从学习农谚开始，学会运用科学知识与科学原理去研究农谚、解释农谚、利用农谚，了解农时、熟悉农事、亲近农民、融入农村，这样有助于大学生村官更好地服务于"三农"事业。

《气象谚语申报非物质文化遗产的意义与建议》

常伟撰，《安徽农学通报》，2013 年第 9 期。

本文通过人们在长期的生产生活实践和民俗活动经验对气象谚语的总结，以及谚语对日常生活和农业生产的影响和指导，由此阐释了申报非物质文化遗产的意义与建议。首先阐述了气象谚语在生产生活中的广泛应用，表现在能够预测天气变化和指导农业生产；其次认为气象谚语具有科学性和区域适用性，描绘天气与自然的千变万化，预测其来龙去脉，并在不同的地区有不同的内涵；最后提出了气象谚语申遗的重要意义和建议，因为它继承了中国传统文化，也是中国气象文化的价值体系，所以我们在申遗之后，更应该重视与保护气象谚语并对其进行深入系统的研究，气象谚语这一中华文化印记才能很好地传承下去。

《石榴农谚话管理》

侯乐峰撰，《山西果树》，2014 年第 3 期。

这是一篇关于石榴农谚的文章。在建园与育苗中的 10 条谚语告诉我们，在我国北方石榴产区新建石榴园，一定要选择背风向阳的山坡的中、上部进行栽培；要坚决避开阴坡、山脚下低洼处以及冷空气容易聚集的地方，还告诉我们深栽实砸或栽后踩结实，有利于减少水分蒸发，提高石榴苗木成活率，也有利于石榴苗木健壮生长。谚语还告诉了石榴在地下管理、地上管理和花果管理中应注意的问题。

《农谚在短期气候预测中的应用》

李红梅、崔建旭、卜祥朔撰，《现代农业科技》，2014 年第 6 期。

这是一篇在短期气候预测中应用农谚的文章。作者普查了长治市近 40 年的气象资料，发现"重阳黑洞洞，来年好收成""八月初一洒一阵，旱到来年五月尽"等气象谚语在指导当地旱涝预报和农业生产中起着重要的作用。本文对当地的气象资料对比分析，发现八月初一有降水，对应冬季降水偏少，又通过普查长治市历年日降量的资料，发现农历九月初九有雨且日降水量 ≥ 0.01mm 时，对应下一年年降水量偏多。

《养羊民间谚语解读》

刘萍撰，《新农业》，2015 年第 1 期。

文章选取了与养羊有关的 5 条谚语进行语义内涵分析，分别为"走慢走少，吃饱吃好""四勤三稳""放羊打住头，放得满肚油，放羊不打头，放成瘦子猴""春不啖，夏不饱，冬不啖，不吃草；九月啖盐顶住风，伏天啖盐顶住雨""山羊怕交九，绵羊怕打春"。

《河南方志中的农谚》

王新环撰，《农业考古》，2015 年第 1 期。

本文分析了河南方志中的农谚，将河南方志中的农谚分为关于土地肥力、关于精耕细作、关于不误农时、关于种植技巧四类。并指出河南方志中的农谚具有一定的价值，既描画了当地农业的种植历史及耕作经验，而且作为农业文化遗产的一部分，农谚中包含的可持续发展理念对于现代农业也有着重要的借鉴价值。

《"瑞雪兆丰年"与中国农耕文化在日本的传播问题》

王凯撰，《古代文明》，2015 年第 2 期。

本文考察了"瑞雪兆丰年"在日本出现和传播的情况，探讨了中国农耕思想文化在日本的传播以及"瑞需兆丰年"与古代大陆移民之间的关系。文章指出了"瑞雪兆丰年"之歌在日本的诞生历史，分析了古代大陆移民和"瑞雪兆丰年"的关系及葛井连诸一族能够将这一农谚吟诵成歌的原因。通过统计分析，发现日本文化中没有雪和农耕相关的记录，作者认为日本本土氏族对大陆农耕思想文化的吸收是根据本民族的固有特征有所取舍的，而且随着时代的推移，移民氏族逐渐被同化，本氏族独自的农耕祭祀仪式以及思想文化更加趋于成熟完善，外来思想文化的渗透变得愈发不易，这便是日本"瑞雪兆丰年"成为千古绝唱的原因。

《冬春养羊民间谚语解读》

刘召海撰，《江西饲料》，2015 年第 3 期。

本文对冬春季节养羊的民间谚语进行了解读。文章从 8 条谚语入手，解读了其所反映的母羊妊娠期间的饲养、放牧饲养的具体事项、给羊喂盐的方法、春季放牧及饲养方法，以及冬季配种、保膘保胎和安全越冬的注意事项。

《天气谚语的气象验证》

孙丽娟、秦涛、赵华撰，《安徽农业科学》，2015 年第 31 期。

本文以 1979—2013 年临朐县气象局本站的地面观测资料为参考，对"八月十五云遮月，正月十五雪打灯"和"久晴大雾雨，久雨大雾晴"2 条天气谚语在临朐县的适用情况进行了分析和验证，并得出结论，即"久晴大雾雨，久雨大雾晴"出现频率较高，可以作为预报指导当地的生产生活；"八月十五云遮月，正月十五雪打灯"的现象在临朐非常罕见，已经不符合当地的天气气候规律。

《皖江地区的农谚及开发问题》

梁龙撰，《农业与技术》，2015 年第 7 期。

文章归纳了皖江地区农谚蕴含的丰富内容，包括有关灾害天气和农业丰收的农谚及总结传统耕作技术经验的农谚。这些农谚反映了该区域农业的自然特点，具有鲜明的区域性特征，也体现出重视多劳集约、精耕细作的传统和在传统农业开发中人与自然相和谐的理念。保护和开发皖江地区农谚文化，要注意与利用现代科技成果相结合、与区域性文化产业发展相结合，同时利用蕴含的生态价值带动绿色农产品开发。

《解读气象谚语及根据云的移向认识天气》

黄雅芳、黄阳霞撰，《农业与技术》，2016 年第 4 期。

本文结合气象谚语、云层移动方向预报天气得出的经验，解析闽南气象谚语、云层移向的规律变化性，利用云的移向初步判断未来天气的趋势。文中列举了一些民间有关根据云层预测天气的谚语并对其进行解释，说明云有着神奇的天气预兆功能，民间的不少谚语都是从云的色彩与形状来预兆天气的。另外还介绍了又见云走向，看云的移动方向识天气的方法，总结了一些云的移动方向预兆天气的好方法。

《汉泰农业谚语意象比较分析》

阳亚妮撰，《佳木斯职业学院学报》，2016 年第 5 期。

本文通过对汉泰农业谚语的举例，比较分析了中泰农业谚语意象、含义的异同。一方面，从汉泰谚语中寻找含有相似的农业意象，发现有些农谚中含有相似的意象，其含义也相同，有些即使有相似的农业意象，但其含义又是不同的；另一方面，从汉泰谚语中窥探出含有不同的农业意象，有些汉语农业谚语和泰语农业谚语虽然各自使用的农业意象不相同，但所表达的内容和含义是相同的。汉泰谚语都引导了劳动人民有效的开展农事活动，还能教导人们为人处世、遵循伦理道德的生活哲理。

《从农业谚语看壮泰民族的传统农耕文化》

周艳鲜撰，《广西民族研究》，2016 年第 6 期。

本文研究壮、泰语农业谚语中壮、泰民族的传统农耕文化，并对其进行对比分析，从而进一步探究两个民族传统文化的渊源关系。从农业生活、农业结构、农业技术与农耕习俗等四个方面全面地反映壮、泰民族传统农耕社会的总体面貌与基本特征，说明壮、泰民族传统农耕文化有很多共性，其中最为显著的就是共同的稻作文化特征。

《处暑农谚养生经的大智慧》

黎崇裕撰，《中国中医药报》，2016 年 8 月 19 日。

本文总结处暑农谚来探讨养生经。文章例举了有关处暑的 4 条农谚，指出在处暑时节应该注意补充水分，尽量避免中午进行户外活动，另外早晚添加衣物，注意保护肺脏，还应该多吃石榴等水分充足的水果。

《福安茶谚的阐释》

王杰撰，《武夷学院学报》，2017 年第 2 期。

本文以福安地区茶谚为研究对象，探讨了当地的茶谚文化。茶的重要性不仅在其药用价值，还体现在贸易往来上，还有茶叶的生产劳作关系，包括茶叶的栽培采摘及管理修剪都有很大的学问。文章还着重分类研究茶谚在语言修辞技巧上的语言特色魅力。对福安地区茶谚的研究分析，让我们对福安茶文化有了更进一步的了解。

（二）思想观念

思想观念是谚语文化研究中研究价值极高的一部分。谚语是反映社会生活的一面镜子，它作为一种独特的语言形式，用精练的语句、通俗的语言反映了社会生活的方方面面。随着现代社会的发展，谚语也在继续反映着现代社会，并且继续广为使用。谚语背后的思想观念不仅起着传送传统价值观念的作用，还反映了人们的世界观、人生观。这部分研究主要涉及谚语反映出的中国传统思想观念和少数民族谚语反映出的思想观念，而且研究成果丰硕、研究角度广泛。

《谚语中的辩证法因素》

邓占庭撰，《学术月刊》，1959 年第 6 期。

本文是最早提出将谚语与辩证法结合研究的一篇论文，分析了谚语中蕴含的辩证法思想，如具体问题具体分析、发挥人的主观能动作用、对立统一规律、两点论的角度观察事物、矛盾对立统一转化的条件、事物间的相互联系等。

《略谈谚语中反孔和尊孔的哲学思想斗争》

蒋风、孙仁撰，《浙江师范大学学报》（社会科学版），1975 年第 1 期。

谚语作为一种意识形态的东西，不能超越它所借以产生的社会历史条件。历代反动统治阶级精心炮制许多宣扬儒家思想的反动谚语，用来毒害人民、腐蚀劳动人民的革命斗志。而人民群众则从斗争实践中看穿了没落的剥削阶级利用谚语欺骗人民的反动实质，并依靠集体的智慧、实践得来的真知，提炼成奇警、通俗的谚语，对那些反动谚语做了深刻的批判，由此形成了谚语中反孔和尊孔的哲学思想斗争，作者从反"天命"和畏"天命"、"时势造英雄"和"英雄造时势"，以及反"中庸"和鼓吹"中庸"三个方面加以论述。

《古谚与道德》

任真撰，《伦理学与精神文明》，1984 年第 1 期。

本文讲述了古谚中的道德谚语所反映出的古代人民关于道德精神生活的经验与认识。文章结合相关语料指出揭露剥削阶级"为富不仁"、反映劳动人民对剥削阶级的不满情绪和反抗意识的道德谚语，是古谚语中最有特色的部分之一。道德谚语中反映我国古代人民特别是劳动人民的传统美德以及我国古代重视道德教育的优良传统，是古谚语中最有价值的内容。道德谚语生动地表现私有制社会和剥削阶级偏见，是古谚语中最丰富的部分之一。作者还指出对于古谚中的道德谚语，我们应该辩证对待，既要批判其不合理的部分，又要对其积极内容借鉴吸收。文章对古谚语中涉及的道德谚语依据思想内容进行归纳总结，说明了道德谚语在古谚中的重要作用。

《西藏民谚浅议》

方河贞撰，《西藏研究》，1985 年第 1 期。

本文选取部分西藏民族谚语，按照其中蕴含的思想内容进行归纳分析。文章包括爱祖国家乡、赞团结勤劳、道意志修养、讲农牧生产和科技实践等方面的内容。

《哈萨克族民谚中的道德观念》

王晓晨撰，《道德与文明》，1985 年第 4 期。

本文选取哈萨克族的部分谚语，分析其中蕴含的道德观念。文章指出，哈萨克族的各种道德规范以及由此为基础的习惯法成为哈萨克族社会中是与非的准绳。并按照思想内容进行归类分析，阐释了哈萨克民族谚语中蕴含的集体主义、互帮互助、崇敬英雄、热爱家乡、劳动光荣、尊重知识等道德观念。此外，在处理人际关系方面，哈萨克族人民以诚实、谦逊、好客以及礼貌等优秀品质为准则。

《从汉语成语和谚语窥探汉人的思想观念》

陈建民撰，《汉语学习》，1988 年第 1 期。

本文从汉语成语、谚语出发，结合具体实例概括出了汉族人朴素的辩证法思想、封建专制主义、伦理观念和言语生活、食视饮食、讲关系以及中庸思想等六个方面的思想观念。在讲关系的思想中，作者指出"一人得道，鸡犬升天""一荣俱荣，一损俱损"属于一种相互依托的关系；而"势不两立""不共戴天""有他没我，有我没他""以眼还眼，以牙还牙"都属于排斥关系。

《中国农谚中的正统与非正统观念》

欧达伟撰，董晓萍译，《青海民族学院学报》（哲学社会科学版），1994 年第 4 期。

本文用中国农谚为材料，用含有大量关于农业技术传统经验的谚语来分析中国谚语的内容特征。首先从农业生产依赖自然条件的时令与气象来讨论谚语的可靠性、迷信性和矛盾性。其次，就中国各地民间文化的联系印证了中国农民一定程度上参与了上层阶级的正统文化。还有对血缘家庭关系的牢固性、谈夫妻关系的不平等也接近正统观念。再次，农谚除了表现了部分接受正统观念，还表现了一种对于上层绅士阶级的愤懑，可以说烘托了一种农民抵制绅士阶级的气氛。

《哈萨克族谚语中的哲学思想初探》

阿班·毛力提汗撰，《中央民族大学学报》（哲学社会科学版），1995年第6期。

文章论述了哈萨克谚语所反映的哲学思想，包括辩证唯物主义中的唯物论、运动、变化发展、矛盾、质变与量变、对辩证的否定和否定之否定规律、因果关系、本质和现象之间的关系、内容和形式之间的关系、必然性和偶然性之间的关系、可能性和现实性之间的关系、实践、真理、尊重客观规律的观点。在文章结尾指出，还有许多具有丰富深刻思想的谚语有待于进一步发掘、开采和研究。

《从回族谚语看回族伦理道德》

庞玉瑛撰，《中国穆斯林》，1995年第6期。

本文通过回族谚语阐述其所反映的伦理道德行为及其特点。文章将回谚分为"孝敬父母、疼爱子女""重学习、求知识、用智慧""爱国爱教、亲族相顾""恪遵守中、坚忍顽强""不谋暴利、乐善好施""崇尚清洁、讲究卫生"六类列举分析。通过分析解释具体回谚得出回族伦理道德的三个特点，分别为有一套完整的道德规范体系、浓郁的民族宗教特色，以及回族伦理道德具有伊斯兰文化和儒家文化结合的色彩。

《试论藏族民谚中的哲学思想》

曹亚梅撰，《中国藏学》，1997年第1期。

本文主要论述了藏族民谚中蕴含的一些哲学思想。藏族民谚中蕴含的自然观方面的哲学思想，包括物质决定意识的客观规律性、因果关系、质量互变、联系和变化的发展、事物是一分为二的、要透过现象看本质等思想。藏族民谚中蕴含的认识论方面的哲学思想，包括重视实践的作用、认为真理不可战胜、通过比较和鉴别认识事物、认识有限性等思想。藏族民谚中蕴含的社会历史观方面的哲学思想，包括无神论、个体与群体的关系、重视劳动、道德观等思想。

《撒拉族谚语中的哲学思想管窥》

董河燕、安永国撰，《西北民族学院学报》（哲学社会科学版），1997 年第 3 期。

本文主要对撒拉族谚语中的哲学思想做分析，来引起人们对撒拉族的关注。撒拉族谚语体现了许多哲学思维，主要表现物质与意识的关系、事物之间的联系、矛盾的思想、量变和质变等。撒拉族谚语中另一个重要的哲学思想是实践的观念。

《从客家民谚看客家人的家意识》

徐维群撰，《龙岩师专学报》（社会科学版），1999 年第 2 期。

文章通过客家谚语论述了客家人在"家"意识方面既传承了汉民族的传统，又有自身民族的文化特点。文章从家意识和情感两个层面透视客家人的家意识，展示了客家人是如何爱家、恋家、念家、发家、顾家和护家的。客家人的家意识的取向以群体为核心，依靠着对家庭的浓烈情感，以达到发家创业、促进家庭繁荣发展的目标。

《民族谚语与社会主义精神文明建设》

聂爱文撰，《昌吉师专学报》，1999 年第 2 期。

作者指出民族谚语中可以反映出少数民族爱国、团结友爱、勇敢顽强、勤劳朴实、善良节俭的优良传统，还具有特殊的教育作用和认识作用，但也存在消极的内容，所以在研究时要着重宣传少数民族文化的辉煌成就和优良传统，继续发挥民族谚语的教育作用，并利用谚语这种形式传播现代科学知识，在研究的过程中也要重视民族区域的特殊性。

《从谚语看儒家的价值观和人格理想》

杨芳撰，《楚雄师专学报》，2000 年第 2 期。

本文从谚语透视儒家的价值观和人格理想。作者认为谚语中"君子"能体现儒家重德轻才、重义轻利、重学轻农、贵和尚中的儒家价值观和人格理想。从儒家文化到民间谚语可以看出语言和文化是互相影响的，儒家经典中关于君子小人的名言佳句经过改造便通俗易懂、生动形象，从中可以看出汉语和汉文化的密切关系。

《实践里的智慧　生活中的哲理——试论汉语谚语的哲学思想》

温朔彬撰，《忻州师范学院学报》，2001 年第 3 期。

本文主要论述了汉语谚语中蕴含的哲学思想。文章主要阐释了汉语谚语中的哲学思想，包括矛盾对立统一关系、质量互变的关系、矛盾的普遍性和特殊性的关系、内因和外因的关系、具体问题具体分析、处理问题要抓住主要矛盾、实践和认识的关系等。同时分析了谚语表达哲学思想的特点，并提倡用唯物辩证法的眼光去看待谚语。

《浅谈谚语中的汉民族家庭伦理观》

夏丽萍撰，《伊犁师范学院学报》（哲学社会科学版），2002 年第 1 期。

本文以表现汉民族家庭伦理观念的谚语为研究对象，从家庭人际关系、家庭义务、家庭教育这三个角度对谚语中反映出来的家庭伦理观念进行了探讨，而对汉民族谚语中的家庭伦理观存在的原因则从经济形态、社会关系、文化价值三方面进行了阐释。最后作者补充，随着时代的变化，家庭伦理观也在发生变化，表现陈旧家庭伦理观的谚语会被慢慢淘汰，取而代之的是一些反映新家庭伦理观的谚语。

《从汉英谚语探讨人文思想》

王德春撰，《浙江树人大学学报》，2003 年第 2 期。

本文以汉英谚语为研究对象，探讨中西方人文思想的表现和发展。文章第一部分探讨了中西方人文思想的一个发展历程；第二部分着重通过对英语谚语的分析得出了不同历史时期西方从神学到科学的人文主义、以自我为核心的思想；第三部分主要对中国宗教信仰影响下的无神谚语、儒学等级制度下的谚语、改革开放后共产主义人文思想下的谚语、个人与集体关系的谚语进行分析，阐释东西方人文思想的不同。

《壮族谚语与人生经验——壮语熟语文化系列研究之二》

韦达撰，《广西社会科学》，2003 年第 9 期。

文章着重论述了壮族谚语在做人原则、治家之道、农事经验、人生价值取向等方面的文化意义。其中做人原则包括对人—敬重、对己—洁身、言行—谨慎、哲学—中庸。治家之道包括勤劳节俭、和睦团结、忠诚老实、重视家教。农事经验包括农事要适时、技术要熟悉、气象要掌握。人生价值取向在壮族谚语中表现为人口众多（重视群体）、先苦后甜、宽容大度。

《维吾尔谚语中传统价值取向三题》

张勇撰，《西域研究》，2004 年第 4 期。

文章主要分析了维吾尔谚语中的生死、利德、幸福的三个价值取向。在生死观念上，维吾尔谚语中反映出了维吾尔人民能够正视死亡，对生抱有一种积极的态度。维吾尔谚语在利德的价值观念上认为二者和谐共处，以利促德。同时，谚语中还反映出了知识即是幸福，要想获得幸福，就要不断地求知。

《谚语格言中的儒家思想精髓》

李丽芳撰，《民族艺术研究》，2005 年第 2 期。

本文对谚语格言中所体现的儒家思想精髓进行了分析，指出其主要表现在七个方面，包括体现主流文化世俗化、体现伦理道德观念、塑造人格精神、影响文化心态、传递处世哲学与生存智慧、反映性别行为准则、蕴含儒家思想的谚语格言的现代活化。深受儒家思想影响的谚语格言具有独特、有序、节奏感、韵律感较强的语言文字形式，以及深刻的社会感染力、巨大的倡导力和顽强的生命力，潜移默化地影响着社会大众的心态构建、人格塑造和价值取向，是中华传统文化得以传承的一种活的形态，是儒家思想的集中表现及民间传承渠道，在当今社会生活中也起着重要作用。

《湘西民间谚语与传统社会心态》

向军撰，《民族论坛》，2005 年第 6 期。

本文主要从湘西民间谚语的时政谚语和生活谚语两类中，探讨湘西民间谚语与湘西传统社会心态之间的内在联系，研究它们的特色和反映出来的民间传统社会心态状况，以及发展演变的历史规律。崇古守旧、尊天认命、勤俭节约、畏官惧讼是其主要传统社会心态。通过对湘西民间谚语的初步探讨，可了解湘西社会生活中特有的生活方式、行为方式和思维方式。本文联系湘西民间谚语与其整个湘西地区各民族普遍的社会心理状态，对湘西语言研究提出了合理的方向。

《谚语——中国农业社会的心理结构》

袁妮、李泽志、熊会撰，《康定民族师范高等专科学校学报》，2005 年第 6 期。

本文分析研究了农谚及其背后所蕴含的中国农业社会心理结构。文章以农谚为研究对象，首先讲了谚语的语义结构，分别从农业环境、生产、事理等角度来论述。其次论述了语义结构中的中国农业社会心理结构，作者认为谚语是通过家庭、自然环境、庄稼、牲畜、房子、人六要素，以环境—劳作—人际生活勾勒出中国农业社会的心理结构：主体优越意识中的大我与小我的关系。文章从客观和心理两方面对农谚进行了论述，以谚语中的中国农业社会的心理结构为主，对于深入了解研究农谚背后的民族心理机制、文化因素有一定的意义。

《少数民族谚语中与儒家思想相通的价值观述论》

张维娜、陈玉屏撰，《西南民族大学学报》（人文社科版），2005 年第 12 期。

文章从少数民族谚语与少数民族价值观的关系、谚语中的少数民族价值观与儒学价值体系的相通之处，以及少数民族价值观与儒学价值体系相通的原因这三个方面，论述了少数民族谚语中与儒家思想相通的价值观。文中引用蒙古族、藏族、彝族、侗族等几个少数民族的谚语作为例证，从"仁""义""礼""信""谦敬""孝悌""忠""善群"八个方面说明了谚语中的少数民族价值观与儒学价值体系的相通之处。得出了少数民族价值观与儒学价值体系相通的原因，即儒家思想及其价值体系的普适性（"仁""礼"）和对和谐社会的共同追求。

《维吾尔谚语中的语言哲学观》（维吾尔文版）

穆尼热·阿卜杜外力撰，《语言与翻译》（维吾尔文版），2006 年第 4 期。

本文主要分析了维吾尔谚语中的语言哲学思想。作者分别从六个方面展现维吾尔谚语中反映的语言哲学思想，一是倡导正确使用语言；二是重视语言使用后产生的影响，因为语言是反映一个人性格的重要因素；三是提高人际交往中语言的精准度，在人际交往中话语要简明扼要，注重实践；四是通过语言表达体现个人价值并获得他人的尊重；五是通过语言展现个人智慧；六是注重交往交际中的语言表达方式，注意交际场合与交际对象。文章阐释了维吾尔谚语中的语言哲学思想，为更好地了解维吾尔谚语提供了参考依据。

《从越地谚语、俗语看地方民间文化心理》

吴子慧撰,《浙江学刊》,2006 年第 4 期。

本文是从越地谚语和俗语考察民间文化心理的,从谚语俗语的表达方式来看谚语含有警示与训诫的意义,并通过讽喻的形式来表达人生哲理。越地谚语、俗语中的地方民间文化心理主要有勤劳谋生的劳动观、节俭为乐的生活观、随遇而安的人生观、自爱互利的处世观、脚踏实地的行为观、身正形端的修养观等内容。作为文化心理,它是一种社会心理状态,且具备相应的价值取向与行为模式。本文主要以越地为例来探究其谚语、俗语中的民间文化心理,为民族与语言的研究提供了方向,对于地方文化与语言的研究有其一定的参考价值。

《由谣谚所见的民间伦理观念》

贺宾撰,《南京师大学报》(社会科学版),2006 年第 5 期。

文章认为谣谚是包含着民间伦理生活真实信息的活化石,谣谚所映射出的民间伦理观念具有多元复合的特点,充斥着儒、道、墨等诸家观念。本文的引言发起了关于民间伦理的讨论。第二部分介绍了谣谚的特点及其对传统伦理文化研究的意义,认为谣谚作为一种源于民间、流传于民间的熟语短句,具有通俗性、真实性、口碑性的特点。民间谣谚是考察社会历史与风俗民情的宝贵资料,通过对民间谣谚与史籍文献的综合研究,研究者可深入到普通百姓精神生活的根底处,接触到民间伦理生活的原生形态。第三部分介绍了谣谚所映射出的民间伦理观念的复杂多样性,其中民间谚语多表达儒家义理,或直接来自儒家经典而习用成谚。此外,民间谣谚还体现出对道家思想和墨家思想的承袭。

《从饮食谚语看客家精神的特质》

温珍琴撰,《赣南师范学院学报》,2007 年第 1 期。

本文以客家谚语为研究对象,着重探讨了客家谚语里所蕴含着的客家精神。文章中作者总结出五点客家精神特质,包括重吃轻穿的生存忧患意识、务实敬业的普遍性格特征、勤俭持家的劳动生活观念、敬祖尊宗的正统儒教思想、乐天知命的多元人生态度。

《从谚语看中国人的审美观》

旌建业撰，《美与时代》，2007 年第 12 期。

本文简单论述了从谚语中可以看出中国人的几种审美观。其特点有：认为美好的生活就是自由自在的生活，执着地追求和谐的人际关系；认为美是主客观的统一，强调心灵美的主导地位等。作者提出中国谚语中蕴含的美学思想是丰富而深刻的，但是过去美学界对这个问题很少研究，本文只起到抛砖引玉的作用。文章的选题是美学方面的，因此对文艺美学研究提供了一定的研究方向。

《浅谈民族传统谚语中的男权意识》

谢正荣撰，《长春理工大学学报》，2008 年第 3 期。

本文就民族传统谚语中的男权意识加以研究，认为加在女性身上的谚语标签，绝大多数体现了强烈的男权意识。家庭关系中的男权意识有对待母亲、对待妻子、对待儿女。婚恋过程中的男权意识从贞洁、容貌、年龄上看出，男女双方中多以男性的价值判断与审美标准为准。话语权利中的男权意识有信度和是非度。还有生产生活中的男权意识和禁忌中的男权意识，都表现出当时男尊女卑的社会观念。文章结论也揭示出这种不平等观念，并提出随着社会的进步，这些民族传统谚语中的男权意识将被人类自觉克服的愿景。

《浅释中国谚语中积极的老年主题》

祝秀丽撰，《河南教育学院学报》，2008 年第 2 期。

文章在搜集大量谚语文本资料的基础上，以民俗学、老年学和发展心理学等理论视角，诠释谚语中的老人形象和生命观念，旨在倡导个人和团体共同建构一个适合所有年龄（特别是老年）的社会。本文仅就所搜集的文本，从经验与智慧、心理的成熟、中介作用、积极的生活模式四方面略作归纳分析。

《从维吾尔族民间谚语看维吾尔人民的和谐思想观》

王德怀、谭婧霞撰，《民族文学研究》，2008 年 3 期。

文章主要分析了维吾尔族民间谚语中的和谐思想观念。"和谐"是维吾尔文化的精髓和核心所在，这种"和谐"的思想观念在维吾尔谚语中多有体现。文中结合具体的维吾尔族历史事件，从群体和谐、个体与群体和谐、个体与个体和谐、自我和谐、人与自然和谐等五个方面，对多达几百条反映和谐的维吾尔族谚语进行分析，旨在通过挖掘维吾尔族民间谚语和谐的精神内涵，唤醒人们对于和谐的心底记忆，从而对建设和谐中国、和谐边疆出一份力。

《客家人价值观的民间视野——客家谚语解读》

郭起华撰，《牡丹江大学学报》，2008 年第 9 期。

文章论述了客家谚语能够反映出勤劳节俭的生活观念、重视品行的处世观念、崇文重教的向学观念、报本寻根的伦理观念、团结协作的群体观念以及清洁澡世的卫生观念六个方面，以此体现客家人的价值观。

《蒙古族谚语创作之思维方式研究》

胡格吉夫、牛雅琴撰，《内蒙古社会科学》，2009 年第 2 期。

本文是考察蒙古族谚语创作思维方式的一篇论文。作者用以下八种方法进行阐述：第一，大小关系；第二，数量关系；第三，方位空间的关系；第四，外表与性质的关系；第五，相对事物的关系；第六，因果关系；第七，风俗习惯的关系；第八，从故事传说思考其意义的描述。作者总结的创作谚语的思维方式是实践经验的积累，是多个时代蒙古族知识的积累。描述型思维是创作思维方式的核心，其主要意义都在谚语某一行中出现并且以上思维方式都交叉出现。本文对于描述思维和逻辑思维的发展有重要意义，对于其他体裁的创作方法也有参考作用。

《汉民族谚语与维吾尔族谚语中的哲学思想之比较》

安尼瓦尔·塔吉丁撰，《伊犁师范学院学报》（社会科学版），2009 年第 4 期。

作者结合马克思主义哲学分析比较了汉族谚语和维吾尔族谚语。结合实例，分别从唯物主义、唯物辩证法和历史唯物主义三个方面分析汉族民间谚语和维吾尔族民间谚语中包含的哲学思想。

《从中西谚语看中西传统价值观》

陈星撰，广东外语外贸大学硕士学位论文，2009 年。

该论文通过对中国与西班牙谚语的比较，来看中西两国的主流价值观的不同。共分为三章。第一章为概念及研究方法。对文化、谚语、价值观等相关定义进行解释。第二章为中西反映的价值观的异同。文章借助美国人类学家克拉克洪提出的价值观的五种模式，发现中国与西班牙谚语反映了中西两国在人和自然关系的取向、时间取向、行为取向、人性取向和社会关系取向等价值观、金钱观和婚姻观上存在着明显的异同。第三章为金钱观和家庭观。中西方谚语对金钱与家庭的态度有着明显的异同。

《藏族谚语的文化心理解读》

春燕撰，《西昌学院学报》（社会科学版），2010年第3期。

这是一篇从藏族谚语为出发点解读其文化心理的文章。通过对藏族谚语的语义分析，展示藏族谚语与藏族文化之间的关系，解读藏族民间谚语语义背后蕴含的藏族文化心理，文化心理分别表现在藏族谚语表现出浓郁的高原生活气息、藏族谚语折射出藏族的民族精神与价值取向、藏族谚语中宗教思想的体现这三个方面，有助于促进各民族间文化的理解和交流。通过研究流传在藏民口中代代相传藏族民间谚语，蕴含着藏族社会生活的方方面面，我们了解到藏族的风俗习惯、社会制度、宗教信仰和民族性格等博大精深的文化意蕴，映射着藏民族的文化心理特质以及世世代代藏民独特的生命体验。

《论维吾尔民间谚语中的爱国主义思想》

阿布力克木·达吾提撰，《和田师范专科学校学报》，2010年第6期。

本文主要通过论述维吾尔族谚语的特点，阐明了谚语所包含的爱国主义思想和精神，体现了维吾尔族谚语的教育意义。文章第一部分是关于谚语的意义和特点，作者认为谚语是人民在长期的历史发展中的生活经验和经历的结晶。谚语具有三个主要的特点：一是谚语的诗歌气息浓郁、曲调性强；二是其中从生活经验归纳出来的思想可以直接表达；三是谚语是能表达一个完整意思的句子。第二部分是关于维吾尔族谚语中所体现出的爱国主义思想，要忠于家乡、忠于祖国，为祖国贡献自己的能力，爱祖国的人能够得到荣誉，损坏祖国利益的人会受到人们的唾弃。所以对于维吾尔族民间谚语的研究，可以帮助我们对维吾尔族人民的风俗习惯、生活方式、价值观念、思维方式等内容有深刻的理解。

《蒙古族谚语管理思想初探》

塔娜撰，中央民族大学硕士学位论文，2011年。

这是一篇探究蒙古族谚语的管理思想的文章。文章第一部分对蒙古族谚语管理思想进行了分析，即蒙古族谚语包含的计划思想、组织思想、领导思想、控制思想等。第二部分主要概括提炼了蒙古族谚语管理思想的特征和意义。计划思想和全面观思想，人际关系思想和组织凝聚力思想和领导控制思想，都包含在蒙古族谚语中，蒙古族先祖们在经营游牧生活的时候，积累适应自己特征的管理思想并用谚语的形式传承下来。本文探索了蒙古族谚语的管理思想，对于蒙古族人的思维、经济研究及其整个思想历史的研究都有重要的意义。

《浅析屯堡文化中民间谚语的道德教化作用》

左才慧撰，《贵州农机化》，2011 年第 2 期。

贵州安顺地区把传统的礼仪、人伦思想一代代传递下来，形成了独特的屯堡文化。民间谚语（道德警句）对于屯堡人"和谐"思想观念的形成有重要的作用。屯堡文化谚语在道德教化上的体现是聪明勤劳的美德、真诚友善的品质、农商并重的发展理念、尊师重教、"和为贵"思想等。这些谚语所倡导的道德内涵为我们研究我国伦理思想的发展提供了重要的思想内容。

《新疆蒙古族民间谚语的唯物主义内涵》

尼玛撰，《新疆职业大学学报》，2012 年第 3 期。

本文以新疆蒙古族民谚作为着眼点，研究新疆蒙古族谚语的唯物主义内涵，揭示民谚在蒙古族成长的重要作用。关于物质与意识的唯物观主要包括万物有源的唯物观、物质与意识相互作用的观念，蒙古族民谚蕴含尊重实际、尊重规律的唯物观，其中包含一切从实际出发的唯物观、遵循客观规律的唯物观。蒙古族谚语在发展过程中不乏有一些唯心主义思想，这也需要后世批判继承。

《从谚语的哲学思想看汉语语汇的文化内涵》

王海静、柳长江撰，《晋中学院学报》，2012 年第 4 期。

本文分析了汉语谚语中蕴含的哲学思想。首先论述了辩证唯物主义基本原理在谚语中的体现，包括反映世界物质统一性的、蕴含事物是普遍联系和发展的规律的、体现矛盾对立统一关系的、揭示质量互变规律的四个方面的谚语；其次论述了唯物史观的基本原理在谚语中的体现；接着论述了实践的观点在谚语中的体现；最后分析了哲理性谚语中蕴含的文化价值与文化内涵。

《儒家思想与民间谚语的差异》

郝铁川撰，《社会科学报》，2012 年 11 月 8 日。

文章主要分析了儒家思想与民间谚语之间的差异。首先介绍了 10 条儒家重要理念与民间谚语，如儒家"亲亲相容隐"与民谚"当堂不让父"、儒家"同罪并罚"与民间"王子犯法、庶民同罪"、儒家"见利思义"与民间"有钱能使鬼推磨"等，来说明儒家思想与民间谚语之间的差异与对立。这也在一定程度上证明了儒家思想并非人们所认为的那样广泛被群众接受。接着分析这一现象的原因有多种，文中提到两点：一是历史和现实的脱节，儒家"法先王"的历史观，造成儒家一些主张和现实脱节；二是理想和现实脱节，儒家所追求的精英文化和芸芸众生所思所想的脱节。

《关注兴亡　看重气节——渝西方言谚语中的渝西道德文化精华探析》

夏明宇、吴朝平撰，《重庆文理学院学报》（社会科学版），2012 年第 5 期。

文章主要分析了渝西方言谚语中的渝西道德文化精华。渝西方言谚语中承载着渝西政治道德、社会道德和思想品德等方面的文化观念。通过对渝西方言谚语的一些谚语实例的分析，可以看到渝西方言谚语中承载着渝西道德文化中的心忧天下思想，强调关注国家兴亡；蕴含着渝西家教文化中的宁折不弯的思想，着重政治气节；具有渝西家教文化之和谐社会的思想，提倡礼义廉耻；承载着渝西家教文化之诚信立身的思想，主张以诚待人。

《强调养子必教　主张宽严相济——渝西方言谚语中的渝西家教文化精华探析》

夏明宇、吴朝平撰，《教育文化论坛》，2012 年第 6 期。

文章主要分析了渝西方言谚语中所承载的渝西家教文化。渝西家教文化的精华在谚语中多有体现，渝西方言谚语中承载着渝西家教文化中的虔心教子思想，强调养子必教；蕴含着渝西家教文化中的德智并重思想，重视德智教育；具有渝西家教文化之言传身教思想，提倡以身作则；承载着渝西家教文化之亦刚亦柔思想，主张宽严相济。

《基于客家谚语视阈下的客家优良传统探微》

刘加洪撰，《嘉应学院学报》，2012 年第 6 期。

本文简述了客家谚语是客家文化的重要组成部分。客家谚语所描述的内容是祖先的处事原则和经验教训之总结，它体现了客家人自强不息的进取性格、爱国爱乡的眷恋情怀、崇文重教的尚学观念、清正廉洁的处世风格、勤劳节俭的生活准则、团结协作的群体精神、诚实守信的真诚态度、敬老爱幼的淳朴民风。充分挖掘客家谚语中的优良传统，对于发展我们的经济、繁荣我们的文化、净化我们的环境、建设我们的家园、振兴我们的民族，无疑具有非常重要的现实意义。

《论蒙古族谚语中的崇尚名誉观》

萨茹拉编，《中华民族复兴与民族哲学发展研究——2013 年中国少数民族哲学及社会思想史学会年会中国石油大学（华东）60 周年校庆学术研讨会文集》，2013 年。

蒙古族的谚语是蒙古文化的一座宝库，它遍布广泛，从方方面面体现着蒙古族人民日常生活的经验和智慧，本文针对蒙古族文化瑰宝——谚语中的蒙古人崇尚名誉的观点进行了探索。文章从人文性、榜样性、社会性及永久性等几个方面论证了蒙古人崇尚名誉的优良传统。这一传统是人们珍爱自己、尊重自己和追求自强的具体体现。蒙古人所追求和珍惜的名誉并非只是个人的名誉和虚假称号，而是整个国家、民族的荣誉，并且认为只有为国家和民族的荣誉奉献一切的人才能"用金碗饮茶"，实现自己的价值。这种崇尚名誉和荣誉的思想成为早期蒙古族开拓进取和创业的强大精神动力。

《蒙古族谚语中的人生观研究》

萨茹拉撰，内蒙古师范大学硕士学位论文，2013 年。

本文论述了蒙古族谚语中的蒙古族人的人生观。文章从蒙古族人的人生观和追求两个方面展开论述，主要以谚语"用金碗饮茶"为主线，从尊重生命、不忘祖先、为国家效力等三点论述了蒙古族谚语中的蒙古族人的人生观。蒙古族谚语中蒙古族人的人生最崇高的追求是从精神力量、自信、自主、爱护民族荣誉等四个方面来论证的。文章最后，作者总结了蒙古族人对待人生的永无止境、乐观主义的态度和追求。该文对于蒙古族学者如何将蒙古族谚语和哲理融合地研究有一定的借鉴意义。

《安徽蒙城方言谚语与儒家文化》

杜红梅撰，《陇东学院学报》，2013 年第 4 期。

本文以蒙城方言谚语为例，探讨了与儒家文化的联系。蒙城方言谚语涵盖了社会生活的方方面面，也承载了丰富的文化内涵。文章主要在收集和分析语料的基础上，探讨儒家"仁"的思想、"礼"文化思想、"孝"文化思想与"和为贵"文化思想这四个方面在蒙城方言谚语中的体现，从而深入挖掘和探讨蒙城方言谚语，这也为我们了解蒙城地域文化提供了一条有利的途径。本文从一个全新的角度将语言与文化连接起来，蒙城方言谚语所涵盖的儒家的人文精神包含了丰富的和谐思想，对于我们今天构建社会主义和谐社会仍然具有重要的理论和现实意义。

《从上虞民间孝谚语看人们的孝德观念》

龙升芳撰，《学理论》，2013 年第 34 期。

本文分析了上虞民间孝谚语及其反映的孝德观念。作者指出，上虞民间孝谚语和孝德观念二者之间是传统文化中的内容与形式相辅相成的关系，同属于上层建筑的组成部分。上虞孝民谚与"孝"具有深厚的历史渊源，可分为养亲和敬亲、居常与侍疾、顺亲和子嗣、丧亲和祭亲四个类型，这些都反映了上虞人们的孝德观。

《闽台俗谚中的诚信文化》

林星编，《福建省炎黄文化研究会会议论文集》，2013 年。

本文结合具体的闽台俗谚，分析了其反映的诚信文化。主要分为三类：一是"以诚为本，行为端正"，如厦门谚语"树头站得在，不怕树尾起风台""树身坐正，不怕风大"等。二是"以诚待人，一诺千金"，如"饮水要清，讲话要真""明人不做暗事，实人不讲假话"等。三是"诚信经商，生意长久"，如"信用顾得好，利源免烦恼""买卖趁相熟"等。闽台俗谚通俗易懂，简短易学，有着浓厚的生活气息和地方色彩。要让这些俗谚成为活态文化，继续得到继承、弘扬和发展，并且成为联系两岸重要的文化纽带。

《论蒙古族谚语中的珍爱生命观》

萨茹拉撰，《中国蒙古学》，2014 年第 1 期。

本文探索蒙古族谚语中蒙古族人的珍爱生命观。蒙古族人崇尚游牧生活，饲养五畜和打猎时对生命观有了自己的认识。首先像爱护自己的畜群一样爱护其他动物，也守有一定的禁忌。蒙古族人热爱生命，保持人性论是由于他们的信仰中对"生命"独特的认识，在古代战争时期对敌军也没有灭九族的习俗。作者认为蒙古族人从来不信永恒的生命，形成了只有在有限的生命中代代传承艰苦奋斗精神才能不断创新并能保持已经取得的成功的生命观。

《探蒙古谚语中所反映的古代蒙古人心理健康追求》

葛根图雅撰，《呼和浩特民族学院学报》，2014 年第 1 期。

本文是探求蒙古族谚语中所反映的古代蒙古人的心理健康追求的文章。作者从发展智慧来适应自然社会，优化品质来适应他人，强化意志适应自己等方面探求心理健康。适应自己的谚语也包括关于意志和心理态度方面。总的来说，学者统一观点是心理健康的最终目的，是人不仅是有自然性的个体，最重要的是有社会性的实体作为存在并可以完成对社会环境的适应，对人际关系的适应及对自己的适应的心理才是健康心理。

《论维吾尔语谚语中折射的价值观》

冯清华撰，《和田师范专科学院学报》，2014 年第 4 期。

本文以维吾尔语谚语作为研究对象，探究其折射出的维吾尔族理性价值观、社会性价值观、教育性价值观、经济性价值观这四个方面。在理性价值观的论述中，作者总结出了维吾尔语谚语体现出了公正、乐观、勤劳、诚信、坚持不懈、谨慎和节约这七个内容。在社会性价值观的论述中，总结出了宽容、孝顺、尊重他人和团结四个方面的内容。在教育性价值观的论述中，则是重视子女的教育，并且还重视父母在子女教育中发挥的重要作用。最后在经济性价值观的论述中，则体现了维吾尔族人民对于金钱的态度，认为金钱不是万能的，同时也揭示了金钱在一定意义上的重要性。对维吾尔语谚语的研究，可以帮助我们更全面地了解维吾尔民族，同时，维吾尔语谚语也揭示了深刻的内容，教育着一代又一代维吾尔族人民，是维吾尔族民间文学中的宝贵财富。

《小谚语大智慧——论蒙古族谚语中的哲学智慧》

李书撰，《赤峰学院学报》（汉文哲学社会科学版），2014 年第 9 期。

本文主要研究蒙古族谚语，分析其中的哲学智慧。文中将蒙古族谚语中的哲学智慧总结为三个方面，和谐思想是其中颇受重视的一个方面，蒙古族谚语中还包含许多辩证法思想、认识论思想。蒙古族谚语是蒙古族人民从生活实践中得来的宝贵财富，对这些谚语的继承有助于服务生活、贡献社会。

《从谚语看党项人的哲学思想》

郭勤华撰,《西夏研究》,2015 年第 4 期。

文章以出土的西夏文学作品残片中的党项谚语为研究对象,从中窥探出党项人的哲学思想,以期勾勒出党项人的民族文化心理和思维方式。党项谚语的唯物辩证法思想以及实践论、认识论思想是党项人哲学思想的主要表现。通过分析,作者指出在唯物辩证法思想中又涉及意识的能动作用、普遍联系、事物的变化发展、必然性和偶然性以及内容和形式关系、本质和现象关系等方面的内容。关于实践论、认识论思想,作者指出"党项族人民发挥他们善于学习借鉴有利于本民族发展进步的认识,用来指导自己的实践"。

《维吾尔谚语价值观取向探析》

侯跳撰,新疆师范大学硕士学位论文,2015 年。

本文从信仰崇拜和传统的价值观两个方面对维吾尔谚语所反映的价值观取向进行了探析。文中从两个方面对维吾尔谚语价值观进行分析。首先,作者对谚语的界定进行阐述,总结了维吾尔谚语的特点,即谚语反映出人们的经验和思想,在文学方面形成了一种文学题材。谚语的结构很形象,意义深奥,简单明了。谚语的内容十分全面,通过一个完整的句子表现出了完整的意思。其次,作者从崇拜和信仰及传统价值观取向两个方面对维吾尔谚语价值观的体现进行探析。其中,崇拜和信仰包含对自然的崇拜和伊斯兰教的信仰,传统价值观取向体现在勇敢与勤奋、行善去恶、崇尚知识与智慧以及热情善待朋友四个方面。

《维吾尔谚语中的生命思想及其教育价值》

闫新红撰,《新疆社会科学》,2015 年第 4 期。

本文以维吾尔谚语为切入点,结合生命教育理论分析维吾尔谚语中蕴含的生命思想。维吾尔谚语中的生命思想体现在对生命本质的认识,认为生活需有长久打算,承认饮食和生存之间的客观联系。对生命的态度是要坦然面对生死,珍惜生命与时间。从生命与财物、友情、名誉的对比中强调要注重生命的质量,提升生命的价值,追求生命的高境界。文章指出维吾尔谚语中生命思想的基本特征表现有三点:顺应天命天性的生命存在意识,尊重生命;珍惜生命的生命本位观念;追求理想人格和生命尊严的精神超越思想。维吾尔谚语中的生命思想的教育价值则被阐述为:丰富了生命教育的资源;

为生命实践提供思想基础，有利于指导日常行为。

《汉、蒙、藏谚语与诚信文化》

李树新、王冲撰，《内蒙古大学学报》（哲学社会科学版），2015 年第 6 期。

这是一篇探讨汉、蒙、藏谚语与诚信文化的文章。文章认为汉、蒙、藏谚语体现出诚信文化价值观的三个共同点，即诚信是一个人在社会生活中安身立命的道德起点，是做人的基本品格；诚信是做人的道德标准，是一个人的人生价值观和处理人际关系的基本准则；诚信是一种社会价值观和道德准则。文章第一部分列举出一些少数民族谚语来体现诚信文化的传承性与重要性；第二部分通过对汉、蒙、藏三个民族的谚语解读来得出诚信文化价值观三个共同点；第三部分从文化背景、文化内涵和表达方式来对比汉、蒙、藏三个民族谚语的差异性。本文不论从谚语研究还是民族语言文化研究的角度，都具有学术研究价值。

《文化间性视域下壮泰谚语的伦理道德》

言红兰撰，《百色学院学报》，2015 年第 6 期。

文章从文化间性角度入手研究壮泰谚语的伦理道德对话，以及其在跨文化交流中的价值。"文化间性"理论认为，不同的多元化的文化可以被看作一个个独立的文化个体，每种文化都带有自己的特点，这些文化个体之间的差异促使它们交流和对话。文章指出，和睦兴家的家庭伦理观、重义互助的人际伦理观以及勤俭朴素的生活伦理观是壮泰民族传统文化中的共同特质。此外，作者还指出"从研究壮泰谚语伦理出发，寻求能够体现两个民族整体人性价值的伦理准则，对增进壮泰民族相互交流具有现实意义"。

《东乡族谚语中的和谐理念及其作用》

陈吉龙、隆滟撰，《新西部》（理论版），2015 年第 7 期。

文章归纳了东乡族谚语文化体现出的和谐理念，并分析了其在民族地区和谐社会建设中的积极作用。和谐理念主要包括期盼人与自然和谐、追求社会和谐、强调人际和谐、要求自身和谐。其作用主要体现在教化族人言行，引领道德风尚；丰富精神文化，陶冶道德情操；指导生产生活，教育族民大众；维护地区稳定，推动社会发展。

《从维吾尔谚语看维吾尔先民的财富观》

王智撰，《吉林广播电视大学学报》，2015 年第 8 期。

本文主要介绍了维吾尔谚语中体现的维吾尔先民的财富观，维吾尔先民的财富观主张货真价实，公平交易，反对挥霍和浪费。谚语中关于维吾尔先民财富观的概述主要表现在财富与尊严、财富与道德、财富与辛勤劳动、财富与智慧、财富与时间等方面。维吾尔先民认为财富虽然宝贵，但对财富的重视不能胜于道德与尊严，如果沉溺于财富，人就会误入歧途，这种重视道德的观念体现在其日常的各种节庆与风俗当中。维吾尔谚语鼓励人们通过劳动创造财富，认为知识和智慧是创造财富的重要途径，人们应该珍惜时间，抓住机会。维吾尔谚语还体现出对祖国和家乡的热爱和对身体健康的珍视。另外，谚语中也不乏对统治阶级的讽刺之辞，从这一点上看，其财富观存在消极部分。总体上讲，维吾尔先民的财富观是积极的、高尚的，值得后人学习和传扬。

《维吾尔谚语中的价值准则浅析》

陈海艳撰，《科教文汇》，2015 年第 32 期。

这是一篇以维吾尔谚语为切入点，分析这些谚语中包含的价值准则与社会主义核心价值观的文章。文章首先宏观介绍了社会主义核心价值观以及维吾尔谚语的发展历程。接着围绕社会主义核心价值观中的爱国、敬业、诚信、友善四个角度探讨了维吾尔谚语中所蕴含的道德教育和价值准则。结论则是对以上内容的总结，并提出可进一步继承和发扬维吾尔民族传统道德中的先进因素，将社会主义核心价值观转化为民的道德信仰。

《社会谚语蕴含的汉民族文化心理》

黄美丽撰，天津师范大学硕士学位论文，2015 年。

本文分析了社会谚语蕴含的汉民族文化心理。共分为五个部分，第一部分介绍了选题缘由以及研究意义，并对之前的研究进行了综述，指出了论文的创新之处。第二部分界定了谚语的概念和分类，以及民族文化心理的概念、意义、形成及理论基础，并论述了语言、文化和民族心理的关系。第三部分是论文的核心，作者分别从个人、家人和社会三个角度探讨了社会谚语中反映的人际关系中的汉民族文化心理。从个人角度而言，社会谚语涉及了个人的道德修养与责任，以及自我保护的机制；从家人角度而言，社会谚语涉及了亲子、手足和夫妻关系；从社会角度而言，涉及了尊尊观念，对陌生人的侠客情怀和对熟人的护短心理。

《儒家文化在山东谚语中的反映及对民众文化心理的塑造》

王艳芳撰，《青岛科技大学学报》（社会科学版），2016 年第 1 期。

本文主要分析了儒家文化和山东谚语两者互相渗透的关系及其在民众文化心理塑造上的作用。文章认为儒家经典往往引用民间俗谚，佐证观点。儒家文化在传播过程中，被山东民众所接受，并以谚语的形式表述对儒家思想的理解与遵循，谚语成为儒家文化传播的渠道。山东谚语中，社会谚语、生活谚语合计约占 52.3%，社会谚语、生活谚语主要反映的是社会事理，具有传授经验和教训劝诫的功能，这表明山东社会是典型的道德社会。儒家思想具有强烈的家庭秩序观念，追求六亲和睦，讲求等级观念。同时，受家庭伦理中严格的等级观念影响，也产生了一些愚孝与歧视女性的思想，如"天下没有不是的父母，世上只有不孝的儿郎"等。儒家思想崇德尚义的价值观念，追求道德的完善，表现为对家庭伦理思想的扩展、对义利问题的关注及对道德完善的追求。另外，儒家思想崇尚以人为本的济世观念，追求社会责任的刚健有为，提倡人本主义思想、民本思想、富民思想及贤良政治，还提出贵和尚中的天人观念，追求社会秩序的和谐。主张贵和尚中的观念，体现为人与自然的和谐及人际和谐，当然有时这种观念也表现为懦弱，不思进取。当今社会，我们既要充分认识到山东谚语中的精华，去其糟粕，更要研究和挖掘谚语中的文化内涵，为文明山东及和谐社会建设提供新的路径。

《论维吾尔谚语中折射的维吾尔族生死观》

曾卓撰，新疆师范大学硕士学位论文，2016 年。

文章探讨了维吾尔谚语中折射的维吾尔族生死观。文章的绪论介绍了选题依据、研究现状、研究意义、相关概念界定；第二部分介绍了谚语中维吾尔族的生命观，包括珍惜生命、人生短暂、生命的价值三个方面的内容；第三部分介绍了谚语中维吾尔族的死亡观，包括死得其所、命由天定、科学看待三个方面的内容。

《汉语谚语中处世观的研究》

魏敏撰，新疆师范大学硕士学位论文，2016 年。

本文研究了汉语谚语中所体现的处事观。文章以《中国谚语大辞典》为语料来源，通过文献法、阐释法对汉语谚语中的处事观进行整理、分类和探析，总结出其中包含的为人修养、群己关系和家庭社会三方面的处事观念。为人修养方面又具体从为人正直、团结求和、为善避恶、诚信礼仪、谦虚谨慎、求知惜时、宽容知足、实践敢为等八个方面论述；群己关系方面具体从亲子关系、手足关系、夫妻关系、邻里关系、朋友关系等五个角度论述；家庭社会方面具体从家庭和社会两个角度论述谚语中的处世观。最后，从农耕文化、宗教文化、伦理道德、社会政治四个方面对汉语谚语中的处事观进行了归因。

《从谚语透视传统礼仪文化及其社会功用》

邓红华、廖广莉撰，《西昌学院学报》（社会科学版），2016 年第 3 期。

本文通过对谚语的分析研究，窥探其中蕴含的礼仪文化以及社会功用。文章指出礼仪文化的核心内涵——敬人与谦己，包括以礼待人、尊人卑己、敬老爱幼等传统礼仪文化精髓；礼仪文化的社会功用——和谐与复兴，透射出了中华民族追求社会和谐、国家强盛等社会功用。

《曲艺谚语批评思想研究》

陈蓓蓓、张勇撰，《滁州学院学报》，2016 年第 4 期。

这是一篇对曲艺谚语批评思想进行研究的文章。本文介绍了曲艺谚语的价值、曲艺谚语中蕴含的批评思想，即行艺类具有创作实践思想，教学类具有创作发生思想，做功类蕴含着虚与实，唱功类蕴含着曲线与委婉的思想，布景类蕴含着典雅与华美的思想，综合类蕴含着有情与无情的思想内涵，论述了曲艺谚语批评思想的社会意义。

《浅谈迪庆藏族谚语蕴含的道德观》

陈丽梅撰，《楚雄师范学院学报》，2016 年第 4 期。

本文以我国藏族主要分布地之一的云南迪庆所用的藏族谚语为研究对象，主要语料来源为从几部作品中选取了 320 条与道德修养有关的谚语，用来分析其所反映的迪庆藏族道德观及道德观形成原因。这些蕴含迪庆藏族道德观的谚语以其通俗而又形象的表达，反映了迪庆藏族人民在家庭道德、个人品德修养及社会公德等方面良好的道德观。另外，迪庆藏族道德观的形成与迪庆藏族生活的自然环境社会发展史及藏传佛教文化的影响是分不开的。

《百姓谚语说　核心价值观》

温洪玉著，中国言实出版社，2016 年版。

谚语在促进核心价值观深入人心方面具有独特优势。全书分为三章，第一章论述国家层面的价值目标，分为富强篇、民主篇、文明篇、和谐篇；第二章论述社会层面的价值取向，分为自由篇、平等篇、公正篇、法治篇；第三章论述公民个人层面的价值准则，分为爱国篇、敬业篇、诚信篇、友善篇。在每一章中又细分了不同的内容，介绍的体例为相关谚语、延伸阅读、经典故事三个部分。本书趣味性强，涵盖的故事能吸引读者的阅读兴趣。书中提到的谚语内容涉猎极广，对于大力培养和践行社会主义核心价值观有很好的启示作用。

《蒙汉谚语中的品德观》

王枫、陶真撰，《内蒙古师范大学学报》，2018 年第 2 期。

本文以蒙汉谚语为研究对象，分析谚语中承载的蒙汉品德观念的异同。蒙汉民族谚语文化渗透着对品德的共同追求：以德为本，一诺千金，爱惜名节，刚正不阿，勤俭节约等。同时，由于生存方式、历史文化等差异，蒙汉民族也形成了品德观念上的不同侧重：汉民族尊人卑己，时刻以"满招损，谦受益"的辩证关系提醒自己，蒙古族则并不强调"卑己"，指出"过分的谦虚无异于骄傲自大""对骄傲的人不要谦逊"；汉民族在智勇双全的追求中，更看重"智"的运用，认为丧失理智或者没有理性的约束，"勇"就极易沦为"匹夫之勇"或者"血气之勇"，蒙古族则更加崇尚纯粹的威武雄健，骁勇强悍，有着强烈的英雄主义情怀。分析比较两族的谚语，能更好地发掘和传承蒙汉民族优秀的文化传统和民族性格，也有利于求同存异的文化互动与文化交融。

《姜还是老的辣：谚语表达的四种人生价值观》

张举文撰，《民间文化论坛》，2020 年第 5 期。

本文以谚语"姜还是老的辣"作为切入点，对谚语的研究历史及谚语所包含的文化内涵进行了较为综合的分析。文章首先对谚语的搜集与研究历史做简略概述，作者从谚语学的视角对中国谚语的起源与搜集做了一个阶段性的概括。第一阶段为古典时代（7 世纪以前），第二阶段为后古典时代（7 世纪至 19 世纪），第三阶段为现代（20 世纪），第四阶段为当代（21 世纪）。

在这一部分，作者还提及了谚语的反用和戏用，以及近代西方传教士对中国谚语的翻译。其次，文章以有关老年的谚语为核心，分析"老年"的文化内涵的历史变化。"姜还是老的辣"最早的书面记录是"姜桂之性，到老愈辣"。这条谚语的文本变异经历了三个阶段，在发展中"姜还是老的辣"逐渐包容了多层意义。文章最后以相关谚语阐释了中国文化中的四种人生观，即入世观、出世观、来世观、渡世观。

《中华谚语团结思想的意象表达及团结精神的传承》

许晋、王煜娴撰，《语文学刊》，2020 年第 6 期。

本文以中华谚语中蕴含的团结思想为研究对象，重点分析了各民族谚语中的团结意象表达和团结美德文化。在中华谚语"团结"思想的意象表达部分，论述了各民族在表达团结思想时常用到的高山、大海、鱼、雁、马、天空、黄土、太阳、泰山、金银等意象。其中，高山、大海、天空等具有高大、雄壮等自然特征的意象，常被用来看作集体力量的象征；鱼、雁、独木等与其所在的集体有紧密联系的意象，常用来劝诫人们妥善处理好集体与个人的关系；金银、佛塔等具有珍贵、稀有特征的意象，常用来与集体力量做比较。在中华谚语蕴含的团结精神部分，论述了中华各民族谚语中重集体荣誉和轻私利的大局意识、倡导合作共赢的和谐理念、追求大一统的精神诉求。这是一篇专门研究中华谚语团结思想的文章，对于研究中华各民族谚语的意象表达以及团结精神具有重要的指导意义，对于研究中华谚语的意象表达和精神文化具有一定的参考价值。

《中华多民族谚语的文化特性和文化价值研究》

李树新撰，《民族学刊》，2021 年第 2 期。

本文从中华民族"多元一体"的理论框架下审视中华多民族谚语，深入揭示了中华多民族谚语的文化特性和谚语中蕴含的独特文化价值。文章界定了中华多民族谚语的概念，指出中华多民族谚语内容上具有经验性、哲理性和科学性的特征；形式上具有口语性、异变性、艺术性和民族性的特征；使用功能上具有俗传性、权威性和教育性的特征。中华多民族谚语的传承与扩布，显示了其创作主体多元性与历史悠久性，其自身发展的辐射性与吸纳性以及调适性和变化性。中华多民族谚语具有文化认同价值和建构多民族共有精神的价值，是承载中华各民族精神文化的重要载体，全方位开展中华多民族谚语研究对于弘扬中华优秀传统文化具有重要作用。文章对中华多民族谚语的文化特性从多角度做了深入剖析，使我们认识到从中华民族"多元一体"或"一族多群"的视角研究谚语及其文化价值具有十分深远的意义。

《中华多民族谚语与构建人类命运共同体的碰撞及耦合》

王冲撰，《民族学刊》，2021 年第 2 期。

本文探讨了中华多民族谚语与构建人类命运共同体之间紧密的契合和互动关系。文章指出和合共生、义利合一、天下一家既是中华传统文化的重要组成部分，亦是人类命运共同体思想的基本内涵，而中华多民族谚语中所体现的和谐观、义利观、包容观恰恰与人类命运共同体思想的基本内涵契合，最后表明中华多民族谚语独有的诠释力、延伸力以及传播力对于构建人类命运共同体具有重要的时代意义。本文从人类命运共同体与民间文化相结合的视角展开讨论，无论对谚语文化的传承还是对人类命运共同体进行更深层次的研究都具有重要意义。

《中华民族共同体意识下各民族谚语中的知行观认同》

石辰芳撰，《民族学刊》，2021 年第 8 期。

本文以多民族谚语为材料，分析了各民族对中国传统知行观的认同表现，并阐释了其对铸牢中华民族共同体意识的重要意义。多民族谚语是知行观的重要载体，凝结了各民族对"知""行"及二者关系的丰富思考。各族人民在知行体验和知行理念上具有高度的一致性，知行体验的一致性主要表现在对"知行合一""行重于知"的认同；知行理念的一致性主要表现在"知"和"行"的过程中所具备的道德理念的认同，其中最为显著的内容是勤劳和勇敢的精神，这恰是中华民族精神的重要内涵。同时，多民族谚语中知行观认同研究对于铸牢中华民族共同体意识有着诸多启迪，知行观所蕴含的价值理念是中华民族精神共同体的有机组成，是铸牢中华民族共同体意识的无形纽带，剖析多民族谚语中知行观认同是明晰中华民族共同体意识的微观路径。本文通过分析中华多民族谚语，揭示了各族哲学文化观念的共性，对此类研究具有一定的参考价值。

（三）性别文化

谚语中有相当一部分内容反映了长期以来女性在社会中的社会形象、社会地位和男女差异的内容，体现了各个民族的性别文化。其中既有从汉语谚语出发探究中国传统男尊女卑思想的研究，也有以部分少数民族谚语为基础，探讨少数民族女性在本民族的社会形象和地位的研究，比如研究维吾尔族、哈萨克族谚语中的妇女形象和社会地位，从中既可以看出人民对妇女美好品德的赞扬，又反映出女性地位低下的落后思想。有些少数民族如彝族还残留着一些母系社会的风俗习惯，但父权制又同时存在，反映出一种复杂的性别文化关系，也体现出妇女地位的多样性。总体来说，大部分研究指出了谚语中男尊女卑的落后消极的思想因素，并对赞扬妇女优秀品德的谚语给予了充分肯定和赞扬，此类研究有助于进一步构建积极先进的性别文化，对于发展男女平等、公正、和谐的文化具有重要意义。

《从谚语看中国传统的妇女观》

杨芳撰，《池州师专学报》，1999 年第 4 期。

文章指出存在于谚语中的男尊女卑、男强女弱、男外女内等观念是中国传统文化中的消极因素，传统妇女观严重影响了女性身心健康。

《浅析凉山彝谚所反映的妇女地位的多样性》

唐黎明撰，《西南民族学院学报》(哲学社会科学版)，2000 年第 S3 期。

本文主要以凉山彝族谚语为基础，探讨了凉山彝族妇女地位的多样性。从凉山彝族谚语中，仍可以看到母系氏族社会的残留，"妇女不杀人，鸦雀不捉鸡""母舅当母亲"等虽然表面上体现了女性的地位之高，但其本质还是父权制。女性无论在婚姻还是家庭中地位都非常低。女性婚姻不能自主，"养女母承担，嫁女父做主"，甚至被当作物品进行交换，至今有的地方还存在"阿妈身买来，阿妹要给身"的陋习。而在家庭中女孩分不到财产，财产都是兄弟的，所谓"兄死弟在，牛死圈在"。在家庭生活中，女性只是生育工具，要受"转房制"这一封建制度的毒害。在家中"财由父主，饭由母主"，从事家庭的大部分体力劳动。作者写此文，意欲通过这个语言现象揭露凉山女性地位低的社会现实，以引起各方注意，因而有很强的现实意义。

《关于维吾尔语谚语的女性形象》(维吾尔文版)

海如拉·卡米力撰，《新疆社科论坛》(维吾尔文版)，2004 年第 4 期。

本文主要分析维吾尔语谚语中有关女性形象的谚语，从四个方面阐述了维吾尔语谚语中的女性形象。一是描写女性品格的谚语，歌颂了女性勇敢、勤劳、友好等优良品质；二是与女性性情相关的谚语，指出有些女性脾气差、性格火暴等性格特点；三是体现女性生活教育地位的谚语，揭示女性在家庭生活中的重要性；四是有关女性生活习惯的谚语，体现了女性在穿着打扮、卫生习惯等方面的特点。通过以上四个方面具体分析了维吾尔女性的形象特征，在揭露维吾尔女性一些缺点的同时，彰显了她们在社会、家庭和生活中的地位和作用。文章最后指出，维吾尔语谚语富有深刻的哲学价值和教育意义，可以成为女性的生活教科书和道德准则。本文向我们展示了维吾尔女性的多重形象，拓展了谚语的研究领域，对于了解维吾尔女性形象具有参考价值。

《谚语视野里的性别歧视》

蒋桂红撰，《广西梧州师范高等专科学校学报》，2005 年第 1 期。

该文作者主要站在女性立场上从社会语言学的角度，对含有女性性别歧视的谚语进行剖析，并对这种语言现象产生的根源进行探讨，还将汉英两种语言的谚语从地位、婚嫁、言行、才智、品德、特征及其他等七个方面进行对比研究，得出谚语对社会有反作用的结论。它既是社会的产物，也反过来影响着社会。但随着社会的进步与发展，谚语中含有女性性别歧视的内容在逐渐消融。

《谚语中的中国古代女性文化透视》

耿静静撰，河北大学硕士学位论文，2005 年。

本文分析了涉及古代女性形象的谚语及其所反映的文化特征。引言说明了课题意义和研究现状；第一章阐述了谚语是词汇系统中的一个重要组成部分，是词汇学的研究对象；第二章论述了语言、文化、谚语之间的关系；第三章对谚语中的中国古代女性文化进行了论述，共分为美、职责、贞操、婚姻家庭文化几个方面；第四章对谚语中的女性反面形象进行了论述；第五章从政治、经济、教育三个方面对谚语中古代女性文化的"女卑"性进行分析；第六章分析了中国古代女性"女卑"文化形成的原因。

《谚语中的中国古代女性文化透视》

王利撰，《兰州学刊》，2006 年第 12 期。

本文分析了谚语中蕴含的男尊女卑的女性文化。文章首先举例说明了谚语中反映出来的中国女性文化，包括古代女性美文化如外在美、内在美；古代女性的职责文化；古代女性的贞操文化；古代女性的家庭角色文化如女儿角色、妻子角色、母亲角色。文章紧接着又结合谚语实例分析了上述女性文化的成因，包括社会、文化、心理、生理四个方面的因素。文章的特色是结合女性文化这一热门选题，以谚语为载体进行研究。

《从维吾尔谚语看维吾尔传统文化中的妇女观》

张勇撰，《新疆大学学报》（哲学·人文社会科学版），2007 年第 5 期。

文章主要分析了维吾尔谚语中的传统妇女观。维吾尔谚语深刻地揭示出了传统社会对于维吾尔女性的认识和对其的社会角色定位。由于受到封建社会的影响和宗教礼法的规范，维吾尔谚语中所体现的传统妇女观主要表现在对妇女的轻视、男尊女卑的传统观念及妇女不公的命运及人生等。

《谚语所反映的维吾尔族传统妇女形象》

华锦木、帕尔哈提·阿布力孜撰，《西域研究》，2009 年第 1 期。

本文通过对维吾尔谚语的研究，从传统社会对女性的规约、赞美和贬抑这三个方面对维吾尔族传统妇女形象进行了探究和解析。第一部分主要从社会对女性的规约进行阐释，说明了在维吾尔族传统社会中女性作为一种男性的附庸品而存在，且被牢牢束缚于家庭生活中，同时也要求女性可以处理好各种生活中的关系，具有柔顺、简朴、沉默、维护家庭荣誉等美好品质。第二部分对女性在经营家庭、管理家庭、营造家庭氛围等方面的重要作用进行了赞美。第三部分阐释了对女性的贬抑，女性成为男性的附庸，因此女性的品质能力和地位都遭到了男性的压制，男尊女卑的观念十分普遍，使得女性的地位十分低下。通过本文的分析，可以对维吾尔族传统社会中的女性形象有一个大致的了解，随着社会的进步，这种传统的观念必然发生改变。

《试论哈萨克谚语中的性别歧视》

古丽达娜·沙里木江撰，《伊犁师范学院学报》，2010 年第 1 期。

文章论述了哈萨克谚语所反映的女性在社会与家庭中的形象，包括女性被固定为劳力；女性在婚姻中处于被动地位；认为女人是祸水，言行肤浅且不可信任；女性成为被物化的他者；用传统道德束缚女性的手脚；女性的社会角色被固定为传宗接代的生育者五个方面，反映了哈萨克女性的社会家庭地位。在结语中指出应改善女性的社会家庭地位。

《谚语中女性传统观念及其历史地位的变迁》

赵亚娜撰,《海南师范大学学报》(社会科学版),2010 年第 4 期。

本文通过分析和女性有关的谚语,反映了其背后的女性传统观念及其历史地位的变迁。文章选取了《谚海》中的部分谚语,对其进行了语义分析,揭示了女性历史地位的变迁及其传统的婚恋观、家庭观、贞洁观。该文对于了解谚语中所反映的汉民族女性观有一定的意义。

《维吾尔语谚语中对女性的矛盾观点》(维吾尔文版)

热西旦·依米提撰,《新疆大学学报》(哲学社会科学维吾尔文版),2011 年第 1 期。

本文以维吾尔语谚语中的女性谚语为依据,分析了维吾尔族对女性时而赞美、时而贬损的矛盾看法,即历史上人们对女性的看法和评价,并指出这种矛盾的看法存在于生活的方方面面,渗透到社会家庭生活的深层,这种看法在南疆地区尤为突出。文章赞美了女性美丽、伟大、高尚等品质,鞭笞了传统道德对维吾尔女性在思想与行为上的束缚与捆绑,倡导女性应积极主动摆脱这种枷锁,追求男女平等、女性自由、女性教育等权益。这是一篇透过谚语研究女性矛盾观的文章,是语言和哲学的跨学科研究,对于研究妇女形象及其妇女权益保护具有一定的参考价值。

《维汉谚语中的性别歧视现象及成因透析》

张毅撰,《伊犁师范学院学报》(社会科学版),2011 年第 3 期。

本文从社会地位、女性的心智及婚嫁方面描述了维汉谚语中共有的对女性的歧视现象,以汉语谚语、维吾尔语谚语为例,来揭示维吾尔语和汉语谚语中含有性别歧视的几种现象。两个民族的谚语中都有一些体现女性社会地位低下、贬低女性心智、婚嫁方面歧视女性的谚语。同时分析出性别歧视现象的成因,包括文化因素、相同的人类社会进化历程和影响维汉女性人生价值实现的因素具有相似性,并试图从文化语言学及社会语言学的视角来解析存在这种共同现象的原因。

《汉语谚语中的性别差异——基于〈汉语谚语词典〉的穷尽性考察》

李蓓撰,《长春理工大学学报》,2011 年第 4 期。

本文以安丽琴、何爱英的《汉语谚语词典》(2006 年)中所涉带有性别指向的谚语为研究对象,对其进行穷尽性的考察,以此管窥汉语谚语中的性别差异。文中指出谚语性别差异主要表现在性格特征差异、角色地位差异、褒贬色彩差异、社会评价差异等四个方面，还进一步论述了生理、心理、文化以及社会因素造成了这种差异。

《从维英谚语看女性形象及其成因》

马晓玲、阿依努尔·艾合买提撰，《新疆职业大学学报》，2011 年第 6 期。

文章从维英谚语来看维英文化中的女性形象及其成因。首先在维英谚语中，传统的女性在家庭中具有重要的地位，其道德品质对家庭和丈夫有着不可忽视的影响，显示出女性的附属地位。维英谚语中也深刻体现了男女在性别上的差异，以女性做喻的谚语大都带有贬义色彩，而男性在谚语中多是正面的、积极的形象。维英谚语中表现男女在言语及婚嫁方面具有差异。在言语方面，他们要求女性保持沉默，不能发表自己的见解，而对子女婚嫁方面，维英持有完全不同的看法。维英谚语中的女性形象及其地位主要是由宗教、社会文化及女性心理特征的相似性等形成的。

《浅析维吾尔谚语中的传统妇女观》

国俊好撰，新疆师范大学硕士学位论文，2014 年。

本文对维吾尔谚语的界定和特点做了分析，以 54 条与妇女有关的维吾尔谚语为语料分析其中反映出的妇女观。谚语中反映的传统妇女观体现在贬抑和赞美两方面。贬抑体现在以下方面，一是家庭地位方面，女性成为男性的附属品；二是性别歧视方面，男尊女卑，重男轻女；三是在婚姻道德上男性处于优越的地位；四是品行方面，对女性的品行要求很高。而有的谚语也从各个方面肯定了女性在家庭中的重要作用。

《汉语谚语中的性别歧视及社会文化阐释》

黄育红撰，《湖南社会科学》，2015 年第 2 期。

本文指出汉语谚语中存在着语言性别歧视现象并探求其产生的根源。通过对《谚海》进行统计发现，包含鄙视和詈骂之词的贬女称谓相对于男性而言数量众多。性别歧视突出表现为"男尊女卑"，具体体现为男主女仆、男主外女主内、男褒女贬、男才女貌。文章从经济社会的发展、传统观念的禁锢、社会习俗的影响等方面分析了谚语中性别语言歧视现象产生的社会原因，指出女性社会经济地位低下是中国古代女性社会地位卑下的根本原因。

《从客家谚语看男女两性意识及其差异》

陈蔓萍、李欣蓬撰，《文学教育》（上），2016 年第 7 期。

文章从有关教育观念和婚恋婚俗的客家谚语入手，探讨了客家人因受重男轻女及传统社会风俗的影响，在对待男女两性的态度方面存在的差异。文章指出客家谚语反映出传统的客家社会是一个典型的男权社会，在教育和婚恋婚俗上都表现为客家社会中男女主题意识始终处在男性高度自我认可、女性长期压抑的状态。文末指出，随着社会的发展客家男女追求教育平等，谋求婚恋自主，客家谚语作为客家文化的载体，既是客家男女意识的反映，也是客家人追求男女平等、个性自由的记录者和发声筒，在客家社会现代化的进程中起着不可磨灭的作用。

《维吾尔语谚语反映的性别观》

王鹏撰，新疆师范大学硕士学位论文，2016 年。

文章探讨了维吾尔语谚语反映的性别观。在文章的绪论中介绍了选题依据和意义、谚语中的性别的研究综述、语料来源，接着通过探究维吾尔族谚语表现的社会地位、家庭职能、言语行为、心理智慧、婚姻嫁娶五个方面，来体现维吾尔谚语反映的性别观，最后从宗教文化、心理、社会分工三个方面论述了产生这种现象的原因。

（四）曲艺文化

曲艺文化是中国人民喜闻乐见的民族艺术形式之一，而其传承和再造都离不开谚语。相关的研究成果既有对戏曲谚语本身的阐释，也有透过戏曲谚语洞见戏曲艺术之美的研究，还有对戏曲谚语本身语言美的分析，这些研究不同程度地对京剧、豫剧、徽剧等几大戏曲艺术进行了讨论。另有涉及年画、剪纸、皮影戏、泥塑等艺术口诀的研究，对于了解传统民间艺术具有重要价值。总之，谚语作为活的语言艺术，其中凝结的曲艺文化的内容既帮助保留了中国传统的民间民俗艺术文化，又增加了中国传统文化的多样性，意义非凡。

《民间艺谚学习札记》

高学敏撰，《西北大学学报》，1979 年第 2 期。

本文研究了反映民间传统艺术的谚语。民间艺谚是艺人们创作经验的总结，是传授艺术技法的口头教材。作者将其分为年画口诀、画"龙"口诀、画"云"口诀、人物解剖比例方面的口诀、人物姿态表情方面的口诀、剪纸口诀、云锦图案设计的口诀、泥塑玩具的口诀、皮影戏的口诀等九类，并分别进行了文化阐释。该文通过对民间艺谚的分析反映了艺术创作规律，对于我们进一步了解民间传统艺术的创作过程有一定意义。

《戏曲诀谚的美学价值》

夏天撰，《黄梅戏艺术》，1988 年第 4 期。

文章以哲理美、情韵美以及语言的纯洁美为切入点，着重探讨了戏曲诀谚中蕴含着的美学价值。在哲理美方面，作者指出"动中有静，静中有动"这句谚语不仅充满了舞台技艺的辩证法，是对立统一规律在表演艺术里的具体体现，而且形象地反映了戏曲美学的本质特征。在情韵美方面，作者用"翩若惊鸿，宛若游龙"来说明戏曲演员的形体动作给人以线条韵律的美感享受。最后，在语言方面，"最干净的水是泉水，最精练的话是谚语"精妙地道出了戏曲诀谚语言的纯洁美。

《从戏谚看戏曲艺术美的特征》

刘鸿模撰，《艺术百家》，1988 年第 4 期。

文章通过对戏曲谚语的分析研究，从中窥探其蕴含的艺术美的特征。这种特征包括戏曲艺术的虚拟性，即布景的虚拟性、舞台表演程式上的虚拟性以及服饰化妆方面的虚拟性，但这种虚拟性并不是完全摆脱现实生活具体形态的抽象艺术，作者进一步指出"戏曲艺术美是对现实美所做的提炼、概括、变形和创造，是再现和表现、真与假、虚与实的统一"。此外，戏曲艺术还遵循直观艺术的共同规律——注重舞台表演的形式美，即注重形体美、表演中的曲线美、色彩美。最后，文章指出抒情性是戏曲艺术美的另一个重要特征，这里所说的抒情性不是任凭情感泛滥，而是强调有情有理，以理制情。

《豫剧演唱谚诀论》

郭克俭撰，《中国音乐学》，2005 年第 4 期。

本文对豫剧中的谚诀进行了分析论述。第一部分对豫剧中的谚诀进行了理性认知解读。首先对谚语和诀的概念进行界定，其次论述了谚诀的产生与构成，最后论述了谚诀的传播与发展。第二部分对谚诀的艺术特征进行分析，包括生发与传承上的实践本质、内容与功用上的科学价值、形式与审美上的通俗特征和语言与风格上的地方特色等四个方面。本文角度、材料新颖，丰富了汉语谚语研究，帮助人们深入了解豫剧中的谚语使用情况和艺术特点。

《豫剧演唱谚诀的人文阐释》

郭克俭撰，《南京艺术学院学报》（音乐与表演版），2006 年第 1 期。

本文介绍并分析了纪事型、督学型、授艺型和赏评型四类豫剧演唱谚诀。纪事型谚诀强调了艺术道德修养对于豫剧演员的重要性和必要性，其中包括处理"台上"与"台下"关系的谚诀、师徒关系的谚诀等，纪事型谚诀多传达出"能唱不如会唱，会唱不如独创"的艺术观念，看重艺术上的创新精神、融会贯通的能力和舞台实践的重要性；督学型谚诀强调学习者要刻苦练习以掌握过硬的基本功，要有脚踏实地、持之以恒的精神，而且要擅于活学活用，博采众长；授艺型谚诀是介绍有关演唱方法和技巧的谚诀，包括气息和声音的关系、对于咬字的要求和感情的把握以及练嗓保喉的技巧；赏评型谚诀是由豫剧欣赏群体创造的，主要是老百姓对于演唱审美、演唱赏评、演员赏评和剧目戏班赏评。对于豫剧演唱谚诀的阐释，对于挖掘豫剧蕴藏的艺术价值和传承中华戏曲艺术有重要作用。

《戏曲进课堂　戏谚来"导航"》

史文艺撰，《大舞台》，2008 年第 6 期。

文章有针对性地提出运用"戏谚"来组织开展教学的建议。本文通过论述以下四个方面，一是戏要情通理顺，有情有理有戏。二是书靠念，功靠练；曲靠唱，戏靠演。三是勤学补拙，熟能生巧；功深艺熟，业精于勤。四是学习表演四字诀：学、会、通、化，指出广大中小学生在戏曲进课堂的学习过程中，通过戏谚的适时"领航"，学生从中获得的既有民族精神的灌注，又有优秀戏曲文化的滋养，还有自身软实力的激活、整合与提高。

《戏曲唱法谚诀在声乐教学语言中的运用》

丁宁撰，《艺术研究》，2009 年第 3 期。

本文对戏曲唱法谚诀在声乐教学语言中的运用进行了深入探讨，因为戏曲唱法谚诀是千百年戏曲演唱实践精华的总结，是科学、系统、有效的，易于被理解和接受，是声乐教学中可以借鉴使用的，这不仅有益于教学，而且有助于学生学习和继承祖国优秀的传统文化遗产。在指导气息调整时运用的戏曲唱法谚诀，方便学生准确找到用力的位置，加强气息练习；在指导音韵训练时运用的戏曲唱法谚诀，帮助歌者通过清晰的歌词表述，传达歌曲的含义和内在的情感；在指导表演技巧时运用的戏曲唱法谚诀，有助于加强对学生姿态的美化和气质的培养。

《论京剧戏谚的类别与艺术价值》

于建刚撰，《戏曲艺术》，2009 年第 4 期。

本文通过分析京剧戏谚的类别与存在价值，希望对京剧戏谚有一个正确的认识和客观的评价，进而促进对戏谚的研究、保护与传承。戏谚是一种艺术性的语言，是京剧行话中的典型代表。戏谚是京剧艺人们艺术经验的结晶，是京剧艺术的语言载体，为京剧从业者们进行舞台艺术实践提供了理论支撑。京剧戏谚可分为关于勤学苦练、课徒授艺、技术诀窍、人物塑造、艺术规律五个方面。体现技术诀窍的戏谚又可分为与唱念有关的、与做派身段有关的和与音乐伴奏有关的。戏谚的作用体现在：第一，可以规范京剧从业者的艺术行为；第二，可以有效地保留京剧的文化内涵，是京剧文化传播的重要载体。因此，在当今社会，这些谚语依然有着存在的价值，我们应该对这些戏谚进行系统的研究、梳理，加强对戏谚文化的保护，在应用中保持它们的生命力。

《论京剧行话中的戏谚》

于建刚编，《中国戏曲学院·京剧与现代中国社会——第三届京剧学国际学术研讨会论文集》（下），2009 年。

文章分析了京剧行话中戏谚的类别与价值。京剧的行话可以划分为艺术语言和生活语言，其中戏谚是最典型性的艺术语言，包括关于勤学苦练的戏谚、关于课徒授艺的戏谚、关于技术诀窍的戏谚、关于人物塑造的戏谚及关于艺术规律的戏谚。戏谚作为京剧艺术中的一个特殊的表现语汇，在京剧艺术的发展史和京剧艺术教育史上都有着重要的价值，不仅可以规范京剧从业者的艺术行为还可以有效地保留京剧的文化内涵，是京剧文化传播的重要载体。

《戏谚与戏曲文化》

李树新撰，《内蒙古社会科学》，2010 年第 3 期。

本文从戏曲谚语出发，探究了戏谚所背负的中华戏曲艺术传承的重任、蕴藏的深厚文化内涵，以及具有较高的艺术价值和审美价值。

《漫话戏谚》

方化平撰，《大舞台》，2010 年第 6 期。

本文以有关戏曲、戏剧等谚语来探究涉戏谚语的文化特征和时代魅力。戏谚是我们前辈戏曲艺人长期艺术实践的经验总结，它是歌谣，是艺诀、警句，也是箴言。它渗透到戏曲形态的方方面面，代代流传。文中以典型的戏谚"台上几分钟，台下几年功""救场如救火""宁穿破，不穿错""师傅领进门，修行在个人"等为代表，这些戏谚短小精悍、鲜活生动、言简意赅、意味隽永，包含了深刻的道理，是先辈戏曲家和梨园艺人耗费了毕生精力和心血，通过他们的舞台实践与辛勤劳动总结出来的经验之谈，是一份不可多得的原生态的文化积淀。

《浅谈戏曲诀谚》

曹廷虎撰，《戏剧之家》，2011 年第 6 期。

本文对戏曲中的诀谚进行了分析，认为戏曲诀谚是以谚语形式记录有关戏剧思想、戏剧美学、戏剧实践、演员表演、舞台美术、观众审美意识、戏剧未来观念等范畴认识的反映。戏剧诀谚本身并不要求它在形式上与某些理论专著相同，它所反映出的信息与相对的模糊性概念，完全是客观的合理的存在，它并没有排除洗练及精确信息的语言特色。有些诀谚绝妙地道出了演员与观众之间的亲密联系，有些诀谚体现了对演员艺术道德及其修养的要求。另外，戏曲艺术也十分重视真实性、艺术性，要求内心与外形一致，形式与内容统一。

《曲艺表演类谚语的美学意蕴》

杨杰撰，中国艺术研究院硕士学位论文，2012 年。

本文分析了曲艺表演类谚语的美学意蕴。分为六个部分，第一部分绪论对谚语的定义、曲艺谚语的定义和类型、曲艺表演类谚语的研究现状以及本文的选题意义和采用的方法进行了说明；第二部分阐述了作者选择表演类谚语作为本文研究对象的原因，并划分了曲艺表演类谚语的类型；第三部分是论文的核心部分，阐述了曲艺表演类谚语的美学意蕴。作者首先阐释了说功、唱功、做功谚语的美学意蕴，即说功谚语吐字归音准确清晰、语言表达富有美感，唱功谚语具有响粳不如哑糯、依字行腔、以声传情，声情并茂的特征，而做功谚语则有面由心生、动作有机、意态翩然和道具讲究的特征。作者接着分析了"说是骨头唱是肉""先有情和理，后有技和艺"等谚语背后的美学意蕴；第四部分论述了曲艺表演类谚语的合规律性和合目的性，即曲艺表演类谚语具有理论价值和传承艺术、规范实践的实践功能。总体而言，深入研究曲艺谚语对于继承曲艺遗产、把握曲艺规律、丰富曲艺理论有重要的作用。

《艺谚中的声乐艺术》

谭书勤撰，《艺海》，2013 年第 9 期。

这是一篇研究有关声乐艺术的谚语并分析其声乐艺术的技巧和功用的文章。流传于艺苑中的有关声乐艺术的艺谚，历史悠久，涉及广泛，意义深刻，是浓缩了的声乐艺术理论。文章通过分析声乐的歌唱声音与气息的关系，发现激烈与轻柔、豪放与婉约、强与弱的感情色彩都是气息控制的结果，以及字音在歌唱中的重要性，总结出了许多歌唱吐字咬字的技巧，这里着重介绍几种，如出口收音、尖团音、清浊音、四呼、五音等，以帮助理解艺谚。

《从谣谚起源到歌舞艺术——论我国先民艺术思维走势》

孙立涛撰，《船山学刊》，2014 年第 2 期。

本文从谣谚起源到歌舞艺术着手，探讨了我国先民艺术思维走势。文中论述了谣谚文化从兴起到成熟的过程，指出伴随生活经验而产生的口号性、节奏性、旋律性的"谣谚"，不可能有一个固定的模式。甲骨卜辞所记载的内容反映着殷商时期各个方面的社会生活状况，为谣谚艺术的成长孕育出更加适宜的社会环境。作者认为大型歌舞是谣谚艺术发展到一定阶段的产物。

《京剧戏谚行话如何成为当代人民的日常生活语言——从社会语言学的角度出发》

侯刚本撰，《文化学刊》，2014 年第 3 期。

本文分为五部分，第一部分为绪论，介绍行话以及有关戏曲的行话，指出语言的传散与覆诵历程，是当代语艺研究关怀的核心要务；第二部分为文献探讨，就社会语言学、语艺学、术语学、黑话、戏班子行话，针对梨园戏谚行话在社会语言脉络之下的传散问题，作文献整理与回顾；第三部分为研究方法，认为社会语言学是一套同时关注质化与量化的语言研究方法取径。第四部分为研究发现，作者通过研究得出京剧梨园戏谚行话的分类方式、传散的原因与途径、误传与讹传的文化现象、从流传到失传的主要因素、语言文化资产如何保存等方面的结论。

《浅析戏曲谚语的内涵及教育意义》

张桂梅撰，《艺术教育》，2014 年第 6 期。

本文对戏曲谚语进行分类并发掘其背后深刻的教育意义。戏曲谚语是戏曲前辈对人品艺德、演唱要领、表演技巧等方面经验教训的总结，主要分为以下几类：关于道德方面的戏曲谚语、关于专业学习方面的戏曲谚语、关于练功方面的戏曲谚语、关于演唱技法方面的戏曲谚语。戏曲谚语蕴含了深刻的人文哲理，对于戏曲教育和戏曲表演有现实指导意义。

《浅析潮剧戏谚中的潮汕文化》

陈媛撰，《大众文艺》，2015 年第 17 期。

本文以潮剧戏谚为对象，阐释潮剧戏谚中所包含的潮汕文化。潮剧源流在学界莫衷一是，在俗谚中却可窥视端倪，潮剧戏谚反映了旧时严格的童伶制度，对众多的戏剧人物进行了分类，呈现了各个行当的特点，关于各个行当的身段也有所提及。从戏谚中也可以看出潮剧不同于其他剧种的特点即"双棚窗"，关于戏班的民谚记录了深受海内外喜爱的戏班和人们口耳相传的名角。潮剧不仅反映了潮汕农村的祭祀活动和请戏习俗，还反映了潮汕地区的民风民情，这些民间观念一些源于戏文内容，表现出民众对戏剧行业的认识和弃恶扬善的美德。潮汕戏谚蕴含着丰富的潮汕文化，对于地方文化传承有一定的作用。

《谈潮剧戏谚　解读"老丑四散来"》

陈焕泽撰，《戏剧之家》，2016 年第 11 期。

本文以潮剧戏谚中"老丑四散来"为研究对象展开讨论，因地方方言的理解习惯让人错悟其意，有人误把"老丑四散来"理解为丑行的表演不规范、没程式，认为丑角的表演就是任意胡来，更有甚者，行内人也对其多有不解之意。所以文章主要是对潮剧戏谚"老丑四散来"的解读，指出本义是各个行当中表演手法的基本区位，它是用精练的语句把较为讲究的行当特点简单地进行了概括。

《潮州戏谚》

郭启宏撰，《潮州日报》，2016 年 10 月 1 日。

本文对潮州戏谚进行简要的分析。文章指出，潮州戏谚不仅大量存在对关乎戏剧的外部规律如艺术与生活的关系之类的描述，而且对关乎戏剧的内部规律如戏剧结构之类也有所涉及。但它最为独特的是尊丑，丑行在全剧中有着不可或缺的分量。此外，作者还指出潮州戏谚对艺术的欣赏追求一个"静"字。

（五）政法文化

文化越来越成为民族凝聚力和创造力的重要源泉，越来越成为综合国力竞争的重要因素。政法文化类谚语不仅是司法客观规则实践的结晶，也是主观经验积累的结晶。它反映了中国特色社会主义中独有的文化，通过谚语对于政法文化进行描绘，有利于民众理解法治文化观以及树立对司法公信建设的信心。这部分研究成果主要分为农村、乡间中的政法类谚语，少数民族地区的政法类谚语和与古代法制制度有关的政法类谚语。

《试谈农谚与农村阶级斗争》

杨兴政撰，《武汉大学学报》（人文科学），1964 年第 2 期。

本文探讨了农谚的阶级性和新时代新农谚内容，认为农谚不仅是农民进行自我阶级教育的有力工具，也是对地主阶级进行斗争的犀利武器之一，真实生动地表现了我国农民的斗争生活和思想感情，深刻地反映了时代的变化和社会的前进，具有浓厚的生活气息和朴素凝练的艺术形式。文章结尾指出过去时代的农谚里可能包含着一部分封建性的糟粕，在研究过程中要取其精华，去其糟粕。

《谚语与法律——论我国西南少数民族法律谚语的本质与特征》

徐晓光撰，《西南民族学院学报》，1995 年第 3 期。

本文主要通过西南少数民族谚语分析其法律谚语的本质和特征。法律谚语主要从阶级性、社会性和规范性三方面体现民族习惯法的本质，具体表现在阶级专政本质、各阶级在法律上的不平等、政权对习惯法的强制施行上。法律谚语主要从广泛的社会调整功能和明确的社会规范作用两个方面体现民族习惯法的基本特征。除此之外，文章还分析阐述了民族法律谚语自身具有人民性、简练性、普遍性、生动性的特征。西南民族法律谚语是其民族习惯法的重要表现形式，对于发现谚语与法律的内在联系具有一定的启示作用。

《传统中国乡民的法律意识与诉讼心态——以谚语为范围的文化史考察》

徐忠明撰，《中国法学》，2006 年第 6 期。

本文通过解读民间谚语，从而反映出传统中国乡民的法律意识与诉讼心态。文章主要从乡民视野里的帝国法律与帝国衙门以及乡民心目中的社会秩序与诉讼境遇两大部分展开。文章从对于"法律"的基本态度、有关法律与"情理"的看法、对于财产"权利"的关注、有关平等与契约的表述四个方面对谚语反映的传统中国乡民的法律心态进行了具体考察，从贪污腐败、制造冤狱两方面对谚语反映的乡民对于帝国衙门的态度进行详细考察。文章最后认为，从谚语来看，传统中国乡民的诉讼心态属于"惧讼"而非学界流行的"厌讼"。通过从谚语中看传统中国乡民的法律与诉讼心态，对于法律谚语研究具有一定的参考作用。

《政治谣谚：中国古代社会一种重要的舆论形态》

李晓瑞撰，《理论与思考》，2007 年第 2 期。

文章是关于政治谣谚的，认为它是中国古代社会一种重要的舆论形态。文中介绍了谣谚传播概况，具体论述了政治谣谚在古代社会具有针砭时弊、反馈民意，预言暗示、煽动舆论，记事抒情、民间良史的社会舆论功能，并介绍了现代政治谣谚的传播，同时对古今政治谣谚进行了对比。

《民间谣谚与北朝政治》

邵正坤撰，《山西师大学报》（社会科学版），2007 年第 5 期。

本文分析了北朝时政谣谚的内容和影响。其内容包括预测未来政治的发展趋势和重要人物的政治命运、揭示地方官吏为政的好坏、品评人物的品貌和才华。其影响为：一方面表现出强烈的社会批判意识和参与意识，推动了政局发展，有利于选拔人才和监督地方统治；另一方面成为打击政敌、清除对手或实现改朝换代等政治图谋的工具与手段。

《法谚：法律生活道理与经验的民间形态——汉语谚语的法文化分析》

霍存福撰，《吉林大学社会科学学报》，2007 年第 2 期。

本文以具有法律生活道理与经验的民间形态的法谚为切入点，分析汉语谚语的法文化。文章指出法谚与官方法律条文、法律术语、法律格言不同，它们是生成并通行于大众中的有关法律的民间用语形态，对法谚所反映的法律生活现象进行概述并对法谚与法律的关系、法谚与其他谚语的关系进行论述。

《传统社会中的民间谣谚与社会政治生活——以清代谣谚为例的讨论》

潘洪钢撰，《学习与实践》，2008 年第 6 期。

本文仅以清代谣谚为例，对其中所反映的官场和政治生活等方面的情况做初步的讨论。作者认为，在缺乏信息传播途径的传统社会中，歌谣、谚语是人们文化传承、表达心声、传播信息的重要方式，通过对清代谣谚的研究，有助于我们了解清代的政治社会生活。清代谣谚中有相当部分涉及社会政治生活，对官场形态、官司职守及官员们的生活状态进行了生动的记录。谣谚多产生于民间，也有由下层士子创作或由记载它的文人修改而流传下来的。谣谚是下层人民心声的表达，在缺少表达与宣泄途径的时代，人们不平则鸣，以谣谚的形式构成一种社会舆论。

《中西小传统诉讼观念之比较——以民间法谚为视角》

刘吉涛撰，《理论法前沿》，2008 年第 4 期。

本文以民间法谚为视角，对中西小传统诉讼观念进行比较。文章一方面论述了中国小传统诉讼观，指出中国占主流地位的观念是"厌讼"，与小传统受大传统影响、小传统的"厌讼"与乡民在司法实践中的亲身诉讼体验有关；另一方面论述了西方小传统诉讼观，指出主流观念是"兴讼"，不过"厌讼"也有一定空间，西方社会人民健讼与个人主义文化的熏陶、国家司法机构健全和司法制度完善以及西方国家的法院组织产生早、发展快有关。最后对比中西小传统诉讼观，指出中西方在诉讼观念上产生"暗合"的原因。

《谣谚中的宋代科举社会》

赵瑶丹撰，《东岳论丛》，2009 年第 3 期。

本文从谣谚这一视角来寻觅、理解、阐述宋代民众在科举社会中的生活本相，呈现他们的价值观念、伦理信仰、行为方式、生活态度、价值评判、人生追求，从谣谚的角度理解时代与社会的变迁。

《简论三国时期时政谣谚的内容》

吴鹏霄撰，《兰台世界》，2009 年第 20 期。

本文对三国时期时政类谣谚内容进行了评析，这些谣谚不仅体现了丰富的政治思想，也具有一定的文学价值。三国时期时政谣谚的内容具体体现在百姓对时政大事的评判、对皇室内部斗争的关注、对官吏的抨击与对时世英雄的品评四个方面，在文学上也有值得注意的两个方面：第一，三国时期的时政谣谚从思想表现功能看，基本奠定了先秦《诗经》以来尤其是汉乐府民歌的现实主义传统，充分发挥了诗歌"美""刺"的艺术功能，善者颂之，恶者咒之；第二，与汉代民歌相比，三国时期的谣谚大都没有故事性的表述，也没有对人物行为特征的细致刻画，有的只是只言片语式的评论。

《谣谚、"楚辞"与"亡秦必楚"》

胡克森撰，《邵阳学院学报》（社会科学版），2009 年第 1 期。

本文主要从谣谚和"楚辞"的功能入手，探讨秦末反秦战争中，楚南公"楚虽三户，亡秦必楚"的政治谣谚及屈原"楚辞"等文学作品对楚国之所以成为灭秦领头羊的巨大作用。楚南公与屈原是身份地位截然不同的知识分子，受历史影响投身于楚国的反秦运动。一个是借用了政治谣谚的方式，一个是借用了文学艺术形式来保存历史记忆，发动群众，而这两种方式都深深地植根于楚国传统文化之中，因此二者起到了异曲同工的作用，同时为反秦运动做出了突出贡献。

《以谚语为视角看藏族部落习惯法——以青海藏区为例》

蒋永菊撰，《知识经济》，2009 年第 7 期。

文章从谚语的视角切入，阐述了藏族部落习惯法。谚语反映了藏族部落的选举法、维护部落头人的习惯法、藏族部落宗教相关的习惯法以及涉及刑事、婚姻和环境保护的习惯法。谚语是藏区表达自己对事物的意见和看法的工具，是处理各种纠纷的准则、教育人们的训条、衡量是非的尺度、惩恶扬善的利器。

《揭露官场腐败　劝人廉洁自律——渝西方言谚语中的渝西廉政文化精华探析》

夏明宇撰，《重庆文理学院学报》（社会科学版），2011 年第 3 期。

文章主要讨论了渝西方言谚语中的廉政文化。作者共从渝西社会谚中搜集到有关反腐倡廉内容的谚语 600 多条，及从渝西民间收集到这类谚语近百条。通过对这些谚语的剖析可以发现，渝西反腐倡廉谚语承载了渝西人民的反腐仇腐思想、道德教化思想、公平正义思想和公民权力思想。

《从民谚看庸官丑态》

王春华撰,《先锋队》,2012年第9期。

本文列举分析了一部分有关庸官的民谚,分析了庸官的丑态。"一杯香茶一支烟,一张报纸看半天,来了文件画个圈,实际问题不沾边"是庸官的日常,"抽烟一闻知伪劣,喝酒一抿知高低"说明了庸官追求吃喝玩乐的享受,遇到问题则是"要发文件,等待实践;要去实践,等待文件;啥都不干,难找缺陷;不当冲头,不担风险;组织考核,成绩斐然"。文章最后指出,对待庸官,要坚决说不。

《清江流域公民行为习惯法研究——以民谚为视角》

冉瑞燕撰,《中南民族大学学报》(人文社会科学版),2012年第1期。

文章以民谚为视角,研究了清江流域的公民行为习惯法。民谚作为习惯法的特殊载体,是生成并通行于大众行为中的普遍认知准则,也是习惯法在今天的特殊存在和传播形式。清江流域民谚内容广泛,涉及公民行为习惯法的主要包括自身行为规范、家庭行为规范、社会交往规范和经济交往规范。这些行为习惯法的核心价值是"情""理""和"。民谚作为习惯法规范,通俗易懂、生动形象,便于传播,关键是其自然形成源于社会有关的人都参与对民谚规范的感知、对话与讨论之中,是真正的"话语民主",是主体间性的社会理性。

《科举谚语与民风世态》

陶易撰,《寻根》,2014年第2期。

文章通过剖析与科举相关的民谚俗语,介绍这些谚语背后的人和事,反映了丰富而有趣的世风民俗,折射出古代读书人的各类心态。作者选取若干有关科举的民谚俗语,试做简要分析,从另一视角审视古代的科举制度,感受当时的民风世态。

《论汉代谣谚作者阶级构成及创作动机的复杂性》

孙立涛撰,《兰台世界》,2014年第11期。

文章首先介绍了汉代谣谚作者的阶级构成,下层农民和一般市民阶层创作的谣谚作品代表着谣谚文化创作的主流,是真正的民间文学之作,往往具有天真烂漫的特点,并保留着过多口语化色彩,甚至粗俗鄙语运用其中;知识分子阶层所作的谣谚多与文化现象或人格品评相关；官僚阶层有三府为朱震谚；太学生有在宦官专权时期，对那些敢于与宦官斗争的正直官员进行赞颂的时语。其次指出了汉代谣谚的创作动机，在文章的最后，作者指出，那些片面地认为谣谚只是下层民众创作的观点是不正确的。

《先秦两汉史传中的政治谣谚》

张耀元撰，《咸阳师范学院学报》，2015 年第 5 期。

本文以先秦两汉的史传为研究文本，分析政治谣谚在先秦两汉历史发展中的地位与影响。谣谚是人们口头传唱的表达生活经验和共同认知的作品，主要分为颂歌型谣谚、怨刺型谣谚、谶纬型谣谚。颂歌型谣谚是"口碑型"谣谚，主要褒扬政治清明，西汉及后汉的史传中都不乏记载；怨刺型谣谚则既有政治清和的一面，又有政晦民怨的一面，这与两汉的政治生活密切相关；谶纬型谣谚主要以神秘性而为人深信，《左传》中记载了许多这类谣谚，阴阳五行学说促进了其发展，此类谣谚多产生于汉末。政治谣谚数量从先秦到两汉明显呈上升趋势，两汉史传中谣谚所涉及的范围、数量和内容都远远高于先秦，先秦两汉的谶纬型谣谚以童谣的形式出现在政治慌乱时期，是谶纬之学和五行学说发展的产物。

《政治人物引谚话语模式的文化审视》

李树新撰，《内蒙古社会科学》（汉文版），2015 年第 3 期。

本文对政治人物引谚语话语模式做了文化阐释。政治人物引谚是政治人物表达政治观点的一种常见形态，是一种日渐突出的语用现象，已经成为一种时尚的政治话语模式。政治人物较早引谚的典型代表应是毛泽东，此后我国领导人都频频使用谚语。外国政要即政治人物在跨文化语境中引用谚语也是一种常见的话语行为。政治人物引谚有其独特的作用，可以有效提高话语公信力，增强民族认同感和国家认同感，增强语言的社会功能。政治人物引谚的话语模式引述"谚语""俗话""成语"和源于经典文本的经典名句进行言语交际这一传统的言说方式，顺应了群体或个人从事语言价值判断和语言选择时的心理机制，因而强化了具有维护与传承民族文化传统的社会功能。

《谚语与法律：少数民族民间法文化的功能启示》

任渝婉撰，《贵州民族研究》，2015 年第 10 期。

本文通过对少数民族谚语与法律关联性的论述，分析了少数民族民间法文化的功能启示。文章认为少数民族谚语是少数民族群众自发创造的表述性俗语，文中提到的与法律相关的谚语即是少数民族谚语中的表述性谚语。从谚语到法谚的转变源自少数民族对民间法律生活和道德经验总结的需要，是少数民族社会的主体性选择，并不是语言自然发展的结果。文章指出少数民族法谚是少数民族法律的民间语用形态，但二者的方式与方向不同，较之法律，少数民族法谚强调的是法律的属性而不是法律本身，强调法律不理琐事。本文关于少数民族谚语中法文化体系的分析认为民族法谚因为谚语的世俗性特征而发展为独立的民间法文化系统，表现为"理法文化"（礼法文化）和"通例文化"两个方面。少数民族法谚以民法为主要描述对象，但又不乏惩罚性的内容。少数民族法谚的显性功能是促使法治生活化，其所构成的法律体系是"民族—社会"的法制体系，法谚弥补了民族法律的不完善，同时少数民族文化氛围又促进了法谚的发展。要实现法治生活化，需要将法治生活状态转变为法治资源状态，即由法治生活化理念向法治资源化理念过渡。另外，少数民族民间法文化的社会协调性需要少数民族法文化全程参与到少数民族文化、传统等因素当中。

《浅谈时政类谣谚的舆论特性——以两汉时期为例》

张钰婷撰，《新闻研究导刊》，2016 年第 16 期。

这是一篇以两汉时期为例浅谈时政类谣谚的舆论特性的文章。文中对谣谚的定义及特征、舆论的定义进行了界定，介绍了谣谚的发展历程及其分类，以及两汉时期时政类谣谚的舆论特性。最后，作者得出的结论是：一种传播体系的形态由文化的语言"形态"决定。

（六）家庭婚恋

谚语是民俗文化的重要组成部分，它蕴含着深刻的文化内涵。其中，家庭婚恋文化是中国传统民俗文化的重要方面之一。数千年来中国整个社会都是以与婚恋密不可分的家庭为本位的，探讨中国家庭婚恋文化是透视和理解中华整体文化的重要途径。与家庭婚恋有关的谚语，是家庭婚恋文化精髓的体现。这部分研究成果包括四个角度：中国整体家庭婚恋类谚语研究、方言地区家庭婚恋类谚语研究、少数民族地区家庭婚恋类谚语研究、中外谚语婚恋文化对比研究。

《从客家谚语看客家的家庭观和家庭制》

练春招撰，《福建师范大学学报》(哲学社会科学版)，1995年第4期。

客家谚语凝聚了客家人的生产生活经验，反映了他们对社会及人生的普遍观念，本文试从客家方言谚语的某些特点探讨客家人的家庭观和家庭制，具体表现在香火绵续与男尊女卑、宗法伦理、生产与生活、家庭教育、家庭变化这五个方面。

《土家族民谚中的婚姻观》

田茂军撰，《吉首大学学报》(社会科学版)，1997年第3期。

本文通过土家族的民谚探讨土家族婚姻观念和具体表现。文章主要从积极的婚姻态度、传统道德婚姻形式、具体的择偶标准和平等的夫妻关系四个方面来具体阐述。土家族民谚反映了土家族在婚姻上的文化心理和价值取向，既有积极的现实意义，又存在一定的时代局限性和保守性，提出面对新的婚姻观念，应积极变化和发展。

《从谚语看英汉民族传统婚恋观》

张遘、王维撰，《山西师大学报》(社会科学版)，1997年第4期。

文章通过对比英汉谚语，阐释分析了英汉民族传统的婚恋观。文章通过从一而终、感情相投、以德取人、门当户对、趋丑避美、男大女小六个相似之处，对英汉古谚语所反映的婚恋观进行比对分析，稍有不同的是英民族强调晚婚，先成家后立业，而汉民族倾向于先立业后成家。最后指出，随着社会的不断变迁，各民族的婚恋观念也会相应地发生变化。

《从谚语看维吾尔民族传统的婚恋观》

骆惠珍撰，《昌吉师专学报》，1999年第1期。

文章描述了维吾尔族婚恋观的变化。从谚语中可以解读出维吾尔族青年男女在选择终身伴侣时，注重感情相投、个人品德优良、家风正派、双方经济条件相当、容貌不太出众等，从中可以看出婚恋观上既有现代意识又保持着传统观念。

《从谚语浅析中意家庭观》

李晶撰，《广东外语外贸大学学报》，2007年第3期。

本文从谚语入手，对其中蕴含的中意两国家庭观念进行比较，旨在帮助人们更加全面地了解意大利，促进两国友好交往。文中具体分析了谚语与家庭观念、与亲子关系、与婚姻关系等方面，从而得出了"中意两国人民在家庭观念上有很多的相似之处"的结论，并进一步指出"构成这些相似的家庭观念的背景因素是不同的，这些因素有来自地理的、历史的、宗教的、政治的、经济的"。

《谚语中的中国传统家庭伦理关系透视》

高玉霞撰，河北大学硕士学位论文，2007 年。

本文对谚语反映的中国传统家庭伦理关系状况进行了较全面、系统的分析。第一章为谚语中反映的传统父子伦理关系，其中包括父子关系及其派生的母子、父女、母女、婆媳、叔侄等伦理关系；第二章为谚语反映的传统夫妻伦理关系，包括夫妻关系、夫妾关系、妻妾关系；第三章为谚语反映的传统兄弟伦理关系，包括兄弟、姑嫂、妯娌、叔嫂关系；第四章为谚语反映的主仆和邻里关系；第五章从经济、社会和历史文化角度分析了这些伦理关系形成的原因；第六章分析了家庭伦理言语社会功能的积极方面和消极方面。

《歌谣、谚语、俗语中的宁夏回族婚姻文化》

马伟华撰，《内蒙古大学艺术学院学报》，2009 年第 2 期。

文章从歌谣、谚语、俗语反映的宁夏回族的婚姻内容、回族群众的择偶标准和文化内涵三个方面分析了宁夏回族的婚姻文化。就婚姻内容而言，歌谣、谚语和俗语反映了回族历史上一些特殊的婚姻形态、择偶方式以及择偶半径，以及媒妁在回族婚姻习俗中的重要性以及媒人的特殊角色。就择偶标准而言，人品道德、感情、年龄、工作和职业、家庭都是要考虑的因素。就文化内涵而言，宁夏回族的婚姻观受到伊斯兰教和汉文化的双重影响。研究歌谣、谚语和俗语，可以加深对回族婚姻文化的理解。

《向往婚姻自由　主张互敬互爱——渝西方言谚语中承载的渝西婚恋文化精华探析》

夏明宇撰，《开封大学学报》，2010 年第 2 期。

文章从渝西方言谚语的四言、五言和七言的"顺口溜"中映现渝西婚恋文化的精华。渝西方言谚语所承载的渝西婚恋文化，包括向往婚姻自由的独立自主思想、强调情义无价的重义轻利思想、主张互敬互爱的男女平等思想、提倡少生优育的计划生育思想等四种。展现渝西婚恋文化的方言谚语有其自己的个性特征和进步思想，是渝西方言谚语中一道独特的风景线。本文主要探讨谚语中承载的渝西婚恋文化，是研究地方谚语中比较常见的文化内涵探析，对于深化婚恋文化的研究有参考作用。

《概念隐喻视角下的中英爱情谚语解读》

杨公建、王鹏撰，《长沙铁道学院学报》（社会科学版），2010 年第 3 期。

这是一篇站在概念隐喻视角下解读中英爱情谚语的文章。英汉两种语言中存在大量表达爱情的谚语，为了更好地理解它们，本文试图以概念隐喻为理论框架对其进行认知解读，对中英爱情谚语概念隐喻的共同点和中英爱情谚语概念隐喻的特色表达两部分进行论述，第一部分用具体事物隐喻爱情、用人隐喻爱情和用魔力隐喻爱情描述"LOVE"，第二部分着重用汉语爱情谚语的隐喻特色表达和英语爱情谚语的隐喻特色表达"LOVE"，中英在爱情概念隐喻的表达上有相同也有差异，并借此探讨隐喻与语言、思维和文化的关系。

《试探回族家庭伦理谚语的形成及意义》

杨志新撰，《中国穆斯林》，2012 年第 3 期。

文章通过研究回族家庭伦理谚语探讨其家庭伦理观的形成原因及意义。首先，从父母与子女之间关系的谚语、夫妻之间关系的谚语、兄弟之间关系的谚语，分析其反映的回族家庭伦理观。其次，从对经典的借用和转化、回族民众根据儒家伦理思想与伊斯兰思想进行合成的谚语、对主体文化与相邻民族文化的认同三个方面梳理了回族家庭伦理谚语的来源及形成。最后，从以父子关系为家庭本位、注重家庭成员之间关系的平等性和双向性、注重家庭关系的健康和谐发展三个方面，透过回族家庭伦理谚语认识到回族民众的家庭观。透过回族家庭伦理谚语看回族家庭伦理观，是了解民族文化的必经之路。

《浅析中国传统婚姻观在谚语中的体现》

刘佳撰，《文学界》（理论版），2012 年第 5 期。

本文以谚语为研究载体，对中国传统文化中的择偶婚姻观念进行了分析和探讨。首先，文中集中表现了婚恋中的男尊女卑意识以及女性的不自由不平等的社会地位。其次，通过对此类谚语的解读分析，反映出了门第准则、品行准则、注重感情、忠贞准则、年龄准则等男女双方择偶标准。

《谣谚对清代家庭关系与矛盾的凝练》

宫宝利撰,《天津师范大学学报》(社会科学版),2013年第3期。

本文搜集整理了清末民初的涉及清代家庭生活内容的谣谚,表达了清代民众对待家庭关系及其矛盾的态度,反映出清代社会对待家庭问题的基本判断和价值观念,是清代民间集体精神的体现。文章从谣谚对清代夫妻关系的诠释、对清代婆媳关系的描述以及对清代童养媳、寡妇与继母的态度三方面,反映紧张而复杂的家庭矛盾或冲突,体现了大众对家庭某些敏感问题的价值取向和基本态度。

《维吾尔谚语中传统家庭价值观的透视》

郭明华撰,新疆师范大学硕士学位论文,2013年。

本文立足于有关家庭的维吾尔谚语语料,选取了家庭观中较有代表性的内容进行研究,包括重家观念、婚姻观、家庭关系、家庭教育,并且探讨了对谚语中夫妻关系、家人关系、亲子关系、亲属关系,以及其他与家庭或婚姻等相关的观点、认识和态度,进而也可以观察到维吾尔族传统文化的一些特征,如维吾尔族传统家庭价值观充满宗教色彩,家庭在维吾尔族群众心中具有很重要的位置,结婚具有必然性也是当然的义务,但思想上有着矛盾性,提倡结婚但又认为婚姻会带来负担和痛苦,在家庭中维吾尔族男人比女人有更大的权威,社会地位更高,但也没有完全否定妻子在家庭中的作用,反映出家庭成员对家的义务——父母尽责、儿女尽孝,也充分认识到家庭教育的作用和家庭教育的意义,这对于现代家庭价值观的建设也有着重要的现实意义。

《婚恋流谚的时代变迁》

裴毅然撰,《档案春秋》,2014年第3期。

本文按照时间顺序对20世纪各时段的婚恋流谚进行了分类归纳。婚恋是社会生活最敏感的话题,时代变迁的一举一动都会在婚恋当中体现出来。纵观各个时段的婚姻流谚,可以看出20世纪20年代主要以学校和经济条件作为择偶标准;50年代,军人在婚恋当中极其吃香;而到了"文化大革命"时期,家庭出身成了决定婚姻的重要因素;到了80年代,随着改革开放,人们也逐渐综合考虑经济与文化来选择伴侣。

《维吾尔谚语中的爱情隐喻初探》

艾合买提·尼亚孜撰，《现代妇女》，2014 年第 6 期。

本文分析了维吾尔族有关爱情谚语的隐喻表达。维吾尔谚语中有关爱情的隐喻分以下类型，包括爱情是火；爱情是植物；爱情是月；爱情是旅程；爱情是花；爱情是战争；爱情是传说人物；爱情是动物。维吾尔谚语中的爱情隐喻特别重视自然界和人的关系，而且爱情隐喻的最高境界是以伊斯兰教的价值观为前提的。

《维吾尔谚语中所体现的传统婚姻家庭观》

阿迪拉·阿不里米提撰，《贵州民族研究》，2014 年第 9 期。

本文根据维吾尔谚语这一重要文化载体，分析谚语中所体现的传统婚姻家庭观。作者主要从婚前择偶观念、婚嫁双方礼俗、婚后家庭关系这三个部分进行论述。第一部分主要论述了在择偶的过程中要选择重视家庭的配偶，并且要谨慎择偶，体现出了维吾尔族传统社会中"男尊女卑"的观念。第二部分关于双方礼俗定亲的论述中，一方面阐述了维吾尔族传统的婚嫁礼仪；另一方面阐述了传统婚姻观念中的弊病：一是早婚现象的普遍；二是严格限制女性婚前行为；三是婚嫁强调彩礼数量。第三部分论述了婚姻中的家庭关系。首先是夫妻关系，这是家庭中的核心关系，维吾尔族的家庭关系十分强调"夫权"，并且夫妻的职责分工十分明确。然后是婆媳关系，二者的关系较为冷淡，且矛盾众多。最后是妻妾关系，维吾尔族倡导一夫一妻制，但在特殊的情况下也有妾的存在，妻妾关系多半是不和睦的。本文通过分析其民族的谚语，反思传统，形成对维吾尔族传统婚姻家庭观的系统认识，对于维吾尔民族文化的发展有着一定的理论意义和社会价值。

《男性视角下的维吾尔族传统婚恋谚语浅析》

王苹、张美涛撰，《喀什师范学院学报》，2015 年第 2 期。

维吾尔族受宗教的影响形成了严格的婚配形式，作者从男性视角切入，对维吾尔族传统婚恋谚语进行梳理与分析。谚语反映的婚恋观表现在他们认真对待婚姻，谨慎择偶，认为男婚女嫁、生儿育女才是奉行主道。谚语中反映出男女各自的社会角色和家庭责任尤其是女性的家庭地位和使命，男性的择偶观是要考量男女双方各方面匹配度及关注女方的家教、人品修养和忠贞淑贤。作者提出，维吾尔族传统婚恋谚语是对婚恋经验和体会的概括和总结，通过不断传承，潜移默化地影响着维吾尔族男子对婚恋生活的选择。

《浅析维吾尔族谚语镜射出的男性择偶观》

王苹、张美涛撰，《昌吉学院学报》，2015 年第 5 期。

本文分析了维吾尔族谚语中所映射出的维吾尔族男性择偶观。文章将反映维吾尔族男性择偶观的维吾尔族择偶谚语，分为品行、容貌、爱情、忠贞、门第等五个方面来叙述，体现了维吾尔族男性以自我为中心，视女性为附属品，看重女性是否忠贞专一、品行优良的价值取向。

《黔东南苗族侗族同胞婚恋谚语研究》

杨仪均、罗雨镓撰，《凯里学院学报》，2016 年第 1 期。

本文以黔东南地区苗族侗族同胞的婚恋谚语为审视对象，对其中蕴含的婚姻习俗、择偶观、婚恋认知进行尝试性解析，进而梳理了苗侗两个民族在婚恋观上的相似点。通过对两个民族谚语的解读，来感受黔东南地区苗族侗族同胞对于婚姻爱情的独特认知与深切体验。文中介绍了谚语世界中的黔东南苗侗婚俗，黔东南苗族侗族同胞创造了极为丰富的婚恋谚语，认为从恋爱走向婚姻的前提是相爱，而且恋爱是要两情相悦才算完美。苗族侗族青年过去通常是以音乐作为媒介，通过玩山、走寨、行歌坐月等活动进行谈情说爱。其婚姻往往也要经历一系列完整的过程，一些婚谚真实地反映了婚姻中的某些习俗和程序，有反映媒妁的，如"女方有门槛，男方有脚杆""会做媒的头戴花，不会做媒颈带枷"；有反映婚姻禁忌的，如"同姓莫开亲，开亲瞎眼睛"；有反映哭嫁习俗的，如"娃娃逃学真逃学，姑娘哭嫁假过脚"。随着时代的发展，黔东南地区的一些婚俗已退出历史，但真实地记录在当地的民谚中，概括起来主要是两条婚俗："坐家"和"女还娘头"或"姑舅开亲"。谚语中体现的苗侗择偶观主要有对人品和才德的重视、对于选择的考量以及关于婚姻中的年龄认知。另外，关于谚语对婚姻与爱情的其他认知，主要表现为对于爱情用心、用情需专一持久，对于爱情的终结也有着一种包容、许可的态度。

《英汉婚姻谚语的跨文化意蕴比较》

杨珌撰，《佳木斯职业学院学报》，2016 年第 7 期。

本文对英汉婚姻谚语进行了跨文化意蕴比较。文章指出，在择偶标准上，两种文化认同品德重于容貌，强调婚姻主体门当户对，提倡婚姻稳定；

婚姻主导因素上，中西方文化出现了"传宗接代"和"真爱至上"的差异；夫妻关系中，虽双方都有"男尊女卑"的社会背景，但不约而同强调了和谐婚姻。作者认为由于语言相对稳定，谚语中体现的传统文化有不合理成分。随着社会进步，新观念产生，冲击旧观念，因而在跨文化比较时要用发展和批判的眼光处理问题。

《温州方言谚语的婚恋文化研究》

涂海强撰，《国家教师科研专项基金科研成果（七）》，2017 年 2 月。

本文主要研究了温州方言谚语中蕴含的婚恋文化。择偶方面注重男女双方的意愿，选择德行甚于容颜；地位方面主张男女对等；家庭纠纷方面主张以"和"为贵；荣辱观方面强调婚姻关系的和谐；婚恋观方面提倡婚恋自由。文章通过对温州方言谚语的研究，挖掘了其中蕴含的优秀的婚恋文化传统以及美德，对于当代青年男女的婚恋行为有一定的引导作用。

（七）民俗文化

民俗文化是广大劳动人民所创造和传承的民间文化，是在共同地域、共同历史作用下形成的积久成习的文化传统。它与现实生活紧密相连、水乳交融，是创造民族高雅文化的基础和前提。民俗文化类谚语展现了我国广大人民群众的生活智慧和生活习俗，是记录、传播我国民俗文化的重要载体，其中少数民族地区的民俗谚语占比较高。研究民俗类谚语，有利于研究各个地区不同的生活习俗、文化背景，为中华谚语研究提供丰富的素材。

《论谚语在民俗中的特殊作用》（上）

吴恭俭撰，《湘潭大学学报》（语文文学论集），1986 年第 S2 期。

本文从鲁迅写给民俗研究者江绍原的一封信起文，提出语言学者研究俗谚应把谚语和民俗联系起来综合考察，才能够把握谚语体现的文化民俗事象。作者还认为，谚语在民俗系统中具有网络作用，如具有体现民俗系统行为的特征；具有体现民俗系统内部结构的特征；具有体现民俗系统属性的特征。民俗事象的分类主要有物质生产与生活类、社会生活与组织类、信仰类及民间文艺类，并从消费习俗、农村生产习俗、家庭习俗等方面详细解析其谚语和民俗的联系。本文从民俗学和语言学的角度来研究民俗与谚语不可分离的联系，其在谚语的分类方面有独到的见解，对于研究民俗谚语有一定的指导作用。

《论风土谚的性质及其社会价值》

张莉撰，《承德民族师专学报》，1998 年第 1 期。

文章用诗一般的语言讨论了风土谚的性质及其社会价值。作者认为风土谚极具价值，是对人类物质文明和精神文明的总结和概括，包罗万象，具有较强的地域封闭性。风土谚的社会价值表现在可以展现我国的风采和人民的生活情趣，从而反映民族气质，另外风土谚寄托着民族的情思，象征着中华民族的历史生命力。

《从藏族民间文学看藏族民俗——以民歌、谚语、谜语为例》

李晓丽撰，《西藏艺术研究》，2002 年第 3 期。

本文以民歌、谚语和谜语这三类口承民俗为对象，分析了藏族的民俗。藏族的民歌具有普遍性与全民性，因而成为承载社会民俗的有利工具。唱民歌尤其婚礼歌，本身就是一种民俗，民歌的内容也反映了藏族人民的生活习惯和喜好。藏族民谚紧贴民俗生活，尤以揭示群众心理见长，这些具有浓郁泥土气息的语言蕴藉着大量藏民的习俗惯制。藏族谜语，无论是谜面还是谜底，都是由藏族人民熟悉的事物构成的，是藏民扩大眼界、增进交流、获取知识的一种方式。这些集体传承的口承民俗，在内容、功能和风格上均有鲜明的民族特色，又因其在群众中广泛的应用和传播，以及它们对于藏族人民生产生活方式的深刻影响，对于研究藏族及藏文化的各个领域都有着重要的实证和补充作用。

《谚语与风俗之关系》

王玉霞撰，《内蒙古社会科学》，2006 年第 3 期。

本文主要探究谚语与风俗之间的关系，主要体现为以下几点：第一，谚语与风俗都是社会意识的形式；第二，谚语是风俗的重要传递者（运输工）；第三，谚语是表现风俗的形式。作者总结认为，谚语是在风俗的基础上产生并以风俗文化为养分，风俗成为谚语的内容及本质的反映，并且以直接或间接方式反映在谚语里。

《从蒙古谚语探讨游牧文化意识》

哈申高娃撰，《内蒙古师范大学学报》，2008 年第 3 期。

本文分析了关于五畜和游牧生产的谚语，并探析蒙古族人游牧文化的足迹。包括两个内容：一是生产经验总结的教育针对性谚语，即有关牧场的选择、天气预报、饲养畜群的谚语；二是启发与劝诫生活事理针对性的谚语，即关于五畜的颜色数字、性情、走势等。蒙古族人从古至今以生产劳动、生活中积累的丰富的游牧资源来总结经验，表现事物现象的事理，这种游牧活动也形成一种游牧文化且被叙述成蒙古族口头文学的一笔财富。

《民谚乡俚请留步》

顾俊文撰，《保定日报》，2008 年 5 月 25 日。

文章指出近几年来民谚乡俚有逐渐退出历史舞台的迹象，在百十口人的偏僻小山村，乡亲们不再说民谚乡俚，作者指出很多民谚俚语是人民群众经过长期劳动实践总结出来的经验之谈，具有较高的科学价值和较深的文化意境，是不能废弃的。不光不能废弃，还应该深入挖掘、积极整理、大力提倡才对。

《民谚的民间智慧》

董磊、张秀梅撰，《中国文化报》，2008 年 12 月 2 日。

文章以邹城民谚为材料来分析民谚的民间智慧，从其反映内容上来分，邹城民谚大致可以分为气象谚语、农事谚语、生活格言谚语、民俗谚语几种，指出民俗谚语是人们对人情世故中各种人文现象的总结和概括，不仅是邹城人民人生观、价值观的体现，而且为我们研究民俗文化提供了重要依据。

《蒙古族谚语中的求吉兆风俗探析》

胡格吉夫撰，《内蒙古社会科学》，2009 年第 4 期。

本文从谚语中观察蒙古族求吉兆风俗并探析蒙古族谚语和蒙古族风俗的关系。杜鹃、猫头鹰、乌鸦、喜鹊等动物可预兆好坏福祸，这是由于蒙古族人受到古老的观念和宗教风俗的影响。他们注重吉兆和话语的力量，在日常生活中说有吉兆的话并避免噩兆的事物，从而祝福美好的事情发生。因此，人的话语、举动被这个观念限制，甚至飞禽走兽的叫声、嚎声都有相应的含义并被解释为吉兆或噩兆。

《论汉代谣谚中的民俗民风事象》

王凯旋撰，《文化学刊》，2010 年第 3 期。

这是一篇从汉代谣谚窥探其展现的民俗民风事象的文章。文章对汉代有关治政、教子育人、社会风情、尊老尚贤、人民生活、自然万物、婚丧嫁娶等民谚进行描述和解析，展现了汉代谣谚丰富多彩的内容和富含情感哲理的深刻意蕴，为我们传递了汉代社会生活的许多内容和信息资料，是汉代民俗世风的真实写照，也是了解汉代社会的信史。

《蒙古族谚语与蒙古人的饮食习俗》

呼格吉夫、牛雅琴撰，《内蒙古民族大学学报》（社会科学蒙古文版），2010 年第 4 期。

本文就蒙古族谚语探察蒙古族人的饮食习俗。蒙古族人的饮食习俗是整个蒙古族风俗习惯中内容丰富且特征明显的一部分。饮食习俗主要由饭食与茶饮形成，但一般情况下以前者为主。观察蒙古族谚语中表现的蒙古族人饮食习俗，饭食中有肉食、饮料是有关酒的内容，酒怎么喝、肉怎么吃是蒙古族人饮食习俗的重要内容和典型例子。蒙古族人的宴席、欢迎远方的客人少不了敬酒。祭祀、重要的场合中肉食更是缺一不可的。这也正表明，蒙古族谚语是根据人民生活并随着蒙古族人社会历史的具体情况来集中反映经济特征和生活习俗的。

《关于中国古代谣谚民俗研究的几个问题》

王凯旋撰，《文化学刊》，2010 年第 5 期。

本文提出了关于中国古代谣谚民俗研究的几个问题，谣谚民俗研究是民俗史研究中的重要内容和较新课题，在针对如何看待谣谚的史料价值及其史料应用、如何正确地认识和处理谣谚的民俗研究、文学研究与史学研究之关系、如何认识谣谚地域与民俗地域之特点和如何看待谣谚的时代变迁和民俗的变化发展、谣谚民俗如何做综合研究以及谣谚民俗的广泛性与大众性等方面，本文都做了初步的探讨和回答，特别是以往的某些研究仍然有深化和拓展的必要，我们完全有可能在已有的基础上将谣谚民俗的研究通过不懈的努力和探索而达到一个新的学术水平。

《蒙古族民间谚语与蒙古人的生产生活习俗》

胡格吉夫、牛雅琴撰，《内蒙古民族大学学报》（社会科学蒙古文版），2011 年第 3 期。

本文探析了蒙古族谚语中有关蒙古族人的生产生活习俗，从而体现蒙古族人的生活习惯、劳动道德和人文精神，作者通过打猎、畜牧、农业生产三个生产习俗的谚语，反映蒙古族人民长久以来积累的生活经验及对生活劳动勤劳团结的积极心态。蒙古族人的打猎、畜牧、农业生产习俗都无一遗漏地融进蒙古谚语中，准确反映深奥的道理，并传承到今天。

《藏族民间谚语中的民俗文化解读》

春燕撰，《辽宁教育行政学院学报》，2012 年第 2 期。

研究一个民族的谚语是研究该民族语言精华和民俗文化的一个重要方面，本文以藏族民间谚语为对象，分析了其中蕴含的丰富多彩的民俗文化。藏族民间谚语生动再现了藏族饮食习俗，展示了藏族别具一格的服饰文化和礼仪习俗，同时映射了藏民独特的审美习俗。通过藏族民间谚语，可以感受到藏族人民对真、善、美的执着追求和对美好生活的憧憬，体味出具有独特魅力的藏族民俗风情和藏民对美的理念与追求。

《黑龙江地区谚语的民俗内涵探究》

姚远撰，哈尔滨师范大学硕士学位论文，2012 年。

本文分析了黑龙江地区谚语的民俗内涵，共分为五个部分。第一部分绪论，对谚语的概况、黑龙江谚语的研究概况以及研究黑龙江谚语民俗内涵的意义进行了说明。第二部分是论文的第一章，分析了黑龙江独特的地域性文化和黑龙江谚语的地域性特点。寒地文化和荒野文化、豪放无畏的性格文化、重武轻文的传统文化、兼容并蓄的民族文化，是黑龙江地区的文化特征，黑龙江谚语始终与抵御寒冷天气、分配所得与平均主义思想密切相关，黑龙江谚语反映的生死观与民间信仰也是密切相关的。第二章论述了黑龙江地区的生产谚语。首先诠释了生产谚语的含义和产生的因素，并将生产谚语分为渔捞谚语、狩猎谚语、畜牧谚语、农耕谚语和手工业谚语五类进行分析。第三章分析了黑龙江地区的生活谚语。首先阐释了生活谚语的概念，指出生活谚语具有随意性的特征，并将生活谚语分为衣食住行、岁时节日、时政和生活哲理四类进行分析。第四章分析了黑龙江地区谚语的民俗内涵。作者认为生产谚语传承了劳动技能，是生产经验的总结，凸显了民族特色，对于了解民俗文化有重要的作用。生活谚语则是社会政治环境的真实写照，是丰富民间文化的重要载体，更是规范人们道德品行的教材。

《河曲谚语与民俗》

王佳撰，《北方文学》，2012 年第 9 期。

本文主要以黄河中游的河曲谚语为研究对象，探讨河曲谚语与民俗二者密切的联系，谚语来源于民间，是广大劳动人民集体创造、广为流传、言简意赅的定型的语句，是人民智慧的结晶，充满了规律性的经验总结，而民俗又是谚语产生的基础，谚语反映且传承着民俗，二者相辅相成。由于民俗具有地域空间性，所以谚语也具有方言性，但有些旧的民俗在历史长河中不断消亡，而承载这种民俗的谚语却依然存在。

《哈萨克族有关马的谚语的民俗文化特征分析》

张红伟、袁勤撰，《新疆社会科学》，2013 年第 4 期。

文章论述了三个方面的内容，包括与马有关的哈萨克族谚语是植根于草原文化的智慧之花；图腾崇拜、祖先崇拜、萨满教所折射出的原始信仰的历史遗迹；揭示面对现实的辩证意识，并指出与马有关的谚语在更深的层次上反映了哈萨克族民俗文化的内涵，宣示了他们丰富的生活经验背后蕴藏的内在精神世界和与众不同的文化心态。

《宁夏满族谚语中的满族民俗赏析——采访实录宁夏满族民间艺人纳幸元》

高梅、何晓芳撰，《满族研究》，2016 年第 3 期。

文章以宁夏满族民间艺人纳幸元先生对满族谚语说唱形式的采访实录为研究对象，多个角度对满族谚语进行系统的分类，进一步透视并赏析宁夏满族谚语中的民俗文化特色。文章主要从人生态度民俗、人伦道德民俗、意志民族观以及民俗哲理这四大类为切入点进行了详细论述。

《从谚语看壮泰民族的稻米文化》

周艳鲜、阳亚妮撰，《齐齐哈尔大学学报》（哲学社会科学版），2016 年第 7 期。

本文通过对壮泰两个民族谚语的解读分析壮泰民族的稻米文化。从稻谷生长的自然环境、大米的饮食习俗和与稻谷相关的宗教仪式等三个方面来解读壮泰谚语中的稻米文化及其内涵，自然环境是影响人类生存的重要因素，从整体来看，壮泰民族所居住的地区在自然环境方面有一些共同特征，但这些特征的具体分布不同，各地的自然条件存在差异性，文中对壮泰两族稻米的生态环境进行对比，了解到谚语与水稻种植之间的关系。此外，壮泰谚语中还体现出"鱼米共生系统"，因此有许多"米"和"鱼"共存的谚语，以稻米为中心的饮食习惯不仅因为两民族以大米为主体的饮食体系，还因为米饭是传统节日的主要食物和宗教活动的主要祭品，与稻谷相关的宗教仪式包括求雨仪式、开耕仪式和召稻魂仪式。总之，壮泰谚语承载着一定的民族历史与文化，凝聚了丰富的知识、经验、真理与智慧，反映了壮泰传统农耕社会现实和生产生活经验。

《从节气歌谣、谚语看二十四节气的活态传承》

季中扬撰，《南京师大学报》（社会科学版），2018 年第 2 期。

本文以与二十四节气有关的节气歌谣、谚语为主要研究对象，考察谚语、歌谣对保存和传承二十四节气的重要作用。文章第一部分指出二十四节气作为时间经验框架，是一种抽象的形式，具体的生产、生活经验构成了二十四节气文化丰富的内容。第二部分研究了"二十四节气"遗产的存在形态。农耕社会的生产生活知识是二十四节气文化的核心内容，而歌谣、谚语是口头传承二十四节气文化遗产的主要方式。第三部分探讨了二十四节气歌谣、谚语的当代传承。二十四节气作为传统的时间知识体系，虽然有着活态传承价值，在广大农村地区也还在实践着这些传统知识，但是其当代传承与保护确实遭遇了前所未有的困境。新编节气歌是民众在现代社会变迁过程中对二十四节气文化的再创造，是对二十四节气"非遗"的活态传承。

（八）商业文化

中国商业发展历史悠久，在漫长的商业发展中，出现了很多口耳相传的，具有传授经验教训的商业谚语。这些谚语朗朗上口、短小精悍、内涵丰富，具有广泛的群众性。它们经过长期使用和反复推敲，展现了当时商人的价值观念和思想情感，也反映了中国传统的物质文化、制度文化和精神文化。对商业文化类谚语进行梳理研究，有利于完善谚语研究视角，对于经济建设和发展具有更重要的现实意义。

《从民间谚语看唐宋时期和明清时期农业经济的发展》

潘京京撰，《昆明师专学报》（哲学社会科学版），1986 年第 2 期。

文章对"苏杭熟，天下足""苏湖熟，天下足"的唐宋时期和"湖广熟，天下足"的明清时期的农业发展状况进行分析研究，从中窥探这两个时期农业生产发展的现状、联系以及它们各自的特点。此外，人口的迅速增加促进了边疆地区的开发，扩大了耕地面积，同时带来耕作集约化程度的较大提高，以及复种面积的增加和玉米、番薯等高产作物的推广。这使明清时期（截至 1840 年鸦片战争）农业生产快速发展，粮食总产量大幅度增加。

《漫话商谚与商德》

古海撰，《商业经济文荟》，1988 年第 3 期。

本文选取部分商业谚语，分析其中蕴含的商业品德。文章结合商谚例子指出，"互利"是商德的基本原则，"守诚信"是商者的立身之本，"讲礼仪"是商貌的表现，"勤谋"是商业的积极经营方式。

《商界熟谚与经营之道》

熊立胜撰，《现代交际》，1995 年第 3 期。

本文主要通过分析"旱则资舟，水则资车""远处捕鱼，不如近处捉虾""一招鲜，吃遍天""货卖一张皮"4 条商界熟谚，总结在商界和经营之道上的实践经验。此外，通过列举古今商界熟谚，领悟经营之道，在商业经营方面具有一定的启示作用。

《商谚：企业宝贵的资源》

刘玉来撰，《洛阳师专学报》，1998 年第 1 期。

本文就商谚的来源、特征、分类及功能进行探讨，以证明商谚对于优化企业营销环境、塑造企业精神、指导企业营销策略具有积极意义。商谚来源于四千多年前的夏谚，具有经验性、概括性、审美性、积淀性等特征，可以分为关于营销者的谚语、关于消费者的谚语、关于营销环境的谚语、关于产品的谚语四类。对于企业来讲，商谚具有推动文化特别是商业文化建设、优化企业营销环境的功能和指导企业决策的作用。

《我国民间商谚中的营销思想初探》

张卫东撰，《唐山高等专科学校学报》，2000 年第 1 期。

作者认为在我国民间贩夫贩妇、行商坐贾间广为流传的商业谚语中蕴藏着丰富的营销思想。这些民间商谚的产生要比西方市场营销学早得多，其内容并不比当前流行于西方国家工商企业界的新型营销观念逊色。本文用沿用至今的部分商谚所反映的营销思想做粗浅分析，以期能为我国市场营销史的研究和市场营销理论的建设做些贡献。

《商业谚语促销作用探析》

刘玉来撰,《商业研究》,2000 年第 6 期。

本文指出商谚的语言特点和促销语言内在要求之间的竞合性,表现在商谚多用比喻且通俗易懂,具有灵活性和语气强的特点,此外商谚提炼的内容和促销目标之间也存在竞合性。以上两点决定了商谚对促销有特殊作用,通过不断开发,必然给企业带来巨大的受益。

《蒙古谚语中的经济思想》

包娜仁、王来喜撰,《内蒙古大学学报》(哲学社会科学版),2005 年第 2 期。

本文主要阐述了蒙古谚语中的经济思想,主要分为物质需求与价值、损益平衡、勤劳创业、注重勤俭、摒弃吝啬等思想。物质需求与价值是一个在有限的金钱条件时的平衡状态,随着不同的人、时间和地点条件而消费也会不同。交易发展使人们从物品的比较价值得出"收入—支出"观点并从比较中权衡损益。蒙古族人有着劳动是教育人成长最好的方法、劳动创业、经营工作和生活的持家观念,而且秉持着无论"施舍""吝啬"都有一个度,不沉迷于财富也不拒绝正当收益,财富的使用需妥当处理大小支出的经济思想。

《浅谈农商俗谚的科学性》

魏丹、汪季石撰,《法制与社会》,2007 年第 5 期。

本文探讨了农商俗谚背后隐藏的科学道理和规律。文章列举并分析了二十四节气谚语和与"云"相关的气象俗谚,以及涉及交换秘旨、市场竞争、商品价值规律的商业谚语,指出农商俗谚对于指导当今社会的农业生产、挖掘商贸活动中的经济规律、服务于社会主义市场经济全面发展,有着不可忽视的重要作用。

《从商业谚语看中国传统的商业文化》

高圭荣撰,《怀化学院学报》,2008 年第 3 期。

本文论述了汉语谚语中所反映的中国传统商业文化。通过分析部分和商业有关的谚语,总结了四类商业文化特点,分别是义利并举的商业思想;因变制胜的商业策略;以和为贵的商业理念;诚实守信的商业品质。本文从谚语的角度分析中国传统商业文化,既丰富了谚语的研究,也挖掘了传统商业文化在民间的深层特性。

《古代商谚中的经营艺术》

刘荣撰,《中外企业文化》,2009 年第 2 期。

本文从经营理念、决策原则和实践技巧三个方面分析了古代商谚体现的经验艺术。就经营理念而言,古代商谚体现了讲求商业信誉、追求高美誉度、注重诚信的传统,具体分为针对企业形象的"求信"意识、针对产品质量的"求好"意识、针对产品种类的"求全"意识、针对服务态度的"求礼"意识。就决策原则而言,在确定经营方向时,要对经济社会的大背景和商情做辩证的分析。要"拾遗补阙,经商一诀",同时也要注重市场调查,"勤算计,巧应市"。就实践技巧而言,店员对顾客要以礼相待,同时也要揣摩顾客购买心理和消费行为,要"热待客,冷介绍"。商谚是商人们在从商过程中得出的经验,具有很强的现实指导意义。

《中国传统商谚中的市场经济因素探析》

司艳林撰,西北大学硕士学位论文,2009 年。

本文重点分析了传统商谚中的市场经济因素,力求挖掘传统商谚对社会主义市场经济的积极意义。第一章绪论交代了研究背景和研究方法。第二章介绍了传统商谚产生的条件,包括经济条件、文化条件、思想条件、生活条件。第三章分析了传统商谚的基本特点及其市场经济因素。基本特点有频用比喻手法,简明精练易懂,语气强,概括性和科学性强等。市场经济因素包括对良好信誉的诉求;对市场经营中的经验总结;对市场经济经营规律的认识;对商业策略与商业道德的提炼。第四章论述了传统商谚对社会主义市场经济的意义,体现在:一是传统商谚对社会和市场具有广泛影响和适用性;二是传统商谚对发展社会主义市场经济的现实性,以市场为导向的经营观念在如今仍旧适用,以"仁义"作为评价商业活动的准则符合现代市场经济的商业道德规范、与顾客建立稳定友好关系、加强投入期和成长期、重视品牌效应等仍可在传统商谚中吸取经验与教训;三是商谚对于社会主义市场经济活动具有十分重要的意义,其蕴含的商业经营规律、商业策略和商业道德是对市场经济规律和经商方法的综合反映。此外,商谚具有推动文化特别是商业文化建设、优化市场经济的功能。

《薄利多销　和气生财——渝西方言谚语中的渝西商贸文化精华探析》

夏明宇、吴朝平撰，《重庆文理学院学报》(社会科学版)，2013 年第 6 期。

文章以渝西方言谚语为材料，具体分析了谚语反映的渝西商贸文化。共有四类，一是"本大利大，薄利多销""薄利多销，货不停留利自增"等谚语反映了渝西商业中主张薄利多销、让利促销的思想；二是"诚招天下客，誉从信中来""进门都是客，到店即为亲"等谚语反映了渝西商业中信守和气生财、讲求诚信经营的思想；三是"卖巧不如卖好，人强不如货硬"等谚语反映了渝西商业中强调质量领先、人强货硬的思想；四是"肥田难当瘦店，远走不如近刨"等谚语反映了渝西商业中倡导"远走近刨"、活络经营的思想。

《商业文化在云南谚语中的体现》

王雪艳撰，《商业文化》，2015 年第 15 期。

本文分析了云南谚语反映的丰富的商业文化，主要涉及三个方面。首先是对商业、商人的认识与态度。对此有两种截然不同的观点，第一种是重农抑商，轻视商人；第二种认为农商并重，各业并举，如"无农不稳，无商不活，无工不富"。其次是商业经营的智慧与策略，即"本大本小，量体裁衣""掌握行情，因势而谋""薄利多销，加速周转""和气生财、顾客至上"四种。最后是商业道德，提倡要以义取利、诚实守信。

《湖州谣谚的商业文化价值》

刘旭青撰，《湖州师范学院学报》，2015 年第 5 期。

本文论述了湖州谣谚所反映的商业文化。第一部分作者将湖州谚语分为蚕桑、商贸、商情、理财、商号、物产、商业态度和商业道德等类，分别对其背后蕴含的湖州地方商业文化进行阐述。第二部分论述了反映湖州商业文化的民歌。第三部分对介绍湖州地方风光、饮食等有关该地风土人情的谣谚进行归纳。文章对于人们了解湖州谣谚所包含的商业文化内涵有一定价值，对于当地谚语也起到了保存和传播作用。

《商业谚语浅析》

魏小红撰，《内蒙古师范大学学报》(哲学社会科学版)，2016 年第 3 期。

本文从商业谚语的地位、产生的条件、形成与发展、性质和分类五方面对商业谚语进行了分析概述。商业谚语的地位长期不被人重视，也没有其相应的地位和类别，有关商业经营活动方面谚语的汇编较为鲜见。商业谚语随着商业的发展而产生，商谚的产生和发展与客观的经济基础、感性的实践基础和理性的思想积淀密切相关，同时，商业谚语的形成与发展也促进了商谚的萌芽、产生以及新发展。就商业谚语的性质而言，商业谚语具有概括性、知识性、地域性、时代性的特征。商业谚语的分类标准和结果纷繁复杂，众说纷纭。从商谚产生时间的角度来看，商谚可以分为传统商谚和现代新商谚；按照所表现的对象和主体，商谚可以分为经商谚语和消费谚语；从商业谚语的内容看，主要包括商业道德、商业职能、市场行情、商业店铺、货物产品、经营管理、广告宣传、账目财务、营销服务、其他等 10 类。商谚凝聚着广大劳动人民丰富的智慧，既反映了历代经商之道和经营之术，也反映了经商实践活动过程中所总结的经验教训和规律，还反映了和经商有关的生活经验和思想感情，可以用来指导人们的商业经营活动和社会实践。

《谣谚与近代武汉商业文化》

陈瑞雯撰，《佳木斯职业学院学报》，2016 年第 7 期。

这是一篇通过谣谚研究晋代武汉商业文化的文章。文章指出武汉的商业文化集中体现为码头文化，表现为以"和"为贵，本土文化观念淡薄，集散之后文化难以沉淀；另一方面体现为武汉商业组织制度文化，这也成为近代武汉商业文化特色的重要组成部分。

《谚语中的商业文化》

许晋、张宁撰，《语文学刊》，2019 年第 6 期。

本文从汉语谚语中的商业文化视角出发，探讨了商业谚语中的物质文化、制度文化和精神文化。商业谚语中的物质文化指的是商业过程中的商品货物等物质层面的东西，文章具体论述了谚语中"农本商末"的思想观念以及围绕在货物商品中商家的营销心理和买家的购买心理。商业谚语中的制度文化指从事商业活动的理念以及经营的策略，文章具体论述了谚语中合理权衡本钱和利润的商业理念以及薄利多销的商业策略。商业谚语中的精神文化指商人群体中所体现的契约精神与敬业精神，文章具体论述了谚语中的诚信经营和知商懂行的商业运营模式。这是一篇专门研究商业谚语以及商业文化的文章，对研究商业谚语中的物质文化、制度文化和精神文化具有重要的指导意义，对于研究谚语及其文化具有一定的参考价值。

（九）饮食文化

中国历史悠久，民族众多，国土辽阔，物产丰富。各地物产和生活习俗不同，饮食习惯也有明显的差异，各民族由于地理位置和历史风俗的不同而形成了不同的饮食习惯，因此也出现了一些饮食文化研究类论文。这些文章不仅通过谚语这一切入点找到了各民族、各地区在饮食文化方面的个性，更挖掘出各民族、各地区在饮食文化方面的共性，不仅有助于更深入地了解少数民族的文化习俗，也能够引起各民族间的文化共鸣。

《酒谚见世态》

王青苏撰，《学理论》，1995 年第 4 期。

本文通过酒谚针砭时弊，剖析人世心态，进而折射出人生世态。此外，文章还对酗酒、劝酒、制酒以及与酒有关的文化意义等酒谚进行列举分析。

《回族的茶谚与茶俗》

丁一波撰，《华夏文化》，1995 年第 3 期。

本文就回族茶谚分析回族地区的民间茶俗和茶事礼俗。文章选取宁夏回族民间茶谚从喝茶器具、茶的品种、饮茶益处养生保健和传统文化内涵几个方面进行了阐述分析。通过回族茶谚反映当地回族人民的茶俗文化，在民俗研究上有一定的价值和意义。

《从俗谚看民间饮食文化》

张延兴、王桂录撰，《民俗研究》，1996 年第 1 期。

本文从关于"吃"的俗谚中看民间饮食文化。从俗谚中分析饮食重要性、饮食结构、饮食制度、饮食心理，从关于"吃"的俗谚与民间饮食文化的相互关系反映民间饮食文化。从象征意义、比喻意义、谚语与社会观念之间的关系，论述了"吃"对民间文化的渗透作用。

《哈萨克谚语与其饮食文化》

黄中祥撰，《语言与翻译》，1997 年第 1 期。

文章介绍了哈萨克族的饮食与其游牧生活息息相关，饮食的结构、种类独具特色，揭示了哈萨克谚语中饮食的特点、功能、科学性、文明和习惯五个方面的内容。文章结尾指出，探讨哈萨克族的饮食文化有利于草原文化的深入研究。

《反映在饮食类成语、谚语里的文化意义研究》（韩文版）

赵爱仙撰，延边大学硕士学位论文，2005 年。

本文是一篇韩文论文，以成语、谚语的象征化特征作为基本理论，深入研究了韩语饮食类成语、谚语的文化意义。论文第一章为序言，主要概述了研究目的、研究意义等；第二章主要分析了韩语成语、谚语中饮食词汇的使用频率，并进一步分析其类型及使用率；第三章主要研究了反映在饮食词汇里的文化意义，并通过内容分析，按照类型综合了包含饭、打糕、粥、面条、酱、汤、泡菜的饮食词汇的成语、谚语的象征意义。本文对于了解韩语饮食类成语、谚语及其意义、使用频率、文化内涵等有一定的意义。

《从客家饮食谚语看客家饮食文化》

温珍琴撰，《牡丹江大学学报》，2007 年第 4 期。

文章以韵味隽永、寓意深刻的客家饮食谚语为研究对象，着重探讨了客家人民的饮食文化。客家饮食谚语具有经验性、哲理性、讽劝性、自修性、文学性等特质，蕴含着客家人博大的科学智慧，作者主要从"食就十足""食饭是食米""咸咸辣辣""猪肉头牲鱼""煮菜不用学""甜酸苦辣涩""饭后一杯茶"等，来逐条分析管窥客家人民的饮食文化。

《茶谚——茶俗文化的一种体现》

赵国雄撰，《广东茶业》，2008 年第 3 期。

文章论述了茶俗文化的体现，即茶谚。作者认为谚语是流传在民间的口头文学形式，它不是一般的传言，而是通过一两句歌谣式朗朗上口的概括性语言，总结劳动者生产经验和他们对生产、社会的认识。本文通过对茶谚的介绍，说明了"吃茶"这一婚俗以及茶叶的生产和加工情况。

《酒谚拾趣——绍兴酒谚俗文化之小探》

傅建伟撰，《中国酒》，2008 年第 3 期。

本文通过举例分析酒谚探讨了绍兴酒谚俗文化。文章指出做酒不光要技术过硬，更需要合适的季节，列举分析了很多对做酒行当盛赞的谚俗，指出绍兴酒本身就有许多优点而讨人欢喜，介绍了绍兴酒与佐酒小菜的搭配，使吃酒别有一番风味，并论述了盛赞绍兴酒是人与人之间联络感情之桥梁的酒谚。

《酒谚拾趣——绍兴酒谚俗文化之小探 2》

傅建伟撰，《中国酒》，2008 年第 4 期。

本文通过举例分析酒谚探讨了绍兴酒谚俗文化。通过举例分析一部分酒谚，指出喝酒具有伤身、误事、浪费金钱、浪费时间等坏处，提醒人们喝酒要掌控分寸，适可而止；另有一部分酒谚既指出了喝酒的坏处也指出了喝酒的好处；还有一部分谚语具有哲理性质，借酒引申出许多具有象征和比喻意义的名句。

《析论孕生华夏"酒都"的文化基因——川南宜宾酒俗谚语风情的人文基础》

洛凤文、黄诗玉撰，《中华文化论坛》，2009 年第 2 期。

本文在介绍川南酒饮类型习俗的基础上，通过对酒谚俗语风情、人事交往酒俗的分析，阐述了川南民众的酒俗风情及其人文精神。酒饮类型习俗包括古僰群集欢饮、乡民小饮、酒家品酌、诗酒唱饮、合家聚饮、随意菲饮、排忧释怨饮、迎送宴饮、立誓酒饮、商贸洽谈宴饮、政事会议宴饮等。13 条民谣谚语反映出了宜宾择业创业、行事处事、交往礼迎、待人接物的习俗，注重酒行、酒德、酒礼的良好风尚习俗与仁义和美的酒俗精神。

《绍兴酒谚俗文化之小探》

傅建伟撰，《长三角》，2009 年 Z1 期。

绍兴俗语中有许多与酒有渊源的俗谚语，这些俗谚语是绍兴酒文化的体现。大致可以分为四类，第一类是介绍绍兴酒工艺的制作之难，如"煮酒熬糖，一辈子充勿到内行""开耙做酒，谁也不敢称老手"等。第二类是盛赞做酒这一行当获利丰盛，如"做酒勿酸，胜如做官""卖酒三年钱似水，卖纸三年瓦上水"等。第三类是介绍酒的优点，如"酒养神，肉养膘""酒吃仁义肉吃味，饭吃多了打瞌睡"等。喝酒时有对口方便的佐酒小菜则更佳，如"笃螺蛳过酒、强盗杀来勿肯走""骨头过老酒，卤水淘饭吃"等。第四类是讲"酒"与人情。酒在交际中有重要的作用，"酒吃人情饭吃饱""壶里有酒好留客""酒席筵间无宾主"等都在说明酒能拉近人与人之间的距离，联络感情，产生友谊。但饮酒需适量，"老酒日日醉，皇帝万万岁"，也是犯大忌的。

《谚语中的俄汉饮品文化》

刘宏宇撰，《新疆职业大学学报》，2010 年第 5 期。

文章对比了汉俄民族有关饮品的相关谚语，并从文化语言学的视角来探究积淀于两个民族语言底层的饮食文化特质，并分析了形成这种文化特征的原因。汉俄民族都有悠久的酒文化和茶文化，但文化内涵不同。这种差异的原因有二：一是两个民族自然环境和经济基础不同；二是相同的物质产品在一定条件下可以有不同的发展轨迹和最终成果。

《五谷为宝　棉麻弥珍——渝西方言谚语中的渝西衣食文化精华探析》

夏明宇撰，《重庆文理学院学报》，2010 年第 3 期。

本文以渝西方言谚语的衣食文化为探析对象，作为一部百科全书般的渝西方言谚语，对于渝西人民的衣食问题当然也有记录和反映。作者在经原重庆以及渝西各区县文化部门采集并选编入册的 3300 多条渝西方言谚语中，自行采录 200 多条渝西方言谚语，其中的八分之一是谈吃饭穿衣的。作者用"向往丰衣足食，主张勤俭节约，强调精打细算，突出本土特色"四句话来概括渝西衣食文化的精华。渴求进步思想、艰苦朴素思想、智力持家思想、与众不同的渝西衣食文化，展现着它特有的风采。本文简洁凝练、分析有道，为渝西地区方言的谚语研究提供了新生力量。

《试论藏族谚语中的酥油食俗》

任萍撰，《四川民族学院学报》，2010 年第 2 期。

文章从酥油的生产制作过程、日常食俗、酥油的药用功能、宗教功能四个方面，通过分析与之对应的藏族谚语，说明了酥油在藏族人民日常生活中的重要性，并反映了藏族人民某些思想特征。

《中华饮食谚语、成语中的食育思想述析》

刘鹏撰，《经济研究导刊》，2011 年第 34 期。

本文以中华大地上数量繁多的饮食谚语和成语作为切入点并进行系统的整理分析，科学地探讨其中蕴含的丰富的健康食育思想，如合理饮食习惯与饮食禁忌、食疗与食补以及饮食方法和技巧等。除此之外，还论述了中华饮食谚语、成语中的食育思想对于食育文化的意义，着重强调了反对奢侈浪费，倡导勤劳节俭；论述了孔孟食道以及和谐的自然观。

《维吾尔饮食类谚语的文化内涵刍议》

李静撰，新疆师范大学硕士学位论文，2012 年。

文章分析了维吾尔饮食谚语的文化内涵。文章分为三个部分，第一部分是论文正文部分，分为五章。第一章引言阐述了谚语的概念和意义。第二章说明了维吾尔谚语文化内涵以及研究现状。第三章分析了维吾尔谚语中饮食类谚语的种类、数量及其特征。第四章分析了维吾尔饮食类谚语的文化内涵。作者认为，维吾尔饮食类谚语可以折射出本民族游牧文化的遗存、传统烹饪方式习惯和伊斯兰教文化，丰富的水果与农作物种类折射出了饮食结构的多样性，同时也解释了维吾尔族对某些食物如盐、馕特殊的民族心理。第五章是结语，作者认为维吾尔谚语是和自然环境有关的，饮食类文化具有开放性特征。论文的第二部分是《荒野》的汉译本。第三部分是后记。通过谚语看民族文化特征，对于我们了解维吾尔文化内涵具有一定的帮助。

《少数民族谚语中的粮食文化》

许晋、倪婧撰，《内蒙古师范大学学报》（哲学社会科学版），2018 年第2 期。

本文从少数民族谚语中的粮食文化视角出发，比较了南北方少数民族的粮食谚语，进而探究了少数民族谚语与粮食地域文化、少数民族谚语与粮食种植经验、少数民族谚语与粮食精神文化三部分的内容。文章首先概述了少数民族谚语中粮食文化的多元性，蕴含在各民族的粮食作物、粮食种植、粮食流通、粮食消费、粮食礼仪、粮食观念、粮食技艺等方面。在少数民族谚语与粮食地域文化部分，论述了南方少数民族谚语与稻田文化，以及北方少数民族谚语与麦田文化。在少数民族谚语与粮食种植经验部分，论述了少数民族谚语中顺应自然、不违农时以及对水肥的重视三方面的粮食种植经验。在少数民族谚语与粮食精神文化部分，论述了少数民族谚语中勤俭节约的消费观、阴阳调和的养生观、自立自强的人生观、勤劳负责的行为观、诚实守信的道德观。

《中华多民族谚语中的茶道与茶俗》

许晋撰，《内蒙古大学学报》（哲学社会科学版），2019 年第 5 期。

本文以中华多民族谚语中的饮茶之道和茶礼茶俗为研究对象，探讨了茶谚与生产、茶谚与饮茶、茶谚与民俗三方面的内容。在茶谚与生产部分，论述了中华多民族谚语中茶的种植、采摘、制作、贮存等方面。在茶谚与饮茶部分，论述了中华多民族谚语中饮茶所具有的营养功能和保健价值，以及不同民族在长期的饮茶过程中所形成的饮茶之道和饮茶之礼。在茶谚与民俗部分，论述了古代客来时敬茶、端茶送客的重要待客礼仪，以及由此形成的一系列以茶喻理的茶文化谚语，同时我国少数民族人民还把茶作为婚俗内容，在各民族的茶谚中蕴含了不同民族的婚俗习惯。

（十）动物文化

不同民族拥有不同的历史文化和社会习俗，因此对待动物也有不一样的情感态度，动物类谚语是反映民族历史习俗的一面镜子。农耕民族和游牧民族都离不开马和牛这两种动物，它们是重要的耕作工具和交通工具，多民族谚语研究中也有涉及牛与马的文章。动物类谚语也是文化对比研究的切入点，因而出现了涉及民族文化对比的文章，例如汉俄对比、汉韩对比、汉英对比等。

《浅论与马相关的蒙古谚语》

杨·巴雅尔撰，《内蒙古民族高等专科学校学报》，2006 年第 1 期。

文章从涉马蒙古谚语的主观比喻与客观比喻两方面入手，对谚语的形成方式进行分类并做具体的研究。主观方面是从马的自身性格、走势、天性、特性描述，客观方面是从直接和间接表达人对马的态度和审美评价来描述。表现众多蒙古马形象的谚语愈加丰富，凸显其独特性，反映民族特征，而且更深地体现出蒙古人的思维和审美取向。

《文化语言学视角下的汉韩"生肖谚语"对比研究》

金光玉撰，吉林大学硕士学位论文，2007 年。

本文从文化语言学的视角，通过对比汉韩"生肖谚语"挖掘中韩两国人民在生活习惯、思维方式、意识形态等方面的文化背景差异。文中从历史文化、地理因素、语言文字等角度出发，在说明汉韩"生肖谚语"呈现出的相同点与不同点的原因之后，以十二生肖为素材对汉韩"生肖谚语"语料进行了对比，指出汉韩"生肖谚语"在修辞手法中的相同点与不同点。

《动物在英汉两种谚语中体现的情感内涵之比较》

苏雪英撰，《漯河职业技术学院学报》，2008 年第 3 期。

作者从跨文化角度入手，以英汉谚语为蓝本，探讨不同民族赋予动物的情感上的同与异。文章具体从三个方面来分析：其一，将同一种情感赋予同一动物；其二，相同的动物体现不同情感；其三，不同的民族具有本民族特有的情感表达方式。通过比较动物在英汉两种谚语中体现的情感，有助于我们更准确地理解英语谚语，从而更好地掌握和学习这种语言，也是我们了解他国文化、进行跨文化交际的有效途径。

《中西谚语中动物词汇的比较分析》

林婧撰，《广东外语外贸大学学报》，2008 年第 5 期。

文章将汉语与西班牙谚语进行比较，分析两者谚语中常见的动物词汇的异同。首先，简要概述了谚语在学习汉语和西班牙语文化中的必要性。其次，介绍了西班牙语谚语中动物称名文化内涵之根源，认为西班牙谚语中动物象征意义主要来源于以下几个方面：文学作品；古希腊文化；宗教节日；外来文化的影响。最后，重点介绍了中西谚语中常见的动物词汇的内涵意义之文化差异，列举了含有狗、猫、驴、羊、公鸡、老鼠、猪、狐狸等词汇的谚语示例。文中通过对两者的分析比较，从中窥探出中西两个民族的异中有同、同中有异的文化差异。

《蒙古民间谚语与有关毛驴题材》（蒙古文版）

胡格吉夫撰，《内蒙古民族大学学报》（社会科学蒙古文版），2009 年第 2 期。

本文探析了谚语中有关毛驴题材所反映的意义及其缘由，作者从六个观点阐述其内容。第一，正确评价毛驴并肯定其在生活中的价值；第二，提出毛驴的某些性格特征比喻社会事物；第三，用毛驴比喻时间、事物的不可实现性和空洞性；第四，通过毛驴比喻没有价值、无足轻重和愚蠢的事物；第五，用毛驴来嘲讽坏人坏事；第六、用毛驴比喻人性的某一缺点或某一事理。蒙古人厌恶毛驴的原因有以下几点：其一，它的收益不如五畜重要；其二，它在生活中稀少，较之其他动物没有很大价值；其三，英雄史诗中毛驴的描绘影响了谚语；其四，印度语、藏语、汉语多民族故事中有把人变为毛驴的题材。但是，涉毛驴题材的谚语也丰富了蒙古谚语语汇。

《汉俄语文化中的牛文化意蕴》

梅春才、赵巍巍撰，《吉林师范大学学报》（人文社会科学版），2010 年第 2 期。

本文主要讨论了汉俄文化中的牛文化所反映的文化意蕴。文章指出汉俄两国发达的畜牧业使得以牛文化为主体的民间文化成为两国文化发展的重要组成部分。两国的牛文化均在其文化和语言中有着深刻的体现，在中国的传统文化中，牛文化的影响不仅表现在生产和生活习俗方面，更体现在对中华民族内在精神的塑造上，形成了勤劳奉献的民族个性特征，在文化典籍中也赋予了牛特别高的象征意义。在俄罗斯文化中，牛的重要地位反映在大量与牛有关的神话和仪式上。牛在神话作品中往往被塑造成特定的人物形象，在民间仪式中，牛也被作为测定吉凶和天气的圣物，斯拉夫民族常将牛作为祭品来敬献上帝，在其丧葬礼俗中也有将牛馈赠给穷人的风俗。汉俄语言中的牛文化常体现在其成语和谚语中，汉语中的"牛"还代表"厉害"的喻义。汉俄两种语言中均善于用牛比喻人的特点，在日常生活中也用涉牛的哲理谚语来反映民族文化，因而牛文化及涉牛谚语自然成为研究两国文化的重要组成部分。

《蒙古谚语中官与狗的对比描述》（蒙古文版）

胡格吉夫撰，《中国蒙古学》，2010 年第 6 期。

本文主要论述蒙古谚语中官员和狗的对比描述。作者从官和狗的并列赞赏、官和狗的对比批判、官不如狗、官和狗描述某一行为来阐述观点。总的来说，对比官和狗的谚语主要是归因于蒙古语自身叙述特点，受到人民希望有好官、揭发贪官压迫的思想心理及蒙古族民间文学作品的传统和民族文化的影响。此类谚语对比研究横向观察在其他民族文化中也很普遍，纵向来说从蒙古族古代传说到文学作品都留下其足迹并成为优秀的文化遗产。

《汉蒙涉"马"谚语之文化义探析》

许晋、程语诗撰，《内蒙古大学学报》（哲学社会科学版），2010 年第 6 期。

汉蒙谚语中都有取材于"马"的谚语，数量丰富、涉及范围广泛，蕴含了丰富的历史和文化信息。汉蒙谚语作为语言的一种表现形式，反映了本民族的历史、地理、道德、婚姻伦理文化的差异等，二者的差异较为显著，主要表现在生存环境的差异、等级观念的差异和婚姻伦理文化的差异三个方面。汉蒙涉"马"谚语鲜明的民族文化印记是汉蒙两大民族生产生活方式差异的体现，也是农业文明和游牧文明独特性的反映。

《蒙古谚语中有关马的描述》（蒙古文版）

胡格吉夫撰，《中国蒙古学》，2012 年第 3 期。

这是一篇分析蒙古谚语中有关马的描述的文章。主要有谚语中出现的马的名称，通过马的毛色及习性、马的性质及走势比喻某种现象，赞赏与批判马来论述人和事，人的性格习惯及涉马知识为题的描述。蒙古谚语中有关马的描述体现蒙古人尊重五畜中的马的观念以及人和马的亲密关系，其主要含义虽反映蒙古族生活社会的方方面面，但还是集中在教育、建议劝诫、传承知识的目的及注重人和马的比较探析的传统。本文通过谚语中有关马的细致充分的描述来体现蒙古族传统文化内涵，对于蒙古谚语中的动物谚语研究有一定的价值。

《与"马"有关的维吾尔谚语的文化认知阐释》

刘晓芳撰，新疆师范大学硕士学位论文，2012 年。

本文研究了维吾尔谚语中的马文化。首先对与"马"有关的维吾尔谚语按具体义和隐喻义进行分类，其次阐述了有关"马"的维吾尔谚语的文化认知。最后得出结论并附有《生命的火花》维译汉的译文。维吾尔族关于"马"的谚语反映了维吾尔族生产和生活经验，更多反映了维吾尔族观念及精神。

《蒙古谚语中与牛有关的比喻及其文化内涵》

牛雅琴撰，《中国蒙古学》，2013 年第 1 期。

本文主要阐述蒙古谚语中与牛有关的谚语及其包含的文化内涵。作者从三点来展开论述：第一，体现牛的相貌与本质的谚语；第二，比较牛与马、绵羊、骆驼及山羊的谚语；第三，比较描述人与牛的谚语。据普遍观察与牛有关谚语的内容，蒙古族人不仅肯定与赞赏牛拼死效劳的性格并称其为力量的化身，尤其夸张描述其愚蠢鲁莽、固执倔强的脾性，在此观点的基础上出现很多把人与牛比较来反映社会事理的谚语。虽然谚语中赞赏牛的少、批判牛的多，但是这并不代表贬低其价值和否定其贡献，因为蒙古谚语中批判牛的缺点的主要目的是教育人们。

《心理表象视角下对中英谚语中动物词汇的文化意义的对比分析》

范小艳、刘小梅、王朝培撰，《科技信息》，2013 年第 26 期。

　　本文主要从心理表象视角出发，对比分析中英谚语中动物词汇的文化意义。文章首先研究表象对英语谚语学习的影响，其次探讨了中英谚语中动物词汇的文化意义，最后得出运用认知心理学表象的原理对中英谚语进行调查，以及中英文化的差异会影响英语谚语学习的结论。心理表象对于含动物的英语谚语研究具有一定的指导意义，对于学习任何一种语言都有启发性作用。

《浅谈维汉谚语中"牛"的文化差异》

　　杨蓉蓉撰，新疆师范大学硕士学位论文，2013 年。

　　本文就维吾尔谚语和汉谚中有关"牛"的谚语进行对比分析，探讨两个民族语言的文化差异和不同的翻译策略。首先对"牛"有关的维汉谚语从本体意义和喻体意义上探讨共性，然后指出其个性；其次指明了翻译时应注意的原则；再次从不同民族之间历史传统和生活习性的差异性上探讨了维汉谚语中"牛"文化差异性的缘由；最后得出结论并附有《乡思》维译汉的译文。维吾尔谚语和汉谚关于"牛"的对比研究对于我们深入了解民族文化、促进民族交流具有重要的意义。

《蒙古语中涉"马"谚语研究》

　　何威撰，内蒙古大学硕士学位论文，2013 年。

　　本文对蒙古语中涉"马"谚语进行了研究。文章分为六个部分，第一部分绪论主要是对选题缘由及意义、研究现状、研究方法和语料来源的概况。第二部分对蒙古语中涉"马"谚语进行了分类整理，主要分为马的名称谚语、毛色谚语、雌雄谚语、驯具谚语、功用谚语和性情特征谚语六方面。作者认为数量众多的蒙古语涉"马"谚语结合了马的外在特征和内在素质，在蒙古族人民的语言交流中被广泛运用。第三部分从蒙古族的生存环境、生产生活和宗教信仰三个方面揭示涉"马"谚语产生的文化背景。第四部分从蒙古民族文化思维和审美特点的角度阐释了涉"马"谚语所独具的文化特点。第五部分将蒙汉涉"马"谚语从数量、形式等方面进行了对比分析。第六部分通过描写蒙汉两个民族的文化差异来突出蒙汉语涉"马"谚语的具体差异，揭示了所产生的文化背景，论述了其内在的文化特点。本文着力通过对这种具有民族特色的语言内容的研究，让人们能够正确理解蒙古民族的马文化内涵，认识蒙古语的交流和蒙古族文化的传承。

《宁波谚语中动物词汇的认知解读》

朱陈静撰，《现代语文》（语言研究版），2015 年第 6 期。

本文从意象和特征两个方面对宁波谚语中的动物词汇进行分析，对宁波谚语中的动物词汇所蕴含的独特文化内涵进行了解读。文章将宁波谚语中的动物词汇意象分为含褒义的动物意象、含贬义的动物意象、褒贬兼具的动物意象。宁波谚语中含褒义的动物意象主要有马和牛，含贬义的动物意象主要有狗、老鼠、蛇、苍蝇等，褒贬兼具的动物意象主要有老虎和羊。宁波谚语中的动物词汇有浓厚的海洋文化色彩，出现许多与鱼相关的谚语。谚语中还包含了大量的宁波方言词汇和独具特色的否定词，动物词汇也与气象、时令、物候密切相关。宁波谚语比喻生动，反映了当地的风俗情趣和文化底蕴。

《动物谚语中的社会文化研究》

白新辉撰，《名作欣赏》，2015 年第 14 期。

本文探究了动物类谚语反映的社会文化。作者首先将动物类谚语分为家养类动物谚语、水中动物谚语、森林动物谚语、神话动物谚语和其他动物谚语五类，具体分析了动物谚语中的社会文化，即在内容上动物的生理属性和社会属性双层表意共存，在形式上动物谚语经常采用对举的方式来表现其深层含义。动物谚语是人们通过动物的行为习性来表现人的思想、行为、爱好、习惯、品性的，因而形成了以人为基点的动物评价体系，这个评价体系是人类社会文化的一种体现，因而研究动物谚语具有一定的意义和价值。

《汉维谚语中动物词汇的比较分析》

阿卜杜艾力·哈依拜撰，新疆师范大学硕士学位论文，2016 年。

本文在前人研究的基础上，通过归纳、分析、对比等研究方法，对维吾尔民族和汉民族谚语中常见的蛇、狗、羊、狐狸、马、牛、狼、驴、鸡、骆驼、龙、猪等动物形象进行对比分析，找出这些动物在维吾尔族和汉族文化中象征意义方面的异同，动物词语的文化意义产生的认知模型揭示了人类思维的共性，人类的认知机制决定了动物词语可以演变出许多文化意义。同时也说明了不同语言的动物词语文化意义差异产生的原因，不同语言使人所处的文化背景不同，对动物的种属特性的认知也不同，产生的文化意义也不同。我们可以清楚地看到汉维语言中的动物词语都不仅仅是动物形象的符号代表，文化差异还给这些动物词语打上了深深的文化印记，动物词语也因此具有丰富的文化内涵。本文的研究有助于窥探两个民族的文化特点和思维方式，并为两种语言的学习者提供一定的参考。

（十一）养生文化

养生文化是人民在长期的生产生活实践中创造和积累的有关保护身体健康和心理健康的物质和精神文化。其中，有关养生的理论典籍和实用方法是养生文化的主要内容，例如《黄帝内经》。养生文化谚语的研究是中华多民族谚语研究的重要补充。

《卫生谚语在健康教育中的应用》

朱英杰、赵建军撰，《华北煤炭医学院学报》，2000 年第 2 期。

作者认为抓住群众喜爱谚语、爱说谚语的特点，利用卫生谚语开展健康教育是十分必要的。其应用方法如下：在卫生科普文章中应用卫生谚语、在卫生报刊上单独刊登卫生谚语、在卫生科普文章中用卫生谚语作标题、用卫生谚语作卫生标语张贴宣传、在医院门诊做候诊宣传时引用卫生谚语。

《福建养生保健谚语初探》

罗宝珍、林端宜撰，《江西中医学院学报》，2007 年第 6 期。

本文辑录了福建流传的饮食、起居、卫生、运动锻炼及运动精神等方面的养生保健谚语 250 余条，在分析其语义内涵的基础上总结了其中蕴含的养生保健经验。养生保健谚语中，饮食方面数量最多，涉及膳食营养平衡、正确饮食行为及禁忌、饮食须洁净卫生等内容，起居、卫生谚语包含要根据天气的变化增减衣服、睡眠十分重要以及注意个人卫生与环境卫生等方面，运动锻炼及精神谚语包括要坚持运动和保持心情舒畅等方面。福建养生保健谚语总结了民间流行的养生保健经验，呈现出地域性养生保健观念，折射了养生保健发展的历史。

《台湾医药养生谚语的内容及价值》

罗宝珍、林端宜撰，《福建中医学院学报》，2008 年第 2 期。

文章通过查阅文献，与台湾学生访谈，收集台湾医药保健谚语近 200 条，分析其内容并探讨其价值。本文从内容上进行划分，把谚语分为饮食保健、起居及卫生、运动及精神、特殊群体的养生保健四类进行论述，把医药谚语分为疾病、药物、医生及病人三个方面进行论述，并指出医药养生谚语的价值分别为总结和普及医药养生的经验、体现闽台相同的地域性医药文化特征、折射出闽台医药养生观发展的历史轨迹。

《福建民间谚语的医药文化内涵》

罗宝珍、林端宜编，《全国第十一届中医医史文献学术研讨会论文集》，2008 年。

文章通过收集福建各方言所蕴藏的涉及养生保健、医药的谚语，溯源其历史，还原其文化背景，以了解福建民间医药文化的来源、地域特征并窥见其发展历史。从来源看，福建涉医谚语秉承于中原的医药理论；就内容范围而言，福建谚语涵盖了中医药文化的多个方面，包括养生保健、疾病、药用；就语义背景而言，福建谚语折射了地域性中医药文化特征；就语用传承而言，福建谚语反映了福建医药文化发展进程。

《"若要小儿安，常受三分饥与寒"》

冯晓纯等编，《全国中医药科普高层论坛论文集》，2009 年。

本文以"若要小儿安，常受三分饥与寒"这句谚语为切入点，来阐述饮食与衣着护理的正确性对小孩健康成长的重要性。"若要小儿安，常受三分饥与寒"是古医家针对小儿"纯阳""稚阴稚阳"的体质特点，以及现在人们过分强调暖衣、饱食，提出对小儿的喂养强调要"乳贵有时，食贵有节"，节制乳食；衣着要适其寒温，忌过暖。文章指出，小孩体属纯阳，生机蓬勃，发展迅速，需要大量的营养促进发展，但是由于五脏六腑尚未长全，形成了小孩日益增多的营养需求与脾胃的形质和功能相对薄弱之间的矛盾。此外，由于小孩属纯阳之体，食之过量，穿衣过暖会造成小孩阳气更亢，消耗阴液，体内阴阳失衡，引发多种疾病。

《维吾尔语谚语中的医学知识》（维吾尔文版）

买提卡斯木·阿卜杜热合曼撰，《美拉斯》杂志（维吾尔文版），2009 年第 3 期。

本文通过种类多样、涉猎广泛的有关医学方面的维吾尔语谚语，介绍并分析了维吾尔语谚语中包含的丰富的各种医学知识。作者指出谚语中蕴含的医学知识是维吾尔族先民总结生活经验得出的宝贵财富，这些医学知识有助于人们健康养生意识的提高，因此有必要继续搜集整理和解析，这既是对维吾尔族医学文化的保护，也是人们健康养生意识提高之所需。本文透过医学谚语可使我们了解各民族医学知识的独特之处，对于深入开展维吾尔医学谚语研究具有一定的借鉴价值。

《汉语养生谚语论析》

李铁范、金陕君撰，《宁夏社会科学》，2010年第4期。

本文从养生谚语的语言特点入手，从七个方面描述了养生谚语的语义内容类型，指出养生谚语体现的汉民族传统养生观念，并提出汉语养生谚语运用的现代反思。在语言特点方面，养生谚语在语音、词汇、语义、修辞方面都有其独特之处；在语音方面，养生谚语具有鲜明的节奏，讲究平仄起伏跌宕的搭配，讲究韵律和谐美；在词汇方面，养生谚语具有乡俗化、传统化的特点；在语义方面，养生谚语表现为意义的整体性和语义内容的知识经验性；在修辞方面，养生谚语多运用夸张、比喻和对比的手法。从语义内容类型分析，养生谚语可以分为饮食保健类、运动锻炼类、精神心理类、防疾治病类、卫生习惯类、生活起居类、气候变化类，反映出人与自然环境、自身机体以及心理方面的养生观。文章最后对于养生谚语的宣传、运用提出了反思。本文针对养生谚语进行全面、专门研究的文章，对于指导类似文章的研究具有重要意义。

《〈黄帝内经〉中的谚语养生》

高红敏著，朝华出版社，2010年版。

本书总结出了百余种养生经验，让人们从谚语中寻找养生的秘诀，从《黄帝内经》中分享健康的真谛。全书分为九章，在每一章下选取了10余条有代表性的谚语，并对其中所包含的养生经验进行讲解。第一章是饮食之谚——好食物赛过好医生。我们的身体能量主要来自食物，食物搭配合理与否对于我们的身体健康有很大影响。第二章是运动之谚——生命在于运动，但不是盲动。运动锻炼可以强身健体，但适度运动才是体育锻炼的重要原则。第三章是睡眠之谚——不觅仙方觅睡方。通过睡眠进行养生是根据宇宙与人体阴阳变化的规律，采用合理的睡眠方法和措施，以保证睡眠质量，恢复机体疲劳，从而达到强身益寿的目的。第四章是心理之谚——养生贵在养心。我们不该忽视心理健康，否则会让不良的心境破坏自身的身心健康。第五章是四时之谚——命要活得长，全靠四季养。四时养生是顺应自然界阴阳消长规律来养生，以达到身体的阴阳平衡。第六章是医药之谚——求医和求谚。遵循正确的中医养生之道，遵循阴阳五行生化收藏之变化规律，就可以保持我们生命的健康活力。第七章是美容之谚——人人都可以自己动手变美。要达到局部的美，必先求整体的阴阳平衡、脏腑安定、经络通畅、气血流通。第八章是娱乐之谚——寓养于乐，身心兼养。怡情养性的娱乐活动，可以让我们活动之余享受一份快乐。第九章是日常之谚——小细节决定大健康。平日里我们苦苦寻找的养生大道其实就是日常生活的小细节，要从细节点滴进行养生。本书通过对谚语的讲解以及每篇后面的养生小提示，让人们快速找到养生保健的捷径，以此更好地服务于我们的身体。

《民谚中的养生经》

吕清明撰，《安全与健康》，2011 年第 13 期。

文章对民谚中的养生谚语进行了分析，对人们的饮食习惯、季节性的食物选择、食物的疗病功能、膳食的搭配以及饮食卫生等用谚语的形式加以呈现。如民谚"饭前先喝汤，胜过良药方""冬吃萝卜夏吃姜""早上吃姜，胜过参汤；晚上吃姜，赛过砒霜""一天吃颗枣，一生不知老""五谷杂粮壮身体，青菜萝卜保平安"等。

《渝西方言谚语中的渝西养生文化精华探析》

夏明宇、吴朝平撰，《攀枝花学院学报》，2012 年第 4 期。

文章主要分析了渝西方言谚语中的渝西养生文化精华。通过对渝西方言谚语中一些实例的分析，可以看到其中承载着渝西养生文化中的节食寡欲思想，强调细嚼慢咽；蕴含着渝西养生文化中起居有常及勤于运动的思想，提倡早睡早起；承载着渝西养生文化之卫生防病的思想，讲究勤换勤洗；承载着渝西养生文化之心宽体健的思想，主张笑口常开。

《"萝卜养生谚"探究》

郭佳撰，《大众文艺》，2014 年第 9 期。

文章首先对"萝卜养生谚"进行概说，作者把搜集的 312 条"萝卜养生谚"按其用途分为三类，即作为季节食物而言的养生谚语、作为滋补保健食物而言的养生谚语、作为治病药材而言的养生谚语。其次介绍了"萝卜养生谚"的科学价值，分为实用价值、保健价值、药用价值。最后介绍了"萝卜养生谚"三个方面的养生内涵，分别为顺应四时，天人合一；食疗养生，自然条理；生态养生，和谐健康。

《瓯越谚语与中医药文化》

胡臻、林士毅、王丹、滕依丽著，浙江文艺出版社，2015 年版。

本书总结了瓯越民间丰富的医学谚语，这些谚语大都哲理清晰、医理确实、鲜活生动、诗意芬芳，不仅能让人们获取更多的知识，而且能给人以美妙的享受。全书共有十一章。第一章以概论的形式，论述了谚语与中医药养生的关系、中医药养生谚语的基本特征、中医药养生谚语研究内容以及研究谚语医药文化的重要意义。第二章是瓯越文化传承与谚语的发祥，作者介绍了瓯越古族的遗风、温州中医药文化发展以及瓯越生态环境文化。第三章主要讨论岁时谚语与四季养生。第四章讨论人生仪礼谚语与中医养生。第五章主要讨论谚语与精神养生。第六章讨论饮食谚语与中医养生。第七章主要是生活起居谚语与中医养生。第八章主要讨论睡眠谚语与中医养生。第九章主要是运动谚语与中医养生。第十章主要讨论谚语与疾病防治。第十一章为瓯越养生谚语集萃。列举了前十章分类条目下提及的或相关的谚语若干条。本书通过对谚语文化的研究，使我们看到这些谚语文化所蕴含的深厚的医学道理和独特的养生防病和治病的方法，也让我们了解到中华谚语的演变在另一个层面推动着中医药学的发展。本书挖掘了谚语的医药文化，对于区域中医药学发展及其特色的形成有着十分重要的意义，也为弘扬优秀传统文化、造福当代人民大众等提供有益的借鉴和启示，具有重要的现实意义。

《傣族民间谚语里的养生保健内涵》

王雪艳撰，《中国医药导报》，2017 年第 11 期。

本文对傣族民间谚语中与养生保健有关的谚语进行了举例分析，其中包括养生与饮食、环境、卫生防疫、民间草药与土方四个方面。饮食方面举例分析了谚语中体现出的饮食体系、调味与搭配、习惯与禁忌；环境方面举例分析了谚语中体现出的傣家人对生态环境、居所环境方面的态度；卫生防疫方面举例分析了谚语中体现出的对于居室、饮食、个人清洁方面的卫生防疫经验；民间草药与土方方面举例分析了谚语中体现出的利用民间草药和土方治病保健的一些经验。本文通过对傣族谚语中与养生保健有关的谚语的分析，展现了傣族人丰富的医学知识和文化。

（十二）宗教文化

宗教文化是人类社会发展过程中的一种特殊现象，是一种以信仰和观念为核心的文化，同时又是整个社会文化的组成部分。各个民族所信仰的宗教有所不同，佛教在汉族和藏族间颇具影响力。宗教类谚语的文化研究是谚语文化研究的重要方面，有助于管窥各民族的文化精神面貌。

《谚语和佛教》

彭胜华撰，《辽宁师专学报》，1999 年第 4 期。

本文根据语言和文化的关系，分析了汉语中受佛教影响的谚语。首先以耿文辉编《中华谚语大词典》为基础，量化地统计了含有佛教词语的谚语，并举例说明，然后考察了来源于佛经和佛教故事的谚语，最后以佛教本身所蕴含的思想内容出发，介绍了反映佛教思想的谚语。

《禅籍俗谚管窥》

周裕锴撰，《江西社会科学》，2004 年第 2 期。

俗谚是禅宗最重要的修辞手段之一，从纯形式上看，可分为谚语和歇后语两种。禅籍中俗谚的使用，与禅宗基本的宗教观念和农禅的生存方式有关。本文通过举例分析了谚语和歇后语在禅籍中的使用及其宗教性的特殊含义，文章结尾还指出禅师喜欢使用俗谚的原因是俗谚与禅宗的基本宗教观念和生存方式密切相关。

《试论藏族谚语中的民间佛教观》

化振红、王小会撰，《中南民族大学学报》（人文社会科学版），2006 年第 1 期。

本文分析了藏族谚语中的民间佛教观。作者选取了佟锦华、庄晶、格桑顿珠编写的《藏族谚语》中的与藏传佛教相关的 35 条谚语作为基本语料进行解读，从中可以反映出佛教对藏族在社会制度、文化、历史、语言表达、思维习惯的影响以及民众对藏传佛教的真实感受。

《从谚语看维吾尔族与水的关系》

张红撰，《新疆师范大学学报》（哲学社会科学版），2009 年第 3 期。

文章主要从维吾尔族谚语看维吾尔族与水的关系。与水有关的维吾尔谚语不仅反映了身处大陆干旱地区的维吾尔族对于水的崇拜，而且由之形成了关于水的禁忌。由此可见，维吾尔族对于水有着一种独特的情怀。同时，这些谚语中还体现出了维吾尔族的人生观、价值观，即人与水、人与自然和谐相处的观念。

《从谚语看巫蛊——以黔东南苗谚为例》

刘锋、靳志华撰，《西南民族大学学报》（人文社会科学版），2010 年第 8 期。

本文通过对黔东南苗谚的分析，认为苗族社会普遍存在着鬼蛊信仰，长期以来鬼蛊信仰已成为压迫人的一种手段，鬼蛊信仰的产生根植于苗族社会生活的各个方面。因此，大量的有关巫蛊的苗谚应运而生。封闭的社会环境和基于平均的共享机制推动了巫蛊之术的盛行，这种信仰逐渐成为利益群体间相互博弈的工具。

《民间谚语与蒙古人的吉兆和宗教习俗》

牛雅琴撰，《内蒙古民族大学学报》（社会科学蒙古文版），2012 年第 4 期。

本文探察民间谚语反映的蒙古族人的吉兆和宗教习俗。蒙古族人在长期生活中产生了有关许多事物的吉兆习俗，有些习俗渗透到谚语中，以谚语的形式简括并传承于民间。吉兆习俗中通常都是以飞禽动物的鸣叫来寓意某种道理和预兆。谚语中的宗教习俗反映空论修道不如具体实践做有意义的事。还有一些描述喇嘛们的服装服饰的谚语。黄教对于蒙古族人的生活内容和习俗及其蒙古文化起到了极大的影响，谚语作为民间文学的一种类型多多少少受到宗教的影响。

《方言俗谚中的佛风道韵》

叶娇、徐凯撰，《台州学院学报》，2016 年第 4 期。

这是一篇探讨方言俗谚中佛风道韵的文章。本文介绍了台地的方言真实记载着从古到今台州土地上佛道活动的兴盛与繁杂，蕴含着丰富的文化内涵和鲜明的地域特色，以及其台地独特的宗教习俗。

（十三）武术文化

中华武术文化是一种朴素的传统体育文化，是中华文化的一个组成部分。它在极为丰富多彩的理论和技术中反映出较为深刻的中华古代哲学思想和高尚文明，体现了质朴的民族精神和智慧，是中华传统文化的一种载体。它集技击、艺用和体用于一身，并赋予深刻的道德情感思想，成为一种独特的人体文化形式，充满了顽强的生命力。关于武术文化的研究，进一步丰富了谚语文化研究的内容。

《中华武术谚语探究》

郑同刚撰，延边大学硕士论文，2004 年。

本文以武术类谚语为研究对象，共分六部分。第一部分介绍武谚的产生、发展和演变，武谚与其他形式的谚语几乎是同时期产生，大约有三千年的历史。第二部分从简洁精练、生动形象、和谐上口、风格多样等方面来讨论武谚的语言特点。第三部分阐述武谚具有夸张摹状、比喻比拟、借代对照、对偶顶真、层递反复、回环拈连等修辞特点。第四部分说明武谚的韵律与节奏有句末押韵、平仄相拗相同等特点，也有句末不押韵的特点。第五部分从词汇结构、句子结构两方面论述了武谚的结构。第六部分则提出武谚的作用、应用及活用。

《论武术谚语》

崔花云撰，河南大学硕士学位论文，2006 年。

本文探讨了武术谚语的流传特征、分类和功能特性等。论文第一章说明了选题依据、研究意义等。第二章说明了研究方法。第三章具体分析了武术谚语的功能特性、流传特征、分类、作用及其局限性。其功能特性有表意的完整性和功能上的内向性；武术谚语在流传过程中有流传的口碑性、语用上的相沿习用性和语形上的相对定型性的特征；武术谚语分为技击类、练法类、养生类和武德类；武术谚语有语效好、传递和接受速度快的优点。第四章为结语。文章较完整地分析了武术谚语，加深了人们对武术谚语的了解。

《武术拳谚与散打战术》

于杰撰，《体育世界》（学术版），2007 年第 8 期。

本文分析了武术拳谚对散打战术的指导意义，并对比赛中制胜因素的具体运用做了详细的阐述。其指导意义包括拳兵同源，因敌而变，出奇制胜，攻其不备、出其不意，刚柔相济、攻守兼备，拳打不知，避锐击惰、以逸待劳七个方面。

《中华武术谚语文化特征管窥》

张绰庵、韩红雨撰，《上海体育学院学报》，2008 年第 6 期。

文章从中华武术的视角出发，探究其谚语具备的伦理性、经验性（主体自身演练体会、主体实战经验总结）、自然性（取物意象、遵循自然规律）、历史性、养生性、保守性等文化特征，以期使人们对中华武术谚语给予科学的定位，更好地理解和传承中华武谚，弘扬中华文化。

《陕西武术谚语浅析》

姜霞撰，《体育文化导刊》，2009 年第 5 期。

文章通过陕西武术谚语，探索其中的文化内涵及秦文化特色，以及陕西特有的武术文化现象。陕西武术谚语体现出了豪气、犟劲和奋发向上的进取精神、三秦志士的刚劲敢为和朴实、憨厚秦人的粗犷豪放及练武之人更高层次的内敛修为等浓郁的三秦民风。同时，陕西武术谚语中的用词、秦声秦韵具有浓郁的地域特色。

《武术谚语与现代散打技战术关系的研究》

李甜甜撰，江西师范大学硕士学位论文，2012 年。

文章分析了武术谚语和现代散打技战术的关系。论文分为五章，第一章介绍了选题的目的与意义。第二章介绍了武术谚语和现代散打技战术的研究现状。第三章介绍了文章主要运用的研究方法，即文献资料法、逻辑分析法和调查访谈法。第四章是论文的核心部分，首先界定了武术谚语的概念，认为武术谚语有中国传统文化的文化独特性、流传的口头性和可塑性三个特征，并按照散打基本技术和散打战术将武术谚语分为两类；其次介绍了散打技战术的演变过程、特点和主要内容；最后说明了武术谚语和现代散打技术和散打战术之间的关系。第五章结论指出武术谚语与现代散打技战术的运用理念具有文化的同源性。武术谚语的形成与现代散打技战术结构的完善都是在武术文化的孕育中成熟发展的，各自汲取适合自身的要素积极发展，在理论内容与形式上统一于武术文化，并最终到实践中去检验。

《语言人类学下的武术谚语研究》

李丽撰，《浙江体育科学》，2014 年第 1 期。

本文运用语言人类学理论的四个维度，即作为文化资源的语言、作为社会实践的语言、作为历史记忆的语言、作为话语权力的语言，对"武术谚语"进行了一次新的理论描述。研究认为,武术谚语是一种文化的武术谚语、一种规训的武术谚语、一种记忆的武术谚语、一种实践的武术谚语。武术谚语的时代价值主要体现在武术文化传播的有效路径、历史追忆的"诗化"语言、民族精神的完美展现以及武术传授者"言不尽意"的有效补偿。从语言人类学视角研究武术谚语,对于传播武术文化具有重要作用,同时提出重视武术谚语应从"语言管理"出发,探索中国武术谚语管理模式及路径。

《中原武术谚语的隐喻特征阐释》

安汝杰、刘晓燕撰,《河南商业高等专科学校学报》,2014年第3期。

本文从认知语言学视角分析武术谚语的隐喻特征。所研究的中原武术谚语是指在中原大地上形成、世代流传,并在当今社会仍具有鲜活生命力的武术拳种门派的谚语。人们通过隐喻的方式思考无数的外在形式,从而达到对武术精神的领悟。中原武术谚语的隐喻特征包括:具象性特征,即隐喻意在使武术技术动作成为可以用视觉捕获的具体形象;局部性特征,即通常是只选择作为喻体的事物的部分特征映射到作为本体的武术上,喻体本身所具有的其他性质都被有意遮蔽了;多样性特征,即中原武术谚语喻体的选择,通常是各不相同的;经验性特征,即借助隐喻把习武用武者曾有过的切身感受和亲身经历投射到武术身上。

《中华武谚文化及其特征》

李金龙,冯雅男撰,《上海体育学院学报》,2015年第6期。

本文基于语言文化学作为理论工具,认识中华武谚的本质,揭示中华武谚文化所具备的特征。文章认为中华武谚的本质属性为文化性,并具有民族性、整体性、艺术性、教育性、地域性的文化特征。武谚是中国传统文化的镜像,它能折射中国传统文化的形貌,反映传统文化博大精深的内涵。武谚所表现出的民族性体现在两个方面,即中国传统武术的民族性决定了中华武谚的民族性以及中华武谚反映了中华民族的意识形态世界。整体性特征体现在依据不同的划分标准可以划分为不同的部分,涉及武术文化的各个方面,从而共同构成了武谚这一整体。武谚的艺术性,亦可称为武谚的审美性。武谚的教育性指的是武谚对于武者有着教育和引导的作用。武谚的地域性指的是由于武谚创作于不同的地区,因而受到当地自然环境与人文环境的双重影响，具有了鲜明的地域特色。

《武术谚语概说与分类》

崔花云撰，《武术科学》，2015 年第 11 期。

本文对武术谚语概说、分类进行了探讨，使人们对其有一定的了解，从而引起武术同仁对武术谚语的关注，进而加强传统文化的传播，以期更好地促进武术的继承和发展。首先，文章对武术谚语进行概说。武术谚语产生于历代武术家们的长期实践，多在古今拳家的口头上广泛地流传、持久地沿用。其语言形象生动、通俗易懂，内容以总结实践经验为主，它用精辟的语言指导习武者做人、行事、练功、格斗、传艺、养生。其次，根据语义的不同，将武术类的谚语分为技击类、练法类、养生类和武德类四种类型，并提出建议，即武术谚语对传播中国传统文化起到非常重要的推动作用，人们应该努力学习掌握这门特殊的语言艺术。

《武术谚语在武术文化传播中的作用》

崔花云撰，《武术研究》，2017 年第 2 期。

本文主要研究了武术类谚语在武术文化传播中所起到的作用。武术谚语传播信息多而且快，传播效果也好，它的正确运用也能加快信息接收的速度。武术谚语的学习以及运用对于了解武术文化也有一定的作用。

（十四）生态文化

生态文化是尊重自然、爱护环境、讲究人与自然和谐共处，实现可持续发展的文化。各民族在长期的生产生活中都形成了独特的生态观。对各民族生态文明谚语进行研究，有助于我们了解各民族的传统自然观、生态观，进一步深化谚语在文化方面的研究。

《谈维吾尔谚语中的传统生态观》（维吾尔文版）

阿地力·阿帕尔，新疆师范大学学报（维吾尔文版），2007 年第 2 期。

本文从自然观念的角度将维吾尔谚语生态观分成七种类别，即土地观、水观、空气观、动物观、植物观、四季观、自然现象观。通过分析谚语例句，在土地观中揭示了人们崇拜土地、保护耕地的观念；在水观中揭示了敬畏水、保护水资源的理念；在空气观中通过呼吸氧气、疾病传播揭示了保护空气的观念；在动物观中通过动物与人的生产生活的密切关系，揭示了动物崇拜观念；在植物观中通过维吾尔族的生产生活方式由游牧向农耕的改变，揭示了保护植物的观念；在四季观中指出畜牧生产、农业生产均与四季密切相关，揭示了维吾尔族在畜牧生产、农业生产中高度重视节气的观念。该文总结分析了维吾尔族的传统生态观，有助于我们通过谚语了解维吾尔族的传统自然观、生态观。

《黎族民间谚语映射出的生态意识》

陈兰撰，《琼州学院学报》，2010 年第 1 期。

本文指出民间谚语是人类智慧与经验的结晶，并通过解读黎族有关天文、气候、物候、时令及节气等形象活泼又富有哲理的民间谚语，映射出黎族人民对自然生态的认识和理解，体现他们尊重自然、保护自然的生态意识，这对我们今天加强生态文明建设有着多方面的启迪作用。

《傣族谚语蕴含的生态观念解读》

王军健撰，《云南电大学报》，2010 年第 2 期。

这是一篇以傣族谚语的文化特征解读其蕴含的生态观念的文章。通过对傣族谚语的分析研究，我们可以解读出傣族特有的文化传统和思想观念。丰富的傣族谚语蕴含着傣族的传统生态观，其思想内核为敬畏神圣的自然，其价值判断为依赖外在的万物，其行为准则为保护美好的生态，其目标定位为构建和谐的家园。

《蒙古民间谚语与蒙古人的生态审美观念》(蒙古文版)

王苏布道撰，《内蒙古民族大学学报》(社会科学蒙古文版)，2011 年第 4 期。

本文分析古代文学作品的部分谚语并反映古代蒙古人的生态审美观，包括涉马谚语中的生态审美观念、关于水草谚语中的生态审美观念和关于教育趋势谚语中的生态审美观念等内容。蒙古民间谚语积累了如何与自然和谐相处的方法与技巧以及智慧，包含着人文知识、远古的生态观和做人的道德教育。蒙古民间谚语不仅涉及古代蒙古人的文化艺术，还涉及生活、生态、游牧文化、五畜等方面并且有着源源不竭的营养，成为后代的蒙古人可继承的珍贵文化财富的组成部分。

《汉维谚语中的生态文明思想比较研究》

安尼瓦尔·塔吉丁撰，《中共伊犁州委党校学报》，2013 年第 1 期。

文章从汉维谚语中的爱护和优化土地思想、汉维谚语中的爱护和优化水资源的思想、汉维谚语中的爱护森林和花草树木思想、汉维谚语中的爱护和优化气候思想、汉维谚语中的爱护和养殖动物思想，对汉民族谚语与维吾尔族谚语中的生态文明思想进行了简要的比较研究。

《林业谚语与生态学思想》

苏祖荣、苏孝同撰，《福建林业》，2013 年第 2 期。

文章根据福建科技报社（1978 年）和福建省林业厅办公室（1964 年）收集编印的林业谚语，对林谚的内容和所蕴含的生态学思想及其与现代林业的关系进行阐述。林业谚语具有文化性和技术性双重属性，基本内容主要是关于育苗造林、幼林抚育、森林更新、森林利用、森林保护等方面。林业谚语蕴含着深刻的生态学思想，主要有尊重"土宜"、顺应天时、遵循"时禁"、永续利用、综合经营等思想观念。

《贵州林业谚语的生态文明及其继承、发扬对策和措施》

许桂香、许桂灵撰，《黔南民族师范学院学报》，2013 年第 4 期。

文章首先描述了贵州林业谚语生态文明产生的自然和人文地理环境，随后阐述了贵州林业谚语生态文明，主要包含生态自然、生态价值、生态伦理、生态技术四个方面的内容、特点和价值，最后提出继承和发展贵州林业谚语生态文明的对策和措施，为弘扬贵州生态文明谚语所蕴含的绿色文化和建立生态贵州提供文化软实力支持，对改善贵州脆弱的生态环境具有重要的现实意义。

《贵州农业谚语中涉及的生态文明内涵及其价值探析》

许桂香、许桂灵撰，《贵州民族大学学报》，2013 年第 5 期。

本文在贵州农谚基础上，阐述了其中有关生态文明的内涵、特点、价值等，为生态文明建设提供历史经验和参考价值。贵州农业谚语生态文明产生的地理环境分自然地理环境和人文地理环境。谚语中涉及的生态文明内涵有人与自然生态平等观、农业主体地位的生态价值观、生态技术的实践观等内容，覆盖农业生态文明的主要层面，具有重大的生态文明理论和应用价值。本文侧重点在于从农业谚语中提取有生态、经济、社会效益的谚语并服务于生态文明建设，因此对于地方生态文明建设中的语言宣传部分有其指导作用。

《论蒙古语谚语的生态意识》（蒙古文版）

莫日根高娃撰，《中国蒙古学》，2014 年第 5 期。

本文意在深入研究尊重自然生态教育的蒙古语谚语。文章从三个方面论述观点：一是尊重自然植物意识；二是认识自然规律意识；三是遵循自然规律活动（工作）意识。谚语在生活实践中不断丰富发展，深刻体现了对自然的认识、尊敬、利用、信奉的思想观念。这是由于蒙古语谚语中有热爱草原、保护草原、信奉自然保持原貌的观念，这种观念不仅决定于长久的游牧生活环境，也关乎蒙古族信仰、风俗并渗入生活中。

《海南黎族谚语的语言生态学研究》

李亚竹、钟宇撰，《湖北师范学院学报》（哲学社会科学版），2015 年第 3 期。

黎族谚语是黎族语言内部的重要组成部分，其语用特点与黎族地区的自然生态环境密切相关。随着其所处的社会生态环境发生变化，黎族谚语的继承和传播受到了影响。保护黎族谚语生态环境既有利于黎语自身的发展，又有利于维护语言文化的多样性。

《西南少数民族林业谚语的生态思想解析》

刘荣昆、朱红撰，《北京林业大学学报》（社会科学版），2015 年第 1 期。

本文分析了西南少数民族林业谚语的生态思想。关于西南少数民族林业谚语，大致可以分为用林和护林两类，其反映的生态思想可以分为：一是生计用林与可持续发展思想的交融。首先，森林关乎生计，这类谚语可分为概论类、果蔬类、住屋类、柴木类、器具类和经济来源类六类；其次是用林层面的可持续理念，具体包括代内、代际、养护、永续四个方面。二是对森林在陆地生态系统中核心地位的深刻认知，西南少数民族对森林生态功能的认识颇为深刻，谚语中将其功能归纳为五个方面，即保持水土、涵养水源、削弱风力、调节气温、为动物提供良好的生存环境。三是维护森林生态系统平衡的理性认识，即造林有道、护林有方、伐木有度的原则和方法。充分挖掘林业谚语的生态内涵，对于传承了解林业谚语这一珍贵而具有实践意义的传统文化遗产、发挥其生态教育的功能有积极的意义。

《湘南谚语中的生态意识及当代价值》

贡贵训、于皓撰,《农业考古》,2016 年第 1 期。

本文主要分析了湘南谚语中的生态意识及当代价值,湘南民间谚语中的生态意识主要体现在对山水等自然资源的态度、对动植物的保护与利用以及对周边生活环境的维护等方面。湘南谚语歌谣认为土地是人类赖以生存的基础,当人们善待土地、合理利用土地时,土地给予人丰厚的回报;反之,人们就会受到严厉的惩罚。湘南谚语歌谣中关于动植物的生态意识表现为湘南地区的先民们根据自己的生活经验,很早就发现了植物对人类的重要作用,有大量的谚语反映了这方面的内容,如"家种千蔸棕,一世吃不空""家有千棵树,不愁吃和住""屋前院后多种竹,三年五载换新屋""荒山披绿袍,吃穿就有靠"等,同样,人与动物的关系也经历了从单纯的渔猎到驯养的过程。湘南谚语歌谣中生活环境的生态意识表现为先民意识到生活环境的好坏,与人的生理和心理健康与否密切相关。湘南谚语中所蕴含的生态意识给我们的启迪可归纳为以下方面:重视人与自然关系;养成保护自然的行为习惯;发挥传统民间谚语在当代社会生活中的作用。

《农谚的生态叙事研究——以河南农谚为例》

张晶、张富鼎撰,《河南社会科学》,2016 年第 7 期。

本文从生态本体叙事、生态原型叙事和生态时空叙事三个维度对河南农谚的生态叙事模式进行了分析。从生态本体上看,河南农谚体现了"天人合一"的原生态叙事模式,彰显着生态美学中的整体论和存在论,具有参与美学的价值和意义;从生态原型上看,农谚中的角色和行动元"各有其形",与神话原型相似,都蕴含着图腾意义,反映了河南本地域的地理和气候特征,而作为农业实践比照的原型,与人类的生存和命运休戚相关,体现了中国传统的共生意识和物我合一的生态观念;从生态时空上看,农谚的叙事时间是事前叙述和事后叙述的结合,通过隐喻性的时间轴和转喻性的空间序列,共同构成一个完整的生态叙事系统。文章联系我国当代生态社会建构的实际,得出了三条现实启示,即回归生态本体和世界的"返魅"、重构生态原型和图腾的精神、把握生态时空和扩张的限度。本文是一篇交叉性学术论文,其提出的启示对于当代生态社会建设具有借鉴意义。

《论中华多民族谚语生态伦理思想及其当代意义》

许晋撰，《内蒙古社会科学》（汉文版），2018 年第 4 期。

本文从生态伦理学的视角出发，探讨了中华多民族谚语中所蕴含的自然生态、社会生态、精神生态三大维度的哲学反思，总结了中华多民族谚语中生态伦理思想的当代意义。自然生态层面，从中华多民族谚语解读自然与人的价值及其关系，探讨了对自然属性的认知与敬畏自然的生态伦理观，以及对人的自然属性的认知与互惠共生的生态和谐观。社会生态层面，从中华多民族谚语探究利益与道德的生态价值取向。精神生态层面，从中华多民族谚语诠释生态精神的价值追求，其中包含感恩自然、勤俭节约、诚实守信、无私奉献等生态伦理精神。在总结中华多民族谚语生态伦理思想的当代意义时，认为互惠共生的生态和谐观增强了人与自然共生共荣的命运共同体意识，生态道德责任意识是加快生态文明建设进程的助推器。本文对于研究中华多民族谚语及其伦理思想具有一定的参考价值。

（十五）文化异同

文化差异是指由于不同文化背景导致的人们的价值观、行为准则和处事态度的不同。文化差异在不同的国家和民族间表现得尤为显著。对民族文化异同进行研究的论文中，中西文化对比是一个很好的研究切入点。还有论文涉及中泰、中韩、中俄对比、汉民族与少数民族对比以及少数民族之间对比，研究范围较为广阔。我国是统一的多民族国家，各民族之间自然存在着文化差异，但也同时存在大量的文化共性。这些文章不仅通过谚语这一切入点找到了各民族、各地区在文化方面的个性，更挖掘出它们的共性，不仅有助于我们更深入地了解少数民族的文化习俗，也能够引起各民族间的文化共鸣。

《从藏汉谚语比较看藏汉民族的友好关系》

李双剑、曲尼撰，《中央民族学院学报》，1987 年第 1 期。

文章选取部分汉藏谚语，以思想内容、修辞手法、句式结构以及量词的使用情况为切入点对比二者的相似之处，从而窥探汉藏民族的友好关系。在思想内容上，藏汉谚语所具有的经验性、哲理性、讽喻性、训诫性等，都反映出藏汉人民相似的思维规律、论理方法和观念规范；在修辞手法上，藏汉谚语都惯于使用非常丰富的比喻、夸张、对比、借代、双关、拟人等辞格；在句式结构上，藏汉谚语虽然语种不同，但仍有许多相似之处；在量词使用上，因为偶数象征喜庆，成双成对吉祥如意，所以藏汉两个民族都明显地偏爱偶数。

《维汉谚语对比浅析》

曹春梅撰，《语言与翻译》，1999 年第 3 期。

本文对维汉谚语进行比较研究，发现维汉谚（熟）语在内容和形式上有许多相似之处，在内容和形式上也都留有痕迹。文中从思想内容、修辞手法、句式结构和数词使用四个方面比较分析维汉谚语的异同。在思想内容上，维汉谚语都具有经验性、哲理性、讽喻性和训诫性；在修辞手法上，维汉谚语都使用比喻、比拟、借代、对比、夸张、对偶等；在句式结构上，维汉谚语都采用一句格、两句格、三句格、四句格，以两句格谚语为多；在数词使用方面也有诸多不同。谚语丰富的社会文化历史内容和深邃的思想哲理、优美的语言韵律和修辞的巧妙运用，无不折射出民族文化的光芒，凝聚着各种风俗习惯，具有强大的生命力。

《从维汉谚语比较看维汉民族的友好关系》

曹春梅撰，《新疆职工大学学报》，1999 年第 1 期。

本文从思想内容、修辞手法、句式结构和数词使用四个方面比较分析维汉谚语的异同。在思想内容上，维汉谚语都具有经验性、哲理性、讽喻性和训诫性；在修辞手法上，维汉谚语都使用比喻、比拟、借代、对比、夸张、对偶等；在句式结构上，维汉谚语都采用一句格、两句格、三句格、四句格，以两句格谚语为多；在数词使用方面有诸多不同。本文认为维汉谚语从内容到形式在很大程度上有相似之处，由此考证了维汉民族历史上的友好关系，指出文化的相互借鉴、渗透、交融，必然走向共同化。

《从谚语看蒙汉民族"马""狗"文化之异同》

安俊丽撰，《广播电视大学学报》（哲学社会科学版），2000 年第 2 期。

文章以谚语为切入点，比较了蒙汉两族关于马和狗的谚语，从而表现出蒙汉两族"马""狗"文化的异同。蒙汉两族对马皆有褒扬，只是蒙古族对马的褒扬程度要甚于汉族，主要表现在蒙古谚语以马喻男儿、以马比兴，并表现出马在游牧民族生产生活中所发挥的各项作用等方面。关于狗的谚语，汉族褒狗谚语消失殆尽，剩余的多是贬狗谚语，蒙古族的褒狗谚语则遗风尚存，主要是因为狗在生产生活中为牧民做出了巨大贡献。

《俄汉谚语在民族文化方面及修辞特点的比较》

姜秀华撰，《呼伦贝尔学院学报》，2000 年第 4 期。

文章从反映地理特点、反映风俗习惯、和宗教相关、和数字相关这四方面对比俄汉谚语的民族文化差异。在词语方面，俄汉谚语都具有大量运用口语词和反义词、注重同义词运用的特点。在句式搭配方面，俄汉谚语都具有使用对偶和回环来达到语言的均衡美的特点。

《俄汉谚语比较》

王金凤撰，《内蒙古工业大学学报》（社会科学版），2002 年第 1 期。

本文通过对俄汉谚语的对比，找出了它们的共性和个性。首先，俄汉谚语的共性包括来源的共性、谚语内涵的共性、修辞手段的共性。其次，俄汉谚语的不同体现在俄汉文化背景的差异、俄汉谚语语言结构的差异上。文章还找出了它们之间的可比性、不可比性和互补性，并做了比较研究和探讨。

《语海之中"家族"多　区别"融通"应探索——论典故与成语、俗语、谚语、歇后语等的区别与"融通"》

吴直雄撰，《南昌大学学报》，2003 年第 6 期。

本文分析典故与成语、俗语、谚语、歇后语等的联系。语海中能自成一"族"是因为彼此联系和"融通"，往往在诸多论著和辞书中常见。它们的定义角度不同是它们"初始"概念及其由来联系紧密所致，是它们之间在某种情况下有可以互为"转化"的原因所致。典故与成语、俗语、谚语、歇后语等之间的界线有时就会被打破，它们之间那种互为渊源、相互包容、你入我化的现象就在所难免。本文极力探索语海"家族"中的区别与融通，得出对典故性质的成语、俗语、谚语、歇后语出现在"典故"之类的辞书中时不必拘泥而是要有利于读者方为上策的结论。本文探析了典故和谚语等熟语之间的互相联系，对于研究熟语的属性和分支问题提供了一定参考。

《从语言和文化角度谈英汉谚语之比较》

张玉波撰，内蒙古大学硕士学位论文，2007 年。

本文对英汉两种语言中谚语的语言表象特征与表层文化关系以及深层文化关系进行了对比性分析，通过大量实例佐证，探索两个民族文化的相似之

处和不同之处。第一章对谚语及文化的概念进行了界定且对两者之间的关系
进行了探讨；第二章从两种语言的谚语的共同来源出发进而对其语言特征进
行了讨论；第三章从英汉两种文化中四对不同文化模式出发探讨了英汉谚语
反映出的不同的文化内涵。

《汉西谚语文化因素比较》

徐铁飞撰，对外经济贸易大学硕士学位论文，2007 年。

本文以中国和西班牙两国的谚语为语料分析了中西两国文化差异的异
同。第一章对谚语、语言和文化的关系以及汉西谚语的起源和定义做了说
明；第二章从地理环境中的气候、饮食与作物（包括面包、橄榄油、稻米、
茶）、动物（包括毛驴、狗）三个方面的谚语分析出差异产生的原因，主要
有种族特点、地理环境和历史沿革；第三章从和女性相关的谚语、体现等级
观念的谚语、关于仁爱的谚语、关于人生的谚语（包括勤奋、坚持不懈、谨
言慎行、友谊）四个方面，分析出汉西在对女性的态度、等级观念、仁爱精
神和人生价值观等方面有趋同的意识。

《从文化语言学的角度分析俄汉谚语对比差异中的文化独特性》

王花花撰，《西伯利亚研究》，2007 年第 2 期。

本文从文化语言学的角度对比分析了俄汉谚语的文化独特性。文章主要
是从三个角度对比了俄汉谚语所蕴含的文化差异，首先是不同的历史传说、
传统文化的差异；其次是宗教思想的差异；第三是民族习俗、生活习惯等不
同生活方式的差异形成的文化独特性。

《英语谚语中的文化因素初探——兼谈与汉语谚语之比较》

谢巧静撰，《长沙铁道学院学报》，2007 年第 1 期。

文章对英语谚语中的文化因素进行初探，同时与汉语谚语进行比较。文
章探讨了英语谚语中所蕴含的宗教信仰、民族文化、喻体取向、地理环境与
生活经验以及文化理念等文化因素，并试图将英语谚语与其他民族语言中的
谚语进行对比研究。

《略论英汉谚语的文化差异》

刘小英撰，《咸阳师范学院学报》，2008 年第 2 期。

本文从谚语的视角，采用跨文化比较分析的方法，论述两种语言中所蕴
含的文化差异。作者根据谚语反映不同的宗教思想、不同的生产生活经验、

不同的道德观念、不同的风俗习惯四个方面，对英汉谚语的文化含义进行了
比较分析，从中既让我们看到了英汉文化间的巨大差异，也了解了两个民族
不同的文化制约着英汉谚语产生及其意义的不同，有助于我们深刻地理解英
汉谚语的含义。

《通过英汉谚语看中西文化的差异》

陈敏撰，《中国科技信息》，2008 年第 3 期。

本文以谚语的视角，从人文思想、道德观念、宗教思想三个方面探讨英
汉文化存在的差异。通过分析，作者认为谚语作为一种特殊的语言形式，给
人们提供了进一步了解和认识中西文化差异的独特视角，在跨文化交流中具
有不可替代的作用和意义。

《中西方谚语对比研究中折射出的中西方文化异同（之二）——中西方意识形态在谚语中的体现》

钟鸣撰，《西南民族大学学报》（人文社会科学版），2008 年第 S2 期。

文章主要研究中英文谚语对比研究中所反映出的中西方意识形态的差
异，重点放在中西方的世界观的差异上，具体从个人主义与集体主义、人与
自然的关系、性善论与性恶论、等级观念四个角度进行论述，通过谚语的
对比再次验证了中西方意识形态的框架，指出语言和文化之间的关系难舍
难分。

《英汉谚语中的文化因素分析》

李后兵撰，《四川文理学院学报》（社会科学版），2008 年第 6 期。

本文作者从跨文化的角度入手，以英语和汉语为研究对象，研究两种语
言谚语中蕴含的文化因素，包括历史因素、地理因素、宗教因素、人文价值
因素、道德观念因素。文中作者从不同的角度对谚语进行比较性研究，研究
影响谚语表达的文化因素，学习不同国家和民族的智慧，从而找出不同文化
之间的共性和特性是提高外语学习和跨文化交际能力的重要途径，也是促进
文化交流和融合的重要渠道。

《哈汉谚语文化内涵对比研究》

成世勋撰，《民族教育研究》，2009 年第 3 期。

文章对哈汉谚语的文化内涵做了对比分析，从谚语来源、传统道德观
念、修辞手段三个方面说明了哈汉谚语的共性。又从自然地理环境、宗教信

仰、文化心理和思维方式、风俗习惯等方面的差异分析了哈汉谚语的个性。最后总结出了哈汉谚语的共性和个性。

《汉藏谚语文化比较》

王海瑛撰，《民族翻译》，2009 年第 3 期。

谚语作为一种特殊的语言现象，是民族语言和文化的精髓。它不仅反映民族的历史、经济和生活，还透视民族的文化心态、思维方式，承载着民族文化特色和文化信息。本文从汉藏谚语的文化特征和文化差异两方面进行阐述。汉藏谚语的文化特征包括谚语的民族性、口语性、地域性、比喻性和完整性；文化差异包括地域环境、生产劳动、历史背景、生活习俗、宗教信仰、价值取向和审美情趣的差异。

《汉维谚语中六畜的文化意义对比研究》

刘宏宇撰，《新疆教育学院学报》，2009 年第 1 期。

本文对汉维谚语中马、牛、羊、狗、鸡和猪六畜的比较，反映出两个民族在总结生产生活经验的同时，形成了一套自己民族特有的关于不同家畜的文化现象。文章试图从文化语言学的视角，对比分析在汉维谚语中的六畜所反映出来的两个民族的文化特点。

《汉语与维吾尔语谚语动物喻体对比研究》

热孜万古丽撰，《民族翻译》，2009 年第 4 期。

本文从汉维谚语中动物喻体的种类和数量、反映汉维文化个性的动物喻体、汉维谚语的喻体和喻义、汉维谚语中动物喻义差异折射的文化差异四方面进行对比，又从地域文化和生产方式、传统文化和思维方式、熟悉程度三方面折射出两个民族的文化差异性。

《闽台谚语异同探析》

李少丹撰，《漳州师范学院学报》（哲学社会科学版），2010 年第 2 期。

本文比较了海峡两岸闽南谚语的异同，揭示了两岸语言文化的关系，指出其相通性体现为保留运用精练的古汉语词汇、保留古汉语单音节词的用法、保留一些古汉语称谓词的构词形态、保留古代计量词的用法，且均具有通俗性和生动性。此外还具有浓郁的地域性。其差异性体现为：字面同中有异，语意相同；字面同中有异，语意相异；字面相同，语意相异；来源不同，各具特色。文章旨在将闽南谚语作为方言文化财富发掘，有利于谚语文化的传承与发扬，更好地为两岸的文化沟通与交流、物质建设和文明建设服务。

《汉维人际关系谚语对比》

张红雨撰，《和田师范专科学校学报》（汉文综合版），2010 年第 2 期。

人际关系是社会人群中因交往而构成的相互联系的社会关系，也被称为"人际交往"，包括亲属关系、朋友关系、学友（同学）关系、师生关系等。汉维两个民族不同的社会历史、思维模式、宗教信仰等，对人际关系的处理产生了不同影响。本文以对比汉维谚语为切入点，从汉维人际关系谚语的界定、汉维人际关系谚语的相同之处、汉维人际关系谚语的不同之处三个角度，探讨了两个民族对待人际关系的不同态度。

《汉维谚语中数词象征意义的对比》

张红雨撰，《和田师范专科学校学报》，2010 年第 5 期。

汉维谚语中均使用了大量的数词，这些词在不同的文化体系中具有或同或异的象征意义，本文旨在通过对比，运用统计分析的基本方法，对数词谚语进行概述，通过对谚语中数词的对比与分析，找出它们的异同点，并揭示该民族特有的社会文化心态。

《汉语和维吾尔语谚语中植物喻体对比分析》

热孜万古丽·沙依木撰，《语言与翻译》（汉文版），2010 年第 3 期。

本文从汉维谚语中植物喻体的种类和数量、反映汉维文化个性的植物喻体、汉维谚语的喻体和喻义、汉维谚语中植物喻义差异折射的文化差异四方面进行对比，又从地域文化和生产方式、传统文化和思维方式、熟悉程度三方面折射出两个民族的文化差异性。

《汉泰语谚语的文化内涵对比》

高鲜菊撰，《南华大学学报》（社会科学版），2010 年第 4 期。

文章选取汉语和泰语的谚语进行对比研究，从反映汉族和泰族的宗教信仰、价值取向、传统习俗、社会结构四方面的谚语入手，以探讨汉语谚语和泰语谚语各自蕴含的文化意义。通过上文对汉泰语谚语的比较，我们可以看出汉族人民和泰族人民在谚语蕴含的文化方面体现的一些共同特点和不同特点。

《汉英谚语中的传统婚姻观念对比研究》

谭俊蕾撰，新疆师范大学硕士学位论文，2010 年。

本文从婚姻观念之角度入手进行汉英文化对比，研究许多有关婚姻观念的谚语，展现了汉英民族不同的文化特征。文章通过对汉英谚语中婚姻目的、婚姻形式、婚姻生活、人际关系、择偶标准及离婚再婚问题进行对比分析，使人们较清楚地认识谚语中两种民族不同的婚姻文化。而且在针对英美等西方国家的留学生的教学和教材编写过程中，可以起到一定的参考作用。

《从谚语看中西文化价值取向的差异》

刘红英撰，《湖南社会科学》，2010 年第 3 期。

本文从谚语价值取向角度探讨了中英谚语所体现的文化差异。文章首先以中国代表的佛教和西方代表的基督教为典型，分析英汉谚语中折射出中西不同的宗教观念，随后对中国传统的"仁"和西方的"悔"两个最突出的文化价值观念进行对比，然后对英汉谚语中体现出不同的宇宙观和哲学观即"天人相分"和"天人合一"进行比较，最后对英汉谚语中体现出的不同价值观即汉语谚语的集体主义价值观和英语谚语的个体主义价值观进行对比，从而体现了英汉谚语的文化价值取向差异，这是一个民族语言和文化的高度浓缩和集中体现，社会价值观的体现反映着特定的文化背景及其文化差异。

《汉哈谚语对比研究》

李建新撰，伊犁师范学院硕士学位论文，2012 年。

本文对比研究了汉哈谚语。论文分为五章，第一章绪言介绍了论文的研究意义、思路和方法，并对之前相关的研究进行总结。第二章对比了汉哈谚语的内容。作者将汉谚分为讽颂谚、规诫谚、事理谚、生产谚、天气谚、风土谚、常识谚和修辞谚八类。哈谚则分为政治性、哲理性、教育性、社会性、生活性、生产性和自然界谚语七类。在政治性谚语、哲理性谚语、教育性谚语等谚语中二者有相同之处，在生活类和生产类谚语中二者存在差别，这是由民族的生活和生产环境决定的。第三章对比了汉哈谚语的结构。汉谚的单句结构主要分为无主句和主谓句两类，复句结构分为联合、偏正和多层复句型。哈谚的单句结构分为主谓式和动宾式，哈谚复句则多数由两个或两个以上的分句组成，分句之间主要由并列、选择、假设、转折等关系。第四章对比了汉哈谚语的修辞手段。作者对比了汉哈谚语中比喻、借代、对偶三种常见的修辞方式的相同之处和不同之处。第五章结论得出，汉哈两个民族的谚语在内容和形式方面各有民族特色，但也有其共同之处。充分认识和正确理解汉哈谚语在内容、结构、修辞等方面的区别和联系，不仅在双语学习和双语教学中具有重要意义，而且汉哈谚语的异同点也是我们在学习和翻译中应该注意的重点和难点。

《日、蒙谚语思维特点比较研究》（蒙古文版）

马福山撰，《中国蒙古学》，2012 年第 4 期。

本文比较探析日、蒙谚语的思维并阐明其异同点。首先从三个方面阐述思维的共同点即表方向空间关系的谚语、表数量关系的谚语、表大小程度关系的谚语等。思维的不同点有日谚中的地区名称多、涉海产的谚语多、涉稻米的谚语多。总的来说，无论日本人还是蒙古族人创作谚语的所有方法、思维的基础是两个民族独特的生活实践经验的积累，日本和蒙古族两个民族深受汉民族文化的影响，无论哪个民族谚语的创作都是基于知识的积累，两个民族的描述性思维是其创作谚语的根基，以上思维特点互相联系和交叉存在。

《基于谚语的中西方海洋文化差异研究》

安俊丽、刘扬撰，《淮海工学院学报》（人文社会科学版），2012 年第 10 期。

文章以中西方海洋谚语为材料，比较了中西海洋文化的差异并分析了这种差异形成的原因。中英谚语中表现出民族海洋文化同中有异，在中国文化里，百川归海体现了海洋的胸怀宽广，潮水涌动是无奈的表现，搏击风浪是一种冒险，水手出海是迫于生计。而在西方文化里，百川归海是贪得无厌，潮水涌动是机遇涌现，搏击风浪是水手勇敢的表现，水手出海则是为了收获宝藏。形成这种差异的原因是二者自然环境、对海洋作用的认识以及文化背景的不同。

《英汉隐喻性谚语的文化认知探析》

赵文焕、全克林撰，《黄冈师范学院学报》，2012 年第 1 期。

本文从地域环境、文化传统、宗教信仰和价值观念这四个文化认知层面探析了英汉隐喻性谚语。就地域环境而言，中国是农耕文化，因而隐喻性汉谚多是有关农耕或是天气，而英国是海洋文化，隐喻性英谚则是关于海洋的。就文化传统而言，中国儒家文化的入世观，要求人们重视家庭关系，英国的文化传统崇尚独立自主，也有对家庭生活的热爱与保护。就宗教信仰而言，汉谚受佛教影响较大，而英谚受基督教影响较多。就价值观念而言，隐喻性汉谚反映出了集体主义的特点，隐喻性英谚则反映出个人主义、自由主义的影响。对英汉隐喻性谚语的文化认知作探析，一方面可以启发我们关注人类语言的认知特点，增强构建新的概念领域的意识；另一方面，促使大家以多元的视角去观察和体会不同民族的文化传统、价值观念。

《比较英汉文化对谚语的影响》

熊艳撰，《文学界》（理论版），2012 年第 3 期。

本文主要从定义、分类和来源等方面对谚语做了简要分析，展现了谚语是简明、全面、生动、形象的普遍使用。由于受到不同文化的相互影响，谚语就像一个非常实用和主要的跨文化交流的中介，最充分、最有说服力地表现了语言的严谨、含蓄和丰富多彩。通过谚语的使用，我们可以看到各种社会习俗、宗教信仰、思想状态、历史发展的文化差异。谚语往往隐含在形象之中。因此在学习的过程中，谚语的学习是不应该被忽视的，他们强烈的民族文化特色应该考虑以更好的跨文化交流为目的。

《中韩动物谚语对比研究》

王丹丹撰，河北大学硕士学位论文，2012 年。

本文选取了"马"和"狗"两个在中韩谚语中出现较多的动物意象进行对比研究。论文共分为六章，第一章引言介绍了研究的目的、意义、范围方法和论文结构。第二章明确了中国谚语和韩国语俗谈的概念，阐述了语言、文化和谚语之间的关系，并总结了前人的研究成果。第三章分析了马在中韩谚语中的形象特征和形象意义。第四章分析了狗在中韩谚语中的形象特征和形象意义。第五章作者结合了第三、四章的内容，总结出了中韩都受东方文化影响，因为两国谚语在表现手法、表达方式等方面呈现出一定的相似性。但是由于两国自然地理环境不同，加上两国政治、经济、宗教、历史等方面因素的影响，两国谚语又呈现出明显的、外在的民族差异性，这是由谚语形成的文化背景决定的。第六章再次梳理了文章的结构，并得出中韩文化同中有异的结论。

《汉哈谚语民族风俗习惯对比研究》

成世勋撰,《新疆社科论坛》,2013 年第 6 期。

本文通过对比研究汉族、哈萨克族饮食、服饰、婚丧节庆等风俗习惯谚语,探讨了这两个民族风俗习惯的异同,描写了汉族、哈萨克族谚语所蕴含的独特而深厚的文化内涵,并揭示了这两个民族迥然不同的民族性格和观念特点。文中得出三个结论:北方的汉族和哈萨克族有部分的共性,他们都以面食为主;汉族和哈萨克族的外衫、裤子、鞋、帽等基本服饰古往今来都有所发展和变化;汉族和哈萨克族都有婚礼、葬礼、周岁、节日等风俗习惯。

《蒙汉牛谚语之比较》(蒙古文版)

李书撰,《赤峰学院学报》(蒙古文哲学社会科学版),2014 年第 6 期。

本文是通过蒙汉民族涉牛谚语的内涵与表达方式的比较,从而探析蒙汉民族文化差异及习俗思维特征。作者从汉民族涉牛谚语、蒙古族涉牛谚语、蒙汉民族涉牛谚语的异同等方面阐述文章。蒙汉民族的一部分谚语在内涵与表达方式上基本相同,除此之外还有非常明显的差异,这是由两个民族地区、文化、生产、劳动以及思维方式的不同而形成的。总的来说,探析不同民族的谚语,有利于了解不同文化的差距以及不同民族的思维方式和风俗习惯的独特性。

《汉族与蒙古族关于"牛"谚语之比较》

李书撰,《赤峰学院学报》(汉文哲学社会科学版),2015 年第 6 期。

本文通过对汉蒙民族关于牛的谚语在意义和表达方式上的对比研究,从中窥视汉蒙民族的文化差异和民族性格心理特征。文章列举了汉蒙两个民族与牛相关的谚语,在此基础上比较了二者的异同,在汉族社会,牛主要用于祭祀、食用和运输,是推动生产建设的重要工具,牛因为自身的特质也成为中国人精神的象征。牛与蒙古族的生产生活密切相关,是蒙古族人们亲密的朋友。汉蒙谚语中产生了大量相同的涉牛谚语,这与二者对牛的共同认识、民族间的文化交流、牛自身的形象特点有关。谚语涉及了劳动人民生活经验和社会历史经验,是研究民族心理的重要依据,不同的地域文化形成不同的文化系统,谚语是民族智慧、处世哲学、思维方式的综合体。

《"生肖谚语"在汉语言和韩语言学中的对比》

金兰、胡玥撰,《语文建设》,2015 年第 18 期。

本文以生肖谚语在中韩两国语言中的比较为切入点，结合历史及社会原因，通过实例分析二者之间的文化差异，阐释了两国生肖谚语的异同点。文章从汉韩"生肖谚语"的正负迁移现象、发音区别和用法三个方面进行对比，认为生肖谚语的正迁移侧重于汉韩两种语言由于行为习惯相近而形成的语言表达上的相似之处，负迁移则侧重于汉语和韩语由于语言形态不同而导致的语法运用上的不同，对于提升韩语水平有一定的影响。生肖概念在中韩两国广泛存在，两国都用丰富的修辞手段来对生肖谚语进行生动的表达。中韩两国生肖谚语的语音差异主要源于两国声母韵母的不对等。两国生肖谚语的对比对于双方语言的发展都是有利的。

《汉俄谚语比较研究》

克谢尼娅（Esepenko Kseniia）撰，哈尔滨师范大学硕士学位论文，2015 年。

这是一篇对汉俄谚语进行比较研究的文章。共分为三个部分：第一部分首先从定义出发，界定出俄语谚语的基本内涵，然后对其进行美学分析，分析其具有的美学价值。其次对俄汉谚语的特点及文化内涵进行简要分析。第二部分从内容、结构以及内涵对汉俄谚语的异同进行比较研究。第三部分为汉俄谚语中植物的定型隐喻，具体包括汉俄谚语中植物的象征意义、汉俄谚语中关于植物谚语的个性与共性，以及如何准确地进行汉俄互译。

《汉语、印尼语数字谚语比较研究》

傅巾铃（Silvia Margaretta）撰，福建师范大学硕士学位论文，2015 年。

本文对汉语、印尼语中的数字谚语进行了比较研究。作者共搜集到 572 条汉语数字谚语和 351 条印尼语数字谚语，分别从数词与句式、韵律（押韵和节奏形式）修辞（比喻、夸张和比拟）、文化内涵（数词文化、宗教文化）等方面对比，分析汉语、印尼语数字谚语的异同，最后对印尼学生的汉语数字谚语教学提出建议。将汉语与印尼语谚语进行比较研究的文章较少，通过本文可以了解中印两国人民在语言文化上特别是数字谚语所蕴含的民族心理文化方面的异同。

《汉印尼植物类谚语对比研究》

黄惠惠（Winda）撰，河北师范大学硕士学位论文，2015 年。

本文对汉语、印尼语中的植物类谚语进行了比较研究。论文第一章说明了研究意义、研究方法等；第二章界定了汉语、印尼语中植物谚语的概念；第三章从汉语、印尼语中相同植物谚语和汉语、印尼语中特有植物谚语中对比了汉语、印尼语中植物谚语的本体；第四章从自然、风俗、宗教信仰、价值取向以及社会结构等五个角度对比了汉文化和印尼文化背景的异同；第五章对印尼留学生的谚语教学提出了教学策略。通过本文可以了解中印两国人民在植物谚语及其所蕴含的文化方面的一些异同。

《壮泰植物谚语文化内涵比较研究》

覃丹、刘俊彤撰，《百色学院学报》，2015 年第 6 期。

文章通过对壮泰两族植物谚语的对比研究，从生产经验、饮食习俗、宗教信仰以及价值取向四个方面入手，并根据壮泰两族植物谚语的实例，进一步分析壮泰这两个"同根异枝"民族的文化异同。

《维汉语言中植物词语文化意蕴对比分析》

张春梅、卡依沙尔·艾合买提撰，《喀什大学学报》，2016 年第 5 期。

文章从维吾尔语、汉语植物词语的命名、文化内涵和意义以及服饰中的植物图案等三方面，对维汉植物词语意蕴进行对比、分析，揭示它们所隐含的深刻文化内涵，透过词语的丰富含义，了解两个民族丰富的文化。从命名的方式来看，既包括以植物自身的性质来命名，也包括以出产地或栖息地、株或某些器官的数目、生长或开花期、应用以及功能命名；从文化内涵来看，植物词语既包括概念意义，也包括文化内涵意义；从服饰中的植物图案来看，都体现着各民族独特的文化寓意。

《汉哈谚语对比研究》

成世勋著，知识产权出版社，2016 年版。

本书运用对比语言学、跨文化交际和语言类型学的理论方法，对汉哈谚语的共性和差异进行了较为全面的阐述和研究。全书共有十一章。第一章绪论，对于国内外汉哈谚语的研究历史和现状进行概述。第二章汉哈谚语的界定及分类，作者认为谚语是流传于民间，以一定形式反映生产生活经验，表达人们的心声并有教育意义的俗语。哈萨克谚语与汉语谚语术语并非一一对应的关系，它包括的范围比汉语谚语要广。第三章汉哈谚语语法结构对比研究，分别对汉哈谚语的句式结构和语法进行对比。第四章汉哈谚语韵律特征对比研究，根据对汉语谚语和哈萨克谚语的平仄律和重音律、语流节拍、押韵三个方面进行对比分析，汉哈谚语在韵律特征上有较大的差异。第五章汉哈谚语修辞特点对比研究，在基本修辞方式选择和不同辞格的表现形式上，汉哈谚语基本相同，但也存在许多差异，哈萨克谚语用动物词语进行比拟修辞的谚语比较多。第六章汉哈谚语词汇选用对比研究，通过对比可以使读者更多了解两个民族文化之间的差异，有利于汉哈两个民族之间生活的交流、思想沟通。第七章汉哈谚语文化对比研究，对汉哈谚语的文化内涵、精神文化、民族文化、民族风俗习惯分别进行对比研究，对汉哈数字谚语文化特征、汉哈动物谚语文化特征进行对比研究，体现出谚语和文化密不可分。第八章汉哈婚恋性别歧视谚语对比研究，从婚恋谚语和性别歧视谚语两个层次分别进行了比较。第九章汉哈谚语文化价值取向对比研究，价值取向是价值哲学的重要范畴。第十章汉哈谚语传统道德观念对比研究，在传统道德方面的追求是基本一致的，差异主要是汉民族受儒家思想影响，而哈萨克族受自然环境、生产方式以及伊斯兰教的影响。第十一章对全书进行总结和梳理。本书对汉族和哈萨克族谚语进行了大量的语料考证和对比分析，这些谚语无不记录着本民族的历史与文化，蕴含丰富的哲理。了解这些文化差异可以更好地习得语言与文化，促进民族之间的交流，对于了解、利用、传承、发展、繁荣中华民族优秀文化有重要意义。

《维汉谚语中动物词的象征意义研究》

古里米热·阿地力撰，喀什大学硕士学位论文，2016年。

本文的研究对象是汉维谚语中动物词的象征意义，以及对这些谚语在翻译上的方式方法及背后所赋予的意义进行讨论，最终让我们知晓维吾尔族的民族文化特色。主要有四个部分，第一部分为论题的研究目的和意义、象征意义研究和研究综述。第二部分分别探讨汉维谚语中比较常见的动物词的象征意义并进行比较。第三部分是影响汉维谚语中动物词的文化因素，有历史文化、民俗文化的影响，在对地域文化和宗教文化的影响上分别进行了详细的论述。第四部分是维汉谚语中动物词的翻译方法。本文始终围绕着汉维谚语中动物词的象征意义和翻译方法，通过对汉维谚语中动物基本象征意义的比较分析，从不同角度强调了汉维动物词象征意义的民族特性，这样可以更好地让我们了解各民族文化的差异。

《文化视域下的汉维养生谚语对比》

邓巧玲撰，新疆师范大学硕士学位论文，2016年。

本文试图从文化视域下探究汉维养生谚语，得出汉民族与维吾尔民族在养生方面的共性与差异。共性在于汉维养生谚语不管是在语言的表现形式还是内容上，都有相契合之处。而差异性体现在两个民族在地域气候、风俗习惯、宗教传统、饮食特点、医药文化等，对客观事物的认识自然也有所差别。通过此文的对比与分析，帮助人们进一步理解汉维谚语中的朴素医学养生道理，推动汉维民族在大众养生方面的交流与融合。作者认为汉维养生谚语中包含着许多的医学理论知识以及翻译知识，等待着更多的人去发现研究。

《以谚语为载体的中西方婚姻观念比较研究》

季萍撰，《湖北函授大学学报》，2016年第7期。

本文通过对中英词典中收集近3万条汉英谚语进行对比研究，发现中西方在用谚语表达的婚姻观上有同有异，但主要表现为差异。首先，通过对中外文献研究对比分析，发现中西方女性在传统家庭地位上存在差异，西方女性在家庭中所扮演着的相夫教子角色并没有像中国这么根深蒂固。其次，是对中西方婚姻观念的比较，中国的婚姻观使人们注重婚姻的长久和家庭的稳定，不会轻易离婚，而西方的婚姻观使人们过度关注爱情，关注个人在婚姻当中的自由和独立。

《汉泰农业谚语意象比较分析》

阳亚妮撰，《宿州教育学院学报》，2016年第2期。

本文以中泰两国农业谚语为例，着重分析比较中泰农业谚语的意象及含义上的异同。第一种意象相同含义相同，第二种意象相同含义不同，第三种意象不同含义相同，最后点明汉泰谚语的异同，是在两国自然环境、生产生活习惯及宗教信仰等诸多影响因素下形成的。

《汉希谚语中动物形象的文化对比分析》

王群撰，《科学大众》（科学教育），2016年第3期。

本文通过对比分析中国和希腊谚语中的动物形象，以便人们进一步了解中国和希腊的文化差异，进行跨文化交际。文章认为汉希谚语中有许多文化内涵相近的动物形象，而由于文化背景的不同，中希两国反映在谚语中的动物形象则表现为对同一动物有不同的看法。如狗在汉语中贬义居多；在希腊，狗是人们的忠诚伙伴和劳动帮手，人们对狗的看法较温和，常用狗来比喻人的普通生活和行为，一般不带有厌恶和鄙视等感情色彩。龙虽然不是真实中的动物，但是在华夏文明中有着重要意义，龙还喻指杰出不凡之士，寓意威严、成功、繁荣昌盛等；在希腊语中，鲜少有与之相关的谚语。另外二者对老虎、喜鹊、乌鸦、猴子的寓意的理解也有所不同。另外，两国谚语中还有独有的动物形象，汉语谚语中独有的动物形象有鸿雁、鸳鸯等，希腊语谚语中独有的动物形象则有猫头鹰和螃蟹等。

《蒙汉维植物谚语映现的文化镜像及其文化差异》

丁艳撰，《黑龙江民族丛刊》，2018 年第 3 期。

本文通过系统比较蒙古语、汉语、维吾尔语中的大量植物谚语，指出不同民族的植物谚语在表现内容和形式上存在相似性，这种相似性不仅反映了各民族绚丽多彩的社会生活，也承载着丰富的物质文化和精神文化。而受各民族文化传统的影响和浸染，蒙汉维植物谚语又表现出鲜明的差异性和民族性。文章提出，人类普遍的语言认知是形成植物谚语表现内容相似的根源，而民族文化的差异又使植物谚语呈现出不同的文化意蕴和表现形式。本文对于挖掘多民族谚语折射的民族文化以及谚语所反映出的文化观念具有一定的参考价值，对于了解中华多民族的社会现象、风土人情、文化心理等也有实际意义和积极作用。

九、谚语教化之属

　　谚语是具有传授经验和教训劝诫功能的现成话，其思想性和科学性对生产生活和课堂教学具有借鉴和教育意义。谚语教化功能的研究从内容上分为教育功能和教学功能两方面，前者研究谚语本身在性质上所具有的教育功能或某一地域、题材谚语蕴含的教育意义；后者为课堂教学中谚语的应用研究。

　　20世纪学术研究开创了谚语教化功能研究的先河，特点是数量较少，研究刚刚起步。同时研究面较窄，一方面对于少数民族谚语研究只涉猎藏谚，对其他民族谚语关注甚少；另一方面对于谚语的教学功用多探讨农谚对生物和农学教学的作用，对其他题材的谚语和其他学科的教学关注少，这与当时我国重视农业生产、经济基础薄弱有关。1958年最早提出将谚语融入课堂教学，主张将农谚融入基本生产技术教育和思想政治教育，这在新中国成立初期的教学方法创新上无疑是一重要突破。孟虎军《试析藏族谚语的认识价值和教育意义》对藏谚哲学方面和道德修养方面谚语的教育意义做了一定探讨，体现了学术界对于少数民族谚语功能的关注，丰富了中华多民族谚语教化研究的领域。

　　21世纪以来在研究视角和谚语语料上都有所拓宽，是学术研究大发展、大繁荣时期。主要体现在：第一，谚语教学不再局限于农学、生物学，而是融入多学科，谚语中思想的深刻性、哲理性和科学性在激发学生学习兴趣、增长学生知识、提高教学质量上效果显著，对语文、英语、地理、政治、体育、武术、声乐、对外汉语等学科领域都有借鉴作用。第二，中华谚语中教育功能的分析更为深入，涉及的少数民族更多，包括蒙古族、布依族、苗族、侗族和维吾尔族等，这在多民族谚语教育理念研究上是一重要补充。第三，谚语题材大为拓宽，对于不同题材谚语中的教育思想研究更为细致，包括婚育主题谚语、家教主题谚语、爱国主题谚语，谚语思想的深刻性研究也扩展到价值判断、社会调整、伦理教育、爱国团结、道德教育方面。第四，出现了地域性谚语研究，例如眉山谚语研究、客家谚语研究，对某一特定地区和区域内谚语教化功能的研究细化了谚语研究的空间性。第五，有的研究旨在通过中外谚语、汉少谚语特点对比，帮助对外汉语教学和民族地区双语教学。运用对比手法挖掘不同国家、民族谚语特点，既了解了谚语鲜明的民族性特点，又能够提升教学质量。

（一）教化功能

谚语是人民大众长期生活经验的总结，蕴含着丰富的哲学内蕴。它教会人们如何生活，涉及衣食住行、婚丧嫁娶、生老病死等各个方面，包含着深厚的民俗文化氛围和强烈的生活气息。与此同时，它还鲜明地体现着人民群众对是非、善恶、美丑的品评，规范着人们的行为，因此，谚语还承担着教育和劝勉的重要功能。谚语教化功能的研究成果主要以期刊论文为主，选取具有代表性和典型性的民族谚语和地区方言谚语作为研究语料，从生活常识、道德修养、处世哲学、科学知识等方面阐释了谚语的教化功能，也有中外谚语教育功能的对比，来分析不同文化之间在教育功能方面的差异。这些研究不仅进一步挖掘了谚语的社会功能和价值，而且对于促进各民族融合、弘扬中华民族的传统美德具有重要意义。

《试析藏族谚语的认识价值和教育意义》

孟虎军撰，《甘肃高师学报》，1998年第2期。

本文主要分析了藏族谚语中两类占比较大的谚语。"丹慧"是藏民族对其谚语的称呼，是藏族人民在长期的生产劳动和生活实践中所创造的一种短小精悍的语言艺术形式。藏族谚语中包含着丰富的生产知识和生活经验，其中有关哲学和道德修养方面的谚语非常多，本文仅对这两类谚语进行了分析总结。哲学方面的谚语包括对"认识和实践""真理和谬误"以及"矛盾"和"真理"的认识，是藏民对于自然和社会的规律进行观察分析得出的经验；而思想道德修养方面的谚语有很强的教育意义，表现了藏族人民对真、善、美的追求和热爱乡土、热爱劳动等高贵品质。

《浅论梅山婚育谚语的教化功能》

刘红梅撰，《湖南人文科技学院学报》，2007年第5期。

本文从积极和消极两方面探讨了梅山婚育谚语的教化功能。梅山婚育谚语对梅山地区人们关于如何缔结良好婚姻、正确养育子女等方面具有积极教化功能，择偶观上认为慎重择偶、感情第一和志同道合十分重要，择偶要注重对象的人品和才华而淡化外貌；家庭观上主张男女平等，看重妻子在家庭中的重要作用，夫妻间应团结和睦、以和为贵，不能移情别恋，在婚姻生活中应勤俭持家；生育观上教育人们要少生优生、注重父母对孩子的影响和言传身教；梅山婚育谚语中反映的男权主义思想和唯心宿命论思想具有消极的教化作用。文章指出对梅山婚育谚语应辩证看待和科学扬弃，要按照建设社会主义先进文化与和谐家庭、和谐社会的要求对梅山婚育谚语进行研究与改造。

《英汉谚语的教育功能探析》

张毓瑾、吴雄鹰撰，《上饶师范学院学报》，2009 年第 1 期。

本文旨在探讨英汉谚语的教育功能。英汉谚语能够发挥教育作用的依据有两点：其理论依据是谚语的概念功能；其现实依据是谚语丰富的语料来源和鲜明的语言特色。谚语的教育功能主要体现在德育和智育两个方面。前者集中体现在爱国、亲情、金钱、人际等方面的教育意义上；后者表现在谚语能够培养创新思维和科学方法，还能够传播科学知识上。但英汉谚语在发挥教育功能有一定的局限性：第一，与其他教学方式相比，它明显不够"活泼""生动"；第二，谚语无法占据课堂教学的主体；第三，谚语较为零散，如何将其串接起来仍然是教育者面临的一大难题。作者指出谚语应克服这些局限，积极发挥其教育作用。

《英汉谚语学习中的文化素质教育》

任如意撰，《牡丹江大学学报》，2009 年第 1 期。

本文通过对中英两国自然环境、文化素养、宗教信仰、风俗习惯进行比较来分析汉英谚语的文化差异。文章认为素质教育包括政治素质、思想素质、道德素质的培养和科学文化素质教育、身体素质教育、心理素质教育等四个方面。英国是个岛国，英国人民十分喜欢海洋，他们的生活和工作都与海洋密不可分，不少英语谚语以海洋和航运业为题材。而中国自古以来就是一个农业大国，因而汉语中有许多农耕特色的谚语。谚语还与一个国家和地区的文化素养密切相关，对谚语的理解要结合神话传说、寓言故事、历史事件、文学作品以及名人名言等独特的文化素养。宗教信仰也是英汉谚语的一个重要来源，大多数西方国家的人信奉基督教，因此英语中有不少与基督教和《圣经》有关的谚语。而在中国，由于佛教一度盛行，汉语中出现了许多与"庙""和尚""佛"有关的谚语。由于许多谚语来源于人民大众的劳动和生活，也能反映一个民族的一些风俗习惯，被民俗学著作称为"口承语言民俗"。

《教子习俗探析——以蒙古谚语为例》

苏雅拉其其格撰，内蒙古师范大学硕士学位论文，2010 年。

本文以蒙古族谚语为研究对象探析了蒙古族教子习俗，以期揭示其意义和价值。文中主要从三个方面展开论述：其一，蒙古族谚语教子传承，分为口承和文字记载两种类型。其二，蒙古族谚语教子方法，分为启发式教育、禁忌式教育和示范式教育三种方法。其三，蒙古族谚语教子习俗作用，分为智力开发作用和礼仪教育作用两种。蒙古族谚语不仅在传统游牧生活中起到重要的教育作用，而且在科学迅速发展的 21 世纪也一样具有教育子女的现实意义和实用价值。本文对于分析蒙古族谚语中反映的习俗文化有一定的参考价值。

《黔西南布依族苗族谚语中的教育习俗》

梁小丽、李涛撰，《兴义民族师范学院学报》，2012 年第 2 期。

本文旨在通过布依族谚语中蕴含的传统教育习俗分析其实际教育价值。布依族具有教育意义的谚语有广义和狭义之分，其中广义的包括社会生活和自然现象两大类，社会生活类谚语主要涵盖伦理道德与品质修养、处事方法与行为方式、人生态度和训诫三个方面；自然现象谚语中，与气候相关的谚语占主要部分。狭义的布依族教育谚语主要分劝学、读书、教育观念、学习方法、教育方法、师生关系等方面。苗族教育类谚语与布依族大体相近，这些教育类的谚语总体特征体现为内容的丰富性和通俗性。黔西南布依族、苗族的教育谚语作为其传统文化的精髓，是民族传统教育习俗的重要内容，为其民族传统文化的传承、民间教育奠定了基础。

《教化与律法：西南苗侗民族谚语的文化特征与功能》

李向玉撰，《广西师范大学学报》（哲学社会科学版），2013 年第 3 期。

这是一篇通过研究西南苗侗民族谚语的文化特征与功能，指导教化与律法的文章。作者首先介绍了苗侗民族谚语的流传地区及范围，在苗侗民族之间和广大苗侗地区的谚语以最简短、朴实的高度浓缩语句，精练地概括总结了民族群众的内心世界与行为准则。这些广为流传的谚语可分为时政、事理、身心修养、社会交往、生产生活、婚姻家庭、教育文化、工商贸易、法律法规等几大类，具有阶级性、导向性、民族性、文学性、律法性的特征。同时文章着重分析了苗侗民族谚语的功能及作用，表现在：一是具有普遍意义的谚语在苗侗民族内部起到价值判断作用；二是作为社会规范的一部分法谚，具有社会调整功能。这些西南苗侗民族谚语无论从内容还是思想上，都体现了积极、健康向上的人生观和世界观。在长期的社会生活实践过程中，苗侗民族通过学习西南苗侗民族谚语不断总结前人的道德伦理观念，对下一代进行引导和指教，这不但提高了本民族适应社会的需要，也为中华民族的传统文化提供了宝贵的精神财富和文化积累。

《汉哈语中家教类谚语对比研究》

宋彩凤撰，《新疆职业大学学报》，2013 年第 3 期。

本文以《哈汉谚语辞典》《中国谚语大全》为资料来源，将家教类谚语作为主要研究对象，旨在研究汉哈家教类谚语在内容和表达方式上的异同，探讨汉哈语中家教类谚语的共性，表现在对家庭教育的态度和对教养环境的重视上。同时窥探汉哈语中谚语家庭教育思想的个性，表现在家教谚语侧重点不同、家教中对男女的教养要求不同、教养方式不同和表述方式不同四方面，并深入探讨其原因。汉哈语中家教类谚语对比研究为民族的彼此理解与和谐共处确立了前提，为民族传统教育形式的现代化应用奠定了基础。

《蒙古族谚语的伦理教育功能研究》

尼玛撰，《新疆职业大学学报》，2014 年第 2 期。

本文以蒙古族谚语作为着眼点，强调蒙古族谚语对人的教育意义。着重说明蒙古族谚语的家庭伦理教育功能和社会伦理教育功能。就家庭伦理而言，注重维系人与人之间的团结互助，保证家庭内部团结。在家庭传统道德教育上注重教育者自身的形象。社会伦理教育方面更显示出对师长、友情、邻里的关注，这些谚语表现蒙古族重情重义的民族性格。

《蒙古族谚语的素质教育问题研究》

乌云她那撰，内蒙古师范大学硕士学位论文，2014 年。

本文就蒙古族谚语的素质教育问题进行了研究分析。文章第一部分概述了有关蒙古族谚语的起源及其与素质教育的联系。第二部分阐述了蒙古族谚语中体现的素质教育内容。第三部分主要阐述了蒙古族谚语对于素质教育的意义。蒙古族谚语中不仅体现着蒙古族人的生活经验的智慧，还体现着包括蒙古族传统家教在内的许多教育内容如知识教育、劳动教育、道德教育、健康教育、审美教育等。研究蒙古族谚语有助于素质教育能力的提高，对于传承民族文化和建设家园有重大意义，文章所分析的蒙古族谚语的素质教育问题给蒙古族谚语研究学者提供了很好的借鉴作用。

《论维吾尔谚语中的道德教育》

陈海艳撰，《双语教育研究》，2016 年第 1 期。

文章以家庭道德教育、学校道德教育、社会道德教育三种途径为线索，对维吾尔谚语所反映的维吾尔族的道德教育进行论述。维吾尔谚语中的家庭道德教育主张在家庭中，父母或家庭中其他年长者对子女实施一定教育影响的社会活动。家庭教育是一切教育的基础，包含了尊老爱幼、诚实守信、勤俭节约等方面的谚语。在学校教育上，维吾尔族是一个崇尚知识、好学不厌的民族，因此，关于知识与智慧的内容在维吾尔谚语中就有精粹的表达。此外，还鼓励人们要努力学习、摆脱愚昧，用知识提升自身道德品质。在社会道德教育上，他们认为社会道德教育是一种活的教育，尽管在整个教育体系中处于辅助和补充地位，却显示出了不可替代的作用，维吾尔谚语教育人们要待人真诚友善、乐于助人、互相帮助、万事谦和，与他人建立良好的人际关系。此外，维吾尔族非常注重社会公德教育，历来都把热爱祖国和团结一心作为道德信仰的一个重要组成部分。对维吾尔谚语的解读使我们更加全面地了解和认识维吾尔族的传统道德教育内核，更好地继承和弘扬中华民族的传统美德。

（二）教学应用

谚语与生俱来的教化功能，使得其在教育教学中也能发挥重要作用。前期的研究成果内容包含与多个专业学科的融合运用，比如谚语在地理、思政、农业、声乐、体育、生物等专业学科方面辅助教学的应用，这些研究不仅有助于学生掌握专业知识，还有助于传承如戏曲、武术等中华优秀传统艺术；后期随着对外汉语教育教学的发展和繁荣，研究成果较为系统地研究了对外汉语教学中谚语教学的应用，以及该使用的教学原则、教学策略和教学建议等。这些研究成果极大地开掘了谚语在对外汉语教学中生动、有趣和丰富的教学功能，也有利于传播谚语中所蕴含的丰富的中华优秀传统文化思想。

《我也谈谈运用农谚歌谣进行教学的点滴体会》

周复礼撰，《生物学通报》，1958 年第 8 期。

本文探讨了农谚歌谣在生物教学过程中的作用，认为使用农谚能够进行基本生产技术教育和思想政治教育。生产技术教育体现在作物栽培和动物饲养方面；政治思想教育体现在进行阶级斗争教育、爱国主义教育、劳动教育和宣传中心工作方面。作者分享了运用农谚歌谣进行教学的体会，认为运用农谚山歌结合教学科研能够加强语言的直观性，使学生易于掌握、巩固和消化教材，使原则性的教材生动活泼，贯彻了教材与生产实际和学生实际相结合的原则，在平时应注意搜集整理和分析批判工作，以期待取得好的效果。

《农谚在种植专业课教学中的运用》

韩万中撰，《教育与职业》，1996 年第 5 期。

本文就农谚阐述其在种植专业课教学中的运用。农谚在种植专业课教学中的作用主要表现在四个方面，包括激发兴趣，调节课堂气氛；开阔视野，丰富认知世界；启发思维，打开认知思路；提纲挈领，增强记忆效果。

《由艺谚想到语文教师和语文教学》

白金声撰，《黑龙江教育》，2002 年第 Z1 期。

本文以谚语中的 3 条艺谚为研究对象，这些艺谚意味深长，韵味隽永，言简意赅，它们科学地总结了前人艺术实践的经验，概括了艺人谈艺的精华和卓见，所以作者备受启发，觉得这些艺谚同样可以借鉴到语文教学中来，帮助教育教学者有更好的提升空间。

《武术教学中如何正确运用谚语》

朱清华撰，《搏击·武术科学》，2004 年第 1 期。

本文论述了如何在武术教学中正确应用武术谚语，分别从理论课教学、基本功教学两方面结合实际的武术教学情况，对如何正确应用武术谚语进行了阐释。文章对于指导武术谚语在武术教学中的应用有一定价值，对学生而言，谚语的可信度很高，而且便于记忆。它简练、朗朗上口的特点让学生在不自觉中依照谚语的意义来要求自己，使教学质量得到了提高。

《试析谚语在武术教学中的作用》

崔花云、马峰、郑有慧撰,《搏击·武术科学》,2005 年第 11 期。

本文对谚语在武术教学中起的作用进行了探究。首先说明了武术教学的形式特点及武术教学语言的艺术性;其次在其基础上论述了谚语在武术教学中的作用,作者认为如果在武术教学中充分地应用武术谚语,可以达到信息的传递和接受的速度快、效果好、信息内容多、节省临时组词谋句的时间等效果。文章对于指导武术谚语在武术教学中的应用有一定帮助。

《谚语格言在大学英语教学中的应用》

刘英撰,《吕梁高等专科学校学报》,2006 年第 3 期。

本文探讨谚语格言对大学英语教学的作用,认为在教学中要结合文化背景,正确理解其内涵;扩充词汇量,补充语法知识;通过谚语格言的激励和教育作用,帮助学生树立正确的世界观、人生观。通过谚语格言的教与学,不仅可以开阔学生的视野,提高学生的阅读、理解能力,还可以锤炼学生的思想品质,从而达到教学的根本目的。

《浅谈农谚在农学类专业课教学中的运用》

蔡一新撰,《科教文汇》,2007 年第 8 期。

文章论述了农谚在农学类专业课教学中的运用,指出农学类专业课教学中结合具体内容有目的、有选择地运用农谚来配合教学,会给教学带来惊喜,文中认为农学类专业课教学运用农业谚语,大致有五种功能,包括作为恰当的"课前引语"而引出主题;变抽象思维为形象思维;形象有趣朗朗上口,变课堂沉闷为活跃;激发学生认真思考,透过现象找本质;引导学生理论联系实际。

《浅谈诗词谚语在中学地理教学中的运用》

汪德跃、雷维应撰,《成功》(教育),2007 年第 11 期。

古诗词谚语蕴含着大量的地理信息,在中学地理教学中恰当地应用一些诗词谚语,不仅可以加深学生对地理知识的理解和记忆,而且可以增强学生学习地理的兴趣,体现在利用诗词导入新课,既可以活跃课堂气氛,又可以激发学生学习兴趣,还可以丰富课堂教学内容,便于学生理解掌握地理知识。对于运用此方法,作者还提出了合理建议。首先,地理老师要自己编写谚语才能得心应手;其次,对于诗歌谚语的运用要力求时效;最后,对于谚语的运用要贵在精练。

《浅说谚语在大学英语教学中的作用》

高轶妹撰,《科技信息》(科学教研),2007 年第 28 期。

在大学的英语教学中,英语教师通常会发现学生对于英语明显缺乏兴趣。但是,只要教师在教学中引入一些积极有趣的成分,学生的积极性就会比平时高很多,谚语有着幽默诙谐、短小精练的特点。本文探讨了谚语在大学英语教学中的作用,指出在大学英语教学中正确使用谚语,有利于学生巩固语言知识、提高表达能力、了解西方文化、促进品德修养。

《武术谚语在武术教学中的作用》

吴寿枝、樊红岩撰,《北京城市学院学报》,2008 年第 5 期。

武术谚语是华夏文化千百年来沉淀下来的文化瑰宝,正确认识武术谚语在武术教学中的作用,对于提高武术教学质量有很大的推动作用。文章具体论述了在武术教学中使用武术谚语,具有对学生进行武德教育、激发学生习武兴趣、指导学生习武实践、提高学生武术意识、传授武术基本知识、弘扬中华武术文化的作用。

《论民间谚语进民族地区小学〈品德与社会〉课的有益尝试——以贵州黔南地区为例》

吴文定撰,《黑龙江史志》,2009 年第 14 期。

本文探讨了民间谚语在《品德与社会》教学中的应用。民间谚语内容丰富,寓意深长,具有一定的科学性和哲理性,在黔南大地上流传十分广泛,而且谚语句式匀称、语言生动、修辞贴切、言简意赅,具有较强的育人功能。新课程标准基本理念提出"帮助学生参与社会、学习做人是课程的核心"等,又因为民族地区小学生对谚语较为熟悉,民间谚语中有许多经典的语言是以培养高尚的人生品格为目标的,将民间谚语纳入小学《品德与社会》课教学中,既可使学生从中获得知识,又能圆满地实现教学目标和提高教学效果,达到育人的终极目标。文末作者提出民间谚语进课堂只是一种有益的尝试,教师要根据特定的教学内容与教学环境有针对性地进行,切不可将《品德与社会》课变成专门的民间谚语课。

《歌诀谚语在体育教学中的运用》

唐艳军撰,《教育与职业》,2009 年第 20 期。

本文对歌诀谚语特点进行准确、精练概括，并对歌诀谚语在体育教学中的运用手段进行了分析，意在强调歌谚运用于体育教学中，对于吸引学生注意力、激发学生兴趣、活跃课堂气氛从而达到良好的教学目的，有着意想不到的作用。文章首先介绍了歌诀谚语的特点，即准确明了、概括精练、形象生动、押韵顺口和口语化。其次对歌诀谚语与体育教学进行分析，具体体现在以下三个方面：歌诀谚语在体育教学中的运用手法包括借助夸张，达到教学目的；运用比喻，揭示对象特征；借助对比，加深印象与平铺直叙，抓住技术的本质。歌诀谚语在体育中的必要性体现在结合歌诀谚语进行动作讲解，有助于学生了解动作要领，达到教学目的，但是在应用时要注意以下三个问题，即在体育教学中要善于解决学生认识过程中的矛盾，学会用道理和生动易懂的语言去"开锁"，以及教师对学生的诱导作用。

《农谚在农学专业教学中的应用》

侯贵霞撰，《河南农业》，2010 年第 14 期。

本文认为农谚是人们在生产实践中总结出来的宝贵经验，对指导农业生产的发展起到了重要作用，农谚的简练概括、通俗易懂等特点在教学中能够活跃课堂气氛。农学教学的内容主要有掌握作物的生长发育规律和应用理论指导生产，文中列举了与小麦生产和水稻生产相关的农谚来进一步阐释农谚在课堂教学中的运用。另外，为了使农谚在农业教学中充分发挥其作用，应注意对农谚的选择和解释，在农学教学中，要善于利用农谚概括讲授内容，活跃课堂气氛，提高学生的学习兴趣，减轻学生的记忆负担。

《对外汉语高级阶段谚语及教学研究》

黄美英撰，重庆师范大学硕士学位论文，2011 年。

本文对对外汉语高级阶段有关的 101 个谚语进行统计、分类与描述辨析，并结合外国留学生情况及对外汉语高级阶段谚语教学，提出相关意见。论文共分为五个部分，第一部分绪论介绍了论文研究目的及意义、现有的成果、研究的发展趋势、研究方法和研究内容等。第二部分指出谚语在对外汉语高级阶段教学的重要性。阐述了汉谚的产生背景、性质、内容及其与成语、歇后语的区别，强调谚语在对外汉语高级阶段有利于培养学生学习汉语的兴趣，让外国留学生了解中国文化，还能提高外国留学生的汉语交际能力。第三部分为对外汉语高级阶段有关 101 个谚语的分类研究。《高级汉语口语》《汉语教程》《高级汉语读写教程》三套教材中总共 101 个谚语，《高级汉语口语》《汉语教程》中的规诫谚、事理谚、常识谚和讽颂谚所占的数量都不少，《高级汉语读写教程》主要包括规诫谚、事理谚。三套教材中，规诫谚所占的比例都是最大的。第四部分为对外汉语高级阶段有关谚语的描述。作者对结合教材里的语境的，三套教材中每一个谚语的原义及演变义，以及语言格式、修辞方式分别进行描述。第五部分为对外汉语高级阶段谚语教学策略及建议。结合留学生使用谚语的困难，对对外汉语高级阶段谚语教学提出策略和建议。

《跨文化交际背景下对外汉语教学中民间谚语问题》

张爱萍撰，《铜陵学院学报》，2012 年第 3 期。

对外汉语教学是对外国人进行的以汉语作为第二语言的教学，文章对外汉语教学中的民间谚语的教学提出了几点对策。在对外汉语教学中，民间谚语是理解一个民族特定的历史与文化的问题，是汉语教学中的核心。目前对外汉语教材中选取了日常生活型、生产劳动型、社会政治型、人生哲理型以及文化理念型这五类谚语。对外汉语教材要选积极的谚语，分析其文化内涵，根据其难易程度，由易而难，逐步深入地进行教学。据此他提出了三点教学对策：一是注重民间谚语的语义教学；二是重视民间谚语的运用；三是用"大文化观"统摄民间谚语教学。作者认为，对外民间谚语教学的基本途径是"透过字面，体会文化；通过形而下，到达形而上"。

《浅谈如何巧用"谚语"进行生物教学》

高艳辉、孟繁荣撰，《吉林省教育学院学报》，2012 年第 6 期。

本文结合与生物有关的谚语，阐释了谚语在生物教学中的运用。文章列举了"螳螂捕蝉，黄雀在后""一母生九子，连母十个样""一朝被蛇咬，十年怕井绳""大树底下好乘凉""万物生长靠太阳""一方水土养育一方人""老鼠过街，人人喊打""红花还需绿叶衬""人有人言，兽有兽语""树怕伤皮，不怕空心""一山不容二虎""作茧自缚""鱼儿离不开水"等 13 条谚语，并就其对应的生物学理论如生物的捕食关系、变异、条件反射、最终能量、来源、生活与环境的关系、生物的竞争、光合作用、生物的通信、植物的疏导组织、生物种内斗争、生物适应的相对性以及鱼的呼吸等进行了探讨。作者认为，在生物教学中巧妙运用一些谚语，可以让学生感受自然与生命之美，活跃课堂的气氛，激发学生的学习兴趣，提高课堂教学效率。

《少数民族谚语与思想政治理论课案例教学》

迪丽娜尔·阿不力孜撰，《经济研究导刊》，2012 年 28 期。

文章主要分析了少数民族谚语在思想政治理论课案例教学中的应用。少数民族谚语题材广泛、内容丰富、语言精练、比喻生动，具有很强的借鉴和教育意义，因此，多角度全方位地研究思想政治理论课案例教学的内容、手段及质量监控对策，对于加强思想政治理论课的实效性具有非常重要的意义。

《汉语谚语及谚语的对外汉语教学研究》

热孜古丽·热合木都撰，新疆大学硕士学位论文，2014 年。

作者从本体及对外汉语教学两方面对谚语展开研究。文章分为五个部分，第一部分为引言，包括前人研究成果和尚存问题、本文研究内容及方法；第二部分为汉语谚语的研究，包括汉语谚语的界定与来源和汉语谚语的特点；第三部分为汉语谚语在对外汉语教学中的现状分析，包括谚语在教学大纲中的现状、谚语在教材中的现状和谚语在对外汉语教学大纲、教材被忽视的原因；第四部分为留学生汉语谚语习得及使用中的问题分析；第五部分为谚语对外汉语课堂教学策略浅论，包括教材中谚语的选择问题浅析和谚语的课堂教学的一些建议。

《蒙汉谚语对比与对蒙汉语谚语教学》

阿荣乌其日拉撰，黑龙江大学硕士学位论文，2014 年。

本文通过对蒙古语谚语和汉语谚语进行对比来认识民族的文化内涵，从而得出对蒙汉语谚语教学的教学策略。文章分为五个部分，第一部分绪论包括研究目的与研究意义、研究现状及发展趋势、谚语概说；第二部分论述蒙汉谚语语言对比和蒙汉谚语文化含义对比；第三部分介绍汉语教材中的谚语；第四部分对蒙汉语教学中的谚语教学，论述教学原则和教学策略；第五部分结语指出对蒙古族进行汉语谚语教学的方法，首先应该考虑蒙汉谚语之间相同的方面，其次要考虑不同的地方，最后要重视谚语的教学。

《试论如何将蒙古谚语融入到中学蒙古语教学中》

阿日布吉呼撰，内蒙古师范大学硕士学位论文，2014 年。

本文阐述了将蒙古族谚语融入中学蒙古语教学的重要性。文章从以下几点展开论述：第一，论述了谚语的发源和发展；第二，论述了谚语的书面传播历史；第三，蒙古谚语在蒙古族家庭教育中的应用；第四，在中学蒙古语教学中怎样融合蒙古谚语；第五是社会调查部分，总结了本文的研究工作，提出了下一步的研究任务。作者在简单介绍蒙古谚语的发源、发展、特点以及对蒙古族文学的影响后，再论述其教育性、哲学性以及对思维方式、传统文化、世界观和认识的影响，最后总结出把蒙古族谚语融入中学蒙古语教学的重要性。本文对于蒙古族谚语与蒙古语教学的融合研究有一定的参考价值。

《蒙古族谚语在〈生活与哲学〉课教学中的应用研究》

乌云撰，内蒙古师范大学硕士学位论文，2016 年。

本文就蒙古族谚语在《生活与哲学》课教学中的应用进行研究。论文由三大部分构成，第一部分阐述了蒙古族谚语的发源、发展、概念、特点、分类以及对社会的影响等；第二部分介绍蒙古族谚语在《生活与哲学》课教学中的应用状况；第三部分阐述蒙古族谚语在《生活与哲学》课教学中的应用意义，主要有提升教师的教学质量、引起学生的学习兴趣、蒙古族传统文化的传承、马克思主义大众化等。将蒙古族谚语应用在《生活与哲学》教学中，不仅能有效地改变哲学课堂枯燥乏味的局面，也能促进课堂教学的效果。本文对于教学和谚语的应用研究有一定的参考价值。

《蒙古族谚语在教学中的应用》

李书撰，《赤峰学院学报》（汉文哲学社会科学版），2016 年第 2 期。

本文主要探讨了蒙古族谚语在教学中应用的意义及原则，认为其意义主要体现在提高学生的学习兴趣、深化学生的理解能力、提升学生的审美情趣、培养学生的思辨能力四个方面。其中提高学生的学习兴趣有利于激发学生的学习，也可以加深学生的记忆。蒙古族谚语具有音乐性，除了形式整齐、音节和谐以外，更主要是表现在用韵上，这有利于提升学生的审美情趣。蒙古族谚语具有社会性，随着社会的发展变化以及人们认知能力的提高也会发生变化。另外，蒙古族谚语十分简短，具有深刻的哲理性，这有助于培养学生的思辨能力。蒙古族谚语在教学中应坚持科学性原则、思想性原则和适度性原则。在具体的教学中，教师应根据学生的实际情况进行适当调整，应用的蒙古族谚语过多、过难都不利于教学工作的顺利完成。

（三）生活运用

谚语是活的语言，是在人们日常生活中发掘、总结、凝练出来的结晶，并且在生活里不断使用中变得更加智慧凝练，因此就有必要研究谚语在生活中的运用情况，相关的研究成果有的从不同角度开掘了谚语在生活中的运用，指出要正确看待谚语的内容，掌握谚语的时代功能；有的则从语用观方面管窥汉语语用的特点。总之，这些研究都肯定了正确运用谚语能够破除迷信糟粕、化解纠纷和弘扬社会主义正能量的积极意义。

《藏谚在藏语表达中的作用及其语法功能》

车得驷撰，《西北民族大学学报》（哲学社会科学版），1984 年第 4 期。

本文指出了藏谚在藏语表达中主要有以下作用：一是增强人们对客观规律的认识；二是在实践中有启发作用；三是有修辞作用。藏谚的修辞作用是最重要的特点，目的是增强语言的可信性，比如用谚语表明经验或规律。藏谚的修辞方式十分丰富，可以用作形容、比喻、夸张以及充当排比与顶真、充当引用成分等。藏谚在句中还有语法功能，可以做句子的主语、谓语、宾语、定语、状语、补语、同位语和独立成分。合理地运用藏谚，对于正确地表达含义、丰富藏语的内涵有十分重要的作用。

《藏谚在藏语中的运用》

车得驷撰，《西北民族大学学报》（哲学社会科学版），1985 年第 3 期。

本文对于藏谚在藏语中的运用提出了几点实用的建议。一要掌握藏谚的时代功能，藏谚是会随着时代的改变而变化的；二要掌握藏谚的功能范围，在合适的语言条件下准确地表达意思；三要鉴别藏谚的思想性与科学性，学会甄别；四要掌握谚语的核心——喻义，尤其要对故事藏谚和带有比喻含义的藏谚加深理解；五要表达思想的有机成分，符合实际，正确表达人的想法和观点；六要正确地选用藏谚；七要注意藏谚的活用和创新。在新的时代要有创新的精神，对旧藏谚进行改造，让其焕发新的活力。总之，对藏谚的活用进行创新改造，有利于理解藏谚，丰富藏谚的知识，熟悉同一藏谚的不同含义，让旧的谚语更加充满活力。

《关于谚语中的精华与糟粕问题》

李国华撰，《河北大学学报》，1987 年第 4 期。

本文针对编选《中国谚语集成》中所遇到的谚语的精华与糟粕问题展开讨论，对于谚语的性质进行了文艺学角度的补充，同其他文学体裁相比较，谚语具有三个基本特征。一是从谚语的形式上来看，篇幅短小，语言精练；二是从谚语反映社会生活的方式来看，具有高度的概括性；三是从谚语的思想内容上看，具有科学性。文章指出，在对谚语进行精华与糟粕的鉴别过程中，除了要符合无产阶级文学批评的思想政治标准，还要从其性质、特征和思想内容出发，即科学性、思想性、政治性，另外还应当考察谚语的现实意义，从而做出准确的评价和判断。文章在列宁"两种民族文化"的基础上进行分析，认为谚语的精华与糟粕问题，实质上是属于同一民族中的两种不同的民族文化，并指出其根本原因是处在统治地位的统治阶级思想的影响、劳动群众具体的复杂的生活条件的必然产物，以及谚语的产生、流传和发展过程中所必然产生的消极结果。

《正确对待俗谚》

文子牛撰，《现代交际》，1994 年第 5 期。

文章主要提出要正确对待有新创造的嘲讽谚、规诫谚。本文主要从嘲讽世态风情的俗谚、针对不正之风和腐败现象的俗谚、吸取规诫性的俗谚三方面阐述。有的俗谚是人们对违法暴利、唯利是图、不正之风、黄赌娼毒等现象的"泄愤"；有的俗谚针对党内存在的不正之风和腐败现象进行讽刺。并且指出带有封建迷信色彩甚至散布世纪末情绪妖言惑众，起煽惑人心、破坏改革的恶劣作用的，不是俗谚，要旗帜鲜明地反对，从而以正确的态度对待俗谚。

《民间谣谚中破除迷信的智慧》

范瑞婷撰，《太原师范学院学报》（社会科学版），2000 年第 3 期。

早在中国古代就有有识之士对破除迷信提出了观点，这些观点体现在民谣、谚语里。作者从破除迷信的谚语入手，从不同角度剖析了迷信活动的常见形式（比如崇奉神鬼、风水先生）和荒谬之处，揭露抨击了迷信活动作俑者惑乱人心、危害人体健康乃至生命、扰乱社会秩序等罪恶行径，对于警戒世人、批判邪教、弘扬科学精神等，都有不可低估的教化作用。本文对于发掘和研究民间谣谚起到了抛砖引玉的作用，推动了语言的发展。

《巧用民间谚语　化解民间纠纷》

刘和林、杨茂昌撰，《人民调解》，2005 年第 2 期。

文章以民间谚语为研究对象，着重探讨民间谚语对于化解人民内部矛盾、做好人民调解工作有着举足轻重的作用。作者认为民间谚语有四个特点，分别是揭示性、开导性、疏导性、告诫性。这四个特点是民间谚语对民间纠纷起到化解作用的实质性原因。

《汉语谚语中的语用观》

李海宏撰，《语言文字应用》，2005 年第 S1 期。

文章从谚语管窥汉语的语用观。通过分析，得出汉语语用观最重要的特点是渗透着中国传统文化的"得体"，体现在以下方面：在言语的生成过程中，强调"心诚"；在言语的"量"方面，强调"度"；在言语的运用过程中，则强调"言"与"境"的一体化。关于语用观的定义，作者指出"语用学是研究在一定的语言环境中如何理解和运用语言的学科，语用观就是人们在长期运用语言的过程中形成的关于语言理解和语言运用的观念"。

《金凭火炼　人靠心交——渝西方言谚语中的渝西社交文化精华探析》

夏明宇撰，《重庆文理学院学报》，2011 年第 6 期。

本文以渝西方言谚语中的渝西社交文化为探析对象，总结出了属于渝西人民的社交文化精华。主要有四个部分：倡导团结互助的集体主义思想；强调自力更生的独立自主思想；主张慎重交友的洁身自好思想；嗟叹知己难寻的愤世嫉俗思想等。其中既凸显了渝西人民积极的生活态度和入世思想，又展现出他们在世俗面前的几分无奈。体现渝西社交文化的谚语在整个渝西传统文化中也是一个自成体系的分支，同样扮演着自己的角色。本文在语言与文化的关系中选择社交文化是比较新颖的，为文化内涵的分析研究注入了新鲜血液。

十、谚语翻译之属

文化背景和语言使用的差异对中华谚语翻译造成一定困难，因此必须抓住谚语精髓，翻译出其中的韵味。中华谚语翻译的研究成果包括谚语翻译问题、翻译技法、翻译策略和翻译理论研究。

中华谚语翻译的研究从时间上大致分为 20 世纪末和 21 世纪以后的研究。20 世纪末的研究主要集中于四个方面：一是谚语翻译的问题；二是谚语翻译中应当遵循的原则及翻译策略；三是从文化角度对汉语谚语与其他国家的谚语进行对比；四是从口译角度来谈谚语翻译工作。从这一阶段的研究可以看出，谚语翻译的研究处于萌芽阶段，研究层面多倾向于谚语翻译的问题、原则与翻译策略，尽管研究深度较浅，研究的角度与范围还有待进一步挖掘，但是这些研究成果为谚语翻译工作指明了方向，提供了行之有效的翻译策略。

进入 21 世纪，研究视角逐渐拓宽，学术发展进入繁荣期。

第一，文化层面的研究对象集中于两个方面：一是汉谚与少数民族谚语的文化差异；二是汉语谚语与其他国家地区的文化差异，研究的方向涵盖地理环境、宗教信仰、风俗习惯、思想观念。在这种文化差异的作用下，进行谚语互译时，要采用合适的翻译策略来保证英汉谚语翻译的准确性。

第二，中华谚语翻译问题的研究由单一到综合，呈现出多元化的特征。首先，关联理论、目的论以及动态论等翻译理论的研究成果为中华谚语翻译的研究提供全新视角，开辟新的研究角度，同时为翻译工作提供方法论指导；其次，对中华谚语进行翻译时要遵循翻译原则，译文中既保持原文的内容又保持原文的形式，特别是保持原文的比喻、形象和民族地方色彩等；最后，主张在翻译中采用正确的研究方法，使谚语译文收到更好的语言效果，并提出异化和归化这两种翻译策略的概念，并强调它们在英语谚语翻译中的运用，如王德怀先生在《维吾尔谚语翻译研究》一书中对维吾尔谚语的翻译提出了多项原则，丰富了维吾尔谚语翻译的理论和实践，事实上，文中的各种观点也完全能够适用于多民族谚语的互译工作。

第三，文化与认知的研究角度将认知语言学与跨文化层面相结合，通过运用文化认知理论，阐释谚语的可译性问题。

第四，语用功能的研究方向包括四个方面：一是根据英汉两种语言的特点，从口译的角度讨论如何翻译中华谚语；二是从语用的角度，运用一般会话含义与特殊会话含义理论单方向分析英语谚语汉译的各个环节与过程；三是研究现代商务交际中的英汉谚语的应用情况；四是从教学角度，讨论谚语翻译对教学工作的影响。突出谚语翻译的实用性与社会性。除此之外，一些综合类的文章，研究的角度多涉及语法、修辞、语言结构、语法特色，通过对比与综合叙述来呈现谚语翻译研究的综合性。

与 20 世纪末的研究相比，21 世纪以后的研究呈现出多层次、宽领域、多元化的特征。首先，从研究的数量上看，研究的成果日趋增多，为进一步研究中华谚语翻译提供了更多的文献资料；其次，研究的对象与范围不仅涉及国家与地区，还涉及文学作品与辞典专著，为学者们开辟了新的研究渠道、发现了更多有价值的语料。除此之外，对谚语翻译的研究更加深入，强调理论与实际相结合，使中华谚语翻译更具有实用性。

（一）翻译问题

谚语的翻译问题是 20 世纪末较为集中的研究方向，在谚语翻译的过程中，不但要处理不同民族之间语言和文化的矛盾，还要和当前的语言现状等多方面因素结合起来，译出原有谚语的形象、喻义、修辞和语言文化，这样才能起到更好的文化效果。所以谚语翻译应该尽量取当地已有谚语进行对应，翻译过来的谚语最终要服务于当地的人民群众。此外，还要了解当地的民俗文化和谚语本身的文化内涵。这部分研究成果涉及少数民族地区的谚语翻译问题和英语谚语翻译过程中产生的问题。

《关于维吾尔谚语的翻译问题》

马鸿坤撰，《西北民族大学学报》（哲学社会科学版），1980 年第 1 期。

本文基于维吾尔语和汉语语系自身特点差异，两民族谚语在意义、色彩、使用习惯等方面的差异，简要分析了翻译维吾尔谚语时可以采用的几种方法：一是对等翻译；二是直接翻译；三是取意翻译；四是说明性解释；五是音译；六是词的增加与转换。

《试论蒙古族谚语的翻译》

斯日古楞撰，《青海民族研究》（社会科学版），1990 年第 1 期。

本文主要介绍了蒙古族谚语的翻译问题，指出了一些蒙古族谚语在翻译上的规律性。一些句子结构和语义结构相同，翻译时不会出现大问题。一些句法结构残缺，语义结构完整的谚语则可以采用增补的方法来解决，一些以生活经验为喻体的谚语翻译时则需要依靠现实的生活经验。蒙古族谚语的翻译还要依靠特定的文化背景，要求翻译者有较高的汉语水平。

《维吾尔谚语汉译琐谈》

刘文性撰，《语言与翻译》，1990 年第 4 期。

本文作者基于自己长期的教学实践，针对维吾尔谚语汉译的译文中的不贴切处，进行例证分析。经分析，作者不主张用方言词语进行翻译，主张维吾尔谚语在汉译时不仅要语言简练，还要符合本民族的民族特点和民族风格。

《浅析〈维吾尔谚语〉中的误译几例》

王德怀撰，《新疆教育学院学报》（汉文综合版），1997 年第 2 期。

文章主要对《维吾尔谚语》（阿里木·哈德尔、张春实、赵世杰编译）中的 17 例错译谚语进行了分析纠正，指出这种错译现象的原因有四个方面：一是对于维吾尔族的文化认识不够深入；二是对谚语中的词义、句义理解有误；三是一味追求翻译形式上的完美，而忽略了意义上的重要性；四是对词语的搭配和词的民族性理解不够。

《议维吾尔谚语里的民族文化词在汉译中的处理：与马俊民先生等磋商》

王德怀撰，《语言与翻译》，1997 年第 2 期。

文章就马俊民先生在《论维吾尔谚语的汉译》（《语言与翻译》1985 年第 3 期）中提出的一些汉译维吾尔谚语的原则和方法提出了自己的看法，即在汉译过程中表达民族文化的词语应该如何处理。作者根据一些具体的例子，来说明这些文化词语在翻译的过程中是不能被替换和删除的，如果这样就会失去原有的本民族文化的色彩。

《穹庐歌谚千秋唱——兼谈柯尔克孜谚语的翻译问题》

吴可勤撰，《语言与翻译》，1999 年第 4 期。

本文从柯谚的性质和分类、翻译方法论角度探讨柯尔克孜族的民间谚语。柯谚以其博大精深的文化底蕴、玲珑剔透的外部形式，透视出柯尔克孜传统文化的千姿百态，反映了柯尔克孜民族的智慧，它让读者看到了柯尔克孜民族的古代社会制度、风俗习惯、生产生活方式的方方面面。从内容上看，柯谚大致分为教诲式谚语、警世训诫式谚语、风土人情式谚语、论人秉性式谚语四种。翻译的方法有借译法、直译法、意译法、直译加注释法和熟语翻译法。

《对维吾尔谚语汉译和民族文化有关问题的探讨》

刘文性撰，《西北民族大学学报》（哲学社会科学版），2004年第1期。

本文从译介学角度指出，译文来不得半点想当然、不可主观臆断、不要随意附会，而应言简意赅、通俗易懂，且要符合汉语言文字的发展规律、表现形式、使用习惯以及内在的风格特点。本文对维吾尔谚语的汉译质量及译文接受群体的思考，能够引起我们对译介学中普遍存在的问题的重视与深思。

《浅议谚语翻译》

金天杰、李志红撰，《承德医学院学报》，2006年第3期。

本文对英汉谚语的翻译问题进行了简明的论述，认为英语谚语和汉语谚语都具有比喻生动、寓意深刻、用词简练，单句讲究韵味，双句讲究对仗，文体非常口语化，读来朗朗上口，便于记忆流传等特点，因此，翻译者在进行翻译时要讲究翻译技巧。常见的翻译方法有直译法、意译法、套用同义目的语谚语及直译兼意译法。在谚语翻译过程中应该注意的问题有切忌望文生义、注意口语化、注意民族性、注意艺术性这四个方面。总之，文章认为谚语翻译绝非易事，任何人都应该在掌握理论的基础上多多进行实践翻译，从而提高自己的翻译水平。

《浅析藏族谚语翻译中的几个问题》

兰卡才让撰，《黄南报》，2007年8月19日。

作者探讨了藏族谚语翻译中的几个问题。一是要弄清楚什么是谚语，译者要熟悉藏族谚语；二是只有充分理解原文才有可能进行翻译，而且要注意区分谚语与成语、歇后语、俗语、格言；三是表达过程中要注意翻译方法，学会正确使用音译、直译和意译三种翻译方法；四是审译要把好译文质量关，这是译文成败的关键所在。

《谚语翻译失误刍议》

张毅平、张传彪撰，《漳州师范学院学报》，2007 年第 1 期。

文章通过对一句英语谚语 "Better be the head of a dog than the tail of a lion" 的翻译来探讨谚语翻译失误与偏颇的现象。文中具体论述了谚语翻译的方法，谚语翻译宜当不拘一格，主要是遵循"异化"策略和"归化"策略；谚语应当译出"谚语味"，指出谚语的翻译应该有自己的特色。这些特色大致有三点：一是译法不可偏执；二是"意""味"必须兼顾；三是译谚贵在创意。

《维吾尔语紧缩谚语及其翻译》

谭婧霞撰，《语言与翻译》，2007 年第 4 期。

文章论述的主要对象为维吾尔语中的紧缩双联谚语。其主要可分为语法紧缩和语义紧缩两种，且这类谚语在汉译时总会出现谬误。针对这一情况，作者在王德怀先生的翻译四项原则的基础上，提出了翻译的两种方法，一为文化关联思维法，二为语用关联思维法，以期为以后的翻译理论起到抛砖引玉的作用。

《论满文谚语翻译中的关联缺失与重构》

吴碧宇撰，《大连民族学院学报》，2009 年第 6 期。

本文从关联理论的交际观和语境观分析了满文谚语汉译文错误理解或偏差理解的原因，发现原文明示信息在译文中失去明示功能及译文明示信息激活不了译语读者的百科知识，是翻译中的关联缺失的根本因素，影响了译语读者的理解。因此，在翻译过程中为译语读者构建源语与译语之间的最佳关联，使缺失的关联得到重新构建，让译语读者正确顺畅地理解满语谚语的实质内涵，使翻译交际获得成功。

（二）翻译技法

谚语的翻译技法是谚语翻译和谚语传播的重要环节，作为最生动、最精练的语言，掌握谚语的翻译技法显得尤为重要。从 20 世纪末到 21 世纪，谚语翻译的研究逐步成熟，翻译的技法也愈发完善。在翻译谚语时要全面考虑到其语言特征和文化背景，灵活地运用多种翻译方法，力求准确表达原文的意义，全面正确理解谚语的深刻内涵。总体而言，谚语的翻译技法有直译法、意译法、直译兼意译法。

《双语词典中成语、谚语的翻译》

王淑馨撰,《辞书研究》,1980 年第 2 期。

本文分析了中外双语词典中成语、谚语翻译的方法,包括对等、类似、仿造和描述。其中对等是要找出两种以上语言中的对等物进行翻译;类似,也称为相应,是指在找不到对等物时通过不同的形象传神达意;仿造,也称为直译,是最直接理解原文的方法,但是仿造的同时最好加以类似或描述才能更确切;描述是用另一种语言翻译时加以直译,但是描述很难做到传神与达意兼备。最后又提出了翻译时应该注意修辞色彩和语体的问题。本文简洁明确地介绍了双语词典中成语、谚语翻译的四种主要方法。

《浅谈维语谚语的译法》

约提库尔撰,《语言与翻译》,1986 年第 1 期。

文章通过对一些维吾尔谚语译文的举例分析,指出维吾尔谚语在翻译时总会出现一些错误。有的失去本来的意义,而有的死板直译,失去了原来的韵味。作者认为维吾尔谚语在直译的过程中,可以采用拟译语言中相近、相似的词语来代替,使翻译更加完美。如若找不到相近的词语,也要在弄清原义的基础上,保证译文具有原文的风格。总之,要从实际出发,具体情况具体分析。

《少数民族谚语汉译三题——〈中国谚语集成〉译编手记》

李耀宗撰,《中央民族大学学报》,1995 年第 5 期。

文章系统地论述了少数民族谚语汉译的原则,其中包括“双向传输”的译理原则即追求科学性与文学性的有机统一,“转达”“表达”和“转达又表达”的译法原则以及条理清晰的译规原则。

《谈俄汉成语谚语的对比翻译》

毕玉蕙撰,《吉林大学社会科学学报》,1995 年第 3 期。

本文就俄汉两种语言的成语和谚语进行对比,以期在教学实践中能正确掌握和运用。由于俄汉两种语言有各自的历史文化背景,在使用成语和谚语的过程中有所分别,因此文章将俄汉成语、谚语的对比分成三类分析阐释。一是语义相同,而且表达的形式和比喻的形象也相同的;二是相类似的;三是完全不同的。除此之外,文章指出一些成语谚语来源于典故,应在翻译时采用直译加注释的方法，并且需要讲清典故，达到更好的教学效果。本文对俄汉成语谚语的对比翻译研究，对于指导教学实践有一定的参考意义。

《从口译角度谈维吾尔谚语的译法》

吾提库尔撰，《语言与翻译》，1998 年第 1 期。

作者分类概括了维吾尔族谚语的译法。首先应当以不同的语言环境和翻译目的做前提，其次根据不同的需要酌情处理。如翻译的目的是介绍本民族文化，则对于具有鲜明民族特征的谚语需要在体现维吾尔族文化特征之外斟酌措辞和韵律；对于形成于长期生活实践却没有显著"民族特色"的谚语，要在不伤"要害"的前提下做适当变通，而不是用汉语对应；如翻译目的是便于交流，则应大胆使用对应汉语。

《归化异化　各得其所——从谚语翻译谈归化和异化翻译法的应用》

刘新义、张京生撰，《山东师范大学外国语学院学报》，2002 年第 1 期。

本文从阐述谚语的文体特色和语用特征入手，对关于言语的谚语译文的剖析，旨在说明归化和异化翻译法在翻译实践中求同存异、各得其所的应用原则。"归化翻译法主张恰当沿用目的语的习俗和惯例，利用目的语自身的语言文化素材体现来源语的语用意图，以尽量减轻译文读者对译入文化的异质感"。"异化翻译法则倡导适度放弃目的语的习俗和惯例，借用来源语固有的语言文化素材实现来源语的语用意图，以保留来源语文化的异域性和原文的风貌"。此外，对谚语体现出的"合作原则"的四项准则（量、质、关联和方式）进行分析。文章根据言语行为理论提出，谚语具有旨在施加影响的指令、说服和规劝等功能。另外，关于谚语的翻译方法，文章指出"一般说来，在处理译入谚语的形式和原文中异质感过强的喻体形象时，较侧重于'归化'；而在处理原文中有浓郁的异质感但并不妨碍理解的喻体形象时，则倾向于'异化'"。

《论谚语的"显影法"翻译》

王德怀撰，《语言与翻译》，2003 年第 2 期。

本文通过将"显影"这一化学术语运用到翻译方法上，分析了在翻译谚语过程中如何达到内容和形式的统一。文章主要从三个方面进行了论述：首先是要将谚语原文中读者不熟悉的语词含义解释清楚；其次是把谚语原文中临时借用的语用义解释清楚；最后是把谚语原文中没交代的文化背景解释清楚。本文通过一种将新颖的名词跨学科套用的方式，间接阐释了翻译中内容和形式统一的必要。

《谚语的口译》

周敏撰，《郑州轻工业学院学报》（社会科学版），2003 年第 2 期。

谚语的翻译往往成为译员面临的一道难题。本文拟根据英汉两种语言的特点，从口译的角度讨论如何翻译谚语。首先依据两种语言的特点将其归为"形同意合"类、"形似意合"类和"形异意合"类来处理，然后按照具体情况采用多种方式灵活处理，例如要正确把握情感上的偏差；省略暗喻，直接意译；不要想当然地理解和望文生义；针对某些谚语只能译意，不能完全对译。

《谚语的文化沉淀的认知与翻译》

包通法撰，《贵州工业大学学报》（社会科学版），2003 年第 4 期。

本文从谚语的本质、存在形式以及所反映的思想内容对谚语进行认知解析，认为翻译与文化息息相关，译者不仅要深入了解自己民族的语言文化，也要了解原语的文化，并在翻译过程中从认知其共性和异性、读者认知、接受的心理和审美诸角度将两者进行比较、融合，进而达到思想文化的交流目的。谚语的来源分为三大类：源于自然客体引发的思想内容；源于历史事件、寓言典故；源于社会习俗、生活现象引发的思想内容，并从谚语的来源视角剖析了其文化内涵。文中提出在谚语的翻译处理过程中，从文化、符号、审美的认知共性和异性三维上认知谚语的思维转换和重现上可归化为三个步骤：认知其文化内涵（宗教文化、风俗习惯）、轻形译味取意境（套译、译意译味）和文化补偿。本文专门针对谚语翻译过程中翻译方法而作，对翻译过程中出现的文化、符号、审美等微观方面的翻译差异进行了方法探讨，有利于目标读者通过译文来感受原著中谚语独特的文化艺术魅力。

《汉英谚语的比较及其英译》

时慧撰，《芜湖职业技术学院学报》，2004 年第 4 期。

文章对英汉谚语的比较以及谚语英译的原则提出了观点及其看法。在英汉谚语的比较方面，作者引用了谭载喜先生在《翻译学》一书中归纳出汉语与英语词汇对比的四大特征，即词汇偶合、词汇并行、词汇空缺以及词汇冲突，认为这种翻译方法也同样适用于汉英谚语的互译。在汉语谚语的英译方法方面，作者提出了对等翻译、直译、意译以及直译、意译相结合四种方法，并指出在直译方法的运用上，要以不引起误解和错误的联想、读者能读懂为前提进行翻译。

《汉语谚语的英译探析》

席晓青撰，《宁德师专学报》（哲学社会科学版），2005年第3期。

本文通过比较汉英谚语的异同，探讨了汉语谚语的英译策略。首先，文章讨论了谚语的定义、特点、结构、形式等。其次，提出了汉语谚语的英译方法，包括同值对译、移植借用、释义替换、加注类比、分合增减五种。再次，论述了汉语谚语英译的标准，一是基本上采用直译法，并尽可能在译文中体现汉语谚语的词义和语法结构；二是直译意义含糊时，可用释义替换或加注类比法说明本义；三是所有比喻一律译出，在其喻意不清或难解时，可再译意进行补充说明；四是对双关语采取直译和意译相结合的办法，并指出谐音或谐意的双关所在；五是对具有民族特色的典故、神话故事、经典出处，用分合增减或加注类比法。最后，作者认为汉语谚语翻译应注意保存民族和地方色彩、保持谚语语言的艺术性和谚语大众化风格。作者在文中提出的翻译方法、翻译标准，有助于更好地推动汉语谚语进行英语译介工作的发展。

《英汉谚语的辞格分类及翻译》

陈金诗、张刚撰，《河北理工大学学报》（社会科学版），2005年第3期。

本文对汉英谚语的辞格进行分类，并论述了辞格的翻译策略。文章首先分析了修辞的定义、修辞与翻译的关系；其次对汉英谚语的修辞方式从词义、句子结构、音韵三个方面进行分类；最后从修辞角度探讨了汉英谚语的翻译方法，作者认为对同类辞格间的对译应采用直译法，异类辞格间的互译应采用转译法，这样既保持了原文的修辞效果，又使得读者能够更好地理解原文的含义信息，对于汉英谚语的辞格翻译有一定的参考价值。

《论"死译"与"活译"——以维吾尔谚语的汉译为例》

王德怀撰，《西北民族大学学报》（哲学社会科学版），2005年第1期。

文章主要探讨了维吾尔谚语汉译中"死译"和"活译"的问题。通过对《维吾尔谚语·维汉对照》中有些按字面"死译"的现象和作者改译的例子进行比较，指出按词句字面"死译"会产生的几种后果，包括翻译前后造成的语义错位、逻辑混乱、民族文化义亏损、语言不规范、美感不符等情况。故得出结论，即在翻译维吾尔谚语时要"活译"，结合语义学、逻辑学、美学等学科，以"信"为本，兼顾"达、雅"，灵活处理形貌，再现原谚词句的深层含义，找出两个民族的殊异之处，真正做到翻译中的义、形、神的统一。

《全球化语境下的英汉谚语比较及其翻译》

刘秀明撰，《昭通师范高等专科学校学报》，2006 年第 3 期。

文章主要对比分析了在全球化语境下英汉谚语的特征、文化差异分类及其翻译的方法。作者认为英汉谚语都具有形式短小、生动、上口、形象的特征，读者和听众须领会其抽象含义和语用功能，多进行表达规劝、鼓励或抑制，且喻体形象带有鲜明的文化和地域特色等特征。但英汉谚语在宗教信仰、民族文化传统、喻体取向、地理环境和生活经验、文化心理和思想观念等文化层面上具有明显差异。英汉谚语从文化的角度分成三类，即以相同的文化词汇来表达相同或类似内涵意义的谚语、以不同的文化词汇来表达相同或类似内涵意义的谚语、以不同的文化词汇来表达不同内涵意义的谚语。第一类谚语在翻译时可采用等值对译的方式，而第二、三类英汉谚语的互译要根据具体的谚语实例来选用翻译方法争取做到形式的恰当归化和文化意向的适当异化。

《议维吾尔语中拈连修辞格谚语的翻译》

王德怀、祖木来提·阿布力克木撰，《语言与翻译》（汉文版），2006 年第 1 期。

文章主要分析了维吾尔族谚语中存在的拈连修辞格谚语的翻译现象。拈连修辞格指的是甲乙两种事物同时出现在一起进行叙述时，将原本适用于甲事物的词语同时移拈用在乙事物上，在甲处用的词语若是常规搭配，那么在乙处拈用的词语必定是超常搭配，以期提高表情达意的效果。作者还指出这一修辞格在翻译时，一般要舍形求义，要灵活选词而不要死译，不要套"拈"原词词典义，以期达到维吾尔族谚语汉译的准确与晓畅。

《汉英谚语句型比较研究与翻译》

袁良平撰，《上海翻译》，2006 年第 3 期。

本文比较研究汉英谚语的句型，试图找出某些对应关系，以便在汉英谚语互译时做参照。汉语和英语谚语的句型虽然都比较固定，但相比之下，汉语谚语的句型较为复杂，而英语句型则较为简单，容易识别。如果在翻译谚语时有英汉谚语的句型意识，且若想把汉语谚语译成英语，就可以套用英语谚语的句型。这样不仅达到风格上的对等，也更容易为英语读者所接受。反之，如果把英语谚语译成汉语，用汉语读者所喜闻乐见的汉语句式来翻译，也能起到相应的效果，使汉英谚语的互译更为简洁明了。

《导游英语中汉语谚语的翻译》

洪常春撰，《淮北煤炭师范学院学报》，2006 年第 6 期。

本文探讨了导游英语中汉语谚语的翻译策略，通过举例论证的形式从形义全同的对译、形义近似的直译、谚语的套译、谚语的仿拟四个方面进行了具体阐述，并提出对英语导游的期待，即强化自身业务学习能力，在翻译汉语谚语时应用正确而清晰的表述、生动形象比喻等，让外国游客了解中华灿烂文化，促进中西文化交流。本文研究导游英语中的汉语谚语翻译策略，有利于了解不同的文化背景，对于中西方交流具有一定的积极作用。

《关于谚语的翻译》（蒙古文版）

王富清撰，《内蒙古民族高等专科学校学报》，2006 年第 1 期。

本文就谚语的翻译方法谈了几点体会，主要从翻译谚语的复杂性、翻译谚语的方法两方面展开叙述。谚语有内容广泛、结构定型、意义不完全等于原义且在话语中增加艺术的感染力等特征，因此翻译谚语可用直译法、同义替换法、意译法等，在具体语言环境中使用相应的具体方法，应注意翻译需符合其文化特殊性。探索谚语的翻译方法对于整个翻译的理论和实践有着具体意义。

《浅谈汉语成语、谚语及其维语翻译》

唐永川撰，《和田师范专科学校学报》，2007 年第 5 期。

本文对汉语谚语的概念、特点及其在维吾尔语中的翻译方法做了介绍。文章指出谚语的特点包括意义的完整性、语言的通俗化和结构的稳定性。按谚语的结构内容的特点，可采用缩小译法、扩展译法、半直译半借、反面翻译法进行翻译，同时要注意在翻译中保持谚语的谐音特征。按意义特点来翻译，可采用直译法、译配法、意译法等。

《直译加意译——谚语翻译的好方法》

张秀苹、李秀华撰,《山东电力高等专科学校学报》,2007 年第 2 期。

本文通过举例论证了,从谚语的特点以及文化交流的角度来讲,直译加意译是谚语翻译的一种好方法。英汉谚语在词语的表达、语法、修辞方式以及文化背景等方面都不同,文化差异主要表现在地域文化、宗教文化、历史文化,这些文化特点的不同给谚语的翻译带来了巨大的挑战,将直译、意译并用,即先照字面移植,再根据其含义和上下文略加一点释义性词语,点明其含义,能够使译文收到更好的语言效果。

《论英汉谚语互译中文化意象的转换》

罗开成撰,江西师范大学硕士学位论文,2007 年。

本文从文化翻译观的角度探讨英汉谚语互译中文化意象转换的问题,力求解决英汉谚语互译中文化意象转换的原因以及如何从文化翻译观的视角进行英汉谚语互译中文化意象的转换这两个问题。从文化相符、文化相含、文化冲突、文化空缺和文化融合五个方面分析了在英汉谚语互译中文化意象转换的原因,并分别探讨了文化意象转换的具体方法。通过重现意象、替代意象、增加意象、删除意象和解释意象五种方法来转换文化意象,从而得出结论,即重现意象运用于文化相符;重现意象、替代意象、解释意象、增加意象、删除意象运用于文化相含;替代意象运用于文化冲突;替代意象、解释意象、增加意象、删除意象运用于文化空缺;重现意象和替代意象运用于文化融合。

《探析内嵌形象谚语的翻译技巧》

李爽撰,《长春理工大学学报》(社会科学版),2008 年第 3 期。

文章从谚语的视角探析内嵌形象谚语的翻译技巧,使翻译能忠实于原文、忠实于现实、忠实于读者,从而缩小不同语言读者理解的差距。首先,介绍了谚语及内嵌形象谚语的内涵;其次,论述了内嵌形象谚语的翻译具有可译性和难译性;最后,重点介绍了内嵌形象谚语的翻译技巧。处理谚语中的内嵌形象时,可以采用以下四种手段:一是保留形象(对译法、直译法、直译+意译法);二是替换形象(转译引申法);三是增加形象(意译);四是取消形象(意译)。通过对内嵌形象谚语翻译技巧的研究,有利于我们了解英汉两种不同语言和文化,更好地服务英语教学。

《略谈谚语的口译》

龙在波撰，《海外英语》，2010 年第 12 期。

本文从实际出发，简要探讨了在翻译工作中谚语的口译问题。拟用塞莱斯科维奇和勒代雷提出的"得意忘言"理论为指导来探讨谚语口译的技巧。"得意忘言"理论倾向于译员在翻译时脱离原语的语言形式，自发地表达自己的理解，需要翻译者跳出语言差异的束缚才能完成。对于口译工作者而言，在没有工具书和人力辅助的情况下，往往有以下翻译技巧，当译员在预示自己要翻译英语时往往用"We have a saying to the effect that"或者"有这样一句话，大意是……"等类似结构。这不仅为译员赢得了思考时间，也便于表达之后翻译者对谚语再进行进一步的解释。当说话人使用的谚语有明显的上下文提示时，说话人会用复杂而模糊的修辞性语言来表达直接而浅显的含义。当直译谚语无法表达谚语的深层含义时，就需要抛开原语的架构重新组织目标语的语言。此外，同一意象在不同的语言中存在着表达差异，在口译过程中容易产生歧义，这都要求译员在翻译时既抓住谚语的潜在意义，又跳出原文的语言模式。

《浅谈汉英谚语翻译中的变通和补偿手法》

郭文琦撰，《陕西教育》（高教版），2010 年第 6 期。

本文探究了汉英谚语翻译中的变通和补偿手法。通过虚实互化来表现汉英谚语互译时的具体化和概略化；通过增益使得源语言信息充分再现出来；通过加注保持其民族特征和语义文化来源；通过释义达到交流通畅的目的；通过视点转换重组原语信息的表层形式，从与原语不同甚至相反的角度来传达相同的信息，使用不同语言的读者也形成了对自己所属的那个语言系统独特表达方式的习惯。在探讨这些方法的同时应该注意来源出处、文化含义、语言特点、社会功用，来灵活选择适合的手法传达其含义。

《试析动物词汇谚语的翻译》

邓飞撰，《海外英语》，2010 年第 6 期。

本文首先分析了动物词汇谚语固定性、统一性、哲理性的特点，进而分析了动物词汇谚语翻译中的词汇脱落、添加、换位等冲突现象，最后论述了四种动物词汇谚语的翻译方法，包括直译法、意译法、直译与意译相结合法、借译法，以期能够对动物词汇谚语的互译有所帮助，借助动物来寄托和表达情感，谚语中就有大量的以动物为喻体的词汇，表现出了丰富的文化内涵。

《杨译〈宋明评话选〉俗谚语翻译探究》

庄群英、李新庭撰，《牡丹江大学学报》，2010 年第 9 期。

本文对杨译《宋明评话选》俗谚语的翻译进行了研究，总结出脱译法、套译法、直译法和意译法四种翻译方法。脱译法，即"跳脱不译"之意；以谚语译谚语时，套译法是使谚语从语义到文体上的翻译都能最自然贴近的首选方法；直译法不仅能让译作忠实于原文的内容，还能忠实于原文的形式和风格，保持了原文的"异国色彩"；意译法将谚语中的隐含意义译出。因此在翻译时，除了要把握好不同语言的谚语在形象、比喻和意义上的不同，还必须正确理解原文内涵的文化色彩，并了解目的语信息接受者的审美价值观、历史风俗习惯等文化背景因素，以准确地翻译再现原文的文化感情色彩。杨译《宋明评话选》中俗谚语的翻译主要以直译为主，意译为辅，兼用脱译法和套译法。

《语言经济学框架下的谚语口译技巧》

毕会英撰，《海外英语》，2011 年第 14 期。

文章在语言经济学的框架之下，分析谚语口译中的翻译技巧及原则。谚语的口译主要有直译、意译和套译三种技巧。译员在谚语的口译过程中要注意一些口译原则，"直译""意译""套译"要灵活使用，尽量避免用充满民族色彩的谚语套用原译文，口译时注意谚语在不同文化中的接入点，减轻听者对译入文化的异质感，以及译员要注意口译对象的认知模式等。

《汉维谚语在翻译中的民族文化差异探析》（维吾尔文版）

努力·赛买提撰，伊犁师范学院硕士学位论文，2012 年。

文章分析了汉维谚语在翻译中的民族文化差异。全文分为四章，第一章介绍了谚语和汉维民族文化。第二章指出历史、地域、民俗和宗教是影响汉维谚语翻译的文化因素。第三章指出了汉维谚语翻译的技巧有二，其一是意义翻译法，分为直译法和意译法；其二是结构翻译法，分为缩略翻译法、扩展翻译法和音律翻译法。作者还举例指出汉维谚语当中存在逻辑混乱、译意矛盾、语法有误和文化因素上的错译问题。第四章是结论部分。

《藏汉谚语翻译中语言文化的处理方法》

益西拉姆、王瑜、秦艳撰,《四川民族学院学报》,2013 年第 5 期。

本文研究了藏汉谚语翻译中语言文化的处理方法。以藏汉谚语为例,对藏汉谚语中语言文化的对应关系进行分析,并分化为藏汉谚语语言文化完全对应关系、文化部分对应关系、文化空缺现象和不对应关系。文章通过两种文化的对应关系对藏汉谚语翻译进行了具体的实践,从直译法、直译加补充法、意译和套译法、直译加注解法四方面实践藏汉谚语翻译中处理原语文化的具体方法。

《满语谚语的文化内涵及其翻译》

鄂雅娜撰,《黑龙江民族丛刊》,2013 年第 1 期。

满语谚语具有明显的文化特征和民族特色。通过分析满语谚语的文化内涵及其翻译,可知满语谚语的文化含义和翻译技巧。此外,满语谚语翻译的关键点在于对文化内涵的理解和传达上,存在着保留或舍弃原语的两难选择。因此,译者不仅要通晓两种语言,还要提高对满汉语言、历史及文化的认识。

《论汉语谚语的维语翻译》

米莉娜·肖吾卡提撰,《新疆职业大学学报》,2016 年第 2 期。

本文从汉语谚语的定义出发,对部分汉语谚语的特点、结构进行了探讨,文章还将汉语谚语翻译为维吾尔语并在方法上通过列举实例加以佐证,强调在翻译时不同的语境中要用不同的方法,这需要我们进行更深刻的探索研究。

《藏汉谚语翻译中语言文化的处理方法》

旦知加撰,《文学教育》(上),2016 年第 5 期。

本文针对藏汉谚语翻译中语言文化的处理提出方法。文章指出两族谚语中文化存在四种对应关系,包括完全对应、部分对应、文化空缺、完全不对应。针对以上不同对应形式,提出了相应的处理方法,即直接翻译、直译加补充、意译和套译及直译加注解。文末作者建议在翻译的过程中,翻译人员要明白谚语翻译的主要作用是文化传递,所以尽量采取直译和注解的方式,达到既完成了翻译工作,又传递了文化,同时不失谚语的通俗易懂的效果。

（三）翻译策略

谚语不仅能反映人民群众的普遍生活和生活哲理，还能给人们的生活增添趣味，并且带有浓厚的文化内涵，所以谚语的翻译一直是翻译界关注的热点。谚语的翻译策略是 20 世纪末谚语翻译的研究成果之一，掌握谚语的翻译策略要了解谚语背后的深层文化内涵，也就是在翻译过程中要考虑到社会规范、个人价值观、民俗习惯等。这种文化与文化的交流和沟通，大多采用异化和归化的翻译策略，熟练运用翻译策略有利于谚语传播和文化交流。

《翻译谚语的四项原则》

王德怀撰，《语言与翻译》，2000 年第 3 期。

本文以维吾尔谚语的汉译为例，提出了翻译谚语应遵循的四项原则，即语义等值原则、保留文化原则、用语选词原则、美学原则。语义等值原则指语义尽量接近对等，不增不减，不错位，不产生歧义，是谚语翻译必须遵循的第一条原则。保留文化原则指保留民族文化词语，并能体现出谚语深层义中所蕴藏的民族文化内涵和背景。用语选词原则指用词精练、贴切，语用得体、规范，合乎译文习惯。美学原则指谚语的译文要力争达到语言声韵音律美、词语和谐对称美、语法工整整齐美、风格神韵形象美。本文对于维吾尔谚语的汉译具有重要的指导意义，对于其他民族谚语的翻译也有一定的参考价值。

《英汉谚语文化差异与翻译策略》

朱乐红、陈可培撰，《外语教学》，2000 年第 3 期。

文章主要从英汉谚语角度出发，探讨了文化差异与翻译策略。作者认为英汉谚语文化差异主要是由于地域、风俗、宗教信仰不同。英汉谚语的翻译有等值译法、直译法、意译法、直意结合法、加减译法五种。在做英汉谚语翻译时，既要有科学精神也要有艺术风格，只有将二者融为一体，才能再现原文之美。

《英汉谚语的互译要走异化之路》

李世琴、李气纠撰，《湘南学院学报》，2005 年第 1 期。

文章分析了汉英谚语互译的文化策略，作者认为在汉英谚语的互译中应以异化为主。文章首先对翻译中的文化策略——归化和异化做了简要介绍，并将汉英谚语从文化的角度分为三类，即以相同的文化词汇来表达相同或类似内涵意义的谚语、以不同的文化词汇来表达相同或类似的内涵意义的谚语、以不同的文化词汇来表达不同内涵意义的谚语。作者认为文化翻译策略主要适应于第二类汉英谚语，且应该以异化为主，归化为辅。最后从谚语翻译的忠实性标准、谚语翻译的目的和读者对异域文化接受能力普遍提高的要求，论述了汉英谚语的互译中以异化为主走异化道路的问题，以便更好地促进不同文化之间的交流。

《英汉谚语的翻译原则》

李金斗撰，《内江科技》，2006 年第 7 期。

本文对英汉谚语的特点进行了研究，指出了英汉谚语的翻译原则及注意事项。在翻译时，直译法成为谚语的首选方法，当译文条件许可时，直译法在译文中既保持原文的内容又保持原文的形式，特别是保持原文的比喻、形象和民族地方色彩等。而有些谚语若根据字面意思直译，则令人费解。采用意译法，保留原文内容，不保留原文形式。英汉两种语言中有些谚语在内容和形式上都相符合，双方不但有相同的意义和修辞色彩，并且有相同或大体相同的形象比喻。这时应当采取直截了当的套译法。这种译法一方面可使译文更加通顺；另一方面更容易为译文读者所理解和接受。但是在进行翻译时，要注意语言的抵嘴性，翻译要尽量做到译文口语化及注重语言的艺术性。

《小议由"jaxʃi""jaman"组成的维吾尔谚语翻译》

艾克拜尔江·艾米都拉撰，《民族翻译》，2009 年第 3 期。

本文以维吾尔族谚语为例，以谚语中常用的"jaxʃi""jaman"这两个字母来探讨词的转义、修辞义、语境义的理解及其翻译问题。第一部分介绍了"jaxʃi""jaman"二者词义的本义及转义、语境义。第二部分阐述了"jaxʃi""jaman"出现在谚语时，不仅要正确理解词语在谚语中的文化色彩、修辞色彩，而且要把上下联的句义准确地翻译出来，这样才能将谚语的真实意义表达出来。第三部分中作者强调了在翻译中要重视语境义这个问题，抓住语境义才能正确翻译。

《英汉谚语互译的主要文化策略：归化与异化》

唐祝英撰，《湖南医科大学学报》（社会科学版），2009 年第 1 期。

　　文章从文化的角度出发研究了英汉谚语互译中的转换，探讨了其翻译的文化策略：归化与异化。受自然地理条件、生活环境及生活习俗、宗教信仰、历史及文化遗产和审美观的影响，不同文化之间存在差异。在处理文化差异时，异化的翻译策略要比归化的更能促进异质文化间的认识和沟通，从而达到文化交流目的。谚语翻译中文化的传译的主要途径就是异化的翻译策略，因为异化的翻译更加符合谚语翻译的忠实性标准、读者的阅读习惯，以及文化的本性和文化全球化的发展趋势。因此，英汉谚语互译主要应该采取异化的翻译策略，以便更忠实地传译异质文化，加强文化间的交流，促进文化的全球化。

《英汉谚语的语义差异及其翻译策略》

　　常俊撰，《才智》，2009 年第 16 期。

　　本文阐述了英汉谚语的语义差异并对其翻译策略提出了意见。英汉谚语的语义差异主要有两个方面：一是包含民族文化心理、价值观念以及历史文化特征在内的民族文化差异；二是宗教文化特征的不同。作者认为，归化和异化的翻译策略都有其存在的意义，要在一个既定的文化语境和翻译目的下，恰当地选择一种翻译策略及其具体翻译方法，这对于跨越文化障碍实现对等翻译有举足轻重的作用。

《略论英汉谚语的文化差异及翻译》

　　张颖撰，《武汉船舶职业技术学院学报》，2009 年第 1 期。

　　本文分析了英汉谚语所表现的文化差异，阐释了英语谚语翻译的具体原则和方法。文章认为英汉谚语之间的多方面差异可归为两类：一是形象意义的差异；一是隐含意义（包括褒贬义）的差异，二者都是文化差异的具体反映。具体地说，英汉谚语所反映的文化差异主要表现在以下方面：从起源上看，英谚受到基督教的影响，而汉谚受儒释道三种思想的影响；从地理环境上看，英国属于岛国，有许多与航海相关的谚语，而中国是内陆国家，有许多与河流、土地、农业相关的谚语；从习俗差异上看，英汉文化差异的一个重要方面，最典型的莫过于在对狗的态度上，狗在汉谚中多是贬义而在英谚中多是褒义；从宗教信仰上看，中国信奉佛教，许多谚语与佛与庙有关，而英国信奉基督教，认为上帝是唯一的、至高无上的神；从历史典故上看，中国典籍中，谚语多半出现在诗书、传说、诸子论著中，而英语典故谚语主要来源于《圣经》、希腊神话和《伊索寓言》。翻译谚语时，仅以语言之间词汇的同义性（等价性）为前提，寻求对等是不够的。译者须多运用汉语的表现手段，力求能再现英语谚语的语言风格和丰富内涵，但译文要忠实准确地表达原文，保持原作的风格。常用的英语谚语翻译方法有直译法、意译法、对等翻译和直译与意译结合的方法。

《从文化彰显的角度谈谚语翻译中的异化原则》

张永萍撰，《兰州大学学报》（社会科学版），2010 年第 5 期。

本文以中英谚语的翻译为基础，来讨论谚语翻译中的归化和异化原则。文章认为文化差异是跨文化交际的主要障碍，也是翻译的主要难题。归化和异化原则是处理翻译中文化信息的两种主要方法，归化翻译是指采用透明的、流畅的风格为译文读者把陌生感降到最低的翻译策略，异化翻译则是通过保留原来某些成分有意地打破目的文化的规范。谚语是对各族人民生产生活及历史文化领域的总结，这就要求汉英谚语互译时要遵循异化原则。英汉谚语翻译的具体方法有替换、直译和直译加注，此外，在异化翻译原则下处理谚语中文化内涵时还可采用直译意译结合、增译法、直译加图示、音译创造新词加注法等。在实际翻译过程中，译者应当在异化的规则下灵活使用具体的翻译方法。

《浅谈汉语谚语与歇后语的特点及其英译策略》

李华钰撰，《黑龙江科技信息》，2012 年第 10 期。

本文分析了汉语谚语和歇后语的特点，并说明了二者在英译时应遵循的规律。汉谚比喻生动，寓意深刻，用词精练，单句讲究韵律，双句讲究对仗，在翻译的过程中可以采用直译、意译和套译的方法。汉语歇后语则善用比喻和一语双关，在英译的过程中可以采取直译、意译或者是直译加意译的方法，同时要顾及汉语和英语之间的文化差异，改变原有的形象，用读者熟悉的比喻来翻译。

《从奈达功能对等看詹译〈西游记〉中谚语的翻译》

李彩琴撰，中南大学硕士学位论文，2013 年。

文章主要运用奈达功能对等看詹译《西游记》中谚语的翻译。尤金·奈达指出翻译的本质是两种语言的交流，他的功能对等理论要求翻译一定要将意义对等放在第一位，但也不能忽略语言的形式在翻译过程中的重要性。功能对等理论指出译文要通过合理的策略和方法达到最贴切自然的对等，让译文读者产生与原文读者相同或类似的反应。文章从语言和文化两个角度分析汉语谚语的特点，运用奈达对等的理论研究翻译策略和方法。最后得出异化是译者翻译谚语所采用的主要策略的结论。本文运用新理论探究《西游记》中谚语的翻译策略和方法，理论上的创新是可以学习和参考的。

《从文化图式理论看汉语谚语翻译中的文化缺省及其补偿》（英文版）

梁玉琼撰，广西大学硕士学位论文，2014 年。

本文通过定性分析研究汉语谚语翻译中的文化缺省及其补偿问题。作者提倡汉语谚语翻译应坚持以直译为主、其他方法为辅的补偿原则，结合文化图式原理，对一些中国谚语进行新译，反对忽视文化因素，盲目使用套译法和替换法对中国谚语的文化缺省进行补偿。并认为译者可根据译文读者的认知领域里的相关文化图式的情况，在译文中或激活、或延伸、或改变、或新构建他们的文化图式，以帮助译文读者正确地理解译文。

《翻译模因论视角下谚语的英汉互译策略研究》

房敏撰，《海外英语》，2015 年第 14 期。

本文从翻译模因论的角度探讨了谚语的英汉互译策略。文章认为在进行谚语的英汉互译时，译者既要综合考虑社会历史背景和文化因素，了解语言表层含义的异同之处，也要对源语文字与文化内容进行深刻剖析，获知其深层含义，然后再用准确的译语文字将其表达出来，并指出基于基因型模因和表现型模因两种类型，可以采用直译模因、套译模因、意译模因、略译模因、译述模因几种策略。文章提出模因论指导下的谚语英汉互译，实际上是在译语中以恰当的模因来复制或近似复制源语模因或源语核心模因，在翻译过程中，一方面译者要对源语模因的语言和文化有深刻的了解；另一方面要考虑译入语种是否有相似模因，有则可以进行隐性复制翻译，没有则需要进行相应的转换，力求显性近似复制源语核心模因。

《文化认知视角下古谚语文化翻译策略研究》

杨阳撰，《哈尔滨职业技术学院学报》，2016 年第 6 期。

本文以文化认知为视角研究古谚语的翻译，在简单介绍了文化认知相关理论的基础上，探究了古谚语翻译所采用的翻译策略——异化与归化。文章介绍了异化和归化翻译策略的内涵及方法，异化策略包括字面翻译法、加注法、释义法；归化策略则采用读者常用的习惯用的语言表达方式、方法，向读者传达原文所包含的意思，其中套译法是其常用方法，主要用于翻译英汉语中那些完全相互对应的习惯用语，强调凸显目的语国家的文化。归化与异化翻译策略作为英汉古谚语互译常用的翻译策略，各有其优势，但是随着经济全球化的发展，各国之间文化交流越来越频繁，异化翻译策略更符合各国文化发展的趋势。

《蒙古族谚语英译策略探析》

王琳撰，《民族翻译》，2016 年第 3 期。

文章选取陈龙山先生于 2015 年出版的《蒙汉合璧蒙古族谚语》一书中的部分谚语为研究对象，以异化的翻译策略为指导，力图再现蒙古族谚语的审美特色和民族特色。作者在结构、修辞以及语音等方面进行了分析研究，从中窥探蒙古族谚语的审美特色。在蒙古族谚语民族文化特色的传译过程中，应特别注意谚语中所蕴含的蒙古族特有的生产生活方式、图腾崇拜以及宗教信仰，以期可以准确地重构出原文化意向。此外，在蒙古族谚语英译过程中应该注意研究一个民族的语言不能把它与其文化隔离开来，而且两种不同语言中的词语并不是一一对应的关系，另外蒙古族有些谚语仅从字面上来看很难理解，这就需要查阅多方资料，甚至深入牧区进行考察。对于翻译策略的使用，作者认为"蒙古族谚语的英译应把异化作为其主要翻译策略"。

（四）翻译理论

自 21 世纪以来，谚语翻译研究进入繁荣期，研究视角也在不断拓宽。理论来源与实践、高于实践同时又能反作用于实践、指导实践。翻译理论的提出为谚语翻译研究开辟了新的角度和科学的理论支撑，这部分研究成果涉及关联理论和目的论。关联理论认为，翻译的研究对象是人的大脑机制，翻译是一个对原语进行阐释的明示推理活动，推理的依据是关联性。目的论是德国功能派最有影响、最重要的翻译理论，其核心概念是：决定翻译过程的最主要因素是整体翻译行为的目的。

《等值翻译理论在汉英成语和谚语词典编纂中的应用》

衡孝军、王成志撰，《中国翻译》，1995 年第 6 期。

本文探讨等值翻译理论在双语词典编纂中的应用及价值。等值翻译理论应用于双语词典编纂的尚不多见，《汉语成语和谚语词典》对这一理论的应用是较早的、成功的尝试，通过词译、直译、意译和功能对等寻求动态的渐进过程，以此方法处理成语和谚语词典的编纂，一定程度上影响了国内双语词典的编纂。

《从谚语的不同译文看翻译的不全等性》

王德怀撰，《语言与翻译》，2002 年第 4 期。

本文通过将"全等"这一数学概念运用到谚语的翻译上，分析了在维吾尔语谚语的翻译过程中不同译文体现出的"不全等性"。文章主要从三个方面进行了论述：首先，是从谚语的形貌义和语意义的取舍方面进行了分析，包括从舍去原文修辞形式义留下语意义、舍去原文语音义留下语意义、舍去原文文字义留下语意义、舍去原文韵律美的四个方面，举例分析了翻译的不全等性。其次，是从谚语中词语、参照物的取舍方面进行了分析，包括从形象的取舍、参照物的取舍两个方面，举例分析了翻译的不全等性。最后，从谚语的语意义分析方面进行了论述，包括从文化习俗义的体现、从词语的虚表义和语境真实义的体现两个方面，举例分析了翻译的不全等性。本文从维吾尔语谚语的翻译实践中论述了翻译的不全等性这一命题，令人信服。

《形合与意合的比较及英汉谚语翻译》

陈金诗、张刚撰，《平顶山师专学报》，2004 年第 6 期。

文章通过对英汉谚语的形合与意合特点的比较，进一步提出从该角度进行英汉谚语互译的方法。关于形合与意合的定义，作者指出"形合（Hypotaxis）指的是句中的词语、分句或主从句之间需要用连词或关联词等语言形式连接起来，来表明它们的语法意义和外在的逻辑关系的一种方式"，"意合（Parataxis）指的是句中的词语、分句或主从句之间不用连词或关联词等语言形式连接，而是通过分句的顺序来隐含它们之间的语义关联，即句中的语法意义和逻辑关系通过词语或分句的含义表达出来"。英汉谚语充分体现了汉语的形合手段比英语少得多这一特点。此外，从形合与意合角度提出了英汉谚语翻译的三原则，即依据形异意合原则，采用意译法；依据形似意合原则，采用转译法；依据形同意合原则，采用直译法或套译法进行互译，无须译者进行过多的翻译和修饰。

《谚语翻译的多维性》(英文版)

楼宝春撰,合肥工业大学硕士学位论文,2006 年。

这是一篇英语论文,从语法、文化、语用等多个方面对汉英谚语翻译进行论述。第一章说明汉英谚语的概念和研究综述;第二章概括了谚语在结构、修辞、音韵上的语法特点;第三章以文化的民族性、传承性、流变性和兼容性等角度阐述了谚语翻译的文化因素,并解读了文化意义的映射、投射、折射和影射;第四章对谚语翻译的语用视角进行探讨;第五章对感知、想象、情感和理解美感心理四因素在谚语翻译中的应用进行阐述;最后一章得出结论,指出本文旨在对谚语翻译做出一个较为全面、深入的论述。

《动态顺应论在汉英谚语的文化意象翻译中的应用》

周漩撰,《科技信息》(科学教研),2007 年第 35 期。

本文探讨了动态顺应理论在汉英谚语文化意象翻译中的应用。动态顺应是 Verschueren 语用综论观中的一个重要概念,主要指"语言使用中意义的动态生成",这一理论为研究语言运用提供了新的视角。本文对汉英谚语的文化意象进行了比较,认为文化意象差异的原因包括地理环境、文化传统、思维方式和审美观念。动态顺应论在汉英谚语的文化意象翻译中的应用,体现在时间的顺应、语境的顺应、语言结构的顺应三个方面,得出翻译活动只有顺应了各种需要,成功的跨文化交际才有保证。

《目的论对〈红楼梦〉中谚语翻译的启示》

范敏,《红楼梦学刊》,2007 年第 2 期。

本文用目的论为理论依据,分析译者在《红楼梦》谚语翻译过程中选用的翻译方法的目的性,指出了目的论对于《红楼梦》中谚语翻译的分析具有指导意义,探讨了翻译目的与谚语翻译策略的重要关系。用目前出版的两个《红楼梦》英译本,主要谈论其中涉及的隐喻性谚语。《红楼梦》中谚语翻译目的的体现由影响译者翻译策略的因素和译者翻译策略选择与《红楼梦》谚语翻译两个部分组成,谈论译者对隐喻的处理时,比较两个译者翻译的异同,得出可译性的限度是相对的、变化的结论。作者最后就《红楼梦》基于译语读者的可接受性和源语的充分性,提出译者可采用两种译法的建议。本文的特点是分析两种译本对使用谚语隐喻的比较,对于《红楼梦》谚语翻译具有一定的启示作用。

《关联翻译理论和英汉谚语跨文化翻译》

乔小六撰，《南京理工大学学报》（社会科学版），2007 年第 5 期。

本文运用关联翻译理论指导英汉谚语跨文化翻译。文章对关联翻译理论进行了介绍，指出其是在关联理论的基础上进一步发展而来的，关联原则是不可违反的原则，翻译全过程包含两轮明示——推理过程，涉及三个交际者，即原文作者、译者、译文读者。汉英谚语蕴藏着不同的民族文化，英汉谚语的成功翻译不仅涉及语义的转换，还涉及文化的转换，作者认为关联翻译理论可以解决英汉谚语翻译存在的跨文化方面的障碍，可以采用文化直入式（用源语文化形式直接进入翻译）、文化注释式（为源语文化提供相关解释）、文化融合式（以一种形意结合的新的语言形式进入翻译）、文化归化式（略去源语文化表达方式，代之以目的语文化表达方式）和文化阻断式（在译文中放弃源语文化现象）五种方法。

《从关联翻译理论的角度看英汉谚语的翻译》

曹曦颖撰，《西华大学学报》（哲学社会科学版），2007 年第 3 期。

本文在梳理英汉谚语翻译研究现状的基础上，从关联翻译理论的视角来探讨英汉谚语的翻译方法。文章指出翻译界对英汉谚语在翻译中所持的观点都忽略了"英汉谚语出现的场合是经常变化的"这一问题。关联翻译理论在根本上抓住了翻译的本质，也为动态灵活地翻译英汉谚语提供了一个新的视角。为达到翻译的最佳交际效果，译者必须综合考虑原文作者的意图和译文读者的认知语境，选择适当的翻译方法，使英汉谚语的译文具有最佳关联性。此外，文章还分析了在何种情况下谚语翻译应采用直译法、意译法和同义谚语借用法。

《从〈红楼梦〉英译本章回目录及个别谚语的翻译谈起》

陈晓丹撰，《中州大学学报》，2007 年第 3 期。

本文分析了杨宪益、戴乃迭夫妇和大卫·霍克斯两个《红楼梦》英译本中章回目录及个别谚语的翻译，将两者称谓的翻译、称谓前定语的翻译、谚语的翻译、译者风格对译作的影响几个方面进行对比分析，指出杨、戴二人采用了异化理论，保留了源语的文化因素，而大卫·霍克斯则使用了归化的理论。文章最后得出结论，即不同的翻译理念最终产生出风格迥异却同样精彩的翻译文本。

《试用关联理论分析英谚汉译》

周晶撰，《安徽文学》，2007 年第 4 期。

本文对关联理论进行了介绍并尝试将关联理论应用于英谚汉译中。关联理论指出语言交际是一个认知——推理的互明过程，对话语的理解就是一种认知活动。翻译活动是一种言语交际行为，是语际间明示——推理的阐释活动，多数翻译活动可以分解成交际的解释性应用的不同范畴，最佳关联性是译者力争达到的目标，也是翻译研究的原则标准。谚语翻译也是一个双向明示——推理交际的过程，涉及两个明示——推理过程。在第一个明示——推理交际过程中，译者必须通过英语谚语所给出的文字信息，正确推导出其所要表达的意图；在第二个明示——推理交际过程中，译者必须考虑目的语读者的认知语境和认知能力，尽力使译文达到最佳关联效果。文末作者提出，没有固定的法则规定谚语翻译方法的使用，译者应根据不同的情况采取不同的翻译方法。但是，有一条原则是译者应该遵循的，那就是最佳关联原则，同时最佳关联原则也为谚语翻译提供了一个新的视角。

《目的论指导下的谚语翻译》

杨志红、田翠芸撰，《河北理工大学学报》，2008 年第 3 期。

文章在目的论指导下，对谚语翻译进行研究。本文介绍了目的论的发展及其文化制约着谚语的翻译，例如政治制度、人文环境和宗教信仰等文化因素。翻译目的论的核心所在，要看翻译者所要表达的言语注重的是哪个方面，文章论述了谚语的两种翻译方法，即直译和意译。

《关联翻译论中谚语英译的缺省》

翁林颖撰，《太原城市职业技术学院学报》，2008 年第 5 期。

本文作者运用关联翻译论，探讨谚语英译的缺省现象，根据交际的意图对原文进行取舍，以期达到预期的交际效果。文章首先简要介绍了关联翻译论与缺省的关系，其次从谚语语音的缺省、历史人物的缺省、动物崇拜情节的缺省、"天道"敬畏情节的缺省四个方面重点介绍了谚语英译中适当缺省的必要性。文章末尾，作者指出缺省在翻译中是一种权宜的策略，在关联翻译论中是以实现交际意图为中心不得不采用的翻译策略。

《论满语谚语的语用对等翻译》

吴碧宇撰，《民族翻译》，2008 年第 2 期。

本文对 16 个满文谚语译文做了正确理解内涵的调查，调查结果显示存在错误或偏差理解满文谚语译文的现象。文章从语用对等翻译视角论述了满语谚语的语用对等翻译，并认为应该从满汉两种语言的语言共核和文化共核中寻求满语谚语的语用对等翻译，从而最大程度地传递作者的意图，让译文读者取得共有的认知效果。这样的翻译方能取得跨文化交际的成功，又提高了目的语的表达力，丰富了目的语文化，以达到翻译交际的成功。

《维吾尔谚语翻译研究》

王德怀著，民族出版社，2009 年版。

本书关注谚语的翻译研究中的文化问题，针对学界当前翻译研究中存在的问题，提出了对文化专有项和文化背景在谚语翻译中的处理意见。全书分七章，第一章绪论，介绍了维吾尔族、维吾尔谚语的研究及翻译现状。第二章论述了谚语翻译研究中的文化问题。第三章提出了显隐翻译法。第四章对比分析了同一谚语的不同译文的情况。第五章论述了语境决定谚语中的词的词义及其翻译。作者提出的显隐翻译的方法，解决了难解难译的这部分谚语的翻译问题。通过不同译文的对比剖析，作者提出了翻译的不全等性这一概念。这些理论、方法和观点的提出，是作者在参考和吸收了国内外文化语言学、文化翻译学、跨文化交际理论、关联翻译理论等当代先进学术理论的基础上进行的。

《〈红楼梦〉中俗谚互文性翻译的哲学视角——以"引用"为例》

祖利军撰，《外语与外语教学》，2010 年第 4 期。

本文选用《红楼梦》"引用"为例，并以哲学视角解读俗谚互文性翻译。从译者主体与"他者"互动的哲学视角列举《红楼梦》中引用互文性的来源并分析其翻译策略。作者介绍了互文性、主体和"他者"的概念，穷尽地列举了《红楼梦》中引用的互文来源，曹雪芹没有对借用对象做任何改动，一字不差地将古代的某一言辞引用到文中，证明了每一俗谚都与其所引原文形成引用这一互文关系，并运用主体与"他者"的互动框架对霍克思和杨宪益二位翻译家的相应译文进行了分析，《红楼梦》原文中的引用互文性在英译中没有得到体现的根本动因是译者主体与"他者"的互动关系。文章指出引用互文性的翻译由于受到译者主体与"他者"互动关系的控制，难以在目的语中得以全部再现。最后，作者提出了互文性翻译中亟待解决的问题。

《"三美论"在维吾尔双联式谚语翻译中的应用》

胡定军撰，新疆师范大学硕士学位论文，2011 年。

文章运用意美、音美、形美的"三美论"分析其在维吾尔双联式谚语翻译中的具体应用。主要内容分为三个部分，介绍"三美论"在维吾尔双联式谚语翻译中的应用问题，意美的处理方法主要有直译法、直译、意译相结合法、直译＋音译＋注释法、意译＋解释法，文中对每种方法进行了具体介绍。音美的处理方法可归纳为押韵再现法、分节与原文相等法。维吾尔谚语常在分句的句首、句末或句中运用相同的辅音、元音或音节，错落有致，千变万化，使语言更加优美悦耳。翻译时，还要尽力做到保留原谚的节奏美，以便更好地传达音美。形美的处理方法包括音节数基本相等法和对仗形式基本相同法。这是由于维吾尔双联式，其形美主要表现在长短、对仗上。文章认为维吾尔谚语本身是一个音、形、意不可分割的艺术结晶，集"意美""音美""形美"于一身，翻译时要尽可能地做到"三美"再现。

《从俄汉谚语翻译看奈达等值理论》

毕松撰，《新西部》（理论版），2014 年第 1 期。

本文分析了大量俄汉谚语翻译的实例，阐述了运用奈达的等值翻译理论探讨俄汉谚语中的等值问题，尤其是谚语背后的文化等值问题。文章首先阐述了中俄两个民族在长期的生活中所积累的大量谚语是汉语和俄语的宝贵财富，但是俄汉两种语言属于不同的语言体系，表达方式差别很大。因此，在俄汉谚语翻译过程中寻找等值单位非常困难。其次，在运用等值理论翻译俄汉谚语时，要从俄汉两个民族思维规律的相似性和表达出谚语背后隐含的文化含义和哲理两个层面出发，遵循动态等值，翻译出谚语背后的文化特色与民族特性。最后指出奈达等值理论的局限性，即没有强大的背景知识，无法翻译出这些谚语的言外之意。

《翻译特性视阈下汉语谚语英译探析》

齐季撰，《淮北职业技术学院学报》，2016 年第 1 期。

本文从翻译的五大特性包括社会性、文化性、符号转换性、创造性和历史性入手，分析翻译特性对汉语谚语英译的影响。文章指出一个民族的语言的翻译蕴含了本民族的文化，具有文化性，翻译的表层含义是将两种不同的符号系统相互转换，具有符号转换性。翻译包含着翻译者的主观能动性，因此具有创造性，谚语是一个民族在长期的生产和生活中累积形成的，具有历史性。文中还具体介绍了这五种特性对汉语谚语英译的影响。

十一、谚语辞典之属

　　谚语辞典是将人们长期生产生活实践中口耳相传的话语以书面形式记录下来并阐释其意义的实用工具书。谚语辞典涉及百科、专门学科等相关谚语条目，并对这些谚语条目加以解释，供人参考学习。谚语具有口耳相传的口头性，是人民大众在日常生活中凝结而成的智慧的结晶，但由于时代的发展变迁、社会政治经济文化的影响，许多谚语在口口相传的过程中面临着遗失的风险。而通过编纂谚语辞典，有组织地收录各个民族、不同内容和不同专业的谚语，有利于语言文化的保护和传承。因此，在中华谚语的研究中，关于谚语辞典编纂的研究是必不可少的一个重要内容。关于中华谚语辞典方面的研究在研究历程、辞典结构和辞典内容方面皆独具特色。

　　从谚语辞典集的研究历程来看，中华谚语辞典集有两个特点：一是时间跨度较大，辞典集搜集了1934—2016年长达82年中社会各界所编撰的各类辞典；二是研究时间上具有鲜明的阶段性。1934—2016年搜集到的谚语辞典数量可观，并且在20世纪30年代至80年代间存在着明显的时间断层，这也与学者们对中华谚语的整体研究历程相符合。21世纪之后，即2000—2016年便有多部谚语辞典问世，成果如雨后春笋，这些谚语辞典所涉及的内容丰富，具备了历时性与共时性、通用性与专科性、语文性与百科性等特性，满足了不同人群的需求。

　　从谚语辞典集的辞典结构来看，中华谚语涉及的谚语辞典集基本由三个部分构成。辞典前大多附有凡例、说明、词目表、索引录等内容，方便辞典的查询。辞典中间部分为谚语内容，是辞典的主体部分。辞典的内容均按照一定的标准进行分类，有的按照谚语本身的结构特点进行分类，有的则按照谚语在社会生活中所属的不同类别进行划分。在相同的类别中，具体的谚语条目一般按照首字母的顺序或首字笔画数进行排列。辞典中所收录的谚语条目一般先注音再释义，释义包括本义（主义）、引申义、比喻义等各种具体意义。释义后一般会附有相应例证帮助读者理解具体意义。部分辞典中的具体谚语条目也会标注谚语的出处和引用次数。辞典后面附有后记、具体简释等内容，对辞书的具体情况和部分问题进行详细说明。此外，在所编收的谚语辞典中均收录了大量的民间谚语，这些谚语大部分属于社会谚语，小部分为专门学科谚语。在编谚语辞典中一些地区性的辞典具有鲜明的地域特点，其中的分类往往更加细致，具有浓郁的地域特色，对于研究当地的文化、风俗等发挥着重要作用。辞典结构的细致划分可以帮助使用者学习并恰当运用谚语，具有很强的实用性，不仅有利于提高人们在交流和写作时的表现力，使人们表达思想时更加生动形象，而且有利于提高人们的思想道德修养和科学文化修养；同时，研究谚语的使用和流传情况，对于保护谚语资源、丰富中华谚语资料以及研究谚语历史来源具有重要价值。

从谚语辞典集的内容方面来看，自 20 世纪 30 年代以来，谚语辞典的编纂逐渐受到广大学者的关注与重视，研究领域逐渐多元化，研究内容逐渐精细化、专业化、系统化。从谚语辞典的类型来说，我们可以将其分为五大类，即综合类谚语辞典、地域类谚语辞典、民族类谚语辞典、普及类谚语辞典、专科类谚语辞典。

综合类谚语辞典所涵盖的内容十分广泛，可谓包罗万象，基本上遵循了"古今兼收，源流并重"的原则，涵盖了各个历史时期、社会生活各个层面的典型谚语内容，具有百科全书式性质。从数量上来看，综合类谚语辞典约占辞典总数的二分之一，数目庞大。著名语言学家温端政先生在编纂谚语辞典方面有着突出的贡献，由他负责主持编纂的大型谚语辞典有 2 部，中型谚语辞典 2 部，小型谚语辞典 4 部，这些不同规格的谚语辞典一定程度上反映了这一时期谚语辞典编纂的内容。比如由温端政先生主编的综合类谚语辞典《中国谚语大辞典》（上海辞书出版社，2011 年版），该书释义严谨、引例丰赡，是同时期所收谚语条目最多、规模最大的谚语辞书；由其主编的《分类谚语词典》（上海辞书出版社，2005 年版），按照谚语的语义分类编排，包含"事理规律""社会政治""经济生产""教育文化""人际交往""人生际遇""生活起居""精神感悟""品德修养""节令气象"等各个方面；还有由朱介凡先生编著的《中华谚语志》（台湾商务印书馆，1989 年版），这部辞书除了尽可能多地收录古今谚条外，还包含了部分的俗语、歇后语和典故。综合类谚语辞典通常收集了古今的常用谚语，其内容涵盖各民族、各地区、各群体，有利于多角度、多层次地发挥谚语丰富社会与文学的效用，对于人们日常的生产生活起到重要的指导作用。在学术研究层面，综合类辞典对于研究谚语的使用和流传情况、保护谚语资源、丰富中华谚语资料、研究中华灿烂的文化历史和特色的中国社会也具有重要的语料价值。

地域类谚语辞典收录了大量的地方性谚语，地域性特点鲜明。此类辞典包罗丰富，博采古今，具有较强的实用性，便于人们日常查阅。地域类谚语辞典所收录的谚语在一定程度上反映了不同地区人民的风俗习惯、文化特征和精神风貌，传达着当地百姓的价值观念，是了解不同地区礼仪风俗的窗口平台。其内容贴近民间生活，是各地人民在长期生产生活实践中形成的经验积累总结，是劳动人民智慧的结晶，做到了哲理性与实用性的统一。如李寿彭主编的《华北谚语集要》（泰东印书局，1934年版），就具体地呈现了华北地区农事、治家、处事、交际、职业等方面的内容，具有鲜明的地域特色，同时这一辞典对于当地居民也具有一定的教化作用和指导意义。地域类辞典收录的谚语大多体现了当地历史悠久的文化环境，不仅保护了当地的谚语，具有一定的语料价值，还丰富了中华语料库。

民族类谚语辞典以收录其他少数民族的谚语为主，并采用汉语进行对照解释，方便其他民族人民对该民族谚语进行查阅和学习。民族谚语是其本民族语言中的精华，是劳动人民千百年来生活经验的总结，有哲理性的教育意义，对于现今其民族人民的生产生活具有一定的指导作用。此类辞典收录的谚语具有浓郁的地域特色和民族特色，展示出其民族的地域风貌和人文风情，为了解其社会生活、民族文化和风俗习惯提供了途径。采用双语或多语对照写法，有助于其他民族读者了解该民族谚语的深层含义以及正确的用法，增进人们对其民族文化环境等的了解。如马俊民、廖泽余编译的《维汉对照维吾尔谚语》（新疆人民出版社，2007年版），该书对维吾尔族民间谚语的收录比较全面，并细致地将与汉语谚语中义同或义近的条目进行标注，为双语教学提供了便利。民族类辞典选编的民族谚语具有代表性和典型性，对于该民族谚语资料和民族文化的保护和传承具有重要意义，为中华谚语的研究提供了语料。

普及类谚语辞典针对学生群体，选编与学生学习和日常生活中常见常用的谚语。辞典谚语条目按首字母汉语拼音顺序编排，方便读者查找阅读。辞典从使用角度出发，条目清晰、释义完整、例句丰富、简洁易懂，与学生的知识水平、认知能力相适应，具有较强的教育性和准确性，对于学生的谚语查解和谚语学习有一定的参考价值。谚语内容涉及社会生活的各个方面，是人民生活经验的积累所得，对于日常生活有一定的指导作用，且所编录谚语皆为积极正面谚语，有利于学生谚语知识的构建，对于学生的个体发展具有一定的指导和教育意义。如傅玉芳编的《学生常用谚语造句辞典》（上海大学出版社，2008 年版），内容涵盖社会各个方面，同时以用例示范表明使用语境，针对性极强。普及类辞典作为青少年学生的谚语教学用书，以简明通俗的方式将谚语普及和传承，对于保持谚语的生命力和活力具有重要意义。

专科类谚语辞典包含农业、渔业、商业、法律、教育、气象、医学、药学、古谚、乡土文化等多个方面。此类辞典按照谚语的含义分门别类地进行编排，分类细致、释义详尽，具有科学性、实用性、代表性、规范性等优点，方便学习查阅。比如王绪前所著的《中药谚语集成》（人民卫生出版社，2009 年版），本书将难以理解的医学知识以谚语的形式呈现，易于记诵传播，具备语言学价值的同时也发扬了中国传统中医药文化。专科类辞典收录的谚语反映了人们对相关专业领域的理解和认识，是人们在生产生活中总结出的智慧结晶，对于相关领域具有一定的启迪和指导意义，同时也丰富了中华谚语库，具有重要的语料价值，为相关专业领域谚语的相关研究提供了资料。

（一）综合类

为了较为详尽、全面地记录和保留谚语，编纂综合类谚语辞典成为一项基础而又重要的工作。20 世纪 80 年代以来，综合类谚语辞典的数量的整理和编纂成果不断涌现，在数量和质量上都达到了一个新的高度。1987—2016 年出版的大、中、小型综合类谚语辞典不同程度上满足了各层次读者阅读和学习的需求，辞典中所收录的谚语条目大多以社会谚语为主，专科谚语为辅；积极谚语为主，消极谚语为辅；有的辞典侧重收录古今常用谚语，从中体现谚语的源流演变；有的辞典则凸显出中华传统文化和广大群众的智慧结晶，还有的辞典不仅阐释谚语的意义，还整理阐释了谚语的附加义。总之，这些综合类谚语辞典都具有较强的实用价值，成为学生、语言工作者及广大群众十分便利的谚语学习工具，对于谚语资源的保护具有更加重要的价值意义。

1. 大型谚语辞典

《常用谚语词典》

张毅编，上海辞书出版社，1987 年版。

前有"出版说明""凡例""词目表"各 1 篇，后附"后记"1 篇。这是一部大型的常用谚语辞典，共收录谚语 3200 余条。条目编排按词目首字笔画多少为序，画数相同的按一、丨、丿、丶等笔顺排列，首字相同的按第二字的笔画多少和笔顺排列，以此类推。本书设主副条，一般取常见的表现形式做主条，其余按照副条处理，副条附在主条之后，不另立目。条目按照疑难字词注音义、释义、引用书例的次序编写。释义的次序一般是字面义在前，引申义、比喻义在后，见词明义的条目则直接指出它的引申义或比喻义。谚语条目都引用古今哲学、历史、诗词等著作中的例句为证，例证在一个以上的按时代先后为序排列，注明出处。本书收集了古今常用社会谚语，多角度、多层次地发挥谚语社会的、文学的效用，方便读者查解谚语，也为研究通俗文学小品提供了较为丰富翔实的资料，有很强的实用性。同时帮助使用者学习并正确运用谚语，不但有利于提高人们在写作和交流时的表现力，使人们可以更加生动形象地表达思想，而且有利于提高人们的思想道德修养和科学文化水平。

《中华谚语志》

朱介凡编著，台湾商务印书馆，1989 年版。

全书共 11 册，最后一册为索引册。索引册前有"说明""字典部首顺序表""中华谚语志索引目录表"各 1 篇。这是一部大型的谚语辞典，收录古今多民族谚语 52115 条，其中包括少量的俗语、歇后语及典故。该书分为"人生、社会、行业、艺文、自然"五大纲，分统哲理，德行，生活，心理，事理，论理，比喻，教育，神、宗教，玄理（人生）；民族，家族，朋友乡邻，社群，政治、法律，经济，军事，礼俗（社会）；农业，工业，商业（行业）；经典，文学，艺术，语文，考古，历史传说（艺文）；天文，地理风土及其故事传说，矿物，植物，动物，物理（自然）33 个大目，大目下又分出"宇宙观""社会观""人生观""宇宙人生综合观"等 157 个小目，小目之下再分出"天人合一""万物并育""流变不居""自然创造""生生不息""恒常性""相对性""时间""空间"等 1789 个细目，有 500 余万字。

条目主要借鉴麦维尔·杜威十进制图书分类法，运用"百、十、个"三位数和点号后两位数标明每一细类谚句的序列，井然有序。此外，为了让读者更好地进行检索，《中华谚语志》最后一册为索引册，按细类中谚句首字笔画检索。索引中还包含各地方言杂字，特殊词汇，本书全部细目，特殊事证及全书中有关历史、文化、谣俗、神话、故事、传说的事件、人名、地名等，整个索引就是不加注释和论述的谚语集。

全书不分主副条，采用来源、释义、书证加按语的语条基本构成模式，先列出所有谚语语条，再列谚语地域来源、谚语口述人姓名，最后进行解释。谚语解释中，除了标出谚语含义，其中特别添加书证支撑和作者按语进一步解释说明，按语是作者对谚语所做的附加说明、提示或考证。

本书具有口语化特点，以广义"谚语"作为语条收录标准，包含俗语、歇后语、不成句的话头和谣等。谚语中包含直接采集的口语化谚语与各类谚语专著中的语例语条，其中口语化谚语对于谚语语汇的充实和丰富具有重要意义。

本书具有资料性与时代性特点，是对于"中华谚语"学术性的资料汇编。据统计，《中华谚语志》列举相关史实、谣俗传说、现代生活例证 1900 余条。除了对谚语字句注解外，本书注重文化背景与社会生活实况的剖析、谚语说法古今对比、时下事例和今昔异态比证，通过与时代背景、生活相联系来解释说明。

本书具有地域性特点，收录了大量的地方性谚语，第九册关于中国地理风土谚语是将全国分为八个区域进行排列的。书中地方性谚语后面特别标出每条谚语的地域出处和来源。谚语地域的细分体现作者谚语梳理中的地域性视角，对谚语标明地区来源，并结合相关历史、风俗、生活习惯等方面的地域性文化背景例证，也为谚语地域文化研究提供了大量资料。

本书具有民族性特点，作者对民族谚语的收集、释义及理论论述都有着独到见解。首次将少数民族谚语纳入"中华谚语"的概念中，体现作者多元统一的中华多民族谚语观。书中特别收录蒙、藏、泰耶鲁族谚语，虽然数量不多，但是体现了作者的民族意识，体现了各民族和而不同的谚语文化特色。

本书还体现着鲜明的谚语传承性和变异性特点，记录了同时代谚语与存在于古籍中的谚语，体现出谚语发展过程中的传承，这种传承除了书面传承外，还有口头传承。书中也记录了因口头传承而产生的谚语变体及由于时代变迁而产生的语体之间相互转化的变异现象，体现出传承中变异的特点，具有很高的研究价值。

《谚语词典》

刘振铎主编，北方妇女儿童出版社，2002 年版。

前有"前言""凡例说明"各 1 篇。这是一部大型的谚语辞典，分上、下两部，收集古今具有代表性的谚语近 4 万条。谚语条目按照首字笔画数排列，同画数内，按条目首字第一、二笔的笔形顺序排列。在释义方面，通释整条谚语的语义，不举例证。本书内容丰富，天文地理、人情世故无所不有，多角度、多层次地反映了人们的生活，对于人们了解各方面的文化知识具有指导意义。一些反映古往今来风俗文化、社会生活特色的谚语，能够丰富人们对不同时代社会发展的认识，是进行古今社会发展情况研究的有用材料。其中古今代表性谚语的收集可以在一定程度上反映古今谚语的源流演变情况，为研究谚语的古今发展状况提供了有价值的资料。所收谚语展现了中华民族的语言特点，将哲理性、趣味性、科学性相结合，集简练、生动、诙谐的语言风格于一体，体现了深厚的中华文化底蕴。该书选录谚语资料较为丰富，简单明了的语条释义也方便读者轻松地理解谚语含义，是一般读者以及学生、教师进行谚语学习的有用工具，有利于古今谚语资源的流传和保护，并为中华谚语研究提供语料支持，具有一定的文学、社会价值。

《中国谚语大全》

温端政主编，上海辞书出版社，2004 年版。

前有"序""前言""凡例"各 1 篇，后附"参考书目""汉语拼音索引"各 1 篇。这是一部大型的谚语辞典，共分上、下两编。上编收录通行在口语里的谚语 10 万余条，下编立语目约 13000 条（不含变体），辑录谚语语料。语目按音序排列，首字同音的，按笔画数排列，笔画少的在前。首字相同的，按第二字的音序排列，依次类推。本书分正副条。语目首字相同，且结构形式和语义基本相同，仅说法略有不同的，以出现较早或较通用者为正条，其他作为副条或变体处理。上编副条退一格排列于正条之下，下编变体用"×书作'××'"的形式附于正条之下。上编一般不注音、不释义。比较难以理解的，做提示性注释。下编语目的出处多用"语出"表示，出处中的相应之语与语目差异大的用"语本"表示。例证见于古代典籍的，尽量收录；现当代重点收录名家名作里的例证。每目一般只举年代较早的或者较通用的例证，其他语料只列出书名、篇名或章节，用"又见"表示。该书收录广泛，为汉语历史语法与词汇的研究、方言研究、词义演变研究提供资料，也补全了大型辞书收词或义项的部分遗漏。

《汉语谚语词典》

周静琪编著，商务印书馆国际有限公司，2006年版。

前有"前言""凡例""分类索引"各1篇，后附"词目笔画索引"1篇。这是一部大型的谚语辞典，收录常用谚语1万余条，所收条目以积极性谚语为主，但也有少量的消极性谚语，均在注释后加以提示。本辞典按意义类别编排，分为"性格修养""交往处事""事业行动""情感家庭""社会生活""哲理智慧""认识规律"7类。每个类别下所收录的谚语均按汉语拼音字母顺序排列序排列，首字相同的，按第二个字的音序排列，以此类推；首字音节相同的，按音调顺序排列；首字音同字不同的，按笔画由少到多的顺序排列；笔画数相同的，按起笔笔形横、竖、撇、点、折顺序排列。谚语分为主副条，与被释谚语语义相近的谚语，列在同义项中。释义力求准确，一般先解释条目中的疑难字、词，再通释整体的意义，有引申义、比喻义的，重点说明引申义或比喻义。对于理解原义和今义有帮助的例证，本辞典在释义中也加以引用和说明。本辞典精心筛选和整理了传统的谚语，又收录了具有时代特色的现代谚语，同时，以词义相近的原则，将谚语一一归类，并按汉语拼音音序排列，且后附"词目笔画索引"，全书编排科学合理，便于查阅和使用。为保持谚语自身的完整性与客观性，本辞典对一些消极的谚语也加以客观的记录并提示，比较全面地收录了中华谚语。

《中国谚语大辞典》

温端政编，上海辞书出版社，2011年版。

前有"出版说明""凡例""前言"各1篇，后附"语目首字笔画索引"1篇。这是一部大型的谚语辞典，共收录古今谚语15200余条。全书体例谨严，适合中等文化水平以上读者阅读。所收录的谚语条目按汉语拼音字母顺序排列。谚语条目分主条和副条，副条按不同类型放在主条的下面。意义相同或相近但说法略有不同的谚语条目，适当加以类聚。释义含分注和通释两种，先分注后通释。每个谚语条目都配合注释，选取例证，大多一义一例，个别条目适当地增加例证。本书所引用的例句都来自正规出版物，并注明了出处。由于《中国谚语大词典》篇幅较大，普及本删去了一些条目和书证，但此普及本仍然是同类辞典中收条最多、规模最大的，是温端政先生积多年之功的呕心沥血之作。本书释义严谨，引例丰赡，编写者均为多年从事语汇学研究的专家学者，既有专业的理论素养，又有丰富的辞书编纂实践经验，很好地保证了专业水准。本书基本保留了《中国谚语大辞典》的语目，具有实用性和普及性的双重优点，可以给广大读者学习和使用谚语提供较大的便利与帮助。书中的谚语含有深刻的哲理性，是中华民族智慧的结晶；有的谚语反映了中华民族的传统观念，涉及为人处世的方方面面；还有的谚语是历代各行各业群众实践经验的总结，具有传授经验和训诫的功能。本书为语言文字工作者在谚语学习和运用方面提供了参考资料，对于谚语的学习和运用有一定的辅助作用。

2. 中型谚语辞典

《谚语词典》

姚方勉主编，江苏古籍出版社，1990年版。

前有"前言""凡例""词目首字笔画索引"各1篇，后附"'二十四节气'简释""引用宋、元、明、清通俗小说一览表"各1篇。这是一部中型的谚语辞典，选收古今常用谚语6000余条，其中大部分为社会谚语，也酌情收录习见的专科谚语。条目按首字笔画排序，首字相同，按第二个字的笔画笔顺排序；首字不同者，分别立目；一般以在较早书证中引用的谚语为主条，并释义，副条用"同××"表示，不释义；分别引用书证。首字相同，条目仅个别字、词不同或词序略有变动者，分别收入，副条用"亦作××"表示，不释义，分别引用书证。在释义方面，先分释生僻字，然后通释整体语义。对有本源的谚语，探索其书面之源。在引用书证方面，每条引用古今文献用例一至三例。本书在收谚立目方面，尽可能从历代著作中收集谚语，选用书证尽量能显示谚义和体现源流；在选取条目和释义时，充分考虑到现代汉语的特点与需要，选取贴近生活的谚语条目，释义简明准确，有较强的使用价值。

《谚语小词典》

王陶宇、王若燕主编，四川辞书出版社，2001 年版。

前有"序""编写说明""凡例""词目分类索引""词目笔画索引"各 1 篇。这是一部中型的谚语辞典，共收录常用谚语 5200 余条（含副条 800 余条）。收录的谚语按语义分为"事理""时政""修养""文教""社交""生产""生活""风土"8 个大类，"事业理想""道德品行""修身养性""祖国家乡""权势地位""世态世情""琴棋书画""集体个人""用人识人""生产技艺""衣食住行""生老疾病""山川地貌""比较鉴别""因果缘由"等 66 个小类。同类中的词目按音序排序。以语义相同或相近而书写形式不同的常用谚语的通用词形为主条，下设注音、释义、副条及提示等栏，使用频率不高的作为副条，附于主条之中。在注音方面，采用现代汉语拼音分音节为词目中的单字注音。在释义方面分为分释和通释，分释主要对生难字做注释，通释一般由本义和比喻义、引申义构成。在举例方面，不举例证。本书收录的谚语内容丰富，涵盖面广，具有科学性、实用性、代表性、规范性的优质特点，方便学习查阅。谚语民间流传甚广，凝聚了前人的智慧，修养类等谚语为后世人民的素质培养以及交往技巧培养提供了理论指导。

《中华谚语词典》

禾木主编，上海人民出版社，2004 年版。

前有"说明""条目首字音序检字表""条目首字笔画检字表"各 1 篇。这是一部中型的谚语词典，共精选收录汉族谚语及蒙古族、侗族、哈萨克族等少数民族少量谚语 13000 多条，其中主条近 10000 条，副条（变体）有 3000 多条。书中谚语条目按汉语拼音顺序排列，对难字和多音字注音；对不易理解的词语单独解释；在符号"○"之后串讲字面意义；在符号"◇"之后阐明喻义或义理；在符号"△"之后做特殊提示；在符号"（"之后附列变体或等义谚语。全书注释详尽，通俗明了，内容和形式均适应中等文化水平读者的需求，方便读者查阅理解。本书条目多广而不杂乱，广泛地收选有喻义和义理的典型谚语，尽量不收集仅有描写和形容义的俗语和惯用语，具有典型性和精练性。所收条目涵盖古今谚语和少量少数民族谚语，其中古今谚语可以一定程度上反映出谚语的古今源流演变情况，有利于研究谚语的流变状况和保护古今谚语资源，少数民族谚语具有丰富多彩的民族特色和鲜明的地域特色，对于研究少数民族民间文化与当地风俗文化具有参考价值。谚语内容涉及社会生活各个方面，有修身治学类的、智谋技艺类的、农业气象类的等，是各族人民长期以来生产生活实践经验的积累总结，对于当今生产生活实践有指导作用。书中收录条目以积极性谚语为主体，给人以良好的启迪，同时也收入少量的消极性谚语，但均在注释后加以提示，起到警示作用。这些谚语的搜集整理有利于谚语资源的传承与保护，为中华谚语研究提供语料支持。

《新华谚语词典》

温端政主编，商务印书馆，2005 年版。

前有"前言""凡例"1 篇，"词目首字音序表"各 1 篇，后附"词目首字笔画索引"1 篇。这是一部中型的谚语词典，收录古今常用谚语 5000 余条。条目按音序排列，分主条和副条，主条下面一般先注解难懂的字词，后解释整条谚语的语义，再列副条。主副条均举例证，但副条不再重复释义。例证古今兼收，以体现谚语的源流演变。一些谚语条目后面设置"知识窗"，阐述本条谚语的相关知识，有助于读者加深对谚语的理解和扩展知识面，这是本辞典的一个特色。

《谚语词典》

姚铁军、姜心主编，上海大学出版社，2006 年版。

前有"凡例""词目音序索引""词目笔画索引"各 1 篇。这是一部中型的谚语辞典，共收录常用谚语约 6942 条，其中主条 4368 条，副条 2574 条。收录的条目以初、中等文化程度读者常用的谚语为主。条目按汉语拼音字母顺序排列。首字读音相同，按第二个字的读音顺序排列，以此类推。辞典分主副条。一般挑选流行面较宽的谚语做主条，其余的做副条，每一个副条均附有书证。在释义上力求准确、简明，一般先解释难懂的字、词，然后串讲谚语的本义及引申义或比喻义。为了更好地说明谚语的含义，每条谚语的每一个义项都附有书证，书证均标明朝代、作者、篇名。本辞典收录的谚语条目有一定的基础性与针对性，为初、中等文化程度的读者提供了便利。同时本辞典例证全面，为谚语的每一个释义都做了书证，可以更好地辅助读者理解谚语的本义以及比喻义。另外，编排上条目清晰，主次分明，有助于读者直截了当地了解辞典的内容。

《常用谚语词典》

周静琪、何爱英主编，商务印书馆国际有限公司，2006 年版。

前有"前言""凡例""分类索引"各 1 篇，后附"词目笔画索引"1 篇。这是一部中型的谚语辞典，收录常用谚语 7000 余条。按意义类别编排，分为"性格·修养""交往·处事""事业·行动""情感·家庭""社会·生活""哲理·智慧""认识·规律"等 7 个大类。每个大类下所收录谚语均按照汉语拼音字母顺序排列，首字相同的，按第二个字的音序排列，以此类推；首字音同字不同的，按笔画由少到多的顺序排列；笔画数相同的，按起笔笔形横、竖、撇、点、折的顺序排列。每条目把常用谚语列为主条，把与主条语义相近的谚语列为副条，放在释义之后。条目一般先解释条目中的疑难字词，再解释整体意义，对于有引申义、比喻义的，重点说明引申义或比喻义。适当引用、说明对于理解原义和今义有帮助的出处和典故。所收条目以积极色彩的谚语为主，也有少量消极色彩的谚语，并在注释后加以提示。本书可以帮助使用者学习并正确运用谚语，方便人们在写作和交流中的实际运用，增强语言交流的形象性、生动性，有利于思想的有效碰撞，其哲理性和文学性也有助于人们思想水平和文化素质的提升。它按照意义编排，便于读者学习查找，实用性较强。

《趣味谚语词典》

杨波编著，四川辞书出版社，2008 年版。

前有"前言"1 篇。这是一部中型的谚语资料汇编，共选取谚语约 4500 条。按内容分为"成长与教育""生活万花筒""社会大舞台"等 15 类，有的条目根据实际又划分小类。谚语条目以音序排列，如果谚语首字的读音相同，则按笔画顺序排列，如果读音、笔画都相同，则相应的以第二个字为准，以此类推。只选录谚语条目，不加解释与例证。对于部分读者理解有难度的谚语，在右侧解释谚语产生的文化背景、社会环境等。为方便读者理解、掌握谚语，并扩大知识面，设有"小知识""考考你"小栏目，拓展读者的认识与思维。本书在排版上，清新活泼，一目了然，便于读者阅读。在内容上，虽篇幅短小，但涉及广泛且实用性强，包括社会的方方面面，可以方便读者掌握多方面的基础谚语知识。同时，所选的谚语条目都通俗易懂、短小精练，对于生僻字词也会标明注音或注释，方便读者理解。这是一本主要面向学生或业余爱好者的谚语科普集，具有很强的趣味性和教育意义。

《现代汉语谚语词典》

温端政主编，上海辞书出版社，2009 年版。

前有"出版说明""凡例"各 1 篇，后附"词目首字笔画索引"1 篇。这是一部中型的谚语辞典，收录谚语 5400 余条。条目按汉语拼音字母顺序编排，条目首字相同的按笔画由少到多排列，笔画相同的按起笔笔形横、竖、撇、点、折顺序排列，词目首字完全相同的按第二字音序排列，以此类推。主条为谚语的常见形式，其余变体附于主条之后，变体与主条首字相同者不再另出条，不同则作为副条单独出条。对主条中的疑难字进行注音，释义时先分注疑难字词，无疑难字词则直接解释条目的本义，再解释引申义，引申义与本义相同的条目直接解释引申义。对主条中有典故或出处的做简要注明，不做其他例证，不做考证，副条立目，以"见××"引出主条，不做释义。本辞典的特色是在选目、释义时充分考虑到现代汉语的特点与需要，选取贴近生活的谚语条目，释义准确简明，具有很强的实用价值，并在条目按汉语拼音字母顺序编排的基础上，后附笔画索引，便于快速查询。

《中华谚语》

赵宝忠编，中国经济出版社，2013 年版。

前有"序""凡例""首字拼音索引""首字笔画索引"各 1 篇。这是一部中型的谚语辞典，收录谚语近 24000 条，其中主条约 14600 条，副条约 9300 条。谚语条目按首字的汉语拼音顺序排列，首字读音相同的按第二字的音序排列，依次类推。将语意完整、应用广泛的谚语作为主条，其余内容相同只是说法有区别，或个别词语、词序不同的谚语作为副条，附在主条下以"又作"领起。在注音方面，对疑难字词标注汉语拼音。在释义方面，先分注疑难字词，然后通释整条谚语的语义，再说明比喻义或引申义。用"指"，引出词条的实际意义，用"比喻""形容"表示其引申意义，用"旧指""旧喻""旧时认为"表示对词条内容的某种批判。此外，对出自历史典故、地方民俗、民间故事、神话传说、宗教信仰等方面的词条，都给出详解。这是一部收录广泛、词条完整的大型谚语辞典，涵盖仍在流传的古代谚语和少数民族谚语，古代谚语的搜集在一定程度上反映了古今谚语的源流演变情况，为研究谚语的古今发展状况提供了有价值的资料，其中的少数民族谚语展现了丰富多彩的民族风俗文化，具有民族特色，有利于了解少数民族的文化习俗。该谚语辞典是目前已面世的工具书中收录内容最广泛、最完整的一部谚语大全，书中注释详尽，查阅方便，能够为学生、语文教师以及一般读者的学习使用提供便利。

3. 小型谚语辞典

《常用谚语辞典》

张鲁原编著，上海辞书出版社，1987 年版。

前有"凡例""词目表"各 1 篇，后附"后记" 1 篇。这是一部小型的谚语辞典，收录古今谚语 3200 余条。条目按词目首字笔画多少排列，画数相同的按横、竖、撇、点、折的顺序排列，首字相同的按第二字的笔画多少和笔顺排列。余类推。条目有一种以上表现形式的，一般取常见的表现形式做正条，其余按变式处理。变式附在正条之后，不另立目。条目按难字词注音义、释义、引用书例的次序编写。释义的次序一般是语面义在前，引申义、比喻义在后。见词明义的条目则直接指出它的引申义或比喻义。主副条都配合释义，选取古今典籍中适当的例证，书例引用按时代先后顺序排列，引用书例一般注明书篇名，戏剧注明折数，小说注明章数等。在诗文、词曲、笔记、现代小说戏剧等著作的书篇名前注明作者姓名。本辞典的特色在于专门收集古今常用社会谚语，有助于多角度、多层次地发挥谚语的社会与文学效用，有利于社会交流。

《谚语分类词典》

李庆军编，黄山书社，1991 年版。

前有"前言""凡例""类别目录""分类细目"各 1 篇。这是一部小型的谚语资料汇编，共收录谚语 4500 余条。按条目含义共分为"人事""人物""人世""修养""家庭" 5 个大类，大类之下又分"真理哲理""年龄相貌""修德修身""世态世情""家庭亲眷"等 74 个小类。同类中各条目按汉语拼音字母顺序排列。谚语条目有疑难字词先注音，然后释义，最后引出例证。释义时根据需求对语面义或引申义、比喻义做出解释。用例采用古今书籍中使用的例句为证，能够查出语源的则在用例前引出，引用例句一般注明作者、书名以及篇名、卷次等。凡含义相同、表现形式有差异的条目，以常见者为正条，其余作为副条附在正条之后，不另立目。本书按照谚语的含义分门别类，释义详尽，既可以体现谚语的深厚内涵，发挥谚语的教育作用，又便于读者对谚语有更为深入的了解。书中部分例证展示了谚语的来源，梳理了一些典故和词语的历史脉络，点名了一些例如"斛""蠹""太公"等古语词的内涵，清晰明白，为语言学和民俗学的研究都提供了一定的参考资料。收录的谚语条目众多，博采古今，以古谚为主、今谚为辅，丰富了中华谚语，地域广泛，有利于反映中国谚语的全貌，从而展现中国人民的处世态度、生活习惯、思想感情、生产生活等各个方面。

《常用谚语分类词典》

厉振仪编，上海大学出版社，2000 年版。

前有"序""凡例""分类总目""词目分类索引"各 1 篇，后附"词目笔画索引" 1 篇。这是一部小型的谚语辞典，共收录常用社会谚语 3000 余条，农谚、气象谚、行业谚等均不收。条目包括词目、注音、释义、书证四部分。按意义类别排列，共分为 45 类。谚语条目在每一类别内按汉语拼音字母顺序排列。分主副条，对于意义相同而形式有差异的谚语，一律以现代或近代常用形式作为主条，其他形式作为副条。在注音方面，皆采用汉语拼音注音，采用逐字注本音的原则，不注变调。在释义方面，力求准确明了，根据语言材料指明谚语的基本意义或引申意义，对谚语中于个别难解词语则在释义前给予必要的注释。每条词目都举出一两例书证或用例，注明出处。这是一本类义熟语辞典，在辞典分类以及社会辞典体系中占有一定地位。它对于研究者按类查解、研究常用谚语有很强的参考性，也为文学创作者提供了较为规范的谚语释义和使用参考，有很强的实用性。本书收集了古今常用社会谚语，以期多角度、多层次地发挥谚语的社会、文学效用，方便读者查解谚语，也为研究通俗文学小品提供了较为丰富翔实的资料。

《通用谚语词典》

温端政、沈慧云主编，语文出版社，2004 年版。

前有"序""《通用谚语词典》前言""凡例""词目首字音序索引""词目笔画索引"各 1 篇。这是一部小型的谚语辞典，共收录现代汉语中的通用谚语 2800 余条，是"通用语言文字系列工具书"之一。所收录的谚语条目按照词目首字汉语拼音字母顺序排列，首字同音的按笔画数多少排列，首字相同的按第二字拼音字母顺序排列，依次类推。所收录的谚语分主副条，主条选择常用词条，对常用"异形"谚语作为副条，在主条后面先注音，再释义。注音采取按词拼写规则，先用汉语拼音字母注音。在释义方面，先解释词目中的疑难字、词，再通释词条整体意义；对于不止一个义项的，分项说明，对于有引申、比喻义的，重点说明引申义或比喻义；谚语出处、典故如对理解谚语原义和今义有所帮助的，适当引用和说明。每一词目都在释义之后配有文献用例，辅助说明条目的语义和用法，副条也举出用例，均注明出处。对容易读错的字音、容易误解的词语、容易误解的语义做提示。对所收录的通用谚语进行释义，特别关注到从字面意义派生出的实际意义，对部分谚语注明出处以及所相关的典故，揭示了谚语条目背后所蕴含的文化内涵，反映了通俗谚语所承载的世界观、人生观与价值观。作为通用型辞书，本书以"通用"作为筛选标准，在贯彻规范标准的同时也遵守约定俗成，注意适度包容，在释义时注意体现知识性，力图准确解释谚语语义，对谚语词目进行注音，列举例证，便于理解，易于使用，方便读者查阅相关通用谚语知识，为学生、教师、编辑、记者、文秘人员等社会语言文字实际工作者在谚语学习及运用时提供了工具资料，对于中华通俗谚语研究具有一定的参考价值，对于国家通用语言文字的规范、丰富及发展也具有一定的辅助作用。

《实用谚语小辞典》

徐志诚主编，世界图书出版西安公司，2005 年版。

前有"前言""凡例""索引"各 1 篇。这是一部小型的谚语辞典，收录常用谚语约 4200 条，其中副条约 150 条。条目按首字汉语拼音音序排列，首字音序相同按笔画由少到多顺序排列，首字音序笔画相同按第二字音序排列，以此类推。条目不逐字注音，只对多音字和生僻字注音。注释简明，有些条目对其中的疑难词语先分注，然后串讲条目的字面意思，最后通释条目的整体意义，无疑难词语或字面意思就是整体意义的条目则无分注或串讲。本辞典大部分条目都有例句，放在释文之后，例句中引用的文章或著作段落也进行了详细标注。本辞典内容涉及政治、经济、文化、生产、社会、教育、修养、民俗、地理、气象等多个方面，有助于人们学习和使用谚语，更加全面地了解谚语知识，且实用性较强，便于人们在日常生活中使用。

《谚语小词典》

温端政主编，上海辞书出版社，2005 年版。

前有"凡例""词目首字拼音索引"各 1 篇，后附"词目笔画索引"1 篇。这是一部小型的谚语辞典，共收录词目 3171 条，分主副条，作为谚语主要表现形式的为主条目，意义相同而形式相近的则为副条目，其中主条 2563 条，副条 608 条，主条都加注释和用例，副条一般不另解释，不举例，也不另出条。词目按汉语拼音字母顺序排列。词目首字声母、韵母相同的以声调为序，首字同音的按笔画多少和起笔顺序排列，首字字音、字形都相同的则按第二字的音序排列。在释义方面，先释字、词，然后串讲谚语的字面意义或本义，再说明引申、比喻义。有典故的，词语后附简要说明。在注音方面，词目中的冷僻字用汉语拼音字母注音，多音字、容易读错字用汉语拼音字母注音予以提示。在举例方面，每条谚语都配有用例，用例标明出处。本书为更好地满足广大中小学生的需要，组织专家人员进行编撰，出版了更标准、规范、实用的辞典。为符合中小学生的授课情况，将谚语辞典中的谚语收集与课程安排需求相结合，为学生学习语文提供更好的辅助查询资料。谚语作为口头流传的语言，被收录在小学生辞典中也有利于谚语的普及教育。

《分类谚语词典》

温端政主编，上海辞书出版社，2005 年版。

前有"凡例""分类目录"各 1 篇，后附"语目首句拼音索引"1 篇。这是一部小型的谚语辞典，收录谚语 7000 余条。按谚语的语义分类编排，一级类目有 10 类，包含"事理规律""社会政治""经济生产""教育文化""人际交往""人生际遇""生活起居""精神感情""品德修养""节令气象"，二级类目有 84 类，不分主副条。同一类别之下，将意义相近者集中排列。在注音方面，难读字或易混的异读字在注音栏注出正确读音。在释义方面，先在注释栏分释字、词，再在语意栏通释整条谚语的语义。在举证方面，对有典故或出处的语目在出典栏说明，不举例证。该书不仅为谚语辞典按语义分类提供了参考，也为谚语义类体系构建研究奠定了一定的基础，有助于初等、中等读者学习使用现代汉语通用谚语。它充分考虑到现代汉语的特点与需要，选取的谚语条目贴近生活，释义简明准确，便于人们日常生活查阅，有较强的使用价值。

《常用谚语词典》

孙立群、孙渊编写，上海科学普及出版社，2006 年版。

前有"凡例""词目音序索引"各 1 篇，后附"词目笔画索引"1 篇。这是一部小型的谚语辞典，收录常用谚语约 2000 条，其中主条约 1600 条，副条约 400 条。条目按首字的汉语拼音顺序排列。以出现年代较早或流行面较宽的做主条，其余做副条。在注音方面，对难读的字词标注汉语拼音。在释义方面，力求准确简明，对疑难字词先进行分注，再通释整条谚语的含义。对于具有双重性质的谚语，有时直接解释深层义，有时先串讲字面义再解释深层义。主条和副条均选取古今典籍中的书面例证。收录的谚语真实、具体，记录了同一谚语的不同变式，一定程度上反映出谚语的古今源流演变情况，有利于研究谚语的流变情况和保护古今谚语资源，具有一定的语料价值。该谚语辞典注释详尽，查阅方便，能够为中小学生、语文教师以及一般读者的使用提供便利。书中收集的谚语具有日常性，是社会生活中较为普遍通用的谚语条目，对于人们的为人处世具有一定的指导意义。

《新编谚语大全》

尤世良主编，浙江古籍出版社，2006 年版。

前有"前言""条目首字音序索引"各 1 篇。这是一部小型的谚语资料集，共收录汉语常用谚语近 8000 条，并后附外国谚语 2000 余条。条目按谚语首字的音序排列，首字音序相同的按首字笔画多少的次序排列，首字音序笔画均相同的则按第二字的音序排列。分主副条，立目时以谚语的常见表现形式为主，以意义相同而形式相近的条目为副条。主条都加注释，对于部分难以理解的条目采用分注通释结合的方法，先释字、词，再串讲谚语的字面意义或本义，再说明引申义和比喻义，而对于不难理解的条目则不加分注。副条一般不另解释，不举例，也不另出条。词目中的冷僻字、多音字、容易读错的字用汉语拼音字母注音予以提示。该书谚语是针对青少年读者编制的，收入了大量磨砺思想、鼓励好学、陶冶情操、教人处世并富有时代气息的谚语，有利于激发青少年奋发向上的精神。全书谚语条目都附有准确的释义，便于青少年读者阅读和理解谚语，促进谚语知识的实际应用。该书谚语还选编了 2000 余条富含哲理性、代表性和教育性的外国谚语，有助于青少年学生进行中外谚语的对比分析，拓宽谚语知识面。

《谚语小词典》

王陶宇、王若燕编著，四川辞书出版社，2007 年版。

前有"前言""凡例"各 1 篇，后附"词目分类索引""词目笔画索引"各 1 篇。这是一部小型的谚语资料集，收录常用谚语约 5400 条，其中副条约 900 条。不收内容不健康的、生僻的或方言色彩过浓的谚语，对个别条目加以特别说明。辞典从实用出发，按语义分类编排，每类中的词目按音序编排，词目之下设注音、释义、副条及提示等栏。所收谚语按语义分为修养、时政、文教、社交、生产、生活、风土、事理共 8 个部分。对内容丰富、意义涉及多个方面的谚语，则择相对习见、常用的意义进行归类。有主条和副条之分，以语义相同或相近而书写形式不同的常用谚语的通用词形为主条即词目，下设注音、释义、副条及提示等栏；使用频率不高的做副条，附于主条之中。释义部分分为分释和通释。分释，主要对生难字词做注释。通释，一般由语面义（本义）和比喻义、引申义构成。见而明义的则省略语面义，直接指出比喻义或引申义。有多个义项的，先列相对习见的、常用的，后列出其他义项。本辞典检索方便，对条目中容易读错、写错、用错的字词做出了特别的提示。内容选取有一定的标准，适合的受众面较广。

《谚语》

止思编译，崇文书局，2007 年版。

前有"前言"1 篇。这是一部小型的谚语资料集，是"中华国粹经典文库"丛书之一。谚语条目均先解释疑难字词，通释全义，再给出古今文献中的例句，例句注明出处。此种体例简洁明了，既能使读者明晰每句谚语出处，又可以帮助加深理解谚语内容和用法。本书按条目首字的汉语拼音音序排列，方便读者查找所需谚语。收录的谚语多是从传世的文史典籍中搜集整理而成。在语言层面，相较今谚，该资料集更能使读者欣赏到谚语语言上的古典美，较为清晰地感受到古今语言的差异。现今谚语已经成为汉语语料库的一个重要组成部分，数量多、频率高，学习和使用谚语有助于人们丰富表达手段，并在已有谚语基础上进行创新，保持语言的生机与活力。从文化层面上看，该书收录了有关治理家国和行兵打仗的谚语，又反映了古代居安思危、珍惜光阴等价值观念，是古代思想文化的集中体现。谚语的辑录有利于了解传统中国社会，传承和弘扬中国古代优秀传统文化，同时帮助人们认识社会生活，对人们的生活态度、行为规范具有一定的指导意义。本书的编纂出版丰富了中华谚语语料库，具有一定的语料价值。

《谚语》

鲍思陶、仝晰纲编，崇文书局，2007 年版。

前有"经典常新""前言"各 1 篇。这是一部收录中华经典谚语的小型资料集。谚语条目按照首字母进行排序，对所收谚语进行关键字词和整句的释义且有例句，例句标明出处。经典的原则是亘古不变的，经典的阐释是与时常新的。本书收集的谚语长期以来成为人们认识社会生活的向导，对中华民族各时代的思想、精神、文化、风尚的形成和发展产生过重要影响。类似"运筹帷幄之中，决胜千里之外"的历史类谚语，用前人的经验来透视基本的道理，可以展现历史风采；收集的"鹬蚌相争，渔翁得利"这一类的谚语则以形象的表达方式表现深刻的道理，从中有利于了解人民群众的聪明智慧和创造语言的天赋，领会到汉语的精练及其所具有的生动的表现力，用前人的审美来捕捉当今的生机，以享受自己的人生乐趣。这些谚语用前人的智慧来诠释当今的信仰，可以培养自己的人生操守；本书对谚语的解释较为细致，且配有例句，有利于读者对条目的深入理解，有利于继承并发扬这一份珍贵的遗产，对于当前的文化建设将会产生积极的作用。

《谚语录》

齐如山编，辽宁教育出版社，2007 年版。

前有"总目录"1 篇，后附"编后记"1 篇。"总目录"分为"谚语录""剧词谚语录"，"谚语录"中前有"序""凡例""目录"各 1 篇。这是一部依据台北联经出版事业公司的《齐如山全集》(第八集) 编成的小型谚语集。谚语中有知其出处者，即注于该句之下，有可检查者亦查出注之。村书中有《名贤集》者，早已风行，最为脍炙人口，其中句子，几皆为流行之谚语，但该书亦多由他书录来，故不引注；各种传奇、杂剧中，所用谚语极多，兹皆不引注；各种经史子集中，所引谚语颇多，但今人不恒说者不录；关于天时之谚语皆不录，以其无关惩劝也；关于农事之谚语皆不录。谚语是国民心理中的经典，除了在口语中发挥交际的作用，在文章中也多被引用，对于谚语的引用到两汉以前会采用谚语为自己的文章加以例证，具体有以下几种形式："谚曰""谚所谓""里谚曰""鄙谚曰""语曰""语有之""野语有之""鄙语曰""人有言曰""人之言曰""古人有言曰""先人有言曰""先民有言曰""吾闻之""所谓""古所谓""故曰"，唐宋以来的小说、笔记、戏曲、大鼓、小曲等都引用甚广。本书谚语的收集既可以传承经典，也可以为文章的写作提供素材，还可以引导新的社会风尚，发挥谚语的教育教化功能。书中收集的《剧词谚语录》反映了艺术与哲理之间的亲和缘分，正如齐先生手迹书稿中所说谚语"由戏剧中造出而流行于社会"，这是本书的特色所在。另外标注个别谚语出处，有利于追根溯源，促进谚语的学习、传承与保护。

《金盾谚语词典》

邱胜、陈彬编，金盾出版社，2008 年版。

前有"前言""凡例""词目首字拼音检字表"各 1 篇，后附"词目笔画索引"1 篇。这是一部小型的谚语辞典，共收录了常用谚语 2600 余条，副条 800 余条。词目按音序编排。首字音序或读音相同的则按第二字的音序排列，以此类推。分主副条，以语义相同或相近而书写形式不同的常用词形为主条；使用频率不高的做副条，附于主条之后。本辞典采用现代汉语拼音分音节为词目中的单字注音。一般只注轻声，不注变调。在释义方面，分为分释和通释两种。分释主要对生难字词做注释；通释则一般由语面义（本义）或比喻义、引申义构成。有明义的则省略语面义，直接指出比喻义或引申义。对于有多个义项的谚语，先列出其常用义，后列其他义项。同时，每一则谚语出现的书证都列在释义或难点解读之后，一般都会注明作者、著作等信息。本辞典遵循规范性、科学性、代表性、实用性的原则编排，谚语的形式统一简洁，选择的条目也尽可能通俗易懂，阅读起来较为方便，内容涉及经济、政治、文化修养、个人修养等诸多方面，尽可能包含社会生活的方方面面。

《谚语——经验的力量》

王啸主编，新时代出版社，2008 年版。

前有"文化的力量，语言的魅力"序言 1 篇。这是一部面向青少年的小型谚语资料汇编。按语义内容分为"亲情家族""爱情婚姻""困境挫折""成功失败""贫富钱财""学习勤奋""权势官职""法律军事""健康疾病""利益得失""才能见识""人生命运""交际应酬"等及十二生肖谚语共

46 类。为了方便读者的阅读和理解，收录的谚语条目均作详细释义和举例，释义部分也包括对部分生僻词语、难懂的词汇等进行解析。对于部分少数民族谚语，对具体的民族进行标注。本书属于青少年助学读物，收录的谚语较为贴近生活、反映真实，兼具实用性和趣味性，指导青少年在对谚语的阅读和理解中树立和形成关于学习、生活的良好观念、意识，为青少年开启一扇通往传统文化的大门，引导他们感受中华民族对于命运的不屈追问和对于美好生活的热切憧憬。该书收录了包括蒙古族、藏族、哈尼族、维吾尔族、苗族等少数民族谚语，帮助青少年在阅读和学习过程中了解少数民族文化。

《谚语大全》

细益主编，江西美术出版社，2008 年版。

前有"前言：让绚丽多彩的人生从这里开始"1 篇。这是一部小型的谚语资料集，收录的谚语按内容分为"为人处世""求知与智慧""农业与气象""生活与保健"4 个大类，其下细分为"谦虚谨慎""语言行为""择友交友""世情世象""知识学习""实践规律""智慧方法""农副生产""粮食作物""气象物像""人生命运""养生保健""家庭伦理"等 34 个小类。每条谚语都对应有解析与例句，有些谚语后附典故，少数民族的谚语在条目后标注族属。书中选录的谚语皆进行了解释举例，语条含义明了，能够满足中小学生读者的基本需求。谚语内容涉及广泛，展现了社会生活的多方面知识，其中"为人处世"类谚语占比较大，旨在教导人们养成良好的品质道德，践行正确的行事准则，对于人们尤其是正处于成长阶段的中小学生起着积极的导向作用。"求知与智慧"类谚语的占比居于其次，反映了宝贵的知识与珍贵的智慧经验，对于中小学生可起到教育作用。"生活与保健"类谚语多为基础保健经验，方便少年儿童学习记忆卫生健康知识，有助于青少年健康意识的培养。

《道德修养智慧谚语》

陈连山、吴新锋、王芸编，中国社会科学出版社，2008 年版。

前有"主编寄语""前言""序"各 1 篇，后附"后记"1 篇。这是一部收录道德、修养、智慧三类谚语的小型资料集，是"中华谚语精华丛书"的组成部分。按内容分为"道德篇""修养篇""智慧篇"3 个大类，大类下又分为"为人""立德""荣辱""廉洁""诚信""义利""气节""志气""惜时""学习""嗜好""谦虚""戒骄""改过""习惯""宽容""礼让""智者""智慧""知识""思考""集体""请教""巧干""谋略"等41个细类，每一小类后都有具体注解。只选录谚语条目，不加解释，不包含注释、注音，对出自少数民族的谚语进行了标注。本书所选录的谚语是56个民族的民间谚语，是各族人民的思想智慧结晶，对于了解各族人民的道德、修养、智慧及民间文化具有重要的参考价值。汉族有的谚语具有多主题，为方便读者检索，这些谚语可能在不同主题或子目中同时出现，这是本丛书编排的特色，而非重复。汉族谚语与少数民族谚语之间，各个少数民族的谚语之间，有部分谚语在主题和表达形式上有相似或相同之处，可能出现在不同主题或子目中，这也是本书的编排特色，而非重复。

《谚语小词典》

温端政主编，上海辞书出版社，2009年版。

前有"出版说明""凡例"各1篇，后附"词目首字笔画索引"1篇。这是一部小型的谚语辞典，收录谚语3000余条，分主副条，作为谚语主要表现形式的为主条目，意义相同而形式相近的则为副条目。正文按汉语拼音音序顺序排列，同音字以笔画、笔顺为序；立目时以谚语的常见表现形式为主条，意义相同而形式相近的条目为"副条"，副条另立书目，不再释义。在释义方面，先解释生僻字词，再说明谚语的基本义、引申义、比喻义。在举例方面，有典故的，引书证说明。本书大小厚薄适当，携带方便。为符合中小学生的授课情况，将辞典中的谚语收集与课程安排需求相结合，为学生学习语文提供更好的辅助查询资料，也有利于谚语的普及教育和流传。

《谚语》

张心远编，三秦出版社，2009年版。

前有"前言"1篇。这是一部专收古谚的小型资料集。所选取的谚语都是从传世的文史典籍中搜集整理的，并加以必要的注释和例句。索引方式采用的是首字拼音检索。收录的谚语内容为文献典籍中的古代谚语，展现了不同历史时代社会文化、精神风貌，体现不同历史时代谚语的文化特征，一定程度上反映了谚语的源流演变情况。谚语条目后跟有释义和例句，加深读者对于内容的理解与学习，在谚语研究和查解利用方面具有一定的参考价值。注重对于古代名谚的收集、整理，谚语大多流传广泛，言简意赅，富有哲理性，具有生生不息、历久弥新的特点。本书有利于读者丰富谚语语汇，提高理解和运用谚语的能力，在中华传统的美德和文化的熏陶下，提高思想道德水平，具有教育功能。

《谚语大全》

《注音彩绘版名著》编委会编著，吉林出版集团有限责任公司，2013年版。

前有"前言"1篇。这是一部小型的注音彩绘版谚语资料集。其内容包括"为人与处事""求知与智慧""农业与气象""生活与保健"4个大类，大类之下又分"谦虚谨慎""骄傲自满""诚实信誉"等若干小类，每条谚语都对应注释和例句一个，有些谚语后附谚语小故事及阅读鉴赏。本书有助于提升儿童对谚语的阅读兴趣，了解谚语文化。

《谚语小辞典》

徐志诚主编，商务印书馆国际有限公司，2015年版。

前有"前言""凡例""汉语拼音音节表""条目首字笔画索引"各1篇。这是一部小型的谚语辞典，收录谚语3600余条（含主副条）。条目按音序排列，首字音序相同而声调不同的，按阴平、阳平、上声、去声的顺序排列，首字是同音字的按笔画多少排列，笔画数相同的按起笔笔形横、竖、撇、点、折的顺序排列。首字是同一个字的按第二个字排列，以此类推。条目内容由词目、注音、释义、例句四部分组成。主条选用常见的形式，副条用"也作"表示。条目不逐字注音，只对部分生僻字和多音字注音。释义力求准确、简明，一般先注难懂的字词，后解释整条的意思。先解释字面义，再解释引申义和比喻义，对浅显易懂的谚语则直接释义。大部分条目附有例句。谚语条目后大多有释义、例证和书证，释义力求简明准确，对于意义相近的谚语进行准确的区分。本书谚语多为日常生活或文学作品中的常用、常见谚语，内容涉及多个方面，贴近人民日常生活，具有实用性。本书帮助读者提高了理解和运用谚语的能力，还有利于谚语文化的传承、传播与保护。

（二）地域类

谚语是广大群众总结出来的具有哲理性意义的生活智慧，在不同的地域，其客观认识、生活经验、处事文化等方面都存在着差异，因此地域类谚语辞典也是谚语辞典研究中的一个重要组成部分。地域类谚语辞典的数量不多，其中涉及的大部分是我国南方地区，如闽南、泉州、台湾等地，这些地域所收录的谚语大多极具地方特色，甚至保留了当地的方言方音和俗词语，不仅有鲜明的时代和地区特色，对于方言的传承和保护也具有重要意义。还有针对华北等地区编纂的谚语辞典，这些辞典更多传达出当地人民的生活经验、文化传统和价值观念。地域类谚语辞典不仅能很好地反映各地区的特色差异性，为全面了解当地人民的生活提供十分宝贵的语言资源，也能反过来对当地群众起到教化和指导作用。

《华北谚语集要》

李寿彭编，泰东印书局，1934 年版。

这是一部地区性小型谚语辞典，主要收录了农事、治家、处事、交际、职业等 20 类产生于华北地区的谚语，内容齐全，包罗丰富，具有鲜明的地区特色和时代特色，可以说这是一本较为完备的地区性谚语集锦。

《分类注释　闽南谚语选》

许龙宣编著，泉州市文管会，1986 年版。

前有"序言"3 篇，"说明"1 篇。这是一部小型的闽语辞典，收录条目分为"自然类""人伦类""哲理类""杂俎""歇后语""三字谚""二字谚""谈菲华混合语""闽南民间谚语""菲岛侨胞流行谚语""俗语对局"等11 类。每一小类后附加相关解释说明性语句，在每一条目后添加详细的注解是本书的突出特点。该书在传播民间传统文化、提高当地居民素质等方面起到了一定作用，这也是其价值所在。

《大同谚语精选》

韩府编，山西人民出版社，2006 年版。

前有"引子"1 篇。这是一部小型的谚语资料汇编，共精选山西大同地区谚语 400 余条。所收谚语按照首字音序排列，在谚语条目下先对谚语整体释义，再对个别字词进行解释，并对部分谚语进行相关的学科知识与地方风俗的介绍。谚语是客观事实的反映，本书所收录的大同谚语在一定程度上反映了当地人民的生活图景与风俗习惯，传达着民间百姓对婚恋、家庭、生命、自然等方面的价值观念，部分条目还涉及了大同地区物产与特有事物，以及古谚，是了解山西大同地区人民礼仪风俗的窗口平台。本书是大同地区人民对自然天象与社会生活规律观察认识的结果，具有一定的哲理性与实用价值，在一定程度上反映了大同地区人民性格与精神风貌，对当地人民的农事安排、家庭教育、健康生活等日常实践活动具有指导意义，也对他们的个人修养、待人接物等具有一定的教化作用。

《泉州谚语》

王建设、蔡湘江、朱媞媞编，福建人民出版社，2006 年版。

前有"总序""体例"各 1 篇，后附"泉州话声韵调系统""泉州话常用方言俗写字与本字对照表""笔画索引""后记"各 1 篇。这是一部收录泉州地区方言谚语的小型资料集，收录谚语 3000 余条。条目内容由词目、注音、注解、释义四部分组成。注音采用国际音标。声调只注原调（调值），不注连读变调。对方言词语的用字，在不影响理解的前提下使用本字，其余的原则上从俗，特别是注意采用传统的方言俗写字（包括借音字、训读字及方言字）以保持地方特色，照顾多数读者。书后附有"常用方言俗写字与本字对照表"，"注解"主要解释某些方言词语在谚语中的意义；"释义"主要说明谚语的实际意义，有的甚至还用普通话进行翻译。一条谚语若有多种说法，一般只选列有代表性的或流传较广的一种，不同的部分用"亦作"标出。一条谚语若有多个意义，用加圈的数码表示。近义的谚语注明"参见"，同义的谚语注明"义同"。本书谚语注音精确、释义详细，通用谚语一般不收，突出了"原汁原味"的方言特色，具有鲜明的地域性。谚语条目后对难懂方言字词和句意进行释义，书后附"泉州话声韵调系统""笔画索引"方便读者理解，可有效提高使用和学习的效率。本书方言谚语的收录充实了中华谚语文化资料库，有利于谚语文化研究，同时展现了泉州地区的风俗习惯、地域文化和人民精神风貌，为全面了解当地人民生活面貌提供了一个良好的路径。

《宁波谚语》

赵德闻主编，宁波出版社，2010 年版。

前有"凡例""精彩绝伦的宁波谚语""句式分类索引"各 1 篇，后附"内容分类索引"，"特殊用字读音和释义表""后记"各 1 篇。这是一部小型的宁波谚语辞典，收集谚语 3300 余条。按内容共分为"乡情民风""家庭亲族""爱情婚姻"等 26 类。每一类下的谚语按词目句式的字数由少到多排序，句式字数相同的情况下，按首字笔画数由少到多排序，笔画数相同的再按谚语首字拼音字母的先后顺序排列。考虑到宁波方言与普通话发音的不同，每句第二个字的拼音字母的先后不做排序。宁波地区靠海，渔业十分发达，所以谚语的收集工作中就收集到了许多海鲜类谚语。许多充满着热情奔放的谚语也反映出宁波人的朴实不羁，增加外地人对他们的了解，具有鲜明的地域特色。宁波人崇尚节俭，因此谚语中有许多有关教育以及素质培养的谚语，为后世人民美好品德的建立与发扬光大提供经验指导。书中还有许多借古喻今的谚语，宁波人在悠久的历史长河中，始终坚持总结前人的经验教训来发展自己，是一项不可多得的优良习惯。本书丰富了中华语料库，也丰富了宁波本地人的精神世界，具有一定的语料价值。

《淮安谚语大观》

秦九凤、郭万民、淮安市淮安区历史文化研究会、淮安市淮安区政协文史办编，中国文史出版社，2015 年版。

这是一部谚语类索引书籍，收录了淮安当地揭露旧社会丑恶及歌颂劳动人民反抗精神、歌颂共产党、颂扬新社会、农事活动、勤俭节约、团结互助、医药卫生等多种类型谚语，包罗丰富、时代特色和地区特色鲜明是该书的突出特点，这是一部相对完备的地区谚语集锦。

《台湾俚谚语新解》

潘荣礼编著，前卫出版社，2016 年版。

前有"作者简介""自序""编辑说明""台语正确用字略表""台语音标说明"各 1 篇。这是一部小型的谚语辞典，收录台湾俚谚语 1500 多句。本书按照俚谚语第一字笔画数多少顺序进行编排。同时每个条目都以简洁文字"暗示"含义，详细"注解"词义，并且解释延伸的各种名词与意义，以国家大事、社会趣闻作为"例句"。作者收集整理了台湾俚谚语，使人们能够更好地了解这一古老谚语，能更好地研究台湾俚谚语文化。选取的谚语条目贴近台湾人民日常生活，释义简明准确，有较强的使用价值。

（三）民族类

中华谚语是中华各民族在长期历史发展过程中总结的语言宝藏，因此民族类谚语辞典的编纂是谚语研究必不可少的一部分。其中一些维吾尔谚语辞典反映了维吾尔民族的历史发展、生产生活以及哲学思想。有些辞典在内容上采用双语对照的方式，对于维吾尔语与汉语之间的翻译具有积极作用。也有些辞典将维吾尔谚语根据结构特点进行分类，并展现古今维吾尔语谚语的流变。另有两部，一部是藏族德钦谚语辞典，另一部是鄂温克族谚语辞典，它们也是研究少数民族语言和文化的宝贵材料。

《维吾尔谚语详解词典》（维吾尔文版）

阿布利孜·艾买提编，喀什维吾尔文出版社，2000 年版。

这是一部中型的维吾尔谚语汇编，收录谚语 4000 余条，前有出版社对编者的介绍，有编者序言，目录按照维吾尔语字母顺序排列。编者在序言中指出，作为口头文学体裁形式的谚语，具有口语性、通俗性的语言特点，凝练的形式结构，生动的形象色彩和良好的教育意义。维吾尔谚语内容丰富，反映和折射了维吾尔族的历史经历、文化传统、风俗习惯、生活环境、宗教信仰、婚丧嫁娶、节日、服饰、饮食等丰富的生活经验、生产知识、哲学思想等。谚语的使用使我们的语言表达更加通俗易懂、充满活力和魅力，由此而言，谚语如同格言。该书对每条谚语做到了释义准确、举例恰当，尤其是具体例句是其一大特色。

《维汉维吾尔民间俗谚词典》（维吾尔文版）

阿力木·艾依提、阿依古丽·吐尔逊编，民族出版社，2006 年版。

这是一部中型的维吾尔俗谚辞典，收录维吾尔常用俗谚 1771 条及其变体 566 条，合计收录 2337 条。前有编者的序言 1 篇，词典结构说明 1 篇，后附有参考文献，目录按照维吾尔语字母顺序排列。编者在序言中指出，谚语是人民口头文学体裁之一，它是一种结构简练、形象生动、哲理深刻、教育意义深远的语句，维吾尔谚语结构固定、内涵丰富、使用率高，其对应汉语既可以是俗语、谚语，也可以是成语、惯用语。翻译为汉文主要采用了直译、意译和部分省译等方法，维吾尔谚语与汉文译文一对多的居多，部分甚至多达一对十。该书收录的常用俗谚及其汉文译文是其特色，对于谚语翻译有一定的参考价值。

《维汉对照维吾尔谚语》

马俊民、廖泽余编译，新疆人民出版社，2007 年版。

前有"前言""凡例"各 1 篇。这是一部小型的谚语资料汇编，编译了常用的维吾尔民间谚语俗语 3000 多条。条目按照维吾尔文字母表音序排列。正文部分左栏为汉字，右栏为维吾尔文字，条目含义浅显的不加注释，字面意思不能揭示内容的，加简明扼要的注释，并重点关照条目的深层含义，用"指"表示本义，"比喻"表示比喻义，部分条目下有"形容"，用以对事物的形象或性质加以描述。同一条目含义跟汉语某个或多个谚语相同，在注释之后，标以"同"字，说明本条目与汉语谚语在意义上相同；意义不同但相似的，前标"近似"二字。全书收录的谚语展示出了维吾尔族独特的地域风貌和人文风情，为了解维吾尔民族的社会生活、民族文化和风俗习惯提供了途径，对于现今维吾尔人民的生产生活具有一定的指导作用。该书对维吾尔民间谚语的收录比较全面系统，作者的翻译力求形式与内容的统一，采用双语对照写法，有助于汉族读者了解维吾尔谚语的深层含义以及正确的用法，同时为双语教学提供了教辅用书。本书选编的维吾尔谚语具有代表性，对于维吾尔谚语资料和民族文化的保护和传承具有一定的意义，且维吾尔谚语历史悠久，内涵丰富，为中华谚语的研究提供了语料。

《民间谚语格言录》(维吾尔文版)

艾则孜·阿塔吾拉·萨尔特肯主编，新疆大学出版社，2007 年版。

前有"序言"1 篇，后附"参考文献"1 篇。这是一部大型的维吾尔谚语格言汇编，收录古今谚语格言 2 万余条，目录按照维吾尔语字母顺序排列。第一部分概述了维吾尔谚语的结构特点和分类。编者首先指出，维吾尔谚语具有内涵丰富、形象多样、言语简练、韵律明显四大特点，内容涉及农耕畜牧、园艺园林、医用医疗、生活经验、人生哲理以及道德品质等领域，运用的韵律主要包括首韵、尾韵、腹韵和混合韵四种押韵方式，具有生动形象、贴近生活、富有民族性与历史性的特点。其次，维吾尔谚语具有广泛的应用性，在日常交际中可以充当词汇、词组乃至句子。最后，编者从形式构造、构成结构、意义表达及其作用方面，指出维吾尔谚语可以分为三类：其一，"maqal"是直接、简洁地呈现劳动人民的宝贵知识和社会经历的一种格言形式，"maqal"的特点是其内容不是通过动物或事物手段呈现，而是直接、明了地呈现；其二，"tɛmsil"是社会生活中的各种事件和经验用动物和事物的性质来呈现的格言形式。"tɛmsil"的特点是内容不像"maqal"那样直接呈现，而是用自然界的各种动物、事物的样貌、性质等间接地呈现；其三，"maqal-tɛmsil"是将自然界的各种事物的性质比喻成社会生活经验，本体和喻体直接体现出来的，也就是通过"tɛmsil"来解释"maqal"。第二部分是按照维吾尔语字母顺序对 2 万余条谚语格言的陈列。综观全书，语料众多、内容涉及面广是其一大特色。

《德钦谚语》

木梭主编，云南民族出版社，2013 年版。

这是一部小型的藏语谚语辞典。条目按内容分为"励志类""生活类""讽刺类""警世类""诙谐类""自谦类""经验类"7 类，共 260 条。为了方便藏民阅读理解，收录的每条谚语有藏文、音译、汉译和解译。本书具有鲜明的地域性和民族性特征，对于保护和传承云南的藏族文化起到一定的促进作用，为德钦当地藏族群众提供了一本适宜的通俗读物。该书有利于了解云南省迪庆藏族自治州德钦县的风俗民情，保存和继承了当地的谚语资源，对于研究中华谚语具有一定的语料价值。

《鄂温克族谚语》

朝克、卡丽娜著，北京社会科学文献出版社，2016 年版。

前有"前言"1 篇，后附"后记"1 篇。这是一部小型的鄂温克语谚语辞典，条目分为与人相关的谚语、与生产及生产活动和生产活动工具相关的谚语、与自然界及自然现象和自然物相关的谚语、与动物相关的谚语、与信仰相关的谚语等 5 类。本书在传承少数民族传统文化、增进人们对鄂温克族文化环境等的了解，以及提高当地居民综合素质等方面起到了一定作用，这也是本书的价值所在。

（四）普及类

随着科技的发展和信息时代的到来，许多口耳相传的谚语在智能媒体时代逐渐消亡，因此普及谚语也是编纂谚语辞典的一个重要目的。普及类谚语辞典主要面向学生及青少年群体，因此辞典索引简单，按汉语拼音音序和笔画顺序索引，便于查找。内容通俗易懂，通常先列谚条再释义，最后引用例句帮助理解其语用意义，针对生僻或易产生歧义的字词进行注音。辞典所选用的谚语意义积极向上，具有鲜明的时代性和科学性，对于学生学习具有积极的教育和指导作用。

《学生书包工程：谚语小词典》

温端政主编，上海辞书出版社，2005 年版。

前有"'学生书包工程'系列辞书出版说明""凡例""词目首字拼音索引"各 1 篇，后附"词目笔画索引"1 篇。这是一部小型的谚语辞典，也是"学生书包工程"系列丛书之一，共收录谚语约 3171 条，其中主条 2563 条，副条 608 条。谚语条目按音序排列，首字声母、韵母相同的以声调为序，首字同音的按笔画多少和起笔顺序（横竖撇点折）排列，首字字音字形都相同的按第二字的音序排列，以此类推。分主副条，立目时以谚语的常见表现形式为主条，以意义相同而形式相近的条目为副条。主条都加注释和用例，副条一般不另解释，不举例，也不另出条。释义采用分注通释结合的方法，先释字、词，再串讲谚语的字面意义或本义，再说明引申义和比喻义。如有典故，简要说明。辞典中配有用例的词目，如有两个及以上义项，则每个义项都举一例，且一般注明出处。其中引自报刊的用例，注明"报"或"刊"。词目中的冷僻字、多音字、容易读错的字用汉语拼音字母注音予以提示。该辞典采用词目首字拼音索引和词目笔画索引双重检索方式，方便读者查阅。这部谚语辞典条目清晰、注音准确、释义完整、例句丰富、简洁易懂，对于小学生谚语查解和谚语学习有一定的参考价值。

《小学生谚语手册》（修订版）

朱桦、宁林主编，上海大学出版社，2006 年版。

前有"内容提要""前言""编写说明""汉语拼音索引"各 1 篇，后附"参考文献""编后记"各 1 篇。这是一部针对广大中小学生的小型谚语资料集。条目按汉语拼音字母次序排列，同音不同调的按四声顺序排列，同音同调的按笔画多少排列。条目都加注释，释义时先串讲谚语的字面意义或本义，再说明比喻义、引申义。对于较难的条目，先分注后通释，其余较为简单的条目只通释。对于容易读错的字及容易用错的用法，书中标有"提示"以提醒学生使用时需注意的内容。本书针对小学生群体，选编与学习、生活相关的谚语，内容实用，贴近生活，便于查找，激发他们的阅读兴趣。

《学生常用谚语造句词典》

傅玉芳编，上海大学出版社，2008 年版。

前有"凡例""词目首字拼音索引""词目笔画索引"各 1 篇。这是一部面向青少年群体的中型谚语辞典，共选编谚语 5110 条，其中主条 2470 条，副条 2640 条。谚语条目按音序排列，首字声母、韵母相同的以声调为序，首字同音的按笔画为序，首字字音字形都相同的按第二字的音序排列，余类推。分主副条，立目时以谚语的常见表现形式为主条，以意义相同而形式相近的条目为副条。词目中用汉语拼音给每个单字注音，不按词连写。主条都加注释和用例，释义采用分注通释结合的方法，先释字、词再串讲谚语的字面意义或本义，再说明引申义和比喻义。副条不注音，不释义，无造句，不在索引中出现。每条词目都配有用例。条目内容由词目、注音、释义、造句和相关五部分组成，较为系统全面地解释了每一条谚语。每条谚语除准确释义外，又串讲了引申义和比喻义，每条谚语下又另列一条相关谚语，有助于学生深刻理解谚语的含义和拓展学生的知识面。该辞典的谚语采用词目首字拼音索引和词目笔画索引的方式，便于学生查阅。收录的谚语数量多，内容广泛，涉及农业生产、商业经营、为人处世、思想品格、体育锻炼和学习生活等，且皆为正面积极谚语，有利于学生谚语知识的构建，对于学生的个体发展具有一定的指导和教育意义。本书作为青少年学生的谚语教学用书，对于中华谚语的传承和保护具有一定的价值。

《小学生谚语词典》

温端政主编，上海辞书出版社，2011 年版。

前有"凡例"1 篇，后附"词目首字母笔画索引"1 篇。这是一部小型的谚语辞典，收录学生常见的谚语（包括副条）3000 余条。按汉语拼音音序排列，同音字以笔画、笔顺为序排列。以谚语的常见表现形式作为主条，意义相同而形式相近的其他条目作为副条。在注音方面，对疑难字词标注汉语拼音。副条另立行目，但不再释义。在释义方面，先分注疑难字词，再通释整条谚语的语义，最后说明谚语的引申义和比喻义，有典故的交代出处并做简要说明。谚语条目按首字母汉语拼音顺序编排，每条谚语皆有疑难注解、意义说明、典故出处。选录的谚语多为小学生常见谚语，语条简洁明了，通俗易懂，易诵易记，符合小学生的认知水平，可作为小学生谚语学习的入门书籍。其内容涉及社会生活的各个方面，语义积极向上，规劝教化类谚语条目数量较多，对于小学生性格品行的发展起着正确的导向作用。这些谚语的搜集编录可以提高小学生对于谚语的了解和重视，丰富他们的知识，也是对谚语资源的有利保护。

（五）专科类

专科类谚语往往体现了人们对某一方面较为成熟、全面的经验和认识。内容涵盖了农事活动、天文气象、生肖历法、风土人情、法律法规、医学中药和教育教学等各个方面，每一方面都在不同程度上展现了专科的专业性和哲理性，如二十四节气谚中不仅有人们对气象规律的认知和探索，还蕴含着人与自然关系的思考。专科类谚语在大致分类的基础上更加微观和细致地体现了各类专科的特点，并且具有一定的知识性和科学性，有利于指导人们通过简单通俗且带有趣味性的方式学习某一专科的知识。

《东北民俗新编　东北农谚汇释》

林仲凡著，吉林文史出版社，1992 年版。

前有"引言"1 篇。这是一部中型的农谚辞典，条目内容分为"天气谚语""农业基础知识谚""作物栽培谚""果树蔬菜谚""林牧副渔谚""农村生活与保健谚""一些不正确的农谚"共 7 类。本书往往先解释部分字词再附加大量文字全面解释，同时还将相关谚语放在一起解释。书中将部分不合时宜或落后的农谚摘出并单独分类，减少了封建迷信和落后因素的影响，体现了鲜明的时代性和科学性特点，这也是本书的一大特色。

《中华风土谚志》

武占坤主编，中国经济出版社，1997 年版。

前有"出版说明""序""前言"各 1 篇，后附"谚条音序索引"1 篇。这是一部小型的谚语资料集，汇集史志性风土谚语 2400 余条。按内容分为"神州风采篇""物华天宝篇""炎黄风情篇""风土乡韵篇""青埂峰下篇"5个大类，其下又分为"山魂水魂""名城重镇""风味名产""习俗风尚""地方掌故"等 15 个小类，"气候冷暖""名城春秋""饮食百味""商情学貌"等 31 个细目，覆盖了中华乡土文化的多个方面。谚语条目按所处的省市次序排列，当分属多个省份时，按首先出现的内容定位。同一个谚条，有几种性质不同的注解时，分别归属不同的类目。谚条间，注释内容出现交叉重复时，多以"参见"某某条的办法解决。本书是对神州风采的讴歌和礼赞，是广大人民群众，对乡土习俗、自然风貌、物华天宝、人杰地灵等事物现象认识的智慧概括。谚条的注文以散文的笔法，"情""理"交融地对民族乡土事物、习俗风情，进行铺赋和点染，文辞活泼，读来津津有味，为广大读者所喜爱。该书客观全面地展现乡土文化的原貌与完整性，还收录了少量民间习俗历史存在的禁忌谚、预兆谚，原则上以1949年前后尚在流传的为准，这有利于读者全面完整地了解民间风俗，一定程度上补充了中华谚语风土人情的部分内容，具有一定的语料价值。

《生肖成语谚语俗语歇后语词典》

邱胜、闫卫民主编，商务印书馆国际有限公司，2006年版。

前有"前言""十二生肖顺序索引"各1篇。这是一部有关十二生肖的成语谚语俗语歇后语的小型辞典。条目按照谚语首字的汉语拼音字母顺序排列，首字同音的按笔画数多少排列，笔画数多的排在后，首字相同的按照第二个字拼音字母的顺序排序，依次类推。本词典对于谚语中的不同表达形式，在词目后补充，并对一些易误解的多音字以及难懂字词进行注音释义。本书还收录了许多少数民族谚语，收录条目丰富多样，为少数民族的谚语研究提供资料，同时帮助我们了解其他民族的文化历史等。该书特色就在于以"十二生肖"为词目顺序收录相关谚语，十二生肖是我国东汉时期兴起的纪年方法，汉代时将十二生肖与十二地支结合起来，展现出一种人与自然的关系，符合我国可持续发展战略中的人与自然的和谐相处要求。每一个生肖收录前都会先介绍其内容以及其在历史中的形象，在科普的同时也可以领略我国悠久深厚的历史，感受前人的生活日常，集知识性与趣味性于一体。

《二十四节气谚语新编》

高达编著，安徽文艺出版社，2007年版。

前有"前言"1篇。这是一部探究气象类谚语所蕴含的文化的著作，分为春、夏、秋、冬四大类，每大类分为孟、仲、季三小类。每部分先以表格的形式介绍节气及与此节气相关的谚语，再列出条目，使用大段文字加以解释，并在其后列出其余相关非气象类谚语。本书将谚语作为载体，将古代节气、农时、农事知识融入谚语条目脉络，在讲述气象文化时，也讲述人与人的关系、人与自然的关系，以及人类生存的基本法则、农业生产生活的方方面面。所收谚语由劳动人民口头创作并流传开来，是人们在辛勤劳作的过程中对一些事物和现象的经验总结，在知识和哲理层面对于人们的现实生活具有教育功能，对于农业生产具有一定的启迪和指导意义。书中注重气象谚语在文学和历史方面的相关价值，谚语条目大体展现了与中国二十四节气相关的谚语的面貌，使读者对二十四节气谚语的历史、形式及特点有了一定了解。本书对于保存和继承气象类谚语资源具有一定的作用，为谚语的相关研究提供了资料。

《法谚》

郑玉波著，法律出版社，2007 年版。

前有"自序"1 篇，后附"法条十二型""参考书目""索引"各 1 篇。这是一部中型的拉丁美洲法律谚语辞典，收录条目分 9 类，分别为"一般法理""民法总则""民法债编""民法物权""民法亲属""民不继承""民事诉讼""强制执行""宪法"。对于拉丁美洲法律谚语进行了译解、研究的系统整理，包括法谚的拉丁文版、中文版、英文版、德文版和日文版，并做了相应精解。本书注重法律谚语在法律专业领域的相关价值，所选录的谚语条目大体展现了与法律相关的谚语的面貌，使读者对法律谚语的形式、特点、借鉴价值有了一定了解。地区性和专业性是本书的突出特点，在传播拉丁美洲法律谚语知识、开阔我国研究者视野、提高我国法律谚语研究水平等方面起到了一定作用。该书有利于帮助读者了解谚语在法律领域的相关价值，对于研究法律谚语具有一定的语料价值。

《中药谚语集成》

王绪前著，人民卫生出版社，2009 年版。

前有"前言"1 篇。这是一部中型的谚语资料集，收录民间喜闻乐见的中药谚语 140 条，按内容分为两部分，包括"用药知识篇"35 条，"药物篇"105 条。除罗列谚语条目外，"用药知识篇"谚语附有作者的详细解说，部分谚语后还附有作者自制验方。"药物篇"每味药按照作用、解说与现代认识、治病小方进行阐述。本书收录的谚语是我国民众和医药工作者在长期与疾病斗争中经验的结晶，突出了科学性、实用性、知识性、趣味性的特点，条目后附有详细的解释，所选治病小方尽量收载能够用得上、办得到，简单易行，操作方便的方子，既可作为专业人员的临床用书，又可作为广大人民群众茶余饭后的消遣，对于丰富大众的养生健康知识也具有一定的参考价值。谚语具有口语化的特点，方便流传，易记易懂，以谚语的形式传播中医药文化，有利于中医药的发展。收录的谚语内容丰富，向人们阐述了中药的生态环境、药用功效、医疗价值、防病治病、保健强身等多方面的知识，加深了人们对于中药文化的了解，满足了人们对健康的需求。中药文化是中华文化之瑰宝，中药类谚语的收集是对此类谚语的保护，有利于谚语的传承与传播，对于谚语文化的研究也有一定的价值。

《中华古谚语大辞典》

张鲁原编，上海大学出版社，2011年版。

前有"序""凡例"各1篇。本书共收从先秦到清末各类古籍中反映政治、经济、文化、社会、婚姻、家庭等各方面的古谚语7000多条，分为天气谚、农谚、人物谚等。过于生僻偏窄的谚语不收。条目按汉语拼音字母顺序排列，但不逐字逐词注音。首字读音相同的按笔画多少排列。首字读音、笔画数都相同的按第二个字的读音、笔画数排列，笔画少者在前，笔画多者在后。首字声母、韵母相同的，以声调的阴平、阳平、上声、去声为序。意思相同或相近、头一个字相同的，排在同一条内，但不列出条目，而体现以书证。意思相同或相近、头一个字不同的，分别列条。头一个词相同但全条意义不同的，分别列条。释义力求简短、明快。难懂的字词全条解释的，一般不分注。条目中的"天""德""道""君子""小人"等以及其他带有当时社会思想意识的词语，一般不另加解释。前条已解释的，后条不再解释。每一条目一般都指出基本含义，有时并指出比喻义；基本义明显的，直接指明比喻义，条目含义多而复杂的，一般只指明常用义。每一条目一般只列所见最早出书证一条，含义多、用途广的酌情多列。每一变体亦各列所见最早出书证一条。各条书证统一按时代先后顺序排列。正文前附有条目首字笔画索引，正文后附有首字音序索引，以供读者检索阅读。本书内容的选取有一定的标准，受众面较广，编排完善，收录较多，且释义详尽，是一部有一定学术价值和实用价值的谚语辞典。

《二十四节气农谚大全》

中国农业博物馆编，中国农业出版社，2016年版。

前有"序言""前言""编写说明"各1篇，后附"参考文献"1篇。这是一部气象类农谚辞典。内容共分5个大类，分别为"节气概说农谚""春季农谚""夏季农谚""秋季农谚""冬季农谚"，每个季节谚语下又按节气分为 6 个小类，对应 6 个节气谚语，共有 24 个小类，对应二十四节气。所选录的谚语条目有来源的，后均注明其所属地域，并对疑难字词予以解释。所选录的谚语条目展现了与中国二十四节气农业生产相关的谚语的面貌，使读者对二十四节气农谚有了较深的了解。本书对于保存和继承气象类农谚资源具有一定的作用，也为二十四节气农谚的相关研究提供了资料，有利于促进我国节气农谚的研究，开阔研究者视野，对于提高节气农谚研究水平具有一定的意义。

《农村实用谚语及释义》

陈丙合、陈婧婧编，中国农业出版社，2016 年版。

前有"前言"1 篇。这是一部小型的谚语资料汇编，共收录 2100 余条，不分主副条。编排以谚语第一字笔画为序，从"一画""二画"一直编排到"十五画以上"共 16 个条目，首字笔画相同的谚语则按首字起笔归类进行编排。全书对条目进行简单的释义，不举例证。内容包含天文、气象、节令、民俗文化、社会生活、家庭生活、个人生活以及农业、林业、牧业、副业、渔业等，其中的农事谚语以农业生产为重点，涉及生产准备、耕作、种植、田间管理、收货、入仓储存等农业生产的各个环节，有利于广大务农人员结合本地区的气候条件和生产环境，合理、正确地选用本书的谚语，使之更好地服务于自己的生产和生活。本书的特色在于其收录的谚语有突出的实用性，每一条谚语都配有通俗易懂的解释，可供青少年阅读学习，也可供大众休闲阅读。本谚语凝聚了前人的劳动智慧结晶，具有一定的语料价值，一定程度上丰富了中华谚语资料库中的农村谚语部分。

《教育谚语》

周文芳、李淑珍编，山西经济出版社，2016 年版。

前有"前言""凡例"各 1 篇，后附"条目音序索引"1 篇。这是一部小型的谚语辞典，共精选常用教育谚语约 1000 条。收录的谚语按照意义分为"尊师重教""珍惜时光""读书写作""反思纠错""坚持积累""实践磨砺""谨言慎行""立志发奋""谦让勤学""家庭熏陶"10 个大类，每一类内部按条目首字的汉语拼音顺序排列。首字读音相同的按第二字的读音排列，依此类推。首字音同而字不同的以笔画多少排列，笔画少的在前，笔画多的在后。分主副条，一般以现代常见的谚语为主条，加以释义并举例说明。将意思与主条相同或相近但说法不同的条目作为副条，不举用例。释义上先释字词再解释整个条目，并给疑难字注音，先解释本义，再解释引申义。字面上简单易懂的条目，直接解释引申意义。用例跟在释义后边，每个条目一般只列一条用例，如谚语条目有两个或两个以上义项，每个义项各列一条用例，用例注明出处。本书对必要的条目加以提示，指明谚语的来源，列出副条，介绍一些相关的知识和特定用法。本书在编纂的过程中例证古今兼收，体现了教育谚语的源流演变，反映了我国的教育事业自古至今，自成体系，独具特色。本书对教育相关的谚语进行汇编，使教育行业工作者、学生以及学生父母掌握各自所属角色的经验技巧，对具体的教育活动有一定的指导作用。本书谚语范围广泛，涉及师生关系、个人学习、家庭教育等，其中的尊师重教篇有利于维护与培养良好的师生关系；读书写作、反思纠错等篇目则主要集中于学生个人学习方面，为学生在实际的学习操作提供可参考的规律与经验；家庭熏陶篇则指出了家庭教育的重要性，使人们对家庭教育给予重视，使家庭教育与学校教育相辅相成，为学生的综合全面发展提供更有利的环境。该书所选编的教育谚语可以与更为科学专业的教育理论相结合，形成更好的人才培养机制，从而推进我国教育事业的发展。

十二、谚语语料之属

　　谚语是人民口头创作的具有高度概括性的语言形式，其中包含着丰富的知识和经验，是民族智慧的结晶，反映出乡土风俗、自然风貌等，是中华文化中一座不可忽视的宝库。谚语语料集的收集和编纂是中华谚语研究必不可少的一个重要内容。

　　1980—1990 年是中国文学创作的繁盛时期，关于谚语方面的研究也涌现出一股热潮，关于中华谚语语料收集编纂的相关研究成果很多。具体来看，地方性谚语资料集最多，其中贵州和河南各地的谚语资料集几乎占同时期地区谚语资料集总数的一半，展示了当地人民的价值观和生活习惯，体现了独特的地域特色和民俗特色，保存和继承了当地的谚语资源。少数民族谚语语料集也很可观，包括彝族、锡伯族、蒙古族等民族的谚语资料集，这些谚语资料集有利于了解各民族的历史文化、民风习俗以及整个社会形态，有利于保护各民族独特的谚语文化，对中华谚语研究具有一定的语料价值。还有的谚语资料集是面向特定的行业和读者对象而编纂的，具有鲜明的地区性和群众性特点，体现了某个领域的行业规范、价值准则、信息交流等，在传承传统文化、引导群众坚持社会主义方向等方面发挥了一定的积极作用。可以说，20 世纪 80—90 年代的谚语研究，展现出欣欣向荣的精神风貌，各地多彩多元的谚语反映出人民的处世态度和精神风貌，不仅有利于了解各地人民的生活风俗习惯，对于中华民族优秀文化传统的保存、继承和发扬也具有积极意义。

　　1990—1999 年有多部谚语语料研究成果。一部分作品按地理位置整理了语料集，如贵州、河南、福建、湖北、山西、广东、江苏、上海等地的谚语语料集，有利于人们了解当地人民的生产生活习惯以及当地谚语的使用和流传情况，对于丰富中华谚语资料具有语料价值。一部分语料是按民族进行研究整理的，如傣族、蒙古族、畲族、满族等民族，这些语料偏口语化、地方化，贴近民间真实生活，有助于了解该民族的历史文化、民风习俗以及整个社会形态。这部分语料汇编包括了有关民族的风土人情、道德情感以及丰富的内心世界的许多语料，有利于保存和继承该民族的谚语资源，对于弘扬民族优秀传统文化有重要意义，为谚语的相关研究提供资料。还有一部分语料对谚语进行了整体整理，分类贴近日常生活，包括"理想－立志""立身－处世""学习－修养""哲理－事理""时政－世态""生活－保健""自然""生产"等各种类型，涵盖了少数民族谚语、地方性谚语、儿童谚语、行业谚语和一些最新流行的谚语等。其中收集的俗语谚语数量大，覆盖面广，对于充实我国谚语语料库具有一定的语料价值，有助于人们的查找和比较研究，同时对于普及谚语文化、宣传谚语知识等有一定的价值。

进入 21 世纪，谚语研究揭开了新篇章，不仅在原有分类的基础上逐步走向繁荣期，在引入认知语言学理论后研究视角也更加多样化。而在语料库研究的大趋势下，中华谚语的研究也借助于这一新兴的研究方式来进行研究和探索，关于语料库建设的研究成果集中于 21 世纪。

21 世纪的前 10 年，有 50 多种谚语资料集成果。有的按地域编纂，例如以陕西、西藏、福建等地作为地理意义上的划分对象，展示了各地区丰富多样的谚语资料，凸显了具有地域特色的谚语。有的按民族编纂，涉及藏族、锡伯族、蒙古族等的谚语，反映了各民族的历史、文化、习俗和其生活形态，是各族群众在实践中对自然界和人类社会的总结。有的按行业和学科编纂，例如农业、气象等谚语，它们来源于农村、农民生活，是农民长期实践中智慧的结晶，科学地总结了农作物的生长规律，对于制订生产计划，安排农事活动有积极的作用。不少谚语资料集贴近群众日常生活，例如长寿养生、醒世修养、爱情、家庭、友谊等，对现代人们生活的方方面面有着积极的指导意义，具有较强的实用性。还有很多按大类划分，例如古今谚语、中华谚语、大众谚语等，其涵括了社会生活的诸多方面，体现了中华传统美德和精神文化，对于个人的行为规范和人生观、价值观、世界观的形成有一定的积极意义，同时对于文艺创作、民族文化遗产的传承、传播和保护起到了积极的推动和促进作用，为中华谚语文化的研究提供了丰富的资料。

21 世纪 10—20 年代的谚语资料集，大部分从谜联谚语、中华名句、经典故事、做人谋事、婚姻家庭、耕耘气象、品德言行、情感生活、事理哲理、修养社交、风土自然、农林工商、文教时政、自然生产、劳动致富、农业与气象、农业与物候、农业与种子、农业与节气、为人处世、卫生健康、爱情婚姻、民间童谣等方面进行研究。这些谚语融趣味性、知识性、实用性于一体，在为人处世、道德修养等方面对后人提出劝诫，具有一定的启迪作用。谚语中体现出浓厚的地域特色，展现了地方风俗习惯和风土人情，是对当地文化的一种保护和弘扬。修养谚语、智慧谚语和事理谚语是人民智慧的结晶，对于提高人们的道德修养以及规劝人们立业学习等具有教化作用。大多数谚语还在一定程度上展现了农村的自然环境和社会生活的不同方面，展示了古今人民长期积累的生活经验和具有普世价值的哲理经验，对于感受和指导农村生活具有重要价值，具体包括气象、物候、播种、时令谚语，有助于指导农业生产和农村谚语、农村文化的保护和传承，其中农谚中展现出的农业的发展、衰落、兴起的过程也是社会大背景的一个侧面反映，为研究中国农业发展史提供了一定的参考资料。谚语中还涵盖了大量的方言词语，对于地区方言词汇的保护与传承起到了一定的积极作用。这些谚语朗朗上口，有益身心，为大众所喜闻乐见，表现了现实生活中人与自然，人与人之间的关系，是千百年来人民群众在生产生活中对社会规律，人生哲理，自然天象等观察、思考、领悟的思想智慧结晶，具有哲理性，对人们的社会实践、农事生产、自身修养等均具有一定的指导与启示意义。

21 世纪以来的中华谚语语料库研究集中在建立语料库进行谚语研究，以及基于现有语料库对谚语进行的研究。总体来说，这一时期的研究有两个特点：一是研究范围较窄，仅限于建立语料库或对现有语料库的研究；二是研究的起始点较晚，导致研究成果较少，研究程度较浅。但同时反映出学者们已经将关注点集中于这一新兴的研究领域，这是谚语研究的巨大进展。

（一）综合类

语料是谚语研究的基础材料，语料搜集工作是谚语研究的重中之重，谚语研究的一切工作都要建立在对语料的大量搜集整理之上。谚语语料研究以专书著作为主要成就，综合类谚语专书著作共 50 多部。从受众上看，这些语料集有的面向少年儿童，有的面向社会大众，有的面向专家学者。从谚语来源上看，这些资料集语料来源非常广泛，不仅搜集了大量的汉民族和少数民族谚语，还收录了国外谚语。从谚语内容上看，这些资料集所收录的语料雅俗兼备，涵盖生产劳动和社会生活的方方面面，体现出鲜明的综合性，具有较高的语料价值，为相关的谚语研究提供了语料支撑。

《谚语选》

潘宪良采辑，贵州人民出版社，1976 年版。

前有"前言"1 篇。这是一部小型谚语资料集，采辑了 2400 余条谚语、200 余条歇后语。谚语分为"一般谚语"和"农谚"两大类，"一般谚语"按其内容又分为 20 类，"农谚"分为 12 类。全书按笔画多少进行排列，由于谚语本身内容的限制，这样的分类和排列很难做到完全适当。所收录的谚语反映了一定的时代特色，并且对于一些常用谚语进行了分类整理与归纳。"一般谚语"反映了人民勤俭、乐观、谦慎、团结的生活哲学，有利于了解中华民俗文化和风土人情。"农谚"总结了人民群众生产和生活实践经验，具有指导生产生活的普遍意义，为后人劳作提供生产经验，是劳动人民长期创造的珍贵精神文化财富，保留了历史进程中劳动人民对自然规律探索的成果。本书收录的谚语对于了解人民群众的思想心理、道德观念、中华民俗文化以及保护民间谚语具有一定价值，对中华谚语研究具有一定的参考价值。

《谚语诗》

成志伟编，湖南人民出版社，1979 年版。

前有"前言"1 篇。这是一部小型谚语诗集，收录谚语诗 100 余首。所收录的谚语为新中国成立前后谚语资料中的一部分，不包括农事谚语，编者将其编为短诗形式并根据内容分为颂党篇、忆苦篇、识敌篇等 15 类，在编写时对少数谚语进行适当加工，将内容相同或相近的合在一起，尽可能押韵。本书将谚语编成诗是一种新的尝试，有助于读者朗读记忆。

《中国谚语集锦》

曹廷伟编，广西壮族自治区民间文学研究会，1980 年版。

前有"序谚"1 篇，后附"附录"4 篇，"编后记"1 篇。这是一部小型谚语资料集，谚语条目按语义分为"喝水不忘掏井人""不到黄河心不甘""严师出高徒""巧从熟中出""群众路线""革命伴侣"等 44 类。只列条目，不加解释，在谚语说法不一和部分字词难懂之处作脚注，部分谚语后注有地区和民族。后记中写明其收录的谚语主要来源于《中国谚语资料》《广西民间谚语资料》《工农兵语汇集》3 部书，部分是从人民群众中、报刊读物上搜集整理而成，并且后附有"谚语书目及研究论文篇名索引"。这既使读者明确了此书和其他 3 本书之间的关系，对谚语来源范围有一个较为清晰的界定，又为想要研究谚语的学者提供了资料参考。该书收录有山东、广西、四川、山西、江苏等地区和维吾尔族、哈萨克族、壮族、蒙古族、塔吉克族等 11 个民族的 2000 余条谚语。这些谚语在一定程度上反映了当地的自然风貌、社会风俗、物产特色，有利于读者加深对该地该民族的印象，保护少数民族谚语。本书收录的谚语具有一定的时间跨度，有反映揭露旧社会黑暗的，有"鼓干劲，争上游"的，还有提倡"群众路线""百花齐放、百家争鸣"的，这对于了解当时人们的思想情感、行为表现以及研究中国历史具有一定价值。本书附录部分收录了反映"明哲保身""宿命论""忠孝仁义"思想观念的谚语，虽有一定局限性，但在一定程度上反映了中国的传统文化，对研究古代的思想观念具有一定意义。该资料集在时间维度上反映了谚语思想的演变，具有一定的语料价值。

《谚语·歇后语浅注》

李孟北编，云南人民出版社，1980 年版。

前有"前言""编例"各 1 篇，后附"参考书目"1 篇。这是一部中型谚语资料集，按内容分为 23 类，包括"有关政治、方向、路线的""有关阶级、阶级斗争、警惕性的""有关思想觉悟、立场、原则的""有关政治品质、思想品质的""有关政策、策略的""有关领导方法、工作方法的""有关理论与实践、言与行的""有关思想方法的"等，共收集古今多民族谚语 4000 余条，此外也收集了若干条俗语、歇后语。所选谚语主要分为：一般谚语、俗语；反映旧社会阶级压迫、阶级剥削和阶级斗争的谚语；歇后语常见农谚。一般农谚按汉语拼音字母次序排列，并按问题分类，分为 23 类，共有 2400 余条。歇后语排列方法同上，共有 500 余条，不列目录。常见农谚按问题分类，如二十四节气、气象、天文、物候、农林牧副渔、农业八字宪法，水、土、肥、种、密、保、工、管等，共有 1100 余条。谚语、俗语、歇后语主条后浅注短释。本书特色在于选取思想正确、有艺术特色的谚语。此外选录了少数民族谚语，并在其后标注民族，例如一般谚语浅注中 A 模块 7 条谚语中，包含 6 条汉谚，1 条蒙古族谚语，具有民族性。本书对于谚语的搜集整理，有利于谚语资源的保护，对于研究中华谚语具有一定的语料价值。

《谚语选抄》

邵知中、孟长麟编，中国少年儿童出版社，1980 年版。

前有"内容提要"1 篇，"目次"各 1 篇。这是一部收录中外谚语的小型资料集，按内容分为 18 篇，有"理想篇""志气篇""真理篇""知识篇""勤奋篇""时间篇""实践篇""道德篇""勇敢篇""毅力篇""诚实篇""谦虚篇""改过篇""谨慎篇""团结篇""友谊篇""勤俭篇""健康篇"，近 500 条。只选录谚语条目，不加解释，对于疑难字词注有拼音。以邓小平同志在 1980 年六一国际儿童节前夕向全国的小朋友提出的希望"做有理想、有道德、有知识、有体力的人"为指导思想，所列的中外谚语带有极强的教育性和启发性，内容直白、浅显，适合儿童学习和理解，并以青少年应具备的素质为线索进行谚语的分类与收录，如"志气篇"中"人贵有志，学贵有恒"；"真理篇"中"掌握真理的人如同一块金砖，不论在哪里都是金光闪闪"；"知识篇"中"技艺是无价之宝，知识是智慧的明灯"；"勤奋篇"中"参天的大树，是一枝一杈长起来的；学习的进步是一点一滴聚起来的"等，凝聚了人们在漫长历史进程中智慧的结晶，对于研究中华谚语的教化作用以及中外谚语对比具有一定的语料价值。

《中国谚语选》

季成家、高天星、尚延令、张祚羌编，甘肃人民出版社，1981 年版。

前有"前言"1 篇，后附"附录"1 篇。这是一部中型谚语资料集，共收集古今多民族谚语 15000 余条，歇后语近 2000 条。全书分上、下两册，按内容分为"社会篇""哲理篇""修养篇""学习篇""生活篇""农事篇""林牧副渔篇""气象篇"8 篇，每篇下分若干节，如"人民""阶级""军事·法律""认识与实践""对立和统一""真理与谬误""爱国·为民""善良·诚实""勤劳·节俭""知识""生活常识"等，除下册歇后语部分按笔画部首排列次序外，每小节的谚语大体按内容排列次序。本书只选录谚语条目，不加解释。对于每一条少数民族谚语在其后标注民族。本书特色在于选取思想正确、艺术有特点的谚语，在选取地域谚语时尽量表明地区，有利于研究地域历史文化。此外收录多民族谚语如蒙古族、维吾尔族、柯尔克孜族、藏族、朝鲜族、彝族、哈萨克族、佤族等民族的谚语，例如"人民篇"中，包含 189 条汉谚，8 个少数民族的谚语，具有民族性。本谚语集的内容有利于丰富我国的文学艺术事业，并且对于历史、民俗、农业、气象等领域科学研究工作的开展都有着有益影响，跨时代、跨地区、跨民族的特色使之大大丰富了中华谚语，对于研究中华谚语具有一定的语料价值。

《谚海珍珠——青年修养谚语选》

马威、李芳编，江苏人民出版社，1982 年版。

前有"前言"1 篇。这是一部收录古今中外谚语的小型资料集，按内容和用法分为 24 类，有"理想·立志""方向·劳动""坚毅·气节""真理·实践""群众·干部""阶级·爱憎""警惕·斗争""规律·方法""调查·研究""正直·诚实"等。每一类别下选择古今中外谚语若干条，如"理想·立志"篇中有汉谚 46 条、维吾尔族谚语 2 条、其他 17 个国家与地区的 22 条谚语，其中外国谚语和少数民族谚语均加以注明。其他只选录谚语条目，不加解释。选编谚语主要反映社会生活，具有很强的哲理性。选编规则为选择思想正确、词句优美、艺术上有可取之处的谚语，对个别文字加工润色。

《谚语新编》

汪治编，广东人民出版社，1982 年版。

前有"代序""前言"各 1 篇。这是一部小型的谚语资料集，按内容分为 13 类，有"理想情操""立志奋斗"110 条，"实践真理""警惕狼虎""品德修养""勤奋学习""珍惜光阴""实事求是""待人处事""团结友谊""体育健康""爱情婚姻""教育子女"，共 1268 条。只选录谚语条目，不加解释。其目的是为青年提供思想修养读物，未收录反映生产实践农谚，不收录外国谚语和我国少数民族谚语以及古谣谚。选材内容新颖广泛，大多是当前青年关心的问题，如"愿做高山迎风草，莫做金屋一枝花"，力求思想健康、奋发向上。除此之外，本书所选谚语发扬和汲取诗歌中的节奏、韵律的特点，以民歌形式构成全书统一风格。每条谚语都以字数相等的两句组成，编排时按京剧十三辙分节。一节之内，每条谚语的下句末一字同韵合辙，富有旋律感和音乐美。另外，本书注意选录具有修辞技巧的谚语，如直叙"千年柏树万年松，不怕大雨和大风"，比喻"困难是石头，决心是榔头"，顶真"霜打青松松更青，雪压青松松更挺"，以及反问、比兴、对偶、对仗等。

《谚海浪花》

张定亚、王会绍、陈则平、温清波等编选，陕西人民出版社，1983年版。

前有"前言"1篇。这是一部小型的谚语资料集，按内容分为24类，如"爱党·爱国·爱民·拥军·惜今""真理·正义·气节""立志·理想·贡献·情操·气度""道德·名誉·诚实·礼貌""谦虚·谨慎·戒骄·戒躁""团结·互助·集体·群众·干部"等，收集古今多民族谚语3000余条。只举谚语条目，不做释义，不举例证。在每一谚语前以"△"标示，对于少数民族谚语在其后标注民族名称，对于民族词汇在其下进行简单释义。本书选取了汉族、蒙古族、壮族、藏族、维吾尔族等民族的谚语，例如第一项爱党篇中，包含40条汉谚、2条蒙古族谚语、2条藏族谚语以及1条壮族谚语。全书内容大致可概括为五个方面。第一，教育训诫谚语，选录人们在社会实践中总结经验教训的谚语，目的在于希望人们从中学到修身律己、识人察物的正确经验，这一类是本书的核心部分。第二，谈书谈艺类谚语，有谈读书方法的，有谈治学态度的，以及文学、戏剧、美术、音乐、书法等的特色，目的在于给予人们学习与创作方面的经验。第三，山水风物谚语，歌颂名山大川、记述历代名胜古迹、谈论乡俗民风等，目的在于激励人们热爱祖国壮丽山河，弘扬爱国主义精神。第四，生活知识谚语，目的在于普及生活常识。第五，杂类，不在上述各类，但具有一定意义的。对于多民族谚语的收录，有利于保护多民族谚语资源，丰富中华谚语资料。

《谚苑掇英》

袁养和编，新华出版社，1984年版。

前有"前言"1篇，后附"歇后语"。这是一部小型的谚语资料集，按内容分为"哲理篇""修养篇""治学篇""思想方法篇""社会篇""生活篇"6个大类，大类之下又分8—16个小类，每一小类之前都有一句概括该类所有谚语的话，并在最后列举了"同义和近义谚语"75组。只列谚语条目，不进行解释。谚语选择要求有一定质量，风格统一，凡是一般的豪言壮语、顺口溜或意思过于平庸、尚且不够谚语标准的警句一律不收，农谚、气象谚、少数民族和外国谚语也不在选择范围内，归类时只取基本含义。本书对众多谚语分门别类地加以归纳、整理，有举一反三、加强记忆的作用，有助于读者辨别同类谚语的细微差别，准确把握每一条谚语的含义和用法，加深对谚语的理解、方便谚语研究。

《谚语之花》

王陶宇编，福建教育出版社，1984 年版。

前有"前言"1 篇。这是一部小型的谚语资料集，是从大量谚语资料中精选 1050 条谚语编纂而成。按内容分为"赞颂篇""立志篇""劝学篇""惜时篇""勤劳篇""俭朴篇""情操篇""文明篇""守纪篇""团结篇""友爱篇""批评篇""谦逊篇""求实篇""实践篇""勇毅篇""警惕篇""教育篇""忆昔篇""健身篇""哲理篇"21 个篇目，每篇用一条有代表性的谚语作标题，每篇下又分若干节，大体按照内容的次序排列。只列谚语条目，不注音，不举例证，不加解释。所录录的谚语大多为上下成对形态，读来朗朗上口，便于记诵，有利于谚语的传播与继承。本书所收录的谚语是劳动人民在长期的社会生产实践中的经验积累与总结，是来自民间的思想智慧结晶，传达了民间普通百姓的处世态度与情感趋向，反映了劳动人民的世界观、人生观、价值观。在编纂的过程中，考虑到谚语的思想性、科学性、民族性和艺术性，涉及了社会生活的诸多方面，其中立志、劝学、惜时、勤劳诸篇谚语则对个人发展学业、事业具有一定的鞭策作用；文明、守纪、团结、友爱诸篇则反映了社会新道德与新风尚，对个人社会行为具有一定的规范作用；勇毅篇、警惕篇则在一定程度上有利于增强人民的风险防范意识，提高安全防护能力。本书所收录的谚语具有鲜明的时代特点，反映了不同时代的社会思潮，为理解社会历史问题、认识客观世界提供了新的角度与资料。

《谚语两千条》

孙治平、周正仁、姚金祥、王士均、严良华主编，上海文艺出版社，1984 年版。

前有"前言"1 篇。这是一本小型的谚语资料集，收集谚语 2000 余条，是从《中华谚海》《中国谚语资料》等大量古今谚语书籍和新中国成立以来报刊杂志上 10 万余条谚语中选取编纂而成的。按内容分类，共分为"实践真理""行为道理""志气毅力""批评缺点""处事方法""礼貌待人""勤劳节俭""团结互助""生产经验""文学艺术"等 18 个大类。每类中的条目，以首字笔画排列。只列谚语条目，不举例，不释义。未收录古谚、农谚（包括气象谚）以及地域性狭窄的条目，少数民族谚语和外国谚语亦未选。本书收录了较多农业生产类谚语，总结了人民的农业生产和社会生活经验，有助于教育、劝诫和传授人民的生活经验。所收录的谚语大多数是关于汉族人民的价值观念，对于了解汉族人民的思想心理、道德观念、处事待物有一定的参考价值，对于了解汉民族民俗文化和保护、研究民间谚语也具有一定价值。

《民间谚语集》

江枫、王慈编，浙江文艺出版社，1985 年版。

前有"序言"1 篇。这是一本小型谚语资料集，精选浙江民间谚语 1000余条。本书把含义相近的谚语排列在一起，每一类中选出一句比较能概括该类内容的谚语作为标题，分为"鸟无翅膀不能飞，人没理想无作为""不学蜗牛爬，要学千里马""补漏趁天晴，学习趁年轻""三耕四耙五锄田，一季庄稼吃两年""驶船驶上风，捕鱼捕上局"等 28 类，只列谚语条目，不举例，不释义。浙江是开发较早、文化发达的地区，流传在民间的谚语丰富多彩，本书秉承着"认识价值和美学价值兼备"的原则，从近万条谚语中选收了浙江人民口头上流传的具有鲜明地方特色的谚语，对于了解浙江地方文化有着一定的作用。本书包含了浙江群众文化的基本内容，反映了浙江人民的伦理道德观念和传统习俗风貌。书中收录了较多关于农耕渔业的谚语，总结了浙江人民群众生产和生活的实践经验，为后人劳作提供生产经验，具有指导生产生活的普遍意义，是劳动人民长期创造的珍贵精神文化财富。

《新编艺术锦言集》

黄锡安、赵善然编，广西人民出版社，1985 年版。

前有"序言"1 篇，后附"后记"1 篇。这是一部小型的谚语资料集，按内容分为 5 个章节，分别是"社会篇""人生篇""心灵篇""求知篇""智慧篇"，下分 28 个小类，如"社会·正义""人情·道理""处世·为人""人生·奋斗""心灵·品质""情谊·友爱""求知·进取""偏见·无知"等。只选录谚语条目，不加解释，对于每一条谚语进行内容和表达的概括，取为标题。本书采用了形象化的方法，用文学的语言、手法，以人或事物的具体形象及其关系来表达某个意思，反映生活和表达思想感情。表现最为明显的是本文运用了大量的比喻，把平常的形象与枯燥的道理表现得形象生动，例如"骄傲植根于无知，主观是它的茎，而虚心则是一朵即将结果的花"。书中内容丰富，有对理想的歌颂、对心灵美的探索、对社会的沉思、对人生意义的揭示，都闪耀着思想和智慧的光华。

《实用谚语两千条》

吉虹编，陕西人民出版社，1985 年版。

前有"前言"1 篇。这是一部小型的谚语资料集，共收录古今谚语 2000 条，按内容分为 31 篇，有"爱国篇""理想篇""志气篇""情操篇""磨炼篇""实干篇""智谋篇""调查篇""忆昔篇""敌我篇""警惕篇""法制篇""真理篇""哲理篇""团结篇""批评篇""友谊篇"等。只选录谚语条目，不加解释。所收内容包括天文地理、人生哲理、道德情操、风土人情、体育卫生、气象农事等，包罗万象，涉及大千世界的方方面面，也反映出社会不同时代的面貌。本书所选录谚语是从 1 万多条谚语中精选出来的，具有代表性、思想性、科学性、艺术性，选取现实生活中最常用、最受群众欢迎的谚语，以此给人以鞭策和启迪，具有积极的鼓舞作用，例如"爱国篇"中的 27 条谚语详细阐述了国与家的关系，弘扬了爱国主义精神。该书为谚语研究提供了一定资料，因此具有一定的语料价值。

《谚语手册》

王常在编，中国青年出版社，1985 年版。

前有"序""前言"各 1 篇，后附"本书主要参考书目"1 篇。这是一部中型的谚语资料集，共收录谚语 5430 余条。按语义分类汇编，共分为"真理类""人生类""人世类""人品类""修养类""学习类""工作类""言语类""家庭类""卫生类""其他类"11 个大类，"真理篇""理想篇""婴儿篇""幼年篇""今昔篇""人事篇""难易篇""识人篇""为人篇""对敌篇""立志篇""修养篇""度量篇""礼让篇""勤学篇""领导篇""节俭篇""爱情篇"等 88 篇。不注音、不举例、不释义。本书的特点在于收录谚语的范围较为广泛，涉及古今中外，国外的谚语涉及国家数量众多，如泰国、缅甸、俄罗斯等。分类较为细致，涵盖了人生的各个方面，因此对于后世的教育知识普及、生产生活劳作、习惯培养以及交往技巧等可提供丰富的经验指导，对建设社会主义精神文明和物质文明起着积极作用。谚语的收集保护了当地的谚语资源，丰富了中华语料库，也为后世的谚语研究提供资料。

《谚语手册》

郑勋烈编，知识出版社，1985年版。

前有"前言""凡例"各1篇。这是一部中型的谚语资料集，分上、下两册。按内容进行分类，上编为外国谚语选，分43类130个细目，包括"节约·浪费""批评忠告·阿谀奉承""健康疾病""恋爱·结婚""朋友·敌人""命运·灾祸"等；下编为中国谚语选，分68类255个细目，包括"真理·谎言""知识·学问""书籍·读书·作文""智慧·才能·技巧""学习·思考""因果·条件""时间""事业·工作"等。共收集古今中外多民族谚语8665条，其中外国谚语2075条，中国谚语6590条。外国谚语采自70个国家和地区，如苏联、阿拉伯、德国、法国、印度、罗马尼亚、英国、蒙古、希腊、越南、朝鲜、意大利、土耳其、波兰、拉丁美洲、非洲等。中国谚语包括45个少数民族的谚语（945条）。只选录谚语条目，不加解释。针对谚语中的难字酌加注音，难词、难句、古谚有的略作必要说明。本书特色在于选取古今中外多民族谚语，从谚语中可以看到一个民族的智慧、处世哲学和其他特点，也可以看到社会制度、风俗习惯、生产方法等发展变化的历史痕迹。谚语选用时尽量标明国家，有利于研究不同国家历史文化。收录多民族谚语，具有民族性。此外本书语义检索十分方便，也可作为读物阅读，具有创造性和实用性。本书所收谚语不仅有利于语言学研究，也有助于民俗学研究。

《智慧的花朵·艺谚艺诀集》

王慈、蒋风编，广西人民出版社，1985年版。

前有"前言"1篇。这是一部关于古今中外艺谚艺诀的小型谚语资料汇编，共收集谚语约960条。根据内容的不同将谚语分为"戏曲·话剧""音乐·舞蹈""绘画·年画""书法·金石""建筑·雕塑"5个大类，其下又分为"唱""念""戏曲艺术道德""歌唱艺术""舞蹈艺术特点""学画、看画、论画""书法""园林建筑艺术""石雕、陶塑、泥塑"等29个细类。只选取谚语条目，不加解释，对部分生僻字、行话、术语以脚注的形式进行了适当的注释。收录的谚语反映了艺谚艺诀随着时代变迁发生的变化。艺谚艺诀发源于艺人的口头创作，本书将其整理成册，总结了前人艺术实践的经验，概括了艺人谈艺的精华和卓见，包含着艺人创作时的思想和感情，从艺术创作角度阐明了"对待生活的真实和艺术的真实"这一共通的哲理，可以小见大，从艺术到生活起到融会贯通的指导作用。书中艺谚语言经过时光的锤炼、纯化和修饰，语言形象，韵味隽永，言简意赅。作为一笔珍贵的艺术遗产，这些艺诀艺谚的收集对艺术界的创作、运用和发展具有启迪和教益作用，尤其是关于中国传统戏曲、国画方面的谚语数量居多，一方面反映出我国文化发展的特点和重心；另一方面也可以为该类艺术的学习、传承提供可借鉴之处。

《中国谚语选》

朱德根等编，广西人民出版社，1986 年版。

前有"总序""前言"各 1 篇。这是一部谚语资料集，是"智慧的花朵"丛书之一，收入谚语 1 万多条。本书由《谚语选辑》《谚语选续辑》《中国少数民族谚语选辑》合订而成，在合订过程中对原书做了必要的增删修订。编者将所收录的谚语分为汉族谚语和少数民族谚语两部分，汉族谚语分为"真理·谬误""歌颂·揭露""领导·群众""学习·实践""思维·方法""团结·互助"等 17 类，少数民族谚语前有"序谚" 1 篇，共分为"劳动篇""学习篇""道德篇""友爱篇""斗争篇""农杂篇" 5 个大类，其下又分为"劳动""劝学""律己""友谊""真理""农业"等 28 个小类。只列谚语条目，不作整体释义，只给部分民族词语做了脚注，少数民族谚语后均注明民族。本书收录了汉族、蒙古族、维吾尔族、哈萨克族、黎族、塔吉克族、藏族、拉祜族等民族的谚语，不同民族采用不同形象表达同种意思，一方面有助于读者在学习谚语的同时了解民族特色；另一方面有利于民族间的互相交流，增进各民族间的文化交往，加强各族人民之间的了解。为了尊重历史和方便某些读者对谚语原貌的研究，本书对一些具有封建意识的谚语也予以收录。所收谚语从不同的角度反映了广阔的社会生活，表达了各族人民真实的思想感情和感悟到的人生哲理，是人们社会实践、生活经验的结晶，给人以隽永的思考和启迪。谚语语句简洁生动、节奏鲜明，它为集体所创作，是群众语言的精华，其收录具有一定的语料价值。

《中国汉族谚语选》

江枫、王慈编，湖南文艺出版社，1987 年版。

前有"前言"1篇。这是一部小型的谚语资料集，作者从数以万计的谚语资料中精选了一部分汉族常用谚语结集出版，作为《中国少数民族谚语选》和《外国谚语选》的姊妹篇。谚语内容按主题分类，共分为"真理正义""团结友谊""意志毅力""对敌斗争""爱憎情操""勇敢忠诚""实践经验""刻苦学习""谦虚谨慎""批评反省""艰苦奋斗""爱情家庭""健康卫生""农事气象""其他"15类。只列谚语条目，不例证，不释义。本书收录了较多"真理正义""勇敢忠诚"类谚语，对活跃人们的精神生活和宣传道德规范具有一定的作用，也收录了"实践经验""农事气象"类谚语，反映了中华民族关于生产生活等方面的经验和智慧，为后人劳作提供生产经验，对了解民间民俗文化和价值观念具有一定的参考价值。本书所收录的汉族常用谚语具有通俗、朴实、形象、生动感人的艺术魅力，有一定的欣赏价值和科学研究价值，对于了解中华民间文化和保护民间谚语有着一定的作用。

《谚海珠贝》

林锡潜、吴志强编，同济大学出版社，1989年版。

前有"《绮年丛书》出版说明""序"各1篇。本书选编谚语千余条，是一部面向青少年群体的小型谚语资料集。按内容分为8辑，每辑又分为若干小类，包括"育才""识才""惜时""勤学""思考""实践""谦虚""礼让""律己""天伦爱""友情爱""运动""饮食""科技""书籍""作文""绘画""理想""志向"等29个小类。只选录谚语条目，不加解释。本书针对青少年群体选编了与学习、生活相关的谚语，分类细致，且都积极正向，贴近学生的日常生活实际，有助于调动学生阅读的积极性和主动性，为青少年言谈举止和写作水平的提高奠定基础。还选编了部分与思想品德、人际关系、运动健康、兴趣爱好和奋斗理想相关的谚语，对于培养青少年学生良好的道德品质、形成正确的思想观念、养成积极健康的心态、增强社会适应性和提高身体素质具有一定的借鉴意义。本书选编的谚语具有一定的思想性、科学性、艺术性和哲理性，可作为中学语文教师的教学参考用书，有助于丰富语文教学的教学内容，提高教学过程的趣味性，书中涉及的部分育才、识才和用才谚语可作为教师教学方法的补充。

《谚海》

杨亮才、董森编，甘肃少年儿童出版社，1991 年版。

前有"前言""凡例"各 1 篇。这是一部大全式谚语工具书，汇集了我国自五四运动以来特别是新中国成立以来谚语搜集工作的全部成果，共收入我国各民族谚语约 15 万条，近 400 万字。全书共分四卷，第一卷为汉族俗语卷，《俗谚》编选组编，主要收录流传于汉族地区的包括社会交往、伦理道德、思想意识、学习教育、家族亲友以及医药卫生、世态人情、风土习俗等有关社会生活方面的谚语。第二卷为汉族农谚卷，由中国民间文艺出版社与北京师范大学中文系合编，主要选录了有关农林牧副渔各方面的生产谚语以及气象、时令等方面的谚语。第三卷为蒙古族、藏族、维吾尔族、哈萨克族谚语卷，蒙古族谚语部分由胡尔查译，哈达奇·刚编选，藏族谚语部分由廖东凡、边巴多吉合译，维吾尔族谚语部分由赵世杰译，哈萨克族谚语部分由银帆编译。第四卷为回、苗、彝、壮等 51 个民族族卷，由宋薇笳辑选。《谚海》所收各民族谚语，全部按国务院公布的民族顺序排列，每一民族下按各条首字之汉语拼音顺序排列，同一音序中又分别按四声顺序排列。只罗列谚语条目，不作释义。部分条目后标有注释说明地区及其他情况。《谚海》是一部大全式的谚语总汇，包括了俗谚、汉族农谚以及蒙古族、藏族、回族、苗族等多个少数民族的谚语，展示了中华谚语分布之广泛，既可作为文学读物供一般读者阅读并领略谚语的深厚内涵，又为谚语的进一步研究提供了大量的参考资料。本书中俗谚的内容涉及广泛，展现了汉族地区的社会交往、学习教育、家族亲友、世态人情、风土风俗等各方面的特色，有利于为民俗学的研究提供一定的考证材料；汉族农谚卷集中收集了代表人民农业生产经验的农谚，可以为农业生产活动在气象、时令、播种的类别等多方面提供经验性的指导意见，也有利于为农业发展史的研究提供佐证；涉及蒙古族、藏族、维吾尔族、哈萨克族、回族、苗族、彝族、壮族等众多少数民族谚语，谚语中多次提到关于"马""牛""白鸥""羚羊"等具有少数民族地区特色的动物，与少数民族的图腾信仰有密切联系，具有浓厚的民族色彩与地域色彩。本书大范围的谚语收集也丰富了汉族与各少数民族的谚语语料库，为语言文字方面的研究提供了一定的语料价值。

《传统谚联增广》

李耀宗编，中国广播电视出版社，1991 年版。

前有"自序""引言"各 1 篇。本书选编的多为传统的联语形式的谚语，遴选少许近现代名家题联及兄弟民族译谚，共收谚联约 3117 副，是一部小型谚语资料集。谚语条目按语义内容分为"旧时世态篇""人生事理篇""德行修养篇""社交处事篇""惜阴治学篇""婚恋亲邻篇""生计保健篇""农商百业篇"8 个大类，大类下又细分为"国乡""官宦""恩怨""实践""节操""谦虚""和睦""交游""求学""恋情""俭约""养生""农事""气象"等 55 个小类。只选录谚语条目，不举例证，不释义，但是对其中部分生僻难解的字、词在每小类末尾标音注释。本书博采众长，以《增广贤文》作为蓝本，大胆尝试革新。首先，优化蕴含，大大扩展篇幅，又细细筛滤谚作，选编较为典型的谚语，涉及多个民族上下千年，涵盖社会方方面面，范围广阔，对研究中华民族历史文化有一定的语料价值，有利于保存和继承中华传统谚联。其次，选编的谚语皆为谚联形式，以求内容尽善尽美，形式押韵，增强了谚语爽口悦耳的可读性，读起来朗朗上口。再次，谚语按照语义内容进行分类，循序编纂，使原本琐碎杂乱的谚条斐然成章，方便读者查阅。

《中华谚海》

史襄哉主编，警官教育出版社，1993 年版。

前有"卷首语""例言""自序""中华谚海索引"各 1 篇，后附"附录"2 篇。这是一部大型的谚语资料集，集合并筛选了众多谚语书目中的谚语，共分为"子集""丑集""寅集""卯集""辰集""巳集""午集""未集""申集""酉集""戌集""亥集"12 个部分。按照字典的通例对谚语进行分类和收录，以部首的先后次序为顺序，以每个部首下谚语的首字笔画数由少到多为顺序对谚语条目进行编辑，相同首字下的谚语以谚语条目首句的长短，即字数多少来排列。另外对意思相同但表达语句不同的谚语都进行了收录，并且对谚语进行了筛选剔除，没有收录含有污言秽语的谚语。只收录谚语条目，对少数谚语在谚语条目后加括号进行解释。本书整理和收录了《南京谚语》《扬州谚语》《南阳谚语》《河南谚语》《湖北谚语录》等多部地方性谚语集的内容，还收录了《谚语》《中华谚语集》等许多综合性谚语集的内容，具有很强的综合性和实用性，对谚语的整理工作起到了积极作用，对于研究者按类查解、研究常用谚语有很强的参考性，对于研究谚语的使用和流传情况，保护谚语资源、丰富中华谚语资料具有语料价值。本书选录的谚语内容涵盖范围较广，这些谚语对人民的现实生活和生产实践活动起到了重要的指导作用，有关生产、生活、自然的谚语，在现代社会依旧对农业生产具有积极的指导作用，有利于读者从侧面了解气候、地理、水文等知识，还有涉及为人处世、道德修养、与人交往等多方面知识，这些谚语是劳动人民智慧的结晶，对于启发和规范人们的行为、提高人们的内在修养起到了一定的教化作用。

《中国谚语》

郑勋烈、郑晴编著，东方出版中心，1996 年版。

前有"前言"1 篇，后附"附录""索引"各 1 篇。这是一部中型谚语资料集，收录了中国古今谚语 1 万多条，其中包括各少数民族谚语 2000 多条。按语义内容分为"自然""社会""人生""哲理"4 篇，各篇语条再按相关分类编目，计有 78 个大类，283 个细目。只列谚语条目，不释义，不举例证。个别语条中有关方言、术语、难词、难句等，以夹注形式做了必要的解释和说明，难字也做了必要的注音。另外，对少数民族谚语和地方性谚语都在句末加以注明。本书在编选过程中尤其重视对少数民族谚语和地方性谚语的搜集，具有浓厚的民族特色和地域特色，收录的"自然""社会"类谚语真实反映了少数民族和各地区人民的劳动生产经验和自然地理环境，为后人劳作提供生产经验；收录的"人生""哲学"类谚语反映了少数民族和各地区人民勤俭、乐观、谦慎、团结的生活哲学，有利于了解少数民族和各地区的民俗文化和风土人情，对于了解和保护民间谚语具有一定的价值。该书分类详细，对中华多民族谚语进行了分门别类的整理，在附录中收录了多民族关于谚语的谚语，对于了解地区文化和研究中华谚语具有一定的语料价值。

《俗谚大全》

钟敏文编，大众文艺出版社，1997 年版。

前有"《中国民族民间文艺丛书》出版说明"1 篇。这是一部大型的俗语谚语资料集，全 4 卷，广泛收录了民间常用的俗语、谚语，是中国民族民间文艺丛书系列的重要组成部分。条目按音序排列，二级类目按音节排列，便于检索查阅。只选录谚语条目，不加解释，对于部分生僻字、方言词在词后进行说明。本书特色在于"大全"二字，将民间俗语谚语广泛地予以收录，并将同类型的俗语谚语并列编排，数量大，覆盖面广，有利于充实我国谚语语料库，具有一定的语料价值，有助于人们对俗语谚语进行查找和比较研究。书中以农业种植例如种牡丹、种姜、种瓜以及农业生产注意事项等方面的具体事物对生活中的抽象哲理进行揭示，化抽象为具体，体现出这些谚语产生时我国农业为本的史实，也反映出农业在我国历史上的重要地位，而其中的具体种植方法也为我国现在农业的发展提供了可参考之处。谚语中有很大一部分都是借助尧、舜、禹、周瑜、关羽、猪八戒等历史人物和历史传说故事来表现一定的道理，一定程度上表现出了我国古代人民对历史文化知识的接受程度和关注点；书中俗谚多关注人际关系，多数谚语是说明各类亲属关系之间的变化和联系的，例如妯娌、婆媳、父母儿女、兄弟姐妹甚至后代子孙与祖宗、邻居之间都有提到，这表明我国古代为宗法制社会的历史事实，从中也表现出我国人民多适合群居生活，个人往往与集体联系紧密，个人荣誉与家族的光耀结合紧密，家族观念和集体荣誉感较为强烈。

《俗语谚语精选 9999》

张勃、仰军、张文艳编，山东人民出版社，1999 年版。

前有"卷首语"1 篇，后附"推荐书目"1 篇。这是一部收集我国各民族俗语谚语的小型资料集，收录了俗语谚语 9999 条。条目按音序排列，只选录谚语条目，不加解释，在可以确定的少数民族谚语后标明民族。本书收录汉族、满族、蒙古族、壮族、回族、维吾尔族、哈萨克族、景颇族等多民族俗语谚语，对中华各民族俗语谚语进行了整体的整理与搜集，使读者有一个整体观感，同时也丰富了中华谚语资料库，记录了各少数民族使用语言的方式，对于多民族谚语比较研究和语言研究有一定的参考价值。书中收录的藏族谚语多用豺狼、马、牦牛、鹰等动物以及神佛等事物来做比喻，说明道理，而鄂温克族、蒙古族的谚语则多用乳牛、鲜奶、黄羊等动物以及套杆、猎狗等代表蒙古族生产生活特色的事物来说明哲理，各个民族不同的谚语可以反映出各民族不同的生活画卷，包括他们的生活环境、宗教信仰、处世之道等，是各民族生活现实的形象反映，为民俗研究提供一定的参考资料，具有浓厚的民族色彩。与身体保健以及日常养生有关的谚语也有许多，可以为现在的人们强身健体提供一定的经验性指导意见。书中还大量涉及对生活经验、气象知识的总结，也可以为当今的气象学、农业学拓展提供一些参考思路。

《新编大众谚语》

刘德城编，福建科学技术出版社，1999年版。

前有"前言"1篇。这是一部收录大众谚语的小型资料集，按内容共分为"理想立志""立身处世""学习修养""哲理事理""社交待人""时政世态""生活保健""自然""生产""其他"10个大类，每个大类又细分为"德行""胸怀""事业""智慧""勤奋""常规""是非""警惕""集体""互助""交友""祖国""军政"勤俭"婚姻""饮食""时令气候""农业""园艺""技艺""风俗"等73个小类。只收录谚语条目，不加解释。本书是在中国10万条以上的谚语条目中收录精选了一部分，包括少数民族谚语、地方性谚语、儿童谚语、行业谚语，也收录了一些最新流行的谚语，在向大众普及谚语文化、宣传谚语知识等方面有一定的价值。

《新编百事谚语》

冯广鹏主编，北京燕山出版社，2000年版。

前有"前言"1篇。这是一部小型的谚语资料集，按内容分为"人生""生活""社交""农副""自然"5章，每章又分小节，包括"真理·实践""经验·见识""爱情·婚姻""衣食·住行""个人·集体""团结·互助""农业""牧业""季节""阴晴·云雨"等27个小节。只选录谚语条目，不举例，不释义。选录的谚语是在前人的基础上，结合现代社会发展的需要，去除了过时的和不健康的内容，且谚语词句优美，分类细致，利于参阅学习。除了选取汉族谚语，还有部分少数民族谚语，包括佤族、景颇族、回族、维吾尔族、哈萨克族、蒙古族、藏族、裕固族、彝族、塔吉克族、侗族和苗族等多个少数民族谚语，呈现出不同少数民族谚语的独有特色，具有民族性。该书收录了一些少数民族关于自然、生活类的谚语，有助于了解少数民族地区的自然风貌和人文风情。农副类谚语包含了农业、副业、牧业、林业、渔业和园林作物谚语，为各民族人民的生产生活提供了借鉴和指导。人生类谚语富含教益和哲理，包括真理、实践、经验、见识、真假和是非谚语，对于指明人生发展方向具有一定的意义。社交类谚语蕴含了团结、互助和友善等高尚品质，有利于人们学习培养良好的思想道德品质，为人们处理好人际关系、为人处世提供了参考，有助于营造和维持和睦友善的社会氛围。全书谚语收录了众多少数民族具有代表性和流传度较高的谚语条目，有利于汉族和各少数民族谚语资料的保护和传承，同时对于中华谚语的研究提供了一定的语料价值。个别谚语标明了具体民族，有利于追溯谚语流传地并促进谚语流传范围的研究。

《谚语新编》

宗豪编，广西民族出版社，2002 年版。

这是一部小型的谚语资料集，所收谚语分为"人生·奋斗·知识""交友·处事·事业""真理·实践·本质""社会·时政·群众""家庭·生活·健康""自然·风物·农事"6 个大类，大类之下又划分"人生的路""团结""经验""领袖""婚恋""农事""知识""品格""劝诫"等小类，每一小类根据谚语条目的关键词、内涵等被划分到"命运""远见""人生"等小标题之下。只选录谚语条目，不进行解释。收录的谚语较为通俗易懂且多为中国人民民间口耳相传的作品，收录时关于人生处事、家庭生活、生产劳作等方面比重较大，既是对人民生产生活的深刻反映，也可以为人民生产劳作、生活处事提供经验，指导人民的实践活动。本书注重时代气息、内容新颖丰富，涉猎内容大多为青年比较感兴趣和关心的题材，力求思想健康、奋发向上，对于广大读者的学习、生活起到积极良好、健康向上的引导作用。本书层次清晰，做到了主次分明、层层递进，是一部较为优秀的思想修养读物。

《中国谚语精粹》

榕汀编，新疆人民出版社，2002 年版。

前有"前言"1 篇。这是一部小型的谚语资料集，是"中国智慧语言"丛书之一。谚语条目分"日·月·星辰""天象""粮食作物""团结·互助""法度·自由""飞禽走兽"等 76 个大类，其下又分"家乡""事业""寒暑""本质""知识""经历"等若干小类。只列谚语条目，不举例释义。该书内容丰富，分类细致，收录了有关自然现象、新旧文化、宗教信仰、哲学思想等方面的谚语，能较全面地反映社会风貌、人们的生产生活经验和思想观念，对于人们全面详细地了解现实世界具有一定作用。谚语是文化的重要载体，本书不仅收录了体现法制意识和文明观念的新文化谚语，还有反映尊师重道、赏罚分明的中国传统文化谚语，是新旧文化的交流互动、融会贯通，可使读者清晰地感受到新旧文化的一脉相承和差异所在，有利于中华优秀传统文化的传承和新文化的传播、传承，形成良好的社会环境。书中收录的有关言谈行为的谚语，教导人们要心怀志向、勤劳节俭、诚实守信，有利于培养人们良好的品格和行为习惯，收录的气象谚语、作物谚语对于指导人们的出行活动和农业生产具有一定意义。除了具体的操作方法，该书还收录有反映哲学原理和方法论的谚语。因而本书既有哲学上的高度，又贴近实际，为人民群众所喜闻乐见，是理论和实践的有机结合。

《谚语》

正坤编，中国文史出版社，2003 年版。

前有"出版前言"1 篇。这是"中国古典文化精华"丛书中关于民间文化精华的一部小型谚语收集，共收集谚语 16000 余条，按照谚语首字母进行编排。只列谚语条目，不加解释，对个别难理解的谚语在后面进行简单标记，对所有条目按照双栏格式进行排列。本书收集条目数量较多，有利于以书面语的形式对民间传统文学精华进行保存，丰富中华谚语语料库，有利于谚语的保存、传承与弘扬。谚语凝结了人民生活中的生产生活经验，反映了一些生活哲理，例如"才华如快刀，勤奋是磨石"就以简单的比喻说明了才华与勤奋之间的关系，说明人只有在勤奋的基础上才能展现才华的优势。许多谚语具有历史传承性，包含许多古语词，反映了我国历史上的一些阶段性特征，例如"财主不怕官，乞丐不怕狗""长篇见宰相，短卷谒公卿"等谚语中就囊括了财主、乞丐、宰相、公卿、朝廷、右丞、状元、银锭、砒霜等一系列表示古代官名和特定的日常事物称谓词。还有些谚语与我国诗词歌赋等文学作品之间也存在密切联系，反映出我国一些文学作品的流传度之广，获得了人民大众的喜爱，具有永久的生命力。

《传世谚语》

黄健、郭有谦编，福建科学技术出版社，2004 年版。

前有"前言"1 篇。这是一部中型的中外各民族谚语资料集，共收录谚语 8500 条左右。按内容分为"哲理类""修养类""情感类""学业类""生活类"五大部分。每个部分又包含若干篇目，每篇目以一句五言短语引起，便于理解和指明主题，例如哲理类包含"疾风知劲草，烈火见真金（真理是非篇）"。每部分按照主题将中外各民族谚语罗列，便于研究者分类阅读、比较。只举谚语条目，不加解释，不举例证。本书收录的谚语内容丰富、涉及面广，形式优美、文字精练，寓意深刻、鞭辟入里，或是总结社会经验，或是概括生活常识，或是阐述哲理真知，或是抒发情感爱憎，概括了人民群众生产、生活方方面面的经验和感受，凝聚着前人世世代代的智慧精华，有助于继承前人的珍贵精神财富，对指导人们生产生活有参考意义。该书有利于保存和继承谚语资源，为中外传世谚语的搜集整理工作做出了一定的贡献，为后续的中外谚语对比研究提供了一定的参考，对于研究中外谚语具有一定的语料价值，为传世谚语的相关研究提供资料。

《谚语大典》

张一鹏编著，汉语大词典出版社，2004 年版。

前有"前言""编写说明"各 1 篇。这是一部大型的谚语资料集，选取近 100 个国家、地区和我国 50 多个民族的谚语 4 万余条，按内容分为"政治军事""理想立志""人生命运""事业奉献""气节人格""道德修养""批评表扬""处事作风""反腐倡廉""实践真知""辩证规律""调查研究""知识学习""人才培养""谦虚谨慎"等 46 个门类，其下细分为"祖国人民""信仰追求""人生命运""雄心壮志""人格人品""情操修养""过失错误""乐观自信""清正廉洁""求真务实""客观规律""博学精通""教育培养""沉着冷静"等 308 个栏目。只列谚语条目，不加解释，不举例证，语条后标明国别和族属。在分类上，对于某些多义的谚语，选择其基本含义，同一谚语有不同说法，尽量做到兼收并蓄，将难以归类的和反映过去历史的反面资料均归入"其他·杂类"中。对晦涩难懂的谚语，作启发性浅注。收录的谚语涵盖俄罗斯、美国、德国、日本、非洲等世界各国谚语和蒙古族、维吾尔族、哈尼族等多民族谚语，其内容反映了各国、各族人民对生活和斗争经验的理解总结，谚语的表现形式也都极具民族特色和浓厚的生活气息，有助于人们了解不同国家、民族的风俗文化的共同性以及差异性。其中有许多来自不同国家民族含义颇为相近的谚语条目，这类谚语体现了在国际文化交流日益频繁的背景下，世界各国、各民族谚语相互影响和相互渗透的趋势，为谚语研究提供了更多的切入点。"其他·杂类"谚语有选录一些反面谚语资料，可当作过去历史的反映，为读者提供些许比较和批判的材料或语言参考资料。本书谚语内容分类精当，内容翔实，是一部类似百科知识的工具书，融知识性、科学性、哲理性、艺术性、趣味性、实用性于一体，对中华谚语的丰富和发展有重要意义。

《当代民谚民谣》

蒋荫楠编著，上海辞书出版社，2005 年版。

前有"序""自序""编写说明"各 1 篇。这是一部中型谚语资料集，共收录当代民谚民谣 2680 条。按内容分 5 个类型，"颂扬褒奖型""批评讽刺型""经验总结型""片面谬误型""其他"，条目按汉语拼音音序排列，首字相同者按起笔顺序横、直、撇、点、折排列。分主副条，意义相关、形式相近的条目，选常见常用的为主条，其余为副条，副条列在主条后。原则上只对主条做解释分析，并至少提供一句例句，副条除难以理解者基本不做解释，不出例句。本书"例如"均详细标明出处。例句中偶有误用的不规范字，一般依其原貌，不做改动。民谚民谣是语海中的珍珠、艺苑中的瑰宝，本书谚语所涉及的社会内容非常广泛，上至党的方针政策、法纪条文，下至三教九流、饮食服饰，它们带有时代的印记，记录着繁衍不息的变迁，记录着社会变革，具有时代性、丰富性、生动性。所选当代民谣民谚均见于当代书籍报刊，具有鲜明的时代性，如新中国成立初期，劳动人民推翻了压在身上的"三座大山"，从而由衷地歌颂共产党和领袖："条条江河归大海，朵朵葵花向太阳。""船靠舵，箭靠弓，吹散乌云靠东风。"除此之外，广泛表达人民对当代社会生活的反映与评价，有着强烈的参与意识，谚语形式讲究押韵和谐，易记易传。该书丰富了中华谚语，具有一定的语料价值。

《中华谚语大观》

成志伟选编，金盾出版社，2005 年版。

前有"卷首语""凡例""谚语概说"各 1 篇。这是一部小型的谚语资料集，内容分为汉族谚语和少数民族谚语两大部分。汉族谚语按内容分"事理谚""人生谚""道德谚""知识谚""生活谚""行业谚" 6 个大类，其下又为"真理""祖国""民众""改过""气节""敬老""戒骄""科学""环保""理财""优生""戏曲""技艺"等 69 个小类。少数民族谚语按民族名称首字的音序排列，不再划分谚语主题。谚语的排列基本上按照单句式、两句式、三句式、四句式、多句式的顺序。每一句式又以第一句文字数从少到多的顺序排列。只选录谚语条目，不加解释。此书收录的谚语既有共性又有差异，这些谚语体现了 56 个民族不同的风土人情和生活习惯，具有鲜明的民族性，同时汉族谚语和少数民族谚语之间、各个少数民族的谚语之间，有一部分在主题和表达形式有相似甚至基本相同之处，从而使得全书成为包罗万象又有机统一的整体。该资料集是全国各族人民智慧的结晶，既有待人处世的人生忠告，又有生产生活经验的总结，可以荡涤、纯洁人们的思想观念，也能指导、启发人们的实践活动。该书分类细致，涉及民族众多，具有一定的语料价值。

《大众语典·谚语篇》

夏竹风主编，大众文艺出版社，2005 年版。

前有"前言"1 篇。这是一部中型的谚语资料集，分为上、下两册，每部收谚语 1 万余条。谚语条目按音序排列，首字音序相同而声调不同的，按阴平、阳平、上声、去声的顺序排列。只列谚语条目，不释义，不举例证。本书收录谚语条目较多，内容涉及范围较广，系统、全面地对当下流传度较高的谚语进行集中归纳整理，是对谚语资源的保护与传播，为中华谚语文化的研究提供了丰富而充足的资料，具有较高的研究价值、语料价值和一定的收藏价值。音序查找法普及度高，按照音序排列谚语条目，方便读者对谚语的查找利用，提高了谚语查询的效率，节约时间，具有较强的通适性，适宜大众阅读与学习。本书可以丰富大众的谚语语汇，提高理解和运用谚语的能力，有利于谚语的普及与流传。

《谚语》

钟雷主编，哈尔滨出版社，2006 年版。

这是一部小型的谚语资料集，共分为"抱怨""本质""才能""差别""尝试""诚实"等 79 个类别。只选录谚语条目，不加解释。每个字都加注了汉语拼音，适合小学生阅读。特色为采取彩印，加入了许多生动的图片，使内容更加通俗易懂，容易激发小学生的阅读兴趣。

《完美休闲书架——谚语宝典》

张文果主编，吉林大学出版社、吉林音像出版社，2006 年版。

前有编者的"檐雨声声——完美休闲书架诞生小记（代前言）"1 篇。这是一部小型的谚语资料集，共收录谚语 5000 余条。谚语条目按汉语拼音字母次序排列，只选录谚语条目，不举例，不释义。选编的谚语数量较多，内容丰富，具有代表性和思想性，有助于读者了解中华谚语的基本概貌，增进谚语知识。同时该书收录的谚语都是中国人民物质生活和精神生活的智慧总结，在一定程度上呈现出了中国独特的自然风貌和人文风情，为了解中国博大精深的物质文化和精神文化提供了途径。全书谚语种类多样，包括生产类谚语、气象类谚语、人生修养类谚语、社会生活谚语和养生健康类谚语等，在不同程度上展示了中国人民在农业、林业、渔业和园艺管理方面的智慧，展现了在天文、气候、物候、节气、时令等方面的哲理经验，体现了勇敢、正直、谦逊、敬业、团结、友善等美好的思想品质，彰显了亲邻睦友、骄兵必败、水滴石穿等人生原则，阐明了体育锻炼、运动健康的重要性，这些对于当今人们的物质生活和精神生活有着一定的指导借鉴意义。

《歇后语·谚语》

刘莹编，内蒙古文化出版社，2006 年版。

前有"前言"1 篇。这是一部收集中华谚语的小型资料集，属于"青少年快读中华传统文化书系"，共收录谚语约 18848 条。本书按照首字母进行编排，采用音序排列法，所收条目不做解释，不举例证。本书许多谚语是关于勤奋劳动的，例如"二流子懒汉，救济不断；勤俭做活，救济不着"就采用了对比的手法，说明只有勤奋劳动才能不依靠他人，靠自己的能力经营生活，有利于继承和弘扬中华优秀传统美德；还有许多谚语是关于法制、礼仪的，说明了法律的公平制订以及强制性对于稳定社会生活和经济市场的重要作用，也强调了礼仪可以加强人们的精神修养，规范人们的行为，营造良好的社会氛围，法制和礼仪分别从外在和内在对人民进行引导，对今天的中国特色社会主义现代化建设提供了一定的参考作用；书中最多的谚语条目还是关于人民农业生产和日常生活中的养生习惯、人际关系，反映了我国人民对于有限时光的珍惜以及对亲属关系的重视，这些谚语也可以为我们强身健体、农业生产、关系经营提供一定的借鉴，启示青少年勤学苦练，不负韶华。本书意在向青少年传播中华优秀传统文化，故所选谚语都偏重于勤劳、坚持、律己、读书、上进、智慧、团结等优良品质，书中内容与编排目标相一致，有助于发挥中华谚语的教育教导功能，促进下一代的健康茁壮成长。

《中外文化历史大观丛书·趣味谚语》

俞可主编，中国戏剧出版社，2007 年版。

前有"前言"1 篇。这是一部小型谚语资料集，全书分为两大类：一类谚语条目按音序排列，首字音序相同而声调不同的，按阴平、阳平、上声、去声的顺序排列；一类为"修身谚语"，其下分为"人品操守""面对挫折""自知·自信·自量""知识与学习""邪恶与正义""探索·求真""真理·原则""为人处世""交友之道"等 30 个细类。只选录谚语条目，不释义，不举例证。本书收录的谚语多为人民日常生活中常见的谚语，与人民生活密切相关，具有口语化的特点，用通俗直白的话语讲解生活道理，易于读者的理解接受，富有趣味性和哲理性。按照音序、声调方式进行归类，使第一个字相同的谚语条目集中编排，利于人们学习、记忆，提高查找的效率，适用度高。"修身谚语"部分，归类清晰，内容较为丰富，从为人处世、社会交往和个人道德修养等方面对后人进行启迪，体现了中华传统美德和精神文化，对于个人的行为规范和人生观、价值观、世界观的形成有积极意义，具有一定的教化作用。该书谚语的收录对于文艺创作、民族文化遗产的传承、传播和保护起到了积极的推动和促进作用，为中华谚语文化的研究提供了丰富的资料。

《中华锦绣谚语》

高天星编，中原农民出版社，2007 年版。

前有"锦绣谚语的谚语美"1 篇，后附"中华谚语的文化美""后记：我的谚语情结"各 1 篇。这是一部小型谚语资料集，按内容分为"社会卷""修养卷""志气卷""学习卷""知识卷""友谊卷""情爱卷""经贸卷""健康卷""风俗卷"10 个大类，其下分为"国以民为本""富国可兴邦""为人诚实好""天下无难事"等 80 个细类。只选录谚语条目，不加解释，只采用脚注形式对个别词语释义，并在少数民族谚语后标明民族。从谚语来源角度出发，本书收录了涉及汉族、蒙古族、藏族、维吾尔族、哈萨克族、柯尔克孜族等多个民族的谚语。他们用不同的言语材料和表达方式传递出相同或相似含义，既体现了人类思想的共性，也展现了各个民族不同的地理风貌和风俗习惯，从而有利于民族间的相互了解和交流沟通，获得共同的情感体验。从收录的类别来看，"社会卷"和"修养卷"的谚语居多。这些谚语是各族人民生活经验的总结，阅读和学习这些谚语有利于帮助人们知人论世、修身养性，培养对真理孜孜不倦的追求精神和弃恶扬善的价值观念，从而营造良好的社会氛围，形成良好的社会道德风尚。作为一部谚语资料集，该书的语料价值主要体现于它的民族性。

《新编谚语》

任耕耘主编，黄山书社，2007年版。

这是一部收录汉语常用谚语的小型谚语资料集，按内容分为"季节·寒暑""农事·渔猎""团结·互助""文娱""知识·学问""家庭""生活保健""智慧·才能"等52个大类。只选录谚语条目，不举例，不释义。所收谚语来自江苏、江西、四川、安徽、山西、陕西、河北和河南等多个省份，具有多源性。谚语涵盖了中国南北方，有助于了解南北方在自然地理、农业生产、作物生长、社会生活和风俗习惯等多方面的差异。该书谚语分类细致，生产方面的谚语细分为粮食作物、经济作物、园林作物、植树护林、家畜家禽和农事渔猎等多项内容，对于人们的生产劳作具有一定的指导意义。社会方面的谚语涵盖了与学习、生活、工作和娱乐相关的谚语，有助于了解各个地区的风土人情。还收录了部分与品格修养、文娱活动相关的谚语，有利于营造良好的社会风气，促进人们发展和形成良好的文明素养。健康养生类的谚语对于现代医疗保健工作的开展和人们身体素质的提高具有一定的意义。本书收录的谚语流传广，影响大，具有代表性，对于各个省市谚语资料的传承和保护具有一定的价值，也为中华谚语研究提供了语料。在一些谚语后标明了流传地，对于研究谚语的来源具有一定的作用。

《谚语》

赵芳芳编，黄山书社，2009年版。

前有"前言"1篇。这是一部收集流传度相对较高、应用较为广泛的小型经典谚语作品，共收录谚语6000余条。按内容分为"季节·寒暑""天象""物象""诗文·字画""成功·幸福""疾病·防病""爱情·婚育"等52类。对部分谚语标明了地区出处，只列举条目，不加解释。本书秉承传承国学的编写宗旨，满足青少年对经典阅读的需求，为读者构建一个全面、系统的国学知识体系，不仅可以让青少年读者感受经典文化的魅力，汲取经典文化的营养，促进谚语这一文学形式的传承，有利于提高民族的文化素质，陶冶人们的情操，提升人们的精神境界，而且谚语言简意赅，具有哲理性，用于文学创作当中，可以使得语言活泼风趣，增强文章的表现力，有利于提升青少年写作能力，潜移默化地发挥谚语的教育教化功能。全书做了细致且系统的分类，查找起来比较便捷，且配有许多精致诙谐的插图，给图书增加了一些趣味性，更能激发读者的阅读兴趣。书中收录了江西、山东、内蒙古、浙江、湖北、上海、四川、陕西、贵州、湖南等多个省份的谚语，涉及地区广，展现了中华大地深厚的文化底蕴，有的谚语同时为多个省份共同使用也做出标示，可以让读者了解各个地区谚语的不同点和相同点，领略中华经典文化海纳百川的胸怀。有些属于各少数民族谚语，在谚语后也进行了标注，如蒙古族、维吾尔族、哈萨克族等。维吾尔族多生活于新疆地区，由于新疆地区特殊的地理位置，日照时间长，本书收集的谚语"蜡烛只能照亮房屋，太阳可以照亮宇宙"就体现了维吾尔族人民对于太阳这一意象的独特生活体验，其他谚语同理体现出我国各少数民族的生产生活特色。

《中华语海》

李波主编，内蒙古大学出版社，2010 年版。

前有"前言"1 篇。这是一部综合性民间文学资料集，一共分为三卷，谜联谚语、中华名句、经典故事尽列其中，其中有 800 则谚语。谚语部分按主题内容分为人生、社会、自然、哲理四个部分，每一部分下又根据具体内容划分为多个小类，对必要条目会加以注释。本书是中华传统语言的精彩汇编，融趣味性、知识性、实用性于一体，对于引导人们重温经典、领略中华文化的博大具有重要意义。

《大众谚语》

黄健、郭有谦编，福建科学技术出版社，2010 年版。

前有"前言"1 篇。这是一部收录大众谚语的中型资料集，共收录谚语6000 条左右。根据内容分为"品德类""言行类""情感类""生活类""农谚类"5 类，每类下设具体篇目，如"品德类"下设"爱国为民篇""荣誉美德篇""理想志向篇"等。具体篇目名称前由一句五言短语引起，通俗易懂，便于理解。只举谚语条目，不加解释，不举例证。本书收录的谚语是人民群众喜闻乐见的思想教育、道德规诫和传授生产生活经验的体现，贴近大众生活，力图继承、发扬前人留下的珍贵精神财富，对大众生产生活有一定借鉴意义。其中农事类谚语是人们在从事农业生产劳作时总结的经验，如"天上勾勾云，地上雨淋淋""小满暖洋洋，锄麦种杂粮"。该书有利于保存和继承大众谚语资源，对于研究中华谚语具有一定的语料价值，为大众谚语的相关研究提供资料。

《谚语大全》

李伟主编，北方妇女儿童出版社，2011 年版。

这是一部中型谚语资料集，收集各类谚语 12000 余条。按内容分为"行业谚语""养生健身谚语""思想品德谚语""立业学习谚语""动植物、山水及静物谚语""外国谚语""其他谚语"7 个大类，其下细分为"农谚""林谚""牧谚""副谚""渔谚""养生谚语""医药谚语""关于待人处事的谚语""关于师傅和老师的谚语""关于动物的谚语""关于法律与规则的谚语""关于气象的谚语"等 71 个小类。只列谚语条目，不加解释，不举例证。书中特意选录部分外国谚语，有助于丰富读者的谚语视野，在中外谚语的比较中探讨两国谚语的异同之处，为研究中华谚语提供不同的切入点。选录的谚语种类丰富详尽，对于了解社会生活各个方面具有参考意义。行业谚语记录了各行各业的生产经验，对于人们生产实践活动起到了指导作用；养身健身谚语是长久的保健经验结晶，对现代医疗工作具有积极的启示意义；思想品德谚语和立业学习谚语是人民智慧的结晶，对于提高人们的道德修养以及规劝后人立业学习具有教化作用；动植物、山水及静物谚语展示了山水万物的缤纷多彩，有助于满足人们的审美情趣。不同类型谚语的搜集整理既是对谚语资源的保护，也能够为中华谚语的研究提供语料支持。

《中国谚语》

黄耀华编，黄山书社，2012 年版。

前有"前言"1 篇。这是一部关于中国整体谚语的小型谚语资料汇编，根据内容分为"季节·寒暑""天象""物象""粮食作物""经济作物""祖国·人民""诗文·字画""善恶·恩仇""手艺·买卖""自强·自立""成功·幸福""奉承·伪善""爱情·婚育"等 52 类。只收录谚语条目，不做释义，不举例证，在明确省份的谚语后进行说明，在多地兼用的谚语会将使用省份全部标出。本书在收录谚语时，对谚语的发源地进行了注释，包括内蒙古、山西、江苏、广东、福建等地区，有利于读者对中国谚语有一个整体的把握，领略中国谚语的魅力，从谚语的同与异中了解各个地区思维方式、价值观念、行为准则和风俗习惯的相似之处和不同之处。谚语涉及季节、天象、天地、山川、粮食、经济、园林、植被等各个方面，从侧面展现出我国天南海北的自然环境、生态和物候。书中关于生活态度、处事方式方面的谚语分类较多，条目数量也较多，反映出我国人民自古注重思想道德修养，通过这次的搜集整理，也有利于对下一代的思想文化进行教育，对我国优秀传统美德进行传承和弘扬。

《中华谚语大全》

成志伟编著，浙江古籍出版社，2014 年版。

前有"卷首语""凡例""谚语概说"各 1 篇。这是一部小型谚语资料集，收录了我国 56 个民族广泛流传的民间谚语。因汉族谚语数量较多，故予以单列。谚语条目按内容分"事理谚""人生谚""道德谚""知识谚""生活谚""行业谚"6 个大类，其下又分"真理""祖国""民众""改过""气节""敬老""戒骄""科学""环保""理财""优生""戏曲""技艺"等 70 个小类。55 个少数民族谚语，按民族名称首字的音序排列，不再划分谚语主题。谚语的排列基本上按单句式、两句式、三句式、四句式、多句式的顺序。在每一种句式中，又基本上按第一句文字从少到多的次序排列。只列谚语条目，不释义。本书收录了 56 个民族的谚语，汉族谚语与少数民族谚语在字词运用、结构、修辞等方面均有不同，因此具有鲜明的民族特色、地域特色与语言特色。由于谚语具有时代性，因此本书除了收录传统谚语，还收录了一些反映新时代社会生活各个方面变化的新谚语，如有关法律、环保、理财、优生的谚语，许多新出现的词汇与语言也进入了谚语。这些谚语反映了当代中国新的社会风俗和行为规范，是新时期新的生产、生活经验的总结，进一步充实和扩展了中华谚语的宝库。该谚语集的编纂为人们在文章、说话、报告中引用谚语、说明观点提供便利，这一方面符合语言的经济性原则，另一方面增加了群众的表达方式和手段，使语言更富有生机活力。

《谚语大全》

李晨森编绘，百花文艺出版社，2015 年版。

前有"前言"1 篇。这是一部小型的拼音彩图版谚语资料集，编者将所收录的谚语按汉语拼音方案排序，只列举条目，不举例和注释，所列谚语条目皆标注拼音，便于低年级学生的自主学习。书页插图生动多彩，具有趣味性，能够增强对儿童的阅读吸引力。选录条目多为日常基本使用的谚语，具有口语化的特点，语条简洁明了，通俗易懂，易诵易记，适合作为少年儿童的谚语入门书籍使用。谚语内容涉及社会生活的各个方面，是人民生活经验的积累所得，对于日常生活有一定的指导作用，其语义积极向上，规劝教化类谚语条目占比较大，选用针对低年级儿童的身心发展特点的选编方法，对其性格品质的发展起着正确的导向作用。这些谚语的搜集编录可以提高低龄儿童对于谚语的了解和重视，丰富他们的知识，也是对谚语资源的有利保护，为中华谚语研究提供语料支持。

《谚语大全》

刘羽编，江西美术出版社，2016 年版。

后附"《谚语大全》读后感"1 篇。这是一部小型的彩图拼音版儿童谚语资料集，按内容分为"为人与处事""求知与智慧""农业与气象""生活与保健"4 个大类，其下又分为"谦虚谨慎""知识学习""农副生产""人生命运""衣食住行"等 32 个细类。本书收录谚语条目，并在谚语下附"解析""例句"进行解释说明。有的谚语下还附有"故事""朗读鉴赏"，对谚语涉及的背景、蕴含的精神品质、生活道理进行详细介绍，具有针对性，适合儿童阅读。其彩色插图和童趣排版都增加了本书的可读性和趣味性，有助于小学生学习谚语。书中常把"勤劳节俭"等优秀品质和"贪婪奸猾"等恶劣习性相对比，有利于引导学生学习良好品质，杜绝恶劣品性，有助于学生良好人格的培养。

《民间格言谚语》

向阳江整理翻译，云南大学出版社，2016 年版。

前有"让我们动听的母语向世界传递——《民间格言谚语》自序"1 篇，后附"从祖父付阿邓用谚语说起——《民间格言谚语》后记""附录"各 1 篇。这是一部收录傈僳族民间格言谚语的小型资料集，共收入格言谚语 2700 余条。按内容分为"智慧与学问""道德与习俗""哲理与常识""社会与农谚""情感与家庭""人类与自然""教子与育女""狩猎与生活""其他格言谚语"9 个大类。只选录谚语条目，不举例证，部分谚语下还加了注释。通过对傈僳族格言谚语的收录，为我们了解这个民族的历史变迁、社会变革、自然环境、人口流动、风土人情等方面的知识提供了窗口，也抢救和保护了傈僳族的谚语，对于传承和研究少数民族文化起到积极作用。部分谚语条目配有插图，图文并茂、生动形象，增加了阅读的趣味性，有利于加深读者的印象，促进傈僳族文化的传播。谚语内容丰富，是对傈僳族人民生产生活经验的总结，极具地域特色，对农谚和狩猎类谚语的收录体现出傈僳族人民因地制宜的生活方式，其中的生产技巧、狩猎方法极大提高了人们的劳动效率，对于人们的生产生活有一定的指导意义。本书谚语条目采用傈僳文、汉文双文对照形式，推动了傈僳语的保护、传播与发展，为研究少数民族语言提供了充足的语料，具有一定的研究价值。

（二）地域类

谚语的地方性是谚语的"本色"，全民性的谚语是地方性谚语发展的结果，地方性谚语的搜集整理是谚语研究的必要任务。20 世纪 80 年代以来，我国的地方性谚语搜集整理工作陆续展开，并逐渐形成规模，出现了谚语研究的热潮，收获了丰硕的研究成果。地域类谚语资料集共有 100 多部，其中河南省资料集数量最多，而其他地区分布较少，体现出谚语地域分布的不均衡性。多数为小型资料集，这些地域性语料研究成果从地理历史风物、人民生活习惯、独特情感态度等方面展示出谚语鲜明的地域性特征。同时资料集的建立保存了数量众多的方言用语，不仅为地域文化特征研究提供了宝贵的资料，也为地方谚语研究的后续工作保留了大量的珍贵材料，具有巨大的语料价值。

《中州谚语》

河南省群众艺术馆编，1980 年内部印刷。

后附"谚语搜集者名单"1 篇。这是一部收录河南地区谚语的小型资料集，按内容分为"思想修养篇""志气篇""学习篇""惜时篇""实践篇""真理篇""勤奋篇""警惕篇""团结篇""友谊篇""节约篇""农业篇""林牧副渔篇""时令篇""气象篇""卫生保健篇""领导篇""尊师爱徒篇""财贸经济篇""军事训练篇""家庭婚姻篇""讽刺篇""其他篇"等 20 余类。只选录谚语条目，不加解释，不举例证。谚语多采自河南省民间流传谚语，具有口语化特点，语条简单明了，通俗易懂。谚语内容反映了河南人民的生产生活和风俗习惯，具有一定的地域特色，不仅对于了解河南地区的风俗文化具有参考意义，也为谚语地域文化研究提供了资料。以农、林、牧、副、渔、气象类谚语居多，是当地人民长期以来社会劳动经验积累所得，贴近民间真实劳作生活，书中还收录了戏曲类谚语，展现了地区独特的戏曲艺术表演文化，为了解河南地区的艺术文化提供了资料。

《长海资料本》（谚语集）

长海县民间文学集成领导小组编，庄河县印刷二厂，1986 年版。

前有"序"1 篇。这是一部关于长河县谚语的小型资料汇编，也是中国民间文学集成工作的成果之一，共收录谚语 2000 条。根据内容分为"海上篇""农事篇""真理篇""立志篇""生活篇""人世篇""讽喻篇""规劝篇""其他篇"9 个部分。只收录谚语条目，不做解释，以脚注的方式对条目中的疑难字、词进行简单注释。在编排时尽可能地收录具有长海县本地特色的谚语，长海县位于辽东半岛东部的黄海海面上，全县由 142 个岛、坨、礁组成，因此书中特别在分类中加入了"海上篇"这一部分，描述了海上的特殊天气且表现了当地许多海洋生物的生存特性，具有一定的地方色彩，这些具有地方色彩的谚语条目以另一种方式展现了当地语言运用习惯，可以为当地语言的研究提供一定的参考资料。书中尽量收录没有出版、发表过的谚语，使得本书具有新的面貌，丰富了当地谚语，可以让读者了解更多关于长海县新的谚语条目，丰富长海县海事、农事等的经验，全方位地了解本地人民的生活态度、认知方式、处世哲学。有的谚语、俗语之间的界限相对模糊，本书对不属于谚语的俗语等进行了仔细的甄别，把没有哲理、缺乏内涵的条目排除在外，使得本书更加系统、科学、纯正。

《中国谚语集成·河南西峡县卷》

西峡县民间文学集成编委会编，1987 年内部印刷。

前有"致谢""前言"各 1 篇。这是一部收录河南省西峡县谚语的小型资料集，也是"西峡县民间文学三套集成"工作的成果之一。按内容分为"时政类""事理类""修养类""社交类""生活类""自然类""生产类""其他类"8 个大类，其下又包含"祖国""家乡""抗争""知识""是非""理想""德行""学习""智慧""个人""团结""工作""谈吐""气象""时令"等 47 个小类。只选录谚语条目，不加解释。以圈注号逐页脚注的形式对所选谚语中的特殊用语、西峡方言典故、独特的生活习俗进行注释。对采自《老学庵笔记》《北齐书》《晏子春秋》《后汉书》《治安策》《汉书·司马迁传》《荀子》《红楼梦》《水浒》等著作的语条标明了出处。受地理位置的影响，本书搜集采录的谚语基本上都是汉民族的谚语。西峡县谚语绝大部分是劝教人们认识好坏、区别善恶、明辨是非，从而指导规范人们的日常生活，具有一定的历史知识经验和哲理性。本书编选的重点是西峡县土生土长的广为流传的谚语，因此该书有利于保存、继承、发扬西峡县劳动人民自古至今广为流传的优秀民间文化遗产。

《中国民间文学谚语集成·贵州省黔西南州·兴仁县卷》

马奎荣主编，兴仁县民间文学集成编辑组编，1987年内部印刷。

前有"勘误表""前言"各1篇，后附"附录"1篇。这是一部小型的民间文学谚语资料集，所收条目以中国民间文学集成总编委员会办公室编的《中国民间文学集成工作手册》为指导，所收谚语分为"事理类""修养类""社交类""时政类""生活类""工商类""自然类""生产类"和"其他"9个部分，每类下又设有小类。只列举谚语条目，不做解释。少数民族谚语则标明民族，有的略作释义。本书特色在于从群众言谈积累中挑选谚语，通俗易懂，对于研究兴仁县的风土人情有参考意义。

《闽南谚语》

曾阅编著，海峡文艺出版社，1987年版。

前有"前言""常用闽南方言字表"各1篇，后附"后记"1篇。这是一部收录闽南地区谚语的小型谚语资料集，收录闽南谚语1860条（即930对）。全书按对句的字数分为"三字对句""四字对句""十一字对句""三与三字对句""三与四字对句""六与六字对句""七与七字对句""多句式"等25类。只举条目，不举例证，不释义。对于一些闽南方言词，以脚注形式加以解释。收录的谚语是闽南民间谚语，具有鲜明的地域特色，充分反映了闽南地区人民的民俗文化和风土人情，有利于了解闽南人民生活总结和价值观念。其中生产类、自然类、生活类谚语都体现了闽南人民对于自然的敬畏，保留了历史进程中当地人民对自然规律探索的成果。闽南民间谚语本为一条一条，散漫零落，并无成对（其中也有偶尔自然成对的），作者经过选择，掇对成联，是本书的一大特色，有利于继承和保护闽南民间谚语，对于研究地区文化和中华谚语具有一定的语料价值。书中谚语条目按形式分类排列，收录了很多三句以上的多句式结构的谚语，对语言学术研究具有一定参考价值。

《中国民间文学集成·抚宁民间歌谣谚语卷》

秦皇岛市抚宁县三套集成办公室编，1987 年内部印刷。

前有"序"1 篇，"抚宁县民间文学作品地名图"1 幅，"抚宁县民间歌谣谚语分布图"1 幅，"说明"1 篇，后附"附录""后记"各 1 篇。这是一部收录秦皇岛市抚宁县歌谣谚语的小型资料集，也是"中国民间文学三套集成"工作成果之一，选录各类谚语 5000 余条。按内容共分为"时政类""事理类""修养类""社交类""生活类""自然类""生产类""其他"，8 个大类，大类下又细分为"祖国""家乡""真理""实践""理想""德行""学习""集体""个人""工作""勤俭""婚恋""卫生""时令""天文""农""林""副"等 41 个小类。只选录谚语条目，不举例证，不释义。个别谚语注释采用夹注，在谚语之后标明出处。谚语排列次序为：同一类别的作品，按首字的笔画多少为序排列，相同的字尽量排在一起。该书编有 5 种索引，建立了普查资料档案，表现出一种独创性，方便读者查阅。本书附有"抚宁县民间歌谣谚语分布图"，对于研究抚宁县谚语的来源和流传地具有一定的意义。该书进行了细致的分类，如生产类谚语细分为农、林、牧、副、渔、园艺和管理 7 个小类，对现今人们的生产生活有指导借鉴作用。部分谚语描绘了当地的风土人情，对于宣传抚宁县风光、向外开展旅游事业，都大有裨益。此书选录的大多数谚语是抚宁县所特有的，有助于了解抚宁的地方特点、历史特点、语言特点，但也有各地彼此流传因而内容相同、情节词句有变异的谚语，有利于抢救、保存当地的传统文化，对于谚语流传、演变情况的比较研究具有重要的语料价值。

《中国谚语集成·河南省南召县卷》

南召县民间文学集成编委会编，1987 年内部印刷。

前有"谚语的产生及其社会作用（代序）""说明"各 1 篇，后附"后记"1 篇。这是一部收集河南省南召县谚语的小型资料集，也是"中国民间文学三套集成"工作成果之一。按内容共分为"时政""事理""修养""社交""生活""自然""生产""文艺""其他"9 个大类，又细分为"家乡""抗争""真理""爱憎""理想""智慧""团结""谈吐""婚恋""计划生育""时政""气象""农""园艺""绘画"等47个细类。只收录谚语条目，不加解释。对所选作品中的特殊用语、南召方言、典故、独特的生活习俗，一般都做了注释，采用圈注号逐页脚注，有关典故出处采用圆括号逐条随注、以保留地方特色或民族特色。本集成的编辑工作，是按照《中国谚语集成编辑细则》所要求的科学性、全面性、代表性的原则进行编选的。所收作品在时间上是久经考验的，有较强的延续性，在空间上流传较广，具有全县区域的覆盖面，对仅仅流传于一乡一村小区域的作品一般不收，以求真实、全面、准确地反映南召县各民族谚语创作和流传的面貌。本书对于研究南召的民间文化、保护南召的谚语资料、丰富中华谚语具有一定的语料价值。

《中国谚语集成·河南淅川卷》

淅川县民间文学集成编委会编，1987年内部印刷。

这是一部小型的谚语资料集。按内容分为"事理类""修养类""时政类""社交类""生活类""自然类""生产类""其他类"共8个大类，又细分为"思维""真理""实践"等35个小类。只选录谚语条目，不加解释。本书关于生活实践、处事方式学习技巧方面的谚语分类较多，条目数量也较多，反映出河南人民注重思想道德修养，展现了中原之地自古重视教育的传统，有利于发挥谚语的教化作用，对下一代的思想文化进行教育，对我国优秀传统美德进行传承和弘扬。从收录的谚语也能看出河南人民不但勤劳而且智慧，善于从生产生活中总结各种各样的经验，具有科学性、实用性，书中关于精耕细作农业方面的生产谚语，对于弘扬我国传统农耕文化、总结河南地区的农业生产经验、普及农业知识、促进农业发展具有指导意义，有关农、林、牧、副、渔以及气象方面的经验之谈，条目分类清晰、细致，为本书增添了可读性和欣赏性。

《中国民间文学集成辽宁卷·抚顺露天区资料本》

抚顺市露天区民间文学三套集成领导小组编，1987年内部印刷。

前有"附录"1篇，后附"后记"1篇。这是一部收录辽宁省抚顺露天区民间故事、歌谣、谚语的小型资料集，也是"中国民间文学三套集成"工作成果之一。本书分为民间故事、歌谣、谚语3个大类，大类下又分若干小类。

收录的谚语按内容分为"天气谚""农谚""卫生谚""其他谚"4 个小类。本书共收录谚语 5 则，其中天气谚 2 则，农谚、卫生谚、其他谚各 1 则。只举谚语条目，不举例证，在个别疑难字词之下附加尾注以做解释。所收谚语由当地人民口头创作并流传开来，是人们在辛勤劳动的过程中对所见事物和现象的经验总结，在知识和哲理层面对于人们的现实生活具有教育功能。天气谚和农谚与当地农业生产和农民生活密切相关，是当地人民总结出的智慧结晶。卫生谚在倡导注重日常卫生的同时，展示了当地人民的卫生观和健康习惯，体现了独特的地域特色和民俗特色。该书有利于了解辽宁省抚顺露天区的风俗民情，并保存和继承当地的谚语资源。

《唐山谚语集成》

秦玉林、祁忠臣编，唐山市民间文学三套集成办公室，1987 年版。

前有"唐山谚语刍议（代前言）"1 篇，后附"病谚""坏谚""后记"各 1 篇。这是一部有关唐山市民间文学的小型谚语集成，前期搜集到口头谚语达 2 万多条，本书共筛选收录了 2500 余条谚语。按内容分为"时政类""事理类""修养类""社交类""生活类""自然类""生产类""综杂类"共 8 个大类，其下又分为"祖国""家乡""政策""真理""是非""理想""智慧""集体""团结""文艺""幸福""家庭""饮食""天文""气象""农业""林业"等 44 个细类。只选录谚语条目，不加解释。文末附有一些病谚和坏谚，通过与平常谚语比较，用于分析、批判、诲人律己，为文学创作提供参考。本书的特色在于思想内容包罗万象、丰富多彩，有的谚语表现出鲜明的爱憎情感、明确的哲理观点，有的表现出优良的道德风尚、强烈的进取愿望，有的则反映出丰富的生产经验、可贵的探索精神，还有的表达美好的生活追求、广阔的致富之路。书中反映生产生活的经验以及关于当地特殊的地理灾害的谚语数量较多，既反映了当地地理、历史现象的特殊性，又可以为当今的农业生产提供指导性意见。另外，本书是针对唐山市谚语的整理，有利于保护当地谚语，了解当地的文化风俗，反映当地语言文字的运用习惯和思维特征。

《中国民间文学集成辽宁分卷·瓦房店资料本》

辽宁省瓦房店市民间文学集成领导小组编，1987 年内部印刷。

前有"前言"1 篇。这是一部介绍辽宁省瓦房店市民间谚语的小型资料集，也是"中国民间文学三套集成"工作成果之一。按内容分为"时令篇""气象篇""幸福篇""婚恋篇""保健篇""勤俭篇"等 6 类 28 篇，共 1842 条谚语，其下详分细目。未对谚语条目做出解释说明，只是按照类型进行列举。所收谚语均采自瓦房店民间，对这些谚语的编辑和录入在注重全面性、代表性和科学性的同时，也在努力突出地方性，比如"潮汐篇""捕捞篇""林果篇"等部分就具有浓郁的地方特色，这些谚语都是劳动实践的高度概括总结和果乡沿海文化艺术的宝贵结晶，充分反映了当地独具特色的地理以及农业状况。这些谚语作为当地人民的口头文学遗产，同时也有着重要的语料价值，对其收集和整理是对文化资源的一种保护。

《中国民间故事歌谣谚语集成·河北柏乡分卷》

柏乡县三套集成编委会编，1987 年内部印刷。

前有"序言"1 篇，后附"编后记"1 篇。这是一部收录河北柏乡县民间故事、歌谣、谚语的小型资料集，也是"中国民间文学集成"工作成果之一，选录民间故事 149 个、歌谣 64 首、谚语 344 条。按内容分为"事理""修养""社交""生活""自然""生产"6 类。只举谚语条目，在每条谚语前以"△"标注，不释义，不举例证。本书遵循"忠实记录、慎重整理"的原则，选录独具柏乡县地方特色的谚语，各类谚语均匀分布，其中生产类、自然类、生活类谚语都体现了当地人民对于自然的敬畏，保留了历史进程中当地人民对自然规律探索的成果。收集整理的谚语偏口语化、地方化，贴近民间真实生活，有利于增强对当地生活习性以及农事安排的了解，对于活跃人们的精神文化生活以及宣传当时的道德文化规范具有一定的积极意义。

《中国民间歌谣谚语集成·河南汤阴卷》

汤阴县民间文学集成编委会编，1987 年内部印刷。

这是一部收录河南省汤阴县歌谣谚语的小型资料集，也是"中国民间文学三套集成"工作成果之一，收录各类谚语 2000 多条。按内容分为"事理""生活""修养""自然""生产"5 类。只选录谚语条目，不加解释。书中谚语多采自河南省汤阴县民间流传谚语，具有口语化特点，语条简单明了，通俗易懂。谚语内容反映了河南省汤阴县的生活习惯、风俗、生产等方面的地域性文化背景，具有一定的地域特色，对于了解汤阴县的风俗文化具有参考意义，也为谚语地域文化研究提供了资料。以生活类谚语居多，是当地人民长久生活实践的智慧结晶，对后世日常生活颇有启示作用；自然类、生产类谚语对当地生产活动有一定的指导作用。谚语的搜集整理保护了当地的谚语资源，并且对于谚语语汇的充实和丰富具有一定意义，为中华谚语研究提供真实具体的语料，具有一定的语料价值。

《中国民间文学集成·贵州省黔东南州·从江县卷》

从江县三套集成编委会编，1988 年内部印刷。

前有"凡例""前言"各 1 篇，后附"口述者和搜集者名单"。这是一部搜集贵州省从江县民间谚语的小型资料选，也是"中国民间文学三套集成"工作成果之一。该卷谚语集成的编排体例采用"三层结构法"，按内容分"时政类""事理类""修养类""社交类""生活类""自然类""生产类""其他类"8 个大类，大类下划分若干中类，包括"祖国家乡""阶级""真理""思维""理想""德行""集体""团结""家庭"等 45 个，中类后又分小类。该书分类较为细致，内容涵盖范围广泛。卷中各谚语条目下端一般注明流传地区以及少数民族族属，但未对谚语条目详细说明，只以脚注的形式对部分词语做出解释，便于读者的查阅和理解。此外，书中所列谚语均采自从江县民间，其中包括苗族、水族、壮族、瑶族等不同少数民族的谚语，具有浓厚的乡土气息和民族特点，对这类谚语的记录是对民族智慧结晶的保护，有利于了解不同民族的生活风俗习惯，以及保存、继承和发扬民族优秀传统文化。

《中国民间文学集成·邯郸市谚语卷》

邯郸市民间文学三套集成领导小组办公室编，1988 年内部印刷。

前有"序""说明"各 1 篇，后附"重点谚语搜集家小传""谚语入卡情况表"各 1 篇。这是一部搜集邯郸市民间谚语的小型资料集，也是"中国民间文学三套集成"工作成果之一。按内容进行分类，分为"时政类""事理类""修养类""社交类""生活类""自然类""行业类""其他类"共 8 个大类 11000 余条，大类下划若干中类，包括"祖国""家乡""德行""工作""时令""天文"等共 19 个，而部分中类下又划分若干小类共 89 个，分类较细，内容广泛。未对谚语条目详细说明，但以尾注方式注释部分谚语中的难懂词语，以便于读者的理解。正文中谚语的排列次序以首字笔画多少为序，笔画少者在前，笔画多者在后，相同的字尽量排在一起。所录谚语均采自邯郸市民间，是当地人民的口头文学遗产，具有较为浓郁的乡土特色，有着重要的语料价值。自然类、行业类谚语是当地人民长期生产生活经验的总结，对于指导农林牧副渔等各业的生产都具有一定的参考价值。而对生活类、社交类谚语的研究，则有利于我们了解邯郸人民的生活风俗以及精神风貌，其中优秀的处世态度在很大程度上教化了后人。搜集并记录这些谚语不仅丰富了中华谚语，有利于保存、继承和发扬民族优秀文化传统。

《贵州省毕节地区地直卷·故事歌谣谚语》

毕节地区民间文学集成编委会编，1988 年内部印刷。

前有"前言"1 篇，后附"谚语搜集情况表"1 篇。这是一部收录贵州省毕节地区故事歌谣谚语的小型资料集，也是"中国民间文学三套集成"工作成果之一，共收集到苗族、彝族和汉族谚语 1262 条，经筛选编入书中约490 条。按内容共分为"时政""事理""修养""社交""生活""自然""生产""其他"8 个大类，大类下又细分为"家乡""抗争""政策""真理""实践""理想""德行""学习""集体""个人""工作""勤俭""婚恋""卫生""时令""气象""农""林""副"等 36 个小类。只选录谚语条目，不举例证，不释义，个别难以理解的词语以脚注的形式加以解释说明。贵州省毕节市是一个多民族聚居的地区，地区民委近年来在抢救民族文化遗产的工作中，搜集到除汉族以外，包括苗族和彝族在内的兄弟民族的谚语资料。此书编录时，也在谚语后特别标注了谚语的民族来源。这部分资料富有鲜明的民族特色，对于少数民族历史、文化等多方面的比较研究具有重要的语料价值，是黔西北民间文学中的一笔宝贵财富。该书是一个地直卷，书中选用的谚语具有浓厚的地方特色，比较真实地反映出黔西北高原的风土人情，在一定程度上表达了当地劳动人民的价值观念和生活追求，补充了县卷本的不足之处，有利于保存和继承毕节地区的民间谚语。其中，社交类谚语相对较多，体现了毕节地区人民的经验智慧，起到一定的教化作用。书后附有谚语搜集情况表，有助于了解谚语的分布、流传情况，使得研究更加真实、全面。

《中国谚语集成·贵州省毕节地区织金县卷》

织金县民间文学三套集成编委会编，1988 年内部印刷。

前有"序"1篇，后附"后记"1篇。这是一部收录贵州省毕节地区织金县谚语的小型资料集，也是"中国民间文学三套集成"工作成果之一，共收录谚语 967 条。按内容分为"时政""事理""修养""社交""生活""自然""生产""其他"8 个大类，大类下又分"家乡""阶级""敌我""真理""实践""知识""理想""德行""学习""谦慎""集体""个人""团结""工作""教训""幸福""勤俭""婚恋""保健""时令""气候""物候""农谚""牧谚""管理"25 个细类。只收录谚语条目，不释义，不举例证，个别条目中有关方言、术语、难词、难句等，以脚注形式进行解释和说明，方言字词也有必要的注音。本书遵循"全面收集、忠实记录、慎重整理"的原则，所收录的谚语分类细致清晰，有利于读者查阅。谚语带有浓厚的贵州地方色彩，言语生动精练，具有鲜明的口语化特点，对方言音的注释有利于读者感受当地谚语的韵律美。所收录的谚语条目包括苗族、彝族等当地 16 个少数民族汉译谚语，具有鲜明民族性，有利于保护贵州省毕节织金县少数民族谚语，生活类、社交类谚语的收集整理也对于研究当地风俗文化、地方方言提供了丰富的语料资源。

《中国民间文学集成·乐亭县歌谣谚语选》

唐山市乐亭县编，1988 年内部印刷。

前有"序"1篇，"乐亭县民间文学分布图"1 幅，后附"附录"2 篇，"编后话"1 篇。这是一部收录乐亭县民间歌谣谚语的小型资料集，也是"中国民间文学三套集成"工作成果之一。按内容分为 8 个大类，其中"时政类"16 条，"事理类"127 条，"修养类"95 条，"社交类"129 条，"生活类"118 条，"自然类"143 条，"生产类"83 条，"其他类"49 条，共 760 条。只举谚语条目，不做释义，不举例证。时政类谚语明显少于其他各类，而自然类、社交类谚语所收条目较多，体现当地人民对于生活的关照聚焦在自然和农事生产，多数谚语保留了历史进程中当地人民对自然规律探索的成果。事理类、社交类、修养类谚语对于人们具有一定的启迪和教化作用。在本书收录的众多谚语条目中，乐亭县的行业歌谣谚语填补了唐山市歌谣谚语卷本编选中的匮缺，有通俗、朴实、形象、生动感人的艺术魅力，具有一定的文学欣赏价值和科学研究价值。收集整理的谚语贴近民间真实生活，具有实用性。

《中国民间歌谣谚语集成·重庆市铜梁县卷》

四川省重庆市铜梁县民间文学集成编辑委员会编，1988 年内部印刷。

前有"序言"1 篇，后附"后记"1 篇。这是一部搜集重庆市铜梁县民间歌谣、谚语的小型资料集，也是"中国民间文学三套集成"工作成果之一。按内容分为"生活类""事理类""修养类""社交类""自然类""生产类""其他类"共 7 类 320 条。对于重庆市铜梁民间谚语的搜集和采用始终秉持着全面、完整、真实的原则，在经过多次删减修订后最终定集。未对所列谚语条目详细解释，只是依照类型进行列举。这些民间谚语是当地人民的口头文学遗产，对于研究该地区的地域文化与民间风俗有着积极的意义。生活类、生产类谚语是农业生产的经验总结，对于指导当地的生产生活具有一定的借鉴价值。事理类、社交类谚语能在一定程度上反映出当地人民的处世态度和精神风貌，这对于启迪和规范人们的行为有一定的积极作用。因此，这类谚语具有一定的语料价值，对其进行记录是对民间智慧结晶的保护。

《中国歌谣谚语集成·重庆市大渡口区卷》

重庆市大渡口区民间文学集成编辑委员会编，1988 年内部印刷。

前有"前言""凡例"各 1 篇，后附"后记"1 篇。这是一部收录重庆市大渡口区歌谣和谚语的小型资料集，也是"中国民间文学三套集成"工作成果之一，选录各类谚语约 517 条。按内容共分为"时政""事理""修养""社交""生活""自然""生产"7 个大类，大类下又细分为"祖国""家乡""真理""实践""理想""德行""学习""集体""个人""工作""勤俭""婚恋""卫生""时令""天文""农业""林业""副业""商业"等 36 个小类。只选录谚语条目，不举例证，大多数谚语不具体解释，个别难以理解的谚语以脚注的形式加以说明。由于大渡口区是一个没有农村人口的新兴工业区，区内外来人口居多，因此该地的谚语具有多源性，涉及的范围广泛，有助于了解中国不同地区的语言特征、风土人情和生活精神面貌。整体来看，书中选录的当地原生谚语较少，外地流传进来的谚语较多，对于研究不同地区谚语的流传演变情况具有重要的语料价值，有利于当地谚语资源的保护和传承。书中谚语以生产类谚语居多，对人民生产有指导意义。

《中国谚语集成·贵州省黔东南州镇远县卷》

孙潮、杨涛声编，镇远县文化局、文化馆，1988 年内部印刷。

前有"前言"1篇。这是一部小型的谚语资料集，收录谚语1877条。按内容分为"时政类""事理社交类""修养类""生活类""生产类""自然类""其他类"共8类。只选录谚语条目，不加解释，在谚语条目后标出搜集者。本书的特色在于收录的谚语具有地方性，收录了许多黔东南自治州苗族侗族谚语的翻译版本，体现了一定的民族性。贵州省由于其地域特点，民族众多，地形复杂，使得较多特色语料得以保存，所收集的谚语范围广，涉及面大，在收录过程中还进行了精选。贵州省黔东南州镇远县的谚语收集工作，对于中华语料库的丰富以及保护当地的谚语资源，都具有一定的意义。而镇远县作为全国历史文化名城之一，所收集到的语料对研究历史也具有一定价值。镇远县的谚语结合了当地的特色方言词汇，合辙押韵，朗朗上口，以通俗的方式很容易被大家理解和接受，有利于发挥谚语在人民群众间的教育教化作用。

《中国谚语集成·广东海康资料本》

广东省海康县民间文学三套集成编委会编，1988年内部出版。

前有"前言"1篇。这是一部小型的谚语资料集，收录谚语838条。按内容分为"时政类""事理类""社交类"等7个大类，大类下又分为"祖国""家乡""阶级"等39个小类，另外"时政""事理""社交"三大类下各设一个"其他"小类。只选录谚语条目，不加解释。在方言词汇地域名词后加以注释，便于读者理解。本书的特色在于选取的谚语含有丰富的雷州方言词汇，带有鲜明的地方性和生动性，对展现当地的民族风俗文化以及地域特色都有一定的意义。海康古为西汉合浦郡治和唐以后雷州之首县，是2000多年来雷州半岛政治经济、文化的中心，不仅民间故事和歌谣非常丰富，谚语也非常丰富。谚语是劳动人民创作并广为流传的定型化的艺术语句，是人民在生产、生活和对敌斗争中的经验总结，是带有讽喻性、训诫性、经验性和哲理性特征的语言结晶，加上雷州方言丰富的词汇和生动独特的表现形式，使本县的谚语更带有鲜明的地方性和生动性。本书谚语的收集活动普遍而深入，精选出的谚语也比较有代表性，对于方言词也进行了大量的保留，有利于研究语音的语流音变演化过程。本书对于丰富中华语料库，保存海康民间谚语都有一定的意义。

《中国谚语集成·重庆市市中区卷》

重庆市市中区编委会编，1988年内部印刷。

前有"序言""前言"各1篇，后附"提供谚语卷资料者的名单""后记"各1篇。这是一部小型的谚语资料集，按内容分为"讽颂""规诫""事理""农业""常识""时令""生活"等7类，每一类下按首字笔画排序。只选录谚语条目，不加解释，对部分方言生僻词进行了注释。书中在广泛搜集了重庆市市中区所流传的民间谚语的基础上进行了精选。把那些比较好的能展现市中区居民特点的部分歇后语、俗语、谜语，对联作为附录，编在谚语卷末，以资研究。重庆市中区位于长江与嘉陵江汇合处，三面环水，形若半岛，它借长江及其支流之便，沟通四川盆地内部，并与长江中下游紧密地联系着，是古代巴渝文化交汇活动的中心，也是我国西南地区最早的物资集散的重要基地，因此，重庆市市中区民间谚语在内容、形式，语言风格方面，都呈现出与广大农村极不相同的新面貌，它的特点是"城乡汇集、古今兼呈、中外交融、雅俗兼备"。本书具有鲜明的地区性，反映了不同时期山城人民社会生活的变化，展现了重庆方言的独特魅力，对于语言保护工作做出了一定贡献。

《中国民间文学集成·张家口市谚语卷》

张家口市民间文学《三套集成》编委会编，1988年内部印刷。

前有"序言"1篇，后附"附录"1篇。这是一部中小型谚语资料集，也是"中国民间文学集成"工作成果之一。全书共分为"时政篇""事理篇""修养篇""社交篇""生活篇""自然篇""生产篇""综杂篇"8个大类，大类下又分若干小类。只列举谚语条目，未对谚语进行详细解释，对部分谚语中的疑难字词进行解释。收录的谚语反映了张家口地区人民在生产实践和社会实践中的经验教训，对现代的生产、生活实践活动仍具有积极的指导意义，尤其是自然类、生活类和生产类谚语，在现实生活中有很强的实用性；书中"家教""邪风"两部分，既对传统美德给予肯定与赞扬，又对社会的不良现象给予否定和贬斥，对于规范人们的社会行为，提高人们的思想道德修养，起到一定的教化作用和教育意义。本书收录了张家口市的大量民间谚语，展现了张家口地区自然环境、社会生活、地理面貌、水文气候等方面的内容，具有鲜明的地方特色，对于研究塞北地区尤其是张家口市的人文历史、社会风貌、风俗习惯、环境变化等提供了部分资料支持，有利于人们了解该地区谚语的使用和流传情况，对保护该地区谚语资源、丰富中华谚语资料具有语料价值。

《中国谚语集成山西卷·沁源谚语集成》

沁源县民间文学集成编委会编，1988 年内部印刷。

前有"序""为本卷撰稿者来稿名录""概述"各 1 篇。这是一部收录山西省长治市沁源县谚语的小型资料集，也是"中国民间文学三套集成"工作成果之一，收录谚语 1895 条。按内容分为"气象类""生产类""生活类"3 个大类，大类下又分为"天文""时令""农业""林业""牧业""规诫""事理"7 个细类。只选录谚语条目，不释义，不举例证，对部分难懂谚语在条目结尾予以标注解释。本着"忠实记录，慎重整理"的原则，入选谚语具有科学性、全面性和代表性，贴近于人民的日常生活，内容上真实地反映了当地人民的精神风貌、道德修养，展现了当地的风土人情和农业生产结构；形式上体现了沁源地区人民语言表达习惯和审美观念，极具地域文化特色。"规诫""事理"类谚语是人民日常生活中智慧的结晶，蕴含着对后世人民行为规范、为人处世等方面的劝诫，具有一定的启迪教化作用。谚语的收集一方面是对珍贵文化遗产的保护，丰富发展了沁源地区的文化宝库，有利于树立当地人民的文化自信；另一方面也比较真实、全面、准确地反映了沁源县谚语创作和流传的面貌，为民间文学的研究提供了资料，具有一定的文学价值。

《中国民间谚语集成·贵州省遵义地区·遵义县卷》

遵义县民间文学三套集成办公室编，1988 年内部印刷。

前有"前言"1 篇，后附"后记"1 篇。这是一部收录贵州省遵义地区遵义县谚语的小型资料集，也是"中国民间文学三套集成"工作成果之一。按内容分为"时政""事理""修养""社交""生活""自然""生产""其他"8 类。相较于其他各类，时政类所收谚语所占比重较小。只举谚语条目，不加解释，不举例证。所收谚语由贵州省遵义地区遵义县人民口头创作并流传开来，是当地人民在辛勤劳动的过程中对一些事物和现象的经验总结，在知识和哲理层面对于人们的现实生活具有教育功能。如"货卖堆山"这条通俗易懂的谚语，把做生意的诀窍、消费者的心理进行了概括和总结，体现了当地人民对于生意买卖力求做大做强的意志愿望，生动地反映了他们对本地客观商业现实的理解和认识，对于商业活动具有一定的启迪和指导意义。生产类谚语与当地农业生产和农民生活密切相关，是人们在农业生产生活中总结出的智慧结晶。如"芒种忙忙栽，夏至谷怀胎"，提醒人们把握时节、勤劳耕种，才能获得丰收；"寒露霜降，胡麦豌豆在坡上""挞斗响，胡帚长"等农谚，在指导农业生产的同时展示了当地的本土农作物和农具，体现了独特的地域特色和民俗特色。该书有利于了解贵州省遵义地区遵义县的风俗民情，保存和继承了当地的谚语资源，为遵义县谚语的相关研究提供资料。

《中国歌谣谚语集成·河南淇县卷》

淇县民间文学集成编委会编，1988 年内部印刷。

前有"前言"1 篇。这是一部收录河南淇县歌谣和谚语的小型资料集，也是"中国民间文学三套集成"工作成果之一。收录的谚语共计 536 条，按内容分为 8 类，其中"时政"24 条，"事理"225 条，"修养"50 条，"社交"25 条，"生活"44 条，"自然"63 条，"生产"98 条，"其他"7 条。只选录谚语条目，不加解释，不举例证。所收均为淇县的民间谚语，遵守全面、完整、真实的原则。未对谚语条目做详细的说明，只是依照类型进行列举并注明了序号。所收录的谚语通俗易懂，是河南淇县人民在生产生活中总结出的智慧结晶，有着启迪后人、教人处事，总结农时和气候变迁的作用。本书的文末标明了所收谚语的讲述人、采录人的姓名，其中讲述人 17 位、采录人 14 位，此举从侧面印证了河南淇县谚语采集、收录工作的详细性和真实性。由于社会因素，河南淇县与外界共通性强，所用谚语共性大于特性，乡土特色并不显著。该书有利于了解河南省淇县的风俗民情，以及保存和继承河南淇县的谚语资源。

《中国民间文学集成·郓城民间歌谣谚语卷》

山东省郓城县民间文学三套集成办公室编，1988 年内部印刷。

前有"前言""说明"各 1 篇，"郓城县民间故事、歌谣、谚语分布图"1 幅，后附"凡例""歌谣篇音序索引""谚语收集者姓名地址数量一览表""后记"各 1 篇。这是一部收录山东省郓城县歌谣谚语的小型资料集，也是"中国民间文学三套集成"工作成果之一，完成了对全县 38 个乡镇的普查工作，收集到的谚语有 8814 条，共筛选编入书中 1200 余条。按内容分为 7 个大类，包括"时政""事理""修养""社交""生活""自然""生产谚语"，类下又分为"阶级""真理""理想·立志""集体·团结""家庭伦常""时令""农谚"等 29 个细类。只选录谚语条目，不加解释，个别谚语采用夹注，将注释附于该条谚语之后。谚语作品的排列次序为：同一类别的作品，按首字的笔画多少为序排列，笔画少者在前，笔画多者在后，首字相同的谚语排在一起，首字以后的字不再以笔画多少为序。在《郓城县民间故事、歌谣、谚语分布图》中，数字后的"Y"记号为谚语的代号。书中生活类、生产类谚语较多，可以体现出郓城县人民日常生活氛围、道德风范及生产生活经验，有利于从侧面展现郓城县的情感体验、风土人情、文化积淀、思维模式和认知心理，并为郓城县农业、林业、牧业等产业的发展提供指导。此外，独具本地特色的谚语也反映出当地人民语言运用的习惯，可以为当地语言学的研究提供参考资料，具有一定的语料价值。

《中国歌谣谚语集成·重庆市荣昌县卷》

重庆市荣昌县民间文学集成编辑委员会编，1988 年内部印刷。

前有"前言""序言"各 1 篇，"荣昌县民间文学三套集成作品分布图"1 幅，后附"谚语讲述、收集者""后记"各 1 篇。这是一部收录重庆市荣昌县歌谣、谚语的小型资料集，也是"中国民间文学三套集成"工作成果之一，共收谚语 917 条，按内容分为"事理类""生活类""自然类""生产类""行业类"5 个大类。只举谚语条目，不做解释，以脚注形式对某些方言词汇作注。收录的谚语是从全县 46 个乡、5 个镇及部分厂矿普查搜集的作品中精选而出，另深挖一批资料补充入集，具有科学性、全面性、代表性的特点。书中收录的"荣昌县民间文学三套集成作品分布图"可直观清晰地反映出荣昌县谚语作品分布的范围，方便了读者查阅、探究谚语采集源头。该书以丰富多彩的内容和风格各异的形式反映了荣昌县的山川风物历史民俗等多方面的风貌，具有鲜明的地域色彩，可作为一部向后代进行历史和社会知识教育、自然知识教育、艺术教育、爱国主义教育和道德品质教育的生动教材。其所收谚语多为结合该地气候、季节变换而创作出的短小押韵的气象、农业谚语，这对后续的农业生产及气象研究具有指导启发作用，另有少量荣昌县名特产的谚语，有利于传播当地独特的生产文化。作为传承民族文化的重要方式和载体，此谚语集的编纂出版有利于满足当地人民群众的精神文化需求，保护、弘扬民族文化；作为具有重庆市荣昌县语言特色的谚语集，有利于保护和传承荣昌县谚语，为中华谚语研究提供珍贵资料。

《中国歌谣卷·重庆市江北县卷》

重庆市江北县民间文学集成编委会编，1988 年内部印刷。

后附"后记""附录"各 1 篇。这是一部收录重庆市江北县歌谣、谚语的小型资料集，也是"中国民间文学集成"工作成果之一，选录歌谣 436 首，谚语 542 条。谚语条目按内容分为"气象谚语""节令谚语""生产谚语""生活谚语""其他谚语" 5 类，大类下按流传地进行编排。只举谚语条目，不释义，不举例证，对江北县方言词义、方言读音采取尾注形式进行注解。本书只选录独具江北县地方特色的谚语，语言生动精练，口语色彩浓郁。多为气象节令、生产生活类谚语，贴近民间真实生活，对农业生产有一定指导价值，有利于增强对当地生活习性以及农事安排的了解。全书依据江北县不同乡、地区流传谚语进行编排，对于探究谚语源头、地方谚语保护、了解具体乡土人情、地区风俗文化特点具有一定参考价值，并标注了谚语的流传地，有利于研究江北县谚语的源头，保护江北县民间谚语资源。

《中国民间文学谚语集成·贵州省黔西南州·兴仁县卷》

兴仁县民间文学集成编辑组编，1989 年内部印刷。

前有"勘误表""前言"各 1 篇，后附"附录" 1 篇。这是一部收录贵州省黔西南州兴仁县谚语的小型资料集，也是"中国民间文学谚语集成"工作成果之一。按内容共分为"事理类""修养类""社交类""时政类""生活类""工商类""自然类""生产类"和"其他" 9 个大类，每大类下设小类。只列谚语条目，未进行详细解释。收录的少数民族谚语标明了民族，对一些谚语略作释义。通过研究兴仁县的民间谚语，可以从侧面了解到有关贵州省黔西南地区的时代变迁、生活变化、人口变迁的知识，对研究和保护地域文化起到积极作用。生产类、生活类、自然类谚语不仅对人民的生产、生活实践活动起到了指导作用，也有利于人们了解兴仁县人民的生产生活习惯，从而了解该地区气候水文等地理知识，对于研究兴仁县自然环境变化有一定的参考价值。修养类、社交类、生活类谚语不仅是人民智慧的结晶，还对于提高人们的道德修养、规范人们的行为起教化作用。

《中国谚语集成·湖北卷·长阳土家谚语县卷》

刘明春主编，长阳土家族自治县文化局，1989 年版。

前有"序""谚语普查工作光荣榜""凡例"各 1 篇，后附"本书方言词语汇释"1 篇。这是一部小型的谚语资料集，收录谚语 3302 条。按内容分为"风俗类""生活类""行业类""自然类""事理类""修养类""社交类""时政类"8 个大类，又细分为"习俗""禁忌""占兆"等 51 个中类 212 个小类。本书对冷僻字、借用字用汉语拼音和汉字兼注。注释采用夹注、随注和汇释三种方式。夹注，如"金（竹）三（月生笋）水四桂五六"。随注，如"十年难逢金满斗"，则在下一行随即注明关于"金满斗"的两种推算法。汇释，本卷中较多方言词语、民族习惯用语，如"哒""拐"等，大致按使用频率，在卷末作附录性汇释，供阅读方便。本书的特色在于，长阳是个较为封闭的土家族聚居区，产生了许多别具特色的谚语，如"看到资丘不要欢，还有九里十八弯""七里干沟八里垭，十里偏山带一爪"等只能产生和流传于大山区的谚语，极具地域特色和民族特色。

《临邑县民间故事歌谣谚语汇编》

山东省临邑县文化局编，1989 年内部印刷。

前有"序"1 篇。这是一部收录临邑县民间故事、歌谣、谚语的小型资料集，也是"中国民间文学三套集成"工作成果之一，共收录谚语 287 条。谚语条目按内容分类，其中"养生健身"30 条，"行业专用"51 条，"农谚"31 条，"气象谚语"60 条，"哲理谚语"65 条，"其他"50 条。只举谚语条目，不释义，不举例证，对临邑县方言词、方言音进行注释。所收录的谚语皆为独具山东省临邑县地方特色的谚语，具有鲜明的口语色彩，谚语条目配以图片展示，这为了解研究当地风俗民情、地方方言提供了丰富的语料资源。服务于农业的气象谚语、农谚条目最为丰富，这有利于指导人们从事农业生产。哲理谚语条目众多，其汇编整理对人们的待人接物、行为处事具有一定教育意义。行业专用类谚语从侧面展现了临邑县地方特色产业。临邑县谚语的收集整理，对于研究中华谚语、了解临邑县的悠久历史和灿烂文化具有参考价值，对于地方民间文化遗产的抢救保护具有一定积极意义。

《中国谚语集成湖北卷远安分卷·远安谚语》

远安县民间文学集成领导小组、远安县文化馆编，1989 年内部印刷。

前有"凡例""序（代概述）"各 1 篇，后附"《远安谚语》方言集注""后记"各 1 篇。这是一部中型的谚语资料集，共收录谚语 4625 条。按内容分为"事理类""修养类""社交类""时政类""乡土类""生活类""家庭类""气象类""行业类"9 个大类，每大类下又分小类。谚语条目未做释义，为维护地方特色，多依据本地语音撰文，谚语条目中少数字确属方言字读音之误，均以汉字校正，方言读音注于小括号内。对于谚语条目中极少数的方言难字，用汉语拼音或近似的同音字代替。方言释文详见书后"方言集注"。收录的民间谚语在很大程度上反映了湖北省宜昌市远安县的风土民情、文化习俗和社会风貌，具有浓厚的地方特色，为人们了解和研究有关远安县历史变迁、社会变革、人口流动、地理变化的相关知识提供了资料支持，对研究和保护地域文化起到积极作用。很多谚语是用远安县方言记录的，因此对于该地区方言的研究和保护具有重要价值，对于学习方言知识具有参考价值。远安县民间谚语不仅是当地劳动人民智慧的结晶，体现了劳动人民的精神风貌，对于现代生产、生活实践活动具有指导意义，而且有助于提高人们的思想道德修养。

《中国民间歌谣谚语集成·贵州黔东南苗族侗族自治州剑河县卷》

剑河县民间文学三套集成办公室编，1989 年内部印刷。

前有"前言"1 篇，后附"艺人小传"1 篇。这是一部贵州黔东南苗族侗族自治州剑河县的小型歌谣、谚语资料集，其中选录民间谚语约 580 条。谚语条目按内容分为"时政""事理""修养""社交类""生活""自然""生产"7 个大类。只选录谚语条目，不具体解释。涉及民族文化和难以理解的方言词语，以尾注的形式加以说明，并且在少数民族谚语后标注了所属民族。本书词条完整，收录广泛，包括剑河县内苗、侗、汉、水 4 个民族的谚语，有着鲜明的民族特色，有利于保存和传承贵州剑河县各民族谚语。收录的谚语口语化特点显著，贴近民间真实生活，对于指导人民生产、了解当地人民风土人情和精神面貌具有重要的语料价值。

《沪谚外编》

胡祖德著，上海古籍出版社，1989 年版。

前有"出版说明""编例""题记""序""附识"各 1 篇。这是一部中型的地方性汉语谚语资料集，共收录了上海本地的山歌、五更调、宝塔诗、隐语、沪语新辞典、俗语对联、上海习尚、上海俚语考、竹枝词、上海格言联璧等12类，其中各书均加新式标点，全书以十册为一辑，每册收书一至四种，原则上以类相从。未对所选谚语条目进行详细解释，只是对个别难懂词义加以注明，以便读者阅读。谚语所涉及内容包罗丰富，有较为鲜明的地域特色。此外，沪谚受时代烙印的影响具有一定的中西结合色彩，书中不仅包含不少以近代西方科技作注的内容，而且特别将沪谚与相类似的"西谚""英谚"等加以比照。因其以雅俗共赏、生动有趣为指导思想，在弘扬上海特色文化、保护沪谚语料等方面起到了较大作用，不仅为研究上海地区谚语历史的演变和发展提供了较为重要的参考价值，还丰富了中华谚语的内容，可以说是一本内容翔实、具有一定影响力的地区性谚语集。

《中国谚语集成·河南栾川县卷》

栾川县民间文学集成编辑委员会编，1989年内部印刷。

前有"前言""凡例"各1篇。这是一部收集河南栾川县谚语的小型资料集，也是"中国民间文学三套集成"工作成果之一，按内容分为"时政""事理""修养""社交""生活""生产""自然""其他"8个大类，大类下又分"党谚""真理谚""实践谚""文明礼貌""立志谚""谈吐谚""增产节约谚""收获谚""蚕业谚""看风测天气"等52个细类。只举谚语条目，不释义，不举例证。本书依照科学性、全面性、代表性的原则，选编了流传于河南栾川县的谚语，地方色彩浓郁，可读性较强，对于当地谚语分抢救保护、栾川县地方谚语的研究有一定的积极意义。谚语分类较为详细，其中事理类谚语共分15个细类，部分谚语按哲学思想分为"普遍联系""对立统一""量变质变"等，对于人们的行为处事有一定教化意义。所收谚语涉及林业、牧业、商业、蚕业等行业，为研究栾川县特色产业提供一定参考资料。自然类谚语下皆为气象谚语，对于人民生产生活也有一定指导意义。时政类谚语下"敌我谚""阶级谚""农村新谚"的收录展现出鲜明的时代性，对于了解特定时期历史生活有一定的参考价值。

《中国民间歌谣谚语集成·湄潭县民间歌谣谚语集》

湄潭县民间文艺志编纂领导小组编，1989年内部印刷。

前有"序""前言"各1篇，后附"后记"1篇。这是一部收录湄潭县民间歌谣谚语的小型资料集，谚语条目按内容分为"事理类""修养类""生活类""抨击坏事""农林类""气象类""综杂类"7 类。只列谚语条目，不释义，不举例证。谚语均搜集自湄潭县，是当地人民的口头文学遗产，具有口语化的特点，对于涉及方言词汇的谚语也予以收录，并对其中生僻的方言字词进行了注音释义，一方面保护当地谚语资源，丰富了中华民族文化；另一方面也保护了地区方言词汇，丰富中华谚语词汇与方言语库，具有一定的语料价值。"事理类""修养类"谚语展现湄潭县人民的精神风貌和道德修养，是对人们行为和品德的一种规范，对后人具有潜移默化的教化作用。"农林类""气象类"谚语反映了湄潭县气候变化、农业生产等多方面的特征，具有一定的地域特色，对于研究当地自然文化具有一定的参考意义，对于农业的生产生活也起到一定的指导作用。

《中国民间歌谣谚语集成·贵州黔东南·黄平县卷》

黄平县三套集成办编，1989 年内部印刷。

前有"前言"1 篇。这是一部收录贵州省黔东南黄平县谚语和歌谣的小型资料集，收录了该地区苗族等少数民族以及汉族谚语共 779 条。按内容分为"时政类""事理类""修养类""社交类""生活类""自然类""生产类""其他"8 类。只选录谚语条目，未进行详细解释，对谚语中难以理解的词语加了脚注进行解释。收录的少数民族的部分谚语，内容包罗万象，民族特色浓郁，文化内涵丰富，少数民族谚语承载了少数民族独特的历史与文化，经过时间的洗礼，已经成为少数民族的一种文化烙印和民族符号，对于研究贵州地区各民族文化习俗有积极作用。本书选录的谚语涵盖范围广，涉及生活、自然、生产等方面，贴近人民生活，对人们的生产生活实践活动具有一定的指导意义。有些谚语涉及为人处世、道德修养、与人交往等多方面知识，对于启发和规范人们的行为、提高人们的道德修养起到一定的教化作用。

《中国民间文学·南充地区歌谣谚语集成》

四川省南充地区民间文学三套集成编辑委员会编，1989 年内部印刷。

后附"后记"1 篇。这是一部收录四川省南充地区谚语和歌谣的小型资料集，收录了四川省南充地区西充县、营山县、阆中县、岳池县、南充县、广安县、蓬安县、仪陇县的汉民族谚语。按照内容分为"时政""事理""修养""社交""生活""自然""生产"7 类。只选录谚语条目，未详细解释，对谚语中带有地域特色的词语加了脚注进行解释。通过研究民间谚语，可以从侧面了解南充地区历史变迁、社会变革、人口流动的知识，对研究和保护地域文化起到积极作用。其中，有关时政类、生产类、生活类的谚语，对人民的现实生活和生产实践活动起到了重要的指导作用，也有利于人们了解南充地区人民生产生活习惯，了解该地区气候水文等地理知识，对于提高人们的道德修养以及规范人们的行为也有积极意义。

《中国民间文学集成·贵州省三穗县卷·谚语集》

三穗县民间文学三套集成编委会编，1989 年内部印刷。

前有"前言"1 篇，后附"三穗县谚语集成情况表"1 篇。这是一部收录贵州省三穗县谚语的小型资料集，也是"中国民间文学三套集成"工作成果之一，共收录谚语 1200 余条。按内容分为"时政""事理""修养""社交""生活""自然""生产"7 类，其中事理类与社交类谚语较多。只列谚语条目，不加解释，个别方言、难词在句中加以括注说明或以脚注形式解释，谚语条目后皆注明讲述者。本书特色首先在于谚语采集地贵州省三穗县为多民族杂居之地，流传谚语经过多方交流融合，具有丰富多彩的民族特色和地域特色，对于研究少数民族民间文化与当地风俗文化具有参考价值；其次，内容中有较多的事理类、社交类谚语，对于日常生活社交有启示意义；最后，谚语的整理经过了慎重挑选，对所收内容取其精华，去其糟粕，选编之后的谚语条目真实，有利于保护贵州省三穗县的谚语资源，为中华谚语研究提供语料支持。

《中国歌谣谚语集成·重庆市江津县卷》

江津县民间文学集成编辑委员会编，1989 年内部印刷。

前有"江津县民间歌谣分布图""总序""序言"各 1 篇，后附"民间谚语讲述人""民间谚语采录人""后记"各 1 篇。这是一部小型歌谣谚语资料集，也是"中国民间文学集成"工作成果之一，收录重庆市江津县 16 个区镇 96 个乡各类歌谣 364 首，谚语 465 条。谚语卷中按内容分为 6 个大类，分别是"事理类"119 条，"修养类"53 条，"社交类"33 条，"生活类"27 条，"自然类"153 条，"生产类"80 条。只收录谚语条目，不加解释，个别语条中的方言、难词等以脚注的形式进行必要的解释和说明。书中所收谚语均流传于江津县汉族群众之中，并标明了谚语流传地域，是江津县历代汉族人民创造的文化结晶。谚语内容反映了江津县的山川风物、民俗民情，具有一定的地域特色，对于了解江津县的风俗文化具有参考意义，其中有关生产生活类谚语对于日常生活颇有启示作用。此外，本书所收录的谚语既有产生于江津县山区内的本土谚语，也有流传于长江两岸之地的外来谚语，让读者在了解当地民风民俗及其地域文化的同时，也感受到了文化碰撞所带来的独特魅力。

《浙江省民间文学集成·舟山市歌谣谚语卷》

舟山市民间文学集成办公室编，中国民间文艺出版社，1989 年版。

前有"简介""歌谣卷目录""谚语卷目录"各 1 篇。这是一部收录舟山市歌谣谚语的小型资料集，分为歌谣卷和谚语卷两卷，其中谚语卷分为"生产类""自然类""社交类""生活类""时政类""事理类""修养类"7 类，每类下又分为若干小类。只选录谚语条目，未详细解释，对谚语中必要的词语加脚注进行解释。全书收录了浙江省舟山地区的谚语，从侧面展现了舟山人民独特的生活面貌，具有浓厚的地域色彩，对研究舟山地区的风俗习惯及舟山海岛文化具有重要价值。通过研究舟山市民间谚语，可以了解到有关该地区的历史变迁、社会变革、人口流动、地理变化等知识，以及该地区谚语的使用和流传情况，对于研究和保护地域文化起到积极作用。

《中国谚语集成·河南扶沟县卷》

扶沟县民间文学集成编纂委员会编纂，1989 年内部印刷。

前有"序""前言"各 1 篇，后附"附录"1 篇。这是一部收录河南省扶沟县谚语的小型谚语集，共收录谚语约 2000 条。按内容分为"时政类""事理类""修养类""社交类""生活类""自然类""生产类""其他类"8 个大类，大类下又分若干小类。只选录谚语条目，未详细解释。通过对扶沟民间谚语的学习和研究，可以从侧面了解到有关扶沟县独特的地域文化习俗，其中生产类、生活类、自然类谚语不仅对人民的生产实践活动起到了指导作用，也有利于人们了解扶沟县人民生活习惯和农业生产安排，对于研究扶沟县自然环境尤其是局域气候变化有一定的参考价值。

《中国谚语集成·福建卷·福州市分卷》

福州市民间文学集成编委会编，1989 年内部印刷。

前有"前言""凡例"各 1 篇，后附"后记"1 篇，"附录"1 篇。这是一部收录福建省福州市谚语的小型资料集，也是"中国民间文学三套集成"工作成果之一，共收录谚语 2000 余条，按内容分为"时政""事理""修养""社交""生活""生产""偏见""自然""军事" 9 个大类，大类下又分若干细类。对大部分谚语进行整体释义，对较难理解的方言词、方言音在谚语条目下注释，对部分谚语故事、掌故以附录的形式示明，在每条谚语后标明来源地。本书按照全面性、代表性、科学性的原则选编谚语，有较强的可读性，所收谚语包含大量福建省福州市地方土语，具有鲜明的口语化、地方化特点，对研究福州市谚语、方言提供丰富的语料资源，当地谚语的收集整理工作也是对地方文化的抢救、保护。由当地人们生活经验总结而来的事理类谚语哲理色彩浓郁，对于人们的行为处事有一定教化意义。福州市作为八闽首府、邹鲁之滨，自然类、生产类谚语是对当地独特地理环境、生产生活状态的间接展现，为了解研究福州市特色物产、渔业提供窗口。社交、偏见类谚语丰富了人们对福州市人文风貌的认识，对了解研究当地文化习俗有一定的价值。

《中国谚语集成·贵州省遵义地区卷》

遵义地区文艺《集成·志书》总编辑部编，1989 年内部印刷。

前有"凡例""前言"各 1 篇。这是一部收集贵州省遵义地区谚语的小型资料集，也是"民间文学三套集成"工作成果之一，共收录谚语 2000 余条。按内容分为"时政""事理""修养""社交""生活""自然""生产""工商" 8 个大类，大类下分"家乡""实践""胆识""训教""乡俗""时令""畜牧""园艺""特产""技艺"等 45 个小类，"自然""生产"两大类中的小类之下又分"二十四节气""风云""虹霞""动物""植物""土""肥""造林""育林"等 56 个细类。只举谚语条目，不释义，不举例证，对于收集自土家族、苗族、仡佬族、回族、侗族、布依族等少数民族的谚语在条目后注明，同条谚语在不同类目中出现则加注，对于方言、特殊用语、典故采用脚注形式加以说明。本书从贵州省遵义地区收集的 2 万余条谚语中精选而来，极具代表性，少数民族谚语也收录其中，具有鲜明的民族性，这为地方方言、少数民族谚语的研究提供了丰富的语料资源，对地方谚语的保护也具有积极意义。所收录的谚语包含部分古谚，有利于地方文化的传承，在文字上统一使用汉化简体字体，很大程度上避免了繁体字和古体字，这为谚语的查找提供了便利。时政类谚语从侧面展现了遵义地区重要的历史地位，对于了解特定时期的历史生活有一定参考价值。社交类、生活类谚语为了解遵义地区民俗风情提供了生动的资料。自然类、生产类谚语对于研究遵义地区自然风貌、特色产业有一定的参考价值。

《中国民间歌谣谚语集成·河南郸城县卷》

郸城县民间文学集成编委会编，1989年内部印刷。

前有"前言"1篇，后附"后记"1篇。这是一部收录河南郸城县歌谣谚语的小型资料集，也是"中国民间文学三套集成"工作成果之一，其中选录各类谚语2000余条。谚语条目按内容共分为"时政""理事""社交""修养""生活""生产""自然""综杂"8类。其中，因为"理事类"和"生活类"等大类的谚语条目较多，所含内容丰富且规律性强，所以编者又将语义相似的谚语条目罗列在一起，方便读者查阅。只选录谚语条目，不举例证，不释义，对个别句子和字加了必要的注释说明。该书坚持"忠实记录、慎重整理"的原则，采录了郸城县从古至今的各类民谚，然后按照"科学性、全面性、代表性"原则与马列主义的观点进行取舍，有利于郸城县谚语资源的保护和传承，对研究当地的社会历史演进有一定意义。河南郸城县地处中原，书中收录的自然类和生活类谚语条目较多，约占全书谚语条目的三分之一，突出表现了郸城县的中原地域特色，真实反映了郸城县人民的生活、斗争和思想愿望，有助于指导人民生产生活，是研究当地语言、文化不可忽视的一批语料。书中还有少数揭露现实社会阴暗面和不正之风的谚语，体现了鲜明的时代特色，对于了解一个时期的社会、民情有着积极的历史参考价值。

《贵州少数民族谚语选》

杨浩青编，中国民间文艺出版社，1989年版。

前有"前言"1篇。这是一部小型谚语资料集，收录了贵州地区少数民族谚语4250余条，包括了苗族、布依族、土家族、侗族、彝族、水族、回族、仡佬族等贵州地区少数民族谚语。全书共分为"祖国·人民·家乡""阶级·抗争·政法""真理·实践·思维""知识·是非·真伪""善恶·爱憎·因果""志气·德行·胆识""锻炼·谦虚·谨慎""学习·教育·智慧""集体·个人·交游""待人·工作·言谈""爱情·婚姻·家庭""衣食·住行·保健""勤劳·节俭·幸福""时令·气象·物候""农业·工商·钱财""乡土·民俗·宗教"16个大类。只选录谚语条目，未详细解释，对谚语中必要的词语加了脚注解释。贵州少数民族谚语承载了贵州地区不同民族人民的历史与文化，是宝贵的文化遗产，对于研究和保护不同民族的历史文化、风俗习惯和人民生活样貌具有积极作用。

《中华歌谣谚语集成·贵州省贵阳市花溪区卷》

花溪区民间文学办公室编，1990年内部印刷。

前有"前言"1篇，后附"后记""花溪区民族分布图"各1篇。这是一部收录贵州省贵阳市花溪区歌谣谚语的小型资料集，也是"中国民间文学集成"工作成果之一，共选录当地各类谚语约1400条。谚语条目按内容共分为"时政类""事理类""修养类""社交类""生活类""自然类""经济类""其他类"8个大类，大类下又分"祖国""家乡""阶级""敌我""抗争""政策""思维""真理、规律""实践""知识""是非""爱憎""理想、立志""德行""胆识""学习""智慧""谦慎"等39个小类。只收录谚语条目，不加解释，对采自苗族和布依族的条目标明了民族。所收谚语有两大特点：一是根据花溪区社会生活生产的具体特点进行选录，因花溪区地理位置特殊，农业占有显著的经济地位，因此其中有关生产类和自然类的时令和农业条目的谚语，较有特色，对当地农业生产具有指导意义；二是根据民族分布特点进行选录，这与其后所附的花溪区民族分布图相呼应。本书在编选过程中，尤其重视对苗族和布依族群众中流传的谚语进行搜集，因而具有浓厚的地域特色和民族特色，对于了解当地的民风民俗和保护当地民族谚语具有重要价值，同时也为中华谚语的研究提供了语料。

《宜昌地区谚语集》

杨行正主编，中国民间文艺出版社，1990年版。

前有"序言""凡例"各1篇。这是一部中型的谚语资料集，共收宜昌地区广为流传的传统谚语、口头流传谚语9301条。按内容分为"事理类""修养类""社交类"等10个大类，其下分"说理""思维""实践"等58个中类，其下又分"因果""是非""真假"等335个小类，对于条目较多的小类，下分若干"串"，不再另立标题。对于谚语的分类，每条谚语只归一处，不跨类两见；字面有明确表述主体或隐含主体所指明确的，按表述主体直接归类；不能直接从谚语字面明确表述主体的，从谚语完整意义入手，既有表层意义又有深层意义的，一般情况下按表层意义分类，若深层意义是人们习惯用法上的意义，则按深层意义分类；复句谚语按其中一句意义归类，上下句语意分量不同者按语意"重心句"归类，语意分量相同按上句归类；本体、喻体明确按本体归类，两句互为比喻按复句谚语办法归类。对于一条谚语的多种异文，只收录有代表性的一条，其他有研究价值的附脚注加以说明；对于一条谚语的多种变体视为不同条目收入。注释采用脚注、方言集注和夹注三种方式。注音用汉语拼音和同音字注音两种方式，为借用字注音时还原成方言的实际读音。对每条谚语都逐一标明其搜集地区。本书在谚语内容的选择上广泛、准确，有助于读者了解宜昌地区的多民族特色、历史源流、自然环境等，为学术研究提供参考资料。

《中国谚语集成湖北省地方分卷·宜昌市谚语集》

宜昌市民间文学集成办公室、宜昌市群众艺术馆编，1990 年内部印刷。

前有"前言""编辑说明""宜昌市谚语类别分布情况图"各 1 篇。这是一部小型的谚语资料集，按内容分为"时政""事理""修养""社交""气象""生活""行业类""乡情"8 个大类，大类之下又细分为 4 到 8 个小类。只列谚语条目，不进行注音释义，对于一些较为难懂的方言词汇和地方性语言在谚语后进行释义，便于读者的阅读和理解。本书对宜昌市的民间谚语收集历时较久，收集者来自工农商学各界、行政干部等不同职业、不同年龄、不同文化层次和个别宗教人士、离退休老人等，因此所收谚语基本上能够反映当地的民俗、民情和地方特色，有助于读者了解宜昌市谚语的特点，对于保护地方谚语文化、丰富中华谚语具有一定的语料价值。

《中国民间谚语集成·贵州省黔南布依族苗族自治州罗甸县卷》

罗甸县十大文艺集成志书编委会编，1990 年内部印刷。

前有"序"2 篇，"前言"1 篇，后附"后记"1 篇。这是一部收录贵州省黔南布依族苗族自治州罗甸县谚语的小型资料集，也是"中国民间文学三套集成"工作成果之一。共收谚语 4860 条，经筛选编入书中 2000 条，其中布依族谚语 1100 条，汉、苗、瑶等民族谚语 900 条，全书分为两个部分，第一部分是布依族谚语，每条谚语先用布依文原文，再用汉译附于后，并保留特有的土语词。译文力求符合汉语习惯并保留布依语原意；少数方音词和寓意不明显的谚语，采用脚注加以注释。第二部分是汉、苗、瑶等民族谚语，均用汉文记录。两部分谚语条目均按内容分为"时政""事理""修养""社交""生活""自然""生产""其他"8个大类，大类下又分为"真理、规律""理想""集体""幸福""婚恋、家庭""时令""农业"等34个细类。细类条目稍有不同。该谚语资料集是编者利用民族文字和国际音标从本县各族人民群众中搜集选编而成。其收录的谚语是罗甸各族人民在长期生产、生活和社会斗争的实践中共同创造和相传习用的，是人们对客观事物的认识和各种经验的总结，具有鲜明的民族色彩。在收录的众多谚语中，布依族的谚语居多且著录有其原始谚语，这对保护布依族的语言文字、研究布依族的语言文化具有重要意义。本书的语料收集区罗甸是一个多民族的县份，居住着布依、汉、苗、瑶等10多个民族，该地谚语的辑录有利于抢救罗甸县民间文化遗产，弘扬民族优秀文化。

《中国民间歌谣谚语集成·贵州六盘水市水城县卷》

水城县民间文学三套集成办公室编，1990年内部印刷。

前有"序言""前言"各1篇，后附"中国谚语集成水城县卷搜集整理者名单""后记"各1篇。这是一部收录贵州六盘水市水城县歌谣谚语的小型资料集，完成了对全县12个区、111个乡镇的普查工作，共筛选编入书中770余条谚语，是"中国民间文学三套集成"工作成果之一。全书条目按照内容分为8个大类，包括"时政类"39条，"事理类"293条，"修养类"126条，"社会类"253条，"生活类"98条，"自然类"120条，"生产类"61条，"其他类"6条。在8个大类后又分为"祖国""真理""理想""集体""幸福""时令""农业"等35个细类。只选录谚语条目，不加解释，对个别方言词汇进行简单介绍。书中的谚语只选取了收集到的全部谚语的33%，因而具有代表性、独特性，且水城少数民族众多，一部分谚语是由少数民族语言翻译而来，体现出浓郁的地域色彩和民族色彩，使得本书具有地方性、民族性，对于保存文化遗产、弘扬民族文化、振奋民族精神具有一定的意义。居住在水城的各族人民虽然语言不同、服饰有别、风俗各异，但在长期的生产实践中，用切身的感受创造了丰富灿烂的文化，收录的谚语凝练生动、简单易懂、通俗明了，对于了解和研究水城县民俗文化具有一定的参考价值，也为中华谚语研究提供了语料。

《黄南谚语》

黄南藏族自治州文化局民文集成办公室编，1990 年内部印刷。

前有"前言""凡例"各 1 篇，后附"艺人小传"2 篇，"后记"1 篇。这是一部收录青海省黄南藏族自治州谚语的小型谚语资料集，也是"中国民间文学三套集成"工作成果之一，收录谚语 900 余条。按内容分为"时政""事理""修养""社交""生活""自然""生产""其他"8 个大类，大类下又分为"祖国""家乡""阶级""思维""真理""实践""知识""理想""德行""集体""团结""医药""天文""气象""农业""牧业"等 37 个小类，每条小类按藏文字母顺序编排。只列谚语条目，对部分方言、口语、特殊用字和译音以脚注形式注解，在译法上采取直译意译相结合、译音加注的方式，除藏族谚语未注明族属外，其他注明所属民族，每条谚语都注有流传地区。本书所收录的大多为藏族谚语，采取了藏汉对照的方式编排，以双语形式展现了藏族语言的面貌，为研究藏族语言文字提供了珍贵的参考资料。本文对所收录的藏族谚语在翻译的时候尽最大努力忠实于原文，努力正确传达原文本义，尽量保持译文的形、意、神的和谐统一，有利于维护藏族谚语原貌，保护青海省黄南藏族自治州的少数民族谚语资源，具有鲜明的民族特色，丰富了中华谚语词汇，具有一定的语料价值。在分列谚语条目时，还注意说明了该谚语的来源与流传地区，为了解当地谚语的分布概况提供了资料。收录的事理类、社交类、生活类等谚语是黄南地区劳动人民长期社会生活实践经验的总结，是当地人民思想智慧的结晶，体现了黄南地区人民的人生观与价值观，展示了黄南地区的风俗文化，具有一定的哲理性，在个人修养与处事待人等方面具有一定的教化作用。自然类谚语反映了青海省黄南藏族自治州的天气状况与时令气候。生产类谚语收录了农业谚语与牧业谚语，反映了当地的农事安排以及畜牧业生产情况，对当地人民的实际生产实践具有一定的指导意义。

《中国歌谣集成·中国谚语集成·河南杞县卷》

杞县民间文学集成编委会编，1990 年内部印刷。

前有"前言"1 篇，后附"后记""主要供稿人名单"各 1 篇。这是一部收录河南杞县民间歌谣、谚语的小型资料集，也是"中国民间文学三套集成"工作成果之一。谚语条目按内容分为"时政类""事理类""修养类""社交类""生活类""自然类""生产类"7个大类，其下又分为"祖国""家乡""思维""爱憎""理想""谦慎""集体""训教""幸福""保健""时令""物候""农业""园艺"等41个小类。只列谚语条目，不做注释，不释义。本书本着精练、准确的原则，从搜集到的1万多条谚语中筛选出近2000条汇编入集。这些谚语在当地流传广且有地方特色，为保证集成的科学性，一些格调低但有研究价值的谚语也选编入集。从谚语内容上看，是非、学习、谦慎、训教、勤俭、保健、气象、物候和农业类谚语较多，集中体现了杞县人崇尚真知、勤劳节俭、谦虚谨慎的生活态度，"不为五斗米折腰"的抗争精神，以及对自然规律和生产规律的认识和把握，这对于研究当地的思想文化、指导当地农业生产以及规范人们行为具有一定意义。本书收录的谚语在反映的内容上具有一定的时间跨度，有反映古代官僚制度的，有提倡发挥干部带头作用的，有关于家庭联产承包责任制的，这对于研究社会历史的变迁和群众思想情感的演变具有一定的价值。该资料集有助于保护当地的谚语，同时对于研究中华谚语具有一定的语料价值。

《中国谚语集成・宁夏卷》

中国民间文学集成全国编辑委员会编，中国民间文学出版社，1990年版。

前有"总序""凡例""前言"各1篇，后附"附录"3篇〔包括"《中国谚语集成・宁夏卷》县（市）资料本编辑人员一览表""宁夏谚语主要搜集（提供）者小传""宁夏谚语资料搜集（提供）者一览表"〕，"后记"1篇。这是一部大型的宁夏谚语资料集，也是"中国民间文学三套集成"工作成果之一，是从广泛普查采录的12万条谚语资料中筛选出来的。按内容分为"事理谚""修养谚""社交谚""时政谚""民族、宗教谚""生活谚""自然谚""农副谚""工商谚""文体谚"，"附类""西夏谚"，共11个大类。大类之下，根据谚语具体内容和数目的多少，又分为若干中类和小类。只选录谚语条目，不举例证，不释义，个别难以理解的方言字词、特殊用语、典故、习俗及多音字、生僻字、专业用语、异语（词、句）等，以脚注的形式加以注释。个别谚语后标注了民族和地区。该书收录了宁夏回族、汉族等各民族谚语，具有浓郁的地域特色。谚语内容丰富多彩，除了日常的事理、社交、修养和农林类等谚语，还包括民族宗教类谚语，这对于了解宁夏回族人民的思想观念、文化心理和生活习俗具有一定的价值。谚语广泛运用了各种修辞手法，如明喻、暗喻、拟人、夸张和排比等，将宁夏地区人民的生活哲理、斗争经验和为人处世的道理形象生动地表现了出来，具有较强的艺术效果。谚语在表现形式上凝练、和谐，富有音韵美和节奏感，如"人抬人高，水涨船高""四月里芒种忙不种，五月里芒种忙种上"等。书中还收录了"西夏谚"，为了解西夏时期的社会景象和人文风情提供了借鉴和参考。全书比较全面地收录了宁夏地区的各类谚语，有利于宁夏谚语的传承和保护，为研究宁夏谚语提供了语料。

《中国谚语集成·河南内黄县卷》

内黄县民间文学集成编委会编，1990年内部印刷。

前有"前言"1篇，后附"谚语供稿人名单""总后记"各1篇。这是一部小型的地方谚语集，按内容分为"时政类""事理类""修养类""社交类""生活类""自然类""生产类"8个大类，大类下又分若干小类。只选录谚语条目，未详细解释。河南省内黄县的民间谚语从侧面展现了内黄县劳动人民独特的生活面貌，对于研究其地域文化与民间风俗有积极意义。该书收录的生产类、生活类、自然类谚语不仅对人民的生产实践活动起到了指导作用，也有利于人们了解内黄县人民的生产生活习惯，从而了解该地区气候水文等地理知识，对于研究内黄县自然环境尤其是局域气候变化有一定的参考价值。修养类、社交类谚语不仅是人民智慧的结晶，还对于提高人们的思想道德修养起到教育意义。

《中国谚语集成·濮阳市卷》

濮阳市民间文学集成编委会编，1990年内部印刷。

前有"总序"1篇，后附"谚语供稿较多者名单""总后记"各1篇。这是一部收录河南省濮阳市谚语的小型资料集，是"中国民间文学三套集成"工作成果之一。本书按照内容将收录的民间谚语进行了分类，共分为"时政""事理""修养""社交""生活""自然""生产""其他"8类，细分为"祖国""家乡""敌我""抗争""政策""政治"等小类。只选录谚语条目，未详细解释，对谚语条目中难懂字词进行解释。濮阳市是一个历史悠久、拥有灿烂文明的地区，其深厚的文化意蕴也渗透在民间口头文学之中，通过研究民间谚语，可以了解到濮阳市独特的地方风貌和地域文化。本书对于保护濮阳市的谚语资源、丰富中华谚语资料具有一定的价值。

《中国谚语集成·福建卷·平潭县分卷》

平潭县民间文学集成编委会编，1990 年内部资料。

前有"前言""凡例"各 1 篇，后附"方言集注""后记"各 1 篇。这是一部收录福建省平潭县谚语的小型资料集，也是"中国民间文学三套集成"工作成果之一，共收录谚语 2440 条。按内容分为"时政""事理""修养""社交""生活""生产""偏见""自然"8 大类，大类下又分为"时政·国家""是非·爱憎""真理·规律""理想·立志""世故""潮汐""家庭伦常""渔业""农业"等 46 个小类，"农业"谚中又分若干细类。只举谚语条目，不释义，不举例证，作品中凡属不常见的人名、地名、特殊事物、土语等，或作品须附记说明的，都加以注释。本集成谚语编目采用"三层结构法"，根据当地谚语具体情况增设个别类目，系统分明，章法清楚，便于读者查阅。对于当地方言词尽量保持口语原貌，采用音近义切的字词记录，同一词方言读音不同，表意不同，都以汉语拼音的方式标注，展现出福建省平潭县多语系的特点。"方言集注"对谚语条目中的方言词做了统一注释，为当地方言研究提供了有价值的语料资源。本书所收录的谚语有不少地方色彩浓郁的条目，如反映海防、渔区的乡土谚语，生产类渔业目又分"鱼汛""鱼情""鱼性""捕捞""养殖""海珍"，自然类增设"潮汐"目，时政类增设"军事·法政"，从侧面反映了平潭县的历史、政治、生产、生活等方面的经验和风貌。

《中国民间谚语集成·福建卷·福州市仓山区分卷》

福州市仓山区民间文学三集成编委会编，1990 年内部印刷。

前有"前言"1 篇，后附"后记"1 篇。这是一部收录福州市仓山区民间谚语的小型资料集，也是"中国民间文学三套集成"工作成果之一，共收录民间谚语 2268 条。按内容分为"事理""生活""修养""自然""生产""社交""偏见"等 7 类。只收录谚语条目，不加解释，在大部分谚语下对所涉及的方言和难懂词语进行了说明和解释，并对部分谚语产生的背景来源进行了补充说明。福州市仓山区因其独特的地理位置，产生出了许多独具地方特色的谚语，所收录的"生活""社交""偏见"类谚语，反映出了仓山区的民间习俗和人民的精神风貌，充满了鲜明的地方气息，充分展现了仓山区"文化区"的美称；自然生产类谚语充分反映了仓山区人民的思想感情和愿望，为当地人们劳作提供了生产经验，对于了解仓山区民俗文化和价值观念具有一定的参考价值。该资料集在注意保存方言的音节特色的同时，力求保持语言的规范化，有利于继承和保护仓山区的民间谚语，对于研究地方文化和中华谚语具有一定的语料价值。

《中国谚语集成·河南省息县卷》

河南省息县民间文学三套集成编委会编，1990 年内部印刷。

前有"序""凡例"各 1 篇。这是一部小型的谚语资料集，收录谚语1700 余条，条目按照内容分类。只选录谚语条目，不加解释。有些谚语需要说明的，采用夹注的手法，对流传中产生变化诞生了新版本的谚语，标注了新或旧。例如："好铁不打钉，好男不当兵。（旧）""好铁要打钉，好男要当兵。（新）"这种新旧谚语的变化展现了河南息县人民思想境界和社会认知的变化，随着现实情况的变化，息县谚语也不断调整着自身，适应新时代的情况。息县谚语是人们社会实践、生活生产斗争经验的结晶，是群众语言的精华，给人们以隽永的思考和启迪。由于几千年封建势力的统治，有些谚语不可避免地杂入一些封建意识的糟粕，为了尊重历史和便于对谚语原貌的研究，本卷也选入极少数具有研究价值、立意较好但含有宿命观点和一定迷信色彩的谚语，如"自古善恶终有报，只分来早与来迟""人情如纸张张薄，世事如棋局局新"等。息县谚语的收集整理，为研究者提供了息县语言、历史、风土人情的综合性参考资料。

《中国谚语集成·福建卷·福清县分卷》

福清县民间文学集成编委会编，1990 年内部印刷。

前有"前言"1 篇，后附"后记"1 篇。这是一部收集福建省福清县谚语的小型资料汇编，也是"中国民间文学三套集成"工作成果之一，共收录谚语 1200 余条。按内容分为"时政""事理""修养""社交""生活""自然""生产""其他"8 个大类，大类下又分为"祖国、家乡""真理""实践""德行""智慧""集体团结""待人接物""家庭伦常""持家经营""子女教育"等若干细类。只举谚语条目，不释义，不举例证，方言读音用汉语拼音直接标注，难懂的方言意义在谚语条目后注释，对部分异文直接在条目后标明。所收录的部分谚语为福建省福清县本土谚语，内含丰富的福清县方言，带有浓郁的地方色彩，对于研究地方方言、特色谚语提供了丰富的语料，对于福清县谚语的抢救保护也有一定的积极意义。事理类、修养类谚语收录较多且分类细致，对于人们的行为处事有一定教育作用。自然类、生产类谚语展现了福清县独特的地理风貌，对指导当地人们的农业生产也有一定意义。生活类、社交类谚语展现了福清县风俗民情，"待人接物""家庭伦常""持家经营"等细类表现出当地百姓朴实勤俭的作风，对于了解研究当地民俗风情有一定的参考价值。

《中国谚语集成·河南武陟县卷》

武陟县民间文学集成编辑委员会编，1990 年内部印刷。

前有"前言"1 篇。这是一部收录河南省武陟县谚语的小型资料汇编，也是"中国民间文学三套集成"工作成果之一。普查和收集到的谚语共有上万条，本卷仅选用其中的十分之一。按内容分为"时政""事理""修养""社交""生活""生产""自然""其他"8 个大类，大类下又包含"祖国""家乡""敌我""抗争""思维""真理""是非""理想""德行""谦虚谨慎""谈吐""训教""勤俭""家庭""医药"等 51 个细类。"其他"一类下包含"戏曲"和"相面风水"两小类，具有当地浓厚的地域特色和民间文化色彩。只选录谚语条目，不加解释，不包含注释、注音。该卷选取的谚语范围较为固定，贯彻落实了党中央、国务院的关于保护民间文化、保护濒危的非物质文化遗产的方针，对研究民间文化有一定价值。该书既是一本广大青少年学习群众语言的好教材，也为各类人文学科特别是民俗学和民间文学研究提供了具有较高学术价值的资料蓝本。

《中国谚语集成·河南确山县卷》

中国民间文学集成确山县编辑委员会编，1990 年内部印刷。

前有"编辑体例""总序言""本卷序言"各 1 篇。这是一部收录河南确山县谚语的小型资料集，也是"中国民间文学三套集成"工作成果之一，共编选各类谚语 2128 条。按内容分为 8 个大类，分别为"时政类""事理类""修养类""社交类""生活类""生产类""自然类""其他"，大类下又包含"祖国""家乡""敌我""阶级""思维""实践""是非""理想""德行""谨慎""谈吐""训教""勤俭""家庭""卫生"等 38 个细类。只收录谚语条目，不包含注释、注音。本书所收录的谚语条目的基本思想倾向于积极方面，能使人们从思想上得到有益的教育和启示，并尽最大可能保留了原貌，对保护当地的谚语资源具有一定的价值。这些谚语涵纳了确山的政治、经济、文化、科学、天文气象、山川风物、生产生活、风俗人情、历史事件、风云人物，是一部展示确山历史风俗的百科全书，丰富了中华民族的文化艺术宝库，又为研究确山的社会历史、自然风貌留下了宝贵的参考资料。

《中国谚语集成·河南焦作卷》

焦作市文艺集成·志编纂领导小组办公室编，1990 年内部印刷。

前有"前言""本卷序"各 1 篇，后附"后记"1 篇。这是一部收录河南省焦作市谚语的中型资料集，也是"中国民间文学三套集成"工作成果之一，共选录当地各类谚语 4660 余条。按内容共分为"时政类""事理类""修养类""社交类""生活类""生产类""自然类""其他"8 个大类，大类下又分为"祖国""家乡""敌我""阶级""实践""理想""学习""正直""谈吐""训教""幸福""储蓄""勤俭""卫生"等 45 个小类。只选录谚语条目，不加解释，不包含注音，对部分词汇进行释义，便于读者的阅读和理解。所收录的谚语具有精练、形象、整齐和谐、大都押韵四个基本特点。书中收录了大量具有地方特色的谚语，其中关于气象和农业的谚语占比较大，为当地农业生产提供了宝贵的指导经验。

《中国谚语集成新疆卷·乌鲁木齐市水磨区分卷》

水磨沟区民间文学集成编辑委员会编，1990 年内部印刷。

前有"水磨沟区行政区划示意图""题词""凡例""序言"各 1 篇，后附"后记"1 篇。这是一部中型谚语资料集，按内容分为"时政类""事理类""修养类""社交类""生活类""生产类""自然类"7 个大类，大类下又包含许多细类。只选录谚语条目，不加解释。选取的谚语范围较为固定，贯彻落实了党中央、国务院的关于保护民间文化、保护濒危的非物质文化遗产的方针。水磨沟区位于新疆乌鲁木齐市东北部，是乌鲁木齐市最早的工矿区和风景旅游区，本书"自然类"中的"山川地理""物候（动植物）"细类以及"生产类"中的"运输业谚""工匠谚""商业谚"细类，都生动地展现了当地的自然风光、地理环境以及生产生活特色。本书对于研究民间文化有一定的语料价值，有助于谚语的保护与传承。

《中国谚语集成·河南光山县卷》

河南省光山县民间文学三套集成编委会编，1991 年内部印刷。

前有"总序""前言""编辑凡例""序谚"各 1 篇，后附"后记" 1 篇。这是一部小型的河南光山县地方谚语集，也是"中国民间文学三套集成"工作成果之一，收录谚语 1800 余条。按内容分为"时政""事理""修养""社交""生活""自然""生产""其他" 8 个大类，大类下又细分为"家乡""抗争""政策""真理""实践""理想""德行""学习""集体""个人""工作""勤俭""婚恋""卫生""时令""气象""农""林""副"等 40个小类。只选录谚语条目，不举例证，不释义，个别难以理解的词语以脚注的形式加以解释说明。光山县的气候适宜农、林、牧、副、渔全面发展，是豫南著名的鱼米之乡，由于特定的地理位置和文化氛围，流传于光山县境的谚语有其独特的地方特色和艺术风格。书中收录的谚语语句简洁生动，从不同的角度反映了广阔的社会生活，表达了劳动人民真实的思想感情，有利于保存和继承光山县的民间谚语，对于研究河南光山县语言文化有重要的语料价值。其中生产类谚语较多，对于指导当地人民生产有一定的指导意义，有很多谚语还饱含哲理，给人以隽永的思考和启迪。

《中国谚语集成新疆卷·哈密市分卷》

哈密市民间文学集成编辑委员会编，新疆人民出版社，1991 年版。

前有"凡例""前言"各 1 篇，后附"附录" 2 篇，"后记" 1 篇。这是一部小型的谚语资料集，收录谚语 4127 条。按内容分为"时政""事理""修养""社交""生活""自然""生产" 7 个大类，又细分为"家国""阶级""政策"等 57 个小类。只选录谚语条目，不加解释。为了便于阅读，谚条中有难懂的词汇和地方习俗、土语、俗语，在当页末进行注释，方言中有与原字读法不同的，为了保持谚语的意义和韵味，也采用夹注方式注释俗读语音。书中有些哈萨克族谚语是由在农牧区生活的汉族群众在长期共同生活、劳作中掌握的，选用了汉译版本，选的谚语具有哈密市特有的地域性、民族性，为后来的研究提供了第一手的历史资料。不同籍贯的汉族人民和使用汉语言文字的回、满等兄弟民族把本民族的风俗带到哈密，这些风俗又和原有老户的风俗在共同生息、劳作中相互渗透，再加上维吾尔、哈萨克民族风俗的影响，形成了具有哈密地方特色的生活习俗和文化氛围，对民族文化研究有一定的价值。哈密谚语存在大量的其他民族语借词，对语言研究具有一定的价值。

《中国谚语集成福建卷·建宁县分卷》

钟琼奎主编，建宁县民间文学集成编委会编，1991 年内部印刷。

前有"前言"1 篇，后附"建宁县民间文学重点题材分布图""建宁县谚语卷采风者名单""后记"各 1 篇。这是一部小型谚语资料集。按内容分为"事理""修养""社交""时政""生活""自然""生产""其他类"共 8 个大类，大类下又分为"真理""实践""知识"等 43 个小类。对谚条中的疑难字词、方言做出注释，对运用了比喻修辞的谚语也进行了解释。选取的谚语中含有建宁方言，体现了建宁县鲜明的区域性，对于研究福建建宁的方言具有一定的意义。其谚语保留了众多方言词汇地域名词，丰富了中华语料库，对于保护福建建宁的方言、拯救濒于消失的口头文学财富也做出了一定的贡献。书中有大量劝人向善、具有道德教化意义的谚语，朗朗上口，便于传播，起到了民间文学的道德教化作用。关于待人接物、为人处世方面的谚语，展现了我国人民坦荡的生活态度、豁达的胸襟以及面对生活磨难的乐观精神。农业生产生活的谚语可以为当今的农业生产提供指导性意见。本书有利于保护当地谚语，了解当地的文化风俗。

《中国谚语集成·福建卷·龙岩地区分卷》

龙岩地区民间文学集成编委会编，1992 年内部印刷。

前有"序"1 篇，后附"后记"1 篇。这是一部收录福建省龙岩地区谚语的小型资料集，也是"中国民间文学三套集成"工作成果之一，共收录谚语 1680 条。按内容分为"改革开放篇""时政类""事理类""修养类""社交类""生活类""生产类""文艺篇""其他"10 个大类，大类下又划分为"祖国""家乡""敌我""抗争""思维""真理""是非""理想""德行""谦慎""谈吐""训教""勤俭""婚恋""医药"等许多小类。只选录谚语条目，不加解释。谚语中存在方言的区别，形成了语言相异的风格，对闽南语系和客家语系做了必要注释。全书所收录的谚语是在近万条谚语中精选而出，在龙岩地区民间流传已呈有口皆碑之态，达到了健康的思想内容、完美的语言形式和谐统一的程度。这些谚语条目具有浓郁的民间文学色彩和闽西地方特点，是闽西地区人民群众历代口耳相传的文化结晶，为当地的生产和生活提供了宝贵的经验。此书的出版有利于保护和传承龙岩地区民间文化，保护闽西谚语资源，为中华谚语的研究提供了语料。

《中国谚语集成新疆卷·新疆生产建设兵团农七师分卷》

农七师谚语集成编辑委员会编，新疆人民出版社，1992 年版。

前有"前言"1 篇，后有"附录""后记"各 1 篇。这部小型谚语资料集收录谚语 1800 余条，按照内容分为"时政""事理""修养""社交""生活""自然""生产"7 个大类，又细分为"祖国家乡""阶级敌我""政策"等 33 个小类。只选录谚语条目，不加解释，内容上比较精细。农七师师部在奎屯，奎屯是北疆"金三角"中的一角，与乌苏、独山子交相辉映。农七师人开发了这块处女地，并带来了谚语，又在这块土地上创造了新谚语，这些谚语都是人们生活经验和社会实践的总结。生产生活谚语将农民的智慧结晶、风俗习惯、生产经验保存下来，从适合播种的时令、可以种植的作物、种植需要的肥料以及种植注意事项进行说明，为后人从事农业工作提供经验上的指导，从中展现出的种种当地习俗，为民俗学的研究也提供了参考资料。新疆生产建设兵团农七师分卷谚语显示出了谚语诞生的必备条件，那就是人民的生产生活劳作。谚语最重要的作用就是指导人们生产生活，劝导人们向善；总结生活经验，传承智慧。由于兵团的特征，收集到的谚语较多地收录了与政策、阶级斗争相关的内容，具有一定的参考价值。

《中国谚语集成新疆卷·新疆生产建设兵团农八师·石河子市分卷》

农八师·石河子谚语集成编辑委员会编，新疆人民出版社，1993 年版。

前有"凡例""序"各 1 篇，后附"农八师·石河子谚语主要提供者小传""农八师·石河子谚语百条以上提供者或采录者名单""后记"各 1 篇。这是一部关于新疆维吾尔自治区石河子市的小型谚语资料集，也是"中国民间文学集成"工作成果之一，经过普查搜集到谚语 13500 条，书中共收录 5313 条。按内容共分为"军垦谚""时政谚""事理类""修养类""社交类""生活类""自然类""生产类""少数民族类"9 个大类，大类之下又分为"政策""干部""思维""德行"等 56 个中类。收录的谚语包括了维吾尔族、回族、哈尼族等少数民族谚语，充分反映出石河子市 32 个民族混合杂居的特点，从它的产生、来源、分布、流传、类聚、蕴藏诸多方面也反映出石河子谚语的多元化特征，具有浓郁的地方特色和民族特色。本书对这些谚语从不同方面进行搜集整理，为以后对石河子市生态环境、民情风俗、生产生活等方面的研究提供了参考资料，丰富了当地谚语，也为后续的语言文字方面的研究提供了佐证。在编排上讲究内在逻辑，使得谚语条目相对集中，便于读者研究与欣赏。数量丰厚的生产类谚语对于垦区初始阶段的生产实践活动有着经验性的借鉴作用，也反映出石河子市以农业为依托的生产模式。特别是军垦谚语体现出了时代特点，形象地关照了当代战天斗地的屯垦生活。

《中国谚语集成·湖北卷》

中国民间文学集成湖北卷编辑委员会编，中央民族大学出版社，1994年版。

前有"总序""前言"各1篇，后附"附录""湖北谚语方言词汇释"各1篇。这是一部收录湖北省谚语的中型资料集，也是"民间文学三套集成"工作成果之一，共收录谚语60余万条。按内容分为"事理谚""修养谚""社交谚""时政谚""生活谚""家庭谚""风土谚""自然谚""农林谚""工商谚""文体谚"11个大类，大类下又分"说理""志向应酬""官民""服饰""婚恋""生养""家教""风俗""物候""戏剧"等72个中类，中类下又分"美丑""见识""廉洁""作战""名胜""行当""人生""四功""五法""手艺"等80个小类，在"农业""戏剧"类下又分"水利""棉麻""唱功""身法"等26个细类。只举谚语条目，不释义，不举例证，对方言词、方言音、异文皆采用脚注的形式加以注释，条目后标注来源地。本书汇编了湖北省各地的谚语，数量庞大，分类细致，既全面又具代表性，对研究湖北地区谚语提供了重要的语料资源。湖北历史悠久，文化积淀深厚，流传古谚数量较多，谚语条目中包含大量的地方方言，地域色彩浓郁，对这些方言词、方言音的注释还原了地方谚语的韵律性，表现出浓厚的乡土气息与音乐美。湖北商业发达，工商类谚语也极为丰富，本利、买卖、行市等谚语层出不穷，展现了湖北重镇商务繁荣的景象。手工业类谚语也各具特色，其中有关木匠类谚语占匠人谚的四分之一，是当地手艺人最优秀的代表，对于研究湖北手工业具有一定的参考价值。在文体谚中戏剧谚是一大特色，湖北作为汉剧、黄梅戏的发源地，京剧重要源头之一，地方戏遍布各地，相关谚语尤其是四功类、五法类极其丰富，对研究当地戏剧具有一定的参考价值。

《山南民间谚语集成》

山南地区民间文学三套集成总编委会编，西藏人民出版社，1994 年版。

前有"编辑凡例""总序""谚语集成序言"各 1 篇，后附"后记""译者赘言"各 1 篇。这是一部小型的谚语资料集，按内容分为"时事政治谚""生产谚""修养谚""生活谚""自然谚""社会交际谚""事理谚""其他谚"共 8 类，其下又分为 41 个小类。只收录谚语条目，不解释书证。山南，位于西藏自治区的南部、雅鲁藏布江中游，平均海拔 4000 米以上，是一个以农业为主，农、牧、副三结合的地区。本书作为藏族谚语集成汇编，极具特色：谚语简明扼要，通俗易懂，具有鲜明的高原特色；有一些谚语相似甚至与格言和佛论相交融，具有显著的藏族风味。本书体现了藏族人民在谚语方面的优劣取舍、喜怒哀乐、赞美诋毁等思想意识，闪耀着藏族人民的智慧光芒。同时，谚语同格言、佛论一样，具有很强的教育作用，可以帮助青少年读者明辨是非，为其提供准绳。

《中国谚语集成·浙江卷》

中国民间文学集成全国编辑委员会、中国民间文学集成浙江卷编辑委员会编，中国 ISBN 中心，1995 年版。

前有"前言""凡例"各 1 篇。这是一部收录浙江省谚语的中型资料集，按内容分为 11 个大类，分别为"事理谚""修养谚""社交谚""时政谚""生活谚""家庭谚""乡土谚""自然谚""农林谚""工商谚""文教谚"，大类下又分"说理""知行""志向""团结""国家""饮食""医药""天文""园艺""体育"等中类，中类下又细分"因果""仗义""谦虚""择友""做客""膳食""药理""择偶""潮汐""武术"等若干小类。对方言土语及畲语，除首次出现时作随页脚注外，为便于查阅，同时编有方言畲语集注，附于书后。集注中共收方言词条 900 余条，其排列参照《辞海》。本书收录的谚语包括部分来自文献古籍的古谚，对于文化传承保护具有一定的积极意义。还包括当地唯一的少数民族畲族特有谚语，尽量保留当地语言原貌，为畲族语言的研究提供了丰富的语料资源。在收录谚语过程中标明每条谚语来源及其流传中的异文，为研究浙江谚语源流提供丰富资料。书中谚语有不少地方色彩浓郁的条目，如生产类副业目又分"桑蚕""蕈菇"，自然类增设"潮汐""风暴"目，尤其生活类细化到浙江省百姓衣食住行的方方面面，从侧面反映了浙江省历史、政治、生产、生活等方面的经验和风貌。

《中国谚语集成·湖南卷》

中国民间文学集成全国编辑委员会、中国民间文学集成湖南卷编辑委员会编，中国 ISBN 中心，1995 年版。

前有"总序"1 篇，"凡例"1 篇，"前言"1 篇，后附"附录"4 篇［包括"湖南谚语方言词汇释""《中国谚语集成·湖南卷》地、市、县资料本及编辑人员一览表""湖南谚语卷资料主要搜集（提供）者简介""湖南谚语资料搜集（提供）者一览表"］，"后记"1 篇。这是一部大型的谚语资料集，也是"中国民间文学三套集成"工作成果之一，共收录谚语 22500 余条。按内容分为"事理谚""修养谚""社交谚""时政谚""生活谚""风土谚""自然谚""农林谚""工商谚""文教谚"10 个大类，大类之下根据具体内容和数目多少又分为 59 个中类和若干小类。凡是复句谚语中内容跨类的谚语，按其内容侧重点择其一归类（除自然、农林两类外，主要按后句内容归类）。只选录谚语条目，不举例证，不释义，方言、特殊用语、典故等在首次出现时做随页脚注，各条谚语后标明采集地区和谚语族属。本书的特色主要在于：一是湖南谚语源远流长，藏量宏大，内容丰富。同时，谚语的每个方面在丰厚中又都构成完整的系统性和序列性，有利于保存和继承湖南的民间谚语，对于研究湖南的地域特色有重要的语料价值。二是湖南是一个多民族的省份，各族谚语蕴含了丰富的民俗文化信息，洋溢着浓郁的民族生活气息，反映了湖南各民族一种富有浓烈辣味的民族性格与不屈不挠、自强不息的民族精神，有助于我们了解湖南地区不同民族的文化特征。三是湖南很早就进入了农业社会，农业谚语众多，包括水肥土壤、选种栽培、耕耙管理、收割储藏等方面，呈现出典型的稻作文化色彩，反映了以农为本、以田为大的思想。与稻作生产相适应的时令谚、气象谚，同样不可胜数。四是湖南谚语具有鲜明的地域特色。谚语语言既包括少数民族的讲述，也包括汉语讲述中的湖南方言运用。这类谚语既富有语言的地方特色，又加强了语言的效果。湖南谚语还大量地利用本地常见的事物，诸如洞庭湖、岳阳楼、张家界、湘绣、腊肉、布鞋等，体现了浓郁的乡土气息，有利于研究湖南的语言、文化特征。

《中国谚语集成·广东卷》

中国民间文学集成全国编辑委员会、中国民间文学集成广东卷编辑委员会编，中国 ISBN 中心，1997 年版。

前有"总序""凡例""前言"各 1 篇，后附"附录"4 篇［包括"广东谚语常用方言词语与普通话对照表""广州话声母、韵母表""《中国谚语集成·广东卷》市、县（市、区）资料本编辑人员一览表""广东谚语资料搜集（提供）者一览表"］，"后记"1 篇。这是一部大型的谚语资料集，也是"中国民间文学三套集成"工作成果之一，从采录的 28 万条谚语中精选出 18000 余条汇编而成。按内容分为"事理谚""修养谚""社交谚""时政谚""生活谚""家庭谚""风土谚""自然谚""农林谚""工商谚""教文谚"11 个大类，大类下细分为 62 目，目下酌分 136 个子目。只选录谚语条目，不举例证，不释义。个别难以理解的方言字词、专用术语、习俗、典故、生僻的比喻以脚注的形式加以解释说明，一些特色谚语的异文均收在当页注文中，个别谚语后标注了地区。书中收录的谚语丰富多样，具有浓郁的地域特色。有些谚语记录了中国海外华侨早年的悲惨命运，也反映了半封建半殖民地旧中国时代人民的苦难历史；还有的谚语反映出包括社会、人文、自然、地理、经济以及人们的思想和价值观念等内容在内的岭南文化大背景的概貌，是广东人民长期积累的生产生活经验的结晶。从中我们可以看到广东天候水土和地理地貌复杂多变的特点，感受到南方稻作文化的深厚积累以及近代商品经济的萌芽，也可以体现出广东人民在一定历史条件下和经济土壤中孕育出来的人生哲理观念，这有利于保护和传承广东的民间谚语，对于研究广东的语言文化有重要的语料价值。

《中国谚语集成·山西卷》

中国民间文学集成全国编辑委员会、中国民间文学集成山西卷编辑委员会编，中国 ISBN 中心，1997 年版。

前有"总序""凡例""前言"各 1 篇，后附"附录"4 篇［包括"山西谚语方言表""《中国谚语集成·山西卷》地（市）县（市）资料本情况一览表""山西谚语集成资料搜集（提供）者一览表""山西谚语主要搜集（提供）者简介"］，"后记"1 篇。这是一部大型的谚语资料集，也是"中国民间文学三套集成"工作成果之一，所收谚语 2 万余条。按内容分为"事理""修养""社交""时政""自然""家庭""风土""自然""时令""农林""工商""文教"12个大类,大类之下又分为若干中类、小类,小类之中以逻辑顺序聚串。为了避免重复,根据谚语内容侧重和条目均衡,将复句谚归在一个类。只选录谚语条目,不举例证,不释义,方言、典故、民俗、特殊用语等内容,首次出现时统一注释,对同一谚语的部分异文以注释的形式录于当页。对于有一定地域特点的自然农林、风土等类中的谚语,视需要标明其搜集地,以便于读者理解、使用谚语。本书的特色主要在于:一是山西谚语历史悠久,内容丰富多彩,涉及政治、经济、文化、历史、地理、自然、军事、宗教、民族及日常生活各个方面和各行各业,本书有利于保存和继承山西的民间谚语,对于研究山西的语言文化和历史演变过程有重要的语料价值。二是所收谚语深刻地阐述了生活的哲理、斗争的方法,生动地反映了人们的实践经验,对于人们的生产生活有一定的指导作用。三是山西是一个农业大省,农林谚、自然谚与时令谚的数量相当可观。一年中的四季十二个月、二十四个节气,农林牧副渔业,时时、处处都有谚语。由于地理环境的不同,一些表现季节性的谚语中又反映出不同的地域特色和适用范围,对于了解山西的农业生产情况和地域特点有一定的意义。

《中国谚语集成·江苏卷》

　　中国民间文学集成全国编辑委员会、中国民间文学集成江苏卷编辑委员会编,中国 ISBN 中心,1998年版。

　　前有"总序""凡例""前言"各1篇,后附"附录"4篇［包括"江苏谚语方言词汇释""《中国谚语集成·江苏卷》地、市、县资料本及编辑人员一览表""江苏谚语卷资料主要搜集(提供)者简介""江苏谚语资料搜集(提供)者一览表"］,"后记"1篇。这是一部大型的谚语资料集,也是"中国民间文学三套集成"工作成果之一,共收谚语2万余条。所收谚语范围包括南京、镇江、常州等11个市及其所辖诸县(市)现代民间流传的谚语,古谚亦以现代仍在流传或有影响者为限。多为汉族谚语,个别回族谚语逐条注明。按内容分为"事理""修养""社交""时政""生活""家庭""风土""自然""时令""农林""工商""文教"12个大类,大类下细分为84目,目下酌分136个子目。同一类目的谚语,内容相同而语言表达不同的,各自列条;仅字面略异之异文,则在当页注明,不再罗列。只选录谚语条目，不举例证不释义，个别难以理解的方言、土语以脚注的形式加以解释说明。本书的特色主要在于：一是江苏谚语历史悠久，蕴含丰富，选录的谚语涉及范围广泛，充分体现了江苏的地方风貌，这些谚语贴近现实，反映了江苏人民的聪明才智和开拓进取的精神，有助于较为全面地了解江苏人民生活、物质、精神等多方面的意识形态特征，对于研究江苏的地域特色有重要的语料价值。二是江苏谚语主要是占人口绝大多数的农民的文学语言，占谚语数量较多的农业谚、气象谚、时令谚，多是出于农民之口，其他各类谚语也往往浸透着农民的思想意识。能工巧匠、店主店员、医生教师、江湖艺人、家庭主妇，各色人物也各有其当行出色的精彩谚语。从众多的谚语里，我们可以了解江苏各阶层人士的生活和心态。三是江苏谚语运用有差异的两种不同方言载体各为表达，分别为北方方言和吴语方言，本书对两种不同方言的谚语采取混合编排的形式，是研究江苏方言的一批重要语料。

《中国民间故事集成新疆卷·乌鲁木齐市水磨区分卷》

水磨沟区民间文学集成编辑委员会编，1998 年内部印刷。

前有"凡例""序言"各 1 篇，后有"后记"1 篇。本卷是在全区范围内普查和征集的基础上，根据科学性、代表性、全面性的要求，从 3000 余条谚语中精选出 1433 条编成的一部中型谚语资料集，也是"中国民间文学三套集成"工作成果之一。本卷收集到的谚语绝大部分流传于水磨沟区，其中部分谚语属于口内群众的传播而流传于本地区。按内容分为"时政""事理""修养""社交""生活""自然""生产"7 个大类，大类下又分"祖国、家乡""政策""时事、世态""真理、规律""思维""是非""爱憎""理想、立志""德行""智慧""胆识""学习"等许多小类。只选录谚语条目，不加解释。水磨沟区民间谚语具有鲜明的新疆地方特色和民族特色，不仅真实地反映了当地各族人民的社会生活风貌，而且在表达方式和语言运用上充满了浓郁的乡土气息和本土特色。本卷谚语忠实地记录和保持了民间流传谚语的原貌，对于读者了解当地的民俗民情和民族文化具有重要的参考价值。

《中国谚语集成·上海卷》

中国民间文学集成全国编辑委员会、中国民间文学集成上海卷编辑委员会编，中国 ISBN 中心，1999 年版。

前有"总序""凡例""前言"各 1 篇，后附"附录"4 篇［包括"上海谚语方言集注""上海区县谚语资料本编辑人员一览表""上海谚语主要搜集（提供）者简介""上海谚语搜集（提供）者一览表"]，"后记"1篇。这是一部大型的谚语资料集，也是"中国民间文学三套集成"工作成果之一。按内容分为"修养""事理""生活""社交""文卫""乡土""时政""行业""农副""自然"10个大类，大类之下又分为若干中类和小类。对于内容跨类的谚语，主要依据其内容的侧重点归类，并适当兼顾各类条目数的均衡。对于两层意思的复句谚，则主要依据后一句的内容归类，极少数也有依据前一句归类的。对农副谚和自然谚语中有不同说法的谚条，在其下面注明流传地区。只选录谚语条目，不举例证，不释义，特殊用语、典故、习俗及多音字、生僻字、专用术语、俚语等，在首次出现时进行注释，并用国际音标注音。为便于查阅，对于方言土语，除随页脚注外，还采用"方言集注"附在卷末，集注的排列以词头首字的笔画为序，附有注音和谚例。书中收录的谚语是自古以来上海人民集体智慧与实践经验的结晶，范围广泛，涉及政治、经济、文化、历史、地理、自然以及日常生活各方面，有利于保存和继承上海地区的民间谚语，具有重要的语料意义。该书商业和工匠的谚语相对较多，反映了上海发达的工商业。农业和渔业谚语是民众丰富智慧和普遍经验的总结，贴近生活，富有一定的哲理性，对于指导人们生产有一定的意义。

《中国谚语集成·陕西卷》

中国民间文学集成全国编辑委员会、中国民间文学集成陕西卷编辑委员会编，中国 ISBN 中心，2000 年版。

前有"总序""凡例""前言"各 1 篇，后附"附录"4 篇［包括"陕西谚语卷方言土语辑注""《中国谚语集成·陕西卷》地（市）县（市、区）资料本编辑人员一览表""陕西谚语主要搜集（提供）者简介""陕西谚语搜集（提供）者一览表"]，"后记"1 篇。这是一部大型的谚语资料集，也是"中国民间文学三套集成"工作成果之一，所收谚语 2 万余条。按内容分为"事理""修养""社交""时政""生活""风土""自然""农林""工商""文教"10 个大类，大类之下又分为若干中类和小类。只选录谚语条目，不举例证，不释义，方言土语、特殊用语、多音字、生僻字、专用术语、地方掌故、乡土风俗，首次出现时进行简明注释。方言土语还在文后加编了辑注。

另外精选 40 余条谚语，各配彩照一帧。

本书特色主要在于：一是本书收入的谚语中，仅有少部分与周边省区相互交融，多数是土生土长，颇具三秦地域特色，反映了当地历史、地理、政治、经济、生活诸方面的主要特征，是陕西各族人民语言艺术的精华。二是有许多关于秦岭、黄河、秦川的谚语，体现了这些山川和陕西人民生活息息相关，表达了人民对其的特殊情感，是了解陕西自然风貌特点的一个窗口。三是陕西省以传统农业为主，农林牧副渔五业并举，物产丰富品种繁多，相关方面的谚语也就相应丰富。关中平原自古以来农耕发达，这里流传的许多谚语都与历史上的兴农有关。其中，陕北民谚中有不少是关于粟稷和麦的，这些谚语以鲜明的地域特色，道明农作要领，对耕者颇有参考价值。四是部分谚语呈现了陕西民众生活的黄土地的特点，表达了人们热爱黄土的深情，为利用黄土、改造黄土，提高农耕水平积累了丰富的经验。五是陕西省文物古迹众多，因此陕西民间谚语对风物胜迹也多有反映，对于宣传陕西省风光、向外开展旅游事业，都大有裨益。六是部分谚语体现了一个时代和一个地方人们的精神面貌和丰富感情，是陕西民间风情的一面镜子，有利于研究陕西特色民俗。七是陕西谚语中有不少古字古词，也有一些地域性专用名词，这类方言土语入谚无形中增强了易懂、易记、易传的优点，也深化了内在的含义，释放出更为贴近生活的交际功能。八是部分谚语与陕西古老戏曲秦腔有关，体现了秦腔悠久的历史，突出了精彩的秦腔艺术和丰富的秦腔剧目，显示了秦腔在民间的深远影响和强大生命力。

《中国谚语集成·西藏卷》

中国民间文学集成全国编辑委员会、中国民间文学集成西藏卷编辑委员会编，中国 ISBN 中心，2001 年版。

前有"总序""凡例""前言"各 1 篇，后附"附录"2 篇〔包括"《中国谚语集成·西藏卷》地（市）资料本编辑人员一览表""西藏自治区谚语搜集（提供）者一览表"〕，"后记"1 篇。这是一部大型的谚语资料集，也是"中国民间文学三套集成"工作成果之一，共辑录谚语 15000 余条。按内容分为"事理""修养""社交""时政""风土""生活""行业""自然""附类"9 个大类，大类下又细分为 52 目。同时根据西藏谚语的实际情况进行一些调整，增设了《格萨尔王传》谚语选粹、萨迦格言、格丹格言、水树格言、国王修身论等次目。只选录谚语条目，不举例证，不释义，方言土语和地方性专有名词、有关宗教和民族风俗等方面必须说明的内容，以及一些费解的词和句子，在当页注释或注音。谚语后面均标明采集地，除藏族谚语外，谚语后还标明族属，便于读者了解谚语来源。本卷的特色在于：一是收录的谚语是由藏文翻译而成。为了使译文符合汉语表达规律和习惯，又能忠实准确地反映原文的思想内容、艺术形式，采取了意译和直译相结合的翻译方法，其译文力求做到"信、达、雅"，并尽可能保持西藏各民族劳动人民口头文学的原貌。二是以在西藏自治区流传的藏族谚语为主，还包括门巴族、珞巴族、僜巴人、夏尔巴人等生活在西藏地区各民族人民中间口头流传的谚语，具有浓厚的民族特色，而且是以前人们少见的谚语。另外收入了少量流传在西藏的汉族和回族的优秀谚语。三是该卷收入了一些内容陈旧的谚语，并在编排上进行适当的处理，有助于全面客观地了解西藏谚语的发展变化。四是藏族谚语包括的内容非常广泛和丰富，可以说是西藏社会的百科全书，对于研究雪域高原的历史、地理、文化、宗教，以及人民的生产、生活、心理素质、风俗习惯，有着不可替代的价值和作用。

《中国谚语集成·福建卷》

中国民间文学集成全国编辑委员会、中国民间文学集成福建卷编辑委员会编，中国 ISBN 中心，2001 年版。

前有"总序""凡例""前言"各 1 篇，后附"附录" 2 篇，"后记" 1 篇。这是一部收录福建省谚语的小型资料集，也是"中国民间文学三套集成"成果之一。收录的谚语有 2 万余条，按内容分为"事理""修养""社交""时政""生活""家庭""风土""自然""农林""工商""文教"11 个大类，大类下又细分若干小类，基本反映了福建省民间谚语的全貌。只举谚语条目，不举例证，对难懂的部分以脚注的形式加以解释。所收谚语的搜集地标至市、县，广泛流传的谚语不标流传地。本书所收录的自然类谚语所占比重较大。农林类谚语与当地农业生产和农民生活紧密相关，是福建省人民在农业生产生活中总结出的宝贵的经验。一些农林类谚语不但给予农业生产有效的指导，还展现了独特的文化特色和地域特色。该书有利于了解福建省的风俗民情、农业生产、时令气候、人文精神等，对于了解福建省的风土人情和当地的特色文化具有一定的参考价值，也有助于保存和继承当地的谚语资源。

《中国谚语集成·云南卷》

中国民间文学集成全国编辑委员会、中国民间文学集成云南卷编辑委员会编，中国 ISBN 中心，2002 年版。

前有"总序""凡例""前言"各 1 篇，后附"附录"3 篇〔包括"《中国谚语集成·云南卷》谚语集成资料本目录及编辑人员一览表""云南谚语主要搜集（提供）者简介""云南谚语搜集（提供）者名单"〕，"后记"1 篇。这是一部收录云南谚语的中型资料集，也是"中国民间文学三套集成"工作成果之一。本书从 20 万余条各民族口头流传的谚语中精选出 2 万余条，收集了普米族、哈尼族、瑶族、傣族、彝族、纳西族、白族、布朗族、基诺族、佤族、藏族、苗族、景颇族、壮族、傈僳族等多个少数民族的谚语，其中一部分采录自各民族的历史典籍和民国年间编的谚语集子。按内容分为"谚之谚""事理""修养""社交""时政""生活""家庭""风土""自然""农林""行业"11 个大类，大类下又包含许多小类。只选录谚语条目，不加解释。该书目选取谚语范围较为固定，每条谚语注明族属和流传地区，以地、州、市级为单位。一些在少数民族中流传的汉族谚语，或者在几个民族中都有流传的谚语，不再过细甄别，仅标以搜集地区。本书力图以地方特色和民族特色为宗旨，真实全面地反映千百年来流传在云南少数民族中的谚语这一民间智慧的基本概貌，对于保护和发展少数民族文化具有重要价值。

《谚语大全》

岩熔编，新疆青少年出版社，2002 年版。

前有"前言"1 篇。这是一部中型谚语资料集，所收录的谚语条目按汉语拼音方案排序，只列举条目，不加解释，不举例证。选录条目丰富且多为日常使用的谚语，语条简洁明了，通俗易懂，易诵易记，可满足人们的文化生活需要，也能供中小学生阅读、欣赏和运用，适合作为少年儿童的谚语入门书籍使用。书中谚语展现了中华民族的语言特点，雅俗共赏，情趣盎然，将哲理性、趣味性、科学性相结合，集简练、生动、诙谐的语言风格于一体，体现了深厚的中华文化底蕴。内容涉及社会生活的各个方面，是人民生活经验的积累所得，对于日常生活有一定的指导作用。其语义积极向上，规劝教化类谚语条目占比较大，是针对少年儿童的身心发展特点选编，对其性格品质的发展起着正确的导向作用。书页色彩鲜明，能够增强青少年的阅读兴趣，吸引读者阅读。这些谚语的搜集编录可以提高少年儿童对谚语的了解和重视，丰富他们的知识，也是对谚语资源的有利保护。

《中国谚语集成·海南卷》

中国民间文学集成全国编辑委员会、中国民间文学集成海南卷编辑委员会编，中国 ISBN 中心，2002 年版。

前有"总序""凡例""前言"各 1 篇，后附"附录"3 篇［包括"海南谚语方言词语汇释""《中国谚语集成·海南卷》市县资料本编辑人员一览表""海南谚语搜集（提供）者一览表"］，"后记"1 篇。这是一部大型的谚语资料集，也是"中国民间文学三套集成"工作成果之一。按内容分为"事理""修养""社交""时政""生活""自然""农林""工商""教文"9 个大类，大类之下细分若干中类、小类。只选录谚语条目，不举例证，不释义，个别难以理解的方言字词、专用术语、习俗、典故等，首次出现时加注。该书谚语秉着科学性、全面性、代表性的原则加以选编，比较全面地反映了海南省各个历史时期各民族谚语创作，具有浓郁的地域特色。书中谚语分类细致，农林谚尤细，包括农业、林业、畜牧、副业和渔业五大类，下又划分了农本、农时、园艺、种植、家畜、捕捞等小类，比较全面地展现了海南省的农业生产面貌，为当地的农业生产提供了借鉴和参考。书中对每一条谚语的收录来源都进行了标识，有助于了解流传的概貌和追溯流传地。该书有助于保护和传承海南省的民间谚语，也为研究海南谚语提供了语料。

《中国谚语集成·江西卷》

中国民间文学集成全国编辑委员会、中国民间文学集成江西卷编辑委员会编，中国 ISBN 中心，2003 年版。

前有"总序""凡例""前言"各 1 篇，后附"附录"2 篇［包括"方言土语集注""江西省各地区（市）、县（市）谚语卷及编纂人员一览表"］，"后记"1 篇。这是一部大型的谚语资料集，也是"中国民间文学三套集成"工作成果之一。谚语条目分为"事理""修养""社交""时政""生活""风土""自然""农林""工商""文教"10 个大类，大类之下又分为若干中类和小类。只选录谚语条目，不举例证，不释义，方言、特殊用语、典故等在首次出现时作随页脚注。各条谚语搜集地标至专区、市级行政区；凡属全省广泛流传的，则标示从略。本书特色主要在于：一是选取的谚语较为全面地体现了江西人民生活、物质、精神等多方面的意识形态特征，表现了这个地域人民群众多方面的价值观念与审美情趣，对于研究江西文化具有重要意义；二是江西谚语的主体是农业谚及与之密切相关的自然谚，浓烈地表现出"农本"观念，是江西以农业为经济基础的反映，对于指导人们农业生产有重要的意义；三是江西民间谚语因其赣方言形成的特殊性，兼容性强，不乏多元色彩，具有丰富的艺术感染力量，有利于了解江西的语言特点；四是谚语句式多样，其中以两句一组的"双句式"为主，这部分谚语在结构上大体对称，节奏和韵律感强，有较强的音乐性，从而使口语变成了具有韵文特点的语言，朗朗上口；五是江西历史上文人辈出，留下众多名篇，在民间广为流传，人们将其文与民谚融为一体，因此江西的一些民谚带有某些书面语言的气息。

《中国谚语集成·四川卷》

中国民间文学集成全国编辑委员会、中国民间文学集成四川卷编辑委员会编，中国 ISBN 中心，2004 年版。

前有"凡例"1 篇，"前言"1 篇，后附"附录"3 篇［包括"谚语主要提供者小传""《中国谚语集成·四川卷》地、市、州县（区）资料本编纂人员一览表""方言及少数民族用语简表"］，"后记"1 篇。这是一部大型的谚语资料集，也是"中国民间文学三套集成"工作成果之一，从采录的 41 万条谚语资料中筛选收录 2 万余条。按内容分为"事理""修养""社交""时政""生活""风土""自然""农林""工商""文教""附类·格萨尔谚"11 个大类，大类下又分为 65 个中类，有的中类之下又分若干小类。只选录谚语条目，不举例证，不释义，方言、方俗、典故、少数民族用语以及其他需要注释的字、词、句，在首次出现时以脚注形式加以解释。流传地除仅在局部地区流传的风土谚外，标至县级行政区，少数民族谚语在采集地名之前冠以族属，中间置间隔号。本书的特色在于：一是四川以汉族为主体，且多为外省移民，所以汉族谚语是四川汉族人民在长期的生产劳动和社会生活中创造和传承的，其中也有相当一部分是历代汉族移民带入四川的，这部分谚语现在很难从四川汉族谚语中区别出来，但它们带着原居住地的烙印，成为研究中国各地谚语异同的珍贵资料。同时，四川汉族又分东、西、南、北四个方言区，民风民俗有异同，各个方言区的谚语也随之呈现出异同状况，体现了四川谚语的地域性特色和丰富多彩的内容与形式。二是民族色彩浓厚，反映了四川多元文化的特点。四川是多民族的省份，民族谚语占一定比例，包括彝族、藏族、土家族、苗族、羌族、回族等。部分少数民族谚语有自身的一些特征，如有许多彝族谚语存在本体在前、喻体在后的修饰方式；还有一种藏族谚语以民歌形式传唱，被藏族人民称为"歌谚"。这些谚语有助于了解不同民族的历史文化、思想意识等方面的特色。三是充分反映了四川农民执着的农耕信仰和观念以及农业生产的经验。四川人民在农本、农艺以及园艺、林业、畜牧副业、渔猎等方面都总结、创造、传承了大量的谚语，对于人们生产具有一定的指导意义。四是该卷收录的方俗谚语比较系统，可以反映出各个民族的一些基本的文化心态以及它的多样性，是认识四川地区各民族民俗文化的一批重要语料。

《中国谚语集成·河南卷》

中国民间文学集成全国编辑委员会、中国民间文学集成河南卷编辑委员会编，中国 ISBN 中心，2006 年版。

前有"凡例"1 篇，"前言"1 篇，后附"附录"4 篇［包括"河南谚语方言词汇释""《中国谚语集成·河南卷》地、市、县资料本及编辑人员一览表""河南谚语卷资料主要搜集（提供）者简介""河南谚语卷资料搜集（提供）者一览表"］，"后记"1 篇。这是一部大型的谚语资料集，也是"中国民间文学三套集成"工作成果之一，共收录谚语 22500 余条。本卷选收范围主要为郑州、开封、洛阳等 18 个市及其所辖诸县（区）现代民间流传的谚语，古谚亦以现代仍在流传或有影响者为限。所选谚语多为汉族谚语，也收录回族等其他少数民族谚语，并逐条注明族属。按内容分为"事理""修养""社交""时政""生活""家庭""风土""自然""农业""工商""文体"11 个大类，大类下酌分子目 69 种，子目之下又含小目 171 个。只选录谚语条目，不举例证，不释义，如个别谚语语义欠明，涉及方言、土语等只在首次出现时加以解释说明。本书的特色主要在于：从内容上来看，选取的河南谚语具有极大的融合性、历时性、综合性，较为全面地体现了河南人民生活、物质、精神等多方面的意识形态特征，有助于了解河南不同时期各个方面的发展变化。河南自古是一个农业大省，书中收录了大量的自然谚和农业谚，包含了人民积累的农业生产知识以及与农事有密切关系的气象方面的经验，这些谚语对于人们生产生活有一定的指导意义。农民的生产生活大都依赖于田园土地，人们把世代相守的乡土社会视为安身立命之所，此书有大量在河南流传、反映人民安土重迁思想观念的谚语。近代以来，河南民间"重农轻商"的思想正在发生着前所未见的大变化，这些观念也在河南谚语中得到了充分反映。谚语中还有不少是从反面对社会生活中的邪恶、腐朽思想和行为给以深刻的揭露，这类谚语内容广泛，涉及政治制度、世态人情，显示出谚语这一口头文学在针砭时弊中的社会功能和批判精神。从艺术特色上来看，有少量的河南谚显示了河南人对一些事物的特殊称谓和表述方式，突出了地方语言个性，增强了乡土韵味。河南谚语的句法和结构主要是单句和复句两种，单句谚或直白或明指暗喻，不拘一格，而复句谚则多用比兴手法，使意境递进而有所侧重。谚语每句字数以三到九言多见，十字句以上的谚语数量较少。另有小部分谚语在两句以上，似为复句的一种变体，既可以整体表现某事象全过程，也可分开独立使用，表现事象的某个阶段，这在自然谚的天文目中较多见。

《中国谚语集成·内蒙古卷》

中国民间文学集成全国编辑委员会、中国民间文学集成内蒙古卷编辑委员会编，中国 ISBN 中心，2007 年版。

前有"总序"1 篇，"凡例"1 篇，"前言"1 篇，后附"附录"3 篇［包括"《中国谚语集成·内蒙古卷》历年资料本一览表""内蒙古谚语主要搜集（提供）者小传""内蒙古谚语搜集（提供）者一览表"］，"后记"1篇。这是一部大型的谚语资料集，也是"中国民间文学三套集成"工作成果之一。按内容分为"事理""修养""社交""时政""家庭""生活""风土""自然""生产""行业"10 个大类，大类之下又分若干中类和小类。只选录谚语条目，不举例证，不释义，方言、特殊用语、典故、习俗、多音字、生僻字、专用术语、异语（词、句）及少数语音译等，在首次出现时加以适当注解。本书的特色主要在于：一是内蒙古民间有许多关于谚语的美谈或谚语故事，突出了谚语对内蒙古地区人民的重要性。二是民族色彩浓厚。书中收录的谚语涉及多个民族，包括汉族、蒙古族、达斡尔族、鄂温克族、鄂伦春族、回族、满族等，有助于我们了解内蒙古不同民族的历史演进和文化特征。三是语言精练，句式简短。大部分谚语为两行，每行 2—5 个字。各民族谚语充分利用本民族的语言优势，使得谚语易于应用，朗朗上口。四是富有哲理，耐人寻味。内蒙古地区谚语中，修养类和社交类方面的谚语浩如烟海相当丰富。在现已收集到的谚语中，几乎一半以上都集中在美丑善恶、智慧愚昧、持家经营、恋爱婚姻、交友和待人接物、言语谈吐等方面，这符合内蒙古地区各族人民群众现实生活基本特点及其规律，对于指导人们为人处世、待人接物具有一定的意义。五是前后对仗，首尾押韵。其中，蒙古语的押韵跟汉语略有不同，它除了押尾韵以外，首韵也要押，即第一个字的头一个字母要相同或相似。

《中国谚语集成·广西卷》

中国民间文学集成全国编辑委员会、中国民间文学集成广西卷编辑委员会编，中国 ISBN 中心，2008 年版。

前有"凡例""前言"各 1 篇，后附"附录"4 篇（包括"方言集注""广西谚语集书目""广西各市、县谚语资料本目录""广西民间文学资料汇编谚语书目索引"），"后记"1 篇。这是一部中型的谚语资料集，也是"中国民间文学集成"工作成果之一。按内容共分为"事理""修养""社交""时政""生活""家庭""乡土""自然""生产""工商""文教"11 个大类，大类之下酌分"说理""胆识""求知""国家""衣食"等 63 个中类，中类之下又分 185 个左右小类。本卷对一些地方性、行业性专有名词、常用方言、风俗、典故以及有价值的谚语异文，进行随页脚注。所收谚语均注明采录县、市及所属民族。未标民族的为汉族。本书最大限度地收录广西地区的谚语，基本可以在生产生活、思想感情、哲理依据、自然物候、风俗习惯等各方面展示广西地区的全貌，具有鲜明的地域特色。同时反映了广西地区的语言在韵律、句式以及"赋、比、兴"方面的特色，对于研究广西地区的语言特色具有一定的参考价值。气象类谚语分类细致，从降雨、阴晴度、云雾量等各个方面反映出广西的亚热带湿润季风气候，生产类谚语又配合着气候，说明了当地的种植规律以及特色农产品，展现了广西的物候风貌和独特的"那文化"，各类动物的分类说明与上述因素一起反映出了广西的自然生态环境。本书谚语收集了广西壮族、瑶族、侗族等各民族谚语，并用符号进行说明，便于读者理解，同时也凸显出本书浓郁的民族特色和地域特色。

《湖南谚语集成》

湖南省文学艺术界联合会编，湖南文艺出版社，2009 年版。

前有"出版说明"1 篇，"前言"1 篇，"凡例"1 篇，"总目"1 篇，后附"湖南谚语主要搜集（提供）者简介""湖南谚语搜集（提供）者一览表""湖南谚语方言表""湖南谚语图片资料选""湖南省少数民族人口分布图""湖南省谚语普查示意图"各 1 篇。这是一部搜集湖南省民间谚语的中型资料集。分为甲、乙两编，甲编为前人文献，乙编为后人研究。按内容共分为"事理""修养""社交""时政""生活""风土""自然""农林""工商""文教"10 个大类，每个大类下分若干中类，个别中类下又分若干小类。未对所列谚语条目做详细解释，只是依照类型进行了列举，每条谚语下均附加所属地域，卷内谚语族属标注于采集地之后。为了方便读者的理解，编者为重要内容添加随页脚注，一条谚语同时有多处需要注释及两句以上未分行的只在条末标点后加注，需注内容多次出现只在首次加注。书中谚语内容涉及范围广泛，分类详尽细致，有利于读者了解到湖南地区人们的生产生活状况和为人处世之道，也为研究该地区的谚语使用情况提供了语料，在当地促进学术研究、培育思想道德、弘扬民族精神、提高居民素质等诸多方面发挥了一定作用。对这些谚语的记录不仅有利于保存和保护当地的谚语资源，丰富中华谚语，也是对当地独具特色的文化的继承和保护。

《黑龙江谚语》

刘永江、王益章主编，黑龙江人民出版社，2011 年版。

前有"总序"1 篇，"概述"1 篇，后附"后记"1 篇。这是一部搜集记录黑龙江地区多民族谚语的小型资料集。按内容分为"事理""修养""社交""时政""生活""风土""自然""农林""工商""文教"10 个大类，每个大类下分若干小类，分类较为细致，内容包罗宏富。未对所列谚语详细解释，只是对部分难懂词语加以解释，便于读者的理解。作为一部地方性谚语集，黑龙江谚语具有其独特的地方性、民族性、群众性和时代性，黑龙江省民族众多，地脉独特，因此该地谚语存在两大特征：地方多民族性和寒冷环境的文化表现。省内独有的赫哲族自古以渔猎为主，所以渔猎谚特别丰富，而鄂伦春族、鄂温克族的狩猎谚居多，达斡尔族以农耕狩猎为生，谚语多为农耕谚和狩猎谚，蒙古族以畜牧业为主，畜牧谚则是重点，书中所选的满族谚语虽无多少语言特征，但在内容上还能体现满族色彩。汉族谚语是随汉族人口流入的，其中的生活谚、生产谚多是黄河中下游中原一带的谚语，社会实践谚语则来自全国各地。对于这些谚语的整理是对当地文化的一种保护和发扬，具有一定的语料价值。搜集当地谚语的同时利用当代科学文化对谚语的起源进行严密的探讨分析，是本书的一大特点，这对于弘扬当地文化、促进谚语起源相关学术研究的发展起到一定的作用。

《肃州民间谚语》

何国宁主编，甘肃文化出版社，2011 年版。

前有"序"1 篇，"前言"1 篇，后附"歇后语"1 篇，"编后记"1 篇。这是一部关于肃州民间谚语的小型谚语资料集，共收录谚语 3200 余条。按内容分为"时政类""事理类""修养类""社交类""生活类""自然类""生产类""其他（综杂类）"8 类；除综杂类外，每类下面按具体内容的不同分四到七目不等。编选准则是"来自民间，群众创作，口头流传，乡土货色"。只选录谚语条目，不加解释。方言或不易理解的词、字，采用脚注加以注释。本书的特色在于选取汉、回、裕固等多民族谚语，谚语选用时尽量标明民族，具有鲜明的民族特色，可以看到当地人民的是非观、爱憎观、审美观，有利于展开对不同民族的历史文化研究和语言文字研究；肃州民间谚语接受了肃州独特的人文环境和历史文化的熏陶，呈现出开放兼收的气势，从对谚语的品读中可以看到肃州人民生活生产的社会画卷，对于弘扬保护肃州优秀民俗文化具有一定的意义；肃州民间谚语需要用当地方言俗语讲述才能合辙押韵，朗朗上口，浓重的乡音方言表明了明显的地域色彩，从语言文字方面保护了肃州方言，具有一定的语料价值；肃州民间谚语作为一种口头文学作品，具有时政敏感性，常常能够抓住社会生活中某些事物的表象，及时准确地提示出它的本质，以通俗的方式可以很容易被大家理解和接受，有利于发挥肃州谚语在人民群众间的教育教化作用。

《镇原民间文化集成·谚语卷》

镇原县文化广播影视局、镇原县文化馆编，甘肃文化出版社，2012 年版。

这是一部小型的谚语资料集，也是"中国民间文学三套集成"工作成果之一，共选录民间谚语 2255 条，按内容分为"修养""智慧""自然""社交""生活""事理""生产""时政""保健""婚育""勤俭""农谚"12类。只列谚语条目，不加解释，不举例证，方言俗语和难解谚语以脚注的方式加以解释。书中谚语来自民间群众口述，具有口语化的特点，简洁明了，通俗易懂。镇原县是少数民族聚居之地，所收谚语富有鲜明的民族特色和突出的地域特点，内容反映了当地多民族的风俗文化，对于研究少数民族民间文化与当地风俗文化具有参考价值。书中选录的谚语种类丰富多样，对于了解社会生活各个方面具有参考意义。自然谚语、生产谚语和农谚与日常生活密切相关，人们可以从中获取诸多启迪，丰富经验；保健谚语是当地人民长久的保健经验结晶，对于现代医疗工作具有积极的启示意义；修养谚语、智慧谚语和事理谚语是人民智慧的结晶，对于提高人们的道德修养以及规劝人们立业学习具有教化作用。镇原县谚语的搜集整理有助于保护当地的谚语资源，具有一定的语料价值。

《海原民间谚语》

王新林等编著，阳光出版社，2013年版。

前有"编者的话"1篇，"序"1篇，后附"后记"1篇。这是一部小型的谚语资料集。谚语侧重选录全县流传较广的条目，经过反复梳理、归类最终撰成。按内容分为"时政""事理""修养""社交""生活""自然""生产""其他"8类，40个细目，共收录谚语2000余条。只列谚语条目，不举证，不释义。本书所选大部分条目思想内容健康，言简意赅，但也有某些条目的思想不够健康，甚至含有封建主义"宿命论"成分。书中谚语主要是为了帮助人们认识某个历史阶段社会发展和科学文明的程度、人们的认识水平及思想特征。内容上具有鲜明的地域特色，可以帮助我们研究海原社会历史情况，也为研究海原谚语提供了资料。

《六安谚语集成》

中共六安市委宣传部、六安市老新闻工作者协会编，中国戏剧出版社，2014年版。

前有"六安谚语初探（代前言）"1篇，后附"六安谚语、歇后语、方言搜集者名单"。这是一部小型的谚语资料集，除了搜录六安谚语以外，还搜录了六安地区的歇后语和方言。本书所选谚语按照主题的不同，共分为"社会类""自然类""生活常识类"三大部分，每一部分下又根据具体内容分为多个中类和小类。只列谚语条目，不举证，不释义。本书特色在于谚语富有地方特色，涉及社会政治、人际交往、品德修养各个方面，采取比喻、对偶、夸张等多种修辞手法，言简意赅，朗朗上口，对于传承与弘扬六安的思想文化有重要作用，为我们研究与探索六安谚语提供了帮助。

《庆元谣谚》

吴式求编著，浙江大学出版社，2014 年版。

前有"序一""序二"各 1 篇，后附"庆元方音音标符号表""关于注音的几点说明""本书所用部分生僻字、词的来源和出处"各 1 篇。这是一部小型的谚语资料集，根据当地人的日常口语来记录庆元谣谚，共收录了庆元地区近 2000 条歇后语、数十题谜语以及近百首歌谣和大量的俗语巧对。在注音方式上，采用了以汉字注音为主，国际音标为辅的混合注音方法。本书特色在于在记录用字方面，能够兼顾形、音、义三者的联系与配合，既具可读性、趣味性，令人饶有兴味，又有创新点和学术价值，为汉语方言尤其是吴语的研究提供了丰富的语料。

《盐池县民间谚语精选》

刘怡乐编，宁夏人民出版社，2014 年版。

前有"序言""概述"各 1 篇，后附"盐池民间歇后语""后记"各 1 篇。这是一部收录宁夏盐池县谚语的中型资料集，共收录民间谚语 4000 余条，按内容分为"祖国""家乡""阶级""思维""真理""家庭人生""修养""德行""智慧""谨慎""团结""婚恋""医药""时令""气象""农业""林业""饮食""交通""戏剧"等 57 类。只选录谚语条目，不加解释。所选谚语多为广大劳动群众从生活中总结出来的经验，简洁精练、口语性强，具有一定的韵律美，反映了盐池县的生产生活实际，具有浓厚的地域色彩。该书选编谚语内容丰富，分类细致，富含教益，其中的生产类谚语尤为多样，分为时令、天文、气象、物候、气候、节气、种地、农业、林业、牧业、副业、渔业、管理 13 类，具有经验性和哲理性，对于盐池县人民的日常生产劳作具有重要的指导作用。修养类、德行类谚语对于人们良好思想品德的培养和行为方式的塑造发挥着一定的教育作用。当地谚语的收集整理工作是对盐池县地方谚语和文化的抢救，对于盐池县非物质文化遗产的保护起到了一定的作用，同时为中华谚语的研究提供了语料。

（三）民族类

少数民族谚语是中华谚语研究的重点组成部分。自 20 世纪 60 年代以来，少数民族谚语持续受到关注，涉及少数民族谚语语料编纂收集的著作共 30 余部，从体量上看，成果主要为小型的谚语资料集。蒙古族、藏族、壮族、彝族资料集占比较大。这些资料集不仅是少数民族谚语研究的基石，也可以帮助我们了解和研究各少数民族的社会历史情况，在促进民族交流、保存和弘扬民族文化、铸牢中华民族共同体意识等方面发挥积极作用。

《柯尔克孜谚语》

胡振华翻译整理，新疆人民出版社，1963 年版。

前有"前言"1 篇，后有"注释"1 篇。这是一部小型的谚语资料集，是柯尔克孜族谚语的汉译条目汇编，共收录柯尔克孜族谚语 300 多条。只选录谚语条目，不加解释。本书特色在于选录谚语都是柯尔克孜族人民生产斗争和社会斗争的生活结晶，可以帮助我们研究柯尔克孜族社会历史情况，也为研究柯尔克孜族谚语提供资料。

《哈萨克族谚语选》

新疆人民出版社编，新疆人民出版社，1978 年版。

前有"前言"1 篇。这是一部搜集哈萨克族谚语的小型谚语资料集，共收录谚语 343 条。未对谚语进行总体的概括分类，只是将内容相近的谚语放在同一部分，所列谚语条目未做详细说明，只是以脚注的形式对部分词语进行解释，以便于读者的查阅和理解。作为一部少数民族谚语集，其在内容、形式、取材、表现手法等方面有着自己的民族特色。对这类谚语的研究，有利于我们了解哈萨克族人民的生活风俗以及处世态度，因为谚语是对当地的生产生活经验的总结，所以收集整理也是对当地谚语资源的一种保护和传承。此外，淡化谚语的阶级性，去除一部分落后反动的谚语，从而突出谚语的时代性、群众性和革命性，是该谚语集的突出特点。该书在促进民族交流、增强民族团结、弘扬民族文化和提高当地人民素质等方面发挥了一定的积极作用。

《乌孜别克族谚语选》

郝关中、张世荣翻译整理，新疆人民出版社，1980年版。

前有"前言"1篇。这是一部小型的谚语资料集，是乌孜别克族谚语的汉译条目汇编。全书共分为14节，收录谚语593条。只选录谚语条目，不加解释。乌孜别克族的谚语在内容与形式上，取材和表现手法与汉谚不完全相同，有着自身的民族特点，如"合群的羊，狼也害怕""狡兔逃不脱众人的手""离群的羊会被野狼吃掉，离群的人会被敌人收拾掉""有高山般支柱的人，才有狮子般的勇气"。乌孜别克族谚语作为一种社会意识形态，反映了这个民族的社会变革和发展，以及当地人民对社会发展规律、自然规律认识的不断提高，如"马渴了，戴着笼头喝水；人急了，穿着靴子下水"。所选谚语通俗易懂，经常运用动物类比，诸如狮子、蛇、羊、蜜蜂等，相关注释标于页脚处。本书带有鲜明的民族色彩，是研究乌孜别克族谚语宝贵的资料，有利于对乌孜别克族谚语资源的保护，对于研究中华谚语具有一定的语料价值。

《中国少数民族谚语选》

蒋风、王慈编，湖南人民出版社，1982年版。

前有"前言"1篇。这是一部小型的谚语资料集，是中华多民族谚语的汉译条目汇编。全书按内容分为14类，包括"真理正义""认识规律""团结友谊""对敌斗争""意志毅力""爱憎情操""勇敢忠诚""实践经验""刻苦学习""谦虚谨慎""批评反省""艰苦奋斗""爱情家庭""其他"，共收集多民族谚语近2000条。只选录谚语条目，不加解释，每条谚语在其右下角标明民族，对于部分少数民族词汇予以注释。本书收录蒙古族、柯尔克孜族、维吾尔族、壮族、藏族、裕固族、朝鲜族、景颇族等多民族谚语，例如真理正义篇中，包含23条少数民族谚语，7个少数民族的谚语，具有鲜明的民族性。除此之外，选取的谚语都是反映少数民族生产斗争、社会斗争和日常生活的艺术结晶，凝聚着少数民族丰富的智慧和实践经验，渗透着人民深厚的思想感情，在世代流传的过程中，经过锤炼使得谚语语言形象，韵味隽永。本书所收少数民族谚语具有一定科学性、阶级性、哲理性，其中还有大量有关思想情操、道德修养方面的精辟警句，给人以启迪和教育。

《蒙古族谚语》

内蒙古人民出版社编，内蒙古人民出版社，1982 年版。

前有"编者序"1 篇。这是一部小型的谚语资料集，作者搜集了大量的蒙古族常用谚语，汇聚成册。全书按照主题分为"真理·光阴""道德·修养""理想·意志"等 20 余类，每一类下包含若干谚语。只列谚语条目，不举例，不释义。本书的特色在于将蒙古族谚语进行了比较全面的整理，不仅有书面上的，还有蒙古族人民口头流传的，具有鲜明的民族特色，对于研究了解蒙古族谚语与其他民族谚语的区别具有一定参考价值，对于了解蒙古族谚语特色有着资料性作用。所收录的生活行业类谚语总结了生产和生活实践经验，是劳动人民长期创造的珍贵精神文化财富。人生哲学类谚语反映了蒙古族人民勤俭、乐观、谦慎、团结的生活哲学，有利于了解蒙古族民俗文化和风土人情，对于研究和保护蒙古族谚语和民间谚语具有一定的价值。

《凉山彝族有关妇女的谚语》

岭光电译，中央民族学院出版社，1982 年版。

前有"前言"1 篇。这是一部搜集凉山彝族有关妇女谚语的小型资料集，按照内容分为"父母""子女""婚姻""女儿""美""婆家""处家""感情""习惯法""亲戚""其他"共 11 类。本书采用彝族语言和汉语双语方式进行编排，以手写的方式完成具体的正文，用国际音标进行标注；在某些特定的谚语后进行标注，在文章最后用印刷体进行罗列解释。"尔比尔吉"是彝族人民创造的丰富优美的口头文学中的一种，一般用十分生动形象的比喻来解释所要说明的问题，相当于汉语语言中的格言和谚语。书中搜集整理的凉山彝族有关妇女的谚语可以展现出凉山彝族的哲学、伦理学、天文学、宗教及历史等多个方面的文化背景，为人们了解凉山彝族提供可参考的资料；专门针对妇女的谚语进行收集整理，可以展现凉山彝族妇女社会地位、生存环境、生活方式的演变。因此，本书谚语可以为研究彝族社会分工、民族历史提供一定的参考资料。"尔比尔吉"作为凉山彝族本地的谚语，具有浓厚的民族色彩与地域色彩，同时书中采用了彝族语言、汉语双语加国际音标模式，有利于彝族语言的传承，具有一定的语料价值，可以为彝族的语言研究提供有较高价值的原始语料。

《〈格萨尔〉谚语集》

王兴先编，西北民族学院研究所，1983年版。

前有"说明"1篇。本书收录《格萨尔王传》中的谚语170多条，编成《格萨尔》谚语第一集，其资料来源于6本汉文版与6本藏文版的《格萨尔王传》。本书分为"一句体谚""二句体谚""三句体谚""四句体谚""五句体谚""六句体谚""八句体谚""二句二段体谚""二句三段体谚""二句四段体谚""二句五段体谚""二句六段体谚""三句二段体谚""三句三段体谚""三句六段体谚""四句二段体谚""四句三段体谚""五句三段体谚""六句三段体谚""八句三段体谚"，全书所收谚语，除个别条目未能找到藏文原文外，其他均为藏、汉两文对照。只收录谚语条目，为查找方便，在每条谚语后附有出处，不加解释。《格萨尔》谚语是藏族古代社会各方面经验的结晶，是古代藏族人民群众日常用语的升华。本书所收录的谚语不但在文学方面富有艺术性，在研究藏族古代社会历史方面也是一份真实难得的资料。

《彝族尔比》（彝文版）

四川彝文工作组编，四川民族出版社，1985年版。

本书以音序排列，以规范彝文为原则，对少量的词句保留了古语读音，共收入彝族格言3000余条，内容包括自然、生产、学习、团结、民主、文明、道德、歌颂正义和反对邪恶等各个方面。彝族谚语，彝语叫"尔比尔吉"，是彝族民间文学的重要组成部分，是彝族人民智慧和知识的结晶。主要特点是词句精练，音韵铿锵，旋律和谐，句式整齐，吟咏上口，有着广泛的群众性、严格的逻辑性。这种独特的艺术特色是彝族人民根据长期的生活实践和历史经验而创造出来的。

《锡伯族谚语选》

贺灵编，新疆人民出版社，1986年版。

前有"出版者的话"1篇。这是一部小型的谚语资料集，选录了广泛流传在锡伯族民间具有民族特色和时代色彩的500余条谚语。但其中有些谚语看起来与其他民族相同，久而久之，就很难分清某一条谚语首先出自哪个民族和地区。全书共分为10个部分，没有固定的分类标准。只列谚语条目，不举例，不释义。本书专门对锡伯族谚语进行了研究，具有鲜明的民族特色。收录的谚语充分反映了锡伯族人民对祖国、人民的热爱，对知识才能的重视，忠诚勇敢的民族性格，团结互助的民族凝聚力，也反映了他们勤俭、乐观、谦慎、团结的生活哲学和人生态度，以及为后人劳作提供生产经验。该书有利于了解锡伯族的历史文化、民风习俗以及整个社会形态，对于研究锡伯族谚语及其文化具有一定的参考价值，对于中华谚语研究具有一定的语料价值。

《民族谚语一千条》

白庚胜、郭辉、木塔里编，上海文艺出版社，1987 年版。

前有马学良"序"1 篇，后附"后记"1 篇。这是一部小型的谚语资料集，精选民族谚语 1000 条。谚语条目按主题分为"知识真理智慧""学习教育人才""时间青春生命""爱情婚姻家庭""勤劳节俭健康""实践真理法律""饮食服饰歌舞"等 13 类，各类下包含各个民族谚语若干条。只列谚语条目，不举例证，不释义。每一条谚语前都标注了民族，对于一些民族方言词汇，以脚注形式加以解释。该书在编选过程中，秉承着"民族上求全，资料上求新，范围上求广，分类上求细"的原则，由少数民族研究人员编写，并且进行了实地调查，收录了蒙古族、藏族、维吾尔族等多个少数民族的谚语，具有鲜明的民族特色。所收录的谚语充分反映出了我国少数民族的生产生活特点、心理素质、地理特点、语言风格、风俗习惯，有利于了解少数民族的民俗文化和风土人情，对于整理搜集少数民族谚语以及开展中华各民族谚语比较研究有着重要作用和语料价值。

《苗族谚语格言选》

黔东南州民族研究所编，吴德杰、杨文瑞选译，贵州民族出版社，1989 年版。

本书收录了贵州苗族中部方言谚语格言，分为哲理、团结、教育、勤劳、农谚和节俭六大部分。苗族谚语，苗话叫"Hseid lul hseid ghot"，意译即"古话古语"，顾名思义，苗族谚语早已流传于民间，而且大量存在于诗歌特别是理词之中，成为苗族语言的精华部分。

《傣族谚语》

高立士编，四川民族出版社，1990 年版。

前有中英文"序"各 1 篇，中英文"目录"各 1 篇。这是一部小型的傣族谚语资料集，根据内容分为"社会形态""家庭婚姻""道德修养"等 10 类。只列谚语条目，不举例证，对部分难以理解的地方进行解释。每类谚语列有傣文与汉语对照，有的还从语音、语义、出处等方面进行解释。傣族谚语可以说是傣族人内心世界的窗口，它以最简洁的语言站在更高更深更哲理的层次上，带着特有的民族个性表达傣族人的心声和爱憎。傣族谚语可以说是傣族文化发展程度的一个坐标，对傣族的特点及心理世界有着细致的刻画，如"骑象不怕狗咬"意为对自己的品德充满自信，"忍酸后吃甜，耐劳名传古"是一种人生处世哲学。本书所收谚语体现了傣族谚语的文学性、哲学性、民族性，有助于纠正以往对傣族的偏见，深入了解傣族的风土人情、道德情感以及丰富的内心世界，有利于保存和继承当地的谚语资源，对于弘扬傣族优秀传统文化、发掘傣族深层文化内涵具有重要意义，对于研究中华谚语具有一定的语料价值。

《蒙古族谚语》（蒙古文版）

霍尔查、贝·官布扎布编，内蒙古人民出版社，1990 年版。

前有"前言"1 篇。这是一部小型的谚语资料集，谚语条目按音序排列。只列谚语条目，不释义，不举例证。本书由少数民族研究人员编写，并且进行了实地调查，收录了蒙古族谚语，具有鲜明的民族特色。收集整理的谚语偏口语化、地方化，贴近民间真实生活，有利于增强对当地生活习性以及农事安排的了解，对于活跃人们的精神文化生活、宣传当时的道德文化规范具有一定的积极意义。收录的谚语充分反映了蒙古族人民勤俭、乐观、谦慎、团结的生活哲学和勤劳节俭的人生态度；反映了蒙古族人民的劳动生产经验和自然地理环境，为后人劳作提供生产经验，体现了蒙古族人民对于自然的敬畏，保留了历史进程中蒙古族人民对自然规律探索的成果。该书有利于了解蒙古族的历史文化、民风习俗以及整个社会形态，对于研究蒙古族谚语及其文化具有一定参考价值。

《中国谚语集成·福建卷·闽东畲族谚语》

宁德地区民间文学集成编委会编，1990 年内部印刷。

前有"前言""凡例"各 1 篇，后附"畲语汉语词汇对照及注释"1 篇，"后记"1 篇。这是一部收录福建省闽东畲族谚语的小型资料集，也是"中国民间文学三套集成"工作成果之一，共收录谚语 2552 条，按内容分为"时政""事理""修养""社交""生活""民族宗教""自然""农林""工商"9个大类，大类下又分为"思维""理想""集体""祖国家乡""信仰""勤俭持家""时令""农业""商贸"等45个小类。只列谚语条目，不释义，不举例证，对畲族特殊用语、地方掌故、特殊生活习俗以脚注的形式解释说明。本书收录了畲族特有谚语，尽量保留当地语言原貌，且在最后附"畲语汉语词汇对照及注释"表，为畲族语言的研究提供了丰富的语料资源。畲族语属于汉藏语系，通用汉文字，畲汉两族有着密切的交流，表现其共同的文化心理和生活习性，书中生活类谚语从侧面表现出不同文化的交流融合，畲族同源历史、徙居、族亲等内容。社交类谚语对歌礼俗交流传承谚语，反映畲族独特的文化风俗。民族宗教类谚语属宗教文化传承谚语，反映出畲族文化与道教文化关系密切的民族性特色。畲族谚语除具有浓郁、古朴的民族特色外，内容上同样具有哲理性，如修养社交类谚语的收录对于人们的生活有一定教化作用。部分谚语如时政类谚语还具有鲜明的阶级性、时代性。

《彝族民间谚语》

禄劝彝族苗族自治县民委民族古籍办编，云南民族出版社，1992年版。

前有"前言"1篇，后附"后记"1篇。这是一部收集彝族民间谚语的小型资料集，按内容分为"时政类""事理类""修养类""社交类""生活类""自然类"共6类。正文采用彝族语言和汉语对照形式进行编著，彝文采用云南规范文字，并注上禄劝彝族纳苏支系的读音，全书分为两栏，左边为彝族语言，彝族语言下有国际音标进行标注，右边为对应的汉语翻译。彝族民间谚语是彝族文化的重要组成部分，是彝族语言的精华，本书采用双语形式进行编著，一方面丰富了彝族谚语的语料库，为彝族语言的研究提供了一定的参考资料；另一方面有汉语的解释，可以让更多的人读懂彝族民间谚语，有利于传播彝族文化，增进民族间的相互了解，促进民族团结。彝族民间谚语是彝族人民长期实践经验的总结，包含了阶级关系、生产关系、道德修养、行为规范以及自然物候等各个方面，比如有的谚语中就体现出彝族过去信神胜于信官、情义重于从属的独特心态，这样的收集整理有利于对彝族的民俗风情、文化意蕴、思维模式等方面研究的展开提供一定的参考资料。对于彝族本民族来说，彝族民间谚语用浅显形象的比喻阐明了精湛深奥的哲理，易学易记，因此本书可以成为彝族人民世代相传的家庭教育和社会教育的基本教材。

《纳西族谚语：科空》

郭大烈、郑卫东编，云南民族出版社，1998 年版。

前有"前言"1 篇。这是一部小型的纳西族谚语资料集。按照谚语的内容意义大体分类，全书共分为"骏马面前无沟壑（志存高远）""勿采树上未熟小果（爱护生态）""不到热天麦子不黄（顺应天时）""母亲的呼唤响九州（敬重亲友）""九滴汗水一粒麦（勤劳持家）""金沙江藏金水不响（修身立德）""眼见大江却无煨茶水（淡泊人生）""别想吃云鹤的肉（人生戒条）""纳西族先祖崇仁利恩的话（民族自豪感）"9 个大类。每一条谚语有象形文字的表达、纳西族语言的注音、汉译、英译，在翻译时为保证句子的原意不变，尽量采用直译。本书旨在继承、弘扬纳西族的文化传统，满足纳西族群众文化生活的需要。谚语在纳西族中属于珍贵的民族文化，具有悠久的历史，凝聚了当地人民的生活智慧和劳作经验，为后世人民的生活提供经验指导以及理论参考，具有一定的语料价值。其创新之处在于，象形文字的表达方式和纳西族独有语言的注音、汉译、英译，使得纳西族谚语生动形象，具有鲜明的民族特色。多语言翻译也有利于让对当地谚语文化感兴趣的其他民族或者外国人阅读此书，并进行一定的研究，有利于当地谚语文化的传播和发展。

《彝族尔比词典》（彝文版）

沈伍己编著，四川民族出版社，2000 年版。

这是一部彝族谚语辞典，收录了 1500 条"尔比"。著名彝学家沈伍己自 20 世纪 50 年代开始，从搜集词条、详加注解到整理编辑成书历时半个世纪。该书弥补了彝族历史文献不足的缺陷，填补了彝学研究领域的一项学术空白。"尔比"是彝族的传统语言形式，相当于汉语的"格言""谚语"。"尔比"被喻为彝族生活中的"盐"和行动上的"灯"，在彝族社会中通过口耳传授流传于民间，彝族人民借以承载了许多历史文化、社会政治、经济社会、哲学思想、天文地理、习惯法法典等。

《藏族民间谚语》

宋兴富主编，巴蜀书社，2004 年版。

前有"前言"1 篇，后附"后记"1 篇。这是一部小型的藏族民间谚语资料集，共收录谚语近 2000 条。全书分为 11 类，包括"劳动类""学习类""道德类"等，每类下列藏族常用谚语。本书收录了藏族民间谚语，对于研究藏族的历史文化、风俗习惯和人民生活具有积极作用。通过研究藏族民间谚语，对于人民的现实生活和生产实践活动起到了重要的指导作用，其中生产类、生活类、自然类的谚语，有利于人们了解该地区气候水文等知识；修养类、社交类、生活类谚语涉及为人处世、道德修养、与人交往等知识，对于启发和规范人们的行为以及提高人们的道德修养，有一定的教育意义。

《锡伯族谚语集》

关宝学编，辽宁民族出版社，2004 年版。

前有"序言"1 篇，后附"编后记"1 篇。这是一部小型的谚语资料集，是锡伯族谚语的汉译条目汇编。全书共分 12 章，分别是"祖国·家乡·人民""人生·处世·生命""理想·意志·人才""知识·勤奋·惜时""财富·勤劳·节俭""情感·家庭·教育""人情·事理·认知""谦虚·团结·尊爱""诚实·稳重·信用""实践·善恶·美丑""卫生·健康·养生""农谚·时令·气候"。只选录谚语条目，不加解释。本书是锡伯族口头文学——谚语的选录，所选谚语涉及锡伯族社会生活的各个方面并具备民族特色。首先，锡伯族谚语在一定程度上反映了自己民族的历史、文化、习俗和整个社会形态，如对祖国、家乡、人民的热爱；对知识和才能的重视；忠诚、信义和智慧、勇敢的民族性格；彰显团结互助精神的民族凝聚力；明辨是非、善恶分明，注重勤劳、节俭、诚实的人生态度；使用的生产生活经验等。其次，选录的谚语都是锡伯族人民生产生活实践的总结，精练是其基本特征。锡伯族谚语大多形式短小，哲理性强，多用比喻修辞手法，谚语整齐而和谐，如"造屋靠大梁，治国靠人民""紧紧手，年年有""智慧是沙漠里的清泉，勇敢是锡伯人的肝胆"。该书可以帮助我们研究锡伯族社会历史情况，也为研究锡伯族谚语提供资料。

《龙川客家谚语》

刘炳宏主编，2006 年内部印刷。

前附"前言"1 篇，后附"编后记"1 篇。这是一部收录龙川客家谚语的小型谚语资料集，按内容分为"农家季节篇""惜时勤学篇""气象物候篇""道德修养篇""砥志毅力篇""生活哲理篇""养生健康篇""俚语俗话篇"8个部分，其后收录与谚语性质近似的固定用语"顺口溜、歇后语"。只列谚语条目，不注音，不释义，不举例证。客家谚语是客家文化的载体，本书所收录的龙川客家谚语包括了惜时勤学、道德修养、生活哲理等方面的内容，在一定程度上反映了龙川地区客家人的精神风貌，展示了当地客家人的世界观、人生观与价值观，表现了龙川地区客家人的生活态度，具有一定的哲理性，对当地人民待人处事、人生修养等方面具有一定的教化意义。本书所收录的农家季节、气象物候类谚语，在一定程度上反映了龙川地区的气候特点与时令天象，展示了龙川地区以水稻为主要农耕作物的经济特征，表现了客家人独具特色的水稻文化，具有地域特色。这些谚语也是龙川地区客家人在长期的生产实践中的积累总结，对于当地人民开展农事生产也具有一定的指导意义。书中还收录了当地养生健康谚语，对于培养当地人民健康生活方式具有一定的参考价值。本书所收录的龙川地区客家人谚语，有利于对该地区客家谚语资源进行有效保护，具有一定的语料价值。

《西吉民间谚语》

黄继红主编，宁夏人民出版社，2008年版。

前有"序言"2篇，"解读西吉回族民间文学"1篇。这是一部收录西吉谚语的中型资料集，按内容分为"时政""修养""社交""自然""生活""生产""其他"7个大类，大类下又分"家乡""阶级""实践""理想""德行""团结""幸福""时令""物候""农业"等34个小类。只举谚语条目，不释义，不举例证。西吉隶属宁夏固原市，是少数民族聚居县，也是红色革命圣地。本书谚语可从侧面展现当地回族的文化风俗，具有一定民族地域色彩。时政类谚语中"阶级""敌我""抗争"目也可为研究当地历史发展提供参考资料；事理修养类谚语极具哲理说教意味，对人们待人接物具有一定教化作用；生活社交类谚语分类较为细致，为了解当地生活习俗提供了语料资源；自然类中"气象""物候"相关谚语展现当地独特的自然气候，与生产类谚语共同为当地的农林牧业提供指导。西吉谚语的整理收集工作对于当地谚语文化的保护、当地民俗的研究、中华谚语语料库的丰富，都具有一定的积极意义。

《哈萨克民间文学大典》（哈文版）

米拉提编，新疆人民出版社，2008 年版。

全书各条目按哈萨克新文字字母"ق""ل""م""و""ۋ"等顺序进行了排列。在哈萨克日常口语里，玛卡勒（谚语，magal）都是形式短小、语言精练的语言艺术作品。它们用简约、生动的语言概括着丰富的生产和生活经验，表明人生态度，其中包含着深刻的哲理，具有警戒、训导、教诲的意义。哈萨克谚语既有韵文形式的，也有近于日常口语形式的，但口语形式的谚语也有节奏感，明快而流畅，易于上口。哈萨克人每有所言，常有谚语的运用，使得语言生动、简练而富于美感，甚至在各种歌唱里也少不得谚语。可以说，玛卡勒和买帖勒是哈萨克人语交际、表达思想的重要工具，在人们的日常生活里是必不可少的。书中所收集的民间谚语题材广泛，内容丰富，几乎囊括了历代哈萨克普通群众在生产与生活各个领域的一切感受和经验，反映了哈萨克生活的领域有多么广阔，谚语所涉及的范围也同样广阔。

《胡尔查译文集·蒙古族谚语》

胡尔查编译，远方出版社，2009 年版。

前有"编者序"1 篇。这是一部记录蒙古族谚语的中型谚语选译集，按内容分为"事理谚""修养谚""时政谚""家庭谚""自然谚""生产谚""行业谚"7 个大类，每个大类下分若干中类和小类，分类细致详尽，涉及内容广泛。未对谚语条目详细说明，但以脚注的形式对部分词语进行解释，便于读者的查阅和理解；在编译时注重探究谚语的时代价值，剔除了一部分落后反动的谚语，体现了贴近时代贴近群众贴近人民的特点。作为一部蒙古族谚语集，该书具有浓郁的民族特色和独特的艺术风格，在结构、句式、押韵和表述方式上皆有别于其他民族，可以说具有鲜明的时代性、民族性、思想性、艺术性和群众性。当蒙古族谚语同汉民族或者其他少数民族谚语在内容、语法结构及表现形式上完全一样时，在翻译时不改变原貌。该书对于蒙古族谚语的搜集整理，不仅是对该民族文化的保护和发扬，也是对中华多民族谚语的一种补充和丰富。

《客家谚语选编》

邓培青编，华南理工大学出版社，2010 年版。

前有"捡谷粒者敬""前言"各 1 篇，后附"后记"1 篇。这是一部收录河源地区客家谚语的小型资料集，共收录当地客家谚语 279 条。按内容分为"做人谋事""婚姻家庭""耕耘气象"3 个大类。只选录谚语条目，不举例证，不释义。部分谚语条目中对于比较生僻的方言字、词，用河源市龙川县、东源县、紫金县通常使用的客家音为基础进行标注；对部分难懂的语句进行解释，均以脚注的方式注明。个别谚语以尾注的形式进行补充说明。谚语内容是客家人社会生活正反经验的总结，具有实用性与指导意义，其中"做人谋事"谚语在为人处世、道德修养等方面对后人提出劝诫，具有一定的启迪教化作用；"婚姻家庭"谚语体现出浓厚的地域特色，展现出客家人的风俗习惯和风土人情；"耕耘气象"谚语在一定程度上展现河源地区的气候特点和农业生活特色，对于了解当地的自然环境以及局部气象的研究有一定的参考价值。谚语均搜集自河源地区，是当地人民的口头文学遗产，具有口语化的特点，对于地区方言词汇的保护与传承起到一定的积极作用。本书对客家谚语的收录，推动了客家文化在客家地区进一步的传承和弘扬，对于中华谚语文化研究起到了积极的推动和促进作用。

《藏汉谚语分类简释》

多吉杰博释义，高炳辰编译，民族出版社，2013 年版。

本书共收录现代通用藏族谚语 2560 条，由汉语和藏语双语写作而成。按内容共分 10 个大类，分别是"事理规律""文化教育""社会政法""道德人品""人际交往""人生境遇""行事取法""思想情感""情势状态""日常生活"，大类下又分若干小类，同义和近义的谚语及名言警句有 570 余条，汉语的成语、谚语有 770 余条，在各语目释文下列出。后附有藏文版条目索引。本书内容翔实，具有阅读、增加知识、写作择语、翻译借鉴，以及促进民族文化交流等功能。

《妙语丹智：藏族谚语》

何泽晓著，四川人民出版社，2013 年版。

前有"序"1 篇，后附"后记"1 篇。这是一部小型的谚语资料集，书中将藏族谚语分为了 30 个部分，没有固定的分类标准。只列谚语条目，不举证，不释义。本书特色在于采用藏汉文对照的方式，具有鲜明的民族特色和康巴地方特色，可以说是一部研究康巴历史、康巴牧区文化的珍贵资料，又是一部学习民间谚语、汉藏翻译的好教材。

《蒙汉合璧蒙古族谚语》

陈龙山编译，辽宁民族出版社，2015 年版。

前有"序""小序""蒙古文字母表"各 1 篇。这是一部中型的谚语资料集，共收录了 4000 条蒙古族谚语并进行了汉译，其中尤其注意选取了流传于前郭尔罗斯地区的蒙古族谚语，以凸显其吉林省的地域特点。谚语条目按照蒙古文字母表编排顺序，在翻译方法上采取直译法，实在不能直译的再采用意译，但仍在译文后标出直译。本书特色在于采用蒙汉文对照的方式，所收录的谚语具有鲜明的民族特色，方便读者深入了解蒙古族的价值取向、是非观念、道德情操、思想方法等，并从中汲取或教诲或启迪或警示的营养，是一本充满蒙古语语言艺术魅力的读物。

《中国壮族谚语》

周艳鲜、覃丹主编，世界图书出版公司，2015 年版。

前有"《百色学院民族文化研究丛书》总序""前言""编辑说明"各 1 篇，后附"参考文献"1 篇。这是一部大型的谚语资料集，共收录谚语 11300 余条。本书按内容分为"事理""修养""家庭""生活""社交""生产""自然""乡土""时政·文教"9 类，每一类按照拼音壮文首字母进行排列。全书采用了拼音壮文、古壮字与汉字三种体例对照合编成书。使用的拼音壮文是以拉丁字母为字母，以壮族北部方言为基础方言，以武鸣县的壮语语音为标准音。只收录谚语条目，未详细解释。壮族作为我国人口最多的少数民族，在民间流传着极其丰富的谚语，其内容包罗万象，语言特征显著，民族特色浓郁，文化内涵丰富，壮族谚语承载了壮族一定的历史与文化，整理壮族谚语对于研究和保护壮族的历史文化、风俗习惯和人民生活风貌具有积极作用。状族谚语在民间的保存与传播，主要依靠口传心授的口头传承方式，以壮族古壮字来记录，反复出现于壮族神话、传说、民间故事、歌谣、经文等多种民间抄本并世代流传下来，整理壮族谚语为人们了解壮族文化提供了一个小型资料库，而且对于研究壮族谚语的使用和流传情况，以及壮族民族语言的研究和保护具有重要价值，对读者学习和了解少数民族语言知识具有参考价值。全书收录的壮族谚语蕴含着壮族人民广博的智慧和经验，对于人民的现实生活和生产实践活动起到了重要的指导作用。

《回族谚语》

昌吉回族自治州文联编，中国国际广播出版社，2016 年版。

前有"总序""序""出版说明"各 1 篇。这是一部小型的谚语资料集，收录了近千条回族谚语。只选录谚语条目，不加解释。本书的特色在于收集了广泛流传在回族民间、具有民族特色和时代色彩的谚语，内容丰富翔实，涉猎面广，寓意深刻，充分体现了广大回族群众驾驭语言的能力，以及生活实践赋予他们高超的艺术天才。有些谚语看起来似乎和其他民族的相同，但这正是我国多民族聚居生活和文化交流过程中彼此影响、互相渗透的明证，是回族谚语的一大特色。

《智语箴言》

冀文正编著，电子科技大学出版社，2016 年版。

前有"序言"1 篇，后附"后记"1 篇。这是一部小型的谚语资料集。全书分为"他们的生活""他们的智慧""他们的政治""他们的宗教""他们的风俗"五大部分，每部分下设小类。只收录谚语条目，不作解释，对少数谚语做了注解。本书收录的谚语多为珞巴族、门巴族等少数民族谚语，是宝贵的文化遗产，体现了墨脱地区独特的地域风格和民族文化，展现了墨脱地区珞巴族、门巴族等少数民族人民的宗教信仰和文化习俗，对于研究墨脱地区少数民族的历史文化、风俗习惯和人民生活具有积极作用。

（四）专科类

专科类谚语资料集是谚语语料研究的重要组成部分，相比于综合类谚语资料集，它更加具有针对性，其中大部分为小型谚语资料集。从具体分布来看，农谚类资料集占比较高，农谚是人类认识自然规律的总结，具有通俗性、实用性、口语化的特点，是中国传统文化的重要组成部分。此外，还有德育谚语、戏曲谚语、社交谚语、健康谚语、修养谚语、情感谚语和少儿修身谚语等。专科类谚语资料集将谚语语料进行了细化、分类，进一步完善了中华谚语的研究成果。

《德育谚语》

荆鸿编著，辽宁人民出版社，1980 年版。

前有"内容提要""致小读者"各 1 篇。这是一部小型的谚语资料集，按内容分为 13 个部分，分别是"教导""爱党""爱民""爱国""学习""品德""勤劳""科学""团结""斗志""体育""卫生""防骄"。只选录谚语条目，不加解释。书中谚语以四句为一个片段，各片段中每句的长短不定，形式对仗，如"千好万好，不如社会主义好；河深海深，不如党的恩情深""树有根、水有源，人民开辟幸福泉，依靠人民撼山易，脱离人民搬砖难"，具有节奏美、韵律美的艺术特色。针对的读者群体为小学三、四年级的学生，所选谚语通俗易懂，内含简笔插画。采用诗歌形式，便于记忆，如"香糖虽甜，不吃不知；人虽聪明，不学不知"。谚语所传达的内容是关于培育优秀品德、有深刻道理的，培养学生共产主义思想品德，帮助学生分辨对错，树立起远大志向，如"天下兴亡，匹夫有责；国家大事，人人献策"。收集整理的谚语具有实用性，同时有利于谚语资源的保护，对于研究不同用途的谚语具有一定语料价值。

《戏谚一千条》

夏天编，上海文艺出版社，1985 年版。

前有"序"1 篇，后附"后记"1 篇。这是一部戏曲谚语集。戏谚是我们的前辈艺人长期艺术实践的经验总结，它具有准确生动、浓缩洗练、意味隽永、节奏鲜明、韵律和谐的特点。本书收集戏曲口诀谚语 1000 条左右，分为"戏坛集萃""有关'唱'的谚诀""有关'念'的谚诀""有关'做'的谚诀""有关'打'的谚诀""有关'五法'的谚诀""艺海拾珠"7 个部分，对部分谚诀进行阐述性注释。戏谚包含内容广泛，从音乐、服装、化妆到编剧、表演、道具等方面，均有涉及，也强调梨园精神，诸如勤学苦练、继承创新、德艺双馨。本书总结了中国戏曲文化中谚语的横截面，展现了梨园行业中常用的行话和歌诀。所收录的戏谚谚语言简意赅、简单疏朗，展现了戏曲艺术的格调与境界。

《农村常用谚语》

顾进发编，山东教育出版社，1986 年版。

前有"前言"1 篇。这是一部收录中国农村常用谚语的小型谚语资料集。收录的谚语条目按主题分为"人民热爱自己的祖国""有党领导幸福来""人民自有回天力""政策对了头，一步一层楼""心灵美与思想工作""生活常识""风土人情""文化娱乐"等 38 个部分。每一主题下包含若干条谚语。

只列谚语条目，不释义，不举例。本书对农村的常用谚语进行了整理与搜集，满足了农村读者丰富业余文化生活的需要，配合了农村两个文明建设。在编排体例上，简明醒目，便于查阅，注重了实用性和题材的多样性。该资料集收录了较多政治思想类谚语，也收录了贴近农民日常生活的农业及农产品买卖、文化娱乐类谚语，其中生产类、自然类、生活类谚语都体现了农民对于自然的敬畏，保留了历史进程中农民对自然规律探索的成果，为后人劳作提供生产经验，有助于了解农民的生活总结和价值观念。本书对于了解中国农村地区文化和中华谚语研究具有一定的语料价值。

《谚语诗》

成志伟编著，农村读物出版社，1988 年版。

前有"前言"1 篇。这是一部小型的谚语诗集，是在 1979 年《谚语诗》的基础上进行扩编，将所收录谚语诗整理分类为谚语篇、真理篇、颂党篇等 31 篇。在编写时对少数谚语进行了适当加工，将内容相同或相近的合在一起，以类比的形式更有助于理解谚语的内容，尽可能押韵，读起来朗朗上口。本书采用谚语诗的形式，有助于读者对谚语诗朗读记忆，更方便在现实生活中的实际使用。

《恋爱·婚姻·家庭·社交谚语选》

丁海椒、张培基编，蓝天出版社，1990 年版。

前有"前言"1 篇。这是一部小型的谚语资料集，共收集与恋爱、婚姻、家庭、社交相关的谚语 2000 余条。按内容分为"初恋篇""纯情篇""忠贞篇""考验篇""长久篇""相貌篇""钱财篇""成家篇""家用篇""交友篇""亲戚篇""婆媳篇""生育篇""健身篇""娱乐篇""饮食篇""命运篇""为人篇"等 33 个篇目。在每一篇目开头首先引用一句与篇目主题相关的文学作品语句，再列谚语条目，将谚语编成上下一组，不注音，不释义，不举例证。本书专门收录了爱情婚姻、家庭生活、人际交往等方面的谚语，具有一定的针对性，可以为读者个人生活提供可以借鉴的资料。所编录的谚语涉及恋爱生活、婚姻生活、家庭生活与社交生活的诸多方面，传达了来自民间的爱情观、婚姻家庭观，表达着劳动人民的思想与情感，具有哲理性，对于人们具体的恋爱生活、婚姻家庭经营与社交实践具有一定的启迪意义。本书在编纂的过程中，将大多数谚语编成上下句一组，读来朗朗上口，便于记诵。以文学作品中与篇目主题相关的优美语句开篇，对该篇谚语内容具有一定的概括作用，也增强了可读性和吸引力。本书还参考了部分谚语集与研究文章，并借鉴了一些外国谚语，有助于开阔婚恋文化视野，展示了在婚恋与家庭社交方面的中外文化差异，为相关方面的研究提供了参考资料。

《气象谚语和气象病》

许以平著，上海科学普及出版社，2000 年版。

前有"前言"1 篇。这是一部小型的谚语资料集，按内容分为"气象谚语篇""气象疾病篇"两部分。"气象谚语篇"按照二十四节气顺序排列，分为 48 个细类，每一节气对应的谚语列为 1 细类，并附有辨析。"气象疾病篇"按照季节分为 4 个细类。只罗列谚语条目，不作解释，不举例证，在谚语条目后注有省份简称。本书根据二十四个节气的顺序介绍了流传较广的有关气象谚语，并对其中的一些谚语进行了科学分析，以便读者举一反三，触类旁通。每个节气下又根据气象的不同将各地同类谚语集中收录，体现各个地区不同的气象特征和地理环境，体现气象谚语的地区性特点。"气象疾病篇"谚语的收录，对气象病及防护措施的知识进行传播，有利于人民在换季时保护自身的身体健康，具有知识性、实用性。气象谚语从不同侧面揭示了天气、气候变化的一些规律，具有科学性、准确性和实用性，一方面对于农业生产具有一定的指导作用，农民可以根据本地区气象的特点合理安排农业结构、掌握农作物的生长规律，提高人民的物质生活水平；另一方面对于天气现象具有一定的解释和预测作用，根据现有的天气预测晴雨、冷暖、灾害性天气等后期天气，有利于人民对于生产生活等方面的调整。气象谚语的收录保护了谚语资源，丰富中华谚语词汇，具有一定的语料价值。

《实用新农谚》

张伟、杨立新编著，中国农业出版社，2004 年版。

前有"出版说明""内容提要"各 1 篇。这是一部小型的谚语资料集，收录流传于我国民间的农谚 2500 余条。全书按照主题分为"经典篇""节气篇""气象篇""天气预测篇""庄稼篇""农耕篇""盐业篇""渔业篇""农气时令篇""乡林畜牧篇""乡俗篇""养生篇""修身篇""理财篇"14 篇。只列谚语条目，不举证，不释义。本书特色在于谚语内容具有针对性、实用性、可读性和可操作性，不仅涉及农业生产的准备阶段、生长阶段、收割阶段，还有"盐业篇"更独具匠心，成为本书的特色内容，有利于人们对农业生产有全方位的了解，对于广大农民增收致富具有指导意义。

《农谚新编》

甄真、张涛著，中国社会出版社，2005 年版。

前有"前言"1 篇。这是一部小型谚语资料集，按内容分为"农杂篇""种植业篇""经济作物篇""牧业篇""林业篇""气象篇"6 个大类，大类下又分为"水利""施肥""水稻""小麦""大豆""油菜""果树""茶""时令""云霞"等 30 个小类。只列谚语条目，不释义，不举例证。对于部分难懂字词以脚注的形式进行说明，部分条目后注有省份名称。农谚来源于农村、农业和农民生活，是农民长期实践中智慧的结晶，科学地总结了农作物的生长规律，对于制订生产计划、安排农事活动有积极的作用，具有实用性。本书收录的农谚归类清晰，内容丰富，一方面创造性地收录了"农杂"类谚语，体现了"水利""施肥"等外部因素对于农作物生产的促进作用；另一方面气象类谚语展现了气候变化与农作物生产密不可分的关系，帮助农民更好地调动各方面的因素来促进农业生产。谚语条目后省份的标注，指明不同农谚适用的地域范围，体现农谚的地域性和局限性特征。农谚具有文化功能和教化作用，其中蕴含着很多做人做事的道理，对于后人行为规范和为人处世等方面的培养以及世界观、人生观、价值观的形成，有一定的积极作用。

《健康谚语》

李颐扬主编，金盾出版社，2006 年版。

前有"前言""引言"各 1 篇。这是一部收录有关健康养生的小型谚语资料集，共收录谚语 1400 余条。按内容分为"饮食科学谚语""食补食疗谚语""适当运动谚语""多方保养谚语""心理健康谚语""讲究卫生谚语""求医治病谚语"7 个大类，大类下又分"饮食平衡谚""细嚼慢咽谚""五谷杂粮谚""干鲜果品谚""清晨锻炼谚""走路为先谚""戒烟限酒谚""保证睡眠谚""永远乐观谚""预防在先谚"等 49 个小类。只举谚语条目，不释义，不举例证，对专有名词、地方方言以脚注的形式加以说明，对生僻字以汉语拼音的方式进行注释。谚语条目分析详细，涉及人们日常生活的方方面面，将百姓经验与科学阐述相结合，包含丰富的健康养生知识，具有极强的可读性，对于人们日常生活中的饮食、运动、保养、卫生有指导作用。本书对生僻字音以及地方方言、专有名词都进行了注释，有助于中老年、青少年的理解阅读。"心理健康谚语""求医治病谚语"体现中华传统文化和理念，"德者长寿谚语""生老病死谚语"体现中华民族的传统生死观，为研究中华饮食健康文化、生死观念提供了丰富的语料资源。

《醒世修养谚语集》

向慈吾编，内蒙古人民出版社，2007 年版。

前有"内容提要"1 篇，"序"2 篇，后附"后记"1 篇。这是一部小型的谚语资料集，按内容分为"思品修养谚""处世修养谚""求知修养谚""理政修养谚""嫁娶修养谚""齐家修养谚""教子修养谚""执教修养谚""从医修养谚""经商修养谚"10 个大类，后附"农夫致富谚""天文气象谚"2 类。只选录谚语条目，不举例，不释义。该书收录的谚语来自恩施州，具有土家、苗寨的淳朴民风，地域色彩浓厚。"醒世修养"是该书的一大特点，全书汇集了恩施人立德、求知、修身、齐家、理政、执教、从医和经商诸多方面的经验警句，字字珠玑，发人深省，对于人们为人处世、为官理政、执教育人、行医治病和从业经商具有一定的指导和借鉴作用，特别是思品修养谚和处世修养谚对于提高人们的道德修养和规范人们的行为具有一定的教化作用。农夫致富谚和天文气象谚反映了恩施人对生产生活的独到见解和经验总结，为当地的农业生产劳作提供了借鉴和指导。该书收录的嫁娶、齐家和教子类谚语，体现了当地人民群众独特的风俗习惯和教习文化，有助于了解当地的风土人情。书中将人生修养寓于韵味、趣味之中，不仅具有启示人生、立志做人、奋发向上的激励作用，而且发挥着宣扬职业道德、家庭美德和个人品德的教育作用。全书收录的谚语语言精练，内涵丰富，对于当地谚语资料和地域文化的保护和传承具有一定的意义。

《爱情·家庭·友谊谚语》

成志伟、白锡喜汇编，中国社会出版社，2007 年版。

前有"主编寄语""序"各 1 篇。这是一部小型的谚语集，共收录爱情、家庭、友谊类谚语 4000 余条。全书共分为："爱情篇""家庭篇""友谊篇"三部分，每篇又细分类，如爱情篇下设"恋爱之情——爱情就是甘霖""离别相思——相思如野草，逢春便发芽"等。每部分兼收我国少数民族的部分谚语。本书选录了民间谚语中有关爱情、家庭、友谊内容的谚语，对于现在人们的生活具有指导意义，尤其对于解决现实生活中爱情、亲情、友情等情感方面问题有一定的指导作用，具有较强的实用性。书中还收录了我国少数民族在爱情、家庭和友谊方面的谚语，有利于我们了解到不同民族的情感体验和生活经验。该书针对情感领域的谚语做了收录工作，丰富了谚语资源。

《农村常用谚语选编》

何溪平编，贵州科技出版社，2007 年版。

前有"序"1 篇。这是一部小型的谚语资料集，共收录谚语 3000 多条。全书共分为"品德修养篇""社交礼仪篇""文化教育篇""婚姻家庭篇""持家理财篇""生活常识篇""时令气象篇""农事生产篇""林牧渔副篇""百业技艺篇"10 个大类。不释义、不注音、不举例。谚语基本上涉及了农村生活的各个方面，其中以时令气象、农事生产、林牧渔副所占比重较大，由于谚语中凝聚了前人生产劳作的经验以及生产技巧，所以农村谚语的收集为后世人民的畜牧业生产等提供经验指导，大大完善了后世的种植模式，提高生产的规模效应。由于农村自身教育水平所限，部分人接受不到良好的教育，而谚语作为口头的文化，朗朗上口的语调为素质的培养以及文化的传承提供一定的载体，品德修养类、社交礼仪类以及文化教育类等谚语的收集传播，也为其后世人才的培养提供一定的文化熏陶。书中还少量收集了持家理财等经济方面的谚语，有利于将正确积极的观念传播到村民中间，加快当地居民的思想转变，加快当地的发展速度。

《道德·修养·智慧谚语》

陈连山、吴新锋、王芸编，中国社会出版社，2008 年版。

前有"主编寄语"1 篇，"序言"1 篇，后附"后记"1 篇。这是一部小型的谚语资料集，谚语条目分为"道德篇""修养篇""智慧篇"共 3 大类，大类之下又细分为若干小类。所收录的谚语内容包罗宏富，简洁易懂，涵盖了人民精神生活、社会生活和物质生活的各个方面，从政治、经济、道德、伦理到劳动、社会、文教、卫生等，都有所涉及。只选录谚语条目，不加解释，不举例证，对于疑难谚语以尾注的形式予以解释，而存在出处的谚语则额外注明所属地区。本书所收录的谚语是人们在辛勤劳动的过程中对一些事物和现象的经验总结，在知识和哲理层面对于人们的现实生活具有教育功能，体现了人们的思想感情和意志愿望，生动地反映了他们对周围客观现实的理解和认识。本书在丰富人们的精神生活、提高居民综合素质、加强社会主义文化建设等方面均做出了一定贡献。

《人类生活谚语大全》

王士均主编，学林出版社，2009 年版。

前有"前言""凡例"各 1 篇，后附"附录" 1 篇。这是一部大型的谚语资料集，共收集谚语 25000 多条。按内容分为"人生奋斗篇""爱国持家篇""事理知行篇""社交言谈篇""谦慎重学篇""养生保健篇""爱情婚姻篇""经商理财篇""闲情逸趣篇""环保绿化篇""气象自然篇""农牧副渔篇" 12 个大类，大类下又划分若干中类和小类。只选录谚语条目，不释义，不举例证，对方言或不易理解的词、字加以注释。需注的词、字多次出现的，在首次出现时加注。本书谚语收录范围较广，内容丰富，且归类清晰，是人们长期实践中生产经验的总结，具有实用性，"事理""社交"类谚语从伦理道德、为人处世等方面对人进行劝诫，有利于提高人们的品德修养，具有一定的教化作用。"气象自然""农牧"等谚语，准确把握气象变化和农作物生产规律，对于农民的生产生活有一定的指导意义。由于我国幅员辽阔，各地地域环境不同，气候特征存在差异，所以气象类谚语在条目下面注明流传地区的简称，并附我国省、自治区、直辖市和特区的简称表于书后，便于了解谚语的适用范围，体现地域性特点，有利于研究地域历史文化。全书收录谚语较多，丰富了中华谚语文化宝库，是对传统谚语的传承、传播与保护，为谚语研究提供了充足的资料，具有文化研究价值。

《新农村谚语集锦》

裘樟鑫主编，浙江工商大学出版社，2011 年版。

前有"前言" 1 篇。这是一部收录与农业相关谚语的中型谚语资料集。按内容分为"农业""农村""农民" 3 个大类，大类下划若干小类，包括"劳动致富""农业与气象""农业与物候""农业与种子""农业与节气""十二生肖""风俗与生活""事理哲理""勤政廉政""修养励志""为人处世""卫生健康""爱情婚姻" 13 个小类。只选录谚语条目，不举例，不释义。本书收录的谚语是为服务"三农"而编写的，多为广大劳动群众的农业生产生活经验总结，具有鲜明的乡村色彩。农业篇是认识自然和总结生产经验方面的谚语，包括气象、物候、播种、时令，有助于指导农业生产。农村篇是认识社会和总结社会活动经验方面的谚语，包括习俗、事理和理政，传达了农民丰富的社会生活情感，对于了解农村的社会景象和风土人情具有一定的作用。农民篇是总结农民生活经验方面的谚语，包括品格修养、人际关系、医学保健和婚姻嫁娶，富含教益，有利于营造和保持农村良好的社会风貌。该书收录的谚语在一定程度上展现了农村的自然环境和社会生活的不同方面，且谚语含有丰富的知识、经验和哲理，对于感受和指导农村生活具有重要的价值，有利于农村谚语和农村文化的保护和传承，为中华谚语的研究提供了语料。

《铁路安全生产谚语警句》

呼和浩特铁路局职工教育处编，中国铁道出版社，2013 年版。

前有"前言"1 篇。这是一部选编铁路安全生产谚语的小型资料集，共收录谚语990 条左右。本书根据适用类型分为"专业""通用"两类，下分"车务系统""客运系统""货运系统""机务系统""工务系统""电务系统""车辆系统""供电系统""其他系统"共 9 个细类。只选录谚语条目，不加解释。选择标准为具有实用价值、语言精练、内容健康，这类谚语的收集对铁路安全生产有一定教育作用，对广大铁路职工在生产作业过程中的行为具有警示作用，有利于营造安全宣传氛围，增强职工安全生产意识。书中搜集到的关于铁路生产的谚语既可以作为职工日常学习强化的必要读本，也可以作为铁路安全培训教材的有益补充。在每一类谚语前会标明适用工种，例如车务系统这一类适用工种为调车人员，方便读者进行查阅，也显示了本书编排的专业性和实用性。关于铁路安全生产谚语的整理是一种少见的分类，可以丰富中华谚语资料库和语料库，为安全类谚语研究提供了一定的参考资料。

《劝学谚语》

董志先、邱止戈编著，白山出版社，2013 年版。

前有"前言"1 篇。这是一部小型的谚语资料集，收录谚语1700 余条，按内容分为"知识就是力量""聪明在于学习""书山有路勤为径""虚心使人进步""一心不可二用""恒心搭起通天路""非志无以成学""循序渐进登高峰""学而不思则罔"等 15 个大类，大类下有相关的名人名言引入，并根据内容特点分为 89 个小类。只选录谚语条目，不释义，不举例证，在部分选注的国外及少数民族的谚语后标注国家或民族。书中收录的谚语力求紧紧围绕"学习"二字，流传广泛且归类准确清晰，几乎涉及学习规律、学习方法、学习策略等各方面内容，详细丰富，有利于后人提高学习兴趣，形成正确的学习观，掌握灵活有效的学习方法。少量比喻性谚语，既可用于讲学习道理，又可以引申为讲其他方面道理，内涵丰富，哲理深刻，启迪人思，具有一定的教化作用。"劝学"类谚语的收录，一方面从多个角度对学习的重要性进行说明，符合中华民族自古以来重"教育"的思想；另一方面是对中华谚语文化资源的丰富与补足，为谚语研究提供了资料，具有文化价值。本书谚语的收录范围较广，包括不同国家和民族地区的谚语，通过不同地区谚语的对比研究，有利于展现各国各地的教学思想和文化传统差异，具有国际性、民族性的特点。

《中国农谚》

费洁心编，上海三联书店，2014 年版。

前有朱渭深、赵景深、钟敬文、费洁心"序"各 1 篇，"例言""笔画索引"各 1 篇，后附"占元旦风色""占元旦阴晴""占元旦值十天干""立春日所属地支八句歌""孔明年岁歌""占四季二十八宿值日风雨阴晴歌""六十日甲子阴晴诀""礼记月令""二十四节气阴阳历对照表""附录"各 1 篇。这是一部关于农谚的小型资料集，共收录谚语 6000 余条，按内容分为"时节""气象""作物""饲养""箴言"5 个大类。在排序方面，本书各部皆以每则农谚的首字母笔画多少排列；各语中所言年月日时，皆系旧历。只收录谚语条目，不作释义，不举例证。本书中农谚的收集来自中国各个地区的书籍和口头语，涉及范围较广，包含的地域较多，谚语种类较为丰富。对于农谚中语义相同而字句稍有不同的谚语，也都予以收录，保证谚语的广泛性，也便于读者进行对比阅读，探求农业谚语上的转移和递变，有利于为谚语的语言研究提供进一步的考证资料。作为一本专门收录农谚的资料汇编，本书的编录利于将中国农民的智慧结晶、风俗习惯、生产经验保存下来，从适合播种的时令、可以种植的作物、种植需要的肥料以及种植注意事项进行说明，为后人从事农业工作提供经验上的指导，体现农谚的教育性。农谚中展现出的农业的发展、衰落、兴起的过程也是社会大背景的一个侧面反映，为研究中国农业发展史提供了一定的参考资料。农谚中也展现出农民种种的习俗和迷信，为民俗学的研究也提供了参考资料。

《少儿修身谚语 300 句》

解思忠编，中央编译出版社，2014 年版。

前有"前言"1 篇，后附"《弟子规》及其解释"1 篇。这是一部小型的谚语资料集，收录谚语 300 句，按内容分为"人格""敬畏""知耻""良心""诚信""守法""自由""爱国""公德""惜福"等 30 类。只选录谚语条目，不释义，不举例证。本书特色在于从数以万计的修身谚语中选取适于少儿学习和理解的内容，力求从整体上涵盖中国优秀传统文化与现代文明在修身方面的精华，通过学习，提高少儿自身的道德修养，在世界观、人生观、价值观等方面进行启蒙，具有一定的教化作用。书中谚语条目归类准确、清晰，内容丰富具体，从多个角度对少儿的修身教育提出要求，并在每一类的后面都附有谚语解析，供老师和家长在讲解时参考，也可供有一定阅读能力的少年儿童自行阅读，便于学习、理解与掌握谚语的内涵。书中收录的修身谚语是历代人民在行为品德培养方面智慧的结晶，流传度高，使用范围广泛，而且大都通俗易懂，朗朗上口，具有口语化特点，便于少儿记忆，同时有效地保存、丰富、发展和传播中华谚语文化，为谚语的研究工作提供了充实的语料。

《趣味实用的节气农谚》

吴雅楠编，吉林出版集团有限责任公司，2014 年版。

前有"前言"1 篇。这是一部小型的节气谚语资料集。全书共分为"二十四节气，是我们祖先生产实践的产物""二十四节气指导农业的生产""二十四节气之立春、雨水、惊蛰、春分和清明""二十四节气之谷雨、立夏、小满和芒种""夏至、小暑、大暑、立秋、处暑和白露""秋分、寒露、霜降、立冬、小雪和大雪""冬至来了，春天还会远吗？""大寒小寒又一年"8 个部分。只收录谚语条目，无注音，对个别方言谚语做少量解释。二十四节气是以黄河流域的气候与物候为依据建立起来的，是对一年中各节气特征的总结。本书在谚语收集的同时也对相应的节气做了详细的解释并加例子佐证，便于人们对于节气谚语的理解，有利于节气知识的传播，具有一定的语料价值。节气谚语中包含着气候天文知识与前人的种植经验，因此节气谚语的收集整理也有利于帮助农民进行生产种植活动，如"白露天气晴，谷米白如银"就指出，白露时节对于晚稻抽穗扬花和棉桃爆桃不利，也影响中稻的收割和翻晒。由于时代的变化，有一些新的气候特征也相继出现，因此书中对于二十四节气的个别节气中出现的变化进行了补充和理解。书中还引用诗句来解释谚语，使书本内容所蕴含的内容更加丰厚，具有一定的文学性。

十三、谚语述评之属

"谚语述评"包括对谚语研究成果的综述和书评两类。

中华谚语研究综述于20世纪就已备受关注。虽篇目不多，但成果是可喜的，其研究内容呈现多元化特征，大体体现在以下方面：一是整体观照谚语研究概况。蒙哈维满等民族对此类研究都有所关注。其中，蒙古族、维吾尔族谚语研究综述较多。二是谚语文献搜集与整理，主要涉及地方农谚研究成果的综述。三是谚语研究趋势与反思，分别对谚语辞书编纂和谚语史研究进行回顾和展望。四是谚语文化研究综述，主要探究我国古代谣谚文化特点及发展轨迹和动物谚语文化研究综述。

谚语研究综述主要呈现以下几个特征：第一，民族性，即少数民族谚语研究综述占多数。此类研究成果主要集中在21世纪以来，《哈萨克族有关马的谚语综说》开启了少数民族谚语研究综述的先河。从研究数量上来说，哈萨克族、满族、蒙古族、维吾尔族较其他民族对谚语研究关注更多。第二，地域性，主要表现在农谚的地域性。尤其表现在对甘肃地区农谚文献的研究综述一文。第三，时代性，谚语断代研究综述备受关注。主要表现在以下几个方面：以半个世纪为时间节点对维吾尔族谚语进行研究综述；以1978—2008年这三十年为时间节点对我国古代谣谚研究综述；以民国以来为时间节点综述甘肃农谚文献；以20世纪以来为时间跨度来综述中国农谚研究。第四，多元化，即研究角度的多元化。从20世纪动物谚语文化研究到21世纪以来谚语文献的搜集与整理研究、少数民族谚语汉译研究、地方农谚研究、谣谚文化研究、谚语研究趋势与反思等方面，可见20世纪以来谚语研究对象呈现多元化特征。第五，扩大化，即研究范围扩大化，主要指研究对象范围扩大化。谚语研究范围扩大化，表现在两个方面：一是研究对象的客体范围扩大化。20世纪以来谚语研究范围从谚语本体研究延伸至谚语文化及其翻译研究。谚语本体研究包括谚语文献的汇编搜集、谚语研究概述、谚语研究趋势与反思、农谚研究等方面，谚语文化及其翻译研究包括动物谚语文化研究概述、动物谚语文化研究及少数民族汉译研究等方面。二是研究对象主体范围扩大化。20 世纪以来谚语研究对象主体由哈萨克族领先，蒙古族、满族、维吾尔族及地方农谚紧随其后发展而来。随着时代的进步、社会的发展，越来越多的民族及地方民谚参与谚语研究的队伍之中。第六，深度化，即研究深度大大增加。20 世纪以来谚语研究开始从理论向实践方向转化，其不仅仅局限在中华谚语文献的汇编整理层面上，而且开始关注谚语与文化、谚语与翻译的双向互动格局的研究。更可喜的是，农谚研究近几年开始被关注挖掘。

中华谚语书评主要分为两类，一是对权威通用谚语辞典的学术成果的述评，考察了谚语的源流、内容、体例、特征等各方面，同时探究了谚语与文化、人文、社会、时代的关系，展现了其民族性、文化性、社会性和时代性；二是对民间地方及少数民族谚语书籍的赏析和探索，以少数民族和极具地方特色的谚语为研究对象，描述了这类谚语的内容和特点，充分展现了复杂的社会状况、历史发展的轨迹、丰富的风土民情和独特的方言语汇，具有社会历史价值和文化内蕴。

（一）综述类

综述类成果是谚语述评的研究成果之一，它立足于谚语研究整体或某个方面的成果做出综合性学术述评。总体而言，综述类研究有五个方面的特征，分别是民族性、地域性、时代性、多元化、扩大化和深度化。从研究角度来看，成果主要集中在整体观照谚语研究概况，此外还有谚语文献的搜集整理、对农谚的研究、谣谚文化特点及发展轨迹研究综述和动物谚语的研究综述。这部分成果虽然不多，但是为谚语的研究提供了较高的价值和更加多元的研究角度。

《哈萨克族有关马的谚语综说》

古丽夏提撰，《语言与翻译》，1995 年第 4 期。

本文论述了哈萨克民族生产和生活经验方面的思想成果。分别从哈萨克族生产和生活经验、哈萨克族思想品德修养，哈萨克族的哲理思想，哈萨克民族的交友之道和团结互助的精神，哈萨克族人民热爱家乡、留念故土的思想感情等方面论述了与马有关的哈萨克谚语，对于进一步了解哈萨克族经济的、文化的民族特征具有重要的意义。

《蒙古谚语概述》（蒙古文版）

杨·巴雅尔撰，《内蒙古师范大学学报》（哲学社会科学蒙古文版），2006 年第 1 期。

本文根据国内外专家的研究情况，概述了蒙古谚语的概况。作者从两个方面进行概述，一是蒙古谚语的概念与形成；二是探析了蒙古谚语的类型与特征。蒙古谚语是从口头文学中的祝颂而来的，是当时游牧民众共同的作品。总的来说，把蒙古谚语分为时代、生活、生计与其他四种。谚语特征形式上分为紧凑性、固定性、诗歌性，内容与思想方面分为经验性、神话性，社会功能方面分为知识普及性、格言禁忌性。这表明蒙古族创造与传承谚语时无法估量的智慧性与创造性。

《满蒙谚语的现存应用、文献资料与研究》

高娃撰，《满语研究》，2006 年第 2 期。

本文通过对三家子村满族俗语谚语传承使用情况和与之有相似特征的蒙古族俗语、谚语的传承使用情况、文献资料留存情况以及研究情况的调查了解，从中得出现代满语中俗语谚语的濒危原因有如下两点：首先，由于清朝末年满族人基本上失去了使用母语的环境而改操汉语，使满语失去了交际功能。因为满语失去了广大的语言交际环境，作为满语精华的俗语、谚语自然而然就失去了其产生、传承、发展的空间。其次，尽管满族和蒙古族的历史文化有着许多相似的特点，但后者在与汉族语言文化相互交融、相互影响的过程中，其传统的语言文化仍然居主导地位，并随着蒙古社会的变化而不断增补新的内容。

《蒙古族谚语搜集与研究概况》（蒙古文版）

胡格吉夫撰，《中国蒙古学》，2006 年第 3 期。

本文系统地介绍了在国内外搜集和研究蒙古族谚语的概况。其中，国外学者研究概况有谚语定义、谚语起源、谚语分类、谚语类型特点等四个方面；国内学者研究是从其时间顺序和发表载体上概述，还有谚语研究论文、谚语哲学方面的研究；蒙古各地区的谚语研究也出版了一些民间文学理论论著与教科书。国内外研究对比得出以下结论：其一，我国还没有大型汇编；其二，国内外研究重心都在整理工作上，全面研究的很少；其三，蒙古国学者可以利用俄国苏联卡尔梅克布里亚特学者的研究论文，我国学者由于语言限制不能参考；其四，结合民族语言文化的研究和其他民族的比较研究很少。

《半个世纪的维吾尔族民间谚语研究综述》

王德怀撰，《民族文学研究》，2007 年第 4 期。

文章整理了 1957—2006 年近半个世纪以来我国关于维吾尔族谚语的收集出版、理论研究方面的成果。其中在谚语的理论研究整理上，又细化为对维吾尔谚语的综合研究、思想内容研究、艺术特色研究、民族文化内涵研究、维汉对比研究、古代维吾尔谚语研究和维吾尔谚语翻译研究八个方面。最后提出还可以从深层语义、谚语的符号形式等方面来系统地分析整理维吾尔族谚语的艺术美学特征，深入田野去了解维吾尔族谚语得以生存发展的民间心理内涵。

《维吾尔谚语的汉译研究评述》

王德怀撰，《语言与翻译》，2008 年第 1 期。

文章对 20 世纪 50 年代以来，我国维吾尔谚语的汉译文刊布情况进行了介绍，对维吾尔谚语的汉译进行了研究评述，指出现今出版公布的维吾尔谚语数量众多，大大超过了国外出版的维吾尔谚语数目，数量最多的是资深翻译家赵世杰编译的《谚海·维吾尔族》（1990 年），约有 6000 条。尽管如此，大约也只翻译了维吾尔文现已出版的谚语的一半。作者认为维吾尔谚语的翻译及其翻译理论的研究可划分为三个阶段：一是译本出版、译文发表阶段（20 世纪 50 年代中期至 80 年代初）；二是谚语翻译方法、原则的研究阶段（20 世纪 80 年代初至 90 年代中期）；三是谚语的文化翻译学研究起步阶段（20 世纪 90 年代至今）。本文按这三个阶段简略评述了维吾尔谚语的汉译研究情况。

《中国古代谣谚研究三十年（1978—2008）》

赵瑶丹撰，《社会科学评论》，2009 年第 1 期。

本文是一篇近三十年中国古代谣谚研究的综述。全文从三个方面对谣谚研究成果进行论述。第一部分按照事件顺序对古代谣谚的整理、赏析及综合性研究进行概述，展现了我国学者在研究古代谣谚方面日趋成熟，逐渐形成体系；第二部分介绍了谣谚研究的几个方面，具体包括童谣研究、谶谣、谶纬研究、文史典籍与谣谚研究、谣谚与社会历史研究与对谣谚本体及与其他文学形式的相互关系的探讨，体现了谣谚研究的多元化；第三部分为国外学者对中国古代谣谚的关注，尽管国外对中国古代谣谚的研究总体而言相对薄弱，但异域学者的学术视角常能给国内学者不少启发。综上，该文为学者们研究谣谚提供了一个很好的参考，具有一定的研究价值。

《蒙古族谚语研究简论》（蒙古文版）

敖其撰，《内蒙古师范大学学报》（哲学社会科学蒙古文版），2011 年第 3 期。

本文在综合观察蒙古族谚语的汇编搜集和研究现状的基础上，概括了蒙古族谚语的基本意义、类型、特征以及它的汇编和研究概况。谚语的基本意义包括自然、生产生活、游艺、社会关系、道德规律等内容。根据谚语的起源与传承的实际情况，可分为谚语、格言、箴言、俏皮话等。谚语具有知识性、规律性、艺术形象性等特征。谚语研究汇编探究不同时间、不同地区传承流传的谚语，反映出蒙古族谚语的总的概况，为传承工作打下了基础。关于研究状况，总的来说，除了专题学术论文，还有蒙古文学作品历史、民间文学理论专著，都有探析谚语的足迹。

《民国以来甘肃农谚文献述论》

吉顺平撰，《河南图书馆学刊》，2012 年第 6 期。

文章主要是对民国以来甘肃农谚文献的综述。民国以来，始有"甘肃农谚"之名。甘肃农谚文献的整理共分为几个阶段：《歌谣》运动时期，对民国时期甘肃农谚文献的整理有李登瀛、司文明《甘肃农谚》，陆泰安《临洮农业及其歌谣》；新中国成立后至 20 世纪 70 年代，在土壤普查、气象调查过程中，汇编了大量的甘肃农谚文册；80 年代以来的农谚文献，主要包括全国性农谚文献《中国谚语集成·甘肃卷》《谚海》《中国气象谚语》，一些期刊也开始选录一些专业的农谚文献。与此同时，一些地方志书中也附有当地的谚语。20 世纪的甘肃农谚文献多处于整理分类汇编，缺乏深入研究。文章最后提出了对农谚文献特点及研究的展望。

《国内哈萨克谚语研究综述》

袁勤撰，《长春师范大学学报》（人文社会科学版），2013 年第 1 期。

文章从语料整理、研究成果、研究空间三个方面对国内哈萨克谚语进行了综述，指出目前国内对哈萨克谚语的研究成果有限，但研究意义重大，值得我们深入下去。作者提出，研究哈萨克谚语有利于理解民族文化内涵，并促进语言文化教育和民族交流。并且应当加强哈萨克谚语的汉译工作以及哈萨克谚语与我国境内其他民族谚语的比较研究。

《汉代谣谚文化研究综述——兼述我国古代谣谚文化发展脉络》

孙立涛撰，《兰州学刊》，2013 年第 8 期。

这是一篇通过研究我国古代古籍、经典和文献中的谣谚的内容和特征去探究我国古代谣谚文化的特点和发展轨迹的文章。作者从我国汉代谣谚文化兴盛发展出发，认为我国古代谣谚文化的发展大体经历了三个阶段：先秦至隋唐是文人著作对古今谣谚的自觉引用时期；宋元明清是文人对历代谣谚作品系统地搜集整理时期；民国时期至当代，谣谚的性质、文化功能、社会属性等方面都有了一定的认识和研究，但尚不完善。文章在此三个阶段的框架内，着重概括了汉代谣谚文化在历代的情形，以便为汉代谣谚文化的断代研究提供便利，也为汉代谣谚的深入研究增强了信心。

《维吾尔谚语研究趋势与反思》

付东明、陈得军撰，《语言与翻译》，2014 年第 1 期。

本文以近三十年来维吾尔谚语研究的主要成果为论述对象，从研究样本及方法、维吾尔语谚语研究成果与分析、对维吾尔语谚语研究的思考这三个方面进行论述。首先在研究样本及方法中，作者采用了"元分析方法"对符合要求的 93 篇论文进行了研究分析。其次在维吾尔谚语研究成果与分析这部分中，作者认为对于维吾尔谚语的研究分为起步、发展和繁荣三个阶段，同时研究视角也在不断改变，主要有"语言本体视角""文化学视角""语言翻译"这三大视角。在第三部分对于维吾尔谚语研究的思考中，主要有以下四个问题需要引起研究者们的关注，第一是从整体研究成果来看，维吾尔谚语的理论研究略显不足；第二是研究各层面发展不均衡；第三是研究的理论视角比较单一，研究者的学科背景单一；第四是研究深度和广度上存在一定的"盲点"，研究路径不够宽。因此，作者提出在今后的研究中应该不断深化维吾尔谚语的研究，并且要拓展维吾尔谚语研究的视角和路径，丰富维吾尔谚语的跨学科研究成果。

《20 世纪以来中国农谚研究概评》

李林青撰，《山西农经》，2016 年第 5 期。

本文通过对 20 世纪以来关于中国农业谚语的专著和文章的搜集与整理，探究了中国农谚的起源、地域、类型、特征及传承变异等。把中国农谚研究分为三个阶段概述，分别是发生期（20 世纪初—1949 年前）、发展期（1949—1978 年）、深入期（1978 年至今），研究总结了学术价值和现实意义的探索，构建了学术研究体系，深入把握农谚的发展方向和历史规律，值得我们进一步思考。

《中华谚语辞书编纂的回顾与展望》

宗慧坚撰，《辞书研究》，2018 年第 6 期。

文章对中华多民族谚语辞书的编纂进行回顾，并概括总结出谚语辞书编纂的特点及相关不足。自 1949 年以来，中华谚语辞书的编纂过程大致可划分为三个阶段，分别是 1949—1980 年、1981—2000 年，以及 2001 年至今。总体而言，第一阶段的谚语收集汇总整理工作开始步入正轨，研究者以现代语言学理论观点作为编纂的指导思想，大大提高了谚语辞书的质量。第二阶段的谚语辞书类著作数量、质量皆明显提高，谚语辞典编纂整体呈现出综合性和整合化的特点。21 世纪后的中华多民族谚语辞书编纂工作在总结经验的基础上，不断改进和创新，不仅收录词条的范围不断扩大，更注重词条解释的准确性，使得谚语辞书的实用性大大增强。至于我国多民族谚语辞书编纂的特点，主要体现在编纂形式与具体编纂工作两个方面。在编纂形式上主要呈现出三个发展趋势，即类型多样化、规模大型化、品种系列化。而在具体编纂工作方面，又体现出收录标准的进步、文本释义的进步、知识拓展的进步等三个特点。当然在此编纂过程中也陆续显露出一些不足，如各民族谚语辞书编纂不平衡、编纂不规范、使用价值低、翻译准确性低、作品原创性低、抄袭现象较为严重等问题。鉴于此，宜加大挖掘力度，促进多民族谚语辞书编纂的平衡，规范少数民族谚语辞书编纂方式，提高翻译水平，增进该类谚语辞书的使用范围，加大谚语知识库建设规模，保护原创，拓展谚语辞书呈现形式，力图通过多种途径、多种方式完善并优化中华多民族谚语辞书的编纂。要之，这是一篇专门针对谚语辞书编纂而作的文章，对学界进一步厘清多民族谚语辞书编纂的历程、特点以及相关不足有一定的参考作用。

《中华多民族谚语史研究的回顾与前瞻》

王建莉撰，《内蒙古大学学报》（哲学社会科学版），2020 年第 4 期。

文章梳理了中华多民族谚语的研究历史，指出了当前谚语史研究存在的诸多不足，并进一步提出展望。首先将多民族谚语史的研究分为铺垫时期、初步发展时期和快速发展时期。通过回顾多民族谚语研究史，指出目前还存在对谚语史的了解不清晰、不全面，在继承与发展方面的研究不够深入，学科在谚语史中的交叉与渗透不足等诸多问题，进而对中华多民族谚语研究提出了前瞻性建议：一是要回归传统，突出历史上中华多民族谚语的公理性；二是要脚踏实地研究谚语史；三是要对谚语的演变展开多角度的研究；四是要拓展深化谚语史和其他学科的综合研究与比较研究。

（二）书评类

谚语述评之属的书评类研究，主要立足于对著作进行陈述和评价。书评类研究成果分为两个方面，一是对权威的通用的谚语辞书进行述评；二是对民间地方及少数民族谚语的书籍进行述评。与综述类相比，书评类研究更具有针对性。通过对权威辞书的评述，有利于弥补现有研究的不足，也有助于查缺补漏，进一步完善研究成果。

《评〈汉语谚语词典〉》

周启付撰，《辞书研究》，1983 年第 3 期。

本文通过研究新中国成立以来我国第一部谚语辞典《汉语谚语词典》的得与失，为今后谚语辞典的编纂提供了借鉴。文章认为这部辞典优点在于对所收条目都有解释，社会谚语有用法例句，能帮助读者准确掌握谚语意义；绝大多数社会谚语条目有例句说明用法；对同一谚语的多种变体也有较好的解决办法；目录和附录编排合理。缺点在于所分的四大类不尽科学；社会谚语部分与其他部分体例不统一，不符合编纂规则；所收条目不当，把非谚语收录在内；对古谚语一概不收；释义方面不完整不确切；引用书证方面有不当之处；辞典条目没有标明出处、流传或采录地；引例方面体例不统一。

《〈吴下谚联〉——别具一格的吴语谚俗词典》

张履祥、华蓓蓓撰，《辞书研究》，1987 年第 1 期。

本文通过对王有光的《吴下谚联》一书分析研究，着重对其特色进行较为详细的论述。文章认为其特色主要体现在反映作者对谚俗语的正确认识；在条目编排上别致巧妙，诙谐有趣；博采俗谚，详加注释，训释多样，因条而异，亦庄亦谐，皆成文章。而在最后一方面又具有释谚解词，字字落实；释谚精辟，一语中的；辨伪释讹，传授真知；举例证谚，含讥寓讽；探本溯源，不主故常等特征。最后，作者对书中的不足进行了简要的说明，如"书中有些条目，宣扬了因果、宿命思想""有些条目的说解，亦属荒诞无稽""体例缺乏现代科学概念上的辞典体例的严密性、科学性"。

《〈谚语集成〉三题》

徐荣强撰，《中南民族学院学报》（哲学社会科学版），1988 年第 3 期。

文章就《中国谚语集成》的编纂工作而言，从谚语的定义、划界以及质量的鉴别三个角度入手进行分析研究，提出作者自己的疑惑与见解。关于谚语的定义问题，《中国谚语集成编辑细则》定为："谚语是劳动人民创作并广为流传的定型化的艺术语句，它是人民智慧和生产斗争、对敌斗争以及各种生活经验之总结，是带有讽喻性、训诫性、经验性和哲理性特征的语言结晶。"但作者结合谚语条例说明此定义在来源、形式与内容上都存在缺陷，并进一步指出"《中国谚语集成》编委会所草拟的谚语定义的主要缺点在于：把部分谚语的特点不恰当地扩大为全部谚语的普遍特征"。最后，作者认为应把《中国谚语集成》编委会草拟的定义修改为："谚语是民间创作并广为流传的言简意赅的定型化语句。"关于谚语的划界问题，《中国谚语集成编辑细则·总则》第二条规定："本集成只收民间谚语，不收俗语、格言、成语、歇后语。"但文章就谚语与格言以及俗语的关系展开大篇幅的探讨，最终得出"没有必要去区分什么'谚语'和'俗语'，凡成句的民间传言均可收入《谚语集成》，不成句的则归入'惯用语'，不予收入"的结论。关于谚语的质量鉴别问题，要切忌主观、片面以及武断。总之，"在谚语的定义上，谚语的划界上和谚语质量的鉴别上，我们一定要采取实事求是的科学态度"。

《选目适当　释义准确　资料翔实——简评〈谚海〉》

巫建英撰，《语文研究》，2000 年第 1 期。

文章指出由温端政、王树山、沈慧云三位先生主编、语文出版社出版的《谚海》具有词目选收得当、释义准确、资料翔实三个特点。除此之外，还指出了一些不足之处，包括未能反映汉语谚语的全貌，对于汉语口语中广泛使用的谚语和新产生的谚语未作进一步搜集。另外，极少数不属于谚语的词条也收录在内。

《藏族社会基本特征的民间视野——〈藏族谚语〉解读》

化振红撰，《西北民族大学学报》，2004 年第 4 期。

本文以《藏族谚语》中 100 多条有关藏族社会的谚语为对象，以民间视野的角度分析了藏族社会四个基本的特征。第一，藏族社会受到佛教的深刻影响。《藏族谚语》有关藏传佛教的谚语有 30 多条，其中半数是对藏传佛教的负面评价，可以看出藏族人民的思想并未和佛教思想完全重合。第二，牧业在藏族社会经济中占优势地位。有关农牧业、手工业、商业的谚语共 70 余条，涉及畜牧业的有 50 多条，可以看出畜牧业是藏区最重要的支柱产业。第三，藏族谚语反映了藏族民间的历史文化观念。藏族谚语作为口头文学，反映了人民的心声。第四，《藏族谚语》中的谚语，涉及藏区法律制度方面两个颇具藏族特色的问题：教法与王法的合流及民间习惯法的作用。《藏族谚语》中丰富的谚语是藏族社会的镜子，反映了整个社会的风貌。

《别具一格的吴语谚语词典——〈吴下谚联〉平议》

吴锦撰，《文化学刊》，2007 年第 2 期。

本文是对谚语辞典《吴下谚联》做的详细评议。通过该书，社会学家可以窥探当时吴地复杂的社会状况，历史学家可以了解吴地历史发展的轨迹，民俗学家可以探究吴地丰富的风土民情，语言学家可以辑录吴地独特的方言语汇。本文从《吴下谚联》的作者简介到版本，再到命名，进行了详细的考察，并对它的特点做如下分类：一是博采谚语，附以注释；二是结构新颖、编排别致。收词范围有农谚、气象谚、生活知识谚、讽刺谚、人物故事类、神鬼观念类、方言语汇类、风土谚、事物描写类、爱情婚姻家庭、记叙故事类、商业、勘误类、反映事物自身规律及其发展变化等。本文对辞典的社会生活之所见及所收谚语的语法结构、语义关系进行了直观的分析，对辞典的掌握达到了一定的程度，为民俗语言珍稀文献的研究及地方特色谚语研究提供了一定的参考价值。

《从民间语言中体味智慧的力量——兼评沈文辉搜集整理本〈陇南谣谚〉》

蒲向明撰，《大众文艺》（理论），2009 年第 4 期。

　　这是一篇对沈文辉搜集整理本《陇南谣谚》进行评析的文章，充分体现《陇南谣谚》在展示陇南谣谚蕴含的智慧力量、表现陇南民间文学形式、对后世思想意识产生影响，表现陇南社会生活及观念的生动细节等，具有重要作用。《陇南谣谚》基本上是一种陇南民间的文学形式，它产生于陇南方言口语，而非书面语。这些由民众创作并传播的谣谚，往往是一般生活经验的总结，泛泛地针对某种自然或社会现象，是比较随意的表达。通过这些，我们可以了解到陇南地区的风土人情、历史事件以及所传达的思想观念，对于了解陇南文化起到很好的推进作用。

　　《〈通用谚语词典〉指瑕》

　　夏茂丽、杨超撰，《内江师范学院学报》，2011 年第 9 期。

　　本文针对温端政、沈慧云主持编写的《通用谚语词典》在注音、立目、释义等方面存在的一些值得商榷的问题予以辩证。主要有注音体例不统一、立目不当、释义用语有误及一些其他问题。作者总结出《通用谚语词典》中出现的这些问题，并究其原因，一方面体例的设计有可能还不够细密，更多的则是众多编者编写时把握体例不统一，审稿时也许在体例上的专项审读用的功夫不够而有不可避免的问题。作者的辩证有理有据，不是简单的猜疑。作者对书中的某些错误提出质疑，并举例说明改进的思路，以期为该辞典的修订提供参考是很有必要的，便于辞典修订工作者修订辞典。

　　《气象科普和非遗保护双肩挑——〈中华气象谚语大观〉介绍》

　　白凌燕撰，《气象科技进展》，2013 年第 3 期。

　　本文按气象谚语的种类介绍了《中华气象谚语大观》一书的基本内容。全书不仅汇集了全国各地的近 4 万条气象谚语，还在编著的过程中加入了大量的气象科普知识、人文知识、地域文化知识，收集的谚语本身又折射出农事、农时、观云、测天等多方面的科学普及知识。书中将谚语分为气象灾害类、天气类、气候类、天体和光象类、海况类、农业气象类、节气类、人体和行为类等部分，每部分的前面都有相关内容的科普知识介绍，并配有插图。《中华气象谚语大观》担负起了气象科学普及和非物质文化遗产保护的双重责任。

　　《〈古谣谚〉的学术史考察——以"序"和"凡例"作探讨》

　　杨思贤撰，《南京师范大学文学院学报》，2014 年第 2 期。

　　本文指出并分析了《古谣谚》的主要贡献。在《古谣谚》之前的著作存在很多缺陷，一是作为正统诗歌的附赘而存在，谣谚的主体地位未能凸显；二是体例不明，对于"谣""谚"的去取界限并不分明，经常有混同互载的现象；三是收录不全。《古谣谚》的首个贡献是给予"谣谚"这样一种俗文化材料以精英文化的地位，并使用了递训法确定了谣谚的概念，扩大了谣谚的外延，拓展了谣谚搜集的范围。第二个贡献是对所收谣谚进行精细分类，揭示了谣谚内涵的多样性。在材料的排比上依经史子集的顺序排列，较为稳妥地解决了谣谚著录次序的问题。第三个贡献是对谣谚在"诗言志"这个经典命题中的地位进行了理论探讨。在文献整理方法上的特点是：其一，训诂字义先行，无论是相关概念的阐述还是纂辑体例的制订，该书编者常常从训释字义入手；其二，普遍使用归纳法，表明经典学者的研究视野开始转向民间材料，以谣谚为代表的民间材料开始纳入严肃的学术研究领域。《古谣谚》取得的成绩与清代扬州学派的学术格局和治学特点有关，为近现代谣谚研究提供了坚实的文献基础，编纂体例深刻地影响了现代的谣谚整理。作者指出，《古谣谚》代表了晚清以前对谣谚整理的最高水准，从一部搜集整理谣谚的文献演变为观察清代学术史的文献。

主要参考文献

安德明：《建设中国特色的谚语学》，《民间文化论坛》，2020 年第 5 期。

安德明：《开拓中国谚语研究的新局面》，《民间文化论坛》，2020 年第 5 期。

安志伟：《汉语俗语辞书的义类编排对谚语义类体系构建的启示》，《内蒙古大学学报》（哲学社会科学版），2018 年第 2 期。

柏乡县三套集成编委会编：《中国民间故事歌谣谚语集成·河北柏乡分卷》，1987 年内部印刷。

伯韩：《谈谚语》，《太白》，1935 年第 8 期。

车得驷：《浅谈藏族谚语的意义》，《西北民族大学学报》（哲学社会科学版），1983 年第 3 期。

陈以德：《从谚语的搜集谈到口头语的语汇》，《太白》，1935 年第 2 期。

成世勋：《汉哈谚语对比研究》，知识产权出版社，2016 年。

杜同力：《关于谚语的报告和说明》，《国语周刊》，1925 年第 9 期。

付建荣：《论"多元一体"民族观视域下的中华谚语史构建》，《内蒙古社会科学》，2018 年第 4 期。

郭绍虞：《谚语的研究》，《小说月报》，1921 年第 2、3、4 期。

胡格吉夫：《蒙古族谚语搜集与研究概况》，《中国蒙古学》，2006 年第 3 期。

胡格吉夫：《论蒙古谚语研究中存在的两个问题》，《内蒙古社会科学》，2007 年第 4 期。

华锦木、刘宏宇：《维吾尔语谚语与文化研究》，北京大学出版社，2014 年。

霍旭东：《论"谚语"》，《山东大学学生科学论文集刊》，1956 年第 1 期。

李树新：《达斡尔族、鄂温克族、鄂伦春族谚语文化研究》，商务印书馆，2019 年。

李树新：《中华多民族谚语的文化特性和文化价值研究》，《民族学刊》，2021 年第 2 期。

李新健、罗新芳、樊凤珍：《成语和谚语》，大象出版社，1997 年。

李耀宗：《中国谚学若干问题谭要》，《海南大学学报》（人文社会科学版），

2000 年第 4 期、2001 年第 1 期。

马国凡:《谚语的特点》,《中国语文》,1960 年第 11 期。

宁世群:《藏族谚语散论》,《西藏研究》,1990 年第 2 期。

任访秋:《谚语之研究》,《礼俗》(半月刊),1931 年第 6、7 期。

沙马拉毅:《论彝族谚语》,《贵州民族研究》,1987 年第 4 期。

孙维张:《汉语熟语学》,吉林教育出版社,1989 年。

王德怀:《翻译谚语的四项原则》,《语言与翻译》,2000 年第 3 期。

王德怀:《半个世纪的维吾尔族民间谚语研究综述》,《民族文学研究》,2007
年第 4 期。

王德怀:《维吾尔谚语的汉译研究评述》,《语言与翻译》,2008 年第 1 期。

王德怀:《维吾尔谚语翻译研究》,民族出版社,2009 年。

王国栋:《谚语的搜集和整理》,《师大月刊》,1935 年第 22 期。

王建莉:《中华多民族谚语史研究的回顾与前瞻》,《内蒙古大学学报》(哲学
社会科学版),2020 年第 4 期。

王勤:《谚语歇后语概论》,湖南人民出版社,1980 年。

王勤:《谚语的民族性》,《湘潭大学学报》(哲学社会科学版),2001 年第
4 期。

王勤:《汉语熟语论》,山东教育出版社,2006 年。

王毅:《略论中国谚语》,《民间文学》,1961 年第 10 期。

温端政:《谚语》,商务印书馆,1985 年。

温端政、周荐:《二十世纪的汉语俗语研究》,书海出版社,2000 年。

温端政:《论语词分立》,《辞书研究》,2002 年第 6 期。

温端政主编:《中国谚语大全》,上海辞书出版社,2004 年。

温端政:《汉语语汇学》,商务印书馆,2005 年。

温端政主编:《汉语语汇学教程》,商务印书馆,2006 年。

温朔彬、温端政:《汉语语汇研究史》,商务印书馆,2009 年。

巫建英:《选目适当　释义准确　资料翔实——简评〈谚海〉》,《语文研究》,
2000 年第 1 期。

武占坤、马国凡:《谚语》,内蒙古人民出版社,1980 年。

武占坤主编:《中华风土谚志》,中国经济出版社,1997 年。

武占坤:《中华谚谣研究》,河北大学出版社,2000 年。

武占坤:《汉语熟语通论》,河北大学出版社,2007 年。

徐荣强:《〈谚语集成〉三题》,《中南民族学院学报》(哲学社会科学版),
　　1988 年第 3 期。

薛诚之:《谚语的探讨》,《文学年报》,1936 年第 2 期。

杨欣安:《成语和谚语的区别》,《中国语文》,1961 年第 3 期。

袁勤:《国内哈萨克谚语研究综述》,《长春师范大学学报》(人文社会科学
　　版),2013 年第 1 期。

赵瑶丹:《中国古代谣谚研究三十年(1978—2008)》,《社会科学评论》,
　　2009 年第 1 期。

中国民间文学集成全国编辑委员会、中国民间文学集成湖北卷编辑委员会
　　编:《中国谚语集成·湖北卷》,中央民族大学出版社,1994 年。

朱介凡编著:《中华谚语志》,台湾商务印书馆,1989 年。

图书在版编目（CIP）数据

中华谚语研究成果提要 / 李树新，付建荣著. —北京：
商务印书馆，2024
ISBN 978-7-100-23890-8

Ⅰ.①中… Ⅱ.①李… ②付… Ⅲ.①汉语—谚语—
研究 Ⅳ.① H136.3

中国国家版本馆 CIP 数据核字（2024）第 083743 号

中华谚语研究成果提要

李树新　付建荣　著

商 务 印 书 馆 出 版
（北京王府井大街 36 号　邮政编码 100710）
商 务 印 书 馆 发 行
北京顶佳世纪印刷有限公司印刷
ISBN　978-7-100-23890-8

2024 年 10 月第 1 版　　开本 710×1000　1/16
2024 年 10 月北京第 1 次印刷　印张 34¼

定价：138.00 元